Appellation:
MERCUREY
VDH
Millésime:
2007
BOUCHARD PÈRE
GRANDS VINS DE BOURGOGNE
1998
CORTO
TEAU-YQUEM
& GUESTIER
OURGOGNE

# LE *Grand* LAROUSSE DU VIN

**Direction de publication**
Isabelle Jeuge-Maynart

**Direction éditoriale**
Véronique de Finance-Cordonnier

**Conception éditoriale**
Aude Mantoux

**Édition**
Ewa Lochet, avec la collaboration d'Élisabeth Andreani et de Guillaume d'Oléac d'Ourche

**Conception graphique et direction artistique**
Emmanuel Chaspoul, assisté d'Anna Bardon et Sylvie Sénéchal

**Mise en page**
Natacha Marmouget

**Informatique éditoriale**
Marie-Noëlle Tilliette et Philippe Cazabet

**Lecture-correction**
Chantal Pagès, assistée de Madeleine Biaujeaud, Nathalie Kristy, Joëlle Narjollet et Sylvie Porté

**Index**
Rupert Hasterok

**Iconographie**
Valérie Perrin, assistée de Josiane Martin

**Adaptation des cartes de vignobles**
Laurent Blondel

**Couverture**
Véronique Laporte

**Fabrication**
Annie Botrel

**Photographies**
Voir crédits photographiques en fin d'ouvrage

L'Éditeur remercie pour leur aide efficace Camille Durette, Julie-Fleur Colomer, Véronique Jean, Magali Marquet et Adèle Rosenfeld.



ISBN 978-2-03-584149-0

PRÉFACE D'OLIVIER POUSSIER,
MEILLEUR SOMMELIER DU MONDE

# LE *Grand* LAROUSSE DU VIN

LAROUSSE
21 rue du Montparnasse 75283 Paris Cedex 06

# PRÉFACE

Le vin est une invitation au voyage... Cet ouvrage en témoigne tout au long des textes et des photographies qui l'illustrent. Le chemin commence par la découverte de l'extraordinaire diversité des cépages et des terroirs présents sur notre planète. Puis, il vous emmène à la rencontre des hommes et du travail qui s'effectue dans les vignes et dans les caves. Enfin, il vous introduit dans l'univers de la dégustation et vous présente l'incroyable variété des vins issus de tous les continents.

Je suis très attaché à la connaissance des vins du monde. J'y ai consacré une bonne partie de ma vie et, encore actuellement, j'étudie avec une grande curiosité l'évolution de ces vignobles aux multiples facettes. Guidé par la recherche de nouveaux terroirs et de nouveaux cépages, j'ai été amené à visiter des régions diverses et chacune m'a beaucoup apporté tant au niveau relationnel que culturel. Aujourd'hui, je remarque que chaque continent démontre une volonté, voire une obsession, à réaliser les plus beaux vins. Certes, l'Europe viticole ancestrale, représentée en particulier par la France mais aussi par l'Italie ou par l'Espagne, a toujours de l'avance grâce à son histoire, sa culture, ses traditions. Cependant, il reste pour nombre d'entre nous à découvrir la fascinante diversité des vignobles d'Europe centrale et d'Europe de l'Est. Quelques pays du Proche-Orient montrent également un potentiel intéressant avec l'émergence de petits domaines viticoles ambitieux... Et que dire des vins du Nouveau Monde qui, il y a une vingtaine d'années déjà, se sont installés dans les rayons de nos supermarchés et de nos cavistes, modifiant en cela le paysage traditionnel de l'économie viticole ? Ce sont de magnifiques domaines à explorer, qu'il s'agisse du Chili ou de l'Argentine, qui entament depuis une dizaine d'années la quête de nouveaux terroirs plus frais et propices à produire des vins concentrés et digestes. Enfin, observons avec intérêt l'Inde, et surtout la Chine qui s'ouvre au vin avec des projets importants. Ainsi, nous constatons que le vin attise les espoirs et motive plus que jamais les hommes. Que l'Asie s'intéresse à la culture du vin autant qu'à celle du thé exprime bien un grand changement...

Le monde du vin évolue, de nouveaux pays s'initient à la culture de la vigne, une multitude de vins s'offrent à notre curiosité... Avec *Le Grand Larousse du vin* vous découvrirez toute la diversité et la richesse des vins produits dans le monde entier. Et j'espère qu'il vous donnera autant l'envie de déguster de grands vins reconnus que de partir à la découverte de vins nouveaux aux goûts parfois inattendus...

***Olivier Poussier***
*Meilleur sommelier du monde*

# LE GRAND LAROUSSE DU VIN

Ont contribué à la rédaction de la présente édition :

Georges LEPRÉ, maître sommelier, conseiller technique pour l'ensemble de l'ouvrage

ainsi que :

Guy BONNEFOIT, expert en vin et auteur d'ouvrages sur le vin

Pierrick BOURGAULT, ingénieur en agriculture, journaliste et photographe

Jean-Moïse BRAITBERG, journaliste et auteur d'ouvrages sur le vin

David COBBOLD, journaliste et dégustateur, auteur d'articles et d'ouvrages sur le vin

Jean-Michel DELUC, maître sommelier, consultant international, conférencier

Michel DOVAZ, œnologue, professeur de l'Académie du vin de Paris

Sébastien DURAND-VIEL, journaliste et dégustateur, auteur d'articles et d'ouvrages sur le vin

Benoît GRANDIN, journaliste spécialisé dans le domaine du vin

Mathilde HULOT, journaliste et reporter, auteur d'articles et d'ouvrages sur le vin

Egmont LABADIE, journaliste et auteur specialisé dans la gastronomie et le vin

Valérie de LESCURE, journaliste et dégustateur, auteur d'articles et d'ouvrages sur le vin

Evelyne MALNIC, journaliste et auteur d'ouvrages sur le vin

Antoine PETRUS, Meilleur jeune sommelier de France 2007

L'Éditeur remercie également pour leur participation Myriam Huet (« Vers une agriculture plus écologique », « Des techniques qui font polémique », « Les idées fausses autour du vin »), Hélène Piot (« Sommelier, l'ambassadeur des vins ») et Véronique Raisin (« Le marché mondial du vin »).

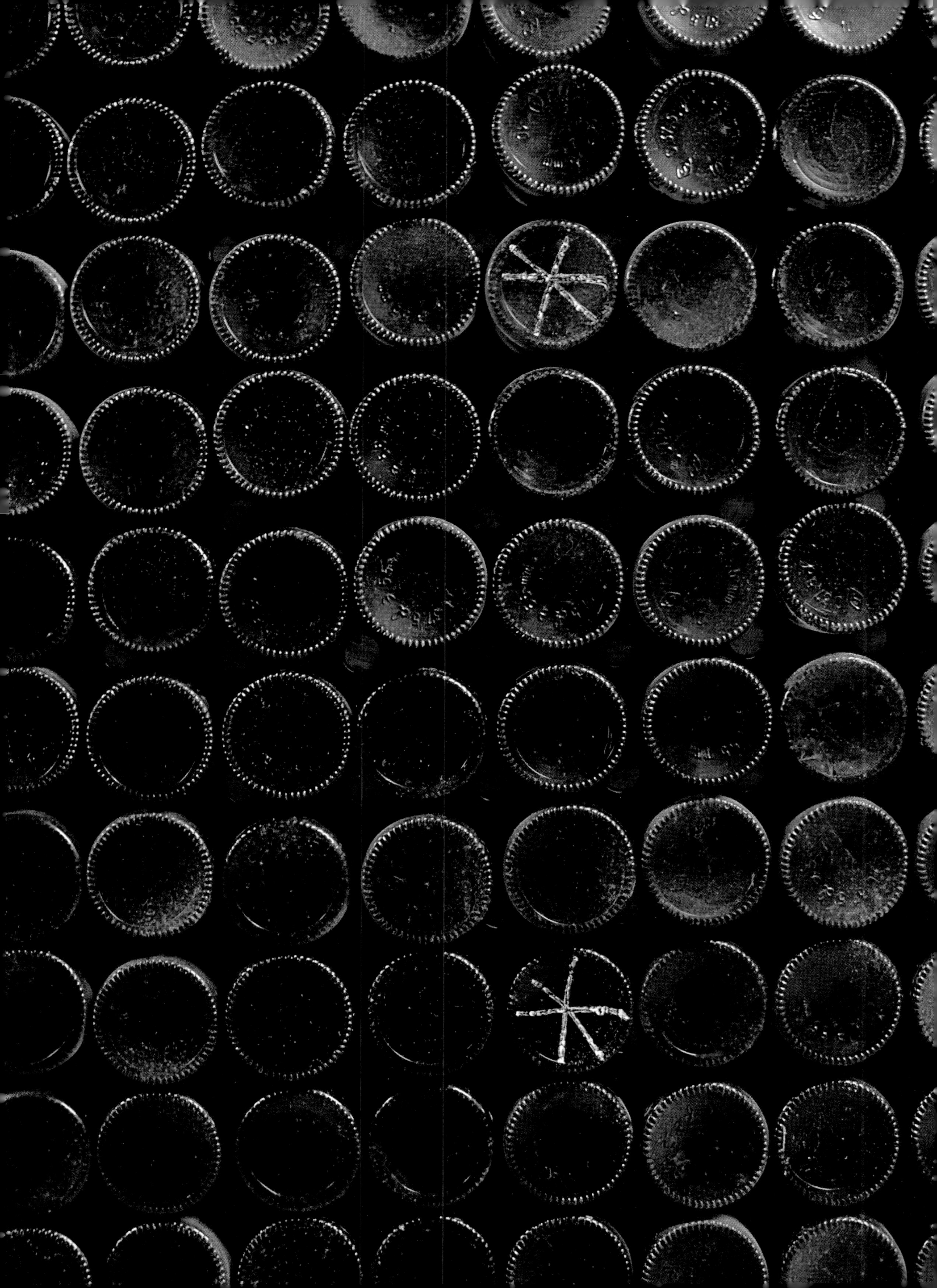

# Sommaire

ARBOIS

# À LA DÉCOUVERTE DE LA VIGNE ET DU VIN

# À L'ORIGINE DU VIN

# LES DÉBUTS DU VIN

*Qui a fait le premier vin ? Où se trouvait le premier vignoble ? Autant de questions sans réponse. Il reste que le vin est intimement lié à notre culture depuis 7 000 ans et continue de l'inspirer.*

## Le premier vignoble

Des vinifications accidentelles se sont probablement produites partout où il y avait à la fois du raisin à l'état sauvage et un peuplement humain. Un pas bien plus considérable a été franchi avec la culture de la vigne. Les archéologues peuvent déterminer si les pépins retrouvés dans les sites habités provenaient de raisins sauvages ou cultivés. Des pépins de vigne cultivée ont été mis au jour dans le Caucase, à l'est de la mer Noire. Ils ont 7 000 ans. Le premier vignoble a donc été planté quelque part entre la Turquie, la Géorgie et l'Arménie actuelles. Il est vrai que dans cette région, au climat et aux reliefs propices à la culture de la vigne, celle-ci poussait autrefois à l'état sauvage.

**LE VIN, ÉLÉMENT MAJEUR DE LA CIVILISATION.** Le point essentiel dans cette première période de l'histoire du vin est que les Grecs, puis les Romains de l'Antiquité lui accordaient une grande place dans leur vie. Pour cette raison et surtout pour son usage religieux ou rituel, le vin est devenu un élément majeur de la civilisation occidentale. À l'époque de la Grèce antique, la Chine aussi connaissait le vin, mais ne l'exploitait pas vraiment. La culture de la vigne s'approcha également des villes de la Perse et de l'Inde, mais sans laisser de traces bien profondes. Quant à l'Amérique précolombienne, elle ne l'a jamais découverte, malgré la présence de vignes sauvages et l'existence de civilisations raffinées.

***Les Babyloniens ont évoqué en termes poétiques un vignoble magique** fait de pierres précieuses dans l'*Épopée de Gilgamesh* (XVIII^e^ siècle av. J.-C.), la première œuvre d'imagination jamais écrite.*

## Dionysos, Bacchus et le vin des premiers chrétiens

**LA GRÈCE.** L'utilisation du vin dans les pratiques chrétiennes vient en droite ligne des rituels grecs et romains. L'emploi du vin dans les sacrements a des liens directs avec le judaïsme, mais c'est avec le culte grec de Dionysos, le dieu du Vin, et de Bacchus, son équivalent romain, qu'on trouve les plus fortes similitudes. Selon la légende, Dionysos apporta le vin en Grèce depuis l'Asie Mineure, l'actuelle Turquie. Fils de Zeus, il eut une double naissance, l'une humaine et l'autre divine (le mythe est assez obscur, du moins pour nous), la première lui donnant pour mère une simple mortelle, Sémélé. Il était la vigne, et le vin était son sang.

**L'EMPIRE ROMAIN.** Les Romains reprirent les dieux grecs qu'ils ajoutèrent aux leurs. Ainsi, Dionysos devint Bacchus – nom qui lui était donné dans les villes grecques de Lydie, en Asie Mineure. De dieu du Vin, Bacchus se transforma en sauveur. Son culte se répandit parmi les femmes, les esclaves et les pauvres – les empereurs tentant de l'interdire, sans grand succès. Le christianisme, dont le développement est indissociable de celui de l'Empire romain, reprit de nombreux symboles et rites bachiques, attirant, dans un premier temps, les mêmes catégories de fidèles. La signification de l'eucharistie est un sujet trop complexe pour être évoqué en quelques lignes. Notons simplement que le vin de la communion était au moins aussi nécessaire à une assemblée de chrétiens que la présence d'un prêtre. Du fait de la place vitale qu'il occupait dans la pratique religieuse, le vin allait subsister même lors de la sombre période des invasions barbares faisant suite au déclin de Rome.

> Céramique grecque représentant Dionysos.

### LE SAVIEZ-VOUS ?

***Pour l'homme du Moyen Âge, le vin ou la bière n'était pas un luxe, mais une nécessité.***
*Les villes offraient une eau impure, souvent dangereuse. Jouant le rôle d'un antiseptique, le vin était un élément de la médecine rudimentaire de l'époque. On le mêlait à l'eau pour rendre celle-ci buvable, sinon potable. L'eau était rarement bue pure, du moins dans les villes. «L'eau à elle seule n'est pas saine pour un Anglais», écrivait en 1542 l'érudit anglais Andrew Boorde.*

> Vendanges, foulage et entonnage représentés dans une miniature d'un *Livre d'heures à l'usage de Paris.*

## Les Anglais aiment le vin de Bordeaux

De grandes quantités de vin circulaient. Au XIVe siècle, les exportations de vins de Bordeaux vers l'Angleterre étaient très importantes ; leur moyenne annuelle n'a été dépassée qu'en 1979. Le roi Édouard II d'Angleterre commanda l'équivalent de plus de 1 million de bouteilles à l'occasion de son mariage avec Isabelle de France en 1308. Sous le règne d'Élisabeth Ire, près de trois siècles plus tard, les Anglais buvaient plus de 40 millions de bouteilles de vin par an, pour une population de 6,1 millions d'habitants.

## La conquête de l'Europe du Nord

Le vin était lié au mode de vie méditerranéen. Au nord des Alpes, face à des vagues d'envahisseurs féroces, les activités sédentaires – comme la culture de la vigne – étaient en péril. Seule l'Église, qui avait besoin de vin et était capable d'assurer une continuité, permit la survie de la viticulture. Quand l'Europe émergea de ces temps troublés, c'est autour des monastères et des cathédrales que se trouvaient les vignobles.

**LES MOINES ET LE VIN.** Les moines ne se contentèrent pas de faire du vin : ils l'améliorèrent. Au Moyen Âge, les cisterciens de Bourgogne furent les premiers à étudier le sol de la Côte d'Or et à transformer les vignobles en sélectionnant les meilleurs plants, en expérimentant la taille et en choisissant les parcelles non exposées au gel, celles qui donnaient les raisins les plus mûrs. Ils entourèrent les meilleurs vignobles de murs : les clos qui subsistent, ne serait-ce qu'à travers leur nom (Clos Vougeot, Clos des Pucelles...), témoignent de la perspicacité de ces moines vignerons. Les cisterciens de Kloster Eberbach firent de même en Rheingau, aujourd'hui l'une des régions vinicoles les plus réputées d'Allemagne (voir p. 408). Tous ces efforts visaient à produire un vin destiné non seulement à la messe, mais aussi à la vente : les moines ont ainsi joué un rôle essentiel dans le commerce du vin au Moyen Âge.

## Le commerce

Quand la vie redevint paisible, les vignobles s'étendirent et le commerce reprit. Le vin n'avait toutefois jamais complètement perdu son rôle de bien d'échange : pendant le haut Moyen Âge (du Ve au Xe siècle environ), sur les mers occidentales sillonnées de pirates, des navires marchands quittaient discrètement Bordeaux ou l'embouchure du Rhin pour cingler vers la Grande-Bretagne, l'Irlande ou plus au nord encore. Le moindre chef barbare se devait d'arroser ses fêtes de vin ; l'ermitage le plus reculé en avait toujours besoin pour la communion.

Avec cette renaissance du négoce apparurent les grandes flottes du vin : des centaines de vaisseaux faisaient route vers Londres ou les ports de la Hanse. Les fleuves aussi devinrent d'importantes routes commerciales : les fûts remplis de vin étant lourds et encombrants, le transport par bateau était le plus indiqué.

# LE VIN DANS LES MINIATURES ANCIENNES

**À travers les enluminures, de nombreux livres du Moyen Âge évoquent les travaux de la vigne et témoignent de la présence du vin dans la société médiévale.**

1

2

3

4

5

6

1. Taille de la vigne, *Livre d'heures de Charles d'Angoulême* (XVe siècle).
2. Vendanges et foulage du raisin, *Breviari d'amor* (XIVe siècle).
3. Travaux de septembre, *les Très Riches Heures du duc de Berry* (XVe siècle).
4. Taille de la vigne en mars, *Missel romain à l'usage de Tours* (début du XVIe siècle).
5. Scènes de la vie marchande (XIVe siècle).
6. Un traité d'hygiène (XVe siècle).
7. Moine goûtant le vin, *le Livre de la Santé* (XIIIe siècle).
8. Noces de Cana, *Très Belles Heures de Notre-Dame* (XVe siècle).

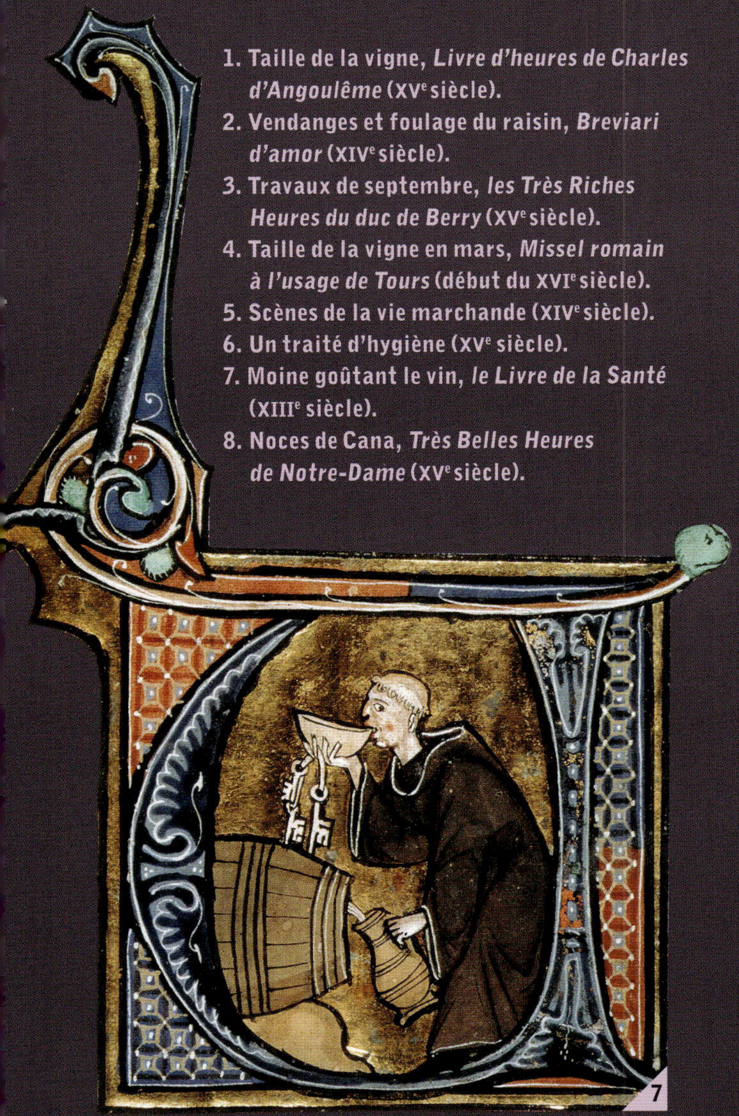
7

8

# LES RÉVOLUTIONS DU VIN

*Pendant de nombreux siècles, vignerons et négociants s'occupèrent à satisfaire la demande en vins ordinaires, à boire tous les jours. Mais vers la fin du XVII^e siècle apparut une attente nouvelle : un public aisé souhaitait désormais des vins qui procurent une expérience gustative.*

## L'amateur de bon vin

Déjà, les Romains de l'Antiquité avaient recherché les meilleurs millésimes de l'Empire. Les rois et les abbés du Moyen Âge exigeaient eux aussi ce qu'il y avait de meilleur. Mais le fait nouveau, en France et, bien sûr, en Angleterre, fut l'émergence d'une classe sociale ayant de l'argent et du goût, prête à payer davantage pour un grand vin.

En France, les courtisans de la Régence (1715-1723) réclamèrent – et obtinrent – de grandes quantités de champagne de meilleure qualité et plus effervescent. En Angleterre, à la même époque, les grands personnages du royaume, le Premier ministre Robert Walpole en tête, recherchaient les meilleurs vins rouges de Bordeaux.

C'est à cette génération que nous devons le concept de grand vin tel que nous le connaissons aujourd'hui. Jusqu'alors, le vin était bu dans l'année ; à l'approche de la vendange, le prix du vin « vieux » chutait. Dès 1714 cependant, un marchand parisien demandait à son correspondant de Bordeaux « du bon vin, du vin fin, vieux, noir et velouté ». Il est vrai qu'on savait désormais élever et améliorer le vin. L'ère des vins de qualité commençait.

***Vers 1865, le vignoble français atteignit son apogée : 2,5 millions d'hectares,*** *malgré les mesures (arrachages, limitations des plantations) entreprises au cours des siècles par différents gouvernements visant à freiner la production viticole.*

## Les grands vins de Bordeaux

C'est souvent à Arnaud de Pontac, président du parlement de Bordeaux vers 1660, que l'on attribue le mérite d'avoir inauguré cette quête de la qualité. Propriétaire du château Haut-Brion, il se mit à produire un nouveau type de vin en appliquant des méthodes devenues plus tard courantes : petits rendements, sélection attentive, rigueur dans la vinification et l'élevage. Le but était évidemment de créer une réputation justifiant un prix élevé. À Londres, les vins de Haut-Brion atteignaient plus de trois fois le prix d'autres bons vins. En l'espace d'une génération, d'autres domaines bordelais – Latour, Lafite et Margaux en tête – avaient suivi le mouvement. Les raffinements se succédèrent : sélection des meilleurs cépages, drainage des vignobles, précision croissante dans l'élevage et les soins donnés en cave. On se mit à produire des vins fins en grand nombre.

La France dut attendre la révolution industrielle pour que la production de vin ordinaire atteigne un volume équivalent. L'essor des villes, dont la population ouvrière ne cessait de se développer, multiplia la demande de vins bon marché. Les chemins de fer permirent de la satisfaire – à partir des vastes vignobles du Midi.

> Au XVIII^e siècle le vin devient l'ingrédient indispensable d'un repas raffiné.

### Pasteur, grand-père des œnologues

Longtemps fondée sur l'empirisme, la vinification n'avait pas fait l'objet d'approches scientifiques très poussées. Avec Pasteur un pas décisif fut franchi. Dès 1854, le savant étudia trois fermentations, celle du vinaigre, celle de la bière et celle du vin, mais ses recherches ne virent leur application qu'au XX^e siècle. Elles ne pénétrèrent dans les chais et les caves qu'à partir de 1945 et même plus tard. Il y eut désormais des œnologues formés dans des universités, des laboratoires. On les chargea de diriger les vinifications des particuliers aussi bien que des coopératives. Le vin passait de l'empirisme à la science.

> Chargement des fûts de vin sur les quais du port de Bordeaux (vers 1890).

## Les vins nouveaux

**DU XVII^e AU XVIII^e SIÈCLE.** À partir du XVII^e siècle et tout au long du XVIII^e, le développement du vignoble allait de pair avec celui de Paris. La capitale accrut sa consommation de vin et, pour la satisfaire, on mit à l'honneur les vins de la région d'Orléans. C'est également pour Paris que, vers la fin du XVIII^e siècle, on développa la production du Beaujolais, le vignoble le plus récent de France. La demande conjointe de l'Angleterre et de Paris au XVIII^e siècle dépassa les capacités des négociants. Plutôt que les domaines, ils achetèrent des raisins aux producteurs. Apparut alors une espèce nouvelle de producteurs de vins sans vignes. Ils assemblaient, embouteillaient, bouchaient et livraient finalement un vin qui leur était propre, un vin de « marque ».

**AU XIX^e SIÈCLE.** Le grand parlementaire comme le greffier du tribunal buvaient alors un vin « bourgeois » qui, à Bordeaux notamment, ne craignit pas de parader à visage découvert sur les tables les mieux servies. Les commerçants, eux, perfectionnèrent les méthodes de vente et introduisirent la mise en bouteilles, le vin étant jusqu'alors commercialisé en barriques.

C'est à cette époque que le vin devint l'une des productions majeures du pays, en raison notamment de l'industrialisation et de l'avènement du chemin de fer. Le vignoble ensoleillé du Languedoc-Roussillon, issu de nouveaux cépages, produisait alors en grande quantité des vins de consommation courante.

**VRAI OU FAUX ?**

***L'interdiction de boire du vin dans le monde islamique remonte à la période du prophète Mahomet.***

**FAUX.** Cet interdit ne date que de deux ou trois siècles au plus. Il fut dicté par la menace de la famine. Après une série de conquêtes, l'islam vécut sur ses bénéfices de guerre. À la longue, ses ressources s'effritèrent. Les cultures de blé et de riz remplacèrent celles du raisin. C'est l'une des mesures qui ont permis aux pays de religion musulmane de nourrir leurs populations. Cependant le Coran n'interdit pas le vin, mais met en garde contre ses méfaits.

### LE SAVIEZ-VOUS ?

***Le champagne a pu exister grâce à la rencontre de la bouteille et du bouchon de liège.***

*Les vins de Champagne stagnaient encore au XVI^e siècle. La mousse gênait les transports à longue distance. Elle faisait exploser les tonneaux, seuls contenants du vin autorisés par les règlements de la monarchie. La bouteille (que les Anglais furent les premiers à utiliser pour le transport du vin) et le liège du Portugal survinrent à temps pour remédier à ce problème. L'autre chance de la Champagne, ce fut Dom Pérignon. Ce moine bénédictin, cellérier de l'abbaye de Hautvilliers redécouvre les propriétés du liège et l'utilise pour obturer les bouteilles tout en mettant au point l'art des assemblages. Le bouchon est né et va être utilisé jusqu'à nos jours (voir aussi p. 88-89).*

## Les fléaux de la vigne

C'est dans le Midi de la France (plus exactement à Pujaut dans le Gard) qu'apparut, en 1863, le plus dévastateur des fléaux de la vigne. Le *Phylloxéra vastatrix* est un puceron gros comme une tête d'épingle qui fait mourir lentement la vigne en se nourrissant du suc de ses racines. Il arriva d'Amérique du Nord par accident, quand les bateaux à vapeur se mirent à traverser l'océan assez vite pour que le parasite, présent sur des plants importés, survive au voyage. Toute l'Europe fut touchée : pas un pied de vigne n'en réchappa, ou peu s'en faut. Au bout de quarante ans de ravages, on trouva enfin la solution en greffant les vignes sur des ceps américains, insensibles au puceron (voir p. 34).

Mais le phylloxéra ne fut pas le seul problème : deux maladies cryptogamiques, l'oïdium et le mildiou, frappèrent les vignes européennes à la même époque. En France et dans d'autres régions d'Europe, de nombreux vignobles atteints par le phylloxéra n'ont jamais été replantés.

# LE NOUVEAU MONDE DU VIN

*À bien des égards, le monde du vin a mis une bonne partie du XXe siècle à se remettre de la crise du phylloxéra. Mais c'est à une période encore plus récente, les années 1980, que remonte le dernier tournant crucial de cette histoire, quand de nouveaux acteurs se sont hissés au niveau des producteurs européens.*

## Les appellations d'origine françaises

Depuis la fin du XIXe siècle, la réputation du vignoble français courait à la ruine. Le baron Leroy de Boiseaumarié, propriétaire du Châteauneuf-du-Pape, vint à temps pour y surseoir. Pour réaliser l'œuvre de sauvetage du vignoble, il choisit de renoncer aux facilités du siècle précédent : cépages médiocres à haut rendement, terroirs insuffisants, fumures excessives et mal adaptées, arrosages à tout va… Il préconisa de recommander certains cépages et d'en interdire d'autres, ainsi que de fixer le degré alcoolique et le rendement maximal à l'hectare. Son combat dura près d'une dizaine d'années. Enfin, en 1930, la loi sur les appellations d'origine contrôlée devint la charte des vignerons de Châteauneuf-du-Pape. La Champagne l'adopta en 1935, l'Arbois, le Val de Loire, le Bordelais et la Bourgogne en 1936, le Beaujolais en 1937. Toutes les autres régions suivirent. Le système des appellations s'est ainsi progressivement mis en place. Aujourd'hui, il est à la base de toute la législation vinicole européenne, malgré les adaptations règlementaires successives, dont la dernière date de 2009 (voir encadré p. 95).

***Depuis les années 1980, de nombreuses zones viticoles ont émergé dans les pays du Nouveau Monde.** L'échiquier mondial du vin est en perpétuelle mutation et, sur les tables des amateurs, les vins de ces nouveaux producteurs côtoient désormais ceux des vignobles européens.*

## Le vignoble mondial : des productions plus contrôlées

Après 1945, la science commença à jouer un rôle important et les programmes de recherche sur la vigne, la fermentation ou l'élevage en cave se développèrent. Avec la connaissance arriva le contrôle : les rendements devinrent plus prévisibles et plus élevés. Parallèlement, la consommation de vin se transforma en phénomène de mode dans le monde entier. Les vignobles réputés furent à même de répondre à la demande grâce à d'excellentes et abondantes vendanges – les années 1980 et 1990 furent particulièrement fastes. En outre, les meilleurs vins du Nouveau Monde se mirent à rivaliser de qualité avec les plus grands crus européens. Pour les producteurs, la fin du XXe siècle marque une période de prospérité ; pour les amateurs de vin, un âge d'or, avec davantage de bons vins, à des prix relativement raisonnables. Les victimes de cette évolution sont les producteurs de vins à bas prix.

## Aux États-Unis

La plupart des producteurs d'Amérique du Nord actuels n'existaient pas avant 1966. Au moins 70 % des entreprises viticoles de Californie furent fondées après cette date et, dans l'État de New York, au moins 80 % après 1976. Dans les années 1970 et 1980, les nouveaux producteurs parvinrent à faire abolir

> « Carte » des vignobles de Californie élaborée dans les années 1940.

### Une viticulture à grande échelle

En France, la vigne est cultivée dans plus de la moitié des départements. Les quelque 890 000 ha de vignes permettent une production moyenne annuelle de plus de 42,6 millions d'hectolitres (en 2008), soit près de 6 milliards de bouteilles. La France est à la deuxième place (en volume de vin produit) parmi les pays viticoles, derrière l'Italie. On boit aujourd'hui beaucoup moins de vin qu'il y a trente ans ; la consommation moyenne par habitant qui était de 160 litres par an en 1965 se situe actuellement autour de 54 litres par an, mais on consomme du vin de bien meilleure qualité.

## Les cépages néo-zélandais

En Nouvelle-Zélande, les hybrides dominant jusque dans les années 1960 furent remplacés par des cépages européens. Les variétés allemandes plantées dans les premiers temps firent place à des cépages du centre de la France (sauvignon, 1970 ; chardonnay, 1980) mieux adaptés au climat. Parmi les cépages rouges, seul le cabernet-sauvignon a une longue histoire dans le pays, mais il est désormais largement devancé par le merlot et le pinot noir.

> Aux États-Unis, pendant la période de prohibition (1919-1933) le vin, interdit, est saisi et vidé dans les égoûts.

les coûteuses réglementations locales ainsi que les mesures fiscales imposées après la prohibition. Jusqu'au milieu des années 1980, les vins produits aux États-Unis n'étaient pas destinés à l'exportation. Mais en 1991, les États-Unis devinrent le quatrième producteur mondial de vin derrière l'Italie, la France et l'Espagne, et devant l'Argentine, et ils maintiennent cette position encore aujourd'hui.

## En Amérique du Sud

À mesure que les conditions politiques et économiques se stabilisaient à partir des années 1980, les investisseurs étrangers commencèrent à s'intéresser de plus près aux terres d'Amérique du Sud pouvant convenir à des vignobles. La plupart des gros exportateurs ont modernisé leurs installations et développé des styles de vin et des techniques de vinification nouveaux.

Depuis le début des années 1990, les vins chiliens sont incontournables sur de nombreux marchés, surtout dans le créneau des bons rapports qualité-prix. L'Argentine a entamé ce mouvement plus tardivement que son voisin chilien, mais beaucoup d'observateurs pensent que son potentiel est plus important. Les autres pays d'Amérique latine, excepté le Mexique, ne peuvent jouer dans la même catégorie. L'Uruguay produit malgré tout des vins intéressants, et la production brésilienne pourrait être stimulée, à l'avenir, par la taille de son marché intérieur.

## En Afrique du Sud

Après l'abolition de l'apartheid, en 1991, l'industrie viticole, qui vivait en autarcie, s'est employée à reconvertir sa production, jusque-là essentiellement vouée au brandy (eau-de-vie de vin) en raisins de cuve. Les fermiers, autrefois concentrés sur la quantité, durent changer leur philosophie en s'efforçant de faire de la qualité. Pour cela, il fallut convertir une partie du vignoble en passant de cépages destinés au vrac et à la distillation à des cépages dits nobles (chardonnay, sauvignon, cabernet-sauvignon, merlot, syrah, pinotage), plus prompts à plaire au goût international. Ces cépages représentaient, en 2003, 43 % de la totalité des plantations et ont largement entamé le monopole du chenin blanc, jusque-là cépage emblématique du pays. La proportion de cépages rouges, jadis très minoritaire, ne cessa de progresser, atteignant 50 % du vignoble en 2005 (18 % en 1996).

Cette conversion rapide permit à l'Afrique du Sud de proposer des vins de bonne qualité. Les progrès de la filière ont été rapides : les exportations de vins sud-africains ont doublé entre 1998 et 2003. La stabilisation de la situation politique attira également des investisseurs étrangers, suisses, allemands, belges, italiens, américains ou français.

## Les cépages australiens

En 1970, le riesling et le sémillon étaient les seuls cépages blancs de qualité produits en grande quantité en Australie, et ils furent dépassés seulement en 2003 par le chardonnay.
La syrah (qui s'appelle « shiraz » en Australie), autrefois utilisée pour l'élaboration des vins mutés, est aujourd'hui très à la mode et se trouve à la base de bon nombre des vins les plus réussis du pays, soit en cépage unique, soit assemblée avec du cabernet ou avec du grenache et du mourvèdre (dénommé « mataro »). Il est suivi par le cabernet, qui a gagné du terrain en très peu de temps. Le merlot, lui, sert de complément, et le pinot noir est surtout destiné à l'élaboration des vins effervescents.

# LES IDÉES FAUSSES AUTOUR DU VIN

**Longtemps, le vin est resté le domaine exclusif des « connaisseurs », ceux qui détenaient « le savoir » et ne voulaient surtout pas le partager. Le néophyte essayait de grappiller des informations, mais sans explication franche et nette, il y a eu parfois de mauvaises interprétations.**

*Plus le vin est vieux, meilleur il est.*

« Un vin de garde est simplement un vin qui sera meilleur avec le temps… Il mérite donc qu'on l'attende plusieurs années. C'est le cas des vins rouges tanniques, qui « râpent » sur la langue lorsqu'ils sont jeunes. Avec le temps, les tanins s'arrondissent et le bouquet se développe. Mais si l'on attend trop, le vin perd sa matière, s'assèche. Il faut donc suivre son évolution, car il n'y a rien de pire que de déboucher un flacon et de constater qu'il a dû être bon. Mieux vaut ouvrir une bouteille trop tôt que d'en ouvrir douze trop tard !

*Le rosé : un mélange de vins rouges et blancs ?*

« Oui, ça a failli ! Les pays européens souhaitaient autoriser le mélange de vins blancs et rouges pour produire les vins de table rosés (comme cela se pratique déjà dans certains pays du Nouveau Monde). Heureusement, la France et l'Italie auront eu gain de cause. Pour obtenir un vin rosé (voir p. 66), rappelons qu'il faut des raisins rouges. Leur couleur étant située dans la peau, on va l'extraire juste à l'intensité voulue, soit en faisant une vinification en rouge (on laisse en contact jus et pellicules, quelques heures seulement : c'est la méthode de saignée), soit en faisant une vinification en blanc (on presse les raisins après un léger foulage pour obtenir une extraction faible de la couleur, et on fait fermenter le jus seul, faiblement coloré : c'est la méthode par pressurage direct)… En France, seule l'élaboration du Champagne rosé permet de mélanger vin rouge et vin blanc.

*Les cristaux dans le vin ! Les vignerons ont mis du sucre ?*

« Ces cristaux, transparents dans les vins blancs, parfois colorés dans les vins rouges, sont du bitartrate de potassium, ou tartre. Leur présence est due à l'acide tartrique du vin, qui a tendance à précipiter sous l'action du froid. Pour éviter que ce phénomène se produise en bouteille, on le provoque parfois en refroidissant le vin encore en cuve. Le tartre n'altère en rien la qualité du vin. Si vous retrouvez ces petits cristaux dans votre verre, ne vous inquiétez pas : ce n'est pas du sucre et ce n'est pas mauvais ni pour le goût du vin ni pour votre santé !

## La vigne doit souffrir pour produire de grands vins.

« Un bon terroir n'est jamais très fertile. En effet, sur un sol trop riche, la vigne devient trop vigoureuse et ses rendements, élevés. Elle produit alors des raisins dilués qui donnent des vins trop légers. Mais, pour que les raisins arrivent à maturité, la vigne ne doit pas non plus souffrir de carences ou de déséquilibre. Un manque de fer, par exemple, peut empêcher la photosynthèse et ralentir la maturation des fruits. Même constat pour l'eau : quand la vigne en reçoit trop, ses fruits, gorgés, sont dilués et peu sucrés ; en cas de sécheresse, elle se met en veille et le raisin ne mûrit plus. La vigne doit donc pouvoir se nourrir régulièrement, sans stress ni à-coups, sans abus non plus !

## Les larmes du vin c'est de la glycérine.

« Ces gouttes transparentes qui descendent lentement sur la paroi du verre sont les larmes (ou les « jambes » ou les « pleurs »). Elles sont dues à une différence d'évaporation et de tension capillaire entre l'eau et l'alcool, et sont d'autant plus grosses que la concentration en alcool est élevée. Certes, le glycérol est l'un des alcools du vin, mais bien moins présent que l'éthanol. Le terme de glycérine est donc impropre. On dit aussi que ces larmes sont un gage de qualité ou de potentiel de garde. Tout cela est totalement faux : les larmes donnent seulement une idée sur la richesse en alcool du vin. Voir aussi p. 209.

## Un vin rouge se boit chambré !

« Chambré, certes, mais pas « à température ambiante », lorsqu'il fait 30 °C à l'ombre ! Le terme « chambrer » date de la fin du XIXe siècle, quand la température dans les appartements excédait rarement 20 °C. Lorsqu'on chambre un vin, il faut faire attention à ne jamais dépasser 18 °C sinon l'alcool ressort et domine la dégustation. Il ne faut pas hésiter à rafraîchir un vin rouge trop chaud dans un seau d'eau fraîche, avec éventuellement quelques glaçons, pour abaisser sa température de deux ou trois degrés. Attention à l'excès inverse : un vin rouge charpenté deviendra très dur et ses tanins paraîtront anguleux si on le sert trop froid ! Voir aussi p. 186-187.

## Autrefois, on mettait du sang de bœuf dans les vins pour les colorer...

« Le vin contient beaucoup de protéines. Pour les éliminer, on ajoute dans la cuve (ou le fût) une protéine extérieure qui les fixe et les entraîne au fond. Il suffit ensuite de soutirer le vin clair dans une autre cuve. L'intérêt de ce procédé est de permettre l'élimination totale de tout ce que l'on a ajouté au vin. Rien n'est plus naturel ! On utilise le plus souvent l'albumine de l'œuf, sous forme de blanc d'œuf frais ou de poudre lyophilisée, ou la bentonite, une argile qui n'est pas une protéine mais qui en a les propriétés. Autrefois, ce pouvait être aussi de l'albumine de sang de bœuf, mais celle-ci est interdite depuis la crise de la « vache folle ». En tout cas, ces protéines n'ont jamais servi à colorer les vins !

# LES TERROIRS VITICOLES

*La notion de terroir rassemble un certain nombre de facteurs influant sur la qualité du vin. Si l'homme peut en effet pour partie modifier les conditions naturelles, le choix du site reste essentiel dans la production viticole.*

## La notion de terroir

Attachée au vignoble français où elle est née, la notion de terroir est aujourd'hui universelle. Elle englobe tous les éléments naturels et climatiques liés à un terrain viticole donné. Le terroir influerait au premier chef sur la qualité d'un vin, même si le cépage (variété de vigne) et les méthodes du vigneron restent bien sûr des données non négligeables.

**PLUSIEURS PARAMÈTRES.** Le terroir, contrairement à certaines idées reçues, ne se réduit pas au sol et au sous-sol (granites, calcaires, etc.), mais inclut bien d'autres paramètres, tels que le relief (coteaux, plaines, etc.), l'altitude, l'exposition, l'environnement (proximité d'une forêt, d'un plan d'eau, etc.) et, bien évidemment, le climat. C'est l'ensemble de tous ces facteurs naturels qui fait le terroir et confère à chaque terre viticole une identité unique.

**DES TERROIRS D'AILLEURS.** Aujourd'hui, les terroirs de certains vignobles du Nouveau Monde sont clairement identifiés. Ils sont capables de produire des vins de grande qualité, comparables aux grands crus bordelais ou bien aux cuvées haut de gamme d'Espagne ou d'Italie. Face à des vins comme Château Latour, Sassicaia, Vega-Sicilia et autres Scharzhofberger, ces vins n'ont plus de complexes. Citons Opus One dans la Napa Valley en Californie, la cuvée Almaviva dans la vallée de Maipo au Chili ou Penfolds Grange en Australie (voir aussi p. 444-445, 454 et 479).

***Le vin tire sa noblesse du terroir qui l'a vu naître.*** *Les actions conjuguées de la lumière, de la température, de l'eau ainsi que de la terre déterminent ses qualités et ses particularités.*

### La fin d'une spécificité française ?

Les pays d'Europe, et surtout la France, sont particulièrement attachés à la notion de terroir, qui fonde toute la réglementation sur les appellations d'origine (voir p. 94-95). Jusqu'au milieu du XXe siècle, les viticulteurs du monde entier n'avaient jamais pensé possible que des vins de qualité puissent être produits ailleurs que dans les pays « traditionnels ». L'accélération des échanges et une plus grande ouverture de tous les pays ainsi que les extraordinaires gains financiers de l'économie viticole dans les années 1980 ont incité les viticulteurs à produire encore davantage et, pour certains d'entre eux, à élaborer des vins de qualité en dehors des aires « consacrées ». Aujourd'hui, tous les vignobles ont potentiellement légitimité à produire des vins de qualité.

## Des sites plus propices que d'autres

La vigne ne donne pas partout de bons vins. Les zones humides, comme les terrains très venteux, lui conviennent mal et, si elle peut croître dans des contrées froides, ses fruits ne parviennent pas à mûrir. Le plus souvent, elle donne un vin de plus grande qualité sur des sols peu fertiles alors que dans les riches plaines alluviales elle ne produit que de grosses baies à l'origine de vins peu goûteux.

Les meilleurs terroirs s'avèrent être de fait des sols pauvres, à flanc de colline, bénéficiant d'un bon drainage pour éviter l'excès d'eau, et d'une bonne exposition favorisant la maturité des baies. C'est pourquoi les meilleurs vins naissent souvent sur des sols de graviers, de cailloux ou de sable, sur des coteaux plutôt qu'en plaine et, dans les vignobles septentrionaux, sur des parcelles orientées sud ou sud-est avec un ensoleillement long et progressif. Toutes ces caractéristiques, marques d'un terroir de qualité, favorisent la croissance des plants et l'obtention de raisins mûrs et concentrés.

## Les bonnes conditions climatiques

Les limites de la culture de la vigne sont en général situées entre les 35° et 50° de latitude, nord ou sud. L'Europe, avec ses climats tempérés, jouit d'une situation privilégiée. Elle offre des saisons alternées, avec un été assez long et sec pour favoriser la lente maturation des raisins, suivi d'un hiver prolongé et froid, apportant à la vigne un repos vital. Ces conditions sont essentielles, même si, dans certains cas, l'homme peut remédier à une situation moins propice, par exemple en irriguant quand le climat est trop chaud (en Australie notamment).

**LES BESOINS DE BASE.** La vigne exige de la lumière, une pluviosité modérée (de 500 et 700 mm par an) et des températures moyennes (entre 10 et 25 °C). Les températures trop basses ou trop élevées stoppent sa croissance, l'excès de pluies donne, au mieux, des baies énormes, gorgées d'eau et trop peu sucrées (voir p. 48).

**LE RÔLE DU MICROCLIMAT.** En sus du climat régional, l'environnement naturel peut créer, de façon subtile, un microclimat favorable au vignoble. Ainsi, la proximité d'une forêt offrira une barrière naturelle contre les vents ; la présence d'un plan d'eau

**VRAI OU FAUX ?**

***La vigne se cultive bien en altitude.***

**VRAI.** Les hauts plateaux sont des terroirs recherchés en Australie, en Italie du Sud et dans toutes les régions où les étés sont chauds. Sur de tels sites, les nuits sont fraîches et les journées ensoleillées, ce qui crée une grande amplitude thermique permettant aux raisins de développer tout leur potentiel aromatique. À l'inverse, en zone de montagne, les températures deviennent trop froides et les vents trop forts, ce qui peut dessécher la plante.

> À Châteauneuf-du-Pape, la présence de galets roulés facilite le drainage du sol. La chaleur que ceux-ci accumulent de jour est restituée la nuit à la vigne.

atténuera les écarts de température et favorisera le rayonnement lumineux ; le passage de courants d'air influera sur la maturation du raisin en asséchant l'atmosphère, etc. Dans les pays a priori trop froids pour la vigne, comme la Suisse, les viticulteurs favorisent ainsi les zones où les microclimats sont propices.

**DES VARIATIONS ANNUELLES.** Dans les terres où le climat est assez stable, comme le Chili ou l'Australie, les vins montrent une qualité similaire d'une année à l'autre. En revanche, en France et dans d'autres pays d'Europe, il arrive que des aléas climatiques extrêmes (gelées, sécheresses, pluies torrentielles, etc.) nuisent à la qualité du vin d'un terroir donné. Il est donc utile de s'intéresser au millésime (année de vendange) pour les vins d'un certain prix.

## Les effets du réchauffement climatique

Les premières études sur les conséquences du changement climatique montrent que le réchauffement a globalement favorisé la qualité du vin. Cependant, si une année chaude est souvent associée à un grand millésime, les excès du réchauffement climatique pourraient, d'ici à la fin du siècle, avoir des effets néfastes sur le vin produit dans certaines régions méridionales, causant notamment des problèmes liés aux sécheresses, le développement de maladies ou encore l'érosion des sols du fait de la répétition des inondations.

**LES VIGNOBLES NOUVEAUX ET LES ZONES MENACÉES.** Les régions les plus menacées sont logiquement celles qui disposent des climats les plus chauds, comme le sud de l'Europe ou la Californie. Dans cet État de l'Ouest américain, si rien n'est fait, seules les zones côtières, tempérées par l'océan Pacifique, seront encore en mesure de cultiver la vigne à l'horizon 2100. Déjà, on voit des vignobles se développer au-delà du 50e parallèle (Suède, Danemark).

**QUELLES SOLUTIONS ?** Pour prévenir les excès du réchauffement climatique ou y parer, on évoque la possibilité de planter les vignes à « ras du sol » pour mieux conserver l'humidité et pour protéger les raisins du soleil. À cela s'ajouterait le développement d'une irrigation contrôlée. Dans les régions de l'hémisphère Sud, comme l'Australie, on plante des vignobles dans des zones plus fraîches (voir encadré p. 273). Les scientifiques travaillent déjà sur l'adaptation à la chaleur de certains pieds de vigne au sein

### L'alimentation en eau : ni trop ni trop peu

Le bilan hydrique d'un bon terroir est en général déficitaire ou faiblement positif, car ceps et humidité ne font pas bon ménage. Les sols filtrants, drainés naturellement, sont favorables à la culture de la vigne, contrairement aux terres compactes, à la granulométrie très fine, qui s'opposent à l'écoulement de l'eau. Si le drainage naturel est insuffisant, il peut être amélioré par la pose de drains ; les meilleurs crus du Bordelais y ont recours. Mais, la vigne ne doit pas non plus manquer d'eau au risque de se mettre en veille. Une alimentation en eau constante et sans à-coups est idéale.

> **LE SAVIEZ-VOUS ?**
>
> ***Le même cépage peut donner des vins différents selon le sol sur lequel il pousse.*** *On l'observe par exemple dans la côte viticole de Haute Bourgogne, sur les vins de pinot noir. Prenons deux vignobles poussant sur un terrain issu de roches calcaires, dans des conditions d'altitude et d'exposition comparables. Le premier se caractérise par un sol caillouteux, et le second par une proportion élevée d'éléments argileux fins. Le premier donnera des vins très fruités, relativement légers et souples. Le second, des vins beaucoup plus tanniques et moins ronds.*

d'un même cépage, tout en luttant contre les effets pervers d'une trop forte chaleur sur le goût du vin (teneur en sucres et degré d'alcool trop élevés par exemple). Enfin, on songe également à planter des cépages des régions méridionales dans des zones plus septentrionales.

## Quels types de sols préfère la vigne ?

Les terres pauvres et caillouteuses, les schistes, les granites, les grès, les sables non salés et les terrains les plus divers sont susceptibles d'accueillir des ceps. L'important est que le sol remplisse quatre fonctions : servir de support, fournir l'humidité, procurer de la chaleur (le sol se réchauffe et se refroidit plus ou moins vite) et nourrir la vigne.

**POURQUOI PEU FERTILES ?** La vigne est l'une des plantes les moins exigeantes qui soient en éléments nutritifs. Traditionnellement, elle a permis de mettre en valeur des terres peu fertiles, sur lesquelles d'autres cultures ne pouvaient être envisagées. En effet, un sol trop riche entraîne un rendement excessif. Or, rendement et qualité ne font pas bon ménage : le jus issu du raisin est trop dilué, avec des arômes moins concentrés, ne permettant de produire qu'un vin très ordinaire… La vigne doit en quelque sorte « souffrir » de la pauvreté du sol pour donner un vin de qualité. Ses racines descendent alors davantage en profondeur à la recherche d'éléments nutritifs. Dans ce cas, les vins expriment mieux la minéralité de leur terroir.

**PERMÉABLES OU DENSES ?** La fertilité ne suffit pas à définir un sol. Chacun diffère par sa structure. Les sols aérés et perméables se réchauffent rapidement, favorisant la bonne maturité des raisins ; c'est par exemple le cas des sols sableux dans le Saint-Émilionnais, des sols calcaires en Champagne ou des sols graveleux dans le Médoc. D'autres sont lourds, humides et frais, telle l'argile dans la plaine d'Alsace ou en bas des côtes en Bourgogne. Les plus grands crus sont issus de sols perméables, composés de graviers et d'un sous-sol calcaire, comme à Château Haut-Brion. Les sols denses et humides, comme les palus dans la vallée de la Dordogne (sol fertile d'alluvions), ont en effet deux inconvénients : ils favorisent la pourriture et se réchauffent lentement. Divers facteurs entrant en ligne de compte, il existe néanmoins plusieurs exceptions à ces principes de base. Ainsi, le célèbre Château Paveil de Luze dans l'appellation Margaux produit un vin issu de vignes sur palus (fertiles et riches) qui offre de la fraîcheur et où l'essentiel du fruit est préservé.

## Le terroir a-t-il un goût ?

On attribue au sol, tout particulièrement en France, un rôle de premier plan dans la qualité, l'arôme et le goût des vins. Cette vision a entraîné la délimitation des appellations d'origine contrôlée, étendue aujourd'hui à toute l'Union européenne.

**QUELQUES EXEMPLES.** Selon certains spécialistes, les substances présentes dans le sous-sol auraient une grande importance pour les qualités gustatives du vin. Le Château Petrus, dans le terroir de Pomerol, aurait un goût riche et concentré à cause du fer contenu dans le sous-sol. Le grand cru bourguignon Chevalier-Montrachet serait plus léger que son voisin le Montrachet parce qu'il croît sur un sol plus pierreux. L'opulence et le gras du vin de Château Cheval Blanc seraient dus au sol de sables et de gravier reposant sur un sous-sol d'argile (ainsi qu'à une proportion de cabernet franc élevée par rapport aux autres crus de Saint-Émilion). Le sol brun et calcaire, fortement argileux et peu épais du grand cru bourguignon La Tâche donne à son vin une amplitude aromatique plus grande et une belle élégance par rapport à l'austère Romanée-Conti. Tous les ouvrages spécialisés français ou italiens évoquent la façon dont les divers minéraux, l'argile ou le calcaire d'un sol affectent les arômes, et donc le goût du vin.

### QUELLE PART ACCORDER AU TERROIR DANS L'ÉLABORATION D'UN GRAND VIN ?

**L'avis d'Olivier Poussier,** « Meilleur sommelier du monde » en 2000 :

« Un grand vin est une conjugaison de complexité, de finesse, d'équilibre et de persistance qui procure un grand plaisir chez le dégustateur. Avec le temps, il doit gagner en saveurs et en arômes. Sa grandeur d'expression lui vient plus de son terroir que de son cépage et/ou de son millésime. Il n'y a pas de grand vin sans un homme qui, par son intelligence du terroir, saura en révéler toute la quintessence. »

**L'avis de Michel Rolland,** œnologue bordelais prodiguant ses conseils dans le monde entier :

« Un grand vin est la somme de plusieurs facteurs dont le plus essentiel est le terroir qui donne sa typicité au vin. Pour révéler ses qualités, l'homme est un maillon indispensable, par son travail constant dans les vignes et dans les chais, qu'il adaptera selon les circonstances. L'âge du vignoble, son équilibre et le rendement sont aussi importants. »

1

2

3

# Les artistes du terroir

Le XXe siècle et le début du XXIe ont été marqués par l'émergence d'une génération de vinificateurs qui ont changé la face du monde du vin. Alors que les grandes figures de l'œnologie – Émile Peynaud, Pascal Ribéreau-Gayon – s'étaient jusque-là attachées à soigner les vins en écartant leurs défauts dans la meilleure tradition pasteurienne, ces nouveaux venus ont surtout cherché à créer un style. Si les Bordelais, comme le très connu Michel Rolland, ont privilégié un style concentré et fruité, qui a souvent servi de référence, d'autres, plus modestement, se sont contentés de tirer le meilleur parti de leur petit pré carré. Tous cependant ont su hisser le vin au rang d'une œuvre d'art, en ayant le génie de faire s'exprimer la quintessence du terroir.

## DENIS DUBOURDIEU, LE MAGICIEN DU JUSTE MILIEU

Œnologue, vigneron, universitaire, Denis Dubourdieu se situe dans la lignée des grands « faiseurs de vins » bordelais. Propriétaire de plusieurs domaines dans le Sauternais et en côtes de Bordeaux, ce natif de Barsac a bâti sa réputation sur la recherche d'un compromis entre un style accessible à un large public et le respect du terroir. Grand spécialiste des vins blancs, conseiller de nombreux vignobles français et étrangers, il valorise l'épanouissement des cépages à la limite septentrionale de leur culture. Son art consiste à révéler les arômes du raisin pour faire des vins fruités, élégants et frais. Le style Dubourdieu, c'est, comme il le dit lui-même, pouvoir faire en sorte que la plus grande qualité d'un vin soit sa « bonté ».

## ANNE-CLAUDE LEFLAIVE, LE NATUREL AU GRAND GALOP

Dynamique, innovante, pragmatique, la Bourguignonne Anne-Claude Leflaive a repris, au début des années 1990, les rênes du domaine familial de Puligny-Montrachet auquel elle a souhaité très vite donner son style en se lançant dans l'agrobiologie. Rapidement convaincue par des résultats probants, elle a décidé de reconvertir la totalité des 23 hectares en biodynamie pour produire des grands crus à l'image de sa philosophie. Elle est aujourd'hui persuadée d'avoir redonné à la vigne une vigueur nouvelle pour pousser à son maximum l'expression des terroirs. De fait, même les plus sceptiques admettent que le style Leflaive, marqué par le corps et la minéralité, est synonyme de haute garde et de belle évolution.

4

5

1. Anne-Claude Leflaive.
2. Denis Dubourdieu.
3. Paul-Vincent Avril.
4. Paul Draper.
5. Egon Müller.
6. Michel Rolland.

6

## PAUL-VINCENT AVRIL, L'EXCELLENCE DE LA SIMPLICITÉ

C'est en 2007 que le magazine américain *Wine Spectator* a révélé le Châteauneuf-du-Pape rouge du Clos des Papes, en le sacrant « meilleur vin du monde ». Une surprise pour les néophytes, mais pas pour les amateurs qui connaissaient l'excellent travail accompli par Paul-Vincent Avril sur ses 35 hectares de vignes. De tout petits rendements produits en agriculture biologique – pas plus de cinq grappes par cep – et une sélection rigoureuse de grenache très mûr semblent être les règles assez simples de ce succès. Mais c'est sans doute dans la vinification que réside l'essentiel du savoir-faire de Paul-Vincent Avril, qui évite les remontages trop fréquents, ce qui donne certes des vins forts en alcool mais souples et soyeux, qui s'affinent ensuite au cours d'un long vieillissement en foudre.

## EGON MÜLLER, L'HÉRITIER D'UN CARACTÈRE

Egon Müller, propriétaire du domaine du Scharzhof, dans la vallée de la Ruwer, est le quatrième du nom depuis 1887. C'est son père, Egon Müller III, disparu en 2001, qui a porté ce vignoble planté de riesling au sommet de la hiérarchie des vins allemands, si l'on en juge par le prix de ses « sélections de grains nobles » *(Trockenbeerenauslese)* vendues aux enchères de Trèves. « La qualité de nos vins provient à 100 % de la vigne, le travail en cave nous permet seulement d'atteindre 101 % », déclare avec humour Egon Müller IV. De fait, il n'a pas vraiment de recette, sinon la chance d'avoir un terroir d'exception et de ne vendanger que des raisins à bonne maturité, toujours sévèrement triés. Le reste est sans doute affaire de caractère et de philosophie maison : la donne la plus secrète, mais aussi la plus décisive.

## PAUL DRAPER, LE VISIONNAIRE DE CALIFORNIE

C'est dans les montagnes de Santa Cruz, au sud-ouest de la baie de San Francisco, que Paul Draper vint s'installer au vignoble Ridge, en 1967, après un séjour au Chili. Titulaire d'un doctorat en philosophie, ce vinificateur atypique est devenu au fil des années l'un des grands visionnaires de la Californie viticole en produisant de grands vins rouges qui sont souvent arrivés devant des grands crus bordelais dans des dégustations à l'aveugle. Tout son art repose, d'une part, sur l'identification des meilleurs terroirs de cabernet-sauvignon et, d'autre part, sur un assemblage des plus vieilles vignes de zinfandel. Un savant dosage de barriques françaises et américaines pour l'élevage donne la touche finale à ces vins considérés comme exceptionnels, et notamment la cuvée Ridge Monte Bello. Voir aussi encadré p. 447.

# DES MILLIERS DE CÉPAGES

*Il existe plus de 5 000 cépages différents dans le monde, même si quelques dizaines seulement sont cultivés sur de vastes surfaces. Chacune de ces variétés de vigne possède ses propres caractéristiques, qui influent sur le caractère du vin produit.*

## Qu'est-ce qu'un cépage ?

Un cépage est schématiquement une variété de vigne, bien que ce terme ne soit pas tout à fait exact d'un point de vue botanique (une variété se reproduit en effet par semis, ce qui n'est pas le cas de la vigne). C'est *Vitis vinifera*, une espèce de vigne domestiquée originaire d'Asie Mineure, qui est à l'origine de l'ensemble des cépages cultivés. Du fait de mutations naturelles, de croisements et de sélections opérées par l'homme, cette espèce originelle s'est diversifiée en plusieurs milliers de variantes, auxquelles on a donné des noms : cabernet, chardonnay, pinot, riesling, etc. Seules quelques dizaines de cépages assurent de nos jours l'essentiel de la production viticole. Certains, comme le cabernet-sauvignon et le chardonnay, sont devenus mondialement célèbres.

***La vigne cultivée a pour lointain ancêtre la « lambrusque »,*** *sorte de liane qui poussait en forêt, autour des arbres. Cette vigne sauvage est encore visible dans quelques régions d'Europe et d'Asie : l'Autriche, les Balkans, le Caucase, l'Afghanistan…*

## À chacun ses caractères distinctifs

Il existe divers types de cépages : les cépages de table, avec des raisins de belle apparence ; les cépages de séchage, pour la production de raisins secs ; les cépages de cuve, destinés à la vinification. Certains d'entre eux ont plusieurs usages. Le muscat d'Alexandrie, par exemple, peut tout aussi bien donner du raisin de table que du raisin sec ou du vin muscat.

**D'UN POINT DE VUE BOTANIQUE.** Les cépages se différencient par des caractères morphologiques (couleur, forme et volume des grappes et des baies, découpure des feuilles) et physiologiques (floraison, maturité plus ou moins précoce, sensibilité aux maladies, rendements, etc.). Le vigneron choisira tel ou tel cépage selon la qualité de vin recherchée et, du moins en Europe, selon le terroir où il est implanté (un cépage étant susceptible de donner de meilleurs résultats sur certains sols et/ou sous un climat particulier).

**D'UN POINT DE VUE GUSTATIF.** Chaque cépage possède des spécificités qui confèrent au vin son caractère. Il donnera par exemple un raisin dont la teneur en sucres ou en tanins est plus ou moins importante, dont les arômes sont plus ou moins intenses. Un vin de sauvignon présente ainsi certaines caractéristiques gustatives – notes fruitées, florales et végétales – communes à tous les sauvignons du monde. Mais, selon le terroir, la latitude, la date des vendanges, le climat et la vinification, il peut avoir des variantes dans sa trame aromatique. Ainsi un vin de sauvignon élaboré à Sancerre, en Touraine, sera sec, franc, fruité et typé du raisin ; issu de la région de Malborough en Nouvelle-Zélande, il aura une trame plus minérale, plus épicée et plus exotique.

> La découpure des feuilles est l'un des caractères morphologiques permettant l'identification d'un cépage.

### LE SAVIEZ-VOUS ?

***On compte pas moins de 40 000 noms de cépages différents dans le monde.*** *De multiples désignations peuvent en effet se référer à un seul et même cépage, les appellations pouvant varier selon les pays, voire d'une région à une autre. Si l'on tient compte des synonymes et des traductions, les quelque 5 000 cépages cultivés sur la planète portent ainsi environ 40 000 noms. Pour compliquer encore la situation, il arrive, à l'échelle mondiale, qu'un même nom s'applique à des cépages différents. Tout cela rend très difficile une estimation exacte et précise du nombre de cépages, et les spécialistes sont encore loin d'y être parvenus.*

## De l'ampélographie jusqu'à l'étude du génome

L'ampélographie, qui s'est développée au XIXe siècle, poursuit plusieurs buts : d'une part l'étude et la description du cycle végétatif des cépages, de leurs aptitudes et de leurs défauts, d'autre part, l'identification et le recensement des différentes variétés. En France, le domaine expérimental de Vassal, géré par l'Inra (Institut national de la recherche agronomique), abrite une collection unique de 3 500 variétés de vigne (*Vitis vinifera*, vignes sauvages, hybrides) provenant de 47 pays.

Les chercheurs tentent aussi d'établir une carte génétique de la vigne. Elle permettra, à terme, de mieux comprendre la physiologie du développement et de la maturation du raisin afin de mieux maîtriser sa production. On pourra aussi sélectionner plus vite et plus précisément des variétés présentant par exemple des résistances durables aux maladies ou ayant un haut potentiel qualitatif. L'étude de l'ADN permet déjà d'établir les empreintes génétiques des cépages et ainsi de mieux les identifier et les différencier. Elle révèle ou confirme aussi les liens de parenté entre les cépages traditionnels.

## Combien de cépages pour un vin ?

Dans l'ancien vignoble français, il était souvent de tradition d'associer deux ou trois cépages aux aptitudes un peu différentes : l'un apportait au vin la couleur et les tanins, l'autre la finesse et le bouquet, un troisième, éventuellement plus productif, était introduit dans le mélange final pour assurer une certaine régularité de production. Aujourd'hui encore, il est plus fréquent qu'un vin français associe deux ou trois cépages, complémentaires au niveau de la qualité et du rendement, mais certains sont néanmoins issus d'une variété unique (on les appelle « monocépages »).

**QUELQUES EXEMPLES.** Le Chablis n'est produit qu'à partir de chardonnay ; de même, le Beaujolais est issu du seul gamay, le Vouvray du chenin, le Sancerre du sauvignon. Un bordeaux rouge, en revanche, comporte une proportion variable de cabernet-sauvignon, de cabernet franc, de merlot et de quelques cépages secondaires, qui donnent au vin diverses nuances. Certains assemblages sont plus complexes encore : le Châteauneuf-du-Pape, par exemple, peut comporter jusqu'à 13 cépages.

## Cépages librement choisis ou imposés ?

Au fil du temps, dans chaque région, des cépages se sont imposés. Il se peut qu'à la suite de mutations ou de sélections locales ils en soient originaires ; il se peut aussi qu'ils aient été importés et se soient retrouvés en milieu favorable. Dans la plupart des pays européens, lorsque la réglementation viticole a été mise en place, cette situation a été entérinée, les types de vins marqués par leurs cépages étant consacrés par une appellation d'origine.

**EN EUROPE, UN CHOIX ENCADRÉ PAR LA LÉGISLATION.** Jusqu'en 2009, il n'était pas possible de planter n'importe quel cépage n'importe où, et chaque département avait sa liste précise de cépages « recommandés » et « autorisés ». Aujourd'hui, chaque État membre de l'Union européenne dispose d'un catalogue officiel avec les variétés de raisins de table et de raisins de cuve dont la plantation est librement autorisée. En France, 200 variétés de raisins de cuve sont concernées. Pour produire un vin d'appellation, le choix du cépage est précisément encadré par un cahier des charges qui distingue trois catégories de cépages : principaux, complémentaires et accessoires (voir p. 43). La réglementation est plus souple s'il s'agit d'un vin de pays (ou vin avec indication géographique protégée, IG) ou d'un vin de table (vins sans IG).

**ET AILLEURS DANS LE MONDE ?** Sur le continent américain, en Australie ou en Nouvelle-Zélande, les producteurs d'une région donnée ne sont nullement tenus d'utiliser tel ou tel cépage. Ils ont également le droit de mentionner le nom du cépage sur l'étiquette, ce qui n'est autorisé en France que dans certains cas (voir ci-après). Le Nouveau Monde, avec ses vignobles constitués surtout de cépages importés d'Europe, n'a pas en effet ressenti le besoin de préserver la typicité des vins issus de tel ou tel terroir.

## La mention du cépage sur l'étiquette

L'étiquette des vins européens d'appellation ne précise que rarement le nom du ou des cépages dont il est issu. L'étiquette d'un bourgogne rouge, par exemple, ne mentionne pas que le vin est exclusivement issu du pinot noir. Ce sont les vignerons californiens qui ont été parmi les premiers à diffuser des vins sous leur nom de cépage, habituant les consommateurs américains à identifier le chardonnay à un vin, aussi bien qu'à une variété de vigne.

En France, la réglementation interdit cette mention pour les AOC, sauf pour les vins d'Alsace, tel le Riesling, qui est à la fois le nom d'un cépage et le nom d'un vin. Elle la tolère toutefois pour les vins de pays. C'est pourquoi certains viticulteurs préfèrent que leurs vins soient classés dans la catégorie des vins de pays plutôt que dans celle des AOC, et mentionnent le nom du cépage sur l'étiquette, estimant que le vin aura ainsi plus de chances d'être identifié et apprécié par le consommateur. L'Institut national de l'origine et de la qualité voit néanmoins d'un mauvais œil cette pratique et ne reconnaît pas officiellement la catégorie « vins de cépage ».

### LE SAVIEZ-VOUS ?

***Il existe assez peu de variétés utilisées pour les vins dits « de cépage ».*** *Ce sont pour l'essentiel le cabernet-sauvignon, le merlot, la syrah, le gamay (vins rouges), ainsi que le chardonnay, le sauvignon et le viognier (vins blancs). En France, le vin doit être issu à 100 % d'un cépage quand le nom de ce dernier est mentionné sur l'étiquette (vins monocépages). En revanche, dans d'autres pays, le vin nommé par son cépage d'origine peut résulter en fait de deux cépages (vins bicépages), associés dans des proportions variables. Par exemple, en Autriche, au Chili ou en Australie, il suffit qu'un vin contienne 85 % du cépage mentionné sur l'étiquette.*

## Cépages internationaux et cépages indigènes

Vins de chardonnay et de cabernet-sauvignon en Californie, de merlot au Chili, de syrah en Australie… Certains cépages, associés aux grands vins français classiques, ont franchi les frontières. En effet, quand la viticulture se développa dans le Nouveau Monde, les producteurs utilisèrent naturellement les cépages européens les plus prestigieux. Certains donnèrent peu de résultats satisfaisants, mais d'autres s'adaptèrent bien. Cultivés sur de vastes étendues, ils donnèrent de nouveaux vins, qui remportèrent un vif succès. La demande augmenta, confirmant leur cote au détriment d'autres cépages, à caractère souvent plus local.

Une majorité de la production mondiale provient néanmoins de cépages non classiques. Ceux-ci peuvent être cultivés par respect de la tradition, pour leur rendement ou pour leur adaptation aux sols et climats locaux. Il ne faut pas croire que seules les variétés classiques peuvent donner du bon vin. La tendance mondiale à favoriser une poignée de cépages met en danger les cépages indigènes. Or ces derniers, avec leurs caractéristiques propres, représentent un matériel génétique précieux et donnent des vins originaux de caractère. Comme les vins blancs de Bellet, par exemple, de nombreux vins peu connus hors de leur région n'en figurent pas moins parmi les vins remarquables ou simplement très bons.

> Après le greffage, la future partie aérienne de la plante est enduite d'un mélange de paraffine et de cire.

## Les effets de la crise du phylloxéra

Entre 1860 et 1880, un puceron nommé phylloxéra, introduit par mégarde des États-Unis en Europe, fut à l'origine du ravage des vignobles européens (voir p. 21). Les larves de parasite se fixent en effet sur les jeunes racines de vignes qu'elles piquent avec leurs rostres. Sur les espèces américaines, la pullulation était réduite. Mais sur les racines de l'espèce européenne, *Vitis vinifera*, moins résistante, leur densité fut très grande, et les piqûres provoquèrent des désorganisations cellulaires qui finirent par empêcher la circulation de la sève. Les souches s'affaiblirent et moururent en l'espace de trois à dix ans.

**VRAI OU FAUX ?**

***Les vignes non greffées ont toutes disparu.***

**FAUX.** Même si la plupart des vignobles du monde sont constitués de plants greffés, on recense néanmoins des exceptions. En France, citons par exemple le vignoble Marionnet en Touraine, qui abrite une parcelle de ceps âgés de 120 à 150 ans, donc préphylloxériques. Une partie du domaine a d'ailleurs été plantée, en 1991, « franche de pied », c'est-à-dire sans porte-greffe, et résiste toujours au puceron. Mais c'est surtout le vignoble chilien, épargné par le phylloxéra, qui compte le plus de vignes non greffées.

**UN SAUVETAGE PAR LA GREFFE.** Pour sauver les cépages de *Vitis vinifera,* les vignerons européens n'eurent d'autre solution que de les greffer sur des racines de vignes sauvages américaines résistantes au parasite. Depuis cette période, les ceps sont composés d'un porte-greffe (la racine) soudé à un greffon (partie aérienne de la plante). Ce dernier est toujours un *Vitis vinifera*, alors que le porte-greffe est presque toujours d'une autre espèce.

**DE NOMBREUX PORTE-GREFFES.** La racine qui alimente le greffon doit satisfaire à plusieurs conditions : résister au phylloxéra, être adaptée au terroir d'accueil, être compatible avec le greffon et conforme aux souhaits du vigneron quant à la puissance végétative. De nos jours, il existe dans chaque pays de l'Union européenne une liste de porte-greffes recommandés (les autres étant interdits). En France, quelques dizaines d'entre eux ont ainsi été sélectionnés pour leur résistance à la sécheresse, au calcaire (qui provoque la chlorose, maladie entraînant le jaunissement des feuilles), et pour leur rythme végétatif accéléré. Ce dernier favorise malheureusement le rendement, au détriment de la qualité et de la robustesse. Ces porte-greffes sont tous d'origine américaine *(Vitis riparia, rupestris ou berlandieri).*

## L'amélioration constante des cépages

L'amélioration des cépages, dans le but d'obtenir une meilleure qualité des raisins et de rendre la plante résistante aux différentes maladies, recourt pour l'essentiel à deux formes de sélection : la

### Petites différences plutôt que similitude

La pérennité du vignoble suppose l'éradication des maladies, et la sélection clonale permet d'atteindre ce but. Mais il existe néanmoins des inconvénients à l'utilisation de clones. La qualité d'un vin n'est en effet pas tributaire de la parfaite similitude des ceps, mais plutôt des très légères différences qui existent entre les individus d'une même variété. Or la sélection clonale implique une parfaite identité génétique. Pour remédier à cela, les pépiniéristes ont commencé à proposer plusieurs clones de la même variété.
Il existe par exemple 26 clones agréés de cabernet franc, dont les caractéristiques diffèrent légèrement.

sélection massale et la sélection clonale. Un certain nombre de grandes propriétés, en particulier dans le Bordelais, préfèrent miser sur la diversité génétique, donc sur la sélection massale. Toutefois, la coexistence des deux systèmes de sélection est parfaitement possible, y compris la plantation de ceps sélectionnés selon les deux procédés dans le vignoble d'une même exploitation.

**LA SÉLECTION MASSALE.** Elle est fréquente en agriculture depuis des siècles. Elle consiste à sélectionner visuellement, voire gustativement, les végétaux les plus appropriés aux buts recherchés. Dans le domaine de la vigne, on retient à des fins reproductives les plants les plus fructifères, les plus feuillus, ceux présentant les bois les plus forts ou encore les baies les plus grosses ou les plus petites selon le type de vignoble souhaité. La sélection massale privilégie la diversité du patrimoine génétique mais n'offre pas de garanties sanitaires.

**LA SÉLECTION CLONALE.** Pratiquée depuis 1960 par les pépiniéristes, la sélection clonale répond aux lacunes sanitaires de la sélection massale. Elle consiste à choisir un pied de vigne particulièrement apte, à vérifier son état sanitaire (par des tests virologiques), à l'améliorer au besoin (par thermothérapie) et à le faire agréer par le service compétent. Le pépiniériste procède alors à une reproduction à l'identique par clonage (bouturage ou greffage) et, de ce matériel végétal de base, il obtient le matériel certifié.

## La création de nouvelles variétés

Dans tous les pays, des stations de recherche croisent entre eux des cépages issus de l'espèce *Vinis vinifera,* afin de créer des métis (et non des hybrides, lesquels sont toujours issus de deux espèces). Ces nouveaux cépages sont essayés pendant des années avant d'être agréés. En France, ils ne participent pas à l'élaboration de vins AOC.

**JUSTE DES CROISEMENTS.** Ces plants sont obtenus par croisement, la seule intervention humaine se réduisant au choix des géniteurs. On peut croiser dix fois riesling et traminer, et obtenir dix métis distincts, de même qu'un homme et une femme ont des enfants différents les uns des autres. Dans l'avenir, après lecture du patrimoine génétique des cépages, on ne laissera sans doute plus agir le hasard, et l'on sélectionnera les gènes du métis.

### L'échec des « hybrides producteurs directs »

Lorsque le phylloxéra a détruit les vignes européennes, les vignerons ont tenté de les remplacer par des « hybrides producteurs directs ». Ces plants, issus de croisements entre l'espèce européenne *(Vitis vinifera)* et les espèces américaines, étaient censés réunir la qualité des cépages français et la résistance aux maladies des cépages américains. La résistance au phylloxéra était en effet excellente, mais les baies développaient des goûts grossiers et « foxés » (goût de renard), rendant les vins peu attrayants, voire toxiques.
De tels croisements sont aujourd'hui interdits, et les hybrides entre espèces européennes et américaines ne sont utilisés que comme porte-greffes.

**L'EXEMPLE ALLEMAND.** Le centre de recherche le plus actif se trouve à Geisenheim, en Rhénanie. Son activité est ancienne puisqu'on lui doit la création du müller-thurgau en 1883 (croisement de riesling et de la madeleine angevine), le cépage (blanc) le plus planté d'Allemagne. D'autres cépages blancs très aromatiques connaissent depuis les années 1950 un grand succès : le scheurebe (sylvaner et riesling), le huxelrebe (chasselas et muscat), le kerner (croisement trollinger et riesling), etc.

## Le recours aux OGM ?

Les microbiologistes sont évidemment tentés par la manipulation du patrimoine génétique des cépages dans le but de renforcer les défenses de la vigne ou, plus ambitieusement, dans celui d'obtenir des baies plus performantes sur le plan gustatif. Les chercheurs français ont, par exemple, réussi à isoler le gène responsable de l'immunité de la vigne américaine contre le court-noué, une maladie grave de dégénérescence de la vigne causée par des virus. Actuellement, sur une parcelle infectée, le seul remède est de traiter le sol et d'attendre sept ans avant de pouvoir replanter en utilisant des porte-greffes américains. Avec la vigne OGM, le porte-greffe ne serait plus nécessaire et il serait possible de planter immédiatement, même dans un sol infecté.

Cependant, avant de s'engager dans l'aventure des organismes génétiquement modifiés, chercheurs et producteurs devront s'assurer que de telles interventions ne présentent aucun risque pour la santé et l'environnement, et qu'elles garantissent la permanence du caractère du cépage obtenu. Aujourd'hui, aucune étude complète n'existe sur les raisins OGM ni sur la qualité gustative du vin qui en serait issu.

> L'un des ceps de vigne préphylloxériques conservés au Domaine La Charmoise des frères Marionnet.

# LES GRANDS CÉPAGES ROUGES

*Parmi la multiplicité des cépages, quelques-uns ont été sélectionnés pour leurs caractères particuliers. Certains, tels le cabernet-sauvignon, le merlot ou la syrah, sont devenus des stars internationales. Mais le bon vin peut être tout à fait issu de variétés moins connues.*

## Cabernet-sauvignon

Comme le montre l'analyse de son génome, le cépage le plus célèbre du monde est né du croisement d'un sauvignon blanc et d'un cabernet franc. Cette fécondation s'est produite il y a trois siècles environ, quelque part en Gironde.

**SES PRINCIPAUX TERROIRS.** Le cabernet-sauvignon est toujours un cépage traditionnel en Médoc (voir aussi p. 44). Les maigres sols graveleux de ce terroir semblent constituer les conditions idéales de sa culture. Mais il s'adapte à des conditions variables et est planté dans tous les vignobles du monde où l'ensoleillement dépasse 1 500 heures par an. On le trouve par exemple dans la plupart des pays situés au nord de la Méditerranée, de l'Espagne à la Turquie, et notamment en Bulgarie où il occupe plusieurs dizaines de milliers d'hectares.

**SES CARACTÉRISTIQUES.** Rouge sombre, avec des arômes de cassis, dans sa prime jeunesse, le vin issu de ce cépage devient rouge brique, avec des arômes de bois de cèdre en évoluant. Lorsque le rendement est contrôlé, le vinificateur tire de ses raisins un grand vin, fin, tannique, épicé, qui peut et doit vieillir. Le cabernet-sauvignon est souvent assemblé avec d'autres variétés. Il est complémentaire avec des cépages de type méditerranéen, et majoritaire dans les assemblages bordelais (rive gauche). Il confère une structure aux vins de garde : un grand bordeaux rouge d'une bonne année continuera à s'améliorer pendant des décennies.

***Les cépages rouges peuvent donner du vin blanc.** Il faut simplement éviter que le jus des raisins, qui est incolore, macère avec les peaux. En effet, ce sont elles qui diffusent leurs pigments conférant ainsi au vin sa coloration.*

## Cabernet franc

Ce cépage est proche du cabernet-sauvignon, sans en avoir le panache. Il était peut-être déjà présent dans le Bordelais, sous le nom de « vidure », au IVe siècle, du temps du poète latin Ausone.

**SES PRINCIPAUX TERROIRS.** Surtout cultivé autour de Bordeaux, le cabernet franc est aussi présent dans certaines régions de la vallée de la Loire. Sa maturité précoce permet en effet de le planter plus au nord que le cabernet-sauvignon. Si l'on excepte le nord de l'Italie, et dans une bien moindre mesure, la Californie, ce cépage ne s'est guère implanté hors de France.

**SES CARACTÉRISTIQUES.** Il produit des vins aux arômes frais et fruités, avec un goût caractéristique de fruit mûr. Dans les bordeaux, ce cépage, associé au merlot et au cabernet-sauvignon, est presque toujours minoritaire. En revanche, dans les vins de

> Cabernet-sauvignon

> Cabernet franc

> Gamay

la vallée de la Loire, tels le Saumur, le Bourgueil, le Chinon, il domine les autres éventuels cépages. Un vin contenant seulement du cabernet franc est en général relativement léger et à boire rapidement.

## Gamay

L'origine de ce cépage est incertaine mais elle serait très ancienne, sans doute antérieure au XIIIe siècle, et peut-être beaujolaise. Même s'il ne donne pas de grands vins, le gamay a permis de produire un style de rouge léger, largement imité dans le monde, d'où sa célébrité.

**SES PRINCIPAUX TERROIRS.** Le gamay aime les terrains granitiques. C'est avant tout le cépage unique du Beaujolais rouge, même s'il s'est aussi développé dans la vallée de la Loire (notamment en Touraine), dans quelques vignobles du centre de la France, et en Suisse.

**SES CARACTÉRISTIQUES.** Le vin issu du gamay est léger, riche en arômes primaires et en saveur de fruits mûrs. Il est peu tannique et souvent acide. La popularité de ce cépage a été notamment assurée par le Beaujolais primeur. Mais les crus du Beaujolais, vinifiés traditionnellement, exaltent bien davantage son fruité floral. La différence de qualité entre un beaujolais ordinaire et un cru est considérable.

## Grenache

Ce cépage d'origine espagnole, implanté en France dès le XIVe siècle, ne parvint dans la vallée du Rhône, à Châteauneuf-du-Pape, que trois siècles plus tard.

**SES PRINCIPAUX TERROIRS.** Ce cépage est cultivé dans tous les départements méridionaux français, tant en Provence que dans le Languedoc. Il donne ses meilleurs résultats dans les coteaux secs et caillouteux, comme à Rivesaltes ou à Châteauneuf-du-Pape. Il est le principal cépage rouge en Espagne et complète souvent la syrah en Australie.

**SES CARACTÉRISTIQUES.** Le vin à base de grenache est riche en alcool, capiteux et d'une faible acidité. Sa faculté à s'oxyder est exploitée dans l'élaboration des vins doux naturels (Banyuls, Maury, Rivesaltes). En France, pour obtenir des vins de garde, le grenache est souvent assemblé avec le mourvèdre et la syrah. Il donne en Espagne des vins légers dans la Rioja et plus consistants dans la région de Valladolid.

## Merlot

Le merlot, qui est peut-être originaire du Bordelais, n'est répertorié qu'au XIXe siècle.

**SES PRINCIPAUX TERROIRS.** Sa terre d'élection est située sur la rive droite de la Garonne, à Saint-Émilion et Pomerol, sur des sols frais, argilo-calcaires. Mais il est aussi cultivé dans le sud de la France, dans le nord de l'Italie, et, depuis plusieurs années, en Californie.

**SES CARACTÉRISTIQUES.** Le vin issu du merlot est souple, fruité, avec des arômes de cassis et de prune. Il se boit en général jeune. Mais associé à d'autres cépages, dans certains grands pomerols notamment, il peut donner un vin qui prend avec le temps une splendide complexité. Le merlot joue en effet un rôle essentiel dans des crus illustres, tel le Petrus.

## Nebbiolo

Il est probable qu'à l'époque romaine le nebbiolo était déjà implanté dans la région piémontaise. Il constitue la principale contribution de l'Italie aux cépages classiques.

**SES PRINCIPAUX TERROIRS.** Le nebbiolo est peu cultivé en dehors de l'Italie, et surtout hors des vallées du Piémont, sa terre d'élection, et malgré une faible présence dans les Amériques.

> Grenache

> Merlot

> Nebbiolo

**SES CARACTÉRISTIQUES.** Ce cépage classique italien produit des grands vins acides et tanniques : le Barolo et le Barbaresco. D'une longévité proverbiale, ils doivent passer un certain temps en bouteille afin que leur bouquet se développe.

## Pinot(s)

Ce plant très ancien, qu'on peut supposer d'origine bourguignonne, est décrit par Columelle au début du Ier siècle. Génétiquement instable, le pinot est à l'origine d'une famille nombreuse comprenant aussi bien des cépages rouges que blancs : pinot noir, meunier (rouge), gris ou beurot (rose grisâtre), blanc, etc.
**LE PINOT NOIR.** Assez délicat, il offre la particularité d'être, de tous les cépages, le plus fin et le plus sensible au terroir. C'est pour cette raison qu'en Bourgogne il peut produire un vin différent tous les 500 mètres, même s'il s'agit toujours d'un grand vin. Hors de Bourgogne, il donne de grands vins en Champagne, souvent assemblé au pinot meunier et au chardonnay. Il donne en revanche des vins de qualité variable en Oregon (États-Unis), en Australie et en Nouvelle-Zélande.
**LE PINOT MEUNIER.** Il est surtout planté en Champagne et donne des vins rouges souples et fruités.

> Pinot noir

> Syrah

## Syrah

On a longtemps cru que la syrah était un cépage d'origine persane, mais cette légende s'est effondrée lorsque son génome a révélé, parmi ses ascendants, la mondeuse, un cépage savoyard. À faible rendement, sur des terroirs idoines et privilégiés, ce cépage donne des vins de grande classe.
**SES PRINCIPAUX TERROIRS.** La syrah est avant tout un cépage de la vallée du Rhône, qui fait la gloire des grands vins comme l'Hermitage ou le Côte-Rôtie. Elle est néanmoins cultivée partout dans le monde, et notamment en Australie, sous le nom de shiraz, où elle donne de bons résultats.
**SES CARACTÉRISTIQUES.** La syrah permet d'élaborer un vin noir, poivré, structuré, aux arômes de violette. Elle est utilisée seule dans certains grands vins des Côtes du Rhône septentrionales. Mais elle est aussi employée comme améliorateur de vins de pays méditerranéens, auxquels elle apporte ses caractéristiques notes épicées.

## Tempranillo

Le tempranillo est considéré comme le plus noble des cépages espagnols. Il doit son nom à sa maturation précoce (*temprano* signifie « tôt »).
**SES PRINCIPAUX TERROIRS.** Le tempranillo est surtout présent en Espagne, où il est devenu le premier des cépages rouges. Il n'existe qu'en quantité limitée ailleurs dans le monde, le Portugal et l'Argentine étant les seuls pays à en cultiver des surfaces importantes.
**SES CARACTÉRISTIQUES.** Il est le cépage clef des grands vins espagnols de la Rioja et du Ribera del Duero, puissants et harmonieux. Son arôme rappelle un peu celui du pinot noir bourguignon. Au Portugal, appelé tinta roriz ou aragonês, il fait partie des cinq cépages recommandés pour la production de porto rouge.

## Zinfandel

Le seul vin que l'on considère comme typiquement américain est issu du zinfandel, appelé familièrement « zin » aux États-Unis. Ce cépage aurait été introduit dans le pays vers 1850 et serait issu du primitivo, cultivé dans les Pouilles (Italie) depuis la fin du XVIIIe siècle.
**SES PRINCIPAUX TERROIRS.** Ce cépage est présent dans diverses régions américaines, mais surtout en Californie. On le trouve aussi dans le nord du Mexique et en Australie.
**SES CARACTÉRISTIQUES.** Souvent soumis à des rendements excessifs, cet excellent cépage est riche en sucre et en arômes fruités. Il est polyvalent : on en tire des blancs de noirs, des rosés (nommés *blush*), des vins de table ainsi que des vins rouges de garde. En général, il est vinifié seul, mais il peut aussi être assemblé au cabernet-sauvignon et au merlot.

## Les autres cépages importants

Les cépages énumérés ci-dessous sont d'importance inégale. Certains sont liés exclusivement à une appellation.
**BARBERA.** Très répandu en Italie (Piémont) et en Californie, il permet de produire des vins généreux, d'une belle acidité.
**BLAUFRÄNKISCH.** Nommé lemberger en Allemagne, ce cépage autrichien donne des vins fruités, pleins de fraîcheur dans le style des beaujolais.

**CARIGNAN.** C'est le cépage le plus communément cultivé dans le Midi et dans les pays méditerranéens. Il donne un vin robuste, corsé, tannique, acide, demi-fin.

**CARMENÈRE.** Présent surtout en Gironde, il participe à l'élaboration des AOC Bordeaux, Médoc, Saint-Émilion. Il est également présent au Chili où il donne des vins profonds.

**CINSAUT (OU CINSAULT).** Cépage de qualité moyenne, aimant la chaleur, il est utilisé en assemblage (Midi, Liban, Afrique du Nord) et apporte au vin souplesse et légèreté.

**MALBEC (OU CÔT, OU AUXERROIS).** Principal cépage à l'origine de l'AOC Cahors, il donne un vin fruité et souple. En Argentine, il entre dans l'élaboration de vins de garde charpentés.

**GROLLEAU.** Cultivé surtout dans la vallée de la Loire, il permet d'élaborer un vin léger, faible en alcool, souvent rosé. Il est présent dans les AOC Anjou, Touraine ou Rosé de Loire.

**KADARKA.** Cet ancien cépage hongrois, introduit jadis par les Turcs, est jugé prometteur, mais donne aujourd'hui des vins qui ont souvent une amertume assez présente et dont le goût rappelle celui des vins demi-secs.

**LAMBRUSCO.** Cépage d'Émilie-Romagne (Italie), il entre dans l'élaboration de plusieurs vins un peu pétillants, doux et gouleyants, à boire rapidement.

**MONDEUSE.** Apparenté à la syrah, ce cépage est le plus caractéristique de la Savoie. Le vin qui en est issu est structuré et tannique.

**MONTEPULCIANO.** Figurant parmi les principaux cépages italiens, il offre de vigoureux vins rouges en Italie centrale et est souvent associé au sangiovese.

**MOURVÈDRE.** Il est utilisé en assemblage dans la vallée du Rhône, en Provence et dans le Midi (AOC Bandol), pour produire des vins tanniques, corsés, épicés et de garde.

**NÉGRETTE.** Du fait de sa fragilité, ce cépage s'est fait rare. Surtout présent en Haute-Garonne, à Fronton, il apporte des arômes de violette et de réglisse à des vins de moyenne garde.

## Des cépages retrouvés

Les cépages n'échappent pas aux modes, encore que celles-ci soient souvent la conséquence de difficultés ou d'améliorations des conditions de production. Ainsi le mourvèdre, dont l'avenir semblait incertain après la dernière guerre, car les greffons reprenaient mal, est en constante progression. Le viognier est aussi un cépage miraculé. Réduite à une dizaine d'hectares dans les années 1950, affectée par un mauvais état sanitaire, sa production était irrégulière. Aujourd'hui, dans la vallée du Rhône et dans le Midi, on vinifie quantité de vins de viognier. Ainsi, un patrimoine viticole oublié est peu à peu redécouvert. On élabore également des vins étiquetés « Vignes oubliées », issus de vignes préphylloxériques.

**NIELLUCCIO.** Apparenté au cépage toscan sangiovese, il est cultivé dans le nord de la Corse où il entre dans l'élaboration de l'AOC Patrimonio.

**PETIT VERDOT.** Surtout présent en Gironde, il entre dans l'élaboration des AOC Bordeaux, Médoc et Graves. Il donne des vins riches en tanin qui s'améliorent en vieillissant.

**POULSARD.** Cultivé surtout dans le Jura, il donne des vins peu colorés au parfum particulièrement délicat. Il est souvent employé seul à Arbois.

**SANGIOVESE.** Ce grand cépage de Toscane donne des vins fruités et équilibrés. Le plus célèbre est le Chianti, contenant de 75 % à 100 % de sangiovese.

**TANNAT.** Riche en tanins, ce cépage est le principal composant de plusieurs vins pyrénéens, notamment du Béarn. Il est aussi très bien adapté au sol et au climat uruguayens.

> Tempranillo

> Zinfandel

> Petit verdot

# LES GRANDS CÉPAGES BLANCS

*Les cépages blancs, seuls ou associés entre eux, donnent une très grande variété de vins blancs, secs, demi-secs, aromatiques ou liquoreux. Parmi les plus réputés, le chardonnay, le riesling, le chenin et le sauvignon sont désormais cultivés dans le monde entier.*

## Chardonnay

Le chardonnay est en blanc ce que le cabernet-sauvignon est en rouge : un cépage international. Si sa date de naissance est inconnue, ses géniteurs sont formellement identifiés : un médiocre cépage médiéval du Jura et de Franche-Comté, le gouais blanc, et le pinot noir. Cette fusion historique aurait eu lieu dans le Mâconnais, en Bourgogne, où un village porte le nom de Chardonnay.

**SES PRINCIPAUX TERROIRS.** Ses terres d'élection sont la Bourgogne et la Champagne. Cépage prestigieux du Montrachet et de tous les grands bourgognes blancs ainsi que des champagnes « blancs de blancs », il est doué d'une grande plasticité, capable de s'adapter à des sols et des climats variés, d'où son succès planétaire.

**SES CARACTÉRISTIQUES.** Le chardonnay peut présenter des arômes puissants. Dans les pays plus chauds, les arômes de brioche, de beurre frais, de noisette et de pain grillé des chardonnays de Bourgogne feront place à des arômes d'agrumes, d'ananas, de fruits exotiques. Les plus grands vins de chardonnay, tels les bourgognes blancs, vieillissent bien. D'autres, surtout ceux qui n'ont pas été élevés dans le bois, sont faits pour être bus rapidement. Dans le cas du chardonnay, tout dépend de la stratégie du vinificateur.

***Les raisins blancs ont une peau dépourvue d'anthocyanes, ces pigments présents dans les variétés rouges.*** *Leurs baies sont translucides et leur couleur va du vert clair au jaune doré, et peut parfois être légèrement rosée.*

## Chenin

Déjà cultivé au IXe siècle à l'abbaye de Glanfeuil en Anjou, le chenin est un cépage dont la qualité est généralement aussi moyenne qu'assurée.

**SES PRINCIPAUX TERROIRS.** Le chenin est encore très présent dans sa région d'origine, la Loire, et entre dans la composition du Vouvray, du Savennières, du Bonnezeaux et de certaines appellations d'Anjou. Mais il est cultivé partout hors de France, en particulier en Afrique du Sud sous le nom de steen. Ce cépage polyvalent s'adapte à tous les sols et à tous les climats.

**SES CARACTÉRISTIQUES.** Selon le terroir, le chenin peut produire des vins très différents, du crémant au vin doux naturel, du sec au liquoreux, de l'acide au mou, du banal à l'exceptionnel. Vinifié en sec, il offre un nez vigoureux sur des notes de noisette, de pomme, de fleurs ; vinifié en doux, il exhale des arômes plus complexes, avec des touches de miel, de confiture de coing, d'abricot confit, de fleur d'oranger. Au cœur de son terroir, dans la vallée du Layon et la zone de Vouvray, il peut donner des vins blancs de garde, dont l'acide jeunesse évolue vers une maturité d'une douceur voluptueuse. En Afrique du Sud, en Californie et dans d'autres pays, il produit des vins demi-secs sans vice ni vertu.

> Chardonnay

> Chenin

> Gewurztraminer

LE SAVIEZ-VOUS ?

***Le cépage chardonnay a de multiples identités selon les régions.*** *Il est ainsi nommé melon blanc à Arbois, petite sainte-marie en Savoie, rousseau ou roussot dans l'Yonne, beaunois près de Tonnerre, en Côte d'Or, luisant à Besançon, auvergnat blanc dans le Loiret, arnoison en Touraine... pour ne citer que quelques exemples. L'existence d'un grand nombre de synonymes pour désigner un seul et même cépage ne concerne pas le seul chardonnay, loin de là. Tout cépage est en effet susceptible de porter différents noms, issus des traditions locales.*

## Gewurztraminer

Le traminer aromatique (*gewürz* signifie « épice » en allemand), importé du Palatinat, est cultivé en Alsace depuis 1870. Le traminer, qui est en fait le savagnin blanc, cépage du Jura, comprend deux versions roses, l'une qui n'est pas aromatique (klevener de Heiligenstein) et l'autre, le traminer musqué ou gewurztraminer.
**SES PRINCIPAUX TERROIRS.** Il est chez lui des deux côtés du Rhin, en Alsace et dans le sud de l'Allemagne, ainsi que dans le nord de l'Italie et en Autriche. Hors des vignobles du centre de l'Europe, il a un succès limité, car il supporte mal la chaleur, qui rend ses vins trop mous. Il est néanmoins cultivé aussi en Californie.
**SES CARACTÉRISTIQUES.** On tire du gewurztraminer un vin au fruité prononcé, très marqué par des notes épicées, avec des arômes de roses. Les bons vins d'Alsace ou du pays de Bade ont une intense présence en bouche, en dépit d'une acidité presque toujours faible. Vendangé tardivement, ce vin devient voluptueux, riche jusqu'à la lourdeur.

## Muscat(s)

Probablement venu d'Asie Mineure, le muscat était déjà cultivé dans la Grèce antique et serait l'un des plus anciens cépages au monde. Il constitue une très vaste famille : au moins 200 représentants. Certains raisins sont noirs, d'autres rougeâtres ou blancs.
**LES MUSCATS LES PLUS CONNUS ET LEURS TERROIRS.** Le muscat d'Alexandrie est le plus répandu, le muscat à petits grains est jugé le meilleur. Le muscat ottonel, né d'un croisement de muscat et de chasselas réalisé par Moreau-Robert dans la Loire, au XIX^e^ siècle, a trouvé asile en Alsace, en Autriche et en Europe de l'Est. L'aleatico, raisin noir muscaté cultivé dans plusieurs régions d'Italie, est sans doute un parent des muscats. Les divers muscats produisent des vins dont le style varie en concentration et en puissance aromatique.
**LEURS CARACTÉRISTIQUES.** Quiconque a goûté un raisin de muscat reconnaîtra sans difficulté un vin issu de ce cépage. Mais le goût est presque l'unique point commun de tous ces plants. Les vins sont très variés et vont du blanc mousseux aux vins mutés riches et denses d'Australie. On fait à partir des muscats des vins secs en Alsace, des vins doux naturels très aromatiques et capiteux à Frontignan, du vin effervescent à Die...

## Riesling

Ce cépage très ancien est d'origine germanique, mais, selon certains spécialistes, il aurait été introduit par des légionnaires romains.
**SES PRINCIPAUX TERROIRS.** Pour certains œnophiles, le riesling rivalise en qualité avec le chardonnay. Mais il n'en a pas la plasticité. Il se cantonne aux schistes et à l'argilo-calcaire, mais plutôt dans le Nord, sur des coteaux bien exposés. Très présent en Allemagne, où il occupe les beaux terroirs, cultivé aussi en Autriche et dans le nord de l'Italie, le riesling, en France, n'est présent qu'en Alsace. Dans les pays du Nouveau Monde, il donne de bons résultats en

> Muscat de Beaumes-de-Venise

> Muscat de Frontignan

> Riesling

Californie, en Nouvelle-Zélande et en Australie. Sous ces climats plus chauds, la teneur en acidité propre aux rieslings allemands peut cependant lui faire défaut.
**SES CARACTÉRISTIQUES.** Le riesling donne des vins où acidité et douceur s'équilibrent. Ils peuvent être secs, fins, élégants, citronnés, à boire jeunes. Mais ce cépage donne aussi de grands liquoreux de garde, nerveux et complexes, à garder pendant des décennies. De façon générale, les vins français sont plus secs et plus riches en alcool que les allemands.

## Sauvignon

Cultivé depuis des siècles dans la Loire et le Bordelais, ce cépage s'est développé depuis dans le monde entier.
**SES PRINCIPAUX TERROIRS.** Le sauvignon aime le calcaire et la fraîcheur qu'il retrouve dans le centre de Loire et le Bordelais ; il perd un peu de son caractère sous des climats chauds. Il est néanmoins présent et apprécié sur tous les continents, en particulier en Nouvelle-Zélande.
**SES CARACTÉRISTIQUES.** Ce cépage produit un vin blanc sec, à boire jeune, direct, parfois simple, typé, avec des arômes de groseille à maquereau, de buis, voire de « pipi de chat ». Employé sans ajout de raisins d'autres cépages, il assure la réputation des Sancerres, Pouillys, Quincys, tous vins de Loire. Dans le Bordelais, il est souvent assemblé au sémillon, que le vin soit sec ou liquoreux, et entre dans la composition du Graves blanc et du Sauternes.

> Sauvignon

> Sémillon

## Sémillon

Natif du Sud-Ouest, le sémillon n'a pas les faveurs de la mode, car il est discret et ne s'affirme qu'avec le temps.
**SES PRINCIPAUX TERROIRS.** Hors de la Gironde, son terroir d'élection, c'est seulement en Australie, dans la Hunter Valley, que ce cépage s'est fait un nom. Il existe néanmoins des vignobles de sémillon au Chili, en Argentine et en Afrique du Sud.
**SES CARACTÉRISTIQUES.** Associé au sauvignon blanc, il prend bien la « pourriture noble » et donne du gras et du corps à tous les vins liquoreux, en particulier le Sauternes. Il entre aussi dans l'assemblage de vins blancs secs et est présent notamment dans de grands Graves blancs. Les Australiens produisent avec ce seul cépage de superbes vins secs de garde.

## Les autres cépages blancs importants

Les cépages qui suivent sont d'importance inégale. Certains sont liés exclusivement à une appellation.
**ALBARIÑO.** Ce cépage espagnol, et plus particulièrement de Galice, donne des blancs secs intéressants dont le Rias Baixas, classé DO *(Denominación de origien).*
**ALIGOTÉ.** Il est à l'origine de vins secs, assez acides (AOC Bourgogne aligoté, Bouzeron).
**BOURBOULENC.** Cultivé surtout en Provence et en Languedoc, il est présent dans de nombreuses AOC (Bandol, Cassis, Minervois, Côtes-du-Rhône, etc.).
**CATARRATTO.** C'est l'un des principaux cépages blancs de Sicile. Il entre dans la production du Marsala mais aussi de vins de table.
**CHASSELAS.** Raisin de table et de cuve, il est vinifié à Pouilly-sur-Loire, en Alsace, en Savoie, en Allemagne (Gutedel) et en Suisse. Il donne un vin fruité.
**CLAIRETTE.** C'est un très ancien cépage du Midi, dont on fait un vin sec, floral, un peu mou.
**COLOMBARD.** Natif du Sud-Ouest, il est aussi implanté en Californie et en Afrique du Sud. Il est à l'origine de vins frais, acides, mais sert aussi à produire de l'eau-de-vie.
**FOLLE BLANCHE.** Ses raisins permettent d'élaborer le Gros-Plant et les armagnacs les plus fins.
**FRIULANO.** Principal cépage du nord-ouest de l'Italie, il produit un vin de robe paille à reflets verts, aux arômes d'amande.
**FURMINT.** Cépage hongrois, il entre dans la fabrication du Tokaj, ce vin liquoreux, très aromatique.
**JACQUÈRE.** Cultivé surtout en Savoie, il permet de produire un vin peu alcoolisé, acide et diurétique. On le retrouve dans les AOC Vin de Savoie et Vin du Bugey.
**MACCABEU.** Il fait partie des principaux cépages utilisés pour la production de vins doux naturels (Rivesaltes, Banyuls, Maury).
**MALVOISIE (VERMENTINO).** Ce très ancien cépage méditerranéen a donné son nom au plus doux des madères. Cultivé en Italie et en Corse, il donne un vin rond et riche.
**MARSANNE.** Ce cépage du nord du Rhône est proche de la roussanne, mais donne un vin plus souple avec moins de finesse.
**MAUZAC.** Il ne pousse qu'à Limoux (Blanquette de Limoux), dans l'Aude, et à Gaillac, dans le Sud-Ouest. Parfois mou, il se caractérise par sa saveur de pomme.

## Les cépages des vins d'appellation d'origne

En France, les cahiers des charges établis pour les vins d'appellation d'origine encadrent le choix des cépages dans le but de préserver la typicité des vins. On y trouve une hiérarchie qui distingue entre les cépages « principaux », obligatoires pour élaborer le vin et dont la proportion est toujours importante, les cépages « complémentaires », moins présents, et les cépages « accessoires » dont la proportion ne doit pas dépasser les 10 %. Toute modification d'encépagement à l'intérieur d'une appellation fait l'objet d'une expérimentation préalable, et chaque nouveau cépage admis aura forcément le statut de cépage accessoire. Par exemple, le viognier, après avoir été revendiqué pour les vins de pays, fait maintenant partie des appellations Languedoc et Costières-de-Nîmes.

**MELON DE BOURGOGNE.** Nommé muscadet en Pays nantais, il permet de produire un vin sec, facile à boire.
**MÜLLER-THURGAU.** Croisement du riesling et de la madeleine angevine, cultivé en Allemagne, il est à l'origine d'un vin robuste, légèrement musqué.
**MUSCADELLE.** Ce cépage fragile apporte une touche aromatique à certains liquoreux du Sud-Ouest.
**PALOMINO.** Il donne un raisin blanc de faible acidité et modérément sucré, à l'origine du Xérès (Fino, Manzanilla et Amontillado). Hors d'Espagne, il est aussi cultivé en Californie, en Australie et en Afrique du Sud.
**PEDRO XIMÉNEZ.** Ce cépage blanc très sucré entre dans la fabrication du Xérès et surtout du Montilla-Moriles.
**PETIT MANSENG.** Ce cépage gascon intervient dans l'élaboration du Jurançon moelleux.
**PINOTS.** Le pinot gris (baies roses à bleu grisâtre) est le descendant le plus intéressant du pinot noir (voir p. 38). Il est à l'origine des vins blancs riches et gras d'Alsace et d'Allemagne. Le pinot blanc, très apprécié en Italie et en Californie, donne pour sa part un vin blanc droit, parfois simple.
**ROUSSANNE.** Cépage aromatique du nord du Rhône et de Savoie, il donne un vin de garde, fin et équilibré.
**SAVAGNIN.** Cépage du Jura, il est à l'origine du vin jaune, ou parfois d'un vin blanc très typé. Associé à d'autres cépages, il apporte un élément de conservation et de qualité.
**SEYVAL.** Ce raisin hybride doté d'une forte acidité donne un vin blanc sec neutre dans l'État de New York et au Canada.
**SYLVANER.** Typique des vignobles alsaciens et allemands, ce cépage d'un bon rendement est à l'origine d'un vin simple, floral et nerveux.
**TORRONTÈS.** Présent en Espagne, il est aussi l'un des plus intéressants cépages blancs d'Amérique latine. En sont issus des vins vifs et aromatiques, parfois agréablement épicés.
**UGNI BLANC (TREBBIANO).** Utilisé pour le cognac, ce cépage est aussi à la base de blancs de Provence et du Languedoc, acides et assez neutres. En Italie, il porte le nom de trebbiano.
**VERDEJO.** Considéré comme l'un des meilleurs cépages de blancs de Castille-León, il est notamment très présent dans plusieurs Rueda, vins classés DO *(Denominación de origien)*.
**VERDELHO.** Connu comme l'un des principaux cépages à l'origine des madères, il entre aussi dans la composition de plusieurs vins blancs australiens.
**VIOGNIER.** Planté dans le sud de la France, des Pyrénées-Orientales au Vaucluse, il peut fournir des vins odorants de grande qualité (AOC Condrieu et Château-Grillet).
**WELSCHRIESLING.** Ce cépage à ne pas confondre avec le riesling est à l'origine de vins fruités et légers en Autriche, dans le nord de l'Italie, et dans tout le sud-est de l'Europe.

> Ceps de riesling sur le terroir de Schoenenbourg classé grand cru d'Alsace (Domaine Hugel & Fils).

# LES CÉPAGES ET LES TERROIRS : DES ASSOCIATIONS CÉLÈBRES

*Le couple terroir-cépage influence fortement la personnalité d'un vin. Il est des endroits où la configuration des facteurs de qualité – climat, exposition, sol – permet de sublimer l'expression d'un cépage, ce qui donne un vin unique.*

## Le cabernet-sauvignon et les vins de Bordeaux

Cépage rouge noble, le cabernet-sauvignon est une variété tardive, résistant bien à la pourriture et se plaisant sur des terrains maigres et secs, bien drainés. Il est cultivé dans le monde entier, mais c'est dans le Bordelais qu'il a trouvé son terroir idéal, et notamment sur la rive gauche de la Gironde là où les sols de graves (pierres et graviers mêlés) sont majoritaires et où domine un climat océanique parfois capricieux.

Dans cette région, qui correspond aux vignobles du Haut-Médoc et des Graves, il est le cépage dominant des grands crus classés, en assemblage avec le cabernet franc et le merlot. Il y donne des vins à la trame tannique serrée et puissante dans leur jeunesse, qui leur assure une longévité parfois exceptionnelle. En vieillissant, ces vins prennent du corps et acquièrent une finesse et une élégance d'une grande race.

***L'homme peut améliorer l'expression d'un terroir par les choix qu'il opère,** par exemple celui des cépages ou du système de conduite de la vigne. En effet, les raisins doivent pouvoir atteindre une maturité satisfaisante et exprimer des particularités organoleptiques originales.*

## La syrah et les vins de Cornas

La syrah est un cépage rouge tannique, qui donne des vins de bonne garde. Elle affectionne les terrains granitiques. Son terroir de prédilection se trouve au nord de la vallée du Rhône, dans les appellations comme Côte-Rôtie, Hermitage, Crozes-Hermitage ou Saint-Joseph, mais c'est surtout dans celle de Cornas qu'elle bénéficie de conditions optimales.

Sous un climat semi-continental, les vignes de Cornas sont cultivées sur des coteaux exposés sud et sud-est, très ensoleillés, et sur un sol où quelques dépôts limoneux reposent sur des terrasses très abruptes soutenues par des murets. Dans le nord de la vallée du Rhône, cette appellation est la première à vendanger. La syrah y est l'unique cépage et donne un vin beau et puissant, à la robe rouge sombre. Son nez de fruits rouges, avec des touches de poivre et de violette, évolue au vieillissement vers des arômes de truffe, d'ambre, de réglisse et de fruits cuits.

> Cabernet-sauvignon et sol de graves, dans le Bordelais.

## Le viognier et les vins de Condrieu

Le viognier est un cépage blanc peu productif, capricieux et fragile. C'est le cépage exclusif de deux AOC, Château-Grillet et Condrieu. Cette dernière appellation, au climat continental modéré, s'étend sur des versants abrupts aménagés en terrasses reposant sur des sables caillouteux ou sur des sols granitiques. C'est ici que le viognier donne son meilleur : un vin blanc superbe habillé d'une robe jaune pâle aux reflets dorés, caractérisé par de généreux arômes floraux (violette, iris, bouquet champêtre) et fruités (pêche blanche, abricot). Sa bouche souple, onctueuse et capiteuse allie une grande fraîcheur à une belle longueur. C'est un très grand vin, rare, coûteux et recherché, à boire jeune.

Récemment, deux nouveautés – discutées par certains amateurs, plébiscitées par d'autres – ont été introduites : passage croissant dans les barriques de chêne neuf et vinification en vendanges tardives.

## Le chardonnay et les vins de Puligny-Montrachet

Cépage blanc de qualité, mais peu productif, le chardonnay donne des vins fins et aptes à vieillir. S'il est cultivé un peu partout dans le monde entier, avec des résultats plus ou moins heureux, en Bourgogne, il fournit les plus grands vins blancs secs de France.

Le chardonnay s'exprime le mieux sur des sols argilo-calcaires et pierreux qui donnent à ses vins beaucoup de finesse. C'est le cas dans le village de Puligny-Montrachet, en Côte de Beaune. Le climat y est tempéré, à légère tendance continentale. Le sol repose sur des bancs marneux argilo-calcaires, et l'exposition est et sud-est donne un ensoleillement parfait. Sur ce terroir, le chardonnay donne des grappes assez petites. Les teneurs en sucres des baies peuvent atteindre des niveaux élevés tout en conservant une acidité importante, ce qui permet d'obtenir des vins particulièrement bien équilibrés, puissants et amples, avec beaucoup de gras et de volume, notamment sur les quatre grands crus (Montrachet, Chevalier-Montrachet, Bienvenues-Bâtard-Montrachet et Bâtard-Montrachet) que l'on trouve à Puligny.

> Grappes de viognier, dans le vignoble de Condrieu.

## Le tempranillo et les vins de Rioja

Le tempranillo est la réponse espagnole au cabernet-sauvignon. Son nom vient de *temprano*, « tôt » en espagnol. Il est précoce et sa facilité à mûrir rapidement l'amène à se développer dans des régions plutôt froides. Il donne les meilleurs résultats dans la Rioja, au nord de l'Espagne, et notamment en Rioja Alta, partie de la région plus élevée (entre 400 et 500 m) ouverte vers l'Atlantique, à l'ouest de la ville de Logroño. Il y prospère sur un sol aride et rocailleux, constitué de sédiments solidifiés avec l'apparition de roches que l'érosion des siècles a rendues visibles. Les vins qui en résultent sont réputés pour leur finesse, leur structure et leur aptitude au vieillissement.

> Cep de tempranillo dans la Rioja, en Espagne.

## Le sangiovese et les vins de Chianti

Ce cépage rouge italien domine dans l'appellation Chianti à hauteur de 70 à 80 %, voire davantage. Sensible aux facteurs extérieurs comme le sol et le climat, il mûrit à des moments différents d'une parcelle à une autre. Les vins de Chianti sont tendres dans le sol argilo-sableux des Colli aretini, charnus dans le sol argilo-calcaire des crus de Rufina, ou puissants et musclés du côté des Colli senesi. Sous un soleil généreux, la maturation est souvent tempérée ou perturbée par la fraîche proximité de la mer et les caprices de la météo. Pour favoriser l'équilibre et l'homogénéité des vins, les vendanges se font tardivement, jusque fin octobre, ce qui peut étonner dans une région méditerranéenne. Le sangiovese donne au Chianti des vins souples, parfumés, fruités de grande qualité, célèbres dans le monde entier.

### Des spécialistes ès terroirs

Depuis plus de vingt ans, Claude et Lydia Bourguignon étudient les sols dans leur dimension non seulement physique et chimique, mais microbiologique. Ils ont mis en évidence le rôle de la faune (du petit insecte jusqu'aux micro-organismes) qui permet la bonne assimilation des éléments minéraux par la plante et développe l'expression d'un terroir dans le vin. Ils ont aussi montré le rôle primordial des argiles dans le stockage de ces éléments. L'étude des sols a conduit les Bourguignon à établir un index de classification de la capacité des sols à produire de grands vins.

# DU CEP
# À LA
# BOUTEILLE

# LE CYCLE VÉGÉTATIF DE LA VIGNE

*La vigne est à la fois une plante vivace et un arbre fruitier. Elle suit donc un cycle annuel de production de fruits et son propre cycle de vie : d'abord bouture, elle devient jeune vigne avant d'atteindre sa maturité et la pleine production.*

## Les besoins de la vigne

La vigne a avant tout besoin de lumière. Mais le soleil n'est pas indispensable, la simple lumière du jour lui suffit. Les températures nécessaires à son développement sont précises, de 10 °C à 25 °C. Au-delà de 28 °C, l'eau s'évapore, les feuilles se fanent. La croissance s'arrête aussi quand il fait trop froid. Quant à l'eau, il en faut sans excès et de façon intermittente (de 500 à 700 mm par an). Si le climat est trop humide, la vigne peut être la cible de maladies, et produire des baies énormes, gorgées d'eau, dont la peau peut éclater. La pluie a une action négative surtout durant la floraison.

**Dans tous les vignobles du monde, le cycle de la vigne se renouvelle de la même façon.** *Endormie à l'entrée de l'hiver, la liane démarre sa croissance au printemps pour donner en automne des grappes mûres à point. Si toutefois le climat est clément, et le vigneron attentif...*

## Le cep et la feuille

**LE CEP DE VIGNE.** Il est formé d'un certain nombre d'organes, parmi lesquels les rameaux fructifères, qui se développent sur le bois de taille. Ces rameaux se présentent sous une succession d'entre-nœuds, nommés « mérithalles », séparés par des nœuds plus ou moins renflés d'où partent les feuilles, les bourgeons, les vrilles et les inflorescences. Au cours de l'été, le rameau mûrit et sa couleur passe du vert au brun. Ce phénomène s'appelle « aoûtement » et, à ce stade, le rameau est devenu un sarment.

**LES FEUILLES DE VIGNE.** Insérées sur les nœuds en position alternée, elles présentent cinq nervures principales. L'énorme variabilité des autres caractères – lobes, dents, villosité (présence d'un duvet à la surface), pigmentation – rappelle que les feuilles sont un des éléments clefs pour différencier les cépages.

## Des bourgeons aux fleurs

**LE DÉBOURREMENT.** Cette étape du cycle annuel de la vigne correspond à l'éclosion des bourgeons au printemps (en mars-avril pour l'hémisphère Nord, en septembre-octobre pour l'hémisphère Sud). Après une longue période de dormance en hiver, rameaux et feuilles se développent et la sève commence à circuler.

**LE PROMPT-BOURGEON ET LE BOURGEON LATENT.** Le prompt-bourgeon se développe l'année même de sa formation, ce qui n'est pas le cas du bourgeon latent, accolé au prompt-bourgeon. Ce dernier n'évolue en rameau que l'année suivant sa formation. Le prompt-bourgeon ne donne que des pousses réduites, les entre-cœurs, qui portent parfois de petites grappes (ces grappillons ne sont presque jamais récoltés). En revanche, le bourgeon latent, ou œil latent, évolue l'année suivante en rameaux qui, eux, seront fructifères. Ainsi la quantité de la récolte d'une année donnée est en partie tributaire du développement de la plante l'année précédente.

> Bourgeon

> Boutons de fleurs

> Fleurs

## Les ennemis du vignoble

**Les champignons.** L'oïdium se développe sur les organes verts dès le débourrement et attaque ensuite la peau des baies, mettant à nu les pépins. Le mildiou s'introduit dans les organes verts. Les grains brunissent et se dessèchent. Quant au *Botrytis cinerea* (voir encadré p. 54), il est parfois néfaste, parfois bénéfique.
**Les parasites animaux.** Outre le phylloxéra (voir p. 21 et 34), on distingue les vers de la grappe, les acariens (qui provoquent l'érinose et l'acariose) et les araignées rouges ou jaunes.
**Les maladies à virus.** Transmis par la greffe, le court-noué et l'enroulement, par exemple, sont préjudiciables au rendement, à la longévité des souches et à la teneur des baies en sucre.

> Ayant atteint leur taille maximale, les grappes se gorgent de soleil pour arriver à pleine maturité.

**LA FLORAISON.** Les inflorescences, qui deviendront plus tard les grappes, sont localisées vers la base des rameaux, en situation opposée par rapport aux feuilles. Leur nombre va de zéro à quatre par rameau. Les vrilles, situées sur des nœuds de rang plus élevés, ne sont que des ébauches d'inflorescences. Selon la variété et les conditions du milieu, le nombre de fleurs qui composent les inflorescences peut varier d'une centaine à plusieurs milliers. L'époque de la floraison dépend du cépage et surtout des conditions climatiques. Elle se situe entre cinq et dix semaines après le débourrement (en mai-juin pour l'hémisphère Nord et en novembre-décembre pour l'hémisphère Sud).

## Des fleurs aux raisins

**LA NOUAISON.** Cette étape du cycle de la vigne indique que les ovaires des fleurs fécondées se transforment en toutes petites baies : les inflorescences sont devenues des grappes. Le phénomène de la nouaison s'opère au début de l'été (courant juillet). C'est le moment le plus crucial du cycle végétatif de la vigne, car il détermine en très grande partie le volume de la récolte.
**LA CROISSANCE DES BAIES.** Elle se déroule en quatre phases distinctes. D'abord lente durant une vingtaine de jours, elle s'accélère pendant une période équivalente pour ralentir à nouveau très fortement jusqu'à la véraison.
**LA VÉRAISON.** Ce terme désigne le phénomène physiologique au cours duquel le processus de dépôt des sucres dans les baies s'intensifie. Les baies des raisins rouges commencent à se colorer. C'est en somme le début proprement dit de la maturation des raisins (en août). Le degré de maturité, qui détermine la date des vendanges, est fixé en fonction de la nature du vin recherchée.
**LA DORMANCE.** À l'automne, la chute des feuilles annonce la fin du cycle végétatif annuel et le début du repos hivernal, ou dormance.

> Nouaison

> Baies en croissance

> Véraison

# LES TRAVAUX ANNUELS DANS LA VIGNE

*« Le bon vigneron passe 36 fois par an dans sa vigne », dit un proverbe. Aujourd'hui, la viticulture allie le savoir-faire des siècles écoulés aux sciences et techniques les plus avancées.*

## Les interventions humaines

**LA PRÉPARATION DU SOL.** Dans la plupart des grands vignobles, on continue de travailler le sol de façon traditionnelle : labour de buttage à l'automne (pour protéger le pied de vigne du grand froid et de l'humidité), labour de débuttage au printemps (pour dégager le pied), décavaillonnage (enlèvement de la terre entre les ceps), binage. Les adeptes de la non-culture, qui remplace ces travaux par la seule action de désherbants, n'ont pas à effectuer ces travaux, de même que ceux pratiquant l'enherbement (pour lutter contre l'érosion des sols ; voir aussi p. 58).

**LA FERTILISATION.** Viennent s'ajouter d'éventuelles fumures, ainsi que l'apport de fertilisants et de divers amendements (apport de substances organiques ou minérales pour rendre le sol plus fertile).

**LES TRAITEMENTS.** La bouillie bordelaise (voir encadré page suivante) et les autres traitements phytosanitaires effectués à titre préventif sont appliqués à plusieurs reprises sur le greffon, la tige et les rameaux.

**LA TAILLE.** Entre décembre et mars, pendant que la sève est descendue, les ceps subissent une taille d'hiver (voir p. 52), suivant des techniques propres à chaque région afin de limiter leur expansion. La taille d'été qui consiste en plusieurs opérations de rognage, écimage, effeuillage, etc. (voir p. 52) permet de garder la sève pour les baies, d'aérer la vigne et d'optimiser son ensoleillement.

***Malgré les progrès technologiques, le travail du viticulteur n'a pas changé :** maîtriser la croissance, combattre les mauvaises herbes, les insectes et les maladies de la vigne, vendanger au bon moment. Le calendrier du travail de la vigne est toujours le même.*

> Taille d'hiver (entre décembre et février)

> Brûlage des sarments après la taille

> Liage des sarments taillés

> Labour mécanique (mars)

> Rognage (juillet)

> Récolte (entre septembre et octobre)

## La bouillie bordelaise

Le mildiou est une maladie due à un champignon attaquant les feuilles et les grappes. L'antidote est la bouillie bordelaise. Ce fongicide de couleur bleue est préparé avec du sulfate de cuivre et de l'eau de chaux ; on le pulvérise sur la vigne. La bouillie bordelaise utilisée aujourd'hui est moins toxique et se dégrade mieux qu'autrefois. Cependant, l'usage du cuivre qui s'accumule dans le sol est de plus en plus critiqué, à tel point qu'une directive de l'Union européenne a décidé, en 2002, sa limitation qui s'accompagne d'une diminution de la quantité autorisée année par année. Les laboratoires expérimentent des produits de substitution.

> Vendanges au Château Reynon, dans le Bordelais.

## Le travail de la vigne mois par mois

**JANVIER.** On taille de la vigne à la main. Cette opération délicate est peu mécanisée. Une taille minimale est opérée sur certains vignobles du Nouveau Monde. Les sarments coupés sont brûlés.
**FÉVRIER.** Taille de la vigne.
**MARS.** La vigne se réveille de sa léthargie hivernale. En Champagne, comme dans de nombreux vignobles du Nouveau Monde, on ne laboure pratiquement pas : les mauvaises herbes, au lieu d'être enfouies, sont détruites par des herbicides. Cependant, on assiste aujourd'hui au retour du labour, prôné par la viticulture raisonnée et biologique.
**AVRIL.** C'est l'éclosion des bourgeons (débourrement). À la même époque, on plante de jeunes vignes et on remet en état des palissages (piquets et fils maintenant la plante).
**MAI.** Les gelées de printemps sont à craindre. On traite contre les parasites végétaux (mildiou, oïdium, pourriture grise) et les parasites animaux (vers de la grappe, araignées...) ; ces traitements se poursuivent jusqu'à la mi-septembre, mais doivent cesser entre 15 jours et trois semaines avant la vendange. On effectue un second labour. Les viticulteurs biologiques ne désherbent pas.
**JUIN.** La vigne fleurit. On palisse les nouveaux rameaux. Les traitements se poursuivent.
**JUILLET.** Nouveau labour. Nouveaux traitements, si nécessaire. On rabat la vigne. On écime (ou taille) les trop longues tiges : c'est le rognage. Si la vigne est trop généreuse, on effectue des « vendanges en vert », ou éclaircissage, en éliminant une partie des jeunes grappes afin de limiter les rendements.
**AOÛT.** Second rognage. On traite si nécessaire.
**SEPTEMBRE.** Les vendanges commencent. Les machines à vendanger remplacent le plus souvent les vendangeurs, sauf pour les grands crus. Dans les vignobles où il fait très chaud, il est commun de vendanger la nuit pour profiter de la fraîcheur.
**OCTOBRE.** Les vendanges se terminent. On amende les sols au moyen d'engrais, de fumier ou de déchets.
**NOVEMBRE.** Si l'année est favorable, on récolte les derniers raisins ; ce sont les vendanges tardives. On taille des grandes pousses. On traite contre le mildiou. On laboure. S'il y a lieu, on arrache les vieilles vignes.
**DÉCEMBRE.** On effectue le curage des drains, on remet en état des chemins, des terrasses et des murs. Les travaux de la taille commencent.

### LE SAVIEZ-VOUS ?

***Le labour à cheval, abandonné pendant un temps, est de nouveau pratiqué.*** *Ce sont les vignobles travaillés en culture biologique et en biodynamie qui l'ont remis au goût du jour. Le labour mécanique existe également, mais le tracteur, souvent très lourd, tasse et compacte la terre. Le cheval permet en revanche d'effectuer un labour plus léger. De plus, si la vigne pousse sur une pente très raide, il est plus facile de la labourer avec l'animal plutôt qu'à l'aide d'une machine.*

# LA TAILLE ET LE RENDEMENT DE LA VIGNE

*Depuis les débuts de la viticulture, l'homme a constaté que lorsqu'on taillait la vigne, lorsqu'on l'empêchait de se développer naturellement et que l'on réduisait sa croissance, elle donnait des fruits de meilleure qualité et, par conséquent, un meilleur vin.*

## Les principes de la taille

Pour atteindre les mêmes buts, les vignerons européens et ceux du Nouveau Monde ont des modes de taille distincts. Ces différences illustrent combien le terroir conditionne non seulement le choix des cépages, mais aussi celui des pratiques culturales.

**EN EUROPE.** Le vigneron européen taille sa vigne en hiver afin de maîtriser le développement de la plante et de réduire les rendements : plus la vigne est taillée court, moins les raisins seront nombreux. En été, le plant de vigne développe son feuillage au détriment du fruit : afin de privilégier la grappe, les vignes sont rognées latéralement et en hauteur. Cette pratique ancestrale d'équilibre entre la masse des feuilles et le fruit doit être respectée afin que la maturation du raisin se produise dans les meilleures conditions, les feuilles jouant le rôle de « poumon » de la vigne grâce à la photosynthèse et les raisins mûrissant grâce aux effets du soleil sur le feuillage.

**DANS LE NOUVEAU MONDE.** La taille a dû être adaptée dans les vignobles du Nouveau Monde, où la vigne est plantée sur un sol plus fertile et sous un climat plus chaud. Les techniques européennes y produisaient des vins abondants mais de piètre qualité. Les vignerons californiens et australiens pratiquent aujourd'hui le « canopy management », qui consiste à privilégier la masse foliaire afin de réduire les rendements et d'assurer ainsi une meilleure concentration du jus dans les raisins. En outre, depuis la fin des années 1980, en Californie et en Australie, on plante les vignes nouvelles sur des sites en altitude, sur des terres moins fertiles.

***La taille permet de donner la forme que l'on souhaite aux souches.*** *Encore aujourd'hui, c'est de tous les travaux pratiqués dans un vignoble l'opération la moins mécanisée.*

## Une technique pour chaque saison

**LES TAILLES D'HIVER.** C'est la taille d'hiver qui permet de donner la forme voulue aux souches (autrement dit de déterminer le mode de conduite de la vigne), de maintenir cette forme tout au long des années et de régulariser la production. Au cours des deux ou trois premières années, on procède à la taille de formation de la charpente. Puis vient la taille de fructification, destinée à ne laisser sur le cep qu'un nombre de bourgeons fructifères compatible avec la production souhaitée ou imposée et avec la vigueur des plantes. Elle ne concerne que les sarments (rameaux de l'année). On l'appelle taille courte lorsqu'on ne laisse subsister que des bases de sarments avec un nombre très réduit d'yeux. Les sarments courts sont désignés par différents termes : court-bois, coursons, cots, etc. Lorsqu'on laisse sur la souche des branches à fruits d'une certaine longueur, on parle de taille longue. Les sarments sont alors appelés longs-bois, baguettes ou astes.

**LA TAILLE DE PRINTEMPS.** Au printemps, on procède à l'élimination des rameaux stériles, dénommés gourmands, qui se sont développés à la base et le long du tronc des souches.

**LA TAILLE D'ÉTÉ OU TAILLE EN VERT.** Au cours de l'été, on procède aux effeuillages (suppression des feuilles proches de la grappe pour exposer celle-ci au soleil), à l'écimage (suppres-

> Taille d'hiver dans les vignes de la maison de champagne Roederer.

sion du sommet des rameaux), au rognage (raccourcissement de la végétation d'été). On relève et on rattache la végétation au système de palissage (ensemble de piquets et de fils alignés). Selon qu'il est effectué avec mesure ou de façon trop sévère, le rognage exercera par la suite une influence bénéfique ou néfaste sur la qualité de la vendange.

> Taille d'été au domaine Michel Juillot, en Côte chalonnaise.

## Le rendement

Pour produire des vins de qualité, il est primordial de limiter le rendement des vignobles.

**AUTREFOIS.** Les anciennes méthodes de viticulture étaient laborieuses et souvent vouées à l'échec : pourriture, mildiou, insectes, pluie, vent, grêle et gelées avaient raison du raisin et l'homme ne savait pas intervenir efficacement. Ceux qui pouvaient se le permettre, envoyaient des ouvriers retirer les insectes à la main ; les autres perdaient leurs récoltes. Un été pluvieux signifiait des raisins pourris, car il n'existait pas de traitements anti-pourriture. Toutefois, les méthodes traditionnelles donnaient des rendements peu élevés par hectare de vigne, aussi le jus de raisin était-il concentré et d'un bon potentiel aromatique.

**DE NOS JOURS.** Un hectare de vigne peut contenir de 1 500 à 12 000 pieds, voire davantage. Chaque pied peut produire une seule grappe ou un plein panier. Ces choix sont ouverts au vigneron, qui reste cependant contraint à l'application des règlements régissant son vignoble. Les législations française et italienne sont fondées sur le rendement maximal d'un certain volume de vin par hectare. L'Allemagne ne fixe pas de limite supérieure à la production, mais impose un classement des vins selon le taux de sucre des moûts. Quant aux pays du Nouveau Monde, ils n'ont aucune réglementation et n'imposent pas de contraintes sur les rendements. Seuls les meilleurs vignobles limitent leur rendement comme on le fait en Europe.

**QUELS TRAVAUX ?** Un usage minimal des amendements s'impose, mais d'autres travaux sont indispensables. La taille d'hiver permet de maîtriser le développement de la plante. Celle d'été favorise la concentration et la maturité du raisin. De même, l'ébourgeonnage, l'épamprage (suppression de jeunes rameaux indésirables) à la fin du printemps, ainsi que les « vendanges en vert » (suppression d'une partie des grappes) durant l'été, contribuent à l'abaissement du rendement.

### Trois manières de conduire la vigne

**En gobelet.** Le gobelet se présente comme un petit arbre au tronc plus ou moins court, aux bras plus ou moins divergents, terminés chacun par un courson taillé à deux yeux.

**En cordon.** Le palissage en cordon consiste à recourber le tronc et à le coucher horizontalement à la hauteur voulue le long d'un fil de fer.

**En Guyot.** Le palissage en Guyot comprend un tronc vertical et un ou deux bras très courts. Sur ces derniers on conserve, lors de la taille, des branches à fruits longues et un courson dont un sarment sera maintenu à la taille de l'année suivante.

## Deux mondes, deux écoles

Les autorités viticoles d'Europe sont convaincues que les rendements faibles sont une bonne chose. Les vignes qui souffrent, en raison d'un sol pauvre, d'une forte densité de plantation, d'une taille courte et d'un amendement minimal donnent un meilleur vin. Même si, dans le Nouveau Monde, on produit des vins buvables issus de rendements impressionnants, de nombreux experts s'accordent à penser que les vins de qualité sont synonymes de faibles rendements. Le niveau de 50 hectolitres par hectare (hl/ha) semble être le rendement raisonnable des grands vins (6 600 bouteilles par hectare) au-delà duquel le viticulteur prend des risques sur la qualité.

Enfin, il reste à prendre en compte le facteur climatique. Dans une année au climat idéal, un rendement de 60 hl/ha pourra offrir un excellent vin, mais, dans une année difficile, même un rendement de 35 hl/ha peut produire des vins médiocres.

**VRAI OU FAUX ?**

***Plus il y a de pieds de vigne par hectare, plus le rendement est important.***

**FAUX.** Une vigne plantée de 6 000 à 8 000 pieds par hectare (moyenne de densité en France) aura un rendement inférieur à celle plantée de 4 000 à 6 000 pieds (moyenne dans les pays du Nouveau Monde).

# LES VENDANGES

*Les vendanges constituent le maillon indispensable qui relie le travail de la vigne à celui du vin. C'est l'occasion, pour les viticulteurs, de voir leurs efforts récompensés par la qualité de la récolte. Car chaque grappe renferme en ses grains la mémoire de l'année écoulée.*

## Un raisin parfait

La décision de commencer les vendanges en évaluant le moment exact où le raisin est à son meilleur niveau de maturité est toujours difficile. Les divers cépages atteignent leur maturité respective à des moments différents. De plus, les raisins issus d'un même cépage mais plantés en différents endroits d'un vignoble ne mûrissent pas forcément en même temps.

**LA MATURITÉ PHYSIOLOGIQUE.** Lorsque le raisin mûrit, le sucre s'accumule dans les baies. Au cours de la maturation, le taux de sucre s'accroît régulièrement, jusqu'au moment où il se stabilise. Dans le même temps, l'acidité du raisin diminue progressivement, pour se stabiliser également. À ce stade, le raisin est mûr, et on parle alors de « maturité alcoolique ». Les mesures de la maturité des cépages d'une région donnée, fondées sur le rapport sucre/acidité, peuvent être établies par des laboratoires publics ou syndicaux. Le vigneron peut aussi effectuer des mesures individuelles. Après pressurage des grains prélevés, le moût est dosé à l'aide du mustimètre (pour apprécier sa richesse en sucre) ou du réfractomètre (pour mesurer le degré alcoolique potentiel).

***Une machine peut faire en huit jours le travail accompli par 50 personnes en trois semaines.***
*La mécanisation des vendanges a permis de réduire les coûts d'exploitation de nombreux vignobles.*

**LA MATURITÉ PHÉNOLIQUE.** Il s'agit d'un autre critère de maturité pour les raisins noirs, qui tient notamment compte de la couleur et du goût des pépins. Une bonne maturité phénolique permet de vinifier des vins rouges aux tanins mûrs et agréables, à l'opposé des vins herbacés et rêches, dont on excusait les défauts en disant qu'ils étaient « bus trop tôt ».

## Les impondérables de la récolte

**LES PETITES ANNÉES.** Il peut arriver que le vigneron doive avancer la date des vendanges, soit volontairement, soit qu'il y soit contraint. En cas de dégradation de l'état sanitaire des baies ou de prévisions météorologiques désastreuses, plutôt que de perdre sa récolte, il préférera ne pas attendre la maturité idéale. Ce sera une « petite année ». De même, dans le cas d'une année très chaude, l'acidité des raisins blancs, indispensable à l'équilibre du vin, chutant trop rapidement, il peut être nécessaire de vendanger plus rapidement que prévu.

**LES VENDANGES PAR TRIES.** En revanche, si l'on envisage de vinifier un vin blanc liquoreux, la surmaturité, ou la transformation obtenue par l'action de la « pourriture noble », sera recherchée. Dans ce but, des vendangeurs qualifiés ne cueilleront que les grappes, voire les grains, ayant atteint le stade désiré. Ils devront effectuer plusieurs passages dans la vigne. C'est ce qu'on appelle les vendanges par tries.

> Les raisins surmûris sont récoltés grain par grain, en plusieurs tries.

### Pourriture grise et pourriture noble

Le *Botrytis cinerea* est un champignon qui se développe sur la peau des raisins gonflés par la maturation. Ce parasite est responsable de la pourriture grise qui modifie la couleur du vin et lui communique un goût de moisi. Une forme particulière de *Botrytis cinerea* conduit à la formation de pourriture brune, ou « pourriture noble ». Dans ce cas, le champignon envahit la baie sans la blesser. On obtient des raisins « rôtis », qui se dessèchent et se concentrent en sucres et en acidité. La pourriture noble est recherchée pour les grands vins blancs liquoreux du Bordelais et du Sud-Ouest (Sauternes, Monbazillac), ou les vins moelleux de Loire (Vouvray, par exemple), d'Alsace, ou encore certains vins d'Allemagne ou de Hongrie (Tokaj).

> Vendanges manuelles dans le vignoble du Médoc.

## La cueillette manuelle

**CUEILLIR LES GRAPPES.** Les vendangeurs, ou coupeurs, sont généralement deux et cueillent le raisin de part et d'autre du rang. À la serpette d'autrefois ont succédé l'épinette (un sécateur à lames droites) et la vendangette (sécateur à lames recourbées), parfois remplacées de nos jours par des ciseaux à pointes arrondies.

**RANGER LE RAISIN.** Les raisins cueillis sont placés dans des récipients traditionnellement en osier (vendangerots, vendangeois) ou en bois (baillots, bastiots). Actuellement, on se sert aussi de seaux en bois (seilles), en métal ou en matière plastique, de même contenance (de 6 à 10 kg).

### LE SAVIEZ-VOUS ?

***Les vendanges sont l'occasion de nombreuses fêtes.*** *Le « ban des vendanges », date légale à partir de laquelle il est possible de vendanger, est souvent proclamé solennellement. La récolte du raisin commence et se termine par toutes sortes de réjouissances allant du simple banquet aux grandes fêtes traditionnelles. La coutume du banquet était autrefois très répandue ; la Paulée en Bourgogne et la Gerbaude dans le Sud-Ouest en sont des survivances. Certaines fêtes, comme les Acabailles en Sauternais, comprennent un cortège fleuri. Il est enfin de tradition, au dernier jour de la vendange, que les vendangeurs accompagnent le dernier chariot jusqu'au lieu de vinification.*

**SORTIR DU RANG.** Les paniers ou les seaux sont vidés dans des récipients plus grands pris en charge par des hotteurs. Ils emmènent leur hotte jusqu'au bord de la vigne où ils la déversent dans des récipients de transport. On compte de trois à cinq coupeurs pour un hotteur, suivant le rendement de la vigne.

**PROTÉGER LE GRAIN.** Certains viticulteurs préfèrent les caissettes en bois ou en plastique, qui servent aussi bien à la cueillette qu'au transport du raisin. Cela réduit les manipulations, permettant de conserver des raisins entiers jusqu'au lieu de vinification.

### VRAI OU FAUX ?

***Les vendanges mécaniques altèrent le goût du vin.***

**FAUX.** Depuis les années 1970, la mécanisation des vendanges n'a cessé de progresser. Les baies sont récoltées par secouage, les feuilles étant éliminées par un ventilateur. Grâce aux progrès technologiques, il est pratiquement impossible de faire la différence entre des vins de vendanges manuelles ou mécaniques dans les années où le climat a été clément. Cependant, les vignobles prestigieux sont le plus souvent vendangés manuellement.

## La vendange mécanique

Aujourd'hui, pratiquement tous les vignobles sont susceptibles d'être récoltés mécaniquement. Les rangs doivent être accessibles quelles que soient les conditions climatiques, ce qui implique le désherbage chimique ou la tonte, plus naturelle. Pour obtenir un vin de qualité, il faut veiller au parfait état sanitaire du vignoble au moment de la récolte. Le développement de la pourriture grise, par exemple, provoque des pertes notables, par une forte libération de jus au moment du secouage et pendant le transfert de la récolte.

Deux types de machines existent : les automotrices et les tractées. Le plus souvent, le décrochage des baies de la rafle est effectué par une succession de mouvements alternatifs transversaux.

# VERS UNE VITICULTURE PLUS ÉCOLOGIQUE

*C'est dans les années 1960 que se sont généralisés, dans l'agriculture, les désherbants et autres produits de synthèse, pour faciliter le travail et baisser les coûts de production. En ce début de millénaire, l'homme commence enfin à se soucier de l'environnement.*

## L'agriculture raisonnée

Conventionnelle, cette branche de l'agriculture accepte d'utiliser tous les produits à sa disposition pour lutter contre les maladies et les parasites. Elle est raisonnée dans le sens où elle est raisonnable dans les doses, ne traitant que lorsque c'est utile. Pour être qualifiée, une exploitation doit répondre à une centaine de mesures du cahier des charges, constituées de « bonnes pratiques, objectivement respectueuses de l'environnement », dont une cinquantaine sont spécifiques à la viticulture. Certains organismes imposent dans leur cahier des charges de laisser pousser de l'herbe dans les vignes pour lutter contre l'érosion des sols, de maintenir les haies et les fossés afin d'entretenir la faune et la flore…

***Aujourd'hui, la France est le 3e consommateur mondial de produits phytosanitaires ;*** *ses vignobles, qui représentent à peine 3 % des terres agricoles, en ont consommé plus de 20 %.*

## L'agriculture biologique

Selon les statistiques de l'Agence Bio, la viticulture biologique est passée de moins de 500 exploitations sur 4 765 ha, en 1998, à plus de 1 900 sur 22 507 ha, en 2007 (dont 7 877 ha en conversion). Cela ne représente certes que 2,8 % du vignoble français, mais les surfaces ont été multipliées par quatre en 10 ans !

Les adeptes du « bio » se refusent à utiliser tous les produits chimiques conventionnels, préférant recourir à des traitements naturels ou prévenir les maladies par un meilleur entretien du vignoble. Depuis 1991, la réglementation européenne en matière d'agriculture biologique portait uniquement sur les techniques culturales, interdisant tout produit chimique de synthèse, fongicide, pesticide ou fertilisant. Elle devrait bientôt inclure la vinification biologique, autorisant une quinzaine d'additifs (contre une quarantaine dans les vins conventionnels) avec des doses maximales beaucoup plus faibles, aucun OGM et l'interdiction des pratiques correctives.

**AUCUN PESTICIDE.** C'est sa faune qui permet au sol d'évoluer, de se transformer, de se régénérer. Tout pesticide est donc proscrit pour sauvegarder sa biodiversité. On utilise le soufre et le cuivre pour lutter contre les insectes ; les algues marines cicatrisent les plaies de pourriture. Il existe aussi des techniques modernes de lutte biologique comme la confusion sexuelle, qui permet de combattre les vers de la grappe. Cependant, l'agriculture bio n'a pas de solution pour tout, et l'on n'a toujours pas trouvé de moyens de lutte contre des maladies graves qui provoquent la mort des ceps (esca).

### Des vins « naturels » ?

Certains vignerons dépassent la démarche « bio » ou de biodynamie, allant jusqu'à s'interdire l'emploi de tout additif, comme les levures lyophilisées, le sucre (chaptalisation) et même l'anhydride sulfureux, un antioxydant et antibactérien qui évite au vin de tourner au vinaigre. Quelques domaines comme Gramenon (vallée du Rhône) ou Marionnet (Touraine) produisent ainsi des vins d'une pureté de fruit extraordinaire. Mais les vinifications et la conservation sans soufre sont difficiles à maîtriser Un vin « naturel » peut réserver des surprises (goût d'œuf pourri), masquant ce que l'on recherchait à l'origine : l'expression pure d'un terroir.

> Labour à cheval au domaine la Coulée de Serrant, dans le vignoble de Loire.

### LE SAVIEZ-VOUS ?

***La biodynamie a des ambassadeurs de renom.***
*Elle a convaincu de grands domaines comme La Romanée-Conti, le Château Fonroque (grand cru classé de Saint-Émilion), la Coulée de Serrant qui produit du Savennières, le Domaine Zind-Humbrecht en Alsace, entre autres... Ils sont près de 200 dans le monde et sans doute plus d'une centaine en France. Et, lorsqu'on goûte leurs vins, on est étonné de leur minéralité.*

**AUCUN ENGRAIS CHIMIQUE DE SYNTHÈSE.** La viticulture biologique ne cherche pas à nourrir directement la plante, mais à entretenir la fertilité du sol en maintenant son activité biologique. Cela se fait avec des composts ou avec des engrais verts (du trèfle ou du seigle) ou avec des engrais minéraux (poudre d'os pour le phosphore, fumure pour la potasse, etc.).
**PAS DE DÉSHERBANT.** On enlève l'herbe par des labours ou on pratique l'enherbement.

> Une agriculture respectueuse de la nature favorise la biodiversité dans les vignes.

## La biodynamie

C'est en 1924 que Rudolf Steiner, philosophe et scientifique autrichien, donne les orientations de cette discipline qui étudie le lien unissant l'homme, les plantes, la Terre et le cosmos tout entier. Considérée comme une branche de l'agriculture biologique, la biodynamie va beaucoup plus loin que le fait d'exclure l'emploi de produits chimiques de synthèse. Elle utilise des produits fondamentaux (voir encadré ci-contre), à base de silice ou de bouse de vache.
**LE PRINCIPE DE L'HOMÉOPATHIE.** Toutes ces préparations sont diluées dans l'eau, selon le principe de l'homéopathie, puis « dynamisées » par un brassage très précis, dans un sens, puis dans l'autre, durant un temps déterminé. Ensuite la solution dynamisée est répandue en gouttelettes sur le sol, pour la bouse et les composts, ou sur les feuilles, pour la silice. On utilise aussi des plantes – ortie, valériane, prêle ou thuya – sous forme de tisanes, de décoctions ou de dilutions homéopathiques, pour éviter les maladies.
**LE CALENDRIER.** La mise en œuvre de la biodynamie exige de connaître chaque jour la position des astres et des constellations. Ses adeptes considèrent en effet que la croissance des plantes dépend des influences cosmiques qui agissent selon un certain rythme, directement lié aux positions de la Lune et du Soleil, par rapport aux constellations du zodiaque. Ainsi, selon les jours, la plante favorise ses racines, ses feuilles, ses fleurs ou ses fruits. Les travaux et traitements effectués sur les vignes sont régis par ce calendrier. Ainsi, il est préférable de planter pendant des « jours racines » ou des « jours fruits ». Pour améliorer la qualité des raisins, on intervient pour la culture et les traitements les « jours fruits ».
**UNE DÉMARCHE IRRATIONNELLE ?** Cela peut paraître étrange pour des esprits rationnels. R. Steiner a pourtant toujours demandé à ne pas être cru mais à ce qu'on vérifie expérimentalement sa théorie. Aujourd'hui, cette méthode ne manque pas d'efficacité sur le terrain. Est-ce dû à la quantité de soins prodigués par des vignerons très soigneux ou à ces préparations spécifiques ? Les vignerons en biodynamie sont tous convaincus de la méthode. Même si certains sont des pratiquants non croyants, le résultat est là.

### Des préparations qui captent l'énergie

Les préparations employées en biodynamie servent à stimuler les forces de vie à l'œuvre à l'intérieur de la plante.

**La bouse de corne.** Une corne de vache, remplie de bouse, est enterrée dans le sol de l'équinoxe d'automne jusqu'au printemps afin d'être amenée presque à l'état d'humus. Sa principale action est de faire descendre les racines de la vigne plus en profondeur dans le sol, d'où une meilleure résistance en cas de sécheresse notamment.

**La silice de corne.** Constituée de quartz (cristal de roche) finement broyé, additionné d'un peu d'eau, elle est mise dans une corne de vache, enterrée au tout début de l'été jusqu'à Noël, et par la suite exposée aux forces vives du soleil. Elle va stimuler l'action des forces de fructification.

**Les composts de bouse.** Ils se composent essentiellement de bouse de vache, de silice, de calcaire et de diverses préparations à base de plantes (mille-feuille, camomille, ortie, écorce de chêne, pissenlit...). Très riches en bactéries, ces composts renforcent le processus de décomposition de la matière organique et permettent de restructurer les terres abîmées.

# LA FERMENTATION

*C'est par la fermentation alcoolique que le jus de raisin devient du vin. Cette fermentation est la transformation des sucres naturels (glucose et fructose) en alcool, sous l'action des levures (petits champignons microscopiques) ; elle produit également du gaz carbonique. Une seconde fermentation (malolactique), qui survient plus tard, apporte au vin de la souplesse.*

## La fermentation alcoolique

La fermentation est à la fois une réaction chimique complexe et un processus totalement naturel. Les raisins fermentent une fois la peau des grains fendue : les sucres contenus à l'intérieur du fruit mûr entrent alors en contact avec les levures présentes sur la fine pellicule qui recouvre chaque grain, et la fermentation commence. Le vinificateur se contente de fournir le récipient (la cuve) qui contient le jus et de fouler les raisins.

**LE PROCESSUS.** Sous l'action des levures, petits champignons microscopiques, la fermentation produit d'abord du gaz carbonique et de l'éthanol, qui est l'alcool du vin. D'autres substances résultent de ce processus : ce sont le glycérol, qui rend le vin onctueux, des esters ou composés aromatiques, des alcools supérieurs servant de supports d'arômes, des aldéhydes et des acides. Les produits secondaires issus de la fermentation alcoolique contribuent largement au goût du vin et participent notamment aux arômes dits « secondaires » ou de « fermentation » (voir p. 211).

***La fermentation est un phénomène parfaitement naturel.** L'homme utilise ce processus depuis les temps les plus anciens pour concevoir le vin qui étanchera sa soif et lui procurera le plus grand plaisir.*

> Tout au long de la fermentation, le vinificateur contrôle régulièrement la température du moût.

## Le vin jeune

Lorsque les levures ont converti tout le sucre en alcool, la fermentation s'arrête. Parfois, la teneur en sucres est si élevée que l'alcool atteint un degré qui inhibe l'action des levures : cela donne un vin puissant, mais doux, contenant encore des sucres résiduels (non fermentés). Si la température ambiante est insuffisante, les levures peuvent cesser de travailler avant d'avoir transformé le sucre : le vin aura alors un degré d'alcool inférieur à ce que la maturité des raisins aurait permis. La fermentation alcoolique se termine généralement au bout de deux à trois semaines. Le vin jeune est alors très trouble, car chargé des lies maintenues en suspension par la présence du gaz carbonique.

## Les levures

La fermentation alcoolique est due à l'action de levures, présentes sur la peau des raisins ou dans l'air. Parmi les premières, seule la plus répandue, de l'espèce *Saccharomyce cerevisiae*, peut provoquer la réaction avec les sucres du raisin afin de produire de l'alcool. Chaque genre de levure a des caractéristiques particulières quant à la production d'alcool, la résistance à l'alcool ou à la température, la formation de substances aromatiques, le rythme de fermentation, etc.

### LE SAVIEZ-VOUS ?

***La fermentation diffère pour les vins rouges et les blancs.** Pour les vins rouges (voir p. 68-69), on met les raisins foulés et leur jus dans une cuve et on attend le début de la fermentation, dont la durée est variable. Pour les vins blancs (voir p. 64-66), on presse d'abord les raisins pour en extraire le jus que l'on fait fermenter seul en cuve ou en barrique. De là vient la différence de goût et de structure entre les vins rouges et les blancs. Seuls les vins rouges fermentent avec les peaux et les pépins, qui leur transmettent non seulement leur couleur, mais aussi des tanins et plusieurs composants aromatiques. À la fermentation succèdera la phase d'élevage (voir p. 76-79).*

## La chaptalisation et l'osmose inverse

Décrite en 1801 par Jean-Antoine Chaptal dans *l'Art de faire les vins*, la chaptalisation, connue depuis la fin du XVIIIe siècle, consiste à rajouter du sucre à un moût pour augmenter le degré alcoolique (en ajoutant 17 g de sucre par litre de moût, on obtient un degré d'alcool supplémentaire). L'enrichissement par sucrage est très surveillé en France. Interdit dans le Sud, il est autorisé plus au nord dans des proportions limitées, mais ne peut apporter au vin plus de 2° d'alcool. Il n'ajoute au vin aucune qualité organoleptique. La nouveauté dans le domaine de la chaptalisation réside dans la possibilité de mesurer la quantité de sucre apporté (voir aussi p. 63). La chaptalisation est parfois remplacée par des techniques d'autoenrichissement dont la plus répandue est l'osmose inverse. Elle consiste à soustraire au moût une certaine quantité d'eau (voir aussi p. 62). Il en résulte une augmentation de la concentration des autres composés (dont le sucre). L'ajout de moût concentré en sucre est également autorisé.

> On appelle « cuvier » l'endroit où sont installées les cuves de vinification. Ici, cuvier au Château Latour.

**LEVURES NATURELLES OU SÉLECTIONNÉES.** Pour maîtriser mieux la fermentation, certains vinificateurs, notamment du Nouveau Monde, préfèrent employer des levures sélectionnées (ou cultures de levures). Cette pratique – autorisée – va toutefois à l'encontre du respect du terroir. Les producteurs de grands vins l'ont bien compris, en décidant que rien ne surpasse les levures naturelles, ou indigènes, pour obtenir une plus grande complexité aromatique et gustative.

## Le contrôle des températures

Quand la température dépasse 12 °C, le moût commence à fermenter. Une fois engagé, le processus génère des calories et s'autoentretient. Le moût chauffe, et la fermentation devient « tumultueuse », bouillonnant sous l'action du gaz carbonique. Vers 35-37 °C, les levures sont tuées par la chaleur et la fermentation cesse. Aujourd'hui, les cuves en acier sont pourvues d'un système qui permet de refroidir et, le cas échéant, de réchauffer le moût. La régulation de la température des cuves est l'une des grandes avancées de la vinification. Le gain qualitatif est important, et les altérations dues aux arrêts de fermentation sont supprimées.

## La fermentation malolactique

L'acide malique, contenu en forte teneur dans les raisins verts, se reconnaît à son goût de pomme verte. Après la fermentation alcoolique, l'acide malique résiduel, sous l'action de bactéries lactiques, se transforme en acide lactique et en gaz carbonique (fermentation malolactique ou secondaire). L'acide lactique (au goût de yaourt) étant moins âpre que l'acide malique, le vin devient plus souple. Cette dégradation de l'acide malique en acide lactique est toujours recherchée pour obtenir un vin rouge de qualité (et quelques blancs). Pour qu'elle se produise, il faut une certaine chaleur (20 °C). On chauffe le chai si nécessaire, ou bien on fait circuler de l'eau chaude dans les circuits normalement prévus pour le refroidissement des cuves. Il arrive que l'on ait recours à l'ensemencement (ajout de bactéries lactiques).

**VRAI OU FAUX ?**

***On ne peut pas adoucir le vin.***

**FAUX.** En Allemagne, pour les vins de catégorie QmP (voir p. 98), ainsi qu'en Italie, on emploie une méthode consistant à ajouter du moût non fermenté. Il doit provenir du même vignoble et prétendre au même niveau de qualité que le vin. Il est ajouté après la fermentation et avant la mise en bouteilles, pour obtenir un vin plus doux.

# DES TECHNIQUES QUI FONT POLÉMIQUE

**La recherche a permis de faire progresser la qualité des vins. Pourtant certaines pratiques œnologiques peuvent inquiéter le consommateur, qui ne comprend pas toujours en quoi cela consiste.**

## LA CRYOEXTRACTION OU SÉLECTION PAR LE FROID

« Les vins moelleux sont généralement obtenus à partir de raisins concentrés par la pourriture noble ou par une surmaturation, ce qui nécessite des vendanges par tries successives. Par la cryoextraction, on élimine les raisins insuffisamment riches en sucres, en les congelant. Les raisins sont placés en chambre froide, à une température entre – 5 °C et – 8 °C, pendant vingt heures. Lors du pressurage, qui a lieu aussitôt après, seuls les raisins les plus sucrés, non congelés, libèrent leur jus. On élimine donc ceux qui ne sont pas assez concentrés.

• **POUR** La cryoextraction peut être considérée comme un système de sélection, puisqu'elle élimine les raisins insuffisamment concentrés. Elle peut également éliminer l'eau d'une pluie récente.

• **CONTRE** « Utiliser ces moyens-là, c'est se faciliter la tâche », disent de nombreux vignerons. Faire un grand vin moelleux, c'est accepter les contraintes de la nature.

## L'OSMOSE INVERSE OU FILTRATION FINE

« Encore un moyen de concentrer les moûts en éliminant une partie de l'eau contenue dans les raisins par une filtration extrêmement fine effectuée à haute pression. Le filtre laisse passer l'eau, mais pas les autres substances dont les molécules sont plus grosses.

• **POUR** Dans des années difficiles, ce peut être une solution pour concentrer les moûts…

• **CONTRE** Concentrer le moût ne remplace jamais une bonne maturité des raisins. C'est d'autant plus choquant que ces appareils, qui sont très coûteux, sont, hélas, parfois utilisés par de grands crus classés.

## LES COPEAUX DE CHÊNE POUR REMPLACER LES BARRIQUES

« Les copeaux de chêne se présentent sous forme de chips, découpées, séchées et chauffées au four, qui confèrent au vin des arômes « coco », « toasty », « smoky », selon leur degré de brûlage… On les met dans les cuves, comme pour une infusion. En Amérique du Sud, ils sont utilisés depuis les années 1980 ; l'Union européenne autorise leur emploi depuis 2006.

• **POUR** Le goût du bois sans en avoir les inconvénients : c'est beaucoup moins cher et tellement plus facile à utiliser ! Une barrique bordelaise de 225 litres, utilisée durant trois ans, coûte 74 € HT par hectolitre de vin produit, alors que les copeaux employés à la dose de 5 g par litre, reviennent à 5 € HT par hectolitre.

• **CONTRE** C'est une aromatisation qui ne donne pas la complexité d'un élevage en fût.

## L'USAGE DU SOUFRE

« L'anhydride sulfureux ($SO_2$) est utilisé pour protéger le moût et le vin contre l'oxydation. Il a également un rôle antiseptique contre les micro-organismes. On en met, à faible dose, dans le moût avant le départ en fermentation, car il empêche momentanément le développement des bactéries lactiques, tout en permettant la croissance des levures. Une dose plus élevée est ajoutée après les fermentations pour stabiliser le vin. Voir aussi p. 65 et 78.

• **POUR** Un vin oxydé n'est pas bon ; un vin piqué non plus. Les doses d'anhydride sulfureux sont aujourd'hui très basses et ne risquent plus de donner ce mal de tête tant décrié !

• **CONTRE** Certains osent vinifier sans anhydride sulfureux. Ceux, très rares, qui arrivent à éviter les défauts (oxydation, problèmes de fermentation, déviations bactériennes) produisent des vins d'une pureté de fruit exceptionnelle. Les autres obtiennent des vins qui présentent des défauts. Le jeu en vaut-il la chandelle ?

## LA CHAPTALISATION OU L'AJOUT DE SUCRE

« Lorsque les raisins ne sont pas assez mûrs, on peut rajouter du sucre dans le moût, en début de fermentation. C'est la chaptalisation. Il suffit de 17 g de sucre par litre (g/l) de moût pour obtenir un degré d'alcool supplémentaire. Les doses ajoutées doivent être inférieures à 2 degrés (soit 34 g/l). Dans les zones méridionales, ce procédé n'est pas autorisé mais on peut enrichir le moût avec des moûts concentrés rectifiés, solutions de sucres quasiment pures, obtenues à partir de raisin. Voir aussi p. 61.

• **POUR** Pratiquée à des doses modérées et pour corriger un léger manque de maturité dû à des conditions climatiques difficiles, la chaptalisation peut améliorer l'équilibre du vin. De plus, la résonance magnétique nucléaire permet aujourd'hui de mesurer exactement le sucre rajouté dans le moût et d'éviter ainsi les abus.

• **CONTRE** Utilisée exagérément, elle produit des vins brûlants, déséquilibrés par une trop forte teneur en alcool. D'ailleurs, avec des rendements raisonnables et des vignes bien travaillées, la chaptalisation n'est pas utile, sauf dans des années froides et pluvieuses !

## LE RAJOUT DE LEVURES LORS DE LA FERMENTATION

« Même si la fermentation est un phénomène spontané, elle tarde parfois à démarrer ou elle a du mal à se finir dans les moûts très riches en sucres. Le vinificateur peut alors rajouter dans le moût des levures lyophilisées, achetées dans le commerce. Voir aussi p. 61.

• **POUR** Certaines levures, sélectionnées pour leur résistance à de fortes teneurs en alcool, sont bien utiles lorsque la fermentation a du mal à se terminer. Le levurage permet aussi d'empêcher le développement de certaines levures indigènes (présentes naturellement sur la peau des baies ou dans les chais), qui peuvent être néfastes (par exemple, la *Brettanomyces* produit des odeurs rustiques rappelant la sueur de cheval).

• **CONTRE** De plus en plus de vignerons, et notamment ceux qui pratiquent l'agriculture biologique, refusent d'utiliser ces levures par peur de la standardisation. Ils préfèrent les levures indigènes qu'ils estiment plus à même de conserver le caractère du terroir. Il faut dire qu'on a abusé, dans les années 1980, de souches de levures aromatiques, qui produisaient beaucoup d'arômes de banane ou de bonbon anglais, rendant les vins primeurs écœurants !

# LA VINIFICATION DU VIN BLANC ET DU ROSÉ

*La vinification en blanc, malgré ses nombreuses variantes, repose toujours sur la fermentation du seul jus de raisin. La vinification en rosé suit le même principe, bien qu'il faille parfois au préalable colorer le jus en le mettant en contact avec les peaux.*

## Quels raisins pour quels vins ?

Le type de vinification (en blanc, en rosé ou en rouge) est déterminé par deux facteurs : la constitution du raisin (présence ou absence de matière colorante), et la durée de la macération (contact entre le jus, appelé « moût », et les matières solides, dont la peau, ou pellicule).

**LES RAISINS BLANCS.** Si les raisins sont blancs, avec une pulpe et une pellicule incolores, on leur applique toujours la vinification en blanc. Dans ce cas, il est important que seul le moût, exempt de parties solides de la grappe (peau, pépins, etc.), soit amené à fermenter, sans qu'il y ait aucune macération (voir ci-après).

**LES RAISINS ROUGES À PULPE INCOLORE.** Si les raisins sont rouges, avec une pellicule colorée et une pulpe incolore, il est possible d'effectuer une vinification en blanc, en rosé ou en rouge. En l'absence du contact des peaux, on obtiendra du vin blanc. Si celui-ci est court, ce sera un vin rosé (voir p. 66) ; long, un vin rouge (voir p. 68-69).

**LES RAISINS ROUGES À PULPE COLORÉE.** Si les raisins sont rouges, avec une pulpe et une pellicule colorées, on ne pourra obtenir qu'un vin rouge, qu'il y ait ou non macération. Ces raisins, appelés « teinturiers », sont rarement utilisés seuls, mais ils peuvent servir à accentuer l'intensité colorante du vin. Ils sont utilisés seulement pour les vins de table et font actuellement l'objet d'arrachages à la demande de l'Union européenne.

***La vinification est la phase allant de la fin des vendanges à la fin de la fermentation alcoolique.** Elle comprend différentes étapes, variant selon le vin que le vinificateur souhaite obtenir.*

## De la vigne au pressoir

La vinification en blanc exige que le raisin parvienne au chai avec une pellicule intacte, non fendue, pour que les levures présentes sur la peau n'entrent pas en contact avec la pulpe. Les grappes sont donc ramassées entières, de préférence à la main si le viticulteur recherche des conditions optimales. Dans le même esprit, on privilégie le transport des raisins en caissettes plutôt que dans de grands récipients où ils seraient écrasés.

**LE FOULAGE OU L'ÉRAFLAGE.** Parfois, le raisin est pressuré entier. C'est le cas pour les champagnes et les crémants. Mais il peut aussi bien être au préalable foulé et égrappé – deux opérations visant à faciliter l'extraction du moût. Le foulage consiste à faire éclater les baies, sans pour autant abîmer les pellicules, ni écraser les pépins. L'égrappage, ou éraflage, permet de séparer les baies des rafles (squelette de la grappe). Dans les deux cas, une fois l'opération achevée, le raisin est transféré aussitôt dans le pressoir, par pompage. Il est important dans le cadre d'une macération pelliculaire d'éviter la présence des rafles qui apportent des goûts amers au jus de raisin.

### La macération pelliculaire à froid

Dans la plupart des cas, la vinification en blanc ne comporte aucune macération. Mais il arrive néanmoins que le vinificateur cherche à préserver des arômes présents dans les peaux des raisins, notamment pour les cépages sémillon, sauvignon, muscat, riesling et, parfois, chardonnay. Dans ce but, il effectue alors, avant le pressurage, une brève macération pelliculaire à froid : les raisins, préalablement éraflés et foulés, restent pendant quelques heures dans une cuve. Cette technique, appelée aussi « macération préfermentaire », peut néanmoins assombrir la couleur du vin après quelques années en bouteille.

> Arrivé au chai, le raisin est déversé dans un récipient d'accueil muni d'une vis sans fin.

### Les différents pressoirs

Il existe toutes sortes de pressoirs, dont les capacités de traitement varient de quelques centaines de kilos à quelques tonnes de raisin. Les pressoirs modernes sont tous automatisés, les plus répandus étant horizontaux. Parmi eux, le pneumatique est celui qui agit le plus en douceur, avec sa membrane interne qui se gonfle pour presser les raisins. Certains vinificateurs préfèrent néanmoins les traditionnels pressoirs verticaux : permettant une pression modérée sur une surface importante, ils donnent un jus plus clair, moins difficile à débourber.

> Pendant l'égrappage, les rafles sont séparées des baies.

**LE PRESSURAGE.** Le pressurage a pour but d'extraire la totalité du jus des raisins. La durée de cette opération est relativement courte. Mais c'est l'une des étapes les plus délicates de la vinification en blanc, car la qualité du vin en dépend. La masse de pulpe semi-liquide doit notamment être maintenue à basse température pour éviter un départ précoce de la fermentation (celle-ci ne peut avoir lieu qu'entre 12 et 24 °C environ). Un pressurage effectué dans de bonnes conditions donne un jus bien clair, sans écraser les pépins (ceux-ci, écrasés, donneraient au vin des goûts herbacés). Il doit être rapide pour éviter toute oxydation.

## La clarification du moût

**LE DÉBOURBAGE.** À la sortie du pressoir, le moût est toujours plus ou moins trouble. Il contient des éléments solides, les bourbes, qui peuvent donner un mauvais goût au vin et qu'il faut éliminer. Pour ce faire, on peut passer le jus à la centrifugeuse, appareil rapide et efficace, mais que certains accusent d'appauvrir le futur vin. On emploie cette technique surtout dans les exploitations produisant de très gros volumes de vins ordinaires. L'autre procédé, la stabilisation par le froid (à près de 0 °C), présente plus d'avantages : le jus est protégé contre tout départ en fermentation pendant que les bourbes tombent naturellement au fond de la cuve.

**LE SULFITAGE.** Quelle que soit la méthode de débourbage utilisée, on pratique à ce stade le sulfitage, c'est-à-dire qu'on ajoute au jus du dioxyde de soufre ($SO_2$) pour empêcher l'oxydation et pour neutraliser tout développement de micro-organismes. Les doses sont fonction de l'état sanitaire du jus et de la température ambiante. Utilisé en l'excès, le dioxyde de soufre peut masquer tous les arômes du vin. Son dosage est strictement réglementé et ajusté pour chaque millésime (voir aussi p. 78).

## La fermentation alcoolique

Le jus est ensuite versé dans les cuves où il va fermenter lentement, durant deux à quatre semaines. La fermentation peut être stimulée par un apport de levures artificielles ou par ensemencement avec le jus entré en fermentation provenant d'une autre cuve. La température détermine l'importance de la fermentation alcoolique et donc le style de vin souhaité. Plus elle est basse, plus les vins mettront du temps à fermenter ; cela permet d'extraire davantage de matière et il en résulte des vins de meilleure qualité. Plus la température sera haute, plus la fermentation sera rapide ; le résultat sera beaucoup moins qualitatif et le risque de goût de réduction, c'est-à-dire d'un goût de cuit, élevé.

**VRAI OU FAUX ?**

***Les additifs utilisés sont toujours mentionnés sur l'étiquette.***

**FAUX.** En France, plusieurs associations de consommateurs, ainsi que certains vignerons, souhaiteraient pourtant que figurent sur l'étiquette les « additifs » utilisés ne provenant pas du raisin. Seul le dioxyde de soufre est obligatoirement mentionné. En excès, ce produit est susceptible de donner des maux de tête à certaines personnes.

**LES CUVES DE FERMENTATION.** Pour vinifier, le maître de chai peut choisir des cuves en bois, en métal émaillé, en acier inoxydable, en béton ou en plastique. Chacune a ses avantages et ses inconvénients. Très répandu, l'acier inoxydable est plus facile à nettoyer et simplifie le refroidissement. Mais on peut également réguler la température dans les cuves

### La vinification en barriques

De tout temps, les Bourguignons ont vinifié en « pièces » les grands vins blancs, notamment issus de chardonnay, destinés à un long vieillissement. Le volume de la pièce (environ 228 litres) est idéal pour vinifier un vin blanc sans régulation de température : la chaleur s'élève jusqu'à 25 °C, et se maintient à ce niveau. Le vin gagne une saveur particulière, liée au contact avec le bois. Enfin, dans ce type de vinification, le vin demeure sur ses lies (léger dépôt issu de la fermentation), ce qui le protège de l'oxydation et l'enrichit en même temps. Le vigneron remet ces lies régulièrement en suspension à l'aide d'un « bâton » afin de donner au vin complexité et gras. C'est ce que l'on appelle « bâtonnage » (voir aussi p. 77).

en bois, qui présentent une inertie thermique qu'ignore l'acier. Pour vinifier les grands vins de garde, les vignerons bourguignons emploient les barriques de chêne (voir encadré ci-dessus). De façon plus générale, beaucoup de grands châteaux reviennent vers la cuve en bois après avoir sacrifié à la mode de la « cuve Inox ».

## Dernières étapes

**PAS DE FERMENTATION MALOLACTIQUE.** Survenant naturellement après la fermentation alcoolique, la fermentation malolactique (voir p. 61) contribue à arrondir les vins acides, mais peut nuire aux vins fruités des régions chaudes. En général, le vinificateur en blanc cherche à l'éviter et traite le vin afin d'éliminer les bactéries susceptibles de la provoquer. À cette fin, il peut à nouveau sulfiter le vin légèrement, le passer en centrifugeuse, ou pratiquer une microfiltration suivie d'une mise en bouteilles stériles.
**LE SOUTIRAGE.** La fermentation et la vinification proprement dites sont maintenant achevées. Mais le vin a encore besoin d'être clarifié. Il contient en effet des lies, un dépôt constitué surtout de levures qui ont terminé leur activité. Après la fermentation, on transvase donc le vin hors de la cuve tandis que les lies restent au fond. Cette opération s'appelle le soutirage. Elle sera répétée à plusieurs reprises au cours de l'élevage (voir p. 76). Pour l'élaboration de certains vins, tel le Muscadet dans le Pays nantais, on laisse néanmoins le vin « sur lies » jusqu'à sa mise en bouteilles, ce qui entraîne certaines caractéristiques gustatives comme la présence de perles de gaz qui apportent au vin une fraîcheur supplémentaire.

## Le cas des vins liquoreux

Les vins liquoreux sont issus de raisins si sucrés que la fermentation ne peut transformer tout le sucre en alcool. Pour obtenir le côté liquoreux, les vignerons laissent le raisin sur la vigne jusqu'à ce qu'il soit trop mûr, espérant voir apparaître le *Botrytis cinerea*, ou « pourriture noble » – ce champignon dessèche le raisin, dont le jus déjà sucré se concentre en gouttes très riches. La vinification suivra ensuite les mêmes étapes que pour les vins blancs secs. Néanmoins, dans un environnement à haute teneur en sucre, les levures travaillent plus lentement et s'épuisent au bout de quelques jours. La fermentation s'arrête et une partie du sucre ne sera pas transformée en alcool, d'où le goût sucré. C'est ce qui donne les meilleurs vins, comme le Sauternes, le *Trockenbeerenauslese* en Allemagne, le Tokaj aszú et plusieurs vins du Nouveau Monde. On peut également utiliser des raisins passerillés, c'est-à-dire séchés sur des claies. C'est le cas pour le vin de paille (voir encadré ci-dessous) ou le Vino Santo italien.

## La vinification en rosé

Il existe trois méthodes pour produire les vins rosés : la méthode de pressurage, la méthode de la saignée et l'assemblage (qui ne concerne que le champagne). Le pressurage direct donne des vins fins et subtils, alors que la saignée les rend plus vineux et charpentés. Sauf exception, un rosé se boit dans l'année ou dans les deux ans qui suivent sa mise en bouteilles. Ses caractéristiques olfactives et gustatives sont le plus souvent celles des vins blancs.

**VRAI OU FAUX**

***On peut élaborer du rosé en mélangeant du vin blanc et du rouge.***

**VRAI.** Mais, en France, seule la Champagne peut couper ainsi les vins (voir ci-dessous). Dans d'autres pays, le coupage est autorisé pour élaborer des vins de table.

**LA MÉTHODE DE PRESSURAGE.** Certains rosés élaborés à partir de raisins très riches en matière colorante et suffisamment mûrs peuvent être obtenus par pressurage direct de la vendange. C'est le cas des rosés d'Anjou et de Touraine. Le moût est ensuite soumis aux techniques de la vinification en blanc. Une légère macération, avant le pressurage, est souvent nécessaire pour donner au vin une couleur soutenue. Les vins gris sont élaborés de la même façon mais avec des raisins très peu colorés, comme le grenache gris ; dans ce cas, même si on laisse les peaux macérer dans le jus, celui-ci se colore très peu.
**LA MÉTHODE DE LA SAIGNÉE.** Elle consiste à prélever d'une cuve destinée à la vinification en rouge, par écoulage, une certaine proportion de jus, après seulement quelques heures de macération (avant de remplir la cuve à nouveau). La majorité des rosés de Provence et ceux de Tavel sont élaborés de la sorte. Le moût prélevé, ou saignée, qui n'a pas encore commencé à fermenter, est ensuite vinifié selon le principe de la vinification en blanc.
**LA MÉTHODE DE L'ASSEMBLAGE.** Autorisée seulement en Champagne, elle consiste à rajouter au vin blanc, avant la seconde fermentation, un pourcentage de vin rouge de Champagne. Environ 95 % des champagnes rosés sont élaborés de cette manière.

### LE SAVIEZ-VOUS ?

***La vinification du vin de paille peut durer jusqu'à 4 ans.*** *Produit dans le Jura, ce vin très particulier est issu de raisins laissés sur un lit de paille (aujourd'hui le plus souvent sur des claies) d'octobre à janvier, ce qui entraîne une dessiccation des baies et donne un jus plus riche et plus concentré. Quand 100 kilos de raisins donnent normalement de 70 à 75 litres de moût, ce volume n'est plus que de 20 à 25 litres pour le vin de paille. La fermentation en petit fût est très lente et peut durer 4 ans. Produit en quantité limitée, ce vin a une robe ambrée et un goût riche et doux avec une note de noix.*

41

# LA VINIFICATION DU VIN ROUGE

*Il est plus facile de faire du vin rouge que du vin blanc : le travail du vinificateur consiste à guider le déroulement d'un processus naturel qui est très simple dans son principe. Toutefois, la vinification des grands vins rouges exige un soin extrême et beaucoup de talent.*

## Les principes de base

Comme pour les vins blancs, la vinification consiste à transformer le moût sucré en alcool. La particularité de la vinification en rouge repose sur la macération. Au cours de cette étape, par un phénomène d'infusion, la matière colorante, les tanins et les nombreux composés aromatiques contenus dans les parties solides du raisin (peau, pépins) sont dissous dans le jus, donnant au vin sa couleur et son caractère. Les techniques suivent toutes ce même principe, même si elles varient selon les cépages, le climat et les traditions locales.

***Une longue macération apporte au vin sa couleur** et sa structure tannique, mais toute extraction excessive des substances contenues dans les parties solides peut entraîner le développement d'arômes végétaux parfois peu plaisants.*

## La macération classique

Le processus décrit ici est employé, dans ses grandes lignes, aussi bien en France qu'à l'étranger. Les raisins rouges sont d'abord foulés et éraflés : ils éclatent, libérant leur jus, et se détachent du squelette de la grappe (la rafle). On transfère ensuite le moût, masse juteuse des raisins foulés, dans des cuves en bois ou en acier inoxydable thermorégulées. La durée de cuvaison, associant macération et fermentation, peut aller de quelques jours à trois semaines, selon le style du vin.

**LA FORMATION DU CHAPEAU.** Une fois dans la cuve, les matières solides des baies remontent vers le haut et se rassemblent pour former le « chapeau » (ou « gâteau de marc »). Progressivement, les matières colorantes et l'ensemble des composés du chapeau vont se dissoudre dans le jus. Cette opération, nommée « extraction », est favorisée par la chaleur due à la fermentation, le vinificateur limitant la température aux environs de 30 °C.

**LE PIGEAGE, LE REMONTAGE OU L'EMPLOI DE LA CUVE À HÉLICE.** Certaines techniques peuvent faciliter au besoin l'extraction. Le pigeage consiste à enfoncer le chapeau dans le moût à l'aide d'un bâton, d'une palette en bois, de vérins hydrauliques ou encore avec les pieds. Le remontage consiste à immerger le chapeau et à « remonter » doucement le jus du bas de la cuve pour en arroser le chapeau. Il existe aussi des cuves équipées d'hélices qui remettent en suspension les parties solides. Dans tous les cas, l'opération est délicate, car il faut extraire pigments et arômes, mais sans excès.

**LA DURÉE DE MACÉRATION.** Pour l'élaboration des vins de primeur, seule une extraction très partielle des diverses substances des parties solides est recherchée, car on privilégie les arômes primaires (voir p. 211). Le temps passé en cuve de macération est alors assez court. En revanche, pour un vin comme le Chinon, les baies peuvent macérer pendant un mois, voire plus, pour obtenir une extraction maximale. Le vin sera alors riche en tanins et devra être conservé et élevé un certain temps avant de pouvoir être bu.

> Foulage des raisins au Château Lascombes, dans l'appellation Margaux.

**VRAI OU FAUX ?**

***Le vinificateur observe constamment le thermomètre.***

**VRAI.** La surveillance de la température durant la fermentation est primordiale. Il convient en effet de maintenir le moût à la température choisie et d'enclencher, si nécessaire, le système de refroidissement. Avec des fermentations à basse température, autour de 24 °C, on extrait du fruit et de la finesse. Avec des températures plus élevées, de 30 à 36 °C (même pour une durée très brève), on obtient un maximum de couleur et d'intensité de goût et d'arômes.

## La macération carbonique

La différence majeure de la macération carbonique avec la méthode précédente réside dans l'utilisation de raisins non foulés. Assez répandue dans le Beaujolais, cette technique consiste à placer les grappes entières dans une cuve fermée que l'on emplit de gaz carbonique. Sous l'effet de ce gaz, un phénomène particulier nommé « fermentation intracellulaire » se produit.

> Le soutirage du vin durant la vinification.

> Le vin est également soutiré durant la phase d'élevage.

Il entraîne, à l'intérieur des baies intactes, la formation d'une petite quantité d'alcool et une dégradation de l'acide malique. Cette fermentation s'accompagne de la production de substances aromatiques typiques. Une cuvaison courte, de 4 à 6 jours, permet d'obtenir des vins très floraux, dont la souplesse est immédiatement acquise. Par la suite, le gaz carbonique est chassé et la fermentation alcoolique se poursuit normalement.

La macération carbonique a fait ses preuves pour les vins de cépage gamay commercialisés jeunes, comme les Beaujolais primeurs, et elle est maintenant très largement appliquée sur certains cépages qui seront ensuite assemblés à des vins issus de macération traditionnelle pour l'élaboration de vins plus souples, en particulier dans le vignoble méditerranéen.

## L'écoulage et le pressurage

Quelle que soit la méthode de macération, il est nécessaire à un moment donné de récupérer la partie liquide de la cuve. Lorsque le vinificateur juge la durée de la macération optimale, que la fermentation soit achevée ou non, il provoque l'écoulage. On ouvre alors l'un des robinets du bas de la cuve, pour laisser couler la partie liquide, définitivement séparée des éléments solides de la vendange. Cette opération arrête la phase de macération.

**LE VIN DE GOUTTE ET LE VIN DE PRESSE.** Le jus d'écoulage, qui constitue la partie la plus noble et la plus fine du vin, est appelé « vin de goutte ». Ensuite, on presse (ou pressure) les marcs et les lies, éléments solides contenant encore du liquide, pour en extraire le jus restant et obtenir le « vin de presse », qui représente de 8 à 15 % du volume total d'une cuve. Dans une phase ultérieure, son assemblage éventuel avec le vin de goutte dépendra de divers critères, notamment gustatifs.

**DERNIÈRES FERMENTATIONS.** Les vins de goutte et de presse sont ensuite placés dans des cuves distinctes. À ce stade, le vinificateur procède à une analyse complète du vin pour connaître, notamment, le degré d'alcool et le degré d'acidité. Les jus achèveront de fermenter si ce processus n'était pas terminé au moment de l'écoulage. À la fermentation alcoolique succédera dans tous les cas la fermentation malolactique (voir p. 61). Le vin sera ensuite clarifié, lors de la phase d'élevage (voir p. 76).

### Les « vins de garage »

L'expression « vins de garage » n'a rien d'officiel. Elle concerne de minuscules cuvées pouvant tenir dans le garage d'une maison. C'est un vin produit à partir de petits vignobles au rendement volontairement réduit et de raisins parfaitement mûris et triés. Au-delà de l'effet de mode qui a fait s'envoler leur prix, les vins de garage sont d'excellents vins, presque tous en provenance de Saint-Émilion, encore que le Médoc commence à en produire. La vinification demande un soin extrême, privilégiant l'égrappage à la main, une fermentation de 3 semaines en cuve Inox, le pigeage du moût, la mise en barriques de chêne neuf pour la fermentation malolactique et un élevage pendant 2 ans.

# LA VINIFICATION DES VINS EFFERVESCENTS

*Toute fermentation produit du gaz carbonique dont les bulles remontent à l'air libre. Emprisonné dans une bouteille épaisse, ce gaz provoque l'effervescence du vin. Les champagnes et la plupart des vins effervescents sont obtenus selon ce principe.*

## Les principes de base

**LA MÉTHODE ANCESTRALE.** Historiquement, les premiers vins mousseux furent obtenus par la méthode « ancestrale », dite aussi « rustique » ou « dioise » ou encore « gaillacoise ». Cette méthode est encore pratiquée par quelques producteurs dans les régions de Die, Limoux et Gaillac. Elle consiste à mettre le vin en bouteilles en cours de fermentation, avant que la totalité du sucre ne soit transformée en alcool. La méthode est délicate, et il arrive que des bouteilles explosent sous la pression du gaz après avoir été refermées. Après un an de cave, les dépôts sont éliminés ou laissés en place. Les vins élaborés de la sorte sont tous des AOC. Ce sont, à Die, la Clairette de Die Tradition (à base de muscat), à Limoux, la Blanquette Méthode ancestrale et, à Gaillac, le vin obtenu selon la méthode gaillacoise (ces deux derniers à base de mauzac).

***La vinification des vins effervescents suit toujours le même principe,*** *qui consiste à laisser le vin fermenter dans une bouteille fermée (ou parfois une cuve close), afin que le gaz carbonique issu de la fermentation ne puisse s'échapper et soit dissous dans le vin.*

**LA MÉTHODE CHAMPENOISE.** Plus tardivement, les Champenois ont mis au point la « méthode champenoise », appelée ailleurs « méthode traditionnelle ». Plus sûre que la précédente, elle consiste à laisser d'abord fermenter le moût en cuve pour obtenir un premier vin tranquille qui titre entre 9 et 9,5 % vol., puis à susciter une seconde fermentation, dans des bouteilles fermées, en ajoutant au vin du sucre et des levures (liqueur de tirage). Cette technique est aujourd'hui utilisée dans de nombreuses régions : en Val de Loire (Vouvray, Saumur, Crémant de Loire), en Bourgogne (Crémant de Bourgogne), dans le Bordelais (Crémant de Bordeaux), en Alsace (Crémant d'Alsace), dans le Rhône (Clairette de Die, Saint-Péray mousseux), dans le Midi (Blanquette et Crémant de Limoux), etc. Dans le monde, parmi les mousseux les plus connus, le Cava espagnol, le Sekt allemand, le Prosecco italien ou certains *sparkling wines* californiens ou australiens sont également élaborés de la sorte.

> Pressoirs traditionnels de la maison Louis Roederer à Ay.

### LE SAVIEZ-VOUS ?

***C'est dom Pérignon, un moine de l'abbaye de Hautvillers,** qui a mis au point, au XVII^e^ siècle, le principe de l'assemblage permettant d'élaborer des cuvées de champagne. C'est également lui qui recommanda de confectionner des bouchons plus solides que les chevilles de bois entourées de tissu graissé, qui étaient alors en usage. Les deux grands ennemis du champagne sont en effet l'air et la lumière. Les bouchons, aujourd'hui de grande qualité, obturent parfaitement la bouteille, et il ne reste au consommateur qu'à la conserver à l'abri de la lumière, à une température entre 12 et 13 °C.*

> Remuage mécanique des bouteilles (Gyropalette) au Château Moncontour (vallée de la Loire).

## Des vendanges à l'assemblage

Les étapes complexes de l'élaboration du champagne – chaque « maison » possède ses secrets – en font un vin inégalé, de qualité constante. Le choix des raisins est essentiel. Il s'agit de raisins noirs (pinot noir et pinot meunier) et blancs (chardonnay mais aussi arbane, petit meslier et pinot blanc), cultivés sur une aire d'appellation bien délimitée, avec un rendement maximal autorisé.

**LE PRESSURAGE ET LA FERMENTATION.** Très tôt après la cueillette des raisins, le pressurage, limité à un certain volume, est effectué avec rigueur, afin d'obtenir un jus propre, dont le contact avec la peau des baies n'a permis d'extraire que peu de tanins et pas de couleur. La première fermentation a lieu en cuves de bois ou en cuves d'acier inoxydable.

**L'ASSEMBLAGE.** On procède ensuite à l'assemblage : dans chaque exploitation, les responsables goûtent les vins de chaque cuvée, issus de terroirs, de cépages et de parcelles distincts. L'objectif est d'assembler un vin reflétant le style de la maison et d'obtenir le même goût et le même niveau de qualité d'une année à l'autre. Les vins des années précédentes, dits « vins de réserve », peuvent participer à l'assemblage. Le résultat de ce dernier s'appelle « cuvée ».

## La seconde fermentation

**LA PRISE DE MOUSSE.** Une fois le vin assemblé, on ajoute de la « liqueur de tirage », mélange de sucre et de levures, puis on embouteille le tout dans d'épaisses bouteilles de verre, fermées par des capsules métalliques. Les flacons sont stockés horizontalement dans la partie la plus sombre et la plus fraîche des caves. La seconde fermentation démarre, entraînant la production de gaz carbonique : c'est la « prise de mousse ». Elle dure environ un mois.

**LE REMUAGE.** Le vin est ensuite conservé au frais dans les caves crayeuses typiques de la Champagne. Le vieillissement, dont la durée légale est de 15 mois au minimum après l'ajout de la liqueur de tirage (et de 3 ans pour les cuvées millésimées), laisse un dépôt de levures mortes. Afin d'éliminer ce dépôt, les bouteilles sont placées, goulot vers le bas, sur des « pupitres » inclinés. Pendant 2 ou 3 mois, l'inclinaison des bouteilles est accentuée progressivement, et les bouteilles sont soit manipulées, deux par deux, par des cavistes expérimentés, les « remueurs », soit actionnées en nombre par un procédé mécanique, le Gyropalette.

## Du dégorgement au bouchage

L'étape suivante, le dégorgement, consiste à évacuer le dépôt qui s'est déposé dans le goulot des bouteilles. À cette fin, ce dernier est trempé dans un liquide réfrigérant qui emprisonne les sédiments dans un glaçon. Puis la bouteille est ouverte et, sous la pression du gaz, le glaçon est éjecté avec le dépôt. Il est remplacé par la « liqueur d'expédition », mélange de champagne et de sucre de canne. Cette étape, appelée « dosage », détermine le futur caractère du champagne : brut, extra-dry, sec, demi-sec ou doux. Lors du « bouchage », les bouteilles sont fermées avec leur bouchon traditionnel, maintenu par un muselet métallique. En règle générale, elles ne sont pas mises en vente aussitôt, mais stockées quelques semaines par le producteur, pour que la liqueur puisse se marier avec le vin.

### La méthode Charmat et la gazéification

D'autres vins effervescents sont produits selon des méthodes différentes. Avec le procédé Charmat, la seconde fermentation, après l'ajout de la liqueur de tirage, a lieu non pas en bouteille, mais en « cuve close ». Puis le vin est refroidi, filtré et transvasé sous pression dans une deuxième cuve, adouci avec la liqueur d'expédition et mis en bouteilles. Ces vins manquent de finesse et de complexité. Quant à la gazéification, c'est une méthode primitive par laquelle on injecte du gaz carbonique dans le vin avant la mise en bouteilles. Les mousseux obtenus de la sorte n'ont droit à aucune appellation.

207
212

# L'ÉLABORATION DES VINS MUTÉS

*Les vins mutés sont riches à la fois en sucre, en arômes et en alcool. Leur vinification se caractérise par une adjonction d'alcool, ou mutage, ou encore fortification, qui arrête l'action des levures et bloque la fermentation, préservant ainsi une partie du sucre provenant des raisins.*

## Les principes de base

On élabore les vins mutés comme les autres vins, à la différence qu'on y ajoute de l'alcool sous forme d'eau-de-vie. Les xérès, les portos, les madères venant de la péninsule Ibérique, les vins doux naturels français, les vins de liqueur français, le marsala de Sicile sont autant de vins mutés. Ils se distinguent, en plus des cépages dont ils sont issus, par le moment où se fait l'adjonction d'alcool et par la quantité de celui-ci. Il existe deux principales méthodes de mutage : pendant la fermentation (porto) ou après (xérès). À l'origine, on mutait un vin pour le préparer à voyager, pour maîtriser le processus mal compris de la fermentation qui, souvent, redémarrait dans les fûts et abîmait les vins au cours du transport. Cette pratique s'est institutionnalisée au point de représenter une famille de vins.

***Le mutage permet de mettre en avant les arômes propres aux cépages dont sont issus les vins.** En fonction de l'alcool utilisé, du mode d'élevage et de la durée de vieillissement, on obtient des styles très différents.*

## Le porto

De nos jours, dans la plupart des exploitations, la vinification du porto se fait selon des techniques modernes. Après avoir été séparées de la grappe et écrasées, les baies sont versées dans des cuves où va commencer la fermentation. Là, des tambours géants, ou autres appareillages, par un mouvement de rotation, mélangent le jus et les peaux. Le but est d'extraire en un laps de temps réduit un maximum de pigments de la pellicule entourant les baies : il ne faut pas laisser s'exhaler les arômes des parties solides, mais seulement colorer le vin. Comme dans les méthodes plus traditionnelles, incluant le foulage aux pieds des raisins, le viticulteur stoppe ensuite la fermentation par l'adjonction d'alcool.

**L'ADJONCTION D'EAU-DE-VIE.** Quand le jus a atteint le niveau désiré d'alcool (environ 9 % vol. d'alcool), on verse le vin nouveau dans des fûts (ou cuves) et l'on y ajoute de l'*aguardiente* (eau-de-vie de raisin). La quantité d'alcool correspond à 25 % du volume du vin, ce qui porte le niveau d'alcool du porto à environ 18-20 % vol., degré auquel l'activité des levures est neutralisée. Le sucre non converti en alcool reste dans le vin, qui est alors du porto. Le résultat obtenu est un vin de robe rouge foncé, d'une agréable douceur, avec un fort goût d'alcool. (Il existe aussi des portos blancs.) Les portos ont besoin de temps pour que l'alcool se fonde dans le vin. Au cours du premier printemps, le vinificateur déguste le vin et le classe selon ses qualités.

> Dans les caves de Porto, le vinificateur prélève du vin à l'aide d'une pipette.

## Le xérès

Ce vin blanc muté est plus facile à élaborer que le porto. Vinifié comme tout autre vin blanc, le vin nouveau est versé dans un tonneau en bois qu'on ne remplit pas complètement. Quelques mois plus tard, apparaît dans certains fûts une moisissure particulière, appelée *flor*. Le xérès est alors muté à l'eau-de-vie de raisin en fonction de son style : peu pour les Finos (jusqu'à environ 15,5 % vol.), affectés par la *flor*, davantage pour les Olorosos (jusqu'à 18 % vol.) qui proviennent de fûts où la *flor* ne s'est pas développée. Les vins vieillissent ensuite dans des *soleras*, rangées de fûts s'étageant sur trois ou

> Barrils de xérès dans les caves de Bodega González Byass, en Espagne.

quatre hauteurs, l'échelon le plus bas accueillant les vins les plus anciens (voir aussi p. 77). C'est l'assemblage et le vieillissement du xérès qui font toute sa complexité, chaque bouteille contenant des vins issus de divers fûts et d'âges différents.

## Les vins doux naturels français

Les vins doux naturels sont sensiblement différents en couleur et en arômes (voir p. 160-161). Produits surtout dans le Roussillon (Banyuls, Rivesaltes, Maury, Roussillon, Muscats de Mireval, de Rivesaltes, de Saint-Jean-de-Minervois, de Lunel, de Frontignan), dans la vallée du Rhône (Muscat de Beaumes-de-Venise, Rasteau)

### Finos et Olorosos, deux familles de xérès

Le xérès offre toute une palette de styles, du plus sec (Manzanilla) au plus sucré (Cream). Il se divise en deux familles : les Finos, secs et légers, et les Olorosos, colorés et plus puissants. Le Fino doit se boire très jeune et ne vieillit pas en bouteille. Sont particulièrement appréciés le Manzanilla, le plus sec et le plus léger de tous, doté d'un goût légèrement iodé, et l'Amontillados qui a vieilli en fût pendant au moins 8 ans. Les Olorosos, eux, peuvent se conserver plusieurs années. Ce sont des vins demi-secs, riches et concentrés.

### LE SAVIEZ-VOUS ?

***Les raisins des cépages de porto sont encore foulés aux pieds dans certaines exploitations.*** *Après avoir été écrasés et détachés de la grappe, ils sont versés dans de vastes récipients ouverts en pierre, appelés* lagares, *où ils sont foulés aux pieds. Bien que laborieuse, cette méthode traditionnelle est considérée comme le meilleur moyen d'extraire la couleur des raisins sans risquer d'écraser les pépins. Le jus fermente ensuite dans les* lagares *entre 24 et 36 heures, avant l'adjonction d'eau-de-vie de raisin. Le coût de la main-d'œuvre limite cependant ces pratiques traditionnelles à l'élaboration des meilleurs vins de Porto.*

et en Corse (Muscat du Cap-Corse), ils sont mutés à l'alcool vinique à 96 % vol., dans une proportion de 5 à 10 % du volume du moût en cours de fermentation.

Pour les vins rouges, on procède à une macération courte (2 ou 3 jours), avant d'ajouter l'alcool dans le jus en fermentation. Cependant, dans quelques cas, à Banyuls et à Maury notamment, on pratique le mutage sur le marc, c'est-à-dire sur les parties solides du raisin (peau, pépins, etc.). Le mélange marc-alcool macère ensuite durant 10 à 15 jours, ce qui donne des vins plus riches en matière colorante, en tanins et en arômes. Les blancs et les muscats sont vinifiés en blanc, le mutage ayant lieu là aussi en cours de fermentation.

## Les vins de liqueur

La production des vins de liqueur est beaucoup plus limitée que celle des vins doux naturels. Leur titrage est compris entre 16 et 22 % vol. Ces vins sont obtenus par addition de jus de raisin, avant fermentation, d'alcool neutre, d'eau-de-vie de vin, de moût de raisin concentré ou d'un mélange de ces produits. C'est le cas, par exemple, du Pineau des Charentes, alliance de cognac et de jus de raisin provenant du même domaine, du Floc de Gascogne, muté à l'armagnac, et du Macvin du Jura, muté au marc.

> Certains vins comme le Maury vieillissent en bonbonne, à l'extérieur.

# L'ART DE L'ÉLEVAGE

*La vinification, au sens strict du mot, est terminée lorsque le moût a été transformé en vin par la fermentation. Commence alors l'élevage, qui s'achèvera au moment de la mise en bouteilles.*

## Les buts et la durée de l'élevage

Le terme « élevage » exprime bien le lent travail nécessaire pour affiner et développer les qualités d'un vin. En élevant son vin, le maître de chai poursuit deux objectifs. Le premier, d'ordre technique, est de clarifier le vin. Le second, d'ordre sensoriel, est de lui permettre d'atteindre son parfait mûrissement et d'acquérir de nouveaux arômes.

La période d'élevage peut être très courte pour les vins « primeurs », quelques semaines, voire quelques jours. Elle n'excède pas quelques mois pour la plupart des vins. En revanche, l'élevage dure environ 2 ans et plus pour certains champagnes, pour les grands vins de garde, rouges ou blancs (grands crus du Bordelais ou de Bourgogne), et au moins 7 ans pour certains portos ou xérès. Selon le type de vin et ce que le vinificateur en attend, l'élevage peut se faire en grand volume, dans des cuves, ou en petit volume, en barriques de chêne. Depuis quelques décennies, le retour à l'élevage en barriques s'est beaucoup développé, de préférence en barriques neuves, en particulier pour les grands vins (voir p. 80-81).

***L'élevage est plus ou moins long selon le type de vin recherché.*** *Les vins primeurs sont mis en bouteilles aussitôt après la vinification alors que les vins rouges de garde sont élevés de 6 à 18 mois, parfois jusqu'à 24 mois.*

> Barriques neuves dans un chai bordelais.

## La clarification du vin

Après la vinification, le vin présente un trouble dû aux minuscules particules de raisin, aux levures et aux bactéries encore en suspension. Ces lies, susceptibles de générer une nouvelle fermentation au contact de sucres résiduels, sont en général éliminées. Si le soutirage, le collage et le filtrage sont les méthodes les plus répandues, il existe aussi d'autres pratiques, comme la centrifugation (le vin est placé dans un tambour qui, par un mouvement tournant, propulse les matières solides sur le bord) ou la pasteurisation (le vin est brièvement chauffé à de très hautes températures).

**LE SOUTIRAGE.** C'est le procédé le plus courant. Il est en général utilisé pour les vins de qualité, et complété par un filtrage avant la mise en bouteilles. Le soutirage consiste à décanter le vin, en le transvasant d'un récipient dans un autre. Cette opération permet d'éliminer les lies qui se sont déposées naturellement au fond de la cuve ou du fût et, éventuellement, d'oxygéner et d'assouplir le vin (voir aussi p. 66). Elle libère aussi le gaz carbonique résultant de la fermentation. Lorsque le vin doit être conservé en cuves ou en fûts pour une longue durée, le rythme des soutirages est de deux à quatre par an. Mais la fréquence peut être bien plus importante quand la durée d'élevage est brève ou après un collage.

**LE COLLAGE.** Cette méthode est souvent employée avant la mise en bouteilles, qu'il y ait eu ou non un soutirage préalable. Elle exploite le phénomène de la floculation colloïdale : le clarifiant, autrement dit la colle, forme, au contact du vin, des flocons sur lesquels vont se fixer les micro-impuretés. Il ne reste plus qu'à éliminer, par soutirages successifs, les sédiments tombant au fond du récipient, en une dizaine de jours. La meilleure colle pour les vins rouges est le blanc d'œuf battu (6 œufs par barrique), celle convenant le mieux aux vins blancs est la caséine (10 à 20 g/hl). Après un collage, les vins rouges perdent certaines rugosités dues aux tanins, gagnant en finesse et en souplesse.

**LE FILTRAGE.** Cette opération complète parfois le soutirage en cours d'élevage. Mais, le plus souvent, elle intervient surtout avant la mise en bouteilles. Les filtres à plaques ou à membranes utilisés ont des pores plus ou moins grands. Lorsque ceux-ci sont minuscules (moins d'un millième de millimètre), le vin est non seulement nettoyé de ses lies mais aussi stérilisé, car les bactéries elles-mêmes ne parviennent pas à passer dans de si infimes orifices.

## Le cas de l'élevage sur lie

Quand les lies ne sont pas enlevées en cours d'élevage, il s'agit d'un élevage sur lie. Le Muscadet dans le Pays nantais est élevé de la sorte, pour que le vin contienne encore un peu de gaz

> La cuverie du Château de Beaune abrite des crus prestigieux élaborés par Bouchard Père & Fils.

carbonique, que l'on ressent sur la langue comme un léger picotement. De même, certains bordeaux (vins de garage rouges, voir p. 69 ; Pessac-Léognan blancs) ou grands vins blancs de Bourgogne sont élevés sur lie. Dans ces derniers cas, on pratique alors le bâtonnage, qui consiste à remettre en suspension les lies fines qui se déposent dans la partie basse de la barrique ou de la cuve. Ces sédiments sont agités à l'aide d'un « bâton » ou d'un système mécanique pour les grands volumes. Le but est d'augmenter les échanges entre les parties solides et le liquide afin que le vin gagne en complexité, en souplesse et en gras. Un collage et une filtration légère interviennent souvent avant la mise en bouteilles.

## Questions d'hygiène

Autrefois, de nombreux vins étaient altérés par une mauvaise hygiène, les mécanismes d'oxydation et de prolifération des germes étant mal connus. De nos jours, le vinificateur accorde un soin particulier à la propreté de la cave et du matériel. Les cuves doivent par exemple être nettoyées et détartrées régulièrement, afin de prévenir les bactéries. Pour les fûts, la solution aseptique idéale serait de laisser toujours le récipient parfaitement plein ; à défaut, on recourt le plus souvent au méchage, qui consiste à faire brûler du soufre dans le fût vide, avant de le clore hermétiquement.

## L'assemblage, une étape facultative

Art difficile, l'assemblage concerne l'association de vins provenant d'une même propriété, mais présentant des caractéristiques différentes. Dans le Bordelais, par exemple, il consiste à marier un certaines nombre de cuves issues de diverses parcelles, et donc de cépages distincts, de vignes plus ou moins vieilles, vendangées à des dates différentes. Dans les régions pratiquant l'élevage en fût, on peut décider quels fûts seront sélectionnés pour l'assemblage final, en respectant les critères d'appellation (cépages, lieux géographiques).

**À QUEL STADE ?** Pour de nombreux vins blancs ou rouges, comme pour certains vins mutés, l'assemblage peut intervenir tout au long de l'élevage et jusqu'à la mise en bouteilles définitive. Pour les champagnes, il se fait avant l'élevage, juste après la fermentation, parfois en associant jusqu'à 50 ou 60 cuvées. Dans le Bordelais, les assemblages se font entre novembre et mars, avant les dégustations de primeurs, qui ont lieu en avril. Néanmoins une dernière rectification peut s'effectuer juste avant la mise en bouteilles.

**LE CAS DU XÉRÈS.** Le xérès vieillit dans des fûts disposés en pyramide, sur trois ou quatre hauteurs, l'étage le plus bas *(solera)* contenant les vins les plus vieux, et l'étage supérieur *(criadera)*, les plus jeunes. Lors de la mise en bouteilles, on prélève une petite quantité de vin dans la seule *solera* et on remplace le vin soutiré par celui de l'étage supérieur, plus jeune, et ainsi de suite jusqu'au sommet. Du fait de ce mode original de vieillissement, chaque bouteille contient des vins issus de plusieurs *soleras*, mais aussi des vins d'âges différents assemblés à l'intérieur d'une même *solera*.

**VRAI OU FAUX ?**

***La période d'élevage dure jusqu'à ce que le vin soit consommé.***

**FAUX.** Appelé aussi « éducation du vin », l'élevage se situe entre la fin de la fermentation et la mise en bouteilles. Il se fait en cuve d'acier ou dans un contenant de bois (ou fût). Une fois le vin en bouteille, c'est le vieillissement qui prend le relais.

> Entonnage

> Soutirage

> Bâtonnage

## Aérer le vin mais éviter l'oxydation

Les vins rouges en général, mais quelques vins blancs également, nécessitent au début de l'élevage une certaine aération. Celle-ci est apportée soit par les soutirages, soit par la diffusion lente de l'oxygène à travers les jointures des barriques, soit par microbullage (voir encadré ci-dessous). Mais cet apport d'oxygène doit rester minime. Hormis pour de rares vins, souvent mutés à l'alcool (voir ci-après), le vinificateur évite toujours un contact direct et prolongé entre le vin et l'air. L'oxygène favorise en effet le développement de bactéries, telles que *Acetobacter*, susceptibles de transformer l'alcool en vinaigre. Il altère en outre la couleur et le goût du vin en cas d'oxydation. Pour éviter tous ces écueils, le vinificateur ajoute en général du soufre (sulfitage) et/ou pratique l'ouillage.

### Le microbullage

La pratique de l'oxygénation demande beaucoup de doigté et l'exploitation de la micro-oxygénation « naturelle », obtenue avec l'élevage du vin en barrique, est aléatoire. Pour doser la micro-oxygénation, et non plus s'en remettre au hasard, Patrick Ducournau, vigneron de Madiran, a mis en place un nouveau dispositif : installer au bas d'une cuve neutre un générateur de microbulles, petit appareil courant dans les laboratoires, et réglable à la bulle près. Ce système fonctionne très bien, et son utilisation a reçu l'agrément des pouvoirs publics.

**L'OUILLAGE.** Pour éviter de provoquer l'oxydation, les récipients doivent être totalement remplis, sans qu'il y ait de poche d'air. Or une évaporation de liquide se fait naturellement lors de l'élevage en cuve ou en fût, plus ou moins vite selon le degré d'humidité et la température du chai. Pour compenser cette perte, il faut donc pratiquer l'ouillage, c'est-à-dire compléter régulièrement le récipient, à l'aide d'une grosse pipette appelée « ouillette ». La qualité du vin servant à l'ouillage doit être égale à celle du vin élevé et de la même provenance s'il s'agit d'un vin d'appellation. En France, seuls le vin jaune du Jura (voir aussi p. 307) et certains vins doux naturels sont élevés sans ouillage. Le vin se réduit alors par évaporation et une fine couche de levures, appelée « voile », se forme à sa surface. La lente oxydation qui s'ensuit génère des arômes particuliers.

**LE SULFITAGE.** Le soufre est utilisé sous la forme d'anhydride sulfureux (ou dioxyde de soufre) lors de la vinification et de l'élevage. Agent antioxydant et bactéricide, il constitue, à dose mesurée, un remède miracle, sollicité pour protéger le vin et lutter contre certaines maladies. Malheureusement, ce produit présente de nombreux inconvénients : il favorise la casse ferrique et la casse cuivreuse (troubles du vin), il est à l'origine de divers défauts (mercaptan, odeur de réduit ; voir aussi encadré p. suivante) et, surtout, il entraîne malaises et maux de tête chez certaines personnes. Son usage est limité par les réglementations française et européenne, et les chimistes recherchent des substituts. Jusqu'à ce jour rien ne l'a remplacé, bien que divers produits ou pratiques (hygiène rigoureuse, filtrage, etc.) contribuent à limiter son usage. Certains vignerons tentent de faire des vins sans soufre, mais rares sont ceux qui arrivent à obtenir des bouteilles sans défaut (voir p. 58).

> Ouillage

> Prélèvement d'un échantillon

> Barriques au chai

## Les défauts du vin

Maintenant qu'on ne vinifie plus empiriquement comme par le passé, mais en sachant ce que l'on fait et pourquoi, les vins présentant des défauts sont rares.

**LES DÉFAUTS MINEURS.** Il peut s'agir d'une légère odeur de réduit, de gaz fermentaire, voire de soufre. Le plus souvent, ces défauts s'estompent avec le temps. On peut, si on les constate, oxygéner le vin en le transvasant dans une carafe – on parle de « carafage » – au moment de la dégustation (voir p. 193). L'odeur de réduit résulte d'une privation prolongée d'oxygène et d'un manque de soutirage. Le gaz fermentaire aurait dû disparaître si le vin avait été aéré avant sa mise en bouteilles. Quant à l'odeur de soufre, due à une erreur de dosage, elle survient surtout dans les vins blancs, très sensibles à l'oxydation et protégés davantage par l'anhydride sulfureux.

**LES DÉFAUTS MAJEURS.** Les gros défauts, eux, sont inacceptables et irréparables. Ce sont le mercaptan, l'oxydation, l'acescence. Le mercaptan, né d'une réaction des levures de la fermentation avec le soufre des lies, entraîne une odeur désagréable d'œuf pourri. L'oxydation, qui se traduit par une détérioration du bouquet, est due à un contact prolongé avec l'air et à un dosage insuffisant d'anhydride sulfureux en cours d'élevage. L'acescence, ou piqûre acétique, causée par une bactérie *(Acetobacter),* donne un vin « piqué » (qui sent le vinaigre) ; la vente d'un tel vin est interdite dès que le taux d'acidité volatile dépasse un certain seuil.

LE SAVIEZ-VOUS ?

***Même les vins « bio » peuvent contenir du soufre.*** *Mais le cahier des charges suivi par les viticulteurs « bio » impose néanmoins des taux d'anhydride sulfureux beaucoup plus faibles qu'en viticulture conventionnelle. Certains producteurs l'ont totalement banni, ce qui n'est pas sans danger, car un vin non traité encourt deux risques : soit un vieillissement précoce, voire une madérisation (pour les vins blancs surtout, teinte jaune et goût de madère), soit une instabilité qui le rend inapte au transport, à la lumière et à la chaleur, et peut conduire à la refermentation ou à une grave maladie du vin appelée l'« acescence ».*

## L'élevage des vins doux naturels

C'est surtout durant l'élevage que se précise la spécificité de différents vins doux naturels. On distingue deux catégories de vins.

**LES MUSCATS.** Ils doivent être protégés de l'oxydation pour conserver leurs arômes de fruits.

**LES AUTRES VINS.** Rivesaltes, Maury, Banyuls, Rasteau atteignent leur plénitude après un élevage où les phénomènes d'oxydation jouent un rôle important. Ils évoluent le plus souvent dans des bonbonnes en vidange ou dans le bois. La lente oxydation les transforme complètement et leur confère des notes de cacao, de pruneau et de café. Ces vins, quand ils sont très âgés, prennent un caractère dit « rancio », ce qui signifie « rance » en espagnol. Ils ont une couleur ambrée, avec des nuances verdâtres et des arômes bien marqués de coque de noix, de raisin sec et de pruneau.

# LE RÔLE DE L'ÉLEVAGE EN FÛT

*Dans le Bordelais et en Bourgogne, on utilise les propriétés du chêne neuf, à la fois pour les vins rouges et, dans une moindre mesure, pour les vins blancs issus de chardonnay. Le vin y gagne des arômes et des goûts épicés et empyreumatiques (toasté, grillé…). Mais d'autres raisons peuvent motiver l'élevage en fût…*

## Un engouement assez récent

L'élevage en fût de chêne concerne toujours des vins de longue garde. Dans les grands châteaux bordelais (Latour, Haut-Brion, etc.), le vin était jadis vendu à des négociants qui se chargeaient de l'élevage, et ce n'est qu'au cours du XX$^{e}$ siècle que la « mise au château » s'est développée. Depuis les années 1970, l'usage du bois neuf s'est généralisé. Le « boisé », ou plus exactement le goût de bois, est devenu à la mode. Cette aromatisation au bois, car il s'agit de cela, s'est d'autant plus accentuée que le célèbre dégustateur américain Robert Parker l'appréciait particulièrement et l'a bien fait savoir. D'autres raisons peuvent toutefois motiver le choix du vinificateur d'élever le vin en fût (voir plus loin).

**Aujourd'hui, il serait difficile de trouver une région vinicole où personne ne vieillit son vin en fût de chêne neuf,** *y compris en Australie, en Nouvelle-Zélande ou en Californie.*

## La taille et l'âge des fûts

Le mot « fût » est un terme générique qui désigne tous les récipients en bois destinés à accueillir du vin. Les plus connus sont de nos jours la barrique bordelaise (225 litres) et le tonneau de Bourgogne (228 litres), appelé « pièce » quand il est plein.

**LA TAILLE STANDARD.** L'expérience a déterminé progressivement le volume idéal des fûts. Sans aucune concertation, la contenance moyenne s'est ainsi située entre 200 et 230 litres. La barrique bordelaise s'est imposée comme un standard, et l'on considère qu'elle offre la surface de bois la plus adéquate pour enrichir le vin par ses arômes. Les fûts plus petits offrent une surface de contact entre le vin et le bois proportionnellement plus grande, mais ils sont moins économiques. Les plus grands, telles les *pipas* (630 litres) destinées au vieillissement du porto, réduisent l'échange entre le bois et le vin.

**L'INTÉRÊT DU FÛT NEUF.** Le fût de bois neuf est celui qui apportera le plus de composants aromatiques au vin. Lorsqu'il est utilisé pour une vendange (on dit alors « le fût d'un vin »), les tanins et autres substances contenues par le vin, ainsi que les cristaux de tartre, se déposent en effet sur le bois. Année après année, le fût transmet donc de moins en moins de composants : plus la couche de tartre est épaisse, moins le bois aura d'effets.

**L'UTILISATION DE BARRIQUE ANCIENNE.** Une barrique qui n'est plus neuve (« une barrique de plusieurs vins ») n'apporte plus au vin de tanins du bois mais une oxygénation lente. L'air pénètre en effet par le trou de bonde et par certaines jointures (et non par les pores du bois). Cette lente oxydation-oxygénation est très favorable à l'évolution du vin, aidant les arômes à se fondre et les tanins à s'assouplir. Pour certains vins mutés comme le Banyuls, le Porto, le Maury, un tel élevage apporte des arômes dits de « rancio ».

LE SAVIEZ-VOUS ?

***Un vin au goût boisé n'est pas toujours élevé en fût.*** *Il est possible d'obtenir ce type d'arômes en faisant infuser des copeaux de chêne dans des cuves en Inox. Pour réduire les coûts de production et faire face à la concurrence étrangère, la France autorise, depuis 2006, l'utilisation des copeaux de chêne. En effet, certains exploitants du Nouveau Monde (Chili, Nouvelle-Zélande, etc.) procèdent de la sorte depuis longtemps. De même, le fameux Retsina grec a un goût de résine parce que de petits morceaux de résine de pin d'Alep sont ajoutés au moût (voir p. 427).*

> Verrou sculpté d'un foudre alsacien.

### Combien de temps dans le fût ?

La durée de l'élevage en fût est variable, allant de 12 à 18 mois pour les vins de Bordeaux ou de Bourgogne et au-delà de 2 ans pour les Gran Reservas espagnols. Elle dépend surtout de la constitution du vin, de sa faculté à « prendre le bois » et à résister à l'assèchement, car tous les vins finissent par « sécher » et par perdre leur gras lorsqu'ils demeurent trop longtemps dans un récipient en bois. Certains maîtres de chai estiment que l'on peut favoriser le contact du vin et du bois en effectuant, avant la mise en fût, un filtrage préalable qui évitera que des lies ne se déposent sur les parois de la barrique.

> Au Domaine Michel Juillot, à Mercurey, le vin de la cuvée Clos des Barraults passe 18 mois en fût.

## Les arômes du chêne

Même si certains fûts sont en châtaignier, le chêne est unanimement apprécié en raison de ses propriétés physiques et de ses apports aromatiques. Son bois est en effet riche en résines et substances odorantes qui enrichissent la palette aromatique du vin. On a identifié à ce jour plus de 60 polyphénols dans ses cellules, dont 18 phénols différents, le plus important étant la vanilline. Le dégustateur averti distinguera, outre la note vanillée, diverses odeurs : la noix de coco, le poivre, l'œillet, la fumée, etc. Le chêne apporte aussi au vin d'autres types de tanins (appelés « nobles ») que ceux qui sont transmis par les pellicules et les rafles du raisin (appelés « tanins végétaux »). Cela permet d'ajouter de l'astringence et de renforcer la structure du vin.

**LE CHOIX D'UN CHÊNE ADAPTÉ.** Lors du choix d'un fût, les vinificateurs prennent toujours en compte la provenance du bois. Le chêne du Limousin, à « gros grain », qui pousse en largeur, donne un bois dur et nerveux, aux tanins puissants qui convient bien aux eaux-de-vie comme le cognac. Le chêne rouvre dit « chêne du Centre », qui grandit en futaie, donne pour sa part un bois à « grain fin ». Il apporte un tanin plus doux, qui se libérera plus lentement, et est jugé idéal pour l'élevage des vins de garde comme les grands crus de Bordeaux ou de Bourgogne.

**VRAI OU FAUX ?**

***Un vin ordinaire gagnera du caractère en vieillissant en fût de chêne.***

**FAUX.** L'élevage en fût neuf, aussi séduisant qu'il puisse être, n'est pas pour autant une panacée. Croire qu'on peut sauver un vin maigre en « l'améliorant » par un boisage puissant est une illusion, et même une erreur. L'expérience prouve que, pour réussir le mariage vin-bois, le vin doit être capable de résister au bois, d'exister, d'avoir une forte « carrure ». Loin de masquer la typicité du vin, le bois doit jouer en fait un rôle discret et augmenter seulement la complexité aromatique du vin.

### Les provenances du chêne

Il faut environ 180 ans pour qu'un chêne arrive à maturité et puisse être commercialisé. Pour satisfaire les besoins en constante augmentation des tonneliers, qui exportent dans le monde entier, les chênes français ne suffisent plus, et les approvisionnements se sont diversifiés. Les chênes de Pologne, de Slovénie et de Russie, tous de haute qualité, sont mis à contribution. Le chêne américain, pour sa part, apporte des arômes flatteurs et très vanillés, peu compatibles avec les grands crus de longue garde.

# LA FABRICATION D'UN FÛT

*Maîtrisée dès la période antique, la succession des gestes précis qu'effectue le tonnelier n'a guère changé au cours des siècles. Certaines étapes sont désormais réalisées à l'aide de machines, mais la tonnellerie reste un artisanat.*

## Les principales étapes

Un tonneau est toujours composé de pièces de bois appelées « douelles », maintenues par des cercles de fer ou de châtaignier, et de pièces de fond. Plusieurs opérations sont nécessaires à sa fabrication : les mesures, le façonnage des douelles, le montage et la mise en forme, le cintrage au feu, le rognage, la préparation des fonds, leur réalisation, le fonçage, le cerclage, la finition et l'épreuve de solidité. Voici schématiquement les principales étapes…

**LE FAÇONNAGE.** La première opération est la mise en forme des bois, à savoir le façonnage des douelles (de 28 à 32 en moyenne) et des fonds (de 12 à 16 pièces). Il se faisait traditionnellement à la main, mais de nos jours est en général effectué de façon mécanique.

**LA MISE EN FORME.** Le tonnelier procède ensuite à une première mise en forme du tonneau en montant les douelles une à une dans un cercle de montage provisoire, appelé « cercle de moule ». Il les serre ensuite progressivement et les équilibre.

**LE CINTRAGE AU FEU.** Il s'effectue en général au feu de bois au moyen d'une chaufferette placée à l'intérieur de l'assemblage de douelles. Cette opération conditionne notamment la longévité du fût. Si la chauffe n'est pas effectuée dans les règles de l'art, les douelles risquent de se rompre au niveau du bouge (partie la plus renflée de la barrique) après quelques années d'usage, car le bois joue continuellement.

**DU ROGNAGE AU CERCLAGE.** Le rognage consiste à préparer les têtes du tonneau afin de pouvoir y enchâsser les deux fonds (fonçage). Une fois que ceux-ci sont en place, il ne restera plus qu'à procéder au cerclage définitif.

**LES FINITIONS.** La barrique est maintenant assemblée. Les dernières finitions consistent à poncer les fonds et les chanfreins, à percer le trou de bonde, à marquer la provenance du bois, le degré de chauffe ainsi que le logotype de l'atelier. Enfin,

***Un tonnelier peut donner une seconde jeunesse à un fût.*** *Pour cela, il le démonte, rabote les douelles, puis remonte le tout. La nouvelle surface de bois ainsi mise au jour possède des qualités proches de celles du chêne neuf.*

> Préparation des douelles

> Montage des douelles dans des cercles provisoires

> Cintrage au feu

> Barriques bordelaises réalisées à la tonnellerie Darnajou.

il faut vérifier l'harmonie visuelle ainsi que le toucher des fûts avant toute commercialisation.

**LA SIGNATURE.** Tout fût prêt à l'usage est signé par l'artisan sur les deux fonds. Cette signature, affirmation de tout un savoir-faire, permet de connaître l'origine du tonneau.

## L'effet de la chauffe sur l'arôme du vin

Le cintrage au feu, étape cruciale de la fabrication du fût, a pour effet de griller légèrement ses parois intérieures. Or, l'expérience a montré qu'une chauffe plus ou moins forte apporte des différences dans l'élevage des vins. Une chauffe importante carbonise le fût et produit un filtre de charbon de bois entre le vin et le bois : cela génère de forts arômes et une grande variété de composants phénoliques (lorsque le caractère grillé, ou fumé, du vin est trop prononcé, on dit qu'il est « toasté »). Une chauffe douce permettra pour sa part une meilleure extraction des composants du bois avec un peu plus d'astringence.

**VRAI OU FAUX ?**

***Le tonneau est une invention gauloise.***

**FAUX.** Même si les Gaulois ont effectivement réalisé des tonneaux tels que nous les connaissons, les historiens estiment que les origines de cet objet sont bien plus anciennes. Les premiers récipients en bois, environ 2 000 ans av. J.-C., étaient sans doute composés de lattes assemblées par des liens, l'ensemble étant enduit d'une substance résineuse. Ils servirent dans un premier temps à emballer des produits solides, avant d'être perfectionnés, bien plus tard, afin d'abriter aussi des liquides.

### LE SAVIEZ-VOUS ?

***Les meilleurs chênes sont issus de la forêt de Tronçais.*** *Jean-Baptiste Colbert, l'efficace ministre de Louis XIV qui fit planter cette forêt, n'imaginait sans doute pas qu'il contribuerait à l'accomplissement des meilleurs crus de vin. Son souci était d'avoir une source de bois de chêne, indispensable à la fabrication des galères royales…*

> Cerclage définitif dans une presse

> Recoupe à niveau avec plane

> Signature effectuée au poinçon

# QUELQUES BEAUX FÛTS

**Tonneau, barrique, foudre... Ces contenants en bois, de chêne ou de châtaignier, servent à élever ou à entreposer les vins. Parfois, ce sont aussi des œuvres d'art.**

1

2

3

4

5

6

7

8

11

9

10

12

1. Barrique avec poinçon (Bouchard Père & Fils, Beaune).
2. Verrou de foudre sculpté (Domaine Marcel Deiss, Bergheim).
3. et 4. Verrous sculptés (Domaine Hugel & Fils, Riquewihr).
5. Verrou sculpté d'une barrique (Château de Pommard).
6. Poinçon avec l'emblème du Château Latour (Pauillac).
7. Poinçon de la maison Krug (Reims).
8. et 12 Foudres sculptés (Louis Roederer, Reims).
9. et 10. Foudres peints (Château de Pommard).
11. Foudre sculpté (Domaine Hugel & Fils, Riquewihr).

# LA MISE EN BOUTEILLES

*Il est impossible de parler du vin sans évoquer son inséparable compagne, la bouteille. Une fois le vieillissement achevé, le vin est mis en bouteilles, une opération technique et délicate. Dans son écrin de verre, il quittera ensuite le château ou la cave du négociant pour être proposé au consommateur.*

## La préparation du vin

**DERNIÈRES MANIPULATIONS.** De nombreux amateurs de vin ne tolèrent ni particules en suspension ni dépôts dans une bouteille. Avant de le mettre en bouteilles, le producteur (ou le négociant, ou l'entreprise spécialisée) dans la majorité des cas clarifie parfaitement le vin. Il dispose pour cela de deux procédés avant la mise en bouteilles : le collage et la filtration (voir p. 76), qui peuvent être cumulés, mais qui vont influer sur le goût du vin.

**UN ENVIRONNEMENT MAÎTRISÉ.** À ce stade, le vin, parfaitement limpide et stable, doit être mis en bouteilles. Cette fois encore, minutie et propreté s'imposent, car une mise en bouteilles mal faite peut compromettre le mûrissement du vin. Les risques de contamination par l'appareillage et le verre sont grands. De plus, l'aération du vin, si elle est trop forte, peut l'éprouver. Enfin, des précautions doivent être prises pour assurer un bouchage efficace.

*(**Face à la loi, le responsable du vin est celui qui l'a mis en bouteilles.** Ce peut être le propriétaire lui-même, un négociant, une cave coopérative ou encore une entreprise d'embouteillage.)*

## Le choix de la bouteille

Le verre reste le matériau inégalable pour la conservation et le vieillissement du vin. La bouteille de 75 cl est un standard international. Presque tous les grands vins du monde sont vendus dans des bouteilles de cette capacité ou d'un de ses multiples.

**LA TEINTE DU VERRE.** La couleur du verre des bouteilles est loin d'être indifférente. Elle varie suivant les régions et les vins, mais doit être suffisamment foncée pour protéger le vin de la lumière. On a en effet constaté que le vin évolue plus vite dans les bouteilles « blanches », même si la cave est obscure.

**LA PRÉPARATION DE LA BOUTEILLE.** La propreté des bouteilles est essentielle. Le procédé le plus employé, pour les bouteilles neuves, est celui de l'injection d'eau chaude. L'utilisation de bouteilles ayant servi est aléatoire, même si le nettoyage est poussé : immersion dans l'eau chaude, avec addition de détergent, brossage et rinçage sous pression.

## L'embouteillage

**VERSER LE VIN.** La difficulté de la mise en bouteilles consiste à remplir la bouteille du volume précis de vin, en laissant la place nécessaire au bouchon et en prévoyant l'augmentation du volume par suite de l'évolution de la température du vin. Dans certains petits domaines, on emplit encore la bouteille directement au robinet du fût, mais le rythme et la qualité de l'embouteillage laissent à désirer. C'est la raison pour laquelle les machines à embouteiller se sont répandues.

**FERMER LA BOUTEILLE.** L'opération du bouchage s'effectue au moyen de boucheuses dont le principe est simple. Le bouchon (voir aussi p. 88-89), neuf, de bonne qualité et préalablement assoupli, est comprimé par des « mors » ou « mâchoires », de façon à être d'une dimension inférieure au goulot, puis brusquement enfoncé à l'intérieur de celui-ci par un piston vertical.

### La contenance des bouteilles

Les grandes régions viticoles offrent de nombreuses tailles traidtionnelles autres que le 75 cl standard. Ainsi, le magnum correspond à 1,5 litre (soit 2 bouteilles), le jéroboam à 3 litres (4 bouteilles), le réhoboam à 4,5 litres (6 bouteilles), le mathusalem (ou impérial) à 6 litres (8 bouteilles), le salmanazar à 9 litres (12 bouteilles), le balthazar à 12 litres (16 bouteilles), le nabuchodonosor à 15 litres (20 bouteilles). Les vins doux comme les « vendanges tardives » ou les vins issus de raisins passerillés (vin de paille, Recioto di Soave italien) sont souvent proposés dans des bouteilles de 50 cl.

« Bordelaise »

« Bourguignonne »

> Aujourd'hui, le processus d'embouteillage est le plus souvent entièrement automatisé.

## Les bouteilles et leur forme

Les différentes régions ou pays adoptent pour distinguer leurs vins des formes de bouteille particulières.

**LES TROIS FORMES LES PLUS RÉPANDUES.** Il s'agit de la « bordelaise », de la « bourguignonne » et de la « flûte ». La « bordelaise » est droite et son épaule haute. Elle existe en teinte verte pour les vins rouges et les vins blancs secs, et en teinte mi-blanc pour les vins liquoreux. Souvent utilisée aussi en dehors du Bordelais, elle est reprise également pour certains Cabernets-Sauvignons du Nouveau Monde. La « bourguignonne » est la bouteille reine pour la zone s'étendant du vignoble de Chablis aux portes de Lyon. Pratiquement tous les vins rouges et beaucoup de grands vins blancs bourguignons sont embouteillés dans des bouteilles de ce type, de même que certains Chardonnays et Pinots noirs du Nouveau Monde. La teinte principale est dite « feuille morte ». La troisième forme très usitée est la haute « flûte » du Rhin et de la Moselle. Les « flûtes » du Rhin sont en verre marron, celles de la Moselle et d'Alsace, de teinte verte.

**LES FORMES TRADITIONNELLES.** Moins « universelles », elles sont utilisées dans certaines régions, qu'il s'agisse de vins français ou d'autres pays. Le Jura possède une forme et une taille spéciales pour le vin jaune : le clavelin de 62 cl, utilisé pour montrer ce qui reste d'un litre après six ans d'évaporation en fût. Les champagnes et les crémants sont logés dans des bouteilles en verre épais capable de résister à la pression du gaz carbonique. D'autres formes plus fantaisistes incluent la « quille » provençale et la bouteille similaire du Verdicchio italien. En Allemagne, la région Franconie utilise la *Bocksbeutel*, une bouteille renflée et aplatie. Le porto millésimé est présenté dans une variante de la bouteille droite à l'épaule haute, avec un léger renflement du col.

**LES BOUTEILLES « MARKETING ».** Aujourd'hui, la taille et la forme de la bouteille sont de plus en plus considérées comme des vecteurs marketing. En Italie, par exemple, les nouveaux vins se font remarquer par leur verre lourd et coûteux ainsi que par des formes et des couleurs originales.

**VRAI OU FAUX ?**

***Les vins en vrac et mis en bouteilles au château ont la même qualité.***

**FAUX.** L'expression « vin mis en bouteille au château » désigne un vin issu de vignes appartenant au domaine, vinifié, assemblé, élevé et mis en bouteilles à cet endroit. La distinction entre le vin mis en bouteilles au château et celui vendu en vrac est cruciale pour le propriétaire : l'un est un produit fini, tandis que l'autre n'est qu'une matière première.

« Flûte » alsacienne

« Quille » provençale

Clavelin

« Champenoise »

# LES BOUCHONS

*Le choix du bouchon est la tâche la plus technique, mais elle est très importante pour la longévité du vin. Même si de nouveaux matériaux existent, le liège domine sans partage la filière de fabrication des bouchons.*

## L'écorce du chêne-liège

**UNE MATIÈRE UNIQUE.** Le liège possède des propriétés physiques originales et reste idéal pour boucher une bouteille de verre. Ses cellules microscopiques forment des « ventouses » qui adhèrent au goulot. Il est inerte et imperméable aux liquides, ne réagit pas au vin et ne pourrit pas. Seuls les charançons et certains champignons sont susceptibles de l'affecter, mais ces inconvénients peuvent être évités. En dépit de tous les efforts, sa fiabilité n'est pas garantie à 100 % et il arrive que certaines bouteilles présentent un « goût de bouchon ».

**L'ARBRE ORIGINEL.** Les chênes-lièges *(Quercus suber)* ne poussent qu'à l'ouest du bassin méditerranéen et au Portugal. Un chêne-liège est dépouillé – on appelle cela une « levée » – tous les 12 ans mais seules la quatrième, la cinquième et la sixième levée fournissent un liège de haute qualité, soit trois levées sur les douze que l'on peut espérer, compte tenu de la durée de vie d'un arbre (de 150 à 200 ans).

***Bien conservé en cave, un bon bouchon en liège peut protéger un vin plusieurs décennies*** *mais, par mesure de sécurité, les grands domaines rebouchent les vins de leur vinothèque tous les 25 ans environ.*

## La préparation du liège

**LE SÉCHAGE.** Les planches de liège arrachées de l'arbre sont empilées et mises à sécher à l'air libre. Elles doivent subir le soleil, la pluie, le froid pendant deux hivers et un été avant d'être utilisées. Au cours de ce séchage, elles perdent leur sève et leurs tissus se resserrent.

**LE BOUILLAGE.** Après le séchage, les planches sont soumises au « bouillage » dans de l'eau portée à 100 °C pendant 30 à 60 minutes. Le liège gonfle alors d'environ 20 %, il acquiert son maximum d'élasticité. De plus, les planches ressortent stériles de ce bain et peuvent être aplanies. Elles sont alors mises au repos pour deux ou trois semaines afin d'atteindre un degré d'humidité permettant leur découpage. À ce stade, un premier travail de sélection a lieu selon deux critères : l'épaisseur et la qualité. Ce travail est facilité par une rectification des quatre côtés de la planche brute.

## La fabrication des bouchons en liège

**LA DÉCOUPE.** Les planches arrivées à humidité optimale sont découpées en bandes dont la largeur est égale à la longueur des futurs bouchons. Pour obtenir un bouchon de 24 mm, qui est le diamètre le plus courant, il faut des planches d'une épaisseur de 28 à 30 mm. Les bandes de liège sont passées ensuite à l'emporte-pièce. Ce travail est conduit manuellement, car il faut savoir éviter les défauts, nombreux, qui peuvent se présenter et obtenir un bon pourcentage de bouchons de qualité. Finalement, le rendement est de l'ordre de 15 à 25 kilos de bouchons pour 100 kilos de liège brut.

**LE FAÇONNAGE.** Les bouchons sortant de l'emporte-pièce sont meulés à l'émeri, afin d'obtenir une surface et une section régulières et lisses. Ils sont ensuite lavés pour être débarrassés des poussières et des déchets présents dans les lenticelles (on appelle ainsi les petits trous visibles à la surface). Souvent, on améliore la présentation par un passage dans un bain colorant.

**LE DERNIER TRIAGE.** Intervient alors une seconde phase de triage. Ce triage peut être partiellement automatisé avec des machines capables de compter le nombre de lenticelles affleurant à la surface du bouchon. Il se fait cependant en grande partie à la main, car les taches de vert, de liège sec ou les fissures pourraient échapper à la machine.

**LES FINITIONS.** Parfois les pores des lenticelles sont colmatés avec de la pâte de liège en poudre, ce qui améliore les propriétés mécaniques des bouchons.

## Les autres bouchons

Certains producteurs de vin envisagent l'abandon du liège, matériau utilisé depuis plus de 2 000 ans, au profit du plastique. Les fabricants proposent soit des capsules à vis, soit des bouchons imitant la forme et l'aspect du bouchon de liège traditionnel. Pour ces derniers, ils utilisent des mousses plastiques dont la surface présente un bon coefficient de friction et qui sont extractibles avec un tire-bouchon ordinaire. Cependant, ces bénéfices ne sont vérifiés que pour les vins de consommation rapide (les blancs jeunes ou les rouges à boire dans les 3 ans). Aujourd'hui, il n'y a pas encore assez de recul pour déterminer l'impact de ces bouchons à très long terme et donc pour savoir s'ils conviennent aux vins de garde. Il faudra attendre encore quelques années pour le constater...

### LE SAVIEZ-VOUS ?

***Le bouchon de liège a été redécouvert au XVII^e^ siècle.*** *Le bouchon de liège était utilisé chez les Grecs et les Romains pour le bouchage des amphores. Avec la décadence de l'Empire romain, il fut abandonné et ignoré au Moyen Âge. Il ne refit son apparition qu'avec dom Pérignon, vers 1680, qui le découvrit sur les gourdes des pèlerins espagnols en visite à son abbaye de Hautvillers. Utilisant pour sa part des chevilles de bois entourées d'étoupe ou de charpie de chanvre, de lin ou de chiffons, le tout graissé au suif ou imbibé d'huile, il vit tout de suite l'intérêt de ces bouchons souples à souhait.*

## À chaque vin son bouchon

Il existe plusieurs types de bouchon, adaptés aux différents vins. D'un diamètre standard de 24 mm, ils sont comprimés par une machine qui les introduit dans un goulot de 18,5 mm. Les bouchons de champagne, plus larges (31 mm environ), sont davantage compressés, car ils doivent résister à la pression du gaz carbonique. Sauf pour le champagne, le marquage des bouchons n'est pas obligatoire. Lorsqu'il est pratiqué, il comporte en général le millésime, le lieu de la mise en bouteilles et le nom du producteur ou du vin.

**LES BOUCHONS LONGS.** Les grands domaines utilisent des bouchons de liège de grande qualité pour protéger leurs vins destinés à vieillir pendant plusieurs dizaines d'années ; les vins de leurs réserves sont rebouchés tous les 25 ans.

**LES BOUCHONS COURTS.** En liège, ils sont utilisés pour les vins d'une durée de vie moins longue.

**LES BOUCHONS EN AGGLOMÉRÉ.** Faits de fragments de liège amalgamés, ils servent pour les vins courants et une partie des bouchons de champagne.

> À l'ouverture du vin, le bruit sec du bouchon annonce le plaisir imminent de la dégustation.

**LES BOUCHONS SYNTHÉTIQUES.** En mousse plastique, imitation liège ou colorés, ils sont adaptés aux vins de moyenne garde, pour lesquels ils sont de plus en plus utilisés.

**LES BOUCHONS DE CHAMPAGNE.** En liège aggloméré sur lequel sont contrecollées de une à trois rondelles de liège pur qui restent en contact avec le champagne, ils sont enfoncés à moitié dans la bouteille ; seule la partie enfoncée est comprimée (d'où la forme de champignon). Marqués obligatoirement du mot « champagne » et du millésime, s'il y a lieu.

**LES CAPSULES À VIS.** Si l'idée a bien été acceptée par certains professionnels, elle ne fait pas que des adeptes, surtout auprès des consommateurs. Selon ses défenseurs, la capsule à vis élimine le danger de pollution aromatique par le liège et le risque d'oxydation prématurée. Dans certains pays (Suisse, Nouvelle-Zélande), le recours à la capsule est très fréquent.

### Une aire de production réduite

Le chêne-liège a pour zone de prédilection une aire géographique limitée ; péninsule Ibérique, sud de la France, sud de l'Italie, Corse et Sardaigne, Afrique du Nord. Grâce à son écorce épaisse, il résiste mieux que les autres espèces aux chaleurs et aux froids extrêmes. Des essais d'acclimatation dans l'hémisphère Sud, en Amérique ou en Asie, n'ont jamais donné de résultats concluants, ce qui n'est pas sans conséquence économique pour les différents pays concernés.

# CHOISIR, CONSERVER ET DÉGUSTER LE VIN

579

PRODUCE OF FRANCE
GRAND VIN
DE
HATEAU LATOU
PREMIER GRAND CRU CLASSE
PAUILLAC
1990
APPELLATION PAUILLAC CONTRÔLÉE

# COMMENT IDENTIFIER UN VIN ?

# LES APPELLATIONS EN EUROPE

*Contrôlé en France par l'INAO (Institut national de l'origine et de la qualité), et dans les autres pays européens par des organismes similaires, le système des appellations vise à garantir la typicité des vins, le terroir d'origine étant considéré comme un gage de qualité.*

## Le système d'appellations européen

En Europe, tout vin porte une étiquette indiquant sa provenance géographique, ce qui en garantit l'origine et la typicité. Ce système a été développé en France dans la première moitié du XX^e siècle et repris dans ses grands principes par plusieurs pays. Depuis août 2009, l'Union européenne a mis en place un système visant à unifier les différentes réglementations. Même si chaque pays garde ses spécificités, on retrouve globalement une hiérarchie qui va des vins sans autre mention d'origine que celle du pays aux vins avec mention d'origine locale ou régionale.

**Clarifier la lisibilité des vins face aux concurrents du Nouveau Monde :** *tel est l'un des objectifs du nouveau système d'appellations dont s'est dotée l'Union européenne.*

## Les AOC françaises

En France, il existe plus de 470 appellations d'origine contrôlée. Dans le nouveau système d'appellations européen (voir encadré p. suivante), elles relèvent de la catégorie des vins d'appellation d'origine protégée (AOP), mais elles peuvent aussi entrer dans celle de l'indication géographique protégée (IGP). Si la procédure d'agrément est désormais modifiée et le cahier des charges plus sévère, le cœur des AOC reste le même. Elles ont été délimitées en fonction des « usages locaux, loyaux et constants » d'une région. Une AOC est d'abord définie par son étendue géographique, mais d'autres règles interviennent aussi...

**LA ZONE GÉOGRAPHIQUE.** Elle peut être régionale – Bourgogne, Alsace, Bordeaux – ou bien villageoise – Saint-Estèphe dans le Bordelais, Gigondas dans la vallée du Rhône, Morgon dans le Beaujolais. Elle peut ne recouvrir qu'une toute petite entité, le cru ou le grand cru, par exemple Zinnkoepflé en Alsace. En Bourgogne, il est fréquent qu'un vin soit commercialisé sous trois noms d'appellation qui « s'emboîtent » : par exemple Grand Vin de Bourgogne (appellation régionale), Chablis Grand Cru (appellation locale), Bougros (« climat »). Dans le Bordelais, une appellation villageoise comme Margaux peut couvrir cinq communes. Mais les vins pourraient aussi por-

### Comment se multiplient les AOC ?

Au cours des quatre dernières décennies, les AOC françaises se sont multipliées. Le processus peut suivre plusieurs voies. Dans la vallée du Rhône, par exemple, certaines communes pouvaient ajouter leur nom à celui de l'appellation régionale Côtes-du-Rhône. Puis, ces terroirs spécifiques ont fini par prendre leur indépendance, comme Gigondas, Cairanne, Vacqueyras ou qui sont devenus des AOC à part entière. Même chose en Mâconnais avec Viré-Clessé. Ailleurs, on a rajouté systématiquement à l'appellation régionale le nom d'un cru. Par exemple, en Alsace, l'AOC Alsace Grand Cru comprend 51 dénominations différentes ; on y trouve aussi une multitude de lieux-dits dont le nom est accolé à celui de l'appellation régionale Alsace. Dans le Languedoc, on a souvent rajouté à l'appellation régionale Coteaux-du-Languedoc une indication géographique locale : Coteaux-du-Languedoc Pic-Saint-Loup, Terrasses de Béziers, Saint-Saturnin, etc.

> Les 50 ha du grand cru bourguignon le Clos de Vougeot se partagent entre plus de 70 propriétaires.

## La nouvelle législation européenne

Entrée en vigueur le 1er août 2009, la réforme des appellations prévoit deux catégories de vins.

**Les vins sans indication géographique.** Cette catégorie correspond en France aux vins de table pour lesquels il est désormais possible d'indiquer le cépage et le millésime, mentions jusqu'ici interdites. Le vin peut comporter jusqu'à 15 % d'un millésime différent. Il porte obligatoirement la mention du pays d'origine ou, dans le cas d'un assemblage, la dénomination vin de la Communauté européenne (VCE). Les rendements ne sont pas limités et l'on autorise certaines pratiques œnologiques comme l'aromatisation du vin à l'aide de copeaux ou la désalcoolisation partielle.

**Les vins avec indication géographique.** Il s'agit de l'appellation d'origine protégée (AOP) et de l'indication géographique protégée (IGP). L'AOP instaure un cahier des charges rédigé par un organisme de défense et de gestion (ODG), représentant la profession, et des contrôles des exploitations et des vins, assurés par la profession et effectués par un organisme d'inspection (OI) indépendant. Les vins avec IGP doivent également élaborer un cahier des charges contrôlé par un organisme indépendant. Il sera possible d'assembler 15 % d'un autre millésime ou d'un autre cépage (sauf exception).

> Le Domaine Schlumberger, à Guebwiller, produit des vins des appellations Alsace et Alsace Grand Cru.

ter la mention régionale Bordeaux. Les mentions particulières comme « cru bourgeois » ne relèvent pas du règlement de l'AOC (leur attribution est supervisée par un organisme indépendant, le Bureau Veritas, à la demande de la profession). En revanche, les notions de cru classé, premier cru ou grand cru en dépendent. Il existe aussi quelques appellations qui ne couvrent qu'un seul domaine : Château-Grillet en vallée du Rhône, Romanée-Conti (voir p. 288-289) en Bourgogne, par exemple.

**LES CÉPAGES.** Le ou les cépages autorisés sont bien définis pour une appellation donnée. C'est tantôt un vin monocépage – le gamay pour le Beaujolais – tantôt un assemblage de cépages –, cabernet-sauvignon, cabernet franc, merlot pour les Bordeaux rouges, par exemple. Voir aussi p. 32-35.

**LE RENDEMENT.** Chaque AOC a défini un rendement maximal, exprimé en hectolitres de vin par hectare (hl/ha), ou en kilos de raisin en Champagne. Ce chiffre est très variable selon les appellations : 66 hl/ha en Alsace, 30 hl/ha pour les vins de Banyuls.

**LES TECHNIQUES.** Les règlements d'AOC régissent le nombre de pieds de vigne plantés par hectare, le mode de vendange (par exemple des tries manuelles successives pour les liquoreux), les techniques de taille, la chaptalisation, l'élaboration des vins, les dates de mise en vente et les quantités commercialisées. C'est ce dernier point que les autorités ont le plus de mal à contrôler, même si chaque quantité produite est enregistrée, et si l'on vérifie qu'elle correspond bien au rendement du vignoble dont elle est issue. Dans certaines régions, les méthodes de production font partie de la définition de l'AOC. En Champagne, par exemple, une réglementation précise détermine les processus de cueillette (vendanges manuelles), le pressurage des raisins et l'élevage des vins.

> Publicité de Tio Pepe, un xérès produit par Gonzalez Byass, en Espagne.

## Les autres vins d'appellation français

Avant 2009, la hiérarchie des vins en France comprenait, outre les AOC, les AOVDQS (Appellation d'origine vin délimité de qualité supérieure) et les vins de pays. Désormais, les vins AOVDQS doivent disparaître (jusqu'à fin 2011) ; leurs producteurs ont le choix entre le passage en AOP, au prix de contraintes supplémentaires, ou bien le passage en IGP, plus souple. Les vins de pays, ils deviennent des vins avec IGP. La nouvelle définition rend plus strictes les règles de leur élaboration, mais laisse plus de marge en autorisant les assemblages de cépages et de millésimes. Les anciennes dénominations (environ 150) sont conservées, mais des aires d'appellation plus vastes sont en cours de création.

**VRAI OU FAUX ?**

***Le système français a aussi inspiré le Portugal, la Grèce et la Suisse.***

**VRAI.** Outre l'Italie, plusieurs pays ont repris le mode de classification français. Le niveau le plus élevé, correspondant à l'AOC, est au Portugal le DOC *(denominação de origem controlada)*, en Grèce, l'OPAP *(onomasia proeléfseos anotréras piotitos)* et en Suisse… l'AOC. Dans ce dernier pays, la définition de l'AOC varie toutefois selon les cantons, et le profane est parfois perdu face à la multiplication des appellations villageoises (il existe par exemple 19 AOC pour le seul canton de Neuchâtel… qui compte seulement 18 communes).

## La législation italienne

La nouvelle réglementation européenne s'applique en Italie avec certaines nuances, car le vignoble italien a depuis longtemps assoupli ses règles.

**LA HIÉRARCHIE QUALITATIVE.** L'appellation d'origine contrôlée de base est la *denominazione di origine controllata* (DOC). Pour s'en démarquer, certains producteurs ont demandé à ce que soit créée une « superdénomination », la DOCG, *denominazione di origine controllata e garantita*, répondant à des exigences encore plus strictes que celles d'une DOC. La catégorie sous la DOC s'appelle *indicazione geografica tipica* (IGT) ; elle correspond à celle des vins de pays. Tout en bas de l'échelle, on trouve le simple *vino da tavola* (vin de table). Parfois, les producteurs des meilleurs vins, soucieux de se distinguer de certaines appellations trop vastes ou insuffisamment contrôlées, ou pour échapper à la contrainte des cépages autorisés, choisissent l'étiquette IGT ou même la mention *vino da tavola*.

## La législation espagnole

Avec la nouvelle réglementation, l'Espagne conserve son système de classification qui tient compte de l'élevage et de l'âge du vin (voir encadré ci-dessous).

**LES NIVEAUX DE QUALITÉ.** Les vins sans indication géographique sont les *vinos de mesa* (vins de table). Les *vinos de la tierra*, équivalents des vins de pays français et portant un nom de région, passent pour l'essentiel dans la catégorie des IGP. Les vins de qualité avec mention d'origine, ou *vinos de calidad producidos en regiones determinadas* (VCPRD), subdivisés depuis 2003 en quatre niveaux, relèvent de la catégorie des AOP.

**LES QUATRE NIVEAUX DE QUALITÉ.** Tout en haut de la hiérarchie, on trouve le *vino de pago* qui provient d'un lieu très précis (vallée, versant, propriété, etc. ; voir aussi p. 379). Viennent ensuite les vins DOC *(denominación de origen cali-*

### L'âge du vin sur les étiquettes espagnoles

**Vino joven** (vin jeune) : vin mis en bouteilles aussitôt après sa clarification ; on l'appelle aussi *vino del año* (vin de l'année).

**Vino de crianza** (vin d'élevage) : vin qui a vieilli au moins 2 ans, dont un minimum de 6 mois en *barricas* (barriques de chêne).

**Reserva :** vin rouge ayant vieilli 3 ans à la *bodega* (cave), dont au moins un an en *barricas* (pour le rosé et le blanc, le délai est de 2 ans, dont 6 mois en barriques).

**Gran reserva :** vin rouge ayant été élevé durant 5 ans, dont 18 mois au minimum en *barricas* (4 ans, dont 6 mois au minimum en barriques, pour les très rares blancs et rosés).

Vigneti
FONTANAFREDDA
DIVIETO
di CACCIA
RIFUGIO FAUNISTICO

*ficada)*, puis les vins DO *(denominación de origen)*. La DO est très comparable à l'AOC française. L'appellation DOC, elle, est une sorte de « super-DO » répondant à des critères très précis de qualité. Jusqu'à présent, seuls le Rioja et le Priorat ont droit à l'appellation DOC. Enfin, le dernier niveau est constitué par la catégorie des *vinos de calidad con indicación geográfica*. Elle concerne parfois des vins produits sur des zones situées à cheval sur plusieurs appellations DO ou réunissant plusieurs *vinos de pago*, mais ne bénéficiant pas d'une DO particulière.

## Une réglementation en marche pour la Hongrie

La Hongrie possède 22 appellations géographiques viticoles. Membre de l'Union européenne, le pays a obtenu d'importantes subventions qui ont surtout conduit à l'arrachage de vignes, sans qu'elles soient toujours remplacées. La nouvelle réglementation européenne va s'appliquer à la Hongrie en matière d'appellations géographiques, mais le pays devra aussi réglementer et limiter les droits de plantation ainsi qu'interdire la chaptalisation tout en autorisant l'enrichissement des vins à l'aide de moûts concentrés.

## La législation allemande

Tout en répondant à la nouvelle réglementation européenne, le système allemand conserve une classification particulière liée à la production de vins blancs, qui est fondée à la fois sur l'origine géographique, le niveau qualitatif et la teneur en sucres du jus de raisin.

**LES QUATRE NIVEAUX DE QUALITÉ.** Le *Tafelwein*, sans indication géographique, est le vin de table. Si l'étiquette précise *Deutscher* (« allemand »), le vin est issu d'un vignoble allemand ; sinon, il s'agit d'un vin d'un autre pays de l'Union européenne mis en bouteilles par un négociant allemand. Le *Landwein* ou vin de pays (IGP) désigne les meilleurs vins de table avec indication géographique. Le QbA *(Qualitätswein eines bestimmten Anbaugebiete)* désigne des vins de qualité d'une région délimitée ; et, à l'échelon supérieur, le QmP *(Qualitätswein mit Prädikat*, désigne, lui, des « vins de qualité avec distinction »).

**LA CLASSIFICATION SELON LA TENEUR EN SUCRES.** Les *Qualitätswein mit Prädikat*, ou QmP, sont élaborés à partir de raisins dont la teneur en sucres est suffisante pour ne nécessiter aucune chaptalisation. Ces vins sont subdivisés en six sous-catégories, selon la richesse en sucres du moût d'origine. On trouve ainsi, par ordre croissant : *Kabinett* (échelon de base des QmP), *Spätlese* (vin sec ou doux), *Auslese* (vin sec ou doux opulent), *Beerenauslese* (vin liquoreux, élaboré à partir des raisins surmûris), *Trockenbeerenauslese* (TBA ; vin très doux, issu de raisins touchés par la pourriture noble), *Eiswein* (« vin de glace » provenant d'un moût très concentré, puisque les raisins ont gelé sur pied). Cette hiérarchisation officielle peut dérouter l'amateur étranger, mais elle reflète une volonté de produire des vins de qualité donnant la primauté aux raisins les plus mûrs.

> Panneau au milieu des vignes, dans le pays de Bade, au sud de l'Allemagne.

### LE SAVIEZ-VOUS ?

***Parmi les pays européens, c'est l'Autriche qui a la législation la plus stricte en matière de vins.*** *Comme en Allemagne, le niveau de qualité est fonction de la teneur en sucres du moût. Mais, depuis 2003 a été aussi instaurée une catégorie visant à garantir, à la manière des AOC, la notion de « typicité » pour certains vins issus de cépages sélectionnés : les vins DAC* (Districtus Austria Controllatus). *Cela permet à chaque comité viticole régional de sélectionner un type de vin emblématique du lieu. L'application de la nouvelle réglementation européenne, distinguant les vins IGP et AOP, ne va pas changer les règles de base nationales.*

# Tableau comparatif des appellations européennes

Le système d'appellations d'origine fut tout d'abord introduit en France pour protéger les vins de qualité de certaines régions traditionnelles. Depuis les années 1960, d'autres pays européens ont instauré des systèmes s'inspirant des mêmes critères de sélection.

L'Union européenne reconnaît normalement quatre niveaux de qualité : ce tableau montre comment établir un parallèle entre ces quatre niveaux dans divers pays.

| PAYS | VINS SANS INDICATION GÉOGRAPHIQUE | VINS AVEC INDICATION GÉOGRAPHIQUE | |
|---|---|---|---|
| | Vin de la Communauté européenne (VCE) | Indication géographique protégée (IGP) | Appellation d'origine protégée (AOP) |
| France | Vin de table | Vin de pays | Appellation d'origine contrôlée (AOC) |
| Italie | Vino da tavola (VDT) | Indicazione geografica tipica (IGT) | Denominazione di origine controllata (DOC)<br>Denominazione di origine controllata e garantita (DOCG) |
| Allemagne | Deutscher Tafelwein | Landwein | Qualitätswein eines bestimmten Anbaugebiete (QbA)<br>Qualitätswein mit Prädikat[1] (QmP) |
| Espagne | Vino de mesa | Vino de la tierra | Denominación de origen (DO)<br>Denominación de origen calificada (DOC) |
| Portugal | Vinho de mesa | Vinho regional | Indicação de proveniência regulamentada (IPR)<br>Denominação de origem controlada (DOC) |
| Angleterre | Table wine | Regional wine | English/Welsh vineyards<br>quality wine<br>Nil |
| Hongrie | Asztali bor | Tájbor | Minöségi bor<br>Különleges Minöségü bor |
| Grèce | Epitrapezios inos | Topikos inos | Onomasia Proeléfseos Anotréras Piotitos (OPAP)<br>Onomasia Proeléfseos Eleghomeni (OPE) |
| Autriche | Tafelwein | Landwein | Qualitätswein<br>Kabinett<br>Prädikatswein[2]<br>Vinea Wachau[3] |
| Suisse | Vin de cépage sans mention d'origine | Vin avec mention cantonale | Vins d'appellation d'origine contrôlée avec mention cantonale, villageoise ou (et) du cépage |

1. Le Prädikat, ou distinction, recouvre six niveaux de maturité et de qualité : Kabinett, Spätlese, Auslese, Beerenauslese, Trockenbeerenauslese, Eiswein.

2. Le Prädikat, ou distinction, recouvre huit niveaux de maturité et de qualité : Spätlese, Auslese, Beerenauslese, Trockenbeerenauslese, Eiswein, Ausbruch, Strohwein, Bergwein.

3. Les meilleurs vins de la région de Vinea Wachau ont leurs propres distinctions de maturité et de qualité : Steinfeder, Federspiel, Smaragd.

# LES APPELLATIONS DES AUTRES CONTINENTS

*Les pays du Nouveau Monde valorisent surtout leurs vins pour leur cépage ou pour leur marque, plus que pour leur terroir. La notion d'appellation telle qu'on la conçoit en Europe gagne néanmoins du terrain.*

## Moins de contraintes qu'en Europe

Beaucoup de pays du Nouveau Monde – ceux de l'hémisphère Sud et les États-Unis – mettent en général l'accent sur d'autres facteurs que le terroir. Ce sont les noms de cépage et la marque (ou bien la signature du producteur), plutôt que le lieu d'origine, qui priment et qui dictent le choix des consommateurs. Les mentions d'appellations géographiques plus ou moins réglementées sont assez récentes. Par exemple, en Australie, avant 1994, un producteur pouvait utiliser le nom géographique qui lui plaisait, quelle que soit l'origine de ses raisins… Il en allait à peu près de même dans la majeure partie des États américains.

Désormais, dans la plupart des pays du Nouveau Monde, les mentions géographiques sont réglementées, mais avec beaucoup moins de contraintes qu'en Europe.

***Les règles de production du vin dans les pays du Nouveau Monde sont très libérales.*** *Si elles intègrent parfois la notion de terroir, celui-ci est souvent compris de manière très extensive. Par exemple, le vin d'une région peut être élaboré avec une part de raisins provenant d'une autre région.*

## Aux États-Unis

Aux États-Unis, les étiquettes peuvent mentionner l'État, le comté et, depuis les années 1980, l'AVA *(American viticultural area)*, correspondant à une zone viticole délimitée. Toutefois, à la différence du système d'appellations européen, cette indication géographique n'est accompagnée d'aucune contrainte quant à l'encépagement, au rendement ou aux techniques de production. Il n'existe pas non plus de procédure d'agrément des vins par la dégustation. Voir aussi p. 435.

**LA RÉGLEMENTATION.** Lorsqu'un vin porte le nom d'un État (Californie, Texas, etc.), il doit être issu à 100 % de cépages cultivés dans cet État, sachant toutefois que la Californie autorise 35 cépages blancs et 65 cépages rouges. Si l'étiquette mentionne le nom d'un comté, cela implique qu'au moins 75 % des raisins en proviennent (sauf dans l'Oregon, qui exige un taux de 100 %). Le vin mentionnant une AVA doit contenir au moins 85 % de raisins issus de la zone concernée (100 % dans l'Oregon). Les AVA sont délimitées en fonction des frontières climatiques naturelles, des régions topographiques ou des types de sol

> Panneau d'entrée du Domaine Fetzer, dans le comté de Mendocino, en Californie.

### Les vins de cépage du Nouveau Monde

Il est possible de mentionner le cépage sur une étiquette si le vin en contient un certain pourcentage. Pour tous les vins exportés vers l'Union européenne, ce taux doit être de 85 % au minimum ; si deux cépages figurent sur l'étiquette, ils doivent constituer 100 % de l'assemblage. La réglementation est parfois plus souple pour les vins destinés au marché intérieur. En Nouvelle-Zélande, en Argentine, en Australie, en Afrique du Sud et aux États-Unis (hors l'Oregon, qui a une législation plus stricte), il suffit que le vin contienne de 75 à 85 % du cépage mentionné sur l'étiquette. Il en est de même pour l'indication du millésime.

Sonoma Valley
Vintners & Growers Alliance
BLACKSTONE WINERY
ARROWOOD
B.R. COHN WINERY
WELLINGTON
KUNDE
FAMILY WINERIES
SL CELLARS
BENZIGER
LANDMARK
LEDSON
2 MI.
ST FRANCIS
VJB VINEYARDS & CELLARS
KENWOOD VINEYARDS
1 MILES
SCHUG
Valley of the Moon
MAYO FAMILY WINERY
CASTLE

> Domaine Errazuriz, dans la région de l'Aconcagua, au Chili.

spécifiques. Elles donnent une meilleure idée du style de vin. La réglementation est beaucoup plus laxiste en ce qui concerne la notion de domaine. Il est fréquent en effet qu'un vin de domaine soit fait avec des raisins provenant d'autres propriétés de la même zone, sans que cela soit indiqué sur l'étiquette.

## Au Canada

La législation varie selon les régions. La Vintners Quality Alliance (VQA), inspirée par le système d'appellations contrôlées français, ne s'applique qu'à la Colombie-Britannique et à l'Ontario, mais ces régions produisent la quasi-totalité des vins canadiens. Les vins VQA sont dégustés par un groupe de professionnels, qui jugent leur style et leur qualité. Les vins approuvés reçoivent un sceau noir VQA ; les vins notés 15 sur 20 ont droit à l'appellation supérieure du sceau d'or.

**DEUX CATÉGORIES.** Les normes de la VQA imposent que les vins proviennent de cépages cultivés dans la province et qu'ils y soient mis en bouteilles. Il existe deux catégories d'appellations : provinciale et géographique. L'appellation provinciale admet l'utilisation de cépages hybrides ou de cépages *vinifera* (vigne européenne). Le cépage mentionné sur l'étiquette doit représenter au moins 75 % du vin contenu dans la bouteille. L'étiquette spécifiera « produit de l'Ontario » ou « produit de la Colombie-Britannique ». Les appellations géographiques, elles, s'appliquent à des régions viticoles précises. Dans ce cas, seuls les cépages *vinifera* sont autorisés, avec au moins 85 % du cépage mentionné. Les vins millésimés doivent contenir au moins 95 % de vin de la même année.

## Au Chili

Ce n'est que depuis 2002 qu'est appliquée l'appellation contrôlée DO *(denominación de origen)*. Celle-ci distingue cinq grandes régions, divisées en plusieurs sous-régions correspondant à des vallées distinctes. La notion de lieu-dit comme identifiant d'un style de vins en est à ses balbutiements, car la plupart des vins chiliens sont issus d'assemblages entre les sous-régions. Néanmoins, des régions nommées, souvent assez vastes, telle Colchagua, commencent à émerger.

## En Argentine

En 1999, puis en 2004, l'Argentine s'est dotée d'un cadre législatif national pour réglementer sa production de vin sous la tutelle de l'Instituto nacional de vitivinicultura. Toutefois, compte tenu du poids économique considérable des grands groupes qui concentrent la production nationale, ce système est très souple et peu contraignant. Il n'existe, par exemple, aucune réglementation limitant les rendements. Trois types d'origines peuvent être mentionnés sur les étiquettes : *indicación de procedencia* (indication de provenance) ; *indicación geografica* (indication géographique), pour les vins vinifiés et mis en bouteilles dans la région ; *denominación de origen controlada* (appellation d'origine contrôlée) pour les vins de qualité supérieure. Les dénominations d'origine peuvent être mentionnées sur les étiquettes lorsque 100 % du vin provient du lieu indiqué. La variété de cépage peut être indiquée lorsqu'elle représente au moins 85 % du vin produit. Pour le millésime, il faut que 85 % du vin provienne de l'année de récolte.

## En Australie

La plupart des vins australiens portent des noms de cépages. On note cependant une tendance à donner des noms de marque ou de lieu-dit aux vins les plus prestigieux. Le « Grange » de Penfolds (voir p. 479) ou le « Hill of Grace » de Henschke (voir p. 480) en sont des exemples. Le nom de la région figure aussi de plus

### LE SAVIEZ-VOUS ?

***L'utilisation abusive de noms tels que Chablis, Champagne ou Bourgogne était monnaie courante*** *dans les années 1970 en Amérique du Nord ou en Australie, entre autres. Depuis, les organismes de contrôle des appellations, comme l'INAO en France, et l'Union européenne y ont mis le holà. Dans un premier temps, les accords n'ont concerné que les vins destinés à l'exportation avant de s'étendre progressivement aux vins du marché intérieur. Pour le Chablis et le Bourgogne, l'Australie a pris une mesure d'interdiction totale. Pour le Champagne, il existe plusieurs marques américaines de vin mousseux qui emploient encore cette dénomination. En Argentine, si on a généralement supprimé le* mot champaña, *il est encore fréquent de voir écrit « méthode champenoise » sur les étiquettes.*

en plus souvent sur l'étiquette, à côté de celui du producteur. Il existe désormais un système très simplifié d'appellations d'origine. Mais la grande nouveauté de ces dernières années est surtout que toute mention sur l'étiquette, de millésime, de cépage ou de région, doit être exacte et vérifiable. Voir aussi p. 473.

**SUR L'ÉTIQUETTE.** Les producteurs doivent obligatoirement indiquer leur adresse, mais ils ne sont pas tenus de révéler l'origine des raisins, et, s'ils choisissent de le faire, 85% du raisin doit provenir du lieu indiqué. Il en va de même pour le cépage. Si plusieurs régions ou cépages sont indiqués, ils doivent figurer par ordre décroissant d'importance. Pour les vins d'entrée de gamme, le recours à des assemblages provenant de régions diverses est une pratique courante.

## En Nouvelle-Zélande

Les producteurs de Nouvelle-Zélande ont longtemps utilisé des noms français et allemands pour identifier le style de leurs vins. Aujourd'hui, la mention du nom de cépage est la pratique la plus courante. Depuis 1994, un système d'enregistrement délimite les zones de production en traçant les frontières de régions reconnues, de sous-régions et même de vignobles. Mais ce sont surtout les vins exportés qui font mention de la région d'origine. Un nom régional figure sur l'étiquette si le vin en provient en totalité (raisins cultivés et vinifiés sur place) : Marlborough et Hawke's Bay sont les régions les plus souvent citées (voir p. 486). Pour la zone de Wairarapa, avec la ville de Martinborough, qui s'est imposé ses propres règles, une petite étiquette adhésive portant la mention « 100 % Martinborough Terrace Appellation Committee » certifie que le vin est originaire à 100 % de la région.

## En Afrique du Sud

En 1973, l'introduction du système des vins d'origine *(wine of origin,* ou WO) a divisé les vignobles en plusieurs régions, sous-régions *(districts)* et zones *(wards),* par ordre décroissant de superficie (voir aussi p. 467). La région de production la plus concentrée, appelée Coastal Region, est située dans un rayon de 100 km autour de Cape Town. Le système WO certifie l'origine des vins. La délimitation des zones dépend de facteurs géographiques, topographiques et géologiques. Chaque vin désirant bénéficier de l'appellation WO est soumis à un contrôle continu, depuis les vendanges jusqu'à l'étiquetage, grâce à une analyse organoleptique et chimique. La proportion de vins se soumettant aux contrôles ne cesse d'augmenter. La plupart des producteurs de ce pays adhèrent à un programme environnemental, qui comporte 15 critères.

> Vignes des Drayton's Family Wines dans la Hunter Valley, en Australie.

# SAVOIR « DÉCRYPTER » UNE ÉTIQUETTE

*Savoir déchiffrer une étiquette, c'est connaître la carte d'identité d'un vin avant de l'avoir goûté. Pour le producteur, l'étiquette doit inciter à l'achat tout en donnant un certain nombre d'informations rendues obligatoires par la législation. Au consommateur, elle doit fournir les éléments nécessaires pour un choix éclairé.*

## La carte d'identité du vin

L'étiquetage du vin obéit à une réglementation stricte établie par les pouvoirs publics en accord avec les instances professionnelles. Il répond à un objectif principal : informer au mieux le consommateur sur l'origine du produit et ses principales caractéristiques. Un certain nombre de ces informations renseignent aussi les pouvoirs publics en fournissant des données à usage fiscal notamment.

L'étiquette certifie tout d'abord l'authenticité d'un vin, à savoir le fait que celui-ci a été élaboré selon la réglementation vitivinicole en vigueur pour un vignoble et une catégorie de vins donnée. En France, la Direction générale de la concurrence, de la consommation et de la répression des fraudes (DGCCRF) et l'administration des douanes peuvent ainsi vérifier si un vin répond bien aux indications fournies sur l'étiquette et si celle-ci est conforme à la réglementation.

***L'étiquette est « l'interlocuteur » de l'acheteur qui se retrouve souvent seul devant un grand rayonnage de bouteilles.*** *Elle garantit l'authenticité du vin et permet aux services de contrôle de l'État de vérifier sa conformité avec la législation en vigueur.*

## Des informations utiles

La lecture de l'étiquette et, lorsqu'elle existe, de la contre-étiquette (voir p. 109) fournit au consommateur une série d'informations. Elle lui permet, par exemple, de connaître, outre l'origine du vin, son millésime, le nom du producteur, le nom de l'embouteilleur, de savoir s'il s'agit d'un vin de domaine ou de coopérative, d'un vin de négoce, etc. Il faut toutefois savoir que seules certaines mentions, comme « mis en bouteille au château » bénéficient d'une protection légale. D'autres, comme « grand vin » ou « vieilles vignes » n'engagent que le producteur qui a élaboré le vin, voire relèvent d'une démarche de marketing. La législation régissant les étiquettes est en perpétuelle évolution, comme l'illustrent les récentes dispositions prises par l'Union européenne en matière d'appellation (voir p. 95 et ci-après). La possibilité d'introduire une réglementation pour les vins issus de l'agriculture biologique est également à l'étude (voir p. 58).

### La capsule et le bouchon

En France, la plupart des bouteilles sont coiffées d'une capsule-congé dotée d'une vignette fiscale. Celle-ci indique le statut du producteur et la région de production. Elle atteste que les droits de circulation ont été acquittés auprès de l'administration fiscale. Les bouteilles sans capsule-congé ou le vin en vrac doivent être accompagnés d'un congé sur papier (voir p. 127). Pour décourager les fraudes, certains producteurs recourent à l'étampage des bouchons, sur lesquels figurent alors l'origine du vin (nom du producteur ou nom d'appellation) et le millésime. Pour les vins effervescents d'appellation (champagne et crémant), le nom de l'appellation doit apparaître obligatoirement sur le bouchon. Dans certains pays (Afrique du Sud, Autriche, Portugal), il s'agit d'une « bande » délivrée par le gouvernement et apposée sur le bouchon ou la capsule.

> La capsule représentative des droits (CRD), ou capsule-congé, prouve que les droits de transport du vin ont été acquittés.

### LE SAVIEZ-VOUS ?

***Le nom, la raison sociale et l'adresse de l'embouteilleur doivent être codés s'ils comportent tout ou partie d'un nom d'appellation.*** *S'il s'agit d'un vin de table ou d'un vin de pays, embouteillé et commercialisé par un négociant dans une région portant un nom d'appellation, la mention du lieu d'embouteillage ne peut figurer que sous forme de code postal. Par exemple, « Vin de Pays d'Oc, embouteillé par... à 33000 » au lieu de « embouteillé à Bordeaux ».*

> Sobres, fantaisistes ou signées d'artistes, les étiquettes font parfois l'objet de collections.

## Les mentions obligatoires

**LA DÉNOMINATION CATÉGORIELLE.** En France, elle indique l'appartenance d'un vin à l'une des deux catégories suivantes : vin sans indication géographique, qui concerne les vins de table ; vin avec indication géographique, qui concerne les vins de pays (devenus indications géographiques protégées depuis août 2009) et les appellations d'origine protégée (AOP ; voir aussi p. 95).

Les anciennes appellations d'origine vin délimité de qualité supérieure (AOVDQS) disparaissent et sont intégrées à l'une ou l'autre des nouvelles catégories. Dans le cas des vins de table, l'étiquette porte soit la mention « vin de France », soit la mention « vin de la Communauté européenne ». Pour les vins de pays, la mention « vin de pays » suivie du nom de la zone géographique (par exemple, vin de pays charentais) est désormais facultative et varie selon les régions. Par exemple, pour les vins de pays d'Oc, la désignation est désormais « Pays d'Oc » suivie d'« indication géographique protégée ». Pour les vins d'AOP, le nom de l'appellation doit apparaître sur l'étiquette. Il peut s'agir d'une région, comme l'Alsace ou la Champagne, ou d'une zone plus restreinte. En Bourgogne, les appellations recouvrent ainsi toute la région, puis des communes situées à l'intérieur de la région, et ainsi de suite, telle une série de poupées russes dont la dernière serait un vignoble de quelques ares (voir p. 276). Dans ce cas, le consommateur est supposé savoir qu'Échézeaux, par exemple, est un petit mais prestigieux vignoble bourguignon.

**LE NOM ET L'ADRESSE DE L'EMBOUTEILLEUR.** L'étiquette précise généralement si le vin a été mis en bouteilles là où il a été vinifié. Elle peut porter légalement la mention « mis en bouteille à [ou de] la propriété [au/du domaine ou au/du château] ». Sachez que la loi française considère la coopérative comme une extension de l'exploitation viticole. Si les vins d'un producteur ont été vinifiés séparément et embouteillés par une coopérative, ils auront droit à la mention « mis en bouteille à la propriété ». Si un vin a été embouteillé en dehors de la propriété par un prestataire de service, il doit porter la mention « mis en bouteille par... », suivie du nom de l'embouteilleur et de son code postal. Les mentions telles que « mis en bouteille dans nos chais [ou par nos soins] » signifient en général qu'il s'agit d'un vin de négoce.

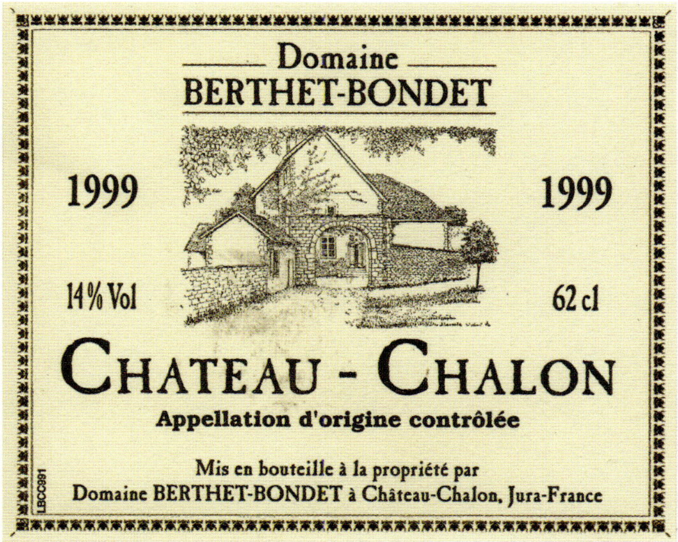


**LA CONTENANCE.** Mention exprimée en litres, centilitres ou millilitres. La contenance est le plus souvent de 75 cl, mais on trouve presque toujours la demi-bouteille (37,5 cl) et le magnum (1,5 litre). Certains vins doux (vin de paille, vendanges tardives, etc.) sont parfois commercialisés en bouteilles de 33 cl ou de 50 cl. Le clavelin (62 cl) est réservé au vin jaune du Jura (voir p. 307). Pour les bordeaux et les champagnes, il existe en outre des contenants variés pouvant aller jusqu'à 15 litres (nabuchodonosor, en Champagne). Voir aussi encadré p. 86.

**LE DEGRÉ D'ALCOOL.** Mention exprimée en pourcentage d'alcool, par rapport au volume total. La plupart des vins ont une teneur en alcool qui varie entre 11 et 13 % vol., mais certains peuvent être beaucoup plus faibles en alcool, comme le Moscato

> Le Château Le Bon Pasteur dans l'appellation Pomerol est un vin élaboré par l'œnologue Michel Rolland.

d'Asti italien (6 % vol.), ou beaucoup plus forts, comme les vins doux naturels (jusqu'à plus de 20 % vol. pour le Banyuls).

**LE NOM DU PAYS PRODUCTEUR.** Cette mention (« produit de France » ou « produce of France »), autrefois réservée aux vins destinés à l'exportation, est désormais obligatoire pour tous les vins.

**LES MENTIONS RELATIVES À LA SANTÉ.** La mention concernant la présence de sulfites, c'est-à-dire de dérivés soufrés utilisés comme conservateurs, d'abord rendue obligatoire pour les vins destinés à l'exportation vers les pays anglo-saxons, doit figurer sur les étiquettes ou contre-étiquettes des bouteilles vendues en Europe. De même, un logo indique que la consommation d'alcool est déconseillée aux femmes enceintes. Il est possible qu'à l'avenir la présence de substances allergisantes comme l'albumine (qui sert à clarifier le vin) soit également signalée.

**LE NUMÉRO DE LOT.** Cette mention, rajoutée sur l'étiquette (ou imprimée directement sur la bouteille) par le producteur ou le négociant au fur et à mesure de l'expédition, permet d'identifier une bouteille et d'en assurer la traçabilité.

## Les principales mentions facultatives

Les mentions facultatives permettent au producteur de vins de donner des informations complémentaires sur la nature du vin afin de faciliter le choix du consommateur.

**LE MILLÉSIME.** En France, la mention de l'année de production, qui figure parfois sur une collerette sur l'épaule de la bouteille, est facultative pour les vins d'appellation d'origine, comme pour les vins de pays, mais tous les producteurs l'indiquent. Longtemps interdite pour les vins de table, la mention du millésime est désormais autorisée en France. Si le millésime est mentionné, le vin doit provenir de l'année indiquée dans une proportion d'au moins 85 % quelle que soit sa catégorie.

**LE NOM DE MARQUE.** Il peut s'agir d'une marque commerciale simple (par exemple, d'un nom propre suivi du signe®) ou complexe (nom d'exploitation et lieu-dit, tels que « Domaine X », « Château Y », « N. N. »). Les termes « château », « clos » ou « abbaye » ne peuvent être utilisés que pour les vins d'AOP et doivent correspondre à une entité (vérifiable sur le cadastre). Les termes « domaine » et « mas » demeurent interdits pour les vins de table. Seule la mention « mis en bouteille au château », ou l'un de ses équivalents, garantit qu'il s'agit d'un vin de producteur.

**LE CLASSEMENT.** Les termes « cru classé », « premier cru », « grand cru » et « cru » sont des mentions traditionnelles attachées à un nombre limité de vins et définies par la législation. Les crus classés du Bordelais se réfèrent à un classement hiérarchique de propriétés viticoles (voir p. 250-251). Les premiers crus et les grands crus de Bourgogne, ainsi que les grands crus d'Alsace, correspondent à un classement de lieux-dits et de terroirs (voir p. 279 et 305). Pour la Champagne, le classement correspond à des villages (voir encadré p. 298). Les crus classés de Provence datent des années 1950 et concernent des exploitations de l'appellation Côtes-de-Provence (voir p. 348).

**LA MENTION D'UN CÉPAGE.** En France, la mention du cépage pour les vins d'appellation d'origine varie selon les appellations. Systématique en Alsace, elle est rare en Bordelais (pour les vins issus de sauvignon blanc) et sporadique en Bourgogne (pour les

### Qu'est-ce que le repli ?

En France, pour bénéficier de la mention d'appellation d'origine, un vin doit réunir des qualités reconnues par une dégustation d'agrément et une analyse. S'il ne correspond pas aux critères de l'appellation, mais qu'il soit cependant « loyal et marchand », son producteur peut demander à le « replier » dans une appellation plus vaste et moins exigeante, dans la même zone de production. Par exemple un Pauillac peut se replier en Médoc ou en Bordeaux, et un Chablis en Bourgogne. En revanche, les excédents issus d'un dépassement des rendements autorisés ne peuvent pas faire l'objet d'un repli. N'achetez donc jamais un vin soi-disant « déclassé » : il s'agit toujours d'une fraude.

vins issus de pinot noir). Pour les vins de pays, un vin doit provenir à 100 % du cépage indiqué sur l'étiquette. S'il s'agit d'un vin d'assemblage, les différents cépages utilisés sont énumérés en général sur la contre-étiquette. Pour les vins de table, cette mention est également facultative. Dans la grande majorité des pays viticoles du monde, le nom du ou des cépages est souvent mieux mis en valeur que celui de l'appellation et figure systématiquement sur l'étiquette. Dans les pays d'Europe, un pourcentage minimal est défini par la législation (entre 75 et 100 % du cépage mentionné).

**LE STATUT DE L'EXPLOITATION.** Les mots « propriétaire », « propriétaire-récoltant », etc., constituent une mention facultative. (Pour la Champagne, voir encadré p. 301.)

**LES MÉTHODES CULTURALES.** Lorsqu'un vin est issu de l'agriculture biologique, le producteur peut l'indiquer ou non sur son étiquette par le logo AB (voir photo ci-dessus). Dans ce cas, il doit mentionner également le nom de l'organisme certificateur (en général Ecocert, en France). Les mentions « agriculture raisonnée » ou « vin naturel » n'engagent que la parole du producteur. L'agriculture faisant appel aux méthodes de la biodynamie peut être certifiée par un organisme (Demeter) mais, contrairement à l'agriculture biologique, cette certification n'est pas obligatoire et le terme « biodynamie » n'est pas protégé.

## Les autres mentions facultatives

**« VENDANGES MANUELLES ».** Pour que cette mention puisse figurer sur l'étiquette, le vigneron doit avoir intégralement vendangé à la main les raisins dont est issu le vin.

**« CUVÉE NON FILTRÉE ».** Cette mention certifie que le vin a seulement été soutiré, mais n'a pas été filtré (voir p. 76). Le dépôt plus important d'un vin non filtré ne nuit en aucun cas à sa dégustation.

**« ÉLEVAGE SUR LIES », « ÉLEVÉ SUR LIES » OU « SUR LIE ».** Dans certaines régions, comme le Pays nantais, on n'élimine pas les lies (au moyen du soutirage), mais on laisse au contraire le vin « sur lie » jusqu'à la mise en bouteilles (voir p. 76). Le vin conserve ainsi le gaz carbonique issu de la fermentation, ce qui accentue sa vivacité et sa fraîcheur.

**« VIEILLI EN FÛT(DE CHÊNE) ».** Il s'agit en général de vins de garde. L'élevage en fûts de chêne confère au vin des notes de vanille, boisées ou grillées. Souvent plus chers, ces vins ne sont pas toujours d'une meilleure qualité, car les notes apportées par le bois peuvent « écraser » les autres arômes.

**LES DISTINCTIONS OFFICIELLES.** Si un vin a été récompensé lors d'un concours, cette distinction peut légalement figurer sur l'étiquette. Cependant, elle doit correspondre au vin du millésime récompensé. Une telle mention est cependant réservée aux vins d'appellation et aux vins de pays. Pour la valeur de ces distinctions, voir p. 121.

**L'ILLUSTRATION DE L'ÉTIQUETTE.** L'image d'un bâtiment d'exploitation ou de la demeure du propriétaire figurant sur l'étiquette doit correspondre à la réalité, même s'il s'agit de la reproduction d'une œuvre d'art. En aucun cas, il n'est admis de représenter un château différent de celui dont le vin porte le nom.

**LA SUCROSITÉ DU VIN.** La mention « sec », « demi-sec », « moelleux » ou « liquoreux » n'est pas obligatoire, ce qui occasionne parfois certaines surprises, notamment avec les vins d'Alsace dont on ne connaît jamais le niveau de sucrosité, exception faite des mentions « sélection de grains nobles » et « vendanges tardives »). Cependant, si elle figure sur l'étiquette, elle doit correspondre à un taux de sucre résiduel précis et défini par la réglementation.

> Le millésime d'un vin peut être mis en avant par une collerette collée sur l'épaule de la bouteille.

> Les vins de l'appellation Bugey-Cerdon sont des vins pétillants, souvent rosés.

### L'AOC Champagne

Un champagne est toujours un vin d'appellation d'origine contrôlée, même si cette mots ne figurent jamais sur l'étiquette. La marque et le nom (ou la raison sociale) de l'élaborateur ainsi que son statut (qui est indiqué en général en petits caractères ; voir encadré p. 301) doivent être précisés obligatoirement. Les mentions de type « cuvée réservée » ou « tête de cuvée » sont de nature commerciale. Les cuvées « millésimées » doivent provenir de l'année indiquée et avoir vieilli pendant au moins 3 ans. Enfin, l'étiquette peut porter la mention « blanc de blancs », lorsque la cuvée a été élaborée uniquement avec du chardonnay, et « blanc de noirs » quand elle est issue de pinot noir, de pinot meunier ou bien des deux cépages.

## Les mentions non réglementées

Il s'agit de mentions valorisantes, mais elles n'engagent que la bonne foi de celui qui les revendique.

**« VIEILLES VIGNES ».** Les vignes âgées donnent en général un vin plus concentré, puisque issu de rendements plus faibles, et donc meilleur. Mais, l'âge des vignes étant invérifiable par le consommateur, cette mention n'est d'aucune utilité.

**« CUVÉE SPÉCIALE », « RÉSERVE EXCEPTIONNELLE », « GRANDE CUVÉE », ETC.** Ces mentions sous-entendent que ces vins se situent en haut de la gamme d'un producteur par leur qualité (et leur prix), parce que la cuvée provient soit d'une parcelle particulière, soit de raisins exceptionnellement mûrs. Cependant, seule la bonne foi du producteur est ici engagée.

**« CRÈME DE TÊTE ».** Expression appliquée aux vins de Sauternes issus du premier tri des vendanges. Élaborés à partir de raisins « confits », ces vins sont particulièrement liquoreux.

**« GRAND VIN DE (SUIVI DU NOM D'UNE RÉGION) ».** Cette mention revêt un caractère largement publicitaire. Ne pas confondre avec le « grand vin » d'un château bordelais cru classé, qui désigne un vin de grande qualité. Dans tous les cas, la mention « grand vin » doit être suivie du nom de la région concernée. Exemple : « Grand Vin de Bordeaux ».

**NUMÉRO DE SÉRIE.** Sa présence sur l'étiquette sous-entend la rareté du vin, mais celle-ci est très relative.

## Le cas des vins effervescents

Le terme « vin effervescent » désigne un vin contenant du gaz carbonique sous pression qui se détend avec effervescence au moment du débouchage. Par ordre croissant d'effervescence, on distingue les vins perlants, pétillants et mousseux (ces derniers comprennent le champagne et les crémants). L'étiquetage des vins perlants ou pétillants ne relève d'aucune réglementation particulière.

> L'étiquette du Vouvray effervescent.

### Une hiérarchie différente selon les pays

Les informations fournies sur les étiquettes des vins produits en dehors de la France sont, à peu de chose près, les mêmes que dans l'Hexagone : nom de l'appellation, volume du contenant, cépage, nom du producteur ou du négociant, degré alcoolique, mise en garde sanitaire, pays de production. Toutefois, si en Europe la réglementation de l'étiquetage, y compris celle qui porte sur la taille des lettres, tend à s'harmoniser, la hiérarchie des mentions portées sur les étiquettes diffère d'un pays à un autre. Ainsi, sur les étiquettes espagnoles, portugaises ou grecques, le nom du négociant ou de la cuvée est bien souvent au premier plan, au détriment de celui de l'appellation. Dans la plupart des pays du Nouveau Monde, la mention d'appellation est souvent mise au second plan par rapport à celle du cépage.

**LE DOSAGE.** Cette mention indique la teneur en sucres résiduels (exprimée en grammes par litre), c'est-à-dire la concentration de sucre de la liqueur d'expédition (vin et sucres) ajoutée avant la mise en bouteilles définitive et qui donne aux vins un goût plus ou moins sucré. Selon la teneur en sucres résiduels, le vin est qualifié de « doux » (plus de 50 g), « demi-sec » (entre 33 et 50 g), « sec » (entre 17 et 35 g), « extra-dry » (entre 12 et 20 g), « brut » (moins de 15 g) ou « extra-brut » (moins de 6 g). Pour une teneur de moins de 3 g, on peut également trouver les mentions « brut nature », « non dosé » ou « dosage zéro ».

**LA MÉTHODE D'ÉLABORATION.** La grande majorité des vins mousseux de qualité est élaborée selon la méthode de la seconde fermentation, utilisée d'abord en Champagne. L'étiquette peut alors porter la mention « méthode traditionnelle », terme qui a remplacé celui de « méthode champenoise ». Dans certaines régions viticoles, on pratique une autre méthode pour élaborer un vin moins effervescent et plus doux : les vins jeunes sont mis en bouteilles avant que les sucres résiduels n'aient été transformés en alcool, et la fermentation continue en bouteille, libérant du gaz carbonique. C'est le cas à Gaillac, à Limoux (Blanquette) et en Savoie. Sur l'étiquette peut alors figurer la mention « méthode ancestrale » ou « méthode rurale ». Une variante légèrement différente de cette méthode est employée pour la Clairette de Die (« méthode dioise »).

**LES CRÉMANTS.** D'abord réservé à la désignation du champagne « demi-mousse », le mot « crémant » est employé depuis 1992 pour définir les vins mousseux suivis d'une appellation d'origine et vinifiés en méthode traditionnelle. Les principales appellations françaises sont les Crémants de Bourgogne, d'Alsace, du Jura, de Bordeaux, de Die et de Limoux. En Europe, on trouve également le Crémant du Luxembourg, le Cava en Espagne, le Sekt en Allemagne, les vins portant la mention « metodo classico » en Italie.

## La contre-étiquette

Bien qu'elle ne soit pas obligatoire, la contre-étiquette fait souvent figure de véritable carte d'identité du vin, l'étiquette servant alors de simple carte de visite. Apposée sur la paroi de la bouteille à l'opposé de l'étiquette, parfois d'une taille supérieure à celle de cette dernière, elle apporte un éclaircissement sur des aspects aussi variés que les cépages ou les caractéristiques de la parcelle dont est issu le vin, le type et la durée de l'élevage que le vin a subi, la température idéale de service ou encore des suggestions pour marier le vin avec certains mets. Très répandue dans les pays anglo-saxons, la contre-étiquette est de plus en plus souvent utilisée en France.

**VRAI OU FAUX ?**

***On ne trouve aucune mention obligatoire ou facultative sur la contre-étiquette.***

**FAUX.** Certains producteurs utilisent la contre-étiquette pour y faire figurer les mentions obligatoires et facultatives, tandis que l'étiquette sert à attirer l'attention du consommateur par un graphisme imagé, telle la reproduction d'une peinture, ou par un nom de cuvée. Mais ce procédé est également utilisé parfois pour les vins de table, afin de cacher leur origine modeste et leur image peu valorisée.

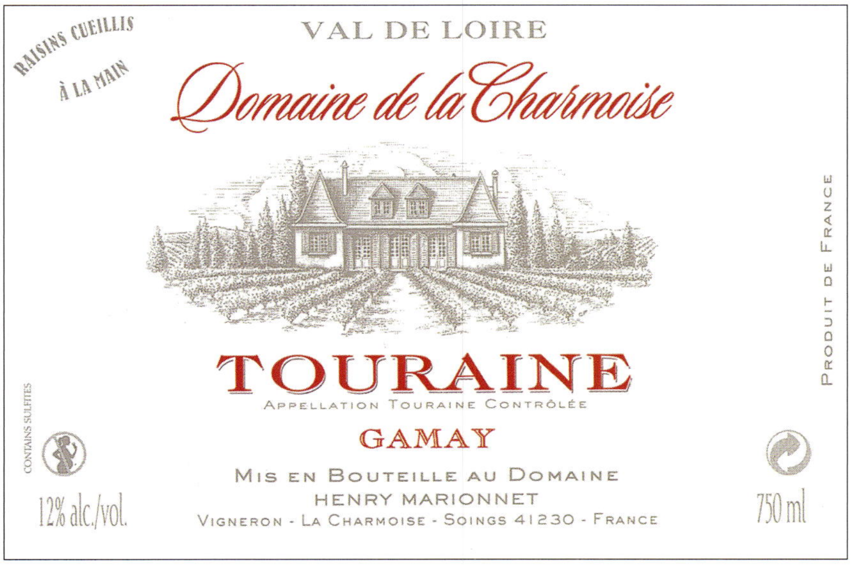

> L'étiquette…

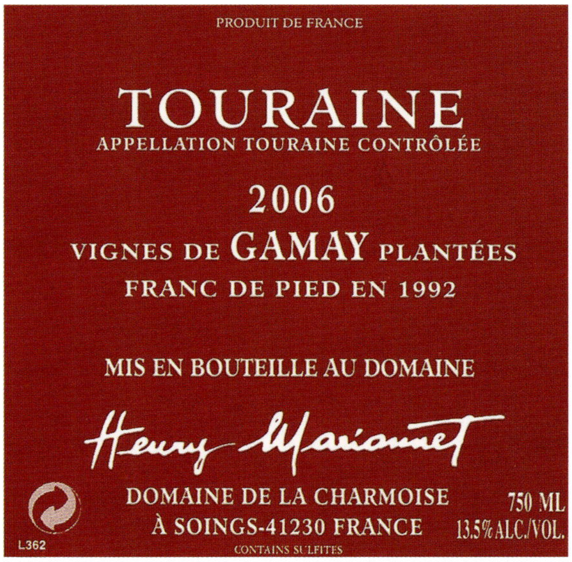

> … et la contre-étiquette.

# QUELQUES EXEMPLES D'ÉTIQUETTES

*L'étiquette, cette carte d'identité du vin, évolue de manière significative. Entre les mentions obligatoires, celles qui sont facultatives, mais réglementées, et les indications qui relèvent du simple marketing, les producteurs n'avaient plus guère de place sur l'étiquette classique. C'est pourquoi beaucoup de bouteilles comportent une contre-étiquette, sur laquelle figurent de plus en plus d'informations permettant d'éclairer le consommateur sur la nature du produit.*

## VIN DE BORDEAUX

## VIN DE BOURGOGNE

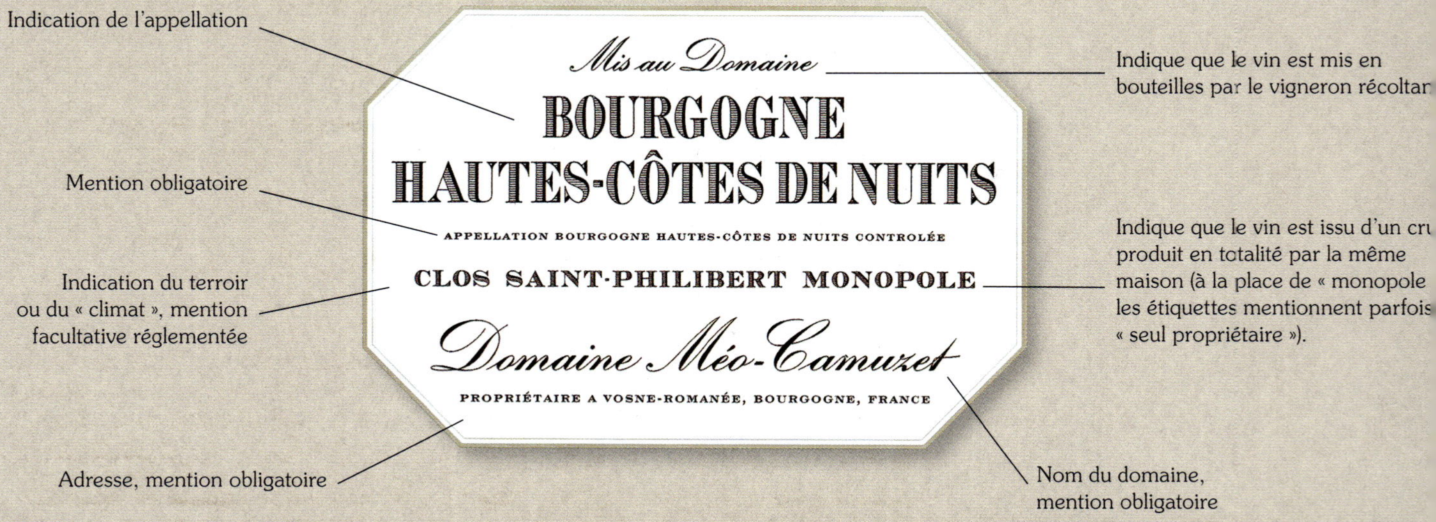

## CHAMPAGNE

Représentation facultative

Mention facultative réglementée

Nom de la marque, obligatoire

Mention obligatoire ; il n'est pas nécessaire d'indiquer « appellation d'origine contrôlée », tout champagne étant AOC.

Mention facultative ; en Champagne, « grand cru » désigne une commune, où le prix du raisin fixé entre vignerons et négociants atteint son maximum en raison de la qualité du terroir.

Style du vin (un champagne demi-sec comporte de 33 à 50 g de sucre par litre), mention obligatoire

Volume du contenant, mention obligatoire

Titre alcoométrique, mention obligatoire

Nom et adresse de l'élaborateur, obligatoire

CM signifie « coopérative de manipulation », les chiffres qui suivent constituent le numéro d'identification. Il s'agit donc d'un champagne élaboré par une coopérative.

## VIN D'ALSACE

Mention qualitative, facultative mais réglementée ; signifie que le vin est fait uniquement à partir de raisins atteints de pourriture noble, récoltés par tries successives.

Nom du domaine, obligatoire

Mention de l'appellation, réglementée, obligatoirement suivie de la mention « Appellation Alsace contrôlée ».

Représentation facultative

Nom et adresse de l'embouteilleur, mention obligatoire

Nom du cépage, obligatoire s'il est précédé de la mention « Appellation Alsace contrôlée ». Ici, le producteur a associé son nom au cépage sous la forme d'une marque protégée.

*Les autres mentions obligatoires figurent sur la contre-étiquette.*

## VIN DE PAYS
## (Indication géographique protégée)

Mention facultative ; il s'agit d'une marque collective créée à l'initiative des services économiques du Languedoc-Roussillon.

Nom de la marque, obligatoire

Mention facultative

Mention facultative ; en France, elle n'a aucune signification particulière et relève d'une démarche de marketing.

Mentions du cépage et du négociant, facultatives sur l'étiquette si elles figurent sur la contre-étiquette.

*Étiquette.*

Nom du cépage ; obligatoire si le vin provient d'un même cépage à plus de 85 %

Indications qualitatives, facultatives mais réglementées

Mention relative à la santé, obligatoire

Mention d'origine, obligatoire, correspondant à la réglementation européenne mise en place depuis 2009

Nom et adresse du metteur en marché, obligatoire

Mention obligatoire depuis 2009 pour le marché intérieur

Titre alcoométrique et volume du contenant, obligatoires

Facultatif

*Contre-étiquette.*

## VIN ESPAGNOL

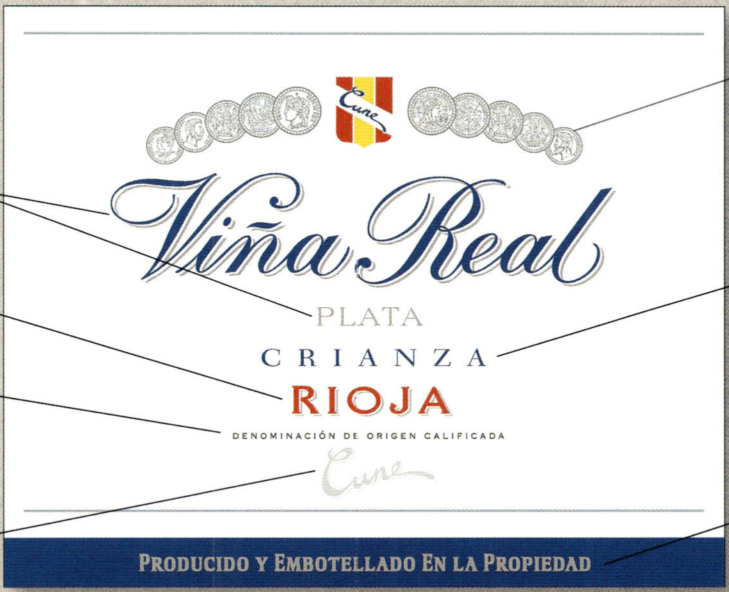


Nom de la cuvée

Désigne le nom de l'appellation, mention obligatoire

*enominación de origen calificada,* ntion obligatoire, signifie que le vin dans la catégorie des appellations d'origine contrôlée.

Nom de la marque de négoce

Représentation facultative

Mention réglementée indiquant qu'il s'agit d'un vin d'au moins 3 ans dont 6 mois passés en barrique

Mention réglementée ; signifie que le vin a été élaboré, élevé et embouteillé à la propriété (même si les raisins proviennent d'autres domaines).

*Les autres mentions obligatoires figurent sur la contre-étiquette.*

## VIN ITALIEN

Représentation facultative ; doit en principe correspondre à un site ou bâtiment existant.

Mention facultative réglementée ; signifie en général que le vin a vieilli 2 ans dont 3 mois en bouteille (mais la durée peut varier selon les appellations).

Nom d'une gamme de vins, mention réglementée

Indication d'origine, facultative, mais réglementée, car elle doit être suivie de la mention *Denominazione di origine controllata et garantita* (DOCG). « Classico » signifie que le vin provient de la zone historique de l'appellation.

Nom du producteur (obligatoire) et en même temps de la marque (facultatif)

*Les autres mentions obligatoires figurent sur la contre-étiquette.*

## VIN ALLEMAND

Représentation facultative

Nom du cru, mention réglementée mais facultative Malterdinger indiquant le nom du village auquel on a ajouté le suffixe « er », marque de l'adjectif (signifie « de Malterdingen »). Bienenberg est un lieu-dit ; mention réglementée facultative.

Nom du cépage, mention facultative réglementée

Indique le niveau de qualité, Kabinett étant l'échelon de base des vins QmP (« vins de qualité avec distinction ») ; mention facultative réglementée.

Catégorie de vin, mention obligatoire

Nom du producteur, mention obligatoire

Sceau de qualité, obligatoire pour les producteurs adhérant au VDP, l'union des producteurs allemands de vins de qualité avec distinction

Adresse du producteur

Région vinicole, mention facultative réglementée

Signature du producteur, indication facultative

Millésime, indication facultative réglementée

Signifie « sec », mention facultative

Numéro de l'examen officiel

Mis en bouteille à la propriété, mention réglementée

Volume du contenant, mention obligatoire

Titre alcoométrique, mention obligatoire

## VIN AUSTRALIEN

Nom de la cuvée, mention facultative

Millésime, mention facultative

Volume du contenant, mention obligatoire

Nom de la marque, mention obligatoire

Région d'origine, mention facultative

Nom du cépage, mention facultative

*Les autres mentions obligatoires figurent sur la contre-étiquette.*

## VIN CHILIEN

Nom de la cuvée, mention facultative

Nom du propriétaire

Millésime, mention facultative

Dénomination d'origine, mention facultative

Nombre de bouteilles commercialisées, mention facultative

Nom et adresse du producteur, mention obligatoire

« Vendange manuelle », mention facultative

Volume du contenant, mention obligatoire

Titre alcoométrique, mention obligatoire

« Non filtré », mention facultative

## VIN AMÉRICAIN

Millésime, mention facultative

Indique que le vin a été vinifié et embouteillé au domaine (mais les raisins peuvent avoir une origine extérieure), mention facultative.

Nom du domaine

AVA (American Viticultural Area), région de production délimitée, mention réglementée

Nom du cépage, mention facultative réglementée ; le vin doit être issu à 75 % au moins du cépage mentionné.

Titre alcoométrique, mention obligatoire

*Les autres mentions obligatoires figurent sur la contre-étiquette.*

# ÉTIQUETTES D'HIER ET D'AUJOURD'HUI

**Sobres, classiques, modernes, originales... Les étiquettes sont aussi diverses que les vins qu'elles représentent. Les plus belles font l'objet de collections.**

Château
Leyritz Moncassin
Rosé
Vincent DELMOTTE
Propriétaire
SCEA SOVIMON
47700 LEYRITZ MONCASSIN
FRANCE
BUZET
APPELLATION BUZET CONTROLÉE
12% vol.
MIS EN BOUTEILLE AU CHATEAU
750 ml
PRODUIT DE FRANCE
CONTAINS SULPHITES

Cuvée du Poilu
CÔTES DU RHÔNE
APPELLATION CONTRÔLÉE
1918
1988
MIS EN BOUTEILLE PAR LES PRODUCTEURS RÉUNIS A F 26790-357
75 cl
CAVE LA ROMAINE
84110 VAISON - LA - ROMAINE
12,5 % Vol.
PRODUIT DE FRANCE

CUVÉE SAINT VALENTIN
SAINT-AMOUR
APPELLATION SAINT-AMOUR CONTRÔLÉE
MIS EN BOUTEILLE PAR
LOUIS TÊTE À 69430 BEAUJEU - FRANCE
PRODUIT DE FRANCE
13% vol 75 cl

VIN des AMPHORES
SYRAH
VIN DE PAYS D'OC
Les Coteaux de Saint-Cyr
MIS EN BOUTEILLE
PAR LA S.C.V. SALLELES D'AUDE
PRODUIT DE FRANCE
12%vol.
75 cl

CUVÉE
PASTEUR
ARBOIS
APPELLATION ARBOIS CONTRÔLÉE
PRODUIT ET MIS EN BOUTEILLE PAR
HENRI MAIRE AU CHATEAU BOICHAILLES 39600 ARBOIS JURA FRANCE
12,5%Vol.
75cl.e

LOIRE
SUD-OUEST
Vieux Calvados

# OÙ ET COMMENT ACHETER LE VIN ?

# LES AIDES À L'ACHAT

*Face à l'offre considérable de vins de qualités diverses, l'amateur peut s'appuyer sur la presse spécialisée et sur les guides d'achat. Si utiles soient-ils, ces outils ne doivent pas faire oublier que le jugement porté sur tel ou tel vin dépend surtout des préférences de celui qui l'émet.*

## Les guides d'achat

Chaque année sont publiés des guides d'achat ayant pour vocation principale d'orienter le consommateur vers les vins au meilleur rapport qualité-prix. Certains s'efforcent de présenter les meilleurs domaines ou les meilleurs vins pour chaque appellation ou terroir, d'autres sélectionnent plutôt les vins « à petits prix » ou présents dans les grandes surfaces. Ces guides se distinguent avant tout par leur présentation. Les uns privilégient les commentaires sur les vins ; les autres, les producteurs et les domaines. Tel guide repose sur l'expertise de dégustateurs de renom, tel autre sur celle d'un jury composé de sommeliers ou d'œnologues qui dégustent à l'aveugle.

***Souvent, les vins loués pour leur excellent rapport qualité-prix sont vite épuisés*** *chez le producteur ou dès les premiers jours des foires aux vins. L'amateur peut alors espérer les retrouver chez son caviste ou au restaurant, mais à un prix plus élevé.*

## Peut-on se fier à leurs palmarès ?

Quels qu'ils soient, les guides ne jugent que les échantillons envoyés par les producteurs, ce qui peut laisser la porte ouverte à certaines dérives, le producteur sollicité ayant tout intérêt à envoyer sa meilleure cuvée. Cependant les dégustations sont faites avec sérieux et l'on peut se fier à l'avis des experts qui auront jugé objectivement le vin qui leur est envoyé. Il n'en reste pas moins que tout jugement sur un vin comporte une part subjective, qui reflète les habitudes gustatives de chaque dégustateur. De plus, aucun tour d'horizon ne saurait prétendre à l'exhaustivité. Le fait que le nom d'un vin n'apparaisse dans aucun guide ne signifie pas pour autant que ce vin soit de mauvaise qualité. Il est bien rare toutefois qu'un excellent vin passe totalement inaperçu.

Malgré ces quelques réserves, les guides d'achat restent de précieux outils pour la variété des adresses proposées et les renseignements pratiques qu'ils fournissent. Ils constituent aussi une mine d'informations sur l'évolution générale des prix et sur les développements récents dans les différents vignobles : l'émergence de nouveaux producteurs de qualité, les phénomènes de mode ou les changements de pratiques vinicoles qui influent sur les styles de vins d'une appellation.

## Quelques ouvrages de référence

**LE GUIDE HACHETTE DES VINS.** Il présente une sélection de plus de 10 000 vins dégustés à l'aveugle par un jury local de professionnels et de vignerons. Selon leur qualité, les vins se voient attribuer des étoiles (trois au maximum).

**LE GRAND GUIDE DES VINS DE FRANCE BETTANE ET DESSEAUVE.** Ce guide, réalisé par Michel Bettane et Thierry Desseauve, deux anciens journalistes de *la Revue du vin de France,* qui se sont adjoint une petite équipe de dégustateurs, est publié par les éditions Minerva. Il recense plus de 10 000 vins et 2 500 domaines, et tient compte de la qualité des terroirs et du savoir-faire des

### La presse grand public et la presse spécialisée

C'est désormais devenu un rituel. Chaque automne, au moment des foires aux vins en grandes surfaces, la plupart des titres de la presse hebdomadaire ou mensuelle consacrent des numéros spéciaux aux vins. Destinés au grand public, les articles se veulent en général accessibles au néophyte. L'amateur éclairé préférera en général la presse spécialisée, comme *la Revue du vin de France*, mais les auteurs des articles de la presse généraliste sont bien souvent les mêmes que ceux de la presse spécialisée.

> Un vin pas cher qui n'est pas bon est encore trop cher. Mais on trouve de bons vins dans chaque catégorie de prix.

LE SAVIEZ-VOUS ?

***Les médailles obtenues lors de concours ne sont pas toujours une garantie de qualité.*** *Il existe des concours très sérieux, tant internationaux (Mondial de Bruxelles, Vinalies internationales de Paris, Mâcon, etc.) que régionaux (Coupe des Crus bourgeois du Médoc, Sélection Saint-Bacchus pour les vins du Roussillon, etc.), mais, parmi les quelque 80 concours organisés chaque année en France, certains manquent de rigueur. Par ailleurs, rien ne garantit qu'une fois une médaille attribuée, c'est sur l'étiquette de la cuvée présentée à la dégustation que figurera sa mention.*

vignerons. Près de 30 % des vins sont à moins de 10 €. Les vins sont classés sur une échelle de 1 à 20 tandis que la réputation des domaines est signalée par un système d'étoiles.

**LE GUIDE PARKER DES VINS DE FRANCE.** Dans ce guide, aux éditions Solar, le dégustateur américain Robert Parker commente plus de 7300 vins avec une prédilection pour ceux de Bordeaux, de Bourgogne, de la vallée du Rhône et d'Alsace. La plupart des vins sont notés sur une échelle de 50 à 100. Robert Parker privilégie les vins puissants, souvent boisés, qui correspondent aux goûts du public américain. Ses avis, documentés et détaillés, sont très suivis et peuvent avoir une influence considérable sur la cote d'un vin. Il publie également un guide spécifique sur les vins de Bordeaux.

**LES MEILLEURS VINS DE FRANCE.** Réalisé par six journalistes-dégustateurs de *la Revue du vin de France,* ce guide recense 7500 vins et 1 200 domaines sur la base de dégustations effectuées tout au long de l'année pour la revue. Il donne d'utiles informations pratiques.

**LE GUIDE DES MEILLEURS VINS À PETITS PRIX.** Édité et réalisé par Philippe Maurange et Antoine Gerbelle, journalistes-dégustateurs de *la Revue du vin de France,* cet ouvrage note et décrit brièvement 1550 vins dont le prix varie de 3 à 20 euros.

**LE GUIDE DES VINS GAULT-MILLAU.** Réalisé pour l'essentiel par le dégustateur Pierre Guigui, il s'attache à présenter des domaines peu connus ou discrets et privilégie ceux qui travaillent en agriculture biologique. Les vins sont notés sur 20 et les domaines – environ 1500 – sont classés sur une échelle de 1 à 4.

**LE GUIDE DES GRANDS AMATEURS DE VIN.** Ce guide paru aux éditions Cherche-Midi, a été imaginé par Alain Marty et réalisé par des consommateurs avertis et indépendants qui ont testé plus de 1000 vins français.

**VINALIES INTERNATIONALES, 1 000 VINS DU MONDE.** Édité par Hachette, ce guide, réalisé lors du concours organisé par l'Union des œnologues de France, intéressera surtout les amateurs de vins étrangers : il recense des vins de 35 pays différents.

## Les mérites de la dégustation

Pour « comprendre » un vin, rien ne remplace la dégustation (voir p. 203-225). Il est en effet très difficile de se faire une idée précise du style d'un vin à partir de sa seule description. On ne saurait donc trop conseiller à l'amateur de profiter des multiples occasions qui lui sont offertes pour déguster.

> Goûter les vins permet de se faire une opinion sur ses propres préférences pour mieux acheter ensuite.

**OÙ DÉGUSTER ?** Les journées portes ouvertes, organisées par les syndicats d'une appellation, et les salons viticoles constituent un excellent moyen pour faire son choix parmi les meilleurs producteurs d'un vignoble. À cela s'ajoutent les dégustations que les cavistes et les négociants proposent à leurs clients, sans négliger les clubs d'œnologie, destinés à initier le néophyte ou à approfondir les compétences d'un amateur. Les dégustations à la propriété sont plus ou moins conviviales selon les régions. C'est une bonne occasion pour découvrir un vin, mais on se sent généralement mal à l'aise quand on repart sans avoir rien acheté. Privilégiez les dégustations dans les caves coopératives où l'on est souvent très bien reçu et où le sentiment d'être obligé d'acheter est moins pesant. Prenez aussi l'habitude de noter vos impressions après chaque dégustation : cela vous permettra de mieux profiter des conseils prodigués par les connaisseurs – guides d'achat, sommeliers… ou amis.

### Quelques critères pour bien choisir le vin

Parmi le grand nombre de vins retenus dans les guides, l'amateur devra bien sûr opérer une sélection, en fonction de ses propres critères. Quelles familles de vins préfère-t-il (voir p. 154-161) ? Dans quelle gamme de prix ? Souhaite-t-il un vin à boire dans l'année, dans le cadre d'une consommation courante, ou un vin propre à vieillir en cave, réservé aux grandes occasions ? Prendre en compte ces différents paramètres facilitera le choix.

# LE PRIX DU VIN

*Si le prix d'une bouteille est censé refléter la qualité du vin, il dépend aussi de la réputation de ce dernier, des commentaires des guides et, surtout, de la demande.*

## La hiérarchie des vins

Il existe une hiérarchie qui, dans l'ordre croissant, va des vins de table sans mention d'origine, vendus à un prix modique, jusqu'aux appellations prestigieuses, tels les crus classés, pouvant atteindre des centaines d'euros. Généralement, plus le vin est assis sur une réputation ancienne, plus il est cher. Les vins de pays sont des vins de table jouissant d'une Indication géographique protégée (IGP). Ils sont en théorie moins coûteux que les vins AOC, car produits en rendements plus élevés, mais il arrive qu'un vin de pays, renommé pour sa qualité, soit vendu à un prix égal ou supérieur à celui d'un vin d'appellation.

## La cote des appellations

À chaque appellation, ou zone viticole, correspond un prix de référence, fixé par la demande. Il s'agit du prix au tonneau ou à l'hectolitre auquel se font les tractations entre les producteurs et les négociants. Ce système est surtout valable dans les régions où la production est importante (Bordelais, Languedoc, vallée du Rhône) et où une grande partie des vins est achetée par le négoce. La cote a moins d'importance dans les zones où la majeure partie de la production se vend en bouteilles à la propriété, comme en Alsace. Affichée dans le journal local, la cote d'une appellation est fondée sur son prestige, sa cote antérieure, la quantité de vin disponible, la qualité du millésime et la demande.

Outre les cotes des appellations, divers facteurs contribuent à déterminer le coût d'un vin au moment où celui-ci est proposé au consommateur comme un phénomène de mode ou la réputation du vigneron. Enfin, le prix d'un vin peut varier en fonction du mode de commercialisation (vente directe, en grande surface, etc.).

## Quelques prix selon l'appellation

Le tableau suivant donne, à titre indicatif, une fourchette de prix pour quelques appellations françaises et étrangères, classées selon leur appartenance à l'une des grandes familles de vins (voir p. 154-161). Ces prix sont ceux d'une bouteille vendue à l'unité au départ de la propriété. On trouvera en grande surface un écart inférieur ou supérieur d'environ 10 %.

| | | | | | |
|---|---|---|---|---|---|
| **VINS ROUGES LÉGERS ET FRUITÉS** | | | | | |
| Coteaux-du-Lyonnais | – de 5 € | Vin de Savoie | 6 à 10 € | Arbois | 8 à 15 € |
| Beaujolais | 5 à 10 € | Hautes-Côtes-de-Beaune | 7 à 12 € | Pinot noir d'Alsace | 8 à 15 € |
| Anjou | 5 à 15 € | Côtes-du-Jura | 7 à 13 € | Hautes-Côtes-de-Nuits | 8 à 15 € |
| Vins de Navarre | 6 à 10 € | Saint-Nicolas-de-Bourgueil | 7 à 13 € | Bourgogne | 8 à 20 € |
| Malbec d'Argentine ou d'Uruguay | 6 à 10 € | Bourgueil | 8 à 12 € | Sancerre | 10 à 20 € |
| **VINS ROUGES CHARNUS ET FRUITÉS** | | | | | |
| Chianti | 4 à 10 € | Côtes-du-Rhône-Villages | 5 à 12 € | Chinon | 7 à 14 € |
| Valpolicella | 4 à 10 € | Gaillac | 5 à 12 € | Côtes-de-Bourg | 7 à 15 € |
| Bordeaux | 4 à 15 € | Bergerac | 5 à 15 € | Castillon-Côtes-de-Bordeaux | 8 à 20 € |
| Buzet | 5 à 10 € | Bordeaux supérieur | 5 à 15 € | Crozes-Hermitage | 9 à 20 € |
| Côtes-du-Frontonnais | 5 à 10 € | Shiraz d'Australie | 6 à 8 € | Saint-Joseph | 10 à 20 € |
| Côtes-de-Provence | 5 à 10 € | Vins rouges d'El Bierzo | 6 à 10 € | Coteaux-d'Aix-en-Provence | 12 à 20 € |
| Touraine | 5 à 10 € | Saint-Nicolas-de-Bourgueil | 7 à 13 € | Coteaux-Champenois | + de 20 € |
| **VINS ROUGES COMPLEXES, PUISSANTS ET GÉNÉREUX** | | | | | |
| Pomerol | + de 5 € | Vins rouges espagnols de la Rioja | 6 à 20 € | Barbaresco | 13 à 30 € |
| Côtes-du-Roussillon-Villages | 5 à 10 € | Vacqueyras | 7 à 15 € | Valpolicella Amarone | + de 15 € |
| Minervois | 5 à 12 € | Madiran | 8 à 15 € | Pinot noir californien de la Sonoma Valley | 15 à 25 € |
| Cahors | 5 à 15 € | Pécharmant | 8 à 15 € | | |
| Minervois-la-Livinière | 6 à 13 € | Languedoc | 8 à 20 € | Châteauneuf-du-Pape | + de 20 € |
| Corbières | 6 à 15 € | Gigondas | 10 à 20 € | Grand vin argentin de la région de Mendoza | + de 30 € |
| Saint-Chinian | 6 à 15 € | Saint-Émilion | 10 à 25 € | | |
| **VINS ROUGES COMPLEXES, TANNIQUES ET RACÉS** | | | | | |
| Pinotage d'Afrique du Sud | 8 à 10 € | Cornas | + de 12 € | Barbera d'Asti | 13 à 20 € |
| Graves | 8 à 20 € | Pauillac | + de 12 € | Saint-Julien | + de 14 € |
| Haut-Médoc | 8 à 20 € | Pessac-Léognan | + de 12 € | Côte-Rôtie | + de 20 € |
| Bandol | + de 10 € | Saint-Estèphe | + de 12 € | Hermitage | + de 20 € |
| Médoc | + de 10 € | Saint-Émilion Grand Cru | + de 13 € | Barolo | 20 à 40 € |

| | | | | | |
|---|---|---|---|---|---|
| **VINS ROUGES COMPLEXES, ÉLÉGANTS ET RACÉS** | | | | | |
| Mercurey | 10 à 20 € | Vosne-Romanée | + de 25 € | Gevrey-Chambertin | + de 30 € |
| Pommard | + de 15 € | Corton | + de 30 € | Grands vins rouges de Ribeira del Duero | + de 40 € |
| Volnay | + de 15 € | Grands vins rouges d'assemblage californiens de la Napa Valley | + de 30 € | | |
| Chambolle-Musigny | + de 25 € | | | Bolgheri Sassicaia | + de 100 € |
| **VINS ROSÉS VIFS ET FRUITÉS** | | | | | |
| Luberon | 4 à 10 € | Côtes-de-Provence | – de 6 € | Côtes-du-Jura | – de 7 € |
| Rosé de Loire | – de 5 € | Les Baux-de-Provence | 6 à 10 € | Coteaux-d'Aix-en-Provence | 8 à 12 € |
| Irouléguy | 5 à 10 € | Coteaux-Varois | 6 à 12 € | Bellet | 10 à 15 € |
| **VINS ROSÉS VINEUX ET CORSÉS** | | | | | |
| Corbières | – de 5 € | Languedoc | 5 à 10 € | Tavel | 8 à 15 € |
| Côtes-du-Rhône | – de 5 € | Lirac | 5 à 10 € | Bandol | 10 à 20 € |
| Bordeaux clairet | 5 à 10 € | Marsanney | 8 à 12 € | Rosé des Riceys | 15 à 20 € |
| **VINS BLANCS SECS LÉGERS ET NERVEUX** | | | | | |
| Gros-Plant | 3 à 8 € | Bourgogne Aligoté | 5 à 10 € | Vin de Savoie | 5 à 10 € |
| Bergerac | 4 à 10 € | Cour-Cheverny | 5 à 10 € | Petit Chablis | 5 à 12 € |
| Entre-deux-Mers | 4 à 10 € | Crépy | 5 à 10 € | Cheverny | – de 6 € |
| Saint-Pourçain | – de 5 € | Pinot blanc d'Alsace | 5 à 10 € | Pouilly-sur-Loire | 7 à 12 € |
| Txakoli blanc sec du Pays basque | + de 5 € | Sylvaner d'Alsace | 5 à 10 € | Sauvignon de Nouvelle-Zélande | + de 10 € |
| **VINS BLANCS SECS SOUPLES ET FRUITÉS** | | | | | |
| Muscadet | 4 à 10 € | Vins de Corse | 6 à 12 € | Jurançon sec | 8 à 15 € |
| Gaillac | 5 à 10 € | Arbois (chardonnay ou savagnin) | 7 à 12 € | Sancerre | 8 à 15 € |
| Roussette du Bugey | 5 à 10 € | Graves | 7 à 12 € | Vin blanc sec de Collio | 8 à 15 € |
| Blaye-Côtes-de-Bordeaux | 5 à 12 € | Coteaux-d'Aix-en-Provence | 7 à 15 € | Chablis | 10 à 20 € |
| Côtes-de-Provence | 6 à 10 € | Montlouis sec | 7 à 15 € | Pouilly Fumé | 10 à 20 € |
| Mâcon | 6 à 10 € | Quincy | 8 à 12 € | Gewurztraminer du Haut-Adige | 13 à 20 € |
| Vins blancs secs de Penedès | 6 à 12 € | Bandol | 8 à 15 € | Pouilly-Fuissé | 15 à 25 € |
| **VINS BLANCS SECS AMPLES ET RACÉS** | | | | | |
| Vins blancs secs de Rías Baixas | 6 à 10 € | Pessac-Léognan | 12 à + de 20 € | Chassagne-Montrachet | + de 20 € |
| Savennières | 8 à 15 € | Chardonnay de la Napa Valley | 15 à 25 € | Hermitage | + de 20 € |
| Vin blanc sec de Rueda | 8 à 15 € | Châteauneuf-du-Pape | 15 à + de 20 € | Corton-Charlemagne | + de 25 € |
| Vouvray | 8 à 20 € | Meursault | 15 à + de 20 € | Puligny-Montrachet | + de 30 € |
| Chablis Premier Cru | 10 à 20 € | Chablis Grand Cru | + de 20 € | Montrachet | + de 40 € |
| **VINS BLANCS SECS TRÈS AROMATIQUES** | | | | | |
| Muscat d'Alsace | 6 à 10 € | Gewurztraminer d'Alsace | 6 à 15 € | Condrieu | + de 20 € |
| Pinot gris d'Alsace | 6 à 10 € | Xérès Fino ou Manzanilla | 8 à 15 € | Vin jaune du Jura | + de 20 € |
| Riesling d'Alsace | 6 à 10 € | Château-Chalon | + de 20 € | | |
| **VINS BLANCS DEMI-SECS, MOELLEUX OU LIQUOREUX** | | | | | |
| Pacherenc-du-Vic-Bilh | 6 à 10 € | Cérons | 12 à 20 € | Riesling SGN | + de 20 € |
| Cadillac | 6 à 12 € | Vouvray moelleux | 15 à 20 € | Sauternes | + de 20 € |
| Coteaux-du-Layon | 8 à 20 € | Riesling Vendanges tardives (VT) | 15 à 25 € | Tokaj de Hongrie | + de 20 € |
| Loupiac | 10 à 20 € | Passito de Pantelleria | 15 à 40 € | Gewurztraminer SGN | + de 25 € |
| Monbazillac | 10 à 20 € | Barsac | + de 20 € | Pinot gris SGN | + de 25 € |
| Montlouis moelleux | 10 à 20 € | Gewurztraminer VT | + de 20 € | Trockenbeerenauslese allemand de la Saar-Ruwer | + de 50 € |
| Sainte-Croix-du-Mont | 10 à 20 € | Quarts-de-Chaume | + de 20 € | | |
| **VINS DOUX NATURELS ET VINS DE LIQUEUR** | | | | | |
| Muscat de Mireval | 6 à 10 € | Banyuls | + de 10 € | Muscat de Beaumes-de-Venise | 10 à 20 € |
| Muscat de Rivesaltes | 6 à 10 € | Rivesaltes | + de 10 € | Muscat de Frontignan | 10 à 20 € |
| Pineau des Charentes | 8 à 15 € | Macvin du Jura | 10 à 20 € | Rasteau | 10 à 20 € |
| Porto | 8 à 15 € | Maury | 10 à 20 € | | |
| **VINS EFFERVESCENTS** | | | | | |
| Lambrusco | 5 à 7 € | Vouvray | 5 à 20 € | Montlouis, Saumur | 6 à 10 € |
| Clairette de Die | 5 à 10 € | Blanquette de Limoux | 6 à 10 € | Crémant du Jura | 7 à 10 € |
| Crémant de Bordeaux | 5 à 10 € | Crémant d'Alsace | 6 à 10 € | Cava mousseux de Catalogne | 8 à 12 € |
| Gaillac | 5 à 10 € | Crémant de Bourgogne | 6 à 10 € | Champagne | + de 13 € |

# L'ACHAT DANS LE COMMERCE

*L'essentiel des vins consommés à domicile en France est acheté sur les rayons de la grande distribution. Si le choix et les prix y sont attractifs, l'information fait souvent défaut, sauf durant les désormais traditionnelles foires aux vins d'automne. Chez un bon caviste, vous trouverez de bons conseils et parfois des vins rares, mais les prix sont souvent plus élevés qu'en grande distribution.*

## Les grandes surfaces

**LEUR ATOUT MAJEUR.** C'est indéniablement le coût. Grâce au pouvoir de ses centrales d'achat et à un faible coût logistique, la grande distribution propose dans toutes les catégories de vins des prix intéressants, souvent inférieurs à ceux d'un caviste et même parfois à ceux de la vente au domaine. Face à la demande croissante de vins de qualité, certaines enseignes se sont dotées d'acheteurs spécialisés, très compétents, formés en œnologie. D'autres ont signé des contrats avec des négociants ou même avec toute une appellation pour donner naissance à une « filière de qualité ». D'importants progrès ont aussi été réalisés en matière d'exposition et de conservation des vins, notamment dans les hypermarchés. Les bouteilles ne restent en général pas longtemps exposées à la lumière dans les rayons, les stocks étant vite renouvelés. Certaines grandes surfaces ont même créé des caves prestigieuses où les vins sont conservés à l'abri de la lumière et à bonne température.

***Le marché du vin offre aujourd'hui des milliers de références venues du monde entier.** Environ 80 % des achats se font en grande surface, sans doute au meilleur prix. Quant aux cavistes, ils offrent des sélections pointues et de précieux conseils.*

**LEURS FAIBLESSES.** Ce sont surtout les vignerons qui se plaignent des faiblesses de la grande distribution. Pour être référencé, il faut non seulement produire beaucoup, mais aussi signer des engagements qui peuvent être risqués en cas d'année difficile ou de rupture de stock. La grande distribution privilégie donc les gros producteurs ou négociants ainsi que les régions viticoles à forte production. Il arrive aussi que les vins soient répartis sur les rayons sans réel souci de classement des appellations. Enfin, un bon vin découvert un jour au hasard peut ne plus être disponible quelques semaines plus tard. En l'absence d'interlocuteur à qui demander conseil, mieux vaut bien savoir comprendre une étiquette (voir p. 104-115).

**EN CONCLUSION...** Aujourd'hui, la plupart des grandes surfaces offrent au consommateur une vaste gamme de vins à des prix très compétitifs. N'espérez pas cependant, en dehors des foires aux vins, découvrir la perle rare, car beaucoup de producteurs choisissent, par souci de prestige, de ne pas être représentés sur ce segment de vente.

### Les foires aux vins de la grande distribution

Réputées autrefois pour écouler des vins qui ne trouvaient pas preneur, les foires aux vins organisées chaque automne par la grande distribution sont aujourd'hui des rendez-vous incontournables. Si l'on y propose de bonnes et moins bonnes bouteilles, en cherchant bien, on peut aussi y trouver des lots intéressants. Les meilleures affaires restent les grands crus des bons millésimes ainsi que certains vins étrangers et quelques vins de producteur. Il faut se méfier des millésimes moins réussis, des crus inconnus et des petits châteaux dont la belle étiquette peut cacher un vin ordinaire. Il vaut mieux se rendre à la foire dès les premiers jours, car les vraies bonnes affaires partent très vite. Les commentaires d'un guide ou d'un hors-série sur le vin, publié par la presse en septembre, peuvent s'avérer fort utiles. On peut cependant regretter que certaines enseignes organisent des soirées VIP la veille de l'ouverture de leurs foires aux vins, ce qui permet à d'heureux privilégiés de profiter des bonnes affaires avant tout le monde.

> Amoureux du vin, le caviste saura vous faire découvrir des bouteilles intéressantes.

LE SAVIEZ-VOUS ?

***Les médailles obtenues lors de concours ne sont pas toujours une garantie de qualité.*** *Il existe des concours très sérieux, tant internationaux (Mondial de Bruxelles, Vinalies internationales de Paris, Mâcon, etc.) que régionaux (Coupe des Crus bourgeois du Médoc, Sélection Saint-Bacchus pour les vins du Roussillon, etc.), mais, parmi les quelque 80 concours organisés chaque année en France, certains manquent de rigueur. Par ailleurs, rien ne garantit qu'une fois une médaille attribuée, c'est sur l'étiquette de la cuvée présentée à la dégustation que figurera sa mention.*

vignerons. Près de 30 % des vins sont à moins de 10 €. Les vins sont classés sur une échelle de 1 à 20 tandis que la réputation des domaines est signalée par un système d'étoiles.

**LE GUIDE PARKER DES VINS DE FRANCE.** Dans ce guide, aux éditions Solar, le dégustateur américain Robert Parker commente plus de 7 300 vins avec une prédilection pour ceux de Bordeaux, de Bourgogne, de la vallée du Rhône et d'Alsace. La plupart des vins sont notés sur une échelle de 50 à 100. Robert Parker privilégie les vins puissants, souvent boisés, qui correspondent aux goûts du public américain. Ses avis, documentés et détaillés, sont très suivis et peuvent avoir une influence considérable sur la cote d'un vin. Il publie également un guide spécifique sur les vins de Bordeaux.

**LES MEILLEURS VINS DE FRANCE.** Réalisé par six journalistes-dégustateurs de *la Revue du vin de France,* ce guide recense 7 500 vins et 1 200 domaines sur la base de dégustations effectuées tout au long de l'année pour la revue. Il donne d'utiles informations pratiques.

**LE GUIDE DES MEILLEURS VINS À PETITS PRIX.** Édité et réalisé par Philippe Maurange et Antoine Gerbelle, journalistes-dégustateurs de *la Revue du vin de France,* cet ouvrage note et décrit brièvement 1 550 vins dont le prix varie de 3 à 20 euros.

**LE GUIDE DES VINS GAULT-MILLAU.** Réalisé pour l'essentiel par le dégustateur Pierre Guigui, il s'attache à présenter des domaines peu connus ou discrets et privilégie ceux qui travaillent en agriculture biologique. Les vins sont notés sur 20 et les domaines – environ 1 500 – sont classés sur une échelle de 1 à 4.

**LE GUIDE DES GRANDS AMATEURS DE VIN.** Ce guide paru aux éditions Cherche-Midi, a été imaginé par Alain Marty et réalisé par des consommateurs avertis et indépendants qui ont testé plus de 1 000 vins français.

**VINALIES INTERNATIONALES, 1 000 VINS DU MONDE.** Édité par Hachette, ce guide, réalisé lors du concours organisé par l'Union des œnologues de France, intéressera surtout les amateurs de vins étrangers : il recense des vins de 35 pays différents.

## Les mérites de la dégustation

Pour « comprendre » un vin, rien ne remplace la dégustation (voir p. 203-225). Il est en effet très difficile de se faire une idée précise du style d'un vin à partir de sa seule description. On ne saurait donc trop conseiller à l'amateur de profiter des multiples occasions qui lui sont offertes pour déguster.

> Goûter les vins permet de se faire une opinion sur ses propres préférences pour mieux acheter ensuite.

**OÙ DÉGUSTER ?** Les journées portes ouvertes, organisées par les syndicats d'une appellation, et les salons viticoles constituent un excellent moyen pour faire son choix parmi les meilleurs producteurs d'un vignoble. À cela s'ajoutent les dégustations que les cavistes et les négociants proposent à leurs clients, sans négliger les clubs d'œnologie, destinés à initier le néophyte ou à approfondir les compétences d'un amateur. Les dégustations à la propriété sont plus ou moins conviviales selon les régions. C'est une bonne occasion pour découvrir un vin, mais on se sent généralement mal à l'aise quand on repart sans avoir rien acheté. Privilégiez les dégustations dans les caves coopératives où l'on est souvent très bien reçu et où le sentiment d'être obligé d'acheter est moins pesant. Prenez aussi l'habitude de noter vos impressions après chaque dégustation : cela vous permettra de mieux profiter des conseils prodigués par les connaisseurs – guides d'achat, sommeliers… ou amis.

### Quelques critères pour bien choisir le vin

Parmi le grand nombre de vins retenus dans les guides, l'amateur devra bien sûr opérer une sélection, en fonction de ses propres critères. Quelles familles de vins préfère-t-il (voir p. 154-161) ? Dans quelle gamme de prix ? Souhaite-t-il un vin à boire dans l'année, dans le cadre d'une consommation courante, ou un vin propre à vieillir en cave, réservé aux grandes occasions ? Prendre en compte ces différents paramètres facilitera le choix.

# LE PRIX DU VIN

*Si le prix d'une bouteille est censé refléter la qualité du vin, il dépend aussi de la réputation de ce dernier, des commentaires des guides et, surtout, de la demande.*

## La hiérarchie des vins

Il existe une hiérarchie qui, dans l'ordre croissant, va des vins de table sans mention d'origine, vendus à un prix modique, jusqu'aux appellations prestigieuses, tels les crus classés, pouvant atteindre des centaines d'euros. Généralement, plus le vin est assis sur une réputation ancienne, plus il est cher. Les vins de pays sont des vins de table jouissant d'une Indication géographique protégée (IGP). Ils sont en théorie moins coûteux que les vins AOC, car produits en rendements plus élevés, mais il arrive qu'un vin de pays, renommé pour sa qualité, soit vendu à un prix égal ou supérieur à celui d'un vin d'appellation.

## La cote des appellations

À chaque appellation, ou zone viticole, correspond un prix de référence, fixé par la demande. Il s'agit du prix au tonneau ou à l'hectolitre auquel se font les tractations entre les producteurs et les négociants. Ce système est surtout valable dans les régions où la production est importante (Bordelais, Languedoc, vallée du Rhône) et où une grande partie des vins est achetée par le négoce. La cote a moins d'importance dans les zones où la majeure partie de la production se vend en bouteilles à la propriété, comme en Alsace. Affichée dans le journal local, la cote d'une appellation est fondée sur son prestige, sa cote antérieure, la quantité de vin disponible, la qualité du millésime et la demande.

Outre les cotes des appellations, divers facteurs contribuent à déterminer le coût d'un vin au moment où celui-ci est proposé au consommateur comme un phénomène de mode ou la réputation du vigneron. Enfin, le prix d'un vin peut varier en fonction du mode de commercialisation (vente directe, en grande surface, etc.).

## Quelques prix selon l'appellation

Le tableau suivant donne, à titre indicatif, une fourchette de prix pour quelques appellations françaises et étrangères, classées selon leur appartenance à l'une des grandes familles de vins (voir p. 154-161). Ces prix sont ceux d'une bouteille vendue à l'unité au départ de la propriété. On trouvera en grande surface un écart inférieur ou supérieur d'environ 10 %.

| | | | | | |
|---|---|---|---|---|---|
| **VINS ROUGES LÉGERS ET FRUITÉS** | | | | | |
| Coteaux-du-Lyonnais | – de 5 € | Vin de Savoie | 6 à 10 € | Arbois | 8 à 15 € |
| Beaujolais | 5 à 10 € | Hautes-Côtes-de-Beaune | 7 à 12 € | Pinot noir d'Alsace | 8 à 15 € |
| Anjou | 5 à 15 € | Côtes-du-Jura | 7 à 13 € | Hautes-Côtes-de-Nuits | 8 à 15 € |
| Vins de Navarre | 6 à 10 € | Saint-Nicolas-de-Bourgueil | 7 à 13 € | Bourgogne | 8 à 20 € |
| Malbec d'Argentine ou d'Uruguay | 6 à 10 € | Bourgueil | 8 à 12 € | Sancerre | 10 à 20 € |
| **VINS ROUGES CHARNUS ET FRUITÉS** | | | | | |
| Chianti | 4 à 10 € | Côtes-du-Rhône-Villages | 5 à 12 € | Chinon | 7 à 14 € |
| Valpolicella | 4 à 10 € | Gaillac | 5 à 12 € | Côtes-de-Bourg | 7 à 15 € |
| Bordeaux | 4 à 15 € | Bergerac | 5 à 15 € | Castillon-Côtes-de-Bordeaux | 8 à 20 € |
| Buzet | 5 à 10 € | Bordeaux supérieur | 5 à 15 € | Crozes-Hermitage | 9 à 20 € |
| Côtes-du-Frontonnais | 5 à 10 € | Shiraz d'Australie | 6 à 8 € | Saint-Joseph | 10 à 20 € |
| Côtes-de-Provence | 5 à 10 € | Vins rouges d'El Bierzo | 6 à 10 € | Coteaux-d'Aix-en-Provence | 12 à 20 € |
| Touraine | 5 à 10 € | Saint-Nicolas-de-Bourgueil | 7 à 13 € | Coteaux-Champenois | + de 20 € |
| **VINS ROUGES COMPLEXES, PUISSANTS ET GÉNÉREUX** | | | | | |
| Pomerol | + de 5 € | Vins rouges espagnols de la Rioja | 6 à 20 € | Barbaresco | 13 à 30 € |
| Côtes-du-Roussillon-Villages | 5 à 10 € | Vacqueyras | 7 à 15 € | Valpolicella Amarone | + de 15 € |
| Minervois | 5 à 12 € | Madiran | 8 à 15 € | Pinot noir californien de la Sonoma Valley | 15 à 25 € |
| Cahors | 5 à 15 € | Pécharmant | 8 à 15 € | | |
| Minervois-la-Livinière | 6 à 13 € | Languedoc | 8 à 20 € | Châteauneuf-du-Pape | + de 20 € |
| Corbières | 6 à 15 € | Gigondas | 10 à 20 € | Grand vin argentin de la région de Mendoza | + de 30 € |
| Saint-Chinian | 6 à 15 € | Saint-Émilion | 10 à 25 € | | |
| **VINS ROUGES COMPLEXES, TANNIQUES ET RACÉS** | | | | | |
| Pinotage d'Afrique du Sud | 8 à 10 € | Cornas | + de 12 € | Barbera d'Asti | 13 à 20 € |
| Graves | 8 à 20 € | Pauillac | + de 12 € | Saint-Julien | + de 14 € |
| Haut-Médoc | 8 à 20 € | Pessac-Léognan | + de 12 € | Côte-Rôtie | + de 20 € |
| Bandol | + de 10 € | Saint-Estèphe | + de 12 € | Hermitage | + de 20 € |
| Médoc | + de 10 € | Saint-Émilion Grand Cru | + de 13 € | Barolo | 20 à 40 € |

| | | | | | |
|---|---|---|---|---|---|
| **VINS ROUGES COMPLEXES, ÉLÉGANTS ET RACÉS** | | | | | |
| Mercurey | 10 à 20 € | Vosne-Romanée | + de 25 € | Gevrey-Chambertin | + de 30 € |
| Pommard | + de 15 € | Corton | + de 30 € | Grands vins rouges de Ribeira del Duero | + de 40 € |
| Volnay | + de 15 € | Grands vins rouges d'assemblage californiens de la Napa Valley | + de 30 € | | |
| Chambolle-Musigny | + de 25 € | | | Bolgheri Sassicaia | + de 100 € |
| **VINS ROSÉS VIFS ET FRUITÉS** | | | | | |
| Luberon | 4 à 10 € | Côtes-de-Provence | – de 6 € | Côtes-du-Jura | – de 7 € |
| Rosé de Loire | – de 5 € | Les Baux-de-Provence | 6 à 10 € | Coteaux-d'Aix-en-Provence | 8 à 12 € |
| Irouléguy | 5 à 10 € | Coteaux-Varois | 6 à 12 € | Bellet | 10 à 15 € |
| **VINS ROSÉS VINEUX ET CORSÉS** | | | | | |
| Corbières | – de 5 € | Languedoc | 5 à 10 € | Tavel | 8 à 15 € |
| Côtes-du-Rhône | – de 5 € | Lirac | 5 à 10 € | Bandol | 10 à 20 € |
| Bordeaux clairet | 5 à 10 € | Marsanney | 8 à 12 € | Rosé des Riceys | 15 à 20 € |
| **VINS BLANCS SECS LÉGERS ET NERVEUX** | | | | | |
| Gros-Plant | 3 à 8 € | Bourgogne Aligoté | 5 à 10 € | Vin de Savoie | 5 à 10 € |
| Bergerac | 4 à 10 € | Cour-Cheverny | 5 à 10 € | Petit Chablis | 5 à 12 € |
| Entre-deux-Mers | 4 à 10 € | Crépy | 5 à 10 € | Cheverny | – de 6 € |
| Saint-Pourçain | – de 5 € | Pinot blanc d'Alsace | 5 à 10 € | Pouilly-sur-Loire | 7 à 12 € |
| Txakoli blanc sec du Pays basque | + de 5 € | Sylvaner d'Alsace | 5 à 10 € | Sauvignon de Nouvelle-Zélande | + de 10 € |
| **VINS BLANCS SECS SOUPLES ET FRUITÉS** | | | | | |
| Muscadet | 4 à 10 € | Vins de Corse | 6 à 12 € | Jurançon sec | 8 à 15 € |
| Gaillac | 5 à 10 € | Arbois (chardonnay ou savagnin) | 7 à 12 € | Sancerre | 8 à 15 € |
| Roussette du Bugey | 5 à 10 € | Graves | 7 à 12 € | Vin blanc sec de Collio | 8 à 15 € |
| Blaye-Côtes-de-Bordeaux | 5 à 12 € | Coteaux-d'Aix-en-Provence | 7 à 15 € | Chablis | 10 à 20 € |
| Côtes-de-Provence | 6 à 10 € | Montlouis sec | 7 à 15 € | Pouilly Fumé | 10 à 20 € |
| Mâcon | 6 à 10 € | Quincy | 8 à 12 € | Gewurztraminer du Haut-Adige | 13 à 20 € |
| Vins blancs secs de Penedès | 6 à 12 € | Bandol | 8 à 15 € | Pouilly-Fuissé | 15 à 25 € |
| **VINS BLANCS SECS AMPLES ET RACÉS** | | | | | |
| Vins blancs secs de Rías Baixas | 6 à 10 € | Pessac-Léognan | 12 à + de 20 € | Chassagne-Montrachet | + de 20 € |
| Savennières | 8 à 15 € | Chardonnay de la Napa Valley | 15 à 25 € | Hermitage | + de 20 € |
| Vin blanc sec de Rueda | 8 à 15 € | Châteauneuf-du-Pape | 15 à + de 20 € | Corton-Charlemagne | + de 25 € |
| Vouvray | 8 à 20 € | Meursault | 15 à + de 20 € | Puligny-Montrachet | + de 30 € |
| Chablis Premier Cru | 10 à 20 € | Chablis Grand Cru | + de 20 € | Montrachet | + de 40 € |
| **VINS BLANCS SECS TRÈS AROMATIQUES** | | | | | |
| Muscat d'Alsace | 6 à 10 € | Gewurztraminer d'Alsace | 6 à 15 € | Condrieu | + de 20 € |
| Pinot gris d'Alsace | 6 à 10 € | Xérès Fino ou Manzanilla | 8 à 15 € | Vin jaune du Jura | + de 20 € |
| Riesling d'Alsace | 6 à 10 € | Château-Chalon | + de 20 € | | |
| **VINS BLANCS DEMI-SECS, MOELLEUX OU LIQUOREUX** | | | | | |
| Pacherenc-du-Vic-Bilh | 6 à 10 € | Cérons | 12 à 20 € | Riesling SGN | + de 20 € |
| Cadillac | 6 à 12 € | Vouvray moelleux | 15 à 20 € | Sauternes | + de 20 € |
| Coteaux-du-Layon | 8 à 20 € | Riesling Vendanges tardives (VT) | 15 à 25 € | Tokaj de Hongrie | + de 20 € |
| Loupiac | 10 à 20 € | Passito de Pantelleria | 15 à 40 € | Gewurztraminer SGN | + de 25 € |
| Monbazillac | 10 à 20 € | Barsac | + de 20 € | Pinot gris SGN | + de 25 € |
| Montlouis moelleux | 10 à 20 € | Gewurztraminer VT | + de 20 € | Trockenbeerenauslese allemand de la Saar-Ruwer | + de 50 € |
| Sainte-Croix-du-Mont | 10 à 20 € | Quarts-de-Chaume | + de 20 € | | |
| **VINS DOUX NATURELS ET VINS DE LIQUEUR** | | | | | |
| Muscat de Mireval | 6 à 10 € | Banyuls | + de 10 € | Muscat de Beaumes-de-Venise | 10 à 20 € |
| Muscat de Rivesaltes | 6 à 10 € | Rivesaltes | + de 10 € | Muscat de Frontignan | 10 à 20 € |
| Pineau des Charentes | 8 à 15 € | Macvin du Jura | 10 à 20 € | Rasteau | 10 à 20 € |
| Porto | 8 à 15 € | Maury | 10 à 20 € | | |
| **VINS EFFERVESCENTS** | | | | | |
| Lambrusco | 5 à 7 € | Vouvray | 5 à 20 € | Montlouis, Saumur | 6 à 10 € |
| Clairette de Die | 5 à 10 € | Blanquette de Limoux | 6 à 10 € | Crémant du Jura | 7 à 10 € |
| Crémant de Bordeaux | 5 à 10 € | Crémant d'Alsace | 6 à 10 € | Cava mousseux de Catalogne | 8 à 12 € |
| Gaillac | 5 à 10 € | Crémant de Bourgogne | 6 à 10 € | Champagne | + de 13 € |

# L'ACHAT DANS LE COMMERCE

*L'essentiel des vins consommés à domicile en France est acheté sur les rayons de la grande distribution. Si le choix et les prix y sont attractifs, l'information fait souvent défaut, sauf durant les désormais traditionnelles foires aux vins d'automne. Chez un bon caviste, vous trouverez de bons conseils et parfois des vins rares, mais les prix sont souvent plus élevés qu'en grande distribution.*

## Les grandes surfaces

**LEUR ATOUT MAJEUR.** C'est indéniablement le coût. Grâce au pouvoir de ses centrales d'achat et à un faible coût logistique, la grande distribution propose dans toutes les catégories de vins des prix intéressants, souvent inférieurs à ceux d'un caviste et même parfois à ceux de la vente au domaine. Face à la demande croissante de vins de qualité, certaines enseignes se sont dotées d'acheteurs spécialisés, très compétents, formés en œnologie. D'autres ont signé des contrats avec des négociants ou même avec toute une appellation pour donner naissance à une « filière de qualité ». D'importants progrès ont aussi été réalisés en matière d'exposition et de conservation des vins, notamment dans les hypermarchés. Les bouteilles ne restent en général pas longtemps exposées à la lumière dans les rayons, les stocks étant vite renouvelés. Certaines grandes surfaces ont même créé des caves prestigieuses où les vins sont conservés à l'abri de la lumière et à bonne température.

***Le marché du vin offre aujourd'hui des milliers de références venues du monde entier.** Environ 80 % des achats se font en grande surface, sans doute au meilleur prix. Quant aux cavistes, ils offrent des sélections pointues et de précieux conseils.*

**LEURS FAIBLESSES.** Ce sont surtout les vignerons qui se plaignent des faiblesses de la grande distribution. Pour être référencé, il faut non seulement produire beaucoup, mais aussi signer des engagements qui peuvent être risqués en cas d'année difficile ou de rupture de stock. La grande distribution privilégie donc les gros producteurs ou négociants ainsi que les régions viticoles à forte production. Il arrive aussi que les vins soient répartis sur les rayons sans réel souci de classement des appellations. Enfin, un bon vin découvert un jour au hasard peut ne plus être disponible quelques semaines plus tard. En l'absence d'interlocuteur à qui demander conseil, mieux vaut bien savoir comprendre une étiquette (voir p. 104-115).

**EN CONCLUSION...** Aujourd'hui, la plupart des grandes surfaces offrent au consommateur une vaste gamme de vins à des prix très compétitifs. N'espérez pas cependant, en dehors des foires aux vins, découvrir la perle rare, car beaucoup de producteurs choisissent, par souci de prestige, de ne pas être représentés sur ce segment de vente.

### Les foires aux vins de la grande distribution

Réputées autrefois pour écouler des vins qui ne trouvaient pas preneur, les foires aux vins organisées chaque automne par la grande distribution sont aujourd'hui des rendez-vous incontournables. Si l'on y propose de bonnes et moins bonnes bouteilles, en cherchant bien, on peut aussi y trouver des lots intéressants. Les meilleures affaires restent les grands crus des bons millésimes ainsi que certains vins étrangers et quelques vins de producteur. Il faut se méfier des millésimes moins réussis, des crus inconnus et des petits châteaux dont la belle étiquette peut cacher un vin ordinaire. Il vaut mieux se rendre à la foire dès les premiers jours, car les vraies bonnes affaires partent très vite. Les commentaires d'un guide ou d'un hors-série sur le vin, publié par la presse en septembre, peuvent s'avérer fort utiles. On peut cependant regretter que certaines enseignes organisent des soirées VIP la veille de l'ouverture de leurs foires aux vins, ce qui permet à d'heureux privilégiés de profiter des bonnes affaires avant tout le monde.

> Amoureux du vin, le caviste saura vous faire découvrir des bouteilles intéressantes.

> Boutique d'un caviste dans le village de Saint-Émilion.

## Le caviste individuel

Le caviste reste pour le citadin le principal intermédiaire entre le producteur et le consommateur. Il détient parfois un diplôme professionnel, bien que celui-ci ne bénéficie pas d'une reconnaissance officielle. Un bon caviste se distingue par sa disponibilité, son amour et sa connaissance du vin. Il se rend régulièrement dans le vignoble ou dans les salons pour trouver les meilleurs rapports qualité-prix qu'il aura plaisir à faire découvrir à ses clients. Dans sa cave logent aussi bien de grands classiques, de petits crus méconnus et de vieux millésimes que des vins de saison et des alcools de référence ; des vins à boire vite et des vins de garde. Il saura conseiller tant l'acheteur occasionnel que l'amateur éclairé.

**DES CONSEILS PRÉCIEUX.** Comme un sommelier, le caviste a pour vocation d'aider ses clients à trouver l'équilibre entre la qualité du vin, le juste prix et les accords entre les mets et les vins. Tel un conseiller personnel, il peut initier le néophyte aux secrets du vin et proposera régulièrement des dégustations dans sa boutique. Les services d'un bon caviste justifient des prix légèrement supérieurs (entre 10 et 20 % en moyenne) à ceux de la grande distribution. Tous les cavistes ne présentent pas néanmoins ce profil idéal.

## Les chaînes de cavistes

À mi-chemin entre le caviste individuel et la grande distribution, la chaîne de cavistes (par exemple, Nicolas, Repaire de Bacchus) tente d'allier les services du premier aux prix compétitifs de la seconde. Si les prix sont assurés par un achat centralisé, la qualité de l'accueil et des services reste tributaire de la compétence du gérant et de son équipe. Installés en général dans les grandes villes, ces magasins offrent un bon choix de vins de tous les styles et dans presque toute la gamme de prix.

**DES SERVICES SUPPLÉMENTAIRES.** La plupart des chaînes de cavistes organisent des dégustations, des ventes promotionnelles et des foires aux vins. Certaines proposent en outre des catalogues détaillés ou quelques services particuliers comme la possibilité d'acheter des vins « en primeur » (voir p. 128-129) ou des vins de garde (qui sont parfois vendus moins cher qu'à la propriété ou chez un négociant), la livraison à domicile, ou l'envoi dans la journée d'une bouteille à des amis à l'autre bout du pays.

### LE SAVIEZ-VOUS ?

***Les distributeurs ont parfois leurs propres marques.*** *Pour faire face à la demande croissante, la grande distribution a créé en effet des marques de distributeur. Il s'agit de vins de diverses provenances, élaborés par des coopératives ou des négociants, et embouteillés directement pour le compte d'une enseigne. Leur qualité est parfois cautionnée par des experts (Club des sommeliers de Casino, Expert Club d'Intermarché, Pierre Chanau pour Auchan, etc.). Cette qualité n'a rien à voir avec la politique des marques, qui peuvent proposer le meilleur comme le pire, et concerne surtout les vins de pays et les grandes AOC génériques.*

# L'ACHAT CHEZ LE PRODUCTEUR

*L'achat en vente directe comporte divers avantages : au-delà d'un éventuel intérêt financier, il permet aussi de découvrir de bons vins encore peu réputés et de nouer une relation privilégiée avec le producteur, qu'il s'agisse d'un vigneron indépendant ou d'une coopérative.*

## L'achat à la propriété

L'achat à la propriété est souvent un bon moyen pour se procurer à un prix raisonnable des vins de qualité non ou peu diffusés. Par ailleurs, l'établissement de relations suivies avec un producteur permet parfois de bénéficier de tarifs privilégiés et d'un meilleur choix dans les millésimes à la vente.

**LES BONNES CONDITIONS.** La visite chez le vigneron est une bonne occasion de s'informer sur sa manière de travailler. La bonne tenue et l'hygiène de la cave sont en général de bon augure. Pour faire une dégustation réussie, il vaut mieux prendre rendez-vous, surtout en période de vendanges. Si l'on a apprécié le vin, on repartira content d'avoir acheté quelques bonnes bouteilles. Dans le cas contraire, la situation peut s'avérer gênante si l'on ne veut pas que le producteur se sente vexé, car on se croit parfois tenu d'acheter quand même quelques bouteilles. Comme il est bien difficile de se faire une opinion immédiate, il est préférable de réunir un échantillonnage de vins d'une même région, que l'on goûtera une fois chez soi, avant de passer une commande importante. Tel vin dégusté avec plaisir dans l'ambiance d'une cave peut en effet se révéler insipide par la suite. La certitude d'avoir fait le bon choix compensera le prix de la livraison.

**QUELQUES PRÉCAUTIONS.** Il convient de ne jamais acheter un vin sans facture. Les bouteilles doivent être bien étiquetées et comporter chacune une capsule-congé dotée d'une vignette fiscale ou être accompagnées d'un document officiel nommé « congé » (voir encadré). Ne vous faites pas « avoir » en achetant un vin soi-disant « déclassé », ce qui ne veut rien dire, tout vin n'ayant pas été agréé conformément aux règles de l'appellation devant être obligatoirement détruit. En cas de contrôle, vous risquez une lourde sanction.

**LES SALONS DE VINS.** Les salons grand public, comme celui des caves particulières ou le Grand Tasting à Paris, offrent un éventail de vins très large. Ils constituent une manière pratique et conviviale de rencontrer les producteurs et de faire en peu de temps beaucoup de découvertes. Vous y retrouverez les vignerons que vous connaissez déjà qui pourront, si vous le leur demandez à l'avance, vous apporter les bouteilles que vous souhaitez acheter.

***L'œnotourisme a le vent en poupe.*** *Les routes du vin, qui sont de plus en plus nombreuses, offrent la possibilité de découvrir un vignoble, le temps d'un week-end par exemple, et d'acquérir quelques vins directement à la propriété.*

## L'achat en coopérative

Il y a plus d'un demi-million de viticulteurs en France. Ils ne commercialisent pas tous leur production : certains vendent leur vin ou leur raisin à des négociants, d'autres à une coopérative.

Les coopératives offrent un service aux viticulteurs qui possèdent peu de terres et sont dépourvus d'équipement de vinification et d'élevage. Elles assurent la commercialisation de l'ensemble de leur production, soit en livrant en vrac à des négociants, soit en vendant elles-mêmes le vin en bouteilles. Elles produisent en général des vins d'un bon rapport qualité/prix. Les meilleures d'entre elles rémunèrent en effet les viticulteurs en fonction de la qualité des raisins, encouragent la plantation de cépages nobles et contribuent ainsi à asseoir la renommée des richesses viticoles de leurs régions.

Parfois, les vignerons affiliés à une coopérative bénéficient en retour d'une part de leur production sous forme de vin en bouteilles étiquetées à leur nom, et, éventuellement, la revendent. Cette pratique est très courante en Champagne,

> Noter ses impressions et goûter les vins plusieurs fois permettent de faire un choix éclairé.

## Le « congé », une obligation réglementaire

Le transport du vin est strictement réglementé. Une capsule-congé dotée d'une vignette fiscale doit être apposée au sommet de chaque bouteille, attestant que les droits de circulation ont été bien acquittés. Le vin acheté en vrac et les bouteilles sans capsules doivent pour leur part être accompagnés d'un « congé », délivré par le vigneron ou par la recette-perception la plus proche. Sur ce document figurent le nom du vendeur et du cru, le volume et le nombre de récipients, le destinataire ainsi que le mode et la durée du transport. Transporter du vin sans congé constitue une fraude fiscale passible d'amende.

> Sillonner le vignoble en visitant les propriétés est une excellente façon d'en connaître la production.

où beaucoup de vins de propriété sont en réalité élaborés à la coopérative, celle-ci étant considérée juridiquement comme le prolongement de la propriété. Dans ce cas, mieux vaut se rendre directement à la coopérative : les prix sont susceptibles d'y être plus bas pour un vin équivalent.

## En bouteilles ou en vrac ?

L'achat de vin « en vrac », c'est-à-dire non logé en bouteilles, est aujourd'hui courant et concerne aussi bien des vins de consommation courante que des crus plus réputés. Le système de Bag-in-box remplace de plus en plus fréquemment le Cubitainer. Le vin est conservé à l'abri de l'air au fur et à mesure que se vide l'outre en plastique de 3 à 20 litres qui le contient (l'outre étant placée dans une boîte en carton munie d'un robinet). Ce procédé garantit une bonne conservation, mais celle-ci ne peut excéder 2 semaines après l'ouverture. Ce mode d'emballage est proposé aussi bien à la propriété que chez les négociants, dans les coopératives ou en grande surface. Si vous achetez du vin en Cubitainer classique, il doit être embouteillé dans un bref délai. L'achat en vrac permet en général de payer 1 litre de vin au prix d'une bouteille de 75 cl.

**VRAI OU FAUX ?**

***Acheter chez un producteur est toujours moins coûteux.***

**FAUX.** L'achat direct auprès d'un vigneron, surtout en quantité importante, reste un des moyens les plus courants pour se procurer un bon vin à un prix intéressant. Mais tous les producteurs ne pratiquent pas cette forme de vente et certains la découragent même en alignant leurs prix dits « au caveau », c'est-à-dire à la propriété, sur ceux des cavistes, pour ne pas leur faire une concurrence déloyale.

## Le transport du vin

Qu'il soit blanc, rosé ou rouge, le vin ne supporte pas les changements brusques de température. Pour transporter ou se faire livrer du vin, il vaut donc mieux éviter les périodes de grande chaleur et de grand froid.

De plus, le vin est lourd : une caisse de 12 bouteilles pèse environ 16 kg – davantage si les caisses sont en bois ou si le domaine utilise des bouteilles lourdes et épaisses (notamment pour le champagne). Il est donc prudent de vérifier quelle charge peut supporter votre véhicule avant de remplir votre coffre, sous peine d'endommager les suspensions.

Une fois le vin arrivé à bon port, vous inspecterez l'état des bouteilles, et vous les placerez directement en cave. Avant de le boire, il est nécessaire de laisser reposer le vin de 1 à 2 semaines, et jusqu'à plusieurs mois pour un grand vin âgé. Les précautions précédentes sont les mêmes si vous préférez vous faire livrer, mais le coût sera alors plus élevé (voir encadré p. 131).

### LE SAVIEZ-VOUS ?

*Certains producteurs vendent une partie de leur vin dans des entrepôts à la périphérie de grandes villes. Les bouteilles sont exposées sur des palettes ou dans des caisses, sans aucun artifice de présentation, mais les prix sont souvent avantageux. Ces dépôts-ventes demandent néanmoins certaines connaissances à l'amateur de vin. Il importe de se montrer attentif à des critères tels que l'origine, le conditionnement et le millésime des vins. La mise en bouteilles à la propriété est en général une garantie d'authenticité.*

1

2

# Acheter en primeur

**Acheter un vin en primeur, c'est acquérir un vin – en général un cru bordelais mais pas seulement – avant sa mise sur le marché. Le plus souvent l'affaire se révèle avantageuse, mais c'est aussi un jeu spéculatif qui comporte certains risques.**

## LE PRINCIPE

Cet achat par souscription consiste à acquérir en avant-première les vins de la dernière vendange encore en cours d'élevage, avant leur mise en bouteilles. Leur prix peut être très inférieur à celui qu'ils atteindront quand ils seront livrables, c'est-à-dire de 18 mois à 2 ans plus tard. Ainsi un vin acheté en primeur en 2009, issu de la récolte de 2008, sera disponible en bouteilles en 2011.

La vente en primeur suit en quelque sorte le principe du « donnant-donnant ». Le propriétaire dispose d'une entrée de trésorerie immédiate et l'acheteur obtient une remise sur le prix futur du vin. Les modalités sont simples : vous achetez les vins du dernier millésime encore en fûts, à un prix fixé à la bouteille. Vous versez la moitié de la somme à la commande, vous recevez un certificat de réservation et vous payez le solde à la livraison. Les conditions de vente dépendent des producteurs (quantités, possibilité ou non de panachage, date de livraison...).

Les souscriptions sont ouvertes généralement au printemps ou, au plus tard, pendant l'été qui suit les vendanges, pour un volume contingenté et pour un temps limité entre 2 et 3 mois.

Le prix est déterminé par les dégustations qui drainent en avril, dans les chais bordelais, plusieurs milliers de professionnels du monde entier (marchands, cavistes, sommeliers, journalistes). Les revues professionnelles *(Wine Spectator, la Revue du vin de France...)* s'en font l'écho et il est judicieux de bien les lire avant de s'adresser aux producteurs ou aux négociants. Les prix des vins varient chaque année, car ils dépendent de la qualité du millésime, des volumes produits, de l'importance de la demande...

## QUELS VINS SONT CONCERNÉS ?

La vente en primeur, un usage bordelais jusqu'à il y a peu, gagne, ces dernières années, les autres régions viticoles

1. Vignes du Château Lynch-Bages, à Pauillac, l'un des crus classés accessibles par vente en primeur.
2. Cave bourguignonne.
3. Prise d'échantillon dans le chai du Château Bon Pasteur, à Pomerol.
4 et 5. Au printemps, de nombreux professionnels du vin dégustent les vins tout juste vinifiés pour se faire une idée de leur avenir.

comme la Bourgogne, la vallée du Rhône, l'Alsace et même le Languedoc. Dans le Bordelais, quelque 200 crus (premiers crus, crus bourgeois) sont concernés. Les belles affaires se font sur les meilleurs des crus bourgeois du Médoc et du Haut-Médoc ainsi que sur certains châteaux remarquables des appellations dites « périphériques », Castillon-Côtes-de-Bordeaux, Côtes-de-Blaye, Côtes-de-Bourg, Listrac, Fronsac...

## DE MULTIPLES AVANTAGES…

Les avantages de ce type d'achat sont nombreux, à condition qu'il n'y ait pas de problème.

L'achat en primeur est la meilleure façon de payer un vin en dessous de son cours. Cela peut générer entre 20 et 30 % d'économie, selon les années, sur le prix de vente final. Cet achat permet d'être sûr d'obtenir le vin qu'on a aimé et qui peut devenir rare, et d'accéder à certaines étiquettes très demandées, à de grands crus produits en faible volume, en payant des prix raisonnables. C'est donc un moyen intéressant de se constituer une bonne cave. Enfin, il permet, éventuellement, d'espérer faire des plus-values, pour les grands crus spéculatifs.

## … ET QUELQUES RISQUES

Les risques de l'achat en primeur existent et concernent aussi bien le prix que la qualité du vin.

Par exemple, si les cours s'effondrent, le vin acquis en souscription risque d'être plus cher que le prix du marché. Le vin livré peut aussi s'avérer moins bon que prévu. En effet, goûter un vin dans sa prime jeunesse pour juger de son potentiel est un exercice périlleux, d'autant plus que les assemblages de cépages et de parcelles ne sont pas forcément définitifs, et il n'est pas toujours aisé de prévoir l'évolution d'un vin.

Pour éviter de tels problèmes, il suffit de suivre quelques règles simples : faire confiance au producteur, examiner attentivement les frais de port, qui peuvent être très élevés, et, si possible, se grouper à plusieurs pour bénéficier des meilleurs prix et de la livraison gratuite. Enfin, préférez les millésimes moyens, ce sont eux qui permettent les meilleures affaires.

## OÙ S'ADRESSER POUR ACHETER ?

Autrefois la vente en primeur était réservée aux seuls négociants, mais elle s'est désormais ouverte aux autres circuits de distribution : cavistes, vente par correspondance, Internet (voir adresses des sites page suivante) ainsi que producteurs...

# L'ACHAT PAR D'AUTRES CIRCUITS

*La vente de vin par correspondance et en particulier la vente de vin par l'intermédiaire de sites Internet a pris ces dernières années un essor considérable. On peut y faire de très bonnes affaires à condition de choisir des sites sérieux. La vente aux enchères intéressera davantage les amateurs éclairés.*

## Par correspondance en ligne

Aujourd'hui, la vente par correspondance se fait presque uniquement par Internet. Elle est assurée principalement par des négociants qui peuvent parfois être aussi producteurs ou vendre tous types de vins disponibles sur le marché. On trouve deux sortes de « cybernégociants ». Dans la première catégorie figurent ceux qui disposent de stocks réduits, ou n'ont pas de stock du tout, et qui travaillent en flux tendu. Ils achètent les bouteilles au domaine ou chez les négociants au fur et à mesure de la demande. La seconde catégorie concerne les gros négociants, en particulier dans le Bordelais, qui disposent déjà d'un stock important et peuvent proposer aussi bien des vins en primeur (voir pages 128-129) que des vieux millésimes. Enfin, beaucoup de producteurs vendent aussi leur production via Internet.

**COMMENT CHOISIR LE SITE ?** Il existe plusieurs dizaines de sites de vente en ligne consacrés au vin. Les plus attrayants sont ceux qui, outre la vente elle-même, fournissent des conseils et des informations sur les produits, les accords avec les mets, etc. Pour bien acheter par ce biais, il est essentiel de comparer les offres et les conditions de vente : la qualité et la gamme des vins proposés, le prix de la bouteille, qui est hors taxes ou non, la quantité minimale à l'achat, les frais de transport, qui peuvent être très élevés, la qualité du service après-vente en cas de réclamation. Lorsqu'une commande est passée, il faut veiller à préciser la date exacte de livraison, prévoir un lieu où peuvent être entreposées les bouteilles, s'il s'agit d'un achat groupé (voir encadré p. suivante), et vérifier l'état de la marchandise dès réception, en cas d'erreur ou de bris.

> Quelques rares bouteilles de vins mutés lors d'une vente chez Sotheby's, à Londres.

### Quelques sites fiables de vente en ligne

**www.chateauonline.fr** Ce site propose une grande quantité de bordeaux à des prix raisonnables, mais aussi des grands crus bourguignons de propriété. Il pratique aussi la vente en primeur.

**www.wineandco.com** Un site qui a fait ses preuves tant en ce qui concerne le choix que le sérieux des livraisons et des informations.

**www.millesima.com** Spécialisé dans les vins de Bordeaux, ce site de négoce propose un très bon choix de vieux millésimes et de vins vendus en primeur.

**www.1855.com** De présentation sobre, ce site propose une très grande variété de crus classés de Bordeaux à des prix souvent intéressants, avec plus de 500 références. Possibilité d'achat à l'unité.

**www.malet-roquefort.com** Bon choix de vins de Bordeaux en primeur et dans de nombreux millésimes, proposés par une famille de propriétaires-négociants de Saint-Émilion.

**www.chateauinternet.com** Spécialisé dans les bordeaux en primeur ou millésimés, ce site a aussi fait la preuve de son sérieux pour les vins de Bourgogne et d'autres régions, ainsi que certains vins rares.

**www.chateaunet.com** Émanation de la maison Duclot, célèbre négociant bordelais, ce site propose des vins français de toutes origines et renouvelle souvent sa gamme.

**www.jeanmerlaut.com** Animé par une grande famille de vignerons-négociants, ce site propose certains des meilleurs rapports qualité-prix du Net, notamment en bordeaux primeur.

## Paiement et livraison

Le prix de livraison des bouteilles achetées sur Internet varie d'un site à un autre. En moyenne, comptez 15 € de frais de port en plus du prix TTC pour un envoi en France. Quelques sites assurent la gratuité du port au-delà d'un certain montant. Renseignez-vous bien avant. Le paiement par carte bancaire, sécurisé, ne pose pas de problème. Les bouteilles sont livrées dans un délai de 6 à 12 jours ouvrables. Dans tous les cas et quel que soit le site, il vaut mieux téléphoner avant de passer commande pour bien connaître les conditions de paiement et de livraison.

> Enchères à la chandelle aux Hospices de Beaune.

## Par l'intermédiaire des clubs

Également présents sur Internet, les clubs d'amateurs comme le Savour Club ou le Club des vins de France offrent une garantie supplémentaire quant aux vins proposés, au conseil et à la dégustation. Acheter son vin par ce biais revient un peu à prendre une assurance tous risques.

Les grands clubs fournissent des services très complets. Le Savour Club offre ainsi à ses clients des vins vendus sous l'étiquette du club et sélectionnés par des œnologues et dégustateurs de renom. Il permet à ses adhérents de participer à des stages de formation à la dégustation et propose régulièrement des offres spéciales. Les points de vente installés dans les grandes villes fonctionnent selon le système *cash and carry*. Mais la livraison à domicile est aussi possible. En général, les vins d'appellations génériques sont vendus plus cher que dans la grande distribution. En revanche, l'amateur pourra trouver des grands crus et des vins de propriété à des prix inférieurs à ceux pratiqués par les cavistes.

***Il est possible de participer à une vente aux enchères sans se déplacer,** en communiquant simplement l'ordre d'achat au commissaire-priseur au moins 24 heures à l'avance, ou d'enchérir par téléphone, voire par Internet.*

## La vente aux enchères

Les ventes aux enchères ne se limitent pas aux bouteilles rares, célèbres et très chères. Elles sont parfois la seule occasion pour un collectionneur de trouver le millésime d'une année de naissance. Un amateur éclairé qui sait garder son sang-froid pourra y acquérir une caisse de vins d'un bon millésime, avec ou sans grande réputation, mais à un prix avantageux.

**QUELS TYPES DE VINS ?** La plupart des vins vendus aux enchères sont prêts à être bus ou le seront bientôt ; il n'est donc pas nécessaire de les laisser vieillir dans une cave. Pour faire une bonne affaire, il vaut mieux éviter les vins trop prestigieux (grands liquoreux, grands crus de Bordeaux, etc.). Le néophyte a intérêt à recourir à un expert, ami ou caviste, pour repérer les offres intéressantes. Pour ne pas acheter un vin à un prix beaucoup trop élevé, il est préférable de se procurer au préalable une cote pour les grands vins, établie par des experts.

**LES MODALITÉS PRATIQUES.** Pour se renseigner sur les ventes en France, on peut consulter *la Gazette Drouot*, disponible en kiosque, qui annonce toutes les ventes à venir, à Paris et en province. Il faut ensuite s'adresser au commissaire-priseur pour obtenir un catalogue détaillé des lots et de leur estimation, ainsi que des informations sur les conditions de conservation et sur l'état des bouteilles : préservation de l'étiquette, état du bouchon, niveau du vin dans la bouteille (voir aussi p. 134-135), caisse d'origine ou non. Au prix de l'enchère s'ajoutent en général une commission, des taxes, des frais d'expédition et d'assurance qui peuvent totaliser jusqu'à 20 % du prix de base.

### LE SAVIEZ-VOUS ?

***Il peut être avantageux de recourir à un achat groupé,** afin de bénéficier de prix réservés habituellement aux professionnels. Que ce soit au sein d'un club d'amateurs de vin ou simplement entre amis, il est vivement conseillé de bien préparer la commande et la réception de la marchandise (lots de vins à commander, remise de chèques dès la prise de commande, possibilité d'entreposer les bouteilles, etc.). L'achat groupé permet en général de faire des économies sur les frais de transport, mais constitue également une bonne solution pour acheter « en primeur » (voir p. 128-129).*

1924
1923
1912
1899
1896
1920

# COMMENT CONSERVER LE VIN ?

# LES CARACTÉRISTIQUES DE LA CAVE

*La vieille cave de rêve au charme romantique n'est pas forcément l'endroit idéal pour conserver le vin dans les meilleures conditions. Pour un vieillissement optimal du vin, il est important de respecter quelques principes de base.*

## La température : une fraîcheur constante

**L'INFLUENCE DES TEMPÉRATURES.** Le vin doit être gardé à une température constante entre 8 et 18 °C, l'idéal étant entre 10 et 12 °C. En dessous, il ne se bonifiera plus, même si l'on peut encore le boire pendant des mois, voire des années. Une température trop élevée, au-delà de 20 °C, lui nuit davantage, car il vieillira prématurément et surtout mal, perdant sa couleur et la fraîcheur de ses arômes. Mais ce sont principalement les fluctuations brutales de température qu'il faut éviter : si la température de cave évolue lentement de 12 °C en hiver à 18 °C en été, cela n'a pas d'incidence. En revanche, une telle variation en une journée – ou même une semaine – peut devenir source de problèmes. Le vin se dilate et se contracte dans les bouteilles, le bouchon souffre. Puis le vin s'infiltre autour du bouchon, laissant un dépôt poisseux sur la capsule. La bouteille devient « coulante » et ce n'est jamais bon signe.

***Si l'on garde du vin plus de quelques semaines,*** *il faut l'entreposer dans de bonnes conditions. Pour cela, une bonne cave doit être à la fois aérée,* ***obscure, propre, tranquille et assez humide.***

**LA MAÎTRISE DE L'ENVIRONNEMENT DE LA CAVE.** Lorsque vous choisissez une cave, prenez les températures maximales et minimales en divers endroits et notez-les pour repérer les endroits les plus frais (l'idéal est de le faire sur un an). Si possible, localisez les sources de chaleur et neutralisez-les en isolant, par exemple, les conduits d'eau chaude. Bouchez les sources d'air très froid. Isolez les portes menant à des parties chauffées de la maison avec du polystyrène extrudé. Le but est d'obtenir une température aussi constante que possible.

## La lumière : l'ennemi du vin

La lumière abîme le vin, surtout les vins blancs et les vins effervescents auxquels elle finit par donner un goût d'œuf pourri. Assurez-vous que la cave est sombre et masquez toute lumière extérieure. Pour pouvoir circuler dans la cave, installez une ampoule à faible puissance (25 ou 40 watts) et évitez les lampes fluorescentes ou halogènes. Prenez soin de toujours éteindre en sortant.

> Une cave spacieuse peut devenir un endroit privilégié pour déguster entre amis.

> Fraîcheur, obscurité, tranquillité assurent au vin une évolution paisible.

## Une humidité élevée

L'humidité idéale est de 75 à 80 %. Une trop grande humidité peut affecter les étiquettes, qui se décollent, et les bouchons, en provoquant des moisissures. Plus dangereux est un manque d'humidité : il desséchera les bouchons (voir p. 142).

Si le sol de la cave n'est pas en terre battue, on augmentera l'humidité en couvrant le sol d'une couche de gravier que l'on arrosera. Mais, en France, l'humidité naturelle, dans un local bien isolé, est généralement suffisante. Les déshumidificateurs peuvent empêcher une humidité excessive, mais ce sont des appareils coûteux, qui ne valent la peine d'être installés que dans de très grandes caves. Dans une petite cave, on peut améliorer la ventilation et isoler certaines sources d'humidité (murs qui suintent, par exemple).

## Une bonne ventilation, mais sans courants d'air

La circulation d'air est essentielle, bien qu'elle puisse faire monter la température. Une bonne cave devrait posséder des prises d'air ou des ventilateurs permettant à l'air extérieur de pénétrer et de circuler. Mais il faut aussi pouvoir neutraliser (par obstruction) les entrées d'air lorsqu'il fait très froid ou très chaud. Si la cave est orientée nord-sud, placez les ventilateurs aussi bas que possible du côté nord et très haut du côté sud. Sous l'effet de la convection, l'air chaud sort par l'aération haute côté sud. Il est remplacé au fur et à mesure par de l'air frais entrant côté nord.

## La propreté : gare aux mauvaises odeurs !

Nettoyez à fond la cave avant d'y entreposer le vin. Utilisez un désinfectant, de préférence inodore, pour éliminer moisissures et insectes. Puis peignez les murs à la chaux : cette peinture poreuse sur les murs de brique ou de pierre n'empêche pas la ventilation naturelle. Évitez de stocker vos bouteilles à côté de peintures ou d'hydrocarbures, dont les émanations affectent le vin, même à travers le bouchon. Les légumes, les matières végétales ou alimentaires peuvent aussi provoquer l'apparition de champignons ou d'insectes nuisibles.

## Le calme : éviter les vibrations

Lorsqu'elles sont fréquentes, les vibrations fortes peuvent nuire à la qualité du vin, qu'elles viennent de l'intérieur (d'un appareil électroménager, par exemple) ou de l'extérieur (une route empruntée par des poids lourds, le passage à proximité du métro ou de trains). En fait, elles font surtout vieillir le vin plus vite.

### La cave idéale en résumé

Même si elle n'est pas voûtée ni creusée dans le roc, une cave assurera une bonne conservation des vins si elle réunit les conditions suivantes :

- orientation au nord ;
- ventilation par une porte et/ou un soupirail au nord (position basse) et sortie d'air statique ou mécanique au sud (position haute) ;
- hygrométrie élevée (75 à 80 %) ;
- température entre 8 et 18 °C, constante ;
- obscurité ;
- propreté, absence d'odeurs ;
- tranquillité ;
- sol de sable ou de gravier humide ;
- murs de pierre, de calcaire ou de brique.

# AMÉNAGER SA CAVE

*L'aménagement d'une cave pour conserver ou faire vieillir du vin doit tenir compte du volume de bouteilles et du type de vin à stocker, mais aussi – fait plus important – de l'espace dont dispose l'amateur de vin. Que celui-ci habite en ville ou à la campagne, il existe des solutions pour toutes les situations et tous les budgets.*

## Avant de se lancer

**DÉFINIR SON PROJET.** L'aménagement d'une cave mérite bien un peu de réflexion en amont de sa réalisation. Mal conçu, il risque d'entraîner des frais exorbitants, sans rapport avec la valeur des bouteilles stockées, ou de ne pas remplir sa vocation première, qui est d'offrir les meilleures conditions pour laisser vieillir le vin. En premier lieu, il importe d'estimer le nombre et le type de bouteilles à entreposer. Une centaine de bouteilles d'un même type de vin n'occuperont pas le même espace que dix lots de flacons provenant d'appellations différentes. La cave sera-t-elle destinée au seul stockage du vin ou également à la dégustation ?

**TROUVER L'EMPLACEMENT.** Il faudra ensuite s'assurer que l'espace envisagé (sous-sol, box, jardin, etc.) répondra bien aux critères requis d'une bonne cave (voir p. 134-135). L'utilisation d'un local inadapté pourra nécessiter l'installation d'appareils coûteux (par exemple d'un climatiseur pour maintenir la cave à bonne température) et alourdir considérablement la facture d'électricité.

*Il ne faudrait plus toucher au vin après l'avoir entreposé. Vous ne devez pas avoir à bouger une bouteille pour en atteindre une autre. Évitez les ordonnancements rigides qui ne permettent pas de modifications aisées.*

À moins de faire appel à une société spécialisée, il vaut mieux élaborer un cahier des charges précis, qui devra être respecté scrupuleusement par le bricoleur ou l'entrepreneur chargé de l'exécution des travaux.

**PROTÉGER SON INVESTISSEMENT.** Une cave conséquente doit être aussi protégée en cas d'inondation, d'incendie, ou de cambriolage, en particulier si elle se trouve dans le sous-sol d'un immeuble collectif. Une telle protection pouvant être très onéreuse (porte blindée, assurance, etc.), il est parfois préférable de se décider en faveur de l'achat d'une cave d'appartement ou de la location d'une cave.

> Cave préfabriquée enterrée dans le sol.

## La cave clé en main

L'aménagement d'une cave doit tenir compte d'un nombre important de paramètres (configuration du terrain, choix des matériaux, etc.) pour assurer son bon fonctionnement. Si l'on n'est pas bricoleur, il peut être judicieux de bénéficier de l'expertise d'une société spécialisée pour faire installer soit un cellier préfabriqué – une cave voûtée ou un espace en spirale logés dans le sol –, soit une cave sur mesure dans le box d'un pavillon, d'un immeuble, dans le sous-sol d'une habitation ou même à l'intérieur d'un appartement.

Pour la première solution, les prix démarrent autour de 8 000 € pour une petite cave ronde d'une capacité de 600 bouteilles. Pour une cave en spirale de 1 000 bouteilles pourvue de casiers en béton, comptez 13 000 €, terrassement compris. Pour une cave ronde ou ovale de 3,50 m de long, 2,55 m de large, 2,25 m de haut d'une capacité de 1 800 bouteilles, il vous faudra débourser 25 000 €. Tous ces modèles sont exposés chez les fabricants et il est indispensable d'aller les voir sur place avant de passer à l'achat.

### Louer une cave

Pour les citadins des grandes agglomérations, il est possible de louer un espace cave, généralement situé en banlieue. Selon les formules, le vin est entreposé sur des palettes ou dans un coin cave. Comptez environ 70 € par mois pour 400 bouteilles. Idéale pour prévenir les risques de vol, la location d'un tel espace demande cependant de respecter certains horaires pour venir chercher ou déposer les bouteilles. Il est donc recommandé d'aménager aussi une cave chez soi, qui permettra de conserver le vin pendant quelques jours dans de bonnes conditions.

> Pour être bien stables, les casiers métalliques seront fixés au sol et au mur.

## Transformer un local en cave

À condition de bien étudier le terrain avant d'entamer des travaux, la transformation d'un local déjà existant en cave peut être une solution à la fois avantageuse et facile à réaliser.

**LA CAVE AU SOUS-SOL.** Il est indispensable de vérifier la température et l'humidité à différents moments de l'année et de s'assurer d'une bonne ventilation (soupirail). En cas d'humidité insuffisante, on recouvrira le sol de gravier, de mâchefer ou de sable de rivière (voir p. 135). Les conduites d'eau chaude ou du chauffage doivent être isolées. Une faible isolation thermique pourra être compensée par une paroi en brique, séparée du mur par un vide. L'installation d'un climatiseur s'avérera parfois nécessaire.

**LA CAVE DANS LE BOX.** Qu'il occupe tout ou partie d'un box, un tel cellier nécessite généralement une très bonne isolation thermique. Pour séparer un coin cave, il est conseillé de monter un mur en parpaings. Les murs et la porte seront isolés avec du polystyrène extrudé, le plafond avec une double couche du même matériau ou de la laine de verre. En l'absence d'un soupirail, il peut être nécessaire d'équiper l'espace d'un climatiseur et d'un humidificateur.

## L'armoire à vins

À défaut de disposer d'une cave appropriée bien protégée, l'armoire à vins peut s'avérer la solution la plus adaptée, en particulier si le volume de vin à stocker reste modeste (en dessous de 300 bouteilles). Il existe une vaste gamme de modèles de toutes les tailles (à partir de 250 € pour 28 bouteilles), allant de la cave à vins simple – qui permet de conserver mais non pas de faire vieillir le vin – jusqu'aux modèles sophistiqués à double ou triple température, avec des compartiments différents pour la conservation, le chambrage ou le rafraîchissement, voire aux caves d'appartement aux dimensions plus importantes (environ 2 000 € pour 300 bouteilles).

Les armoires à vins peuvent être équipées d'un simple circuit de refroidissement ou d'un double système qui assure également le réchauffement, si l'armoire est placée dans un endroit non chauffé l'hiver. Assurez-vous que le modèle est équipé d'un système anti-vibrations. Enfin, en cas de panne, un bon modèle doit garantir un réchauffement ou un refroidissement très progressifs.

### LE SAVIEZ-VOUS ?

***Vous pouvez installer une cave dans votre appartement.*** *Une pièce exposée au nord ou à l'est peut servir de cave, à condition de ne pas laisser entrer de lumière et de veiller à une bonne température et à la ventilation. Difficiles à réaliser, ces conditions exigent souvent l'installation d'un climatiseur, qui rend l'opération coûteuse. Mieux vaut se servir d'un tel cellier pour entreposer des bouteilles destinées à une consommation dans un proche avenir (un an tout au plus), car le vin n'y vieillira pas bien. Il en est de même pour les volumes plus petits, même bien isolés, tel un espace sous l'escalier, un placard ou une armoire dans une chambre. Évitez notamment les vibrations, la lumière, la chaleur et une mauvaise aération.*

# Quatre exemples de caves

Classique ou éclectique, simple ou raffinée, une cave sera toujours le reflet des préférences gustatives de son propriétaire. Celui-ci la constitue en fonction de la place dont il dispose et du budget qu'il est prêt à y consacrer. Pour un même nombre de bouteilles et un même style de vin, par exemple la famille des vins effervescents, on choisira donc une appellation moins prestigieuse (Crémant d'Alsace ou de Bourgogne), dans le cas d'un budget modeste, et un champagne millésimé d'une grande marque, quand la sélection n'est pas limitée par le prix du vin. Voici quatre exemples d'une cave bien équilibrée, qui correspondent à quatre budgets différents.

## La cave simple (environ 500 euros)

| QUALITÉ | NBRE | P. U. | TOTAL | NOMS DES VINS |
|---|---|---|---|---|
| **Vins blancs secs légers ou fruités** | 6 | 5 € | 30 € | Bourgogne Aligoté, Cheverny, Entre-deux-Mers, Pinot blanc d'Alsace, Côtes-de-Provence, vins de Corse. |
| **Vins blancs secs amples et racés** | 10 | 15 € | 150 € | Chablis Premier Cru, Meursault, Savennières, Vouvray, Gewurztraminer. |
| **Vins blancs liquoreux** | 4 | 15 € | 60 € | Sainte-Croix-du-Mont, Cérons, Coteaux-de-l'Aubance, Monbazillac. |
| **Vins rouges fruités** | 15 | 7 € | 105 € | Beaujolais, Hautes-Côtes-de-Beaune, Anjou, Côtes-de-Forez, Coteaux-du-Lyonnais, Saint-Nicolas-de-Bourgueil, Bordeaux, Côtes-du-Rhône-Villages, Vins de pays d'Oc. |
| **Vins rouges complexes** | 10 | 10 € | 100 € | Bordeaux supérieur, Haut-Médoc, Saint-Émilion, Graves, Cahors, Buzet, Minervois-la-Livinière, Pécharmant, Mercurey. |
| **Vins rosés** | 4 | 7 € | 28 € | Côtes-de-Provence, Luberon, Côtes-du-Jura, Corbières, Lirac, Tavel. |
| **Vins effervescents** | 6 | 8 € | 48 € | Blanquette de Limoux, Clairette de Die, Gaillac, Saumur, Vouvray, Crémant de Bourgogne, Crémant d'Alsace. |

## La cave conviviale (environ 1 000 euros)

| QUALITÉ | NBRE | P. U. | TOTAL | NOMS DES VINS |
|---|---|---|---|---|
| **Vins blancs secs légers ou fruités** | 12 | 5 € | 60 € | Muscadet, Entre-deux-Mers, Bordeaux, Petit Chablis, Sylvaner d'Alsace, Côtes-de-Provence. |
| **Vins blancs secs amples et racés** | 12 | 25 € | 300 € | Pessac-Léognan, Graves, Chablis Grand Cru, Meursault, Puligny-Montrachet, Condrieu. |
| **Vins blancs liquoreux** | 6 | 20 € | 120 € | Loupiac, Sainte-Croix-du-Mont, Coteaux-du-Layon, Montlouis, Pinot gris d'Alsace Vendanges tardives, Riesling d'Alsace Vendanges tardives, Jurançon. |
| **Vins rouges fruités** | 12 | 10 € | 120 € | Bordeaux, Bordeaux supérieur, Hautes-Côtes-de-Nuits, Saumur-Champigny, Bourgueil, Vin de Savoie, Côtes-du-Rhône-Villages. |
| **Vins rouges complexes** | 12 | 20 € | 240 € | Haut-Médoc, Médoc, Pauillac, Saint-Estèphe, Saint-Julien, Saint-Émilion, Pessac-Léognan, Volnay, Vosne-Romanée, Crozes-Hermitage, Saint-Joseph, Bandol. |
| **Vins rosés** | 6 | 10 € | 60 € | Bordeaux Clairet, Marsannay, Languedoc, Irouléguy, Palette. |
| **Vins effervescents** | 6 | 15 € | 90 € | Champagnes bruts sans année de vigneron. |
| **Vins doux naturels** | 4 | 12 € | 48 € | Banyuls, Muscat de Rivesaltes, Muscat de Beaumes-de-Venise, Porto. |

## La cave raffinée (environ 2 000 euros)

| QUALITÉ | NBRE | P. U. | TOTAL | NOMS DES VINS |
|---|---|---|---|---|
| **Vins blancs secs légers ou fruités** | 12 | 10 € | 120 € | Premières-Côtes-de-Blaye, Bordeaux, Graves, Bandol, Bellet, Cassis, Coteaux-d'Aix, Saint-Véran, Sancerre, Roussette de Savoie, Jurançon sec. |
| **Vins blancs secs amples et racés** | 18 | 25 € | 450 € | Pessac-Léognan, Puligny-Montrachet, Chassagne-Montrachet, Meursault, Chablis Grand Cru, Savennières, Vouvray, Château-Châlon, Condrieu, Riesling d'Alsace Grand Cru. |
| **Vins blancs liquoreux** | 12 | 30 € | 360 € | Crus classés de Sauternes, Bonnezeaux, Gewurztraminer Sélection de grains nobles, Riesling Sélection de grains nobles, Vouvray, Tokaj. |
| | 3 | 15 € | 45 € | Loupiac, Sainte-Croix-du-Mont, Coteaux-du-Layon, Montlouis, Jurançon. |
| **Vins rouges fruités** | 12 | 10 € | 120 € | Bordeaux, Crus du Beaujolais, Hautes-Côtes-de-Nuits, Saumur-Champigny, Bourgueil, Saint-Nicolas-de-Bourgueil, Vin de Savoie, Côtes-du-Rhône-Villages. |
| **Vins rouges complexes** | 18 | 30 € | 540 € | Haut-Médoc, Crus classés du Médoc, Saint-Émilion Grand Cru, Pomerol, Pommard, Volnay, Chambolle-Musigny, Gevrey-Chambertin, Côte-Rôtie, Hermitage, Cornas, Bandol. |
| **Vins rosés** | 6 | 10 € | 60 € | Bordeaux Clairet, Marsannay, Coteaux-du-Languedoc, Irouléguy, Palette, Côtes-de-Provence. |
| **Vins effervescents** | 6 | 25 € | 150 € | Champagnes d'une grande marque, champagnes millésimés de vigneron. |
| | 6 | 7 € | 42 € | Saumur, Vouvray, Clairette de Die. |
| **Vins doux naturels** | 5 | 20 € | 100 € | Porto, Rivesaltes, Banyuls, Maury, Rasteau. |

## La cave prestige (environ 3 000 euros)

| QUALITÉ | NBRE | P. U. | TOTAL | NOMS DES VINS |
|---|---|---|---|---|
| **Vins blancs secs légers ou fruités** | 24 | 10 € | 240 € | Premières-Côtes-de-Blaye, Bordeaux, Graves, Bandol, Bellet, Cassis, Coteaux-d'Aix-en-Provence, Saint-Véran, Sancerre, Roussette de Savoie, Jurançon sec. |
| **Vins blancs secs amples et racés** | 24 | 25 € | 600 € | Pessac-Léognan, Puligny-Montrachet, Chassagne-Montrachet, Meursault, Chablis Grand Cru, Savennières, Vouvray, Château-Châlon, Condrieu, Riesling d'Alsace Grand Cru. |
| **Vins blancs liquoreux** | 12 | 30 € | 360 € | Crus classés de Sauternes, Bonnezeaux, Gewurztraminer Sélection de grains nobles, Riesling Sélection de grains nobles, Vouvray, Tokaj. |
| | 6 | 15 € | 90 € | Loupiac, Sainte-Croix-du-Mont, Coteaux-du-Layon, Montlouis, Jurançon. |
| **Vins rouges fruités** | 24 | 10 € | 240 € | Bordeaux, Crus du Beaujolais, Hautes-Côtes-de-Nuits, Saumur-Champigny, Bourgueil, Saint-Nicolas-de-Bourgueil, Vin de Savoie, Côtes-du-Rhône-Villages. |
| **Vins rouges complexes** | 30 | 30 € | 900 € | Haut-Médoc, Crus classés du Médoc, Saint-Émilion Grand Cru, Pomerol, Pommard, Volnay, Chambolle-Musigny, Gevrey-Chambertin, Côte-Rôtie, Hermitage, Cornas, Bandol. |
| **Vins rosés** | 12 | 10 € | 120 € | Bordeaux Clairet, Marsannay, Languedoc, Irouléguy, Palette, Côtes-de-Provence. |
| **Vins effervescents** | 12 | 25 € | 300 € | Champagnes d'une grande marque, champagnes millésimés de vigneron. |
| | 6 | 7 € | 42 € | Saumur, Vouvray, Clairette de Die. |
| **Vins doux naturels** | 5 | 20 € | 100 € | Porto, Rivesaltes, Banyuls, Maury, Rasteau. |

# DANS LE SILENCE DES CAVES

**Fragile, le vin demande quelques égards pour bien mûrir et donner le meilleur de lui-même. Dans la fraîcheur et la pénombre des caves s'opère une alchimie silencieuse.**

1

2

3

4

5

### Comment éviter à mon vin de se fatiguer ?

« En principe, le vin aime le calme. Une vie trépidante le fatigue, le fait vieillir plus vite et peut provoquer certaines maladies. Évitez d'entreposer vos bouteilles dans une cave proche d'une voie ferrée, d'une ligne de métro, d'une route où passent des poids lourds. Les vibrations continues peuvent en effet réveiller certaines bactéries et réactiver la fermentation malolactique chez certains vins instables. Pour éviter ce désagrément et absorber les vibrations, il vous suffit de disposer des cales en caoutchouc – des morceaux de pneu par exemple – sous les casiers de rangement si ceux-ci sont mobiles.

### Je fais ma mise en bouteilles. Quel type de bouchon utiliser ?

« On le sait à présent, les bouchons de liège n'apportent aucune aération indispensable au vieillissement du vin. En revanche, ils peuvent donner un goût de bouchon qui gâche les meilleures bouteilles. Pour éviter ce désagrément, utilisez des bouchons synthétiques. La quantité d'air que vous laisserez entre le bouchon et le vin – environ la moitié du goulot – est suffisante pour que le vin « respire ».

### Combien de temps dois-je attendre pour boire un vin qui a subi une journée de transport ?

« D'une manière générale, le vin en bouteille n'aime guère être secoué. Après un voyage, le repos est vivement conseillé. La durée de ce repos dépend de plusieurs facteurs. Pour un vin jeune, blanc ou rouge, trois ou quatre jours sont en général suffisants, sauf si la mise en bouteilles date de moins de deux mois. Dans ce dernier cas, mieux vaut attendre une bonne semaine. S'il s'agit d'un vin de plus de 5 ans, surtout s'il est rouge, il sera utile de patienter de huit à dix jours. Pour un grand vin rouge de plus de 10 ans, un repos complet d'au moins deux semaines est prescrit.

### Combien de temps puis-je conserver le vin en vrac ?

« Le moins longtemps possible s'il s'agit de vin en Cubitainer que vous avez l'intention d'embouteiller. Un repos de 24 heures dans un endroit frais n'est pas inutile, mais la mise en bouteilles ne doit pas tarder. Une fois celle-ci effectuée, il convient d'attendre une semaine avant de déboucher la première bouteille. Un vin de consommation courante en Bag-in-Box® peut patienter de trois à quatre mois avant d'être entamé. Ensuite, l'air s'évacue au fur et à mesure que l'on vide cette outre hermétique, ce qui permet de conserver le vin jusqu'à un mois dans un endroit frais.

# LA GARDE ET LE VIEILLISSEMENT DES VINS

*Les vins bien nés peuvent se bonifier au cours d'une lente évolution, alors que d'autres sont conçus pour être bus dans leur plus tendre jeunesse. Connaître les principes de ces mutations permet de mieux comprendre quand un vin atteindra son apogée et de le boire au bon moment.*

## Les premiers vins étaient bus jeunes

La qualité d'un grand vin se juge le plus souvent par sa capacité à vieillir. Il n'en a pas toujours été ainsi. Pendant des siècles, on a considéré que le vin était bien meilleur au cours de son plus jeune âge, juste après sa vinification. En effet, jadis, avant que l'usage du soufre ne se généralise, le risque de voir le vin se transformer rapidement en vinaigre était grand. À la lueur des analyses scientifiques d'aujourd'hui, il est facile de comprendre que le vin est un liquide instable. La présence d'oxygène transforme l'alcool en acide acétique, c'est-à-dire en vinaigre, grâce à une bactérie connue sous le nom d'*Acetobacter aceti*. Or, autrefois, on laissait faire des fermentations aléatoires dans des fûts ou des cuves d'une propreté relative et, surtout, il était très difficile de garder le vin à l'abri de l'air. Pendant longtemps, seule une forte teneur en alcool du vin pouvait pallier les piètres conditions sanitaires de son élaboration.

***La façon dont le vin vieillira est déterminée en partie par le vinificateur,** mais elle dépend surtout des cépages, de la nature et de l'âge des vignes, du terroir ainsi que des conditions climatiques du millésime.*

> La longévité d'un vin dépend de plusieurs facteurs : terroir, cépages, vinification, élevage et qualité du millésime.

## La naissance des vins de garde

Pour une meilleure conservation du vin, il a fallu attendre le développement, au cours des derniers siècles, de certaines techniques, tels le mutage (l'ajout d'alcool en cours de fermentation), le sulfitage (l'ajout de dioxyde de soufre pour combattre le développement bactérien) ou l'ouillage (l'adjonction régulière de vin dans le fût afin de compenser l'évaporation du liquide et d'éviter que le vin ne soit en contact avec l'air). Mais, lorsque le vin était tiré, il fallait le boire. C'est seulement depuis l'apparition de la bouteille de verre et du bouchon de liège, à partir de la fin du XVIII^e^ siècle, que l'on peut conserver le vin chez soi dans des conditions acceptables ; auparavant, il vieillissait en fût chez les négociants ou dans les tavernes.

Les nouvelles techniques permirent aussi de garder certains vins jugés imbuvables à leur sortie du chai, tant ils étaient tanniques, acides et concentrés, en attendant qu'ils s'assouplissent, qu'ils atteignent leur apogée – ce stade où les différents arômes du vin s'épanouissent – et que leurs composants (tanins, acidité, etc.) s'équilibrent. La notion de vin de garde était née.

## L'évolution du vin en bouteille

**L'OXYDATION.** Les travaux de Pasteur, au XIX^e^ siècle, ont démontré que le vin se dégradait par oxydation lorsqu'il était exposé à l'air. L'oxydation altère la couleur des vins rouges et blancs en marron, comme celle d'une banane ou d'une pomme épluchée. Mais comment expliquer que le vin s'oxyde en bouteille, étant donné que le bouchon ne laisse pas entrer d'air (ou très peu) ? On peut admettre que l'oxygène dissous dans le vin continue de provoquer de lentes réactions en milieu réducteur qui entraînent le développement des bactéries et des levures ainsi que d'autres composants chimiques du vin : il en existe plus de 400 répertoriés et le décompte n'est pas fini.

**LES RÉACTIONS CHIMIQUES.** La recherche a permis d'expliquer certains changements de couleur et d'arôme. Les tanins ainsi que les autres composants aromatiques qui proviennent essentiellement des peaux des raisins (et donnent aux vins leur couleur), mais aussi des rafles et du bois des fûts, se transforment. Ils s'associent entre eux (par polymérisation) et tombent au fond de la bouteille (par sédimentation). Le vin d'un rouge pourpre devient rouge rubis pour ensuite s'éclaircir et prendre une teinte rouge brique. L'acidité du fruit vert, astringente, s'assouplit. L'agressivité du vin jeune disparaît pour laisser place à une rondeur, un velouté, qui s'exprime par des arômes complexes. Tous les vins sont affectés par ce vieillissement, sauf les petits vins qui ne contiennent pas assez de matière.

> Les très grands vins capables d'affronter des décennies sont rares. Les boire est un privilège et un moment d'émotion.

## Qu'est-ce qu'un vin de garde ?

Les vins se développent chacun à leur rythme. Certains comme le Beaujolais, ou de nombreux vins blancs, se boivent précocement : ils atteignent rapidement leur apogée et retombent vite. D'autres vins – tels les grands crus de Bordeaux, de Bourgogne ou de la vallée du Rhône – mettent plus longtemps à atteindre leur apogée, y demeurent longtemps et déclinent doucement. Ce sont des vins de garde.

**LES CÉPAGES APTES À VIEILLIR.** La nature du cépage peut conférer plus ou moins de longévité au vin. Ainsi, le cabernet-sauvignon, austère et droit, tout comme le merlot, soyeux et puissant (du vignoble bordelais), ou le pinot noir, ferme et riche (du vignoble bourguignon), donneront des vins beaucoup plus concentrés que les vins, légers et fruités, issus de gamay (Beaujolais). Pour les rouges, il faut ajouter : cabernet franc, grenache, mourvèdre, syrah, tannat (madiran), petit verdot, carignan, tempranillo d'Espagne, nebbiolo et sangiovese d'Italie. Pour les blancs, ce sont : gewurztraminer, riesling, roussanne, chardonnay, grenache blanc, chenin, sémillon et muscadelle, les quatre derniers étant doués d'un potentiel de vieillissement exceptionnel quand ils sont vinifiés en liquoreux.

**VINIFICATION ET ÉLEVAGE.** Le potentiel d'un vin de garde tient également à son élaboration. Pour les vins rouges, le vinificateur doit veiller à obtenir une bonne extraction des tanins par macération avant pressurage (voir p. 68) afin de donner au vin la charpente nécessaire à une capacité de vieillissement. Le dosage entre vin de goutte et vin de presse compte beaucoup dans la texture finale d'un vin. L'élevage en barrique neuve tient aussi une part non négligeable dans le potentiel de garde. Les vins blancs, quant à eux, doivent disposer d'un bon niveau d'acidité. Pour ceux qui ne sont pas issus d'un cépage à forte acidité, l'élevage en barrique (d'un Chardonnay, par exemple) favorise aussi le potentiel de garde.

### LE SAVIEZ-VOUS ?

***Primeur ou grand cru, chaque vin parcourt le même cycle de vie en bouteille.***

*Après la « maladie de la mise en bouteille », le vin retrouve peu à peu son goût initial et perd le caractère « brut » de sa prime jeunesse : les arômes secondaires (de fermentation) et tertiaires (d'élevage) s'estompent au profit des arômes primaires (fruités). Puis il entre en phase de maturation, caractérisée souvent par une courte période de repli. Enfin, le vin entre dans sa période d'apogée : sa texture est alors plus souple, et son bouquet complexe mêle des arômes fruités à des arômes empyreumatiques et épicés. Cette période peut durer plusieurs dizaines d'années pour certains grands crus avant que le déclin ne s'annonce.*

### VRAI OU FAUX ?

***Il faut goûter pour suivre l'évolution du vin.***

**VRAI.** Pour savoir à quel moment le vin atteint son apogée, il ne suffit pas de se référer aux indications données par le producteur ou le caviste au moment de l'achat, car les conditions de stockage des bouteilles, différentes d'un lieu à un autre, influent sur son évolution. Le mieux est d'ouvrir de temps en temps une bouteille et de goûter.

# La conservation moyenne des vins

Si certains vins doivent se boire jeunes, d'autres demandent à être conservés quelques années en cave avant d'être dégustés et appréciés à leur pleine maturité. Chaque vin peut être proposé au service dans un laps de temps donné ; celui-ci varie selon la région viticole, le type de vin produit, mais aussi selon la qualité du millésime considéré. Ces millésimes peuvent être notés de 1 à 10 (voir p. 624-163). Ainsi, si le vin est produit dans une bonne année (note de 6 à 7/10), une grande année (note de 8 à 9/10) ou une année exceptionnelle (note de 10/10), son temps de conservation en cave pourra être plus ou moins long.

Légendes : + à boire pour les bonnes années (soit les millésimes notés de 6 à 7/10) ++ à boire pour les grandes années (soit les millésimes notés de 8 à 9/10) +++ à boire pour les années exceptionnelles (soit les millésimes notés 10/10)

| | 6 mois | 1 an | 2 ans | 3 ans | 5 ans | 8 ans | 10 ans | 12 ans | 15 ans | 20 ans | 25 ans | 30 ans | 50 ans | 100 ans |
|---|---|---|---|---|---|---|---|---|---|---|---|---|---|---|
| **BORDEAUX** | | | | | | | | | | | | | | |
| Vins rouges : Médoc - Graves | | | | | + | + | + | + | ++ | ++ | ++ | +++ | +++ | +++ |
| Vins rouges : Saint-Émilion - Pomerol | | | | + | + | + | + | ++ | ++ | ++ | +++ | +++ | +++ | |
| Bordeaux et Bordeaux supérieurs | | | + | + | ++ | +++ | | | | | | | | |
| Vins blancs secs | | + | + | + | + | ++ | ++ | +++ | +++ | | | | | |
| Vins blancs moelleux | | | | | + | + | + | + | + | ++ | ++ | ++ | +++ | +++ |
| **BOURGOGNE** | | | | | | | | | | | | | | |
| Vins rouges : Côte de Nuits | | | + | + | + | ++ | ++ | +++ | +++ | | | | | |
| Vins rouges : Côte de Beaune | | | + | + | + | ++ | ++ | +++ | +++ | | | | | |
| Vins rouges : Côte chalonnaise | | + | + | ++ | +++ | | | | | | | | | |
| Vins rouges : grands crus de Côte d'Or | | | | | + | + | + | + | + | ++ | ++ | +++ | +++ | |
| Vins blancs : Mâconnais | | + | ++ | +++ | | | | | | | | | | |
| Vins blancs : Pouilly-Fuissé et Chablis | | | + | ++ | +++ | | | | | | | | | |
| Vins blancs : premiers crus | | | | + | ++ | +++ | | | | | | | | |
| Vins blancs : grands crus | | | | | + | + | ++ | ++ | +++ | +++ | | | | |
| Crémant de Bourgogne | | + | + | + | | | | | | | | | | |
| **BEAUJOLAIS** | | | | | | | | | | | | | | |
| Beaujolais primeur | + | | | | | | | | | | | | | |
| Beaujolais et Beaujolais-Villages | | + | + | ++ | +++ | | | | | | | | | |
| Crus (Juliénas, Morgon, Saint-Amour…) | | | + | + | + | ++ | +++ | +++ | | | | | | |
| **CHAMPAGNE** | | | | | | | | | | | | | | |
| Non millésimé | | | + | + | | | | | | | | | | |
| Millésimé | | | | + | + | ++ | +++ | | | | | | | |
| Grandes cuvées | | | | | ++ | ++ | ++ | +++ | +++ | | | | | |
| **ALSACE** | | | | | | | | | | | | | | |
| Vins blancs | | + | + | ++ | +++ | | | | | | | | | |
| Grands crus | | | | + | + | ++ | ++ | +++ | | | | | | |
| Vendanges tardives | | | | | + | + | ++ | ++ | +++ | +++ | | | | |
| Crémant d'Alsace | | + | + | + | | | | | | | | | | |
| **JURA ET SAVOIE** | | | | | | | | | | | | | | |
| Vins rouges | | | + | + | ++ | ++ | +++ | +++ | | | | | | |
| Vins blancs | | + | ++ | +++ | +++ | | | | | | | | | |
| Vin jaune | | | | | | + | + | + | + | + | + | + | ++ | +++ |
| **VALLÉE DE LA LOIRE** | | | | | | | | | | | | | | |
| Vins rouges | | + | + | + | + | + | ++ | ++ | +++ | | | | | |
| Vins rosés et blancs légers | | + | ++ | +++ | | | | | | | | | | |
| Vins rosés et blancs corsés | | | + | + | ++ | ++ | +++ | | | | | | | |
| Vins blancs moelleux | | | | | + | + | + | + | ++ | ++ | ++ | +++ | +++ | |
| Vins effervescents | | + | + | + | | | | | | | | | | |

| | 6 mois | 1 an | 2 ans | 3 ans | 5 ans | 8 ans | 10 ans | 12 ans | 15 ans | 20 ans | 25 ans | 30 ans | 50 ans | 100 ans |
|---|---|---|---|---|---|---|---|---|---|---|---|---|---|---|
| **VALLÉE DU RHÔNE** | | | | | | | | | | | | | | |
| Vins rouges | | | | | | | | | | | | | | |
| Vins blancs | | | | | | | | | | | | | | |
| Vins rosés | | | | | | | | | | | | | | |
| **LANGUEDOC ET ROUSSILLON** | | | | | | | | | | | | | | |
| Vins rouges | | | | | | | | | | | | | | |
| Vins blancs | | | | | | | | | | | | | | |
| Vins doux naturels | | | | | | | | | | | | | | |
| **PROVENCE** | | | | | | | | | | | | | | |
| Vins rouges | | | | | | | | | | | | | | |
| Vins blancs et rosés | | | | | | | | | | | | | | |
| **CORSE** | | | | | | | | | | | | | | |
| Vins rouges | | | | | | | | | | | | | | |
| Vins blancs et rosés | | | | | | | | | | | | | | |
| Vins blancs moelleux | | | | | | | | | | | | | | |
| **SUD-OUEST** | | | | | | | | | | | | | | |
| Vins rouges | | | | | | | | | | | | | | |
| Vins blancs secs | | | | | | | | | | | | | | |
| Vins blancs moelleux | | | | | | | | | | | | | | |
| **ITALIE : Piémont et Toscane** | | | | | | | | | | | | | | |
| Barolo et Brunello di Montalcino | | | | | | | | | | | | | | |
| **ESPAGNE** | | | | | | | | | | | | | | |
| Vins rouges de Rioja et Ribera del Duero | | | | | | | | | | | | | | |
| Xérès et Fino | | | | | | | | | | | | | | |
| **PORTUGAL** | | | | | | | | | | | | | | |
| Porto Vintage (millésimé) | | | | | | | | | | | | | | |
| **ALLEMAGNE : Moselle et régions du Rhin** | | | | | | | | | | | | | | |
| Vins blancs secs | | | | | | | | | | | | | | |
| Vins blancs moelleux | | | | | | | | | | | | | | |
| Vins de glace | | | | | | | | | | | | | | |
| **SUISSE, AUTRICHE ET HONGRIE** | | | | | | | | | | | | | | |
| Vins rouges | | | | | | | | | | | | | | |
| Vins blancs secs | | | | | | | | | | | | | | |
| Vins blancs liquoreux | | | | | | | | | | | | | | |
| **PAYS MÉDITERRANÉENS ET AFRIQUE DU NORD** | | | | | | | | | | | | | | |
| Vins rouges | | | | | | | | | | | | | | |
| Vins rosés | | | | | | | | | | | | | | |
| **ÉTATS-UNIS : Californie** | | | | | | | | | | | | | | |
| Vins rouges | | | | | | | | | | | | | | |
| Vins blancs | | | | | | | | | | | | | | |
| **CHILI** | | | | | | | | | | | | | | |
| Vins rouges | | | | | | | | | | | | | | |
| Vins blancs | | | | | | | | | | | | | | |
| **ARGENTINE** | | | | | | | | | | | | | | |
| Vins rouges | | | | | | | | | | | | | | |
| Vins blancs | | | | | | | | | | | | | | |
| **AFRIQUE DU SUD** | | | | | | | | | | | | | | |
| Vins rouges | | | | | | | | | | | | | | |
| Vins blancs | | | | | | | | | | | | | | |
| **AUSTRALIE** | | | | | | | | | | | | | | |
| Vins rouges | | | | | | | | | | | | | | |
| Vins blancs | | | | | | | | | | | | | | |
| **NOUVELLE-ZÉLANDE** | | | | | | | | | | | | | | |
| Vins rouges | | | | | | | | | | | | | | |
| Vins blancs | | | | | | | | | | | | | | |

# LA CAVE : COLLECTION ET PLACEMENT

*Lorsqu'il est élevé au rang d'œuvre d'art, le vin n'est plus seulement l'objet de coups de cœur, il est aussi prétexte à investir. L'achat est devenu une opération complexe, mais la conservation du bien acquis, sa valorisation et l'harmonie générale d'une cave participent tout autant à la valeur d'une belle collection.*

## Collectionner les vins

Certains amateurs considèrent leur cave comme une collection. Elle peut receler une grande variété de vins issus d'une même région, tous les millésimes d'un grand château ou encore tous les châteaux d'un millésime.

**LES BONNES CONDITIONS DE STOCKAGE.** Un collectionneur fait très attention aux conditions de stockage de sa cave, car certains vins, très vieux, sont fragiles. Les étiquettes et les caisses en bois nécessitent aussi beaucoup de soin, car la bouteille et la caisse sont des éléments de la collection et en resteront des souvenirs une fois que le vin sera bu.

**LA TAILLE DES FLACONS.** À la différence d'une cave ordinaire, une collection de vins comprendra peut-être davantage de magnums et de bouteilles encore plus grosses. Celles-ci ne tiendront pas dans des casiers normaux, et l'espace devra être spécialement aménagé en conséquence. Les très grandes bouteilles seront souvent dans leur caisse d'origine.

***L'une des plus belles collections de vins rares au monde appartient à Michel Chasseuil.*** *Cet ancien employé, aujourd'hui en retraite, a patiemment rassemblé tout au long de sa vie quelque 20 000 bouteilles de grands vins.*

## Les stratégies des collectionneurs

Le collectionneur de vins, contrairement à l'investisseur, ne se limite pas aux valeurs sûres qui se revendront facilement. Il peut adopter diverses stratégies, suivant sa logique. Il peut, par exemple, rechercher tous les crus classés de Pauillac du millésime de sa date de naissance ou bien acheter systématiquement en primeur (voir aussi p. 128-129) tous les millésimes d'un même château, ou encore toutes les étiquettes d'une petite, mais prestigieuse, appellation bourguignonne comme le Clos de Vougeot. Il recherche des bouteilles parfaites, et, lorsqu'il ne peut pas acheter des vins en primeur, il s'approvisionne dans des caves impeccables dont il connaît les conditions de stockage. Enfin, chaque collectionneur espère que, lorsque viendra le temps de boire le vin, ou de le vendre, la provenance de celui-ci – sa propre cave – améliorera sa réputation.

## Combien de vin acheter ?

Combien de bouteilles doit-on conserver en cave ? La réponse est simple : le plus possible en fonction des objectifs de collection. Lorsqu'on estime en avoir trop ou que l'on désire agrandir ou modifier sa collection, il est toujours possible d'en revendre une partie en salle des ventes ou bien sur certains sites Internet comme ebay.com ou idealwine.com.

### LE SAVIEZ-VOUS ?

***L'Élysée, l'hôtel Matignon, le Sénat, l'Assemblée nationale et la plupart des ministères ont leur cave,*** *gérée souvent par un sommelier. Ces caves constituent des patrimoines considérables dont le fonds varie selon l'origine des vins et les goûts du maître des lieux. Longtemps, la plus belle cave a été celle de l'hôtel de Lassay, résidence du président de l'Assemblée nationale. Celle de l'Élysée, réservée au président de la République, a connu des hauts et des bas mais continue de receler des trésors destinés surtout aux grands dîners d'État.*

> Bouteilles de Château Latour, grand cru classé.

> Le collectionneur Michel Chasseuil et ses millésimes de Petrus.

**LA THÉORIE.** Si l'on privilégie les vins de longue garde qui atteignent leur apogée au bout d'une dizaine d'années, il faut avoir une grande cave. En effet, qu'on les déguste au rythme de deux ou trois bouteilles par an ou qu'on veuille en tirer une plus-value sur la durée, leur quantité va s'accroître au fil des ans. Par exemple, si vous achetez 36 bouteilles d'un grand bordeaux chaque année et que vous en dégustez deux par an, il vous en restera 340 au bout de 10 ans. En fait, il faut bien distinguer la logique d'une collection à boire de celle d'une collection pour vendre. Dans le premier cas, vous pourrez fort bien gérer le stockage dans votre cave, surtout si vous avez des amis qui partagent votre passion. Dans le second cas, mieux vaut peut-être louer une cave sécurisée chez un professionnel.
**LA RÉALITÉ.** Ce choix difficile se pose cependant rarement car, à moins de disposer d'un budget illimité ou d'envisager une carrière de négociant, la plupart des collectionneurs sont des amateurs qui succombent bien souvent à l'envie de partager leurs grandes bouteilles entre amis plutôt que d'aller jusqu'au bout d'une démarche spéculative qui peut s'avérer hasardeuse. Par ailleurs, si vous ne projetez pas de laisser un patrimoine pour votre descendance, passé un certain âge, vous risquez de ne jamais pouvoir déguster un grand vin à son apogée. Une certaine rationalité doit donc conduire à collectionner deux types de vins : les vins de moyenne garde que l'on est sûr de boire et les grands vins que l'on goûtera beaucoup plus tard ou ceux que l'on destine à la vente pour alimenter le fonds de renouvellement d'une collection.

### Assurer sa cave

Comme toutes les dépendances, la cave est couverte par les contrats d'assurance pour les habitations. Il faut toutefois veiller à déclarer son existence et son contenu pour pouvoir être remboursé en cas de sinistre. Sachez que, sauf avenant particulier, il n'existe aucun contrat spécifique couvrant le contenu d'une cave. En d'autres termes, si votre contrat n'indique pas très précisément la valeur du vin entreposé, en cas de sinistre, vous ne serez couvert que pour un montant forfaitaire variable selon le type d'assurance. Dans tous les cas, il est fortement conseillé de préserver autant de preuves que possible (factures, photographies, etc.) sur les vins.

## Le vin comme placement

Pour acquérir du vin dans un but spéculatif, il convient de connaître très bien le marché et d'acheter au meilleur prix.
**QUELS VINS ACHETER ?** La spéculation se limite aux grands crus classés de Bordeaux, aux très grands bourgognes et à quelques crus de la vallée du Rhône. Les plus grosses marges se font sur des vins achetés cher à l'origine. Une règle d'or s'impose : vous ne devez acquérir du vin qu'avec l'argent de votre épargne ou, si vous êtes collectionneur, le fruit de la revente d'autres vins.
**COMMENT ACHETER ?** Il faut aussi flairer le bon millésime. C'est pourquoi l'achat en primeur est souvent le meilleur moyen de faire des affaires, mais on peut aussi en faire dans les foires aux vins.
**QUEL GAIN ?** Un placement en vin peut s'avérer très rentable. Il l'a été au cours des vingt dernières années pour ceux qui ont spéculé sur les grands bordeaux de certains millésimes (1986, 1995 et 2000) dont le prix, souvent inférieur à 100 € à l'origine, a été parfois multiplié par trois. N'espérez pas cependant atteindre un taux global de marge brute de plus de 50 % pour l'ensemble de votre cave, en moins de 10 ans. Vous pouvez suivre l'évolution de votre patrimoine sur des sites Internet spécialisés, mais, au moment de vendre, mieux vaut faire appel à un expert, que la transaction se fasse en salle des ventes ou sur un site Internet.

1983
Les Grands Vins du Jura
ARBOIS
APPELLATION ARBOIS CONTROLÉE
cuvée sélectionnée par

# COMMENT BIEN CHOISIR LE VIN ?

# LES GRANDES FAMILLES DE VINS

*Pour l'amateur débutant, faire le bon choix dans l'immense variété des vins qui lui sont proposés en grandes surfaces ou chez le caviste peut paraître compliqué. La tâche sera plus facile si l'on se réfère à la notion de style de vin, ou famille. Voici donc 14 familles de vins, classées en fonction des caractéristiques organoleptiques et des principaux cépages. Pour chaque famille sont indiqués les appellations les plus représentatives, les accords avec les mets et les températures de service.*

## Les vins rouges légers et fruités

Ce sont avant tout des vins de plaisir immédiat que l'on peut aussi qualifier de gouleyants et faciles. Ils se caractérisent par des arômes expressifs de fruits rouges et/ou de fleurs. Leur structure tannique légère est compensée par une agréable acidité, leur finale est simple et désaltérante.

**CÉPAGES.** Issus de cépages tels que cabernet franc, gamay, pinot noir, poulsard, tempranillo, trousseau ou zinfandel, ils vont en restituer toute l'expression aromatique avec des arômes primaires fruités et floraux.

**APPELLATIONS.** On peut citer dans cette catégorie les appellations suivantes : Anjou, Beaujolais, Bourgogne générique, Bourgueil, Côtes-du-Jura, Coteaux-du-Lyonnais, Hautes-Côtes-de-Beaune, Hautes-Côtes-de-Nuits, Pinot noir d'Alsace, Saint-Nicolas-de-Bourgueil, Sancerre rouge, Saumur-Champigny ; pour l'Italie, Valpolicella, pour la Californie, le Zinfandel, pour la Suisse, vins de pinot noir du Valais, pour l'Espagne, vins de tempranillo de Castille.

**ACCORDS.** Ces vins rouges légers et fruités s'accordent avec une cuisine simple ou une cuisine d'été. Ils offrent alors l'agréable faculté d'endosser le rôle de vin unique, tant leur pouvoir d'adaptation est grand. Ils accompagnent également cochonnailles, quiches, pizzas, pâté à la viande, terrine de lapin, fromage de chèvre ou de vache assez crémeux (type saint-marcellin).

**SERVICE.** Servis frais, entre 12 et 14 °C, ces vins s'apprécient surtout jeunes, pendant les deux premières années de bouteille, trois au maximum.

> ***Il est plus facile de choisir une bouteille*** *si l'on se souvient que les vins peuvent être classés selon leur style, en fonction de leur couleur et de leur personnalité gustative : rouges complexes et racés, blancs légers et nerveux, etc.*

## Les vins rouges charnus et fruités

Tout en restant des vins simples, ils se distinguent des précédents par une bouche plus charnue, des tanins un peu plus présents mais sans agressivité. Généralement, ils n'ont pas été élevés dans le bois neuf, préservant ainsi leur caractère fruité.

Ces vins développent des arômes de fruits rouges, avec des notes souvent épicées.

**CÉPAGES.** Les cépages cabernet franc, carignan, grenache, merlot, mondeuse, pinot noir, syrah et, pour l'Italie, sangiovese sont les cépages les plus couramment utilisés pour l'élaboration de ces vins.

**APPELLATIONS.** On trouve ces vins rouges charnus et fruités sous les appellations Bergerac, Bordeaux supérieur, Buzet, Chinon, Castillon-Côtes-de-Bordeaux, Côte chalonnaise, Côtes-de-Provence, Côtes-du-Rhône-Villages, Coteaux champenois, Fronton, Saint-Joseph et, pour l'Italie, Chianti, pour l'Espagne, Penedès.

**ACCORDS.** Ces vins se marient bien avec une savoureuse cuisine de terroir : petit gibier à poil et à plume, pâté de campagne, viande en sauce (bœuf bourguignon, par exemple), viande rouge rôtie, grillades ; ainsi qu'avec les fromages à pâte pressée non cuite de type tomme ou saint-nectaire.

**SERVICE.** Il est préférable de boire ces vins après une à deux années de vieillissement en bouteille, et de les servir à une température comprise entre 15 et 17 °C.

### LE SAVIEZ-VOUS ?

***La couleur du vin rouge peut renseigner sur son identité.*** *La palette des vins rouges va du rubis très clair au grenat le plus sombre. Un vin présentant une robe (ou couleur) intense et sombre est associé à une idée de concentration. A contrario, un vin plus clair suggère une bouche plus légère, plus fluide, moins tannique. Ainsi, par simple observation visuelle, le dégustateur peut déjà se faire une idée de la personnalité gustative du vin... et même, parfois, en déduire son origine. Par exemple, une robe grenat foncé signe plus certainement un vin de Bordeaux ou du sud de la France que celle d'un Beaujolais ou d'un Bourgogne.*

## Les vins rouges complexes, puissants et généreux

> Vins rouges charnus et fruités.

Ces vins présentent un caractère plus affirmé et une forte personnalité avec une texture suave construite sur une matière riche en alcool et en tanins qui demandera un peu de temps pour se fondre. Le plus souvent élevés dans des barriques, ils montrent des arômes plus complexes, avec des notes boisées, voire épicées, associées à celles de fruits noirs très mûrs. À la dégustation se dégage une impression de puissance, qu'il s'agisse de vins « de soleil » (provenant du Languedoc ou du Roussillon, par exemple) ou d'appellations plus classiques comme celles du Libournais. Ils offrent une finale complexe de bonne persistance. Les vins à forte proportion de merlot, comme on les élabore à Pomerol et à Saint-Émilion (voir p. 267 et 268), présentent une chair au grain particulièrement velouté. Ce sont les plus chers de cette catégorie.

**CÉPAGES.** Ces rouges sont issus de cépages tels qu'auxerrois, cabernet franc, carignan, grenache, malbec, merlot, mourvèdre, syrah, tannat.

**APPELLATIONS.** On les retrouve, entre autres, sous les appellations suivantes : Cahors, Châteauneuf-du-Pape, Corbières, Côtes-de-Bourg, Côtes-de-Blaye, Côtes-du-Roussillon-Villages, Coteaux-du-Languedoc, Fronsac, Gigondas, Madiran, Minervois, Lalande-de-Pomerol, Pomerol, Saint-Émilion Grand Cru. À l'étranger, ce sont les vins de la Rioja en Espagne, les Merlots du Chili, les Shiraz d'Australie.

**ACCORDS.** Ces rouges complexes, puissants et généreux appellent des mets riches en saveurs et en gras : cassoulet, confit de canard, champignons (truffes, en particulier), escalope de foie gras, plats en sauce avec vin rouge (daube), viande rouge grillée ou rôtie, gros gibier à poil ou à plume ; et des fromages à pâte pressée non cuite de type tomme ou cantal.

**SERVICE.** Ces vins se boivent après un minimum de trois ans de bouteille. Jeunes, ils gagnent à être transvasés en carafe, et servis à une température entre 15 et 17 °C.

## Les vins rouges complexes, tanniques et racés

Ces rouges, racés et distingués, se situent dans une gamme de prix élevés. Ils demandent une certaine attention de la part du dégustateur et s'apprécient après plusieurs années de bouteille. En raison de leur importante charge tannique, ils se révèlent souvent un peu austères dans leur jeunesse. Avec le temps, les tanins se fondent et donnent une chair ferme, élégante, dense avec un grain plus velouté. Le plus souvent élevés dans des barriques de chêne neuf, ils en présentent les notes boisées, toastées, épicées qui se marient avec celles de fruits rouges et noirs très mûrs. Mais c'est lors de leur maturité qu'ils révèlent toute leur complexité aromatique. Ils se distinguent par leur finale longue et racée.

**CÉPAGES.** Ces vins sont issus de cépages comme le cabernet-sauvignon, le mourvèdre, la syrah ou le nebbiolo (Italie).

**APPELLATIONS.** On peut citer les appellations françaises suivantes : Bandol, Cornas, Côte-Rôtie, Graves, Haut-Médoc, Hermitage, Margaux, Pauillac, Pessac-Léognan, Saint-Estèphe, Saint-Julien. À l'étranger, ce sont le Barolo d'Italie, et le Cabernet-Sauvignon de Californie, du Chili et d'Afrique du Sud.

**ACCORDS.** Les rouges complexes, tanniques et racés s'accordent avec des mets riches en saveurs mais pas trop gras tels que truffes, gibier à poil et à plume, magret, viandes rôties (agneau de Pauillac, par exemple) ainsi qu'avec des fromages à pâte pressée non cuite de type cantal ou saint-nectaire.

**SERVICE.** Il est conseillé de déguster ces vins après un minimum de cinq ans de bouteille, de les décanter et de les servir entre 16 et 17 °C.

## Les vins rouges complexes, élégants et racés

Cette catégorie ne concerne que les vins de premier et grand cru de Bourgogne, rares et exceptionnels car de production limitée. Ces vins rouges se caractérisent par la puissance de leurs arômes de petits fruits rouges, de fleurs (telle la rose) qui, avec le temps, se marient avec des notes élégantes de sous-bois et de gibier. Leur bouche soyeuse et leur finale persistante en sont les autres signes distinctifs.

**CÉPAGE.** Comme tous les rouges de Bourgogne, ces vins ont en commun un unique cépage : le pinot noir.

**APPELLATIONS.** S'y retrouve le meilleur de la Bourgogne. Citons en particulier quelques-uns des célèbres premiers et grands crus de la Côte d'Or qui se situent sur les communes de Gevrey-Chambertin, Morey-Saint-Denis, Chambolle-Musigny, Vougeot, Vosne-Romanée pour la Côte de Nuits, Corton, Pernand-Vergelesses, Beaune, Volnay et Pommard pour la Côte de Beaune. En Amérique du Nord, on peut mentionner les meilleurs Pinots noirs d'Oregon.

**ACCORDS.** Ces rouges élégants et racés s'accordent à merveille avec des plats mitonnés : coq au vin, œuf en meurette, viandes rôties, petit gibier à poil et à plume, et avec des fromages à pâte molle et à croûte fleurie pas trop forts comme le brie et le coulommiers.

**SERVICE.** Après un minimum de cinq ans de vieillissement en bouteille, ces grands vins se dégustent à une température de service entre 16 et 17 °C.

## Les vins rosés vifs et fruités

Ces vins de soif se boivent jeunes. Ils sont très désaltérants, légèrement acidulés, avec une expression aromatique très fruitée. On les obtient en général par pressurage direct de raisins rouges.

**CÉPAGES.** Les principaux cépages utilisés sont : cabernet franc, carignan, cinsaut, grenache, poulsard, tibouren, zinfandel.

**APPELLATIONS.** On retrouve ces rosés vifs et fruités sous de nombreuses appellations, parmi lesquelles Bellet, Coteaux-d'Aix-en-Provence, Coteaux varois, Côtes-du-Luberon, Côtes-de-Provence, Côtes-du-Jura, Irouléguy, Palette, Rosé de Loire et, pour la Californie, le *blush*.

> Vins rouges complexes, élégants et racés.

> Vins rosés vifs et fruités.

**ACCORDS.** Ces vins accompagnent parfaitement une cuisine estivale légère, comprenant notamment crudités, salades composées, pâtes aux légumes, tartes salées aux légumes, tapenade, anchoïade, pizzas, fromage de chèvre frais ou un peu sec.
**SERVICE.** Ces vins se boivent dans leur première année et se servent assez frais, entre 8 et 10 °C. Attention, un froid excessif empêche d'apprécier leurs arômes fruités et floraux.

## Les vins rosés vineux et corsés

Tout en gardant le côté désaltérant du rosé, ces vins ont une expression moins acidulée, plus proche des fruits rouges, parfois épicée, avec une bouche plus ronde, plus vineuse et une légère structure tannique. Leur couleur est plus soutenue que celle des précédents. Ce sont souvent des rosés élaborés selon la méthode « de saignée » (voir p. 66).
**CÉPAGES.** Citons les cépages carignan, grenache, merlot, mourvèdre, négrette, pinot noir, syrah.
**APPELLATIONS.** Les rosés des appellations suivantes illustrent parfaitement cette catégorie : Bandol, Bordeaux clairet, Coteaux-du-Languedoc, Côtes-du-Rhône, Lirac, Marsannay, Rosé des Riceys, Tavel, ainsi que des rosés d'Italie, d'Espagne et de tout le pourtour méditerranéen.
**ACCORDS.** Ces rosés vineux et corsés se marient avec des plats d'été, forts en goût, à base d'huile d'olive, de légumes et de poissons tels que l'aïoli, la bouillabaisse, le tian d'aubergines, la ratatouille, les rougets, mais aussi avec des grillades et du fromage de chèvre affiné. Ils peuvent aussi accompagner les plats du Moyen-Orient et d'Asie.
**SERVICE.** Ces vins doivent être servis frais, entre 8 et 10 °C. Ils se boivent pendant les deux premières années de bouteille.

> Vins blancs secs légers et nerveux.

LE SAVIEZ-VOUS ?

***Le vin le plus ancien de l'Histoire est le rosé.***
*Il fallut attendre la fin du XVII^e^ siècle pour que les vins prennent d'abord la teinte vermeil avant de devenir rouges, une fois qu'on apprit à prolonger la macération des peaux colorées dans le moût pour favoriser l'extraction des matières colorantes. Les Britanniques se souviennent d'ailleurs de ces temps anciens, car ils continuent d'appeler le bordeaux « clairet ».*

## Les vins blancs secs légers et nerveux

Ce sont des vins vifs, faciles et désaltérants, qui développent des arômes simples et peu complexes de fleurs et de fruits.
**CÉPAGES.** Leurs cépages les plus courants sont aligoté, chasselas, chardonnay, gros-plant, jacquère, melon de Bourgogne (muscadet), pinot blanc, sauvignon, sylvaner ou alvarinho (pour le Vinho Verde).
**APPELLATIONS.** Les appellations qui illustrent le mieux cette famille sont Bourgogne aligoté, Cheverny, Crépy, Entre-deux-Mers, Mâcon-Villages, Muscadet, Petit Chablis, Alsace Pinot blanc, Alsace Sylvaner, Apremont, Fendant pour la Suisse, Vinho Verde pour le Portugal, Sauvignon du Frioul, Fumé blanc de Californie.
**ACCORDS.** Ils s'accommodent d'une cuisine simple, peu sophistiquée, aux saveurs peu complexes : fruits de mer dont les huîtres, les légumes crus ou cuits, les escargots, les cuisses de grenouille, les poissons en terrine, grillés ou en friture, la charcuterie et les fromages de chèvre.
**SERVICE.** Ces vins secs légers et nerveux se boivent très jeunes (moins de deux ans) et frais, à environ 8 °C.

### Le style général des vins blancs

Les vins blancs sont élaborés à partir de raisins blancs ou de raisins rouges à pulpe incolore, sans macération des parties solides de la grappe. Il en résulte une absence de tanins qui les rend plus désaltérants que la plupart des vins rouges. Leur acidité, très rafraîchissante, fait des vins blancs les partenaires privilégiés des produits de la mer. Très agréables à l'heure de l'apéritif, ces vins s'accordent également très bien avec de nombreux fromages.

## Les vins blancs secs souples et fruités

Ces vins se caractérisent par leurs arômes très fruités, souvent marqués par les agrumes, une chair assez souple et leur agréable fraîcheur.

**CÉPAGES.** Ces blancs proviennent de cépages tels qu'altesse, chardonnay, chenin, clairette, gros-manseng, mauzac, rolle, sauvignon, sémillon, ugni blanc et, pour l'Italie, vermentino.

**APPELLATIONS.** On peut citer les appellations suivantes : Bandol, Bellet, Cassis, Chablis, Côtes-de-Blaye, Coteaux-d'Aix-en-Provence, Côtes-de-Provence, Gaillac, Graves, Jurançon sec, Pouilly Fumé, Pouilly-Fuissé, Montlouis, Roussette de Savoie, Saint-Véran, Sancerre, vins de Corse et blancs de Sardaigne.

**ACCORDS.** Ces vins s'accordent avec une cuisine variée, simple ou plus élaborée, comprenant coquillages crus ou cuits, pâtes aux fruits de mer, mousseline de poisson, poissons crus ou grillés, charcuterie, en particulier rillettes et rillons, et fromages de chèvre demi-secs ou secs.

**SERVICE.** Ces blancs peuvent se boire jusqu'à leur troisième année de bouteille. On les sert frais, entre 8 et 10 °C.

## Les vins blancs secs amples et racés

Plus complexes que les précédents, ces vins se distinguent par leur matière plus riche, plus grasse qui donne une sensation de volume dans la bouche. Ils ont une agréable acidité qui les rend désaltérants. Leur finale est longue, persistante et, dans le meilleur des cas, racée. Pour ces vins souvent élevés ou vinifiés dans des barriques, des notes boisées, légèrement vanillées, voire crémées, s'ajoutent à celles de fruits bien mûrs, d'herbes aromatiques et de fleurs blanches.

**CÉPAGES.** Ces blancs racés sont issus de cépages plus nobles : chardonnay, chenin, marsanne, riesling, roussanne, sauvignon, sémillon.

**APPELLATIONS.** Ce sont bien évidemment les grandes appellations en blanc de Bourgogne comme Chablis Premier et Grand Cru, Corton-Charlemagne, Meursault, Chassagne-Montrachet, Puligny-Montrachet, Montrachet ; celles de la vallée de la Loire comme Montlouis, Savennières, Vouvray ; mais aussi l'appellation bordelaise Pessac-Léognan et, dans le meilleur des cas, les vins de chardonnay de Californie, du Chili, de Nouvelle-Zélande et d'Afrique du Sud.

**ACCORDS.** Ces vins se destinent tout naturellement à la grande cuisine. Ils aiment les coquilles Saint-Jacques, le homard, le turbot mais aussi le foie gras poêlé, les champignons sauvages, les viandes blanches à la crème, les fromages très crémeux de type saint-félicien, saint-marcellin et certains chèvres affinés tel le picodon.

**SERVICE.** Ils révèlent toute la bonté de leur caractère après trois à cinq ans de bouteille et, surtout, ne se servent pas trop frais, entre 10 et 12 °C.

## Les vins blancs secs très aromatiques

Ces blancs se distinguent par l'exubérance de leurs arômes et leur forte personnalité gustative. Ce sont des vins très typés, aux arômes très caractéristiques qui permettent d'identifier le cépage par simple olfaction.

**CÉPAGES.** C'est le cas du gewurztraminer avec ses notes de fruits très exotiques et de loukoum, du viognier qui fleure bon la

> Vins blancs secs amples et racés.

pêche ou l'abricot, du muscat pour ses arômes justement très muscatés, du pinot gris offrant un nez à la fois de fumé, d'épices et de miel ou encore du riesling au caractère très minéral qui rappelle souvent le pétrole. C'est aussi le cas du savagnin, cépage du vin jaune du Jura, et du palomino, cépage d'Andalousie qui donne les Xérès, dont le Fino, qui offrent des arômes très repérables de froment, de fruits secs, d'écales de noix et d'épices.

**APPELLATIONS.** Les appellations les plus réputées sont vin jaune et Château-Chalon dans le Jura, ou Condrieu et Château-Grillet dans la vallée du Rhône. En Alsace, elles portent simplement le nom de leur cépage à la mode germanique, soit gewurztraminer, muscat, riesling, pinot gris. En Espagne, c'est plus particulièrement le Xérès Fino dans la famille plus large des Xérès (voir Les vins doux naturels, p. suivante).

**ACCORDS.** Leur originalité réclame une cuisine particulière, très aromatique, utilisant des épices ou des herbes : curry de viande ou de fruits de mer, poulet à la crème et aux morilles, homard à l'américaine pour les vins issus de savagnin ou de palomino ; saumon à l'aneth mais aussi poisson fumé avec les Rieslings et les Pinots gris. Du côté des fromages, les pâtes pressées cuites de type beaufort et comté, ou au goût prononcé de type munster, leur conviennent particulièrement bien.

**SERVICE.** Ces vins se boivent assez jeunes et assez frais, entre 8 et 10 °C pour les vins issus de muscat et de viognier, ou après trois à cinq ans de bouteille pour les autres, servis entre 10 et 12 °C.

> Vins blancs demi-secs, moelleux et liquoreux.

## Les vins blancs demi-secs, moelleux et liquoreux

Ces vins se caractérisent par la présence, plus ou moins importante, de sucres résiduels contenus naturellement dans le jus de raisin et qui n'ont pas été transformés en alcool. Ceux-ci peuvent être obtenus soit par surmaturation du raisin qui, en perdant une partie de son eau pour avoir été vendangé tardivement, donne un jus très concentré, soit par l'intervention d'un micro-organisme sur la baie, le *Botrytis cinerea* (voir encadré p. 54). Dans le premier cas, les vins seront demi-secs ou moelleux ; dans le deuxième cas, ils sont dits liquoreux car extrêmement riches en sucres. Ces vins se définissent par leur chair moelleuse, voire visqueuse, équilibrée par une bonne acidité, des arômes riches et complexes de fruits, de miel, et leur finale longue et très persistante.

**VRAI OU FAUX ?**

***Les vins blancs ne sont jamais des vins de garde.***

**FAUX.** Les grands blancs liquoreux sont capables de tenir tête à plusieurs siècles ! Le secret de cette longue garde c'est la conjonction de trois composants : sucre, alcool, acidité. Ces vins proviennent de cépages acides, le sémillon (pour le Sauternes), le chenin (pour le Vouvray), le furmint (pour le Tokaj).

**CÉPAGES.** Seuls certains cépages sont susceptibles de donner ces vins. Les plus connus sont le chenin dans la vallée de la Loire, le petit-manseng, le sauvignon, le sémillon et la muscadelle dans le Sud-Ouest, le muscat, le gewurztraminer, le riesling et le pinot gris en Alsace.

**APPELLATIONS.** Les principales appellations sont : Gewurztraminer Vendanges tardives et Sélection de grains nobles, Pinot gris Vendanges tardives et Sélection de grains nobles, Riesling Vendanges tardives et Sélection de grains nobles en Alsace ; Bonnezeaux, Coteaux-de-l'Aubance, Coteaux-du-Layon, Quarts-de-Chaume, Montlouis et Vouvray pour la Loire ; Cérons, Jurançon, Monbazillac, Sainte-Croix-du-Mont et Sauternes pour le Sud-Ouest ; « vins de glace » d'Allemagne et du Canada.

**ACCORDS.** Très appréciables à l'apéritif, ces vins blancs s'accordent aussi traditionnellement avec des plats riches en gras : foie gras, poulet à la crème, canard à l'orange, des fromages à pâte persillée de type roquefort, des tartes aux fruits jaunes et des desserts à base de crème (sabayon, crème brûlée). Pas trop riches en sucres, ils s'allient aussi avec une cuisine plus exotique, épicée, alliant le salé au sucré.

**SERVICE.** C'est après trois à cinq ans minimum de bouteille qu'ils s'apprécient le mieux. Ils doivent être servis frais, mais pas glacés, entre 8 et 10 °C.

## Les vins effervescents

Vins de fête par excellence, les effervescents composent une large famille dont les champagnes sont les plus illustres représentants. Mais pratiquement toutes les régions viticoles en France, mais aussi à l'étranger, que ce soit en Europe ou dans les pays du Nouveau Monde, produisent ce type de vin. La présence de gaz et une bonne acidité leur donnent une bouche vive et légère, de grande qualité rafraîchissante. Ils peuvent être extra-bruts, bruts, secs, demi-secs ou doux. Ils ont des arômes délicats de fruits, de fleurs et, parfois, de viennoiserie.

**CÉPAGES.** Les principaux cépages sont cabernet franc, chardonnay, chenin, clairette, mauzac, merlot, muscat, pinot blanc, pinot noir, pinot meunier, sauvignon, savagnin.

**APPELLATIONS.** Si le champagne occupe une place de choix, d'autres vignobles produisent également des vins effervescents. Certains sont élaborés selon la même méthode de la seconde fermentation en bouteille, tels que les crémants d'Alsace, de Bourgogne et de Loire, la Blanquette de Limoux dans le Midi, le Saumur et le Vouvray dans la vallée de la Loire ou le Seyssel de Savoie et le Cava d'Espagne. D'autres appellations sont produites selon une méthode locale, comme la Clairette de Die ou certains mousseux de Gaillac. Ces vins effervescents sont souvent plus légers et parfois plus fruités que le champagne, comme le Moscato d'Asti, l'Asti spumante et le Prosecco italien, le Sekt allemand, ou encore le Cava espagnol.

> Vins effervescents.

**ACCORDS.** Très appréciés en apéritif, les vins effervescents peuvent aussi être servis tout au long d'un repas. Les bruts pourront accompagner des fruits de mer, une terrine de poisson, des poissons grillés, fumés ou servis avec une crème légère, des fromages à pâte molle et à croûte fleurie (camembert, par exemple). Les secs et demi-secs conviendront à ces mêmes fromages et aux desserts aux fruits, à une meringue ou à une crème anglaise.

**SERVICE.** Les vins effervescents se boivent jeunes. Ils doivent impérativement être servis frais, entre 8 et 10 °C.

## Les vins doux naturels et les vins de liqueur

Cette famille regroupe des vins d'exception, riches en alcool et en sucres, avec une forte personnalité aromatique. Ils sont élaborés à partir de méthodes qui leur sont particulières.

Les vins doux naturels (VDN) sont issus de mutage. Ce procédé consiste à rajouter de l'alcool neutre en cours de fermentation de façon à préserver une partie des sucres naturels du raisin tout en augmentant leur force alcoolique (ils titrent

### LE SAVIEZ-VOUS ?

***On peut facilement éviter qu'un vin effervescent déborde au moment du débouchage,*** *si l'on maintient l'ensemble du vin à la même température dans la bouteille. Pour cela, il suffit de mettre celle-ci au bas du réfrigérateur pendant trois heures. Le seau à champagne sera très utile, après, pour maintenir le vin au frais tout au long du service.*

*Pour les grandes cuvées, rappelons que la température de service se situe entre 11 et 12 °C.*

entre 14 et 18 % vol.). Ces vins sont produits dans des régions chaudes comme le Languedoc, le Roussillon, le sud de la Vallée du Rhône, la Corse et, bien sûr, le Portugal. Tous avouent une bouche gourmande, très suave et une finale aromatique persistante. Les vins de liqueur résultent d'assemblage de jus de raisin peu ou pas fermenté avec de l'eau-de-vie. Ils titrent entre 16 et 22 % vol. L'alcool le dispute à la saveur particulièrement fruitée.

**CÉPAGES.** Les cépages principaux utilisés pour l'élaboration des vins doux naturels sont en rouges, les grenaches gris et noir, le maccabeu et, en blancs, le grenache blanc, la malvoisie et le muscat. Quant aux vins de liqueur, ils sont principalement issus de folle blanche, colombard, ugni blanc pour les blancs, de merlot, cabernet-sauvignon et cabernet franc pour les rosés et les rouges. Les cépages jurassiens donnent le Macvin.

**APPELLATIONS.** Les appellations sont Porto, Banyuls, Rivesaltes, Maury, Rasteau et Muscat de Beaumes-de-Venise. Muscat du Cap-Corse, Muscat de Frontignan, Muscat de Mireval et Muscat de Rivesaltes. Xérès, Madère, Málaga et Marsala rentrent aussi dans cette catégorie des vins mutés, malgré des différences notables dans leur élaboration. Parmi les vins de liqueur, le Pineau des Charentes, le Floc de Gascogne et le Macvin du Jura relèvent d'une AOC. Parmi les autres, citons le Ratafia de Champagne.

**ACCORDS.** Les vins doux naturels s'apprécient à l'apéritif, mais trouvent aussi leur place à table. Selon leur mode d'élevage (voir encadré ci-dessous), ils appellent des mets différents. Les blancs élevés en milieu oxydatif s'accordent bien avec le foie gras frais ou en terrine. Les autres blancs appellent des desserts aux fruits, comme des tartes aux abricots, mais se marient aussi très bien avec les fromages à pâte persillée, tel le roquefort. Les rouges élevés à l'abri de l'air, en raison de leur force tannique et de leur fruité, accompagnent fort bien les gibiers et des plats mariant le sucré et le salé comme le canard aux figues, aux cerises, voire le canard laqué. Mais ils font aussi le bonheur des fromages à pâte persillée. C'est le cas des Banyuls Rimage et des Portos Vintage. Les rouges obtenus selon la méthode oxydative, en raison de leurs arômes, sont les complices évidents des desserts au chocolat, au moka et aux fruits secs. Les vins de liqueur, compte tenu de leur forte teneur en sucres, et en alcool, sont plus à l'aise à l'apéritif, mais ils peuvent aussi accompagner une escalope de foie gras poêlé.

**SERVICE.** Les vins doux naturels issus de muscats se boivent très jeunes sur leur fruit comme les vins de liqueur. Les VDN blancs et rouges élevés en milieu oxydatif peuvent s'apprécier rapidement mais aussi se garder, contrairement aux précédents. En revanche, les autres méritent trois à cinq années de bouteille pour avouer toute leur bonté.

> Vins doux naturels et vins de liqueur.

## Les vins doux naturels : des goûts et des couleurs !

Selon leur mode d'élaboration, la couleur et la personnalité gustative de ces vins varient ! Les vins élevés à l'abri de l'air et mis en bouteilles tôt conservent leurs arômes primaires fruités et floraux et, pour les rouges, toute leur force tannique. C'est le cas des Muscats de Beaumes-de-Venise, de Frontignan… qui ont une belle couleur or et offrent des notes gourmandes d'abricot, de melon, de miel, de fleurs et de menthe fraîche. C'est le cas aussi des Rivesaltes qui gardent alors une robe claire et des arômes de fleurs blanches, de miel. En revanche, au contact de l'air, ces mêmes vins évoluent, s'oxydent vers des teintes fauves et des arômes de type rancio. Ainsi, les Rivesaltes, lorsqu'ils sont élevés en milieu oxydatif, prennent des teintes sombres qui vont du tuilé à l'ambre et offrent des notes prononcées d'amande, de noix, de noisette et d'agrumes confits…

1

2

3

4

# Les vins et les millésimes mythiques

**On les appelle les vins de rêve tant ils semblent inatteignables par leur rareté, et... bien sûr leur prix. Ce sont des vins dont on parle plus qu'on ne les boit. Petit aperçu de ces mythes liquides.**

## PETRUS 1945

Bien que ne faisant pas partie des grands crus classés en 1855, Petrus est devenu un mythe et son millésime 1945, un mythe dans le mythe. Pourquoi un tel engouement ? Parce que 1945 marque l'acquisition définitive de Petrus par Edmonde Loubat, qui saura hisser son vignoble au rang des plus grands grâce à une alliance intelligente avec le négociant Jean-Pierre Moueix. Apprécié de la reine Élisabeth II d'Angleterre comme du président Kennedy, Petrus prend son essor dans les années 1960. Vin culte, le Petrus 1945 est estimé entre 1700 et 2000 € la bouteille.

## CHEVAL BLANC 1947

Premier grand cru classé « A » de Saint-Émilion, le château Cheval Blanc, propriété de Bernard Arnault et d'Albert Frère, s'est imposé depuis le XIXe siècle comme l'un des plus grands Saint-Émilions. Ce vignoble de 37 hectares se distingue par une proportion élevée de cabernet franc dans un secteur où le merlot est roi, ce qui fait sa typicité. Année mythique, 1947 a laissé ici la marque d'un millésime exceptionnel, avec une jeunesse encore étonnante et des arômes de fruits confits, d'épices et de moka qui évoquent un grand porto vintage. Estimation : de 1200 à 1700 € la bouteille.

## MOUTON-ROTHSCHILD 1945

Propriété de la famille Rothschild depuis 1853, ce domaine de 84 hectares en appellation Pauillac figura comme second cru dans le classement de 1855 jusqu'à ce que le baron Philippe de Rothschild obtienne son ascension au rang de premier cru, en 1973. Le millésime 1945, mythique à bien des égards, porte une étiquette illustrée par le V de la victoire. C'est la première d'une longue série d'étiquettes artistiques. Apprécié pour sa qualité comme pour sa symbolique, le Mouton-Rothschild 1945 est devenu, le 28 septembre 2006, le vin le plus cher du monde lors d'une vente aux enchères organisée par Christie's : un lot de 12 bouteilles a atteint ce jour-là les 228 500 €, soit 22 650 € la bouteille.

## CHÂTEAU D'YQUEM 2001

Classé premier grand cru exceptionnel en 1855, ce vignoble de Sauternes d'une centaine d'hectares avait déjà une solide réputation pour avoir, entre autres, été grandement apprécié par l'Américain

5

7

6

1. Petrus (Pomerol).
2. Vinothèque au château Mouton-Rothschild.
3. Château Cheval Blanc (Saint-Émilion Grand Cru).
4. Château d'Yquem (Sauternes).
5. Romanée-Conti.
6. Scharzhofberger (Moselle).
7. Chai d'élevage de Tokaj.
8. Château Rayas (Châteauneuf-du-Pape).

8

Thomas Jefferson et bien des têtes couronnées d'Europe. Propriété de la famille Lur-Saluces depuis le XVIIIe siècle, le domaine est passé sous le contrôle du groupe LVMH en 1999. Deux ans plus tard, il produisait l'un de ses plus fameux millésimes, jugé exceptionnel par l'ensemble de la critique, rejoignant ainsi les belles années 1811 et 1847. Son prix : autour de 1300 € la bouteille.

## ROMANÉE-CONTI 1990

Sur 1,80 hectare, cette appellation monopole de Bourgogne (c'est-à-dire entre les mains d'un seul propriétaire) produit moins de bouteilles que les plus petits châteaux du Bordelais. Tous les critiques l'admettent, ce vin est proche de la perfection, notamment le millésime 1990 décrit comme la quintessence du pinot noir. Le prix d'une bouteille varie de 7 500 à 12 000 €, ce qui fait de la Romanée-Conti 1990 l'un des vins les plus chers du monde et le place au rang d'une œuvre d'art.

## CHÂTEAU RAYAS 1978

Discret, sinon secret, ce fameux cru de Châteauneuf-du-Pape se distingue par l'emploi exclusif de vieux ceps de grenache alors que c'est l'assemblage d'une grande variété de cépages qui fait la réputation des grands vins de l'appellation. Le château Rayas a été pris en main par Jacques Reynaud en 1978. Pour un coup d'essai, ce fut un coup de maître. Le millésime 1978 a reçu un accueil exceptionnel aux États-Unis. Réputé pour sa concentration et sa finesse, ce vin de très grande garde se caractérise par des notes d'épices et de cuir. Son prix dépasse les 1000 € dans les ventes aux enchères.

## TBA SCHARZHOFBERGER 1976

Dans la vallée de la Sarre, en Allemagne, Egon Müller est l'héritier d'une famille dont le nom est associé aux grands vins de riesling. Le mûrissement en pourriture noble permet d'obtenir des nectars exceptionnels par leur concentration en sucres et par leur acidité qui ne leur permet pas de dépasser 6 % vol. en alcool. Le *Trockenbeerenauslese* (TBA), équivalent d'une « sélection de grains nobles », est un vin remarquable lorsqu'il provient de la parcelle du Scharzhofberger. La deuxième trie du millésime 1976, considérée comme l'une des meilleures cuvées de tous les temps, est estimée à plus de 1000 € la demi-bouteille.

## TOKAJ DISZNOKÖ 6 PUTTONYOS 1993

La renaissance du prestigieux vignoble de Tokaj, en Hongrie orientale, a été marquée par l'arrivée d'investisseurs occidentaux. Disznokö, le « rocher du sanglier », dont le terroir fut classé grand cru en 1772, est la propriété de la compagnie Axa, qui l'a entièrement restructuré. Dans la catégorie *aszú*, vins liquoreux issus de raisins récoltés grain par grain, le millésime 1993 marque le renouveau du domaine.

CUILLERON
SAINT-JOSEPH
2006
CÔTE-RÔTIE
2006
CUILLERON
CÔTE-RÔTIE
2005
LOIRE
SUD-OUEST
DOMAINE DU TOURILLON
VIN JAUNE
Côtes du Jura
ARBOIS
ARBOIS

LANGUEDOC
LANGUEDOC
VINS ÉTRANGERS

# LES PRINCIPES DES ACCORDS METS-VINS

*Un repas sans prétention s'accompagne agréablement d'un vin modeste. Mais dès que la cuisine est élaborée, ou que les aliments sont particulièrement goûteux, un vin de qualité paraît plus approprié. Voici quelques conseils pour marier avec bonheur plats et vins, selon les circonstances, en tenant compte de leurs caractéristiques gustatives.*

## Choisir selon les circonstances

Au quotidien, le vin n'est pas toujours présent, et si c'est le cas, il peut s'agir de vins simples et modestes, ne bénéficiant pas d'une appellation d'origine (un vin de cépage, par exemple). Mais, quand la cuisine est plus élaborée, le plaisir sera accru par un vin de qualité. Voici quelques suggestions, à adapter selon votre budget, sachant qu'on peut éprouver, dans une très large gamme de prix, d'authentiques émotions gustatives.

**AUTOUR D'UN PLAT UNIQUE.** La simplicité l'emporte et vous vous réunissez entre amis autour d'un plat unique et convivial : un chili con carne, des spaghettis bolognaise ou une paella. Pour les deux premiers plats, un vin rouge frais et friand, Beaujolais-Villages ou Saumur-Champigny fera tout à fait l'affaire. Un rosé de Provence, des Côtes du Rhône ou du Languedoc conviendra aussi aux trois menus. Les mêmes vins pourront accompagner un camembert en fin de repas.

***Plusieurs mots, mariage, alliance, harmonie, sont utilisés pour évoquer cet accord délicat entre un plat et un vin. Pour que celui-ci soit heureux, il convient de tenir compte des caractéristiques gustatives et tactiles de chacun des deux partenaires.***

**LORS D'UN REPAS EN FAMILLE.** À l'occasion des fêtes familiales, on peut proposer plusieurs vins issus d'appellations connues. Pour que chacun y trouve son compte, le mieux est d'opter pour des vins « consensuels ». Parmi les blancs, on peut citer les vins d'Alsace, l'Entre-deux-Mers, le Muscadet, le Saint-Véran. Pour le rouge, à associer au rôti, plusieurs choix sont possibles : les crus du Beaujolais, les Côtes-de-Bourg, le Gigondas, le Madiran, le Minervois, le Bandol, le Cornas, le Saint-Nicolas-de-Bourgueil.

**AVEC UN MENU GASTRONOMIQUE.** Plus la cuisine est raffinée, plus les vins sélectionnés devront présenter un degré qualitatif indiscutable. Parmi les blancs, on pourra ouvrir un des crus de la côte de Beaune, un Hermitage, un Pessac-Léognan, un Savennières, un Condrieu, un Château-Chalon, un grand cru d'Alsace, un vin jaune du Jura. Les bons vins rouges sont légion mais d'un prix parfois élevé. On choisira en particulier les grandes familles de Pomerol, de Saint-Émilion, les crus classés du Médoc ou des Graves, les Côte-Rôtie, les premiers et les grands crus de Bourgogne.

### MENU DOMINICAL

GÂTEAU DE FOIES BLONDS
*> Saint-Nicolas-de-Bourgueil*

PINTADE RÔTIE AUX CHAMPIGNONS
SAINT-NECTAIRE
*> Bourgogne Hautes-Côtes-de-Nuits*

TARTE AUX FRAISES
*> Sainte-Croix-du-Mont*

*Sans être d'un prix trop élevé, les vins servis lors de ce repas dominical peuvent offrir un bon niveau qualitatif et une souplesse suffisante pour s'adapter au menu classique, qui réunit deux ou trois générations autour d'une même table. Chacun des vins rouges proposés ici pourrait s'accorder sans problème avec l'entrée, le rôti et le fromage. Le dessert sera mis en valeur par l'agréable et fraîche douceur du vin blanc liquoreux.*

## Dans quel ordre ?

**EN APÉRITIF.** Les spiritueux forts en alcool ne préparent pas le palais à apprécier une cuisine goûteuse et des vins de qualité. Avant d'entamer un bon repas, l'option la plus simple est de servir un vin blanc qui conviendra aussi pour l'entrée. La plus élégante consiste à proposer une flûte de champagne « blanc de blancs ».

**EN ENTRÉE.** Le but est de mettre les papilles en éveil sans les fatiguer. On choisira par exemple un blanc bien vif et fruité de type Muscadet ou un vin issu de cépages tels que le sauvignon, le sylvaner, l'aligoté ou le chardonnay ; ces vins peuvent tous convenir aussi à un apéritif.

**AVEC LE(S) PLAT(S).** L'essentiel est de prévoir un ou des vins qui ne fassent pas regretter le précédent. De façon générale, il est ainsi conseillé de servir le blanc sec avant le rouge, le vin rouge jeune avant le vieux, le vin le plus léger avant le plus corsé, le vin le plus simple avant le plus complexe.

**AVEC LE FROMAGE.** La saveur naturelle lactique et salée des fromages s'accorde plutôt mieux avec les vins blancs, secs ou doux, qu'avec les vins rouges. En dépit des traditions, il n'est pas utile de servir le meilleur vin de sa cave, l'assortiment du plateau de fromages n'étant pas obligatoirement compatible avec tel ou tel cru. Voir aussi p. 172.

## Vins pour des pauses gourmandes

Voici quelques idées pour savourer un bon vin en dehors des repas, avec un encas. Le Beaujolais, le Beaujolais-Villages, un Côte-Roannaise, un Côtes-du-Forez, un Coteaux-du-Lyonnais se marient très bien avec toutes les charcuteries. Un vin jaune du Jura est mis en valeur par du comté et quelques cerneaux de noix ; un Banyuls, par un bon fromage de brebis accompagné d'une cuillerée de confiture de cerises noires ; un Gewurztraminer, par du munster bien à point sur du pain de campagne. Avec la Clairette de Die, optez pour une simple brioche, et avec un champagne demi-sec, pour des boudoirs.

> Pour ouvrir l'appétit, un vin blanc frais et acidulé est parfait.

**EN DESSERT.** On peut opter pour un vin moelleux, ou pour un vin doux naturel blanc (Muscats de Mireval, de Rivesaltes ou de Beaumes-de-Venise) ou rouge (Rasteau, Rivesaltes, Banyuls, Porto). Les vins blancs accompagnent particulièrement bien les plats à base de fruits et les rouges, le chocolat sous toutes ses formes.

## Choisir selon les saisons

Nos goûts alimentaires sont plus ou moins consciemment soumis au temps qu'il fait. Par temps froid, chacun apprécie davantage les plats riches et nourrissants, alors que l'envie de légumes et de fruits frais grandit aux premières chaleurs. De même, le plaisir éprouvé à boire tel ou tel vin varie selon les saisons et les plats figurant alors au menu.

**LES ROUGES FRAIS ET LES ROSÉS DE L'ÉTÉ.** En saison chaude, nos préférences vont à des vins qui offrent le plus de fruit et une bonne vivacité. Cette dernière qualité se traduit par une sensation de fraîcheur, due à une acidité

…u faux ?

***Les vins moelleux peuvent être servis en apéritif.***

**VRAI.** Si les vins moelleux sont des vins de …essert par excellence, ils peuvent tout aussi …en être bus en apéritif, surtout si du foie gras …t proposé en entrée. Pour un repas de fête …milial, optez pour le Cérons, le Coteaux-du-…ayon, le Jurançon, le Sainte-Croix-du-Mont …u le Monbazillac. Pour un repas gastronomique, ou pour des occasions exceptionnelles, servez plutôt un vin de vendanges tardives ou un vin liquoreux comme le Sauternes ou le Vouvray moelleux.

### MENU TRADITION

HUÎTRES
> *Chablis*

CANARD RÔTI AUX PETITS LÉGUMES
> *Saint-Émilion Grand Cru*

ROQUEFORT
SAINT-HONORÉ
> *Muscat de Beaumes-de-Venise*

*Ici, c'est la tradition qui prime. Le choix délibéré d'une cuisine bourgeoise est confirmé avec le Chablis servi sur les huîtres, le réconfortant Saint-Émilion Grand Cru sur le canard rôti et une remarquable harmonie des saveurs avec le mariage parfait du roquefort et du Muscat de Beaumes-de-Venise. Ce dernier restera sur la table pour la dégustation du saint-honoré.*

**MENU GASTRONOMIQUE**

FOIE GRAS FRAIS DE CANARD
> *Sauternes*

AGNEAU DE LAIT RÔTI AUX CÈPES
MIMOLETTE VIEILLE
ÉTUVÉE DE 10 ANS D'ÂGE
> *cru classé du Médoc*

GÂTEAU AU CHOCOLAT
> *Banyuls Grand Cru*

*Sérieux et raffiné, voici un menu pour dix convives, que l'on peut réussir chez soi sans risque d'erreur. Accords parfaits et délicats : le foie gras avec un liquoreux, c'est un classique ; l'agneau, les cèpes et la mimolette semblent naturellement faits pour le grand Médoc. Quant au chocolat, toujours très apprécié, il présente peu d'affinités avec les vins, excepté un vin doux naturel comme le remarquable Banyuls.*

bien sensible et à une toute petite présence de tanins très tendres. Ces vins rouges de soif peuvent se servir autour de 14 °C : les Beaujolais, le Côtes-du-Forez, le Coteaux-du-Lyonnais, le Côte-Roannaise, l'Alsace Pinot noir, l'Anjou, le Bourgueil, les Bordeaux et Bordeaux supérieurs.

**LES BLANCS DÉSALTÉRANTS.** S'il souhaite des vins vifs et fringants, l'amateur se tournera vers le Bourgogne Aligoté, le Cheverny, le Crépy, l'Entre-deux-Mers, le Mâcon-Villages, le Saint-Pourçain, l'Alsace Sylvaner ou le Vin de Savoie. Dès lors que les recettes sont plus sophistiquées, mieux vaut opter pour les « blancs de blancs » de Champagne, le Pouilly Fumé, le Sancerre, le Chablis, le Graves, l'Alsace Riesling.

**LES VINS DE L'HIVER.** Les longues soirées d'hiver sont propices aux vins structurés, charpentés et riches. Les blancs prennent du corps et du gras. Pour accompagner poissons nobles et crustacés, coquillages et viandes blanches, on retrouve avec plaisir les Corton-Charlemagne, Meursault, Puligny-Montrachet, Savennières, Alsace Gewurztraminer, Alsace Pinot gris, Châteauneuf-du-Pape blanc ou Chardonnays de Californie. Quant aux vins rouges, ils se corsent, se structurent de fruit et de tanins. Pour accompagner des plats de viandes rouges, rôties ou en sauce, des gibiers en civet et autres daubes, rien de mieux que les Cahors, Madirans, Pauillacs, Gevrey-Chambertin, Vacqueyras, Riojas, Cabernets-Sauvignons du Chili.

## Selon la saveur dominante d'un mets

Nos papilles gustatives sont sensibles à quatre saveurs de base : le sucré, le salé, l'acide et l'amer. Dans la nourriture, on trouve ces quatre éléments à divers degrés de perception. Dans les vins, il est admis que le salé n'existe pratiquement pas. Pour une alliance réussie, il est souhaitable que les vins ne soient pas associés à des mets qui recèlent en excès l'une des quatre saveurs fondamentales.

**AVEC LE SALÉ.** Il faut veiller à ce que l'abus de sel (salaisons, charcuteries, poissons salés tels que la morue, etc.) ne blesse pas l'expression totale de vins complexes, vieux et assagis, que ce soient des rouges ou des blancs. Avec des plats plutôt salés, il vaut mieux servir des vins très jeunes, très fruités, acidulés, au fort pouvoir désaltérant, comme le Muscadet, le Saint-Véran, les Vins de Savoie ou le Sancerre rouge.

**LE SAVIEZ-VOUS ?**

***À la puissance savoureuse d'un mets doit répondre un vin de force et de caractère.***
*Marier un plat délicat avec un vin trop puissant, c'est risquer en revanche de tuer les saveurs du plat par celles du vin. Par exemple, avec une mousseline de poissons, on choisira un vin sec, léger, et de bonne acidité, comme le Muscadet ou le Sancerre ; avec un poisson en sauce, on optera plutôt pour un blanc souple aux arômes subtils, tels qu'un Savennières ou un Pessac-Léognan blanc ; enfin, avec un poisson meunière, on préférera un Alsace Riesling ou un Mâcon Lugny ; enfin, avec un ris de veau, un Bouzy.*

> La saveur iodée des fruits de mer s'accorde bien avec un vin blanc tout simple.

> Une terrine de campagne est un savoureux « prétexte » pour déguster un vin en dehors du repas.

**AVEC LE SUCRÉ.** Certaines préparations sucrées, par exemple contenant des fruits (pêche, cerise, pruneau, figue, ananas, noix de coco), durcissent exagérément tout vin sec, le rendant trop astringent s'il est rouge, et très mordant s'il est blanc. Ces plats nécessitent donc des vins très fruités, moelleux ou riches en alcool et très aromatiques. Dans le cas d'école qu'est le fameux canard à l'orange, des vins mutés comme le Banyuls mais aussi l'exceptionnel vin jaune du Jura formeront un accord parfait.
**AVEC L'ACIDE.** On risque de désavantager tout vin tannique ou mature par l'acidité d'un plat. Avec une vinaigrette, par exemple, il n'existe pas d'autre boisson possible que l'eau. Avec un plat légèrement acide, il faut choisir un vin blanc ou rosé, très jeune, même simple et modeste, plutôt qu'un vin rouge, surtout s'il est très tannique et patiemment vieilli. Ce serait sinon un double crime : pour le vin et pour le plat !
**AVEC L'AMER.** Cette saveur se cache dans bien des aliments et surtout dans certains légumes : artichauts, asperges, endives, épinards. L'amer est également présent dans le café, le thé et le chocolat. Les vins s'accordent mal avec les aliments au goût amer, qui les rendent durs et asséchants. Quelques-uns font exception : l'Alsace Muscat, le vin jaune et le Xérès peuvent ainsi accompagner les légumes (à condition de ne pas les assaisonner avec une vinaigrette) ; les vins doux naturels rouges s'accordent avec le chocolat.

## Harmoniser des textures et des arômes

Les amoureux de bonne chère n'apprécient pas seulement un plat pour ses saveurs, mais aussi pour sa consistance ou ses arômes. Lors d'un bon repas, ces éléments peuvent aussi être pris en compte pour le choix du vin.
**LES TEXTURES.** Il existe des vins fluides (Beaujolais, Muscadet), des vins gras (Bourgogne, Côtes-du-Rhône), des vins astringents (vins du Sud-Ouest de Bordeaux). Ces caractéristiques peuvent jouer un rôle complémentaire avec celles de certains aliments. Par exemple, un pot-au-feu s'accordera bien avec un Beaujolais-Villages fruité et vif qui va atténuer la texture filandreuse du bœuf et les saveurs marquées des légumes. De même, avec la cuisine du Sud-Ouest, les vins de la région (Madiran, Cahors, Tursan, Côtes-du-Brulhois), bien charpentés, verront leurs tanins adoucis par le gras et par la saveur des mets. De façon générale, on associe plutôt les plats à consistance molle avec un vin léger peu tannique, et les plats gras à la texture souple avec un vin rond.
**LES ARÔMES.** Les mets peuvent parfois rehausser aussi les arômes de vin. Mais cette concordance aromatique entre mets et vins n'est pas facile à obtenir. Quelques associations sont néanmoins connues. Par exemple, un canard aux cerises ou aux figues exalte les parfums de fruits rouges et noirs d'un Banyuls Rimage ; un plat avec des truffes sublime un Hermitage mûr ou un Pomerol aux arômes truffés ; une tarte à l'orange ou au citron amplifie le goût d'orange amère d'un vieux Sauternes. L'important dans tous les cas est que l'arôme du vin n'écrase pas celui du plat, et vice versa.

### Les accords difficiles

Ce sont surtout les vinaigrettes et les légumes amers (artichauts, asperges, endives, épinards) qui tuent la saveur des vins de qualité. Les petits pois et les carottes, eux, par leur douceur naturelle, déprécient les rouges tanniques. Du côté des viandes et des poissons, il existe peu de risques d'altérer le goût du vin. Attention néanmoins aux plats très épicés (orientaux, par exemple) et aux saveurs aigres-douces (chinoises entre autres). Ces types de cuisine ne s'accordent en général qu'avec des vins blancs très structurés et aromatiques comme l'Alsace Gewurztraminer, les Côtes-du-Rhône blancs ou des rosés comme le Tavel ou le Côtes-de-Provence, mais aussi avec des vins doux naturels. Peu de rouges leur conviennent.

**VRAI OU FAUX ?**

***Le vin pâtit plus du froid que de la chaleur.***

**FAUX.** C'est la chaleur au moment du service qui, plus que le froid, est susceptible d'altérer la qualité d'un vin. Les vins blancs (à l'exception des grands crus), les vins rosés et les vins rouges de l'année, surtout, doivent être servis frais. Il est intéressant de noter que les saveurs acidulées et tanniques de ces vins sont accentuées par une température basse, ce qui permet au besoin de contrebalancer la lourdeur de certaines recettes.

## Des alliances qui ont fait leurs preuves

Un certain nombre d'accords entre les mets et les vins, parmi le large éventail des possibilités, ont largement fait leurs preuves et contribué à la réputation de la gastronomie française.

**AVEC LES PRODUITS DE LA MER.** Avec des fruits de mer, on peut se diriger vers un Muscadet, un Entre-deux-Mers, un Sancerre, un Cassis, un Saint-Véran ou bien un Bouzeron. Avec les poissons nobles accompagnés d'une sauce ou avec les crustacés, mieux vaut privilégier les premiers et les grands crus blancs de Bourgogne ou les rares Hermitages blancs. Issu d'Alsace, région prodigue en grands vins blancs secs ou moelleux, le Riesling mérite aussi la grande cuisine de mer, et même le caviar.

**AVEC LES VIANDES.** Pour une grande occasion, rien ne vaut un bordeaux rouge, avec un agneau rôti garni de cèpes ou avec un magret, par exemple. Avec le gibier, les plus appropriés seront les grands bourgognes rouges, un Côte-Rôtie, un Madiran, un Châteauneuf-du-Pape ou un Bandol. Avec une daube, on servira de préférence un Côtes-du-Rhône-Villages ou un Cahors. Avec une volaille à la crème, on optera pour l'onctuosité d'un bourgogne blanc tel que le Meursault. Avec une viande grillée, on préférera un Médoc ou un rouge de la Côte de Nuits.

**LES ACCORDS RÉGIONAUX.** Maints plats traditionnels européens ont une affinité naturelle avec le vin produit dans leur région. Le Cahors et le Madiran s'accordent avec les riches cassoulets du Sud-Ouest. Les vins blancs secs et frais de Suisse accompagnent à merveille la fondue. En Espagne, les vins blancs secs de Rías Baixas, composés à partir du cépage local albariño, se dégustent avec les célèbres fruits de mer de Galice tandis que, dans l'arrière-pays, les Riojas rouges classiques sont traditionnellement servis avec de la viande rôtie ou grillée.

## Le vin et le fromage : un accord délicat

Le mariage du fromage et du vin n'est pas forcément évident : le fromage est salé, son goût souvent très prononcé, sa texture plus ou moins dense.

**L'ACCORD AVEC LES VINS ROUGES.** Les vins rouges se marient plus difficilement que les blancs avec le fromage, car leurs tanins sont accentués par le sel. La règle d'usage qui veut qu'un vin rouge vieux soit servi au moment du fromage se révèle souvent une erreur, le goût subtil du vin étant masqué par celui plus fort du fromage. Quelques exceptions existent néanmoins. Ainsi, les fromages à pâte molle et à croûte fleurie (brie, camembert ou coulommiers entre autres) s'accordent bien avec un Côte-de-Beaune, un Côtes-du-Rhône, un Pomerol ou un Saint-Émilion. De même, les fromages à pâte pressée non cuite (cantal, gouda, mimolette, saint-nectaire) s'accompagnent avec de grands bordeaux matures (Médoc, Pomerol, Saint-Émilion, Pessac-Léognan).

**L'ACCORD AVEC LES VINS BLANCS.** Secs ou plus doux, les vins blancs se révèlent des compagnons faciles pour les fromages. Leur acidité apporte la fraîcheur nécessaire et leur fruité contrebalance la forte personnalité gustative des fromages. L'absence de tanins dans les vins blancs explique aussi cet accord. En effet, les tanins, surtout dans les vins rouges jeunes, sont cruellement accentués par le sel contenu dans les fromages.

**VRAI OU FAUX ?**

***Le vin dans lequel cuit la daube doit aussi accompagner le plat à table.***

**VRAI.** On compte maints exemples de plats dans la préparation desquels entre du vin. Le traditionnel coq au vin français, à l'origine au vin de Chanturgues, devient coq au vin jaune dans le Jura, au Chambertin en Bourgogne, ou coq au Riesling en Alsace. Toute l'Europe cuit sa viande en ragoût, qu'il s'agisse de la daube française, du *stifado* grec ou du *stufato* italien. Ces plats devraient être servis avec le vin entrant dans leur composition.

## UN VIN D'EXCEPTION POUR UN MENU D'EXCEPTION

***Avec un grand cru classé de Bordeaux.*** *Pour savourer un grand cru, la cuisine doit parfois s'adapter. Les nobles et nombreux tanins d'un grand bordeaux s'accordent mal avec les desserts, hormis celui proposé ici. Ils garantissent une belle harmonie et permettront au vin de révéler toute sa complexité. Attention toutefois à ne pas mettre trop d'ail avec l'agneau.*

MENU GASTRONOMIQUE

Salmis de palombe

Gigot d'agneau rôti pommes forestière

Mimolette vieille étuvée

Fruits frais macérés au vin de Bordeaux

MENU GASTRONOMIQUE

Foie gras d'oie

Canard rôti aux pêches et aux épices

Roquefort

Pithiviers

***Avec un Sauternes.*** *Vin opulent, gras et dominateur, le Sauternes demande des plats savoureux, riches et épicés. L'alliance avec le foie gras, le roquefort et le pithiviers est un classique. Le canard qui s'accommode si bien avec les fruits est ici entouré de pêches. Avec le Sauternes, l'accord se révélera parfait.*

***Avec un Banyuls.*** *Vin opulent, puissant, suave, le Banyuls se marie bien avec des plats savoureux, épicés, bien marqués. Sa richesse alcoolique s'équilibre avec le fruit et la fraîcheur. Le menu proposé ici lui conviendra sans problème. Ce sera l'occasion de démontrer sa bonne réputation en face d'un dessert au chocolat parfumé au café.*

MENU GASTRONOMIQUE

Foie de canard mi-cuit

Tajine de pigeon aux amandes et aux raisins secs

Stilton

Gâteau Opéra

MENU GASTRONOMIQUE

Terrine de coquilles Saint-Jacques

Volaille de Bresse à la crème et aux girolles

Chaource crémeux

Pêche Melba

***Avec un champagne millésimé.*** *Un menu tout blanc va mettre en valeur ce grand champagne. Les saveurs iodées, la finesse de la volaille, les crèmes, la délicatesse des champignons, le chaource et la pêche Melba sauront escorter ce vin de fête. Couleurs et textures sont ici en harmonie totale, pour célébrer un événement heureux.*

***Avec un vin jaune du Jura.*** *Le vin jaune, aux arômes particuliers (noix, épices, croûte de pain chaud) et à la saveur dominante et très persistante, sera en parfaite harmonie avec chacun des plats proposés. Il est utile cependant de prévenir les participants de l'originalité de ce vin.*

MENU GASTRONOMIQUE

Asperges vertes sauce mousseline

Coq au vin jaune

Comté

Gâteau aux noix

# Des exemples de mariages réussis entre les mets et les vins

Le tableau suivant réunit des accords classiques et régionaux entre les mets et les vins. Il suggère aussi des associations plus étonnantes, découvertes au gré des dégustations. Cependant, ces propositions n'ont qu'un caractère indicatif : en effet, il n'existe pas de règles immuables en matière d'accord, le goût et la culture de chacun influençant fortement l'appréciation des saveurs.

| HORS-D'ŒUVRE | |
|---|---|
| Anchois frais | Banyuls blanc, Châteauneuf-du-Pape blanc, Collioure rosé, Coteaux-d'Aix-en-Provence rosé, Xérès. |
| Artichauts barigoule | Coteaux-d'Aix-en-Provence rosé, Côtes-de-Provence rosé, Lirac rosé. |
| Asperges blanches | Pinot blanc d'Alsace, Muscat d'Alsace. |
| Asperges vertes | vin de pays issu de viognier, Muscat sec, Muscat d'Alsace, Vin de pays du Roussillon, Xérès. |
| Avocat | Côtes-de-Provence rosé, Mâcon-Villages, Sancerre. |
| Caviar | champagne « blanc de blancs », Riesling sec d'Alsace ou d'Allemagne. Ou vodka glacée. |
| Foie gras en terrine | vin liquoreux type Sauternes, Coteaux-du-Layon, Jurançon moelleux, Monbazillac, Pinot gris Sélection de grains nobles, Gewurztraminer Sélection de grains nobles, ou vin muté type Banyuls Rimage, Porto. |
| Gaspacho | Collioure rosé, Côtes-du-Rhône-Villages rosé, Tavel. |
| Guacamole | Cabernet-Sauvignon mexicain ou Chardonnay californien. |
| Melon | vins doux naturels, Muscat de Beaumes-de-Venise, Muscat de Rivesaltes, Banyuls, Rivesaltes, Porto Ruby, Madère Sercial ou Bual. |
| Œufs mimosa | Chinon rosé, Côtes-de-Provence blanc, Mâcon-Villages. |
| Salade auvergnate | Beaujolais-Villages, Côtes-d'Auvergne, Côtes-du-Forez. |
| Salade d'endives aux noix | vin du Jura à base de savagnin, Arbois, Côtes-du-Jura, L'Étoile. |
| Salade niçoise | Bandol rosé, Bellet blanc, Cassis blanc, Coteaux-d'Aix-en-Provence rosé. |
| Tarama | Pouilly Fumé, Riesling d'Alsace. |

| ENTRÉES CHAUDES | |
|---|---|
| Cuisses de grenouille | Aligoté de Bourgogne, Petit Chablis, Mâcon-Villages. |
| Escargots à la bourguignonne | Bourgogne Aligoté, Beaujolais blanc, Chablis, Mâcon-Villages. |
| Foie gras frais chaud | vin riche en liqueur type Banyuls Rimage, Sauternes ; vins rouges corsés (Madiran, Cahors). |
| Garbure | Cahors, Irouléguy, Madiran. |
| Petits farcis provençaux | Bandol rosé, Bellet blanc ou rosé, Côtes-du-Rhône-Villages rouge, Tavel. |
| Pizza | Coteaux-d'Aix-en-Provence rouge ou rosé, Luberon rouge ou rosé, Chianti, Valpolicella. |
| Quenelles de brochet | Chablis, Pouilly-Fuissé, Saint-Véran, Roussette de Savoie. |
| Quiche au lard | Pinot blanc d'Alsace, Pinot gris d'Alsace, vins blancs de Savoie ou vins rouges légers (Beaujolais, Bourgueil, Pinot noir d'Alsace). |
| Tarte à l'oignon | Pinot blanc d'Alsace, Sylvaner d'Alsace. |
| Soufflé au poisson | Chablis, Graves blanc, Pessac-Léognan blanc, Pouilly Fumé, Fumé blanc de la Napa. |
| Soufflé au comté | vin du Jura à base de savagnin, Arbois, Côtes-du-Jura, Château-Chalon. |
| Soupe à l'oignon | Beaujolais-Villages, Entre-deux-Mers, Mâcon-Villages. |
| Vol-au-vent | vin jaune du Jura, grand Chardonnay (Corton-Charlemagne, Meursault, Montrachet, Chardonnay de Californie). |

| CHARCUTERIE | |
|---|---|
| Andouille | Mâcon-Villages, Sancerre, Savennières. |
| Boudin noir | Chinon, Crozes-Hermitage, Saint-Joseph, Saumur-Champigny. |
| Chorizo pimenté | Cahors, Irouléguy, Rioja. |
| Jambon cru | Collioure, Irouléguy, Pinot grigio dell'Alto-Adige, Soave Classico, Riesling du Rheingau *trocken*, Xérès ou Manzanilla, jeune rouge espagnol. |
| Jambon cuit | Beaujolais-Villages ou crus du Beaujolais, Mercurey, Mâcon-Villages. |
| Jambon fumé | Riesling Vendanges tardives, *Spätlese* allemand. |
| Jambon persillé | Beaujolais blanc ou rouge, Chablis, Mercurey blanc, Pouilly-Fuissé, Saint-Romain blanc. |
| Mousse de foie de volaille | crus du Beaujolais, Beaune blanc, Ladoix-Serrigny blanc, Meursault. |
| Pâté de campagne | Beaujolais, Chinon, Coteaux-du-Lyonnais, Côtes-du-Rhône-Villages, Crozes-Hermitage, Saint-Joseph, Saumur-Champigny. |
| Terrine de gibier | Bergerac, Châteauneuf-du-Pape, Mercurey, Gevrey-Chambertin, Pomerol, Saint-Émilion, Vacqueyras, Garrafeira du centre du Portugal. |
| Terrine de lapin | Bourgueil, Cheverny, Cour-Cheverny, Saint-Nicolas-de-Bourgueil, Morgon, Moulin-à-Vent. |
| Rillettes | Montlouis, Sancerre, Vouvray. |
| Salami | Irouléguy, Tavel, Vin de Corse rosé, vin rouge ou rosé de Navarre, Barbera, Chianti, Montepulciano d'Abruzzo, Rosso Conero, Xérès. |
| Saucisse de porc | Buzet, Côtes-du-Rhône, Gigondas, Dolcetto d'Alba, Merlot, Rioja. |
| Saucisson sec | Crozes-Hermitage, Bourgogne Hautes-Côtes-de-Beaune, Bourgogne Hautes-Côtes-de-Nuits, Sancerre rouge. |

| ŒUFS | |
|---|---|
| Brouillade de truffes | Hermitage blanc, Montrachet. |
| Œufs brouillés | vins rouges légers et fruités (Beaujolais, Gamay de Touraine). |
| Œufs en gelée | vins jeunes et fruités de la Côte de Beaune (Santenay, Maranges). |
| Œufs en meurette | crus du Beaujolais, Mâcon rouge, Pinot noir de la Côte de Beaune et de la Côte chalonnaise. |
| Œufs de saumon | Chablis, Riesling d'Alsace, Vouvray. |
| Omelette nature | Beaujolais-Villages, Coteaux-du-Lyonnais, Côtes-du-Forez. |
| Omelette au fromage | vin blanc issu de chardonnay et de savagnin du Jura. |

| COQUILLAGES ET CRUSTACÉS | |
|---|---|
| Coquilles Saint-Jacques | champagne « blanc de blancs », Châteauneuf-du-Pape blanc, Hermitage blanc, Pessac-Léognan, Riesling sec d'Alsace ou d'Allemagne. |
| Crabe | Cassis blanc, Chablis, Entre-deux-Mers, Gros-Plant, Muscadet. |
| Crevettes | Bergerac blanc, Cassis blanc, Petit Chablis, Entre-deux-Mers, Gros-Plant, Muscadet, Picpoul-de-Pinet. |
| Crevettes à l'aigre-doux | Pinot gris, Muscat d'Alsace, Tavel, Bellet rosé. |
| Écrevisses à la nage | Condrieu, Châteauneuf-du-Pape blanc, Riesling sec d'Alsace. |
| Homard grillé | Corton-Charlemagne, Hermitage blanc, Pessac-Léognan, Meursault, Riesling d'Alsace, Savennières, Verdicchio dei Castelli di Jesi. |
| Homard à l'américaine | Pinot gris d'Alsace, vin jaune du Jura, Vouvray demi-sec. |
| Huîtres | Chablis, Entre-deux-Mers, Gros-Plant, Muscadet, Picpoul-de-Pinet, Riesling d'Alsace. |
| Huîtres chaudes | champagne « blanc de blancs », Graves blanc, Riesling d'Alsace, Savennières, Vouvray. |
| Langouste grillée | Chablis Premier ou Grand Cru, Hermitage blanc, Pessac-Léognan, Riesling d'Alsace. |
| Langoustines mayonnaise | Pouilly Fumé, Sancerre, Chablis. |
| Moules à la crème | Bergerac blanc, Côtes-de-Blaye blanc, Pouilly-Fuissé, Rully blanc. |
| Moules marinière | Entre-deux-Mers, Muscadet, Sauvignon de Touraine, Vinho Verde. |
| Paella | Yecla blanc (Espagne), Chardonnay (vin du pays d'Oc), Côtes-du-Roussillon rosé, Rosé de Corse, et, de façon générale, les vins de la famille des blancs secs très aromatiques. |

| POISSON | |
|---|---|
| Anguille à la bordelaise | Bergerac rouge, Bordeaux supérieur rouge, Graves, satellites de Saint-Émilion. |
| Bar (ou loup) grillé | Bellet blanc, Châteauneuf-du-Pape blanc, Côtes-de-Provence blanc, Chablis Premier ou Grand Cru. |
| Bouillabaisse | Bandol rosé, Cassis, Coteaux-d'Aix-en-Provence rosé, Tavel. |
| Brandade de morue | Cassis, Hermitage blanc, Saint-Joseph blanc. |
| Colin froid à la mayonnaise | Mâcon-Villages, Pinot blanc d'Alsace, Vin de Savoie blanc, Sylvaner d'Alsace. |
| Friture | Bourgogne Aligoté, Gros-Plant, Mâcon, Muscadet, Vinho Verde. |
| Morue à l'aïoli | Bandol blanc ou rosé, Cassis, Côtes-de-Provence blanc ou rosé, Collioure rosé, Irouléguy rosé. |
| Poisson à l'huile (espadon, hareng, maquereau, sardine, thon) | Bourgogne Aligoté, Gros-Plant, Muscadet, Sancerre, Sauvignon de Touraine, Sylvaner, Dão blanc, Vinho Verde. |
| Poisson blanc grillé | grand cru blanc sec, Coteaux-d'Aix-en-Provence blanc, Soave, Verdicchio, Vin de Corse blanc. |
| Poisson blanc au beurre blanc | champagne « blanc de blancs », Vouvray sec ou demi-sec, Meursault, Pessac-Léognan, Puligny-Montrachet, Savennières, vins de Moselle. |
| Poisson cru | Chablis Premier Cru, Meursault, Graves blanc, Chardonnay de Nouvelle-Zélande. |
| Poisson d'eau douce | Chablis, Chasselas de Suisse, Graves blanc, Mercurey blanc, Montlouis, Rully blanc, Sancerre, Vouvray. |
| Poisson frit | Beaujolais, Entre-deux-Mers, Gamay de Touraine, Gros-Plant, Muscadet, Roussette de Savoie, vins blancs du Jura à base de chardonnay et de savagnin, Pinot Grigio du Frioul, Frascati Superiore. |
| Poisson fumé | Chablis Premier Cru, champagne « blanc de blancs », Pouilly Fumé, Sancerre, Riesling d'Alsace, Pinot gris d'Alsace, *Spätlese* allemand. |
| Poisson nature | vins blancs plus ou moins légers selon que le poisson et sa garniture sont gras ou non, du petit vin de pays aux grands crus de Bourgogne, de Bordeaux ou d'Alsace. Vins rouges, surtout s'ils ne sont pas trop tanniques (issus de cabernet franc de Loire ou de gamay du Beaujolais). |
| Rouget | Bandol rosé ou rouge, Collioure, Côtes-de-Provence rouge ou blanc. |
| Saumon fumé | champagne « blanc de blancs », Riesling d'Alsace, Sancerre (ou vodka, whisky single malt tourbé). |
| Saumon à l'oseille | Condrieu, Châteauneuf-du-Pape blanc. |
| Saumon poché | blancs : Bourgogne blanc, Sancerre, Savennières, Vouvray sec, vin blanc de Sicile ; rouges : Beaujolais-Villages, Bourgueil, Pinot noir d'Alsace. |
| Sardines grillées | Côtes-de-Provence, Côtes-du-Rhône-Villages blanc, Coteaux-du-Languedoc blanc. |
| Sole meunière | Bellet blanc, Chablis Premier ou Grand Cru, Sancerre, Riesling d'Alsace. |
| Sushis | Mâcon, Muscadet, Saint-Véran, Menetou-Salon, Sauvignon de Californie. |
| Terrine de poisson | Aligoté de Bouzeron, Chablis, Graves blanc, Mâcon-Villages, Muscadet, Sancerre, Sylvaner d'Alsace. |
| Thon basquaise | Collioure rouge ou rosé, Coteaux-du-Languedoc rouge ou rosé, Côtes-du-Rhône-Villages rouge, Irouléguy rosé, Tavel. |
| Tourte de poisson (avec une sauce à la crème) | Mâcon-Villages, Pouilly-Fuissé, Pinot gris d'Alsace, Bianco di Custoza, Pfälzer Sylvaner, Nahe Müller-Thurgau, Chardonnay de la Napa. |
| Turbot sauce hollandaise | Corton-Charlemagne, Hermitage blanc, Meursault, Pessac-Léognan. |

| AGNEAU | |
|---|---|
| Agneau rôti | vins rouges complexes et racés comme les crus du Bordelais (Graves, Margaux, Pauillac, Pomerol, Saint-Émilion), Bandol dans un bon millésime ; Rioja Reserva, Ribera del Duero, Cabernets-Sauvignons américains, australiens, chiliens et italiens. |
| Carré d'agneau | Graves, Médoc, Pauillac, Pessac-Léognan, Saint-Julien, Cabernets-Sauvignons californiens, chiliens et italiens. |
| Couscous d'agneau | Cahors, Côtes-du-Rhône-Villages, Madiran, Gigondas. |
| Curry d'agneau | Bergerac, Castillon-Côtes-de-Bordeaux, Francs-Côtes-de-Bordeaux, Lalande-de-Pomerol. |
| Épaule d'agneau rôtie | Haut-Médoc, Médoc, Cabernets-Sauvignons américains, australiens, chiliens et italiens. |
| Gigot aux herbes et/ou à l'ail | vins rouges généreux et puissants (Bandol, Châteauneuf-du-Pape, Côtes-du-Roussillon-Villages, Coteaux-du-Languedoc, Saint-Chinian, Vacqueyras). |

1998
"HUGEL"
ALSACE
APPELLATION ALSACE CONTRÔLÉE
HJH
TOKAY PINOT GRIS
"HUGEL"
1998
"HUGEL"
ALSACE
APPELLATION ALSACE CONTRÔLÉE
HJH
GEWURZTRAMINER
"HUGEL"
1998
"HUGEL"
ALSACE
APPELLATION ALSACE CONTRÔLÉE
HJH
RIESLING

| | |
|---|---|
| **Gigot à la ficelle** | Pinot noir de la Côte de Beaune, Bourgueil, Chinon, Saint-Nicolas-de-Bourgueil. |
| **Méchoui** | Coteaux-du-Languedoc rouge, Bandol, Shiraz d'Australie, Coteaux-de-Mascara rouge (Algérie). |
| **Navarin d'agneau** | Pinot noir de la Côte de Beaune et de la Côte chalonnaise, crus du Beaujolais. |
| **Sauté d'agneau à la provençale** | Coteaux-d'Aix-en-Provence rouge, Côtes-de-Provence rouge, Côtes-du-Rhône-Villages. |
| **Selle d'agneau** | Côte-Rôtie, Hermitage, Médoc, Pomerol, Saint-Émilion. |
| **Tajine d'agneau aux abricots** | Bonnezeaux, Coteaux-de-l'Aubance, Coteaux-du-Layon, Quarts-de-Chaume, Montlouis moelleux, Vouvray moelleux. |

| BŒUF | |
|---|---|
| **Bœuf bourguignon** | Chinon, Corbières, Côtes-du-Rhône-Villages, Mercurey, Minervois, Rully, Saint-Amour, Saumur rouge. |
| **Bœuf en croûte** | vins de Bordeaux, du Médoc ou du Libournais, Pinot noir de Bourgogne. |
| **Bœuf rôti** | vins rouges puissants avec de la structure et de la générosité (vins de la Côte de Nuits, Margaux, Pauillac, Pomerol, Saint-Émilion, Merlots américains, australiens et chiliens). |
| **Carpaccio** | vins de la Côte chalonnaise, Chianti Classico ou Rufina. |
| **Chateaubriand** | Gevrey-Chambertin, Graves, Pomerol, Pommard, Saint-Émilion. |
| **Chili con carne** | Malbec rosé du Chili, Zinfandel de Californie, Saint-Chinian, Cahors. |
| **Couscous aux boulettes** | Gris de Boulaouane (Maroc), Fitou, Coteaux-de-Mascara rouge (Algérie), Côtes-du-Rhône, Cairanne rosé et, de façon générale, des rosés vifs et fruités ou des rosés vineux et corsés. |
| **Daube** | Cahors, Corbières, Côtes-du-Rhône-Villages, Côtes-du-Roussillon-Villages, Madiran. |
| **Entrecôte à la bordelaise** | Bergerac, Bordeaux supérieur, Côtes-de-Blaye, Castillon-Côtes-de-Bordeaux, Fronsac, Graves. |
| **Entrecôte grillée** | vins issus de cabernet-sauvignon, Médoc de millésimes récents, Vin de pays d'Oc, ou vin généreux jeune (Châteauneuf-du-Pape, Cornas, Gigondas, Vacqueyras). |
| **Pot-au-feu** | Anjou rouge, Bourgueil, Côtes-de-Bordeaux, Saumur-Champigny, Pinot d'Alsace, Sancerre rouge. |
| **Steak grillé** | Chénas, Fronton, Cornas, Moulin-à-Vent, Chianti Riserva. |
| **Steak au poivre** | Côtes-du-Rhône rouge, Fronton, Zinfandel californien, Shiraz australien. |
| **Steak tartare** | Buzet, Cahors, Crozes-Hermitage, Merlot chilien, Shiraz australien. |

| PORC | |
|---|---|
| **Andouillette à la crème** | Beaujolais blanc, Chablis, Pouilly-Fuissé, Rully blanc, Saint-Véran. |
| **Andouillette grillée** | vins rouges légers (Anjou rouge, Beaujolais-Villages, Gamay de Touraine, Pinot noir d'Alsace, Sancerre rouge), vins blancs secs et fruités (Chablis, Gaillac, Saumur blanc). |
| **Choucroute** | Tokay-Pinot gris d'Alsace, Riesling d'Alsace, Sylvaner d'Alsace. |
| **Grillade de porc** | vins charnus et fruités, Bergerac, Crozes-Hermitage, Saint-Joseph, Saumur-Champigny. |
| **Palette de porc** | vins blancs légers (Anjou blanc, Mâcon-Villages, Pinot blanc d'Alsace, Sylvaner d'Alsace), rouges fruités et légers (Beaujolais, Mâcon-Villages, Pinot noir d'Alsace). |
| **Porc au curry** | Pinot gris d'Alsace, Gewurztraminer, Lirac blanc, Hermitage blanc et, de façon générale, des blancs secs très aromatisés. |
| **Potée au chou** | Brouilly, Mâcon-Villages, Sancerre rouge. |
| **Rôti de porc** | Crozes-Hermitage, Côte-de-Beaune, Côtes-du-Rhône-Villages, Saint-Joseph. |

| VEAU | |
|---|---|
| **Blanquette de veau** | Beaujolais-Villages, Mâcon-Villages, Mercurey blanc, Givry blanc, Sancerre rouge. |
| **Côte de veau** | grands crus du Médoc (Pauillac, Saint-Estèphe), crus de la Côte de Nuits (Gevrey-Chambertin, Chambolle-Musigny). |
| **Escalope normande** | Bourgogne blanc, vin du Jura à base de chardonnay et de savagnin, Chardonnay de Californie. |
| **Escalope panée** | crus du Beaujolais, vins rouges de la Côte de Beaune, Graves rouge. |
| **Foie de veau** | Chinon, Pomerol, Saint-Émilion, Sancerre rouge. |

| | |
|---|---|
| Osso-buco | Barbera, Barbaresco, Chianti Classico, Valpolicella. |
| Paupiettes de veau | crus du Beaujolais, Bourgueil, Pinot noir de Bourgogne, Saint-Nicolas-de-Bourgueil. |
| Ris de veau à la crème | grand bourgogne blanc type Corton-Charlemagne, Meursault, Montrachet, Château-Chalon, vin jaune du Jura, Pinot gris d'Alsace, Vouvray demi-sec. |
| Rognons de veau poêlés à la moutarde | vin rouge charnu pas trop vieux (Pomerol, Saint-Émilion) ; Chinon, Morgon, Saint-Amour, Pinot noir de la Côte chalonnaise. |
| Rôti de veau | crus du Beaujolais, Pinot noir de la Côte de Beaune. |
| Tête de veau | crus du Beaujolais, Pouilly-Fuissé, Sancerre rosé, Tavel. |
| Veau Marengo | Côtes-du-Rhône-Villages, Costières-de-Nîmes, Ventoux, vin rouge du Dão. |
| Veau Orloff | grand bourgogne blanc de type Chassagne-Montrachet, Corton-Charlemagne, Meursault, mais aussi des vins rouges fruités et profonds de type Bourgogne rouge de la Côte de Beaune. |

| CANARD, OIE, PIGEON | |
|---|---|
| Canard à l'orange | vins liquoreux pas trop âgés, Cérons, Loupiac, Monbazillac, Sauternes, vin jaune du Jura. |
| Canard aux figues ou aux cerises | vins riches et puissants (Bandol, Châteauneuf-du-Pape), vins mutés jeunes (Banyuls, Maury, Rivesaltes). |
| Canard laqué | Gewurztraminer d'Alsace, Pinot gris d'Alsace, Arbois, Château-Chalon, vin jaune du Jura. |
| Canard aux olives | Côtes-du-Rhône-Villages, Gigondas, Vacqueyras. |
| Canard rôti | vins à base de merlot, Lalande-de-Pomerol, Pomerol, Saint-Émilion, crus de la Côte de Nuits. |
| Confit de canard | Bergerac, Buzet, Cahors, Châteauneuf-du-Pape, Madiran, Pécharmant. |
| Magrets de canard | bons millésimes du Bordelais (Médoc et Libournais). |
| Cassoulet | Cahors, Côtes-du-Brulhois, Madiran. |
| Oie rôtie | vins rouges mûrs de Côte-Rôtie, Côte-de-Nuits, Madiran, Margaux, Saint-Émilion, grands crus issus de pinot gris Alsace Vendanges tardives. |
| Pigeon rôti | bon millésime de bourgogne rouge, du Médoc et du Libournais, Bandol, Châteauneuf-du-Pape, Hermitage, Merlot du nord-est de l'Italie. |
| Pastilla de pigeon | vin muté (Banyuls, Muscat de Beaumes-de-Venise, de Rivesaltes ou du Cap-Corse), Costières-de-Nîmes rouge, Rioja, Muscat d'Alsace, Gris de Boulaouane (Maroc). |
| Salmis de palombes | Pomerol, Saint-Émilion, Merlots du Chili et d'Italie. |

| COQ, DINDE, POULARDE, POULE, POULET | |
|---|---|
| Coq au vin | Pinot noir de Bourgogne, Moulin-à-Vent. |
| Dinde farcie | vins généreux (Châteauneuf-du-Pape, Hermitage, Pomerol, Madiran, Saint-Émilion, Merlots américains et chiliens). |
| Dinde aux marrons | Pinot noir de la Côte chalonnaise (Mercurey, Givry) et de la Côte de Beaune (Savigny-les-Beaune, Volnay). |
| Poularde aux truffes | grands Chardonnays de la Côte de Beaune (Corton-Charlemagne, Meursault, Montrachet), Hermitage blanc, Arbois, Château-Chalon, vin jaune du Jura. |
| Poule au pot | Beaujolais, Mâcon blanc, Pouilly-Fuissé, Rully blanc. |
| Poulet basquaise | Bordeaux supérieur, Corbières, Coteaux-du-Languedoc, Fronton. |
| Poulet à la crème et aux morilles | Arbois, Château-Chalon, vin jaune du Jura, Pinot noir ou grands Chardonnays de la Côte de Beaune. |
| Poulet au gingembre | vins blancs demi-secs, moelleux ou liquoreux (Jurançon), Gewurztraminer Vendanges tardives, Kefraya (Liban). |
| Poulet rôti | Pinot noir de la Côte de Beaune et de la Côte chalonnaise, Moulin-à-Vent. |
| Poulet au vinaigre | Anjou-Villages, Bourgueil, Chinon, Saint-Nicolas-de-Bourgueil, Saumur-Champigny. |

| LAPIN | |
|---|---|
| Lapin chasseur | Beaujolais-Villages, Bourgueil, Côte chalonnaise, Saumur-Champigny. |
| Lapin à la moutarde | Chénas, Chinon, Mercurey, Sancerre rouge, Saint-Joseph. |
| Lapin rôti au thym | Les Baux-de-Provence, Coteaux-d'Aix-en-Provence, Palette, Vin de Corse rouge. |
| Lapin aux pruneaux | Bergerac, Buzet, Côtes-de-Saint-Mont, Gaillac rouge, Pécharmant. |

| GIBIER | |
|---|---|
| Gibier | en règle générale, les meilleurs millésimes rouges, à leur apogée, des grands crus de Bourgogne, de Bordeaux, de la vallée du Rhône. |
| Civet de lièvre | Bandol d'une grande année, Côte-Rôtie, grands crus de la Côte de Nuits, Châteauneuf-du-Pape, Hermitage, Pomerol, Saint-Émilion. |
| Cuissot de sanglier rôti | Châteauneuf-du-Pape, Côtes-du-Roussillon-Villages, Corbières, Saint-Chinian. |
| Petit gibier à plume (bécasse, faisan, perdreau) | Pinot noir de la Côte de Beaune et de la Côte de Nuits. |
| Petit gibier à poil (lapin de garenne, lièvre) | Pinot noir de la Côte chalonnaise, Médoc, Saint-Émilion. |
| Gibier en marinade | Cahors, Châteauneuf-du-Pape, Madiran, Gigondas, Vacqueyras. |
| Gigue de chevreuil grand veneur | Côte-Rôtie, Hermitage, Corton, Châteauneuf-du-Pape. |

| LÉGUMES (CF. AUSSI HORS-D'ŒUVRE) | |
|---|---|
| Aubergines | Coteaux-d'Aix-en-Provence rouge, Coteaux-du-Languedoc, Côtes-de-Provence rouge ; vins rouges grecs (Xinomavro de Naoussa ou Retsina). |
| Champignons | vins issus de merlot et de pinot noir à leur apogée comme les rouges de Bourgogne et du Libournais. |
| Chou farci | Beaujolais-Villages, Gamay de Touraine, Pinotage d'Afrique du Sud. |
| Chou-fleur | Luberon, Dolcetto, Sauvignon de Touraine. |
| Haricots verts | Sancerre blanc ou rosé, Coteaux-d'Aix-en-Provence rosé, Côtes-de-Provence blanc. |
| Gratin dauphinois | vins blancs du Jura issus de chardonnay et de savagnin type Arbois blanc, vins blancs de Savoie à base de roussette. |
| Pâtes | vins légers blancs, rosés ou rouges selon les ingrédients de la sauce. |
| Pâtes à la tomate et au basilic | Côtes-du-Rhône-Villages rosé, Lirac rosé, Coteaux-d'Aix-en-Provence rosé. |
| Pâtes aux fruits de mer | Chablis, Mâcon-Villages, Sancerre, Sauvignon de Touraine, vins blancs secs d'Italie. |
| Pâtes avec une sauce à la viande | Beaujolais-Villages, Bourgueil, Coteaux-du-Tricastin, Mâcon-Villages, Pinot noir d'Alsace, Chianti, Valpolicella. |
| Légumes crus | vins blancs secs, Bourgogne Aligoté, Petit Chablis, Sauvignon de Touraine, ou vins rouges légers issus de gamay. |
| Risotto | vins blancs secs et fruités italiens (Pinot grigio, Bianco di Custoza, Trebbiano d'Abruzzo), vins rouges italiens (Chianti) ou espagnols (de la Rioja et de La Mancha). |
| Truffes | grands crus de Pomerol et de Saint-Émilion ainsi que de la vallée du Rhône nord, Côte-Rôtie, Hermitage, Barolo (Italie). |

| DESSERTS | |
|---|---|
| Charlotte aux fruits | champagne demi-sec, vins doux naturels issus de muscat (Muscat de Beaumes-de-Venise, Muscat de Rivesaltes, Moscatel de Valence). |
| Crème brûlée | vins doux naturels à base de muscat (Muscat de Rivesaltes, Muscat de Saint-Jean-de-Minervois), Jurançon, Pacherenc-du-Vic-Bilh. |
| Entremets | champagne sec ou demi-sec, Clairette de Die, vins doux naturels issus de muscat. |
| Desserts à base de chocolat | vins mutés rouges (Banyuls, Maury, Málaga, Porto, Rivesaltes). |
| Desserts à base d'épices | vins aromatiques et riches en sucres (Pinot gris Vendanges tardives ou Sélection de grains nobles, Jurançon). |
| Île flottante | champagne rosé demi-sec, vins doux naturels issus de muscat. |
| Sabayon aux fruits | vins liquoreux du Sauternais, « vendanges tardives » ou « sélection de grains nobles » de pinot gris et de gewurztraminer. |
| Tarte au citron | vins liquoreux (Cérons, Jurançon, Sainte-Croix-du-Mont, Sauternes). |
| Tarte aux fruits rouges | champagne rosé sec ou demi-sec, Clairette de Die, Gaillac effervescent, vins doux naturels issus de muscat. |
| Tarte Tatin | vins moelleux de Loire type Bonnezeaux, Coteaux-du-Layon, Coteaux-de-l'Aubance, Montlouis moelleux, Quarts-de-Chaume. |

Château
Le Bon Pasteur
POMEROL
APPELLATION POMEROL CONTROLEE
2005
750 ml
S.C.E.A. des Domaines ROLLAND
POMEROL - GIRONDE - FRANCE
GRAND VIN DE BORDEAUX
MIS EN BOUTEILLE AU CHATEAU

# Le mariage des fromages et des vins

Le tableau qui suit présente les sept grandes familles de fromages avec leurs principales caractéristiques, leurs représentants les plus connus et leurs accords classiques.

Le tableau p. 183 présente, par ordre alphabétique, une sélection de fromages avec les vins qui leur conviennent le mieux.

| LES GRANDES FAMILLES DE FROMAGES ET LEURS ACCORDS | |
|---|---|
| **FROMAGES FRAIS ET FROMAGES BLANCS** | |
| Noms | tous fromages frais et blancs de vache ou de chèvre, comme le fontainebleau, le petit-suisse. |
| Caractéristiques | de consistance molle, au fort goût de lait plus ou moins salé avec une acidité assez présente. |
| Type d'accord | s'ils sont servis avec du sucre ou, mieux, avec du miel, choisir des vins riches en sucres comme les vins doux naturels à base de muscat (Muscat de Rivesaltes, Muscat de Mireval) ou les vins moelleux aromatiques (Gewurztraminer Vendanges tardives, Pinot gris Vendanges tardives, Jurançon) ; s'ils sont servis avec des herbes, du sel et du poivre, choisir un vin blanc sec et aromatique (Condrieu, Pinot gris d'Alsace, vin de pays issu de viognier). |
| **FROMAGES DE CHÈVRE ET DE BREBIS** | |
| Noms | broccio, chabichou, charolais, crottin de Chavignol, pélardon, pouligny-saint-pierre, saint-félicien, saint-marcellin, selles-sur-cher, valençay. |
| Caractéristiques | la densité de la pâte dépend de leur degré d'affinage, frais, demi-sec ou très sec. Plus le fromage est sec, plus son goût sera salé et fort. |
| Type d'accord | choisir des vins blancs secs souples et fruités (Chablis, Jurançon sec, Pouilly-Fuissé, Vouvray sec) avec une nette préférence pour les vins issus de sauvignon (Sancerre et Pouilly Fumé) ; mais aussi des vins blancs demi-secs de Vouvray ou de Montlouis et des vins rouges légers très peu tanniques issus de gamay (Beaujolais, Gamay de Touraine), de cabernet franc (Bourgueil, Saint-Nicolas-de-Bourgueil) ou même de pinot noir (Hautes-Côtes-de-Beaune, Hautes-Côtes-de-Nuits, Pinot noir d'Alsace). |
| **FROMAGES À PÂTE MOLLE ET À CROÛTE FLEURIE** | |
| Noms | brie, brillat-savarin, camembert, chaource, coulommiers. |
| Caractéristiques | pâte onctueuse, au goût qui peut aller du doux crémeux au fort et puissant. |
| Type d'accord | éviter les vins rouges jeunes et tanniques ; miser plutôt sur les vins rouges fruités pas trop tanniques ni boisés (Bourgogne de la Côte chalonnaise et de la Côte de Beaune, Coteaux champenois, Côtes-du-Rhône rouge, Pomerol, Saint-Émilion, Sancerre rouge) ; opter aussi pour des champagnes « blancs de blancs » jeunes. |
| **FROMAGES À PÂTE MOLLE ET À CROÛTE LAVÉE** | |
| Noms | époisses, livarot, pont-l'évêque, langres, maroilles, mont d'or, munster, reblochon, vacherin. |
| Caractéristiques | pâte onctueuse avec une saveur affirmée, voire puissante. |
| Type d'accord | éviter les vins rouges puissants et corsés ; privilégier en revanche les vins blancs très aromatiques (Gewurztraminer d'Alsace, sec ou en « vendanges tardives », Meursault à son apogée, Riesling d'Alsace mûr, vin jaune du Jura) ainsi que les champagnes mûrs. |
| **FROMAGES À PÂTE PERSILLÉE** | |
| Noms | bleu d'Auvergne, bleu de Bresse, fourme d'Ambert, roquefort, stilton. |
| Caractéristiques | pâte onctueuse souvent grasse avec une saveur à la fois salée et puissante. |
| Type d'accord | opter pour des vins riches en sucres comme les vins doux naturels blancs ou rouges (Muscat de Beaumes-de-Venise, Banyuls, Rivesaltes), et les vins liquoreux (Coteaux-du-Layon, Quarts-de-Chaume, Cérons, Sauternes). |
| **FROMAGES À PÂTE PRESSÉE NON CUITE** | |
| Noms | cantal, édam, gouda, mimolette, morbier, saint-nectaire, tomme de Savoie. |
| Caractéristiques | souvent présentés sous forme de tomme avec une pâte onctueuse pour certains, relativement dense pour d'autres, au goût assez doux. |
| Type d'accord | choisir des vins rouges de Bordeaux arrivés à maturité (Médoc, Pauillac, Pomerol, Saint-Émilion) ; mais aussi, pour les tommes, les vins blancs du Jura et de Savoie. |
| **FROMAGES À PÂTE PRESSÉE CUITE** | |
| Noms | appenzell, comté, emmental, fribourg, gruyère. |
| Caractéristiques | pâte dure, à la saveur relativement salée et au goût souvent prononcé. |
| Type d'accord | retenir des vins blancs secs assez aromatiques de préférence issus de savagnin comme le vin jaune du Jura ; mais aussi des vins blancs opulents et mûrs comme le Meursault. |

## LES FROMAGES DE A À Z ET LEURS ACCORDS

| FROMAGES | VINS |
|---|---|
| Abbaye de Cîteaux | Beaujolais-Villages, Côte chalonnaise, Fleurie. |
| Appenzell | Château-Chalon, vin jaune du Jura. |
| Banon | Côtes-du-Rhône-Villages rouge, Côtes-de-Provence blanc. |
| Beaufort | Château-Chalon, vin jaune du Jura. |
| Bleu d'Auvergne | Loupiac, Maury, Sainte-Croix-du-Mont, Sauternes jeune. |
| Bleu de Bresse | Monbazillac, Rivesaltes blanc. |
| Bleu des Causses | Banyuls Vintage, Barsac. |
| Bleu de Gex | Cérons, Maury, Loupiac. |
| Boursault | Bouzy, Coteaux champenois, Mâcon rouge, Rosé des Riceys. |
| Bouton-de-culotte | Beaujolais, Haute-Côte-de-Beaune blanc ou rouge, Mâcon blanc ou rouge. |
| Brebis basque et corse | Jurançon sec, Muscat du Cap-Corse. |
| Brie de Meaux et de Melun | champagne, Pomerol, Saint-Émilion, Sancerre rouge. |
| Brillat-savarin | champagne « blanc de blancs ». |
| Brin-d'amour | Vin de Corse rouge, Côtes-de-Provence blanc ou rouge. |
| Broccio de Corse | vins blancs de Corse secs ou Muscat. |
| Camembert | cidre doux, champagne, Coteaux champenois. |
| Cantal | Côtes-d'Auvergne rouge, Mercurey, Pomerol, Saint-Émilion. |
| Chabichou | Menetou-Salon blanc, Sancerre blanc. |
| Chaource | champagne rosé, Coteaux champenois. |
| Charolais | Chablis, Mâcon-Villages, Saint-Véran. |
| Chèvre sec | Beaujolais, Mâcon-Villages, Pouilly-Fuissé. |
| Comté | Château-Chalon, Meursault mûr, vin jaune du Jura. |
| Coulommiers | champagne « blanc de blancs » jeune, Coteaux champenois. |
| Crottin de Chavignol | Pouilly Fumé, Sancerre blanc. |
| Édam | Chinon, Médoc, Pauillac. |
| Emmental | Roussette de Savoie, vin blanc de Savoie. |
| Époisses | Bandol rouge, Gewurztraminer corsé. |
| Fontainebleau | Muscat de Beaumes-de-Venise, Muscat de Mireval. |
| Fourme d'Ambert | Banyuls, Rivesaltes, Porto. |
| Fribourg | Château-Chalon, Meursault mûr, vin jaune du Jura. |
| Gouda | Médoc, Madiran, Saint-Estèphe. |
| Gruyère | Chasselas suisse mûr, Roussette de Savoie, Roussette du Bugey. |
| Laguiole | Bergerac rouge, Fronton. |
| Langres | champagne un peu vieux, marc de champagne. |
| Livarot | Gewurztraminer Vendanges tardives, Pinot gris Vendanges tardives. |
| Maroilles | Gewurztraminer corsé, Pinot gris Vendanges tardives. |
| Mimolette étuvée vieille | Graves, Médoc, Pomerol, Saint-Émilion. |
| Morbier | vin blanc de Savoie. |
| Mont-d'or | Chasselas suisse mûr (Dézaley), Mâcon-Villages, Roussette de Savoie. |
| Munster | Gewurztraminer d'Alsace sec ou Vendanges tardives. |
| Neufchâtel | cidre, champagne, Coteaux champenois. |
| Ossau-iraty | Jurançon, Irouléguy blanc. |
| Pélardon | Châteauneuf-du-Pape blanc ou rouge, Condrieu, vin de pays issu de viognier. |
| Pérail de brebis | Corbières, Coteaux-du-Languedoc, Côtes-du-Roussillon, Faugères, Saint-Chinian. |
| Picodon | Côtes-du-Rhône-Villages rouge, Saint-Joseph blanc ou rouge. |
| Pont-l'évêque | Chassagne-Montrachet, Meursault, Riesling d'Alsace mûr. |
| Pouligny-saint-pierre | Cheverny, Reuilly blanc, Sancerre blanc, Sauvignon de Touraine. |
| Reblochon | Pouilly-Fuissé, Crépy, Roussette de Savoie. |
| Rocamadour | Jurançon sec, Xérès. |
| Roquefort | Banyuls Rimage, Porto, Rivesaltes Rancio, Sauternes. |
| Saint-félicien | Beaujolais blanc ou rouge, Saint-Joseph blanc. |
| Saint-marcellin | Beaujolais rouge, Châteauneuf-du-Pape blanc, Saint-Joseph blanc. |
| Saint-nectaire | Chinon, Médoc, Pauillac. |
| Sainte-maure | Bourgueil sec ou demi-sec. |
| Salers | Côtes-du-Rhône-Villages rouge, Mercurey, Pomerol, Saint-Émilion. |
| Selles-sur-cher | Pouilly Fumé, Sancerre blanc. |
| Stilton | Banyuls, Maury, Porto Vintage ou LBV, Rivesaltes. |
| Tomme d'Abondance | Chasselas suisse, Roussette de Savoie, Saint-Joseph blanc. |
| Tomme d'Auvergne | Côtes-d'Auvergne, Côtes-du-Rhône-Villages rouge, Mâcon-Villages. |
| Tomme des Pyrénées | Madiran mûr. |
| Tomme de Savoie | Bourgueil, Chinon, vins blancs et rouges de Savoie dont Roussette de Savoie. |
| Vacherin | Chasselas suisse mûr (Dézaley), Meursault mûr, Roussette de Savoie. |
| Valençay | Quincy, Reuilly blanc ou rosé, Sancerre blanc. |
| Vieux-gris de Lille | bière du Nord, eau-de-vie de genièvre. |
| Vieux-pané | Anjou rouge, Saint-Nicolas-de-Bourgueil, Touraine rouge. |

# COMMENT SERVIR LE VIN ?

# LA TEMPÉRATURE DE SERVICE

*Pour ne rien gâcher au plaisir d'une dégustation, il est important de servir les vins à la température qui leur convient le mieux. Un vin trop chaud ou trop froid ne pourra pas s'exprimer pleinement.*

## La mise à température

**POUR RAFRAÎCHIR UN VIN.** Le seau à glace est le moyen le plus rapide (et le plus sûr) de rafraîchir un vin. Il est essentiel d'ajouter de l'eau à la glace et d'immerger la bouteille autant que possible afin que tout le vin soit à la même température. Il faut compter de 10 à 15 minutes pour passer de 20 °C à 8 °C. Un réfrigérateur mettra entre 1 h 30 et 2 heures pour aboutir au même résultat, voire davantage quand il fait chaud. Le temps de rafraîchissement est un facteur important : si le délai est trop court, le contenu de la bouteille ne sera pas uniformément à la même température, et, s'il est trop long, le vin sera trop froid. De même, les manchettes de refroidissement ne garantissent pas toujours un rafraîchissement homogène. Évitez en tout cas de placer la bouteille dans le congélateur ou dans le bac de congélation du réfrigérateur, bien trop froid ; en outre, la bouteille risque de se casser en cas d'oubli. Une fois que le vin a atteint la température de consommation, il suffit d'ajouter quelques cubes de glace dans l'eau du seau pour maintenir la fraîcheur, sachant qu'il faut éviter tout excès de froid. Il en va de même avec une brique à vin ou un seau isotherme. Les vins effervescents seront servis de la même façon.

**POUR RÉCHAUFFER UN VIN.** L'idéal est de laisser la bouteille pendant 2 à 3 heures dans une pièce où la température avoisine les 18 °C. Ne placez jamais le vin près d'une source de chaleur, comme une cheminée, un radiateur ou un four, qui risque de donner un « coup de chaud » au vin et d'affecter son goût définitivement. Il convient de traiter les vins rouges avec un soin tout particulier, et notamment les millésimes vieux et rares, car ils sont plus sensibles aux écarts de température. Laissez-leur le temps de se réchauffer progressivement une fois qu'ils sont sortis de la cave, dans une pièce tempérée et calme.

***La température de service d'un vin dépend non seulement de sa couleur, mais** aussi de son caractère, de la saison ainsi que de la température du lieu où il sera dégusté.*

### Faut-il s'équiper d'un thermomètre à vin ?

Le recours à un thermomètre pour déterminer si le vin est bien à la température peut avoir son utilité. Cela dit, un ou deux degrés de plus ou de moins ne gâcheront pas la plupart des vins. Faites donc le test du thermomètre deux ou trois fois pour mémoriser l'impression que donne une bouteille à, disons, 10 °C, puis mettez le thermomètre au fond d'un tiroir et fiez-vous à vos sens.

## À chaque style de vin sa température

Quelle influence la température a-t-elle sur le goût du vin ? La chaleur permet aux composants aromatiques de se volatiliser, ce qui signifie, plus simplement, qu'elle permet au bouquet agréable du vin de s'exprimer. Les arômes variant d'un vin à un autre, les vins donnent le meilleur d'eux-mêmes à des températures différentes.

**LES BLANCS PLUS FRAIS QUE LES ROUGES.** C'est la règle générale, mais l'échelle des températures est mobile dans les deux cas. Le principe « vin blanc à la température du réfrigérateur et vin rouge à température ambiante » est quelque peu sommaire. Il incite à servir les vins blancs trop frais et les vins rouges trop chauds. En réalité, à chaque style de vin blanc correspond une température différente, et bien des rouges, sinon tous, doivent être servis à quelques degrés au-dessous de la température ambiante.

> Pour réchauffer un vin un peu trop frais, il suffit de le laisser quelque temps dans une pièce tempérée.

**NI TROP FROID, NI TROP CHAUD.** Le vin pâtit infiniment plus de la chaleur (qui peut faire sortir ses éventuels défauts) que du froid. Un grand vin rouge peut perdre son équilibre s'il est servi à 22 °C. La chaleur accentuant la présence de l'alcool, les vins blancs doivent en général être servis très frais pour se montrer moins alcooleux. Lorsque la bouteille est fraîche, l'acidité s'allie au fruit du vin et le rend agréable et rafraîchissant, ce qu'on est en droit d'attendre de tout vin blanc. Cependant servir trop frais des grands crus de vin blanc est une erreur, car ce qui fait leur intérêt, au nez comme en bouche, pourra se révéler davantage s'ils sont moins frais. Par temps chaud, servez les vins un peu plus frais qu'à l'ordinaire, afin de devancer un réchauffement trop rapide de la bouteille. Par temps froid en revanche (même si la pièce est bien chauffée), ne refroidissez pas trop les vins (blancs ou jeunes vins rouges), même s'ils se dégustent frais.

**SELON LE CARACTÈRE DU VIN.** Un vin souple et linéaire en bouche mérite un service plus frais pour accentuer le peu d'acidité qu'il présente. De même, un vin généreux en alcool devrait être servi plus frais. En revanche, un vin très acide ou très tannique ne doit pas être servi trop frais, car le froid accentue la sensation acide et amère.

**VRAI OU FAUX ?**

***Il vaut mieux servir un vin trop frais plutôt que trop chaud.***

**VRAI.** Cela permet de découvrir ses arômes au fur et à mesure de la montée en température. Dans un vin servi trop chaud, les arômes sont masqués par l'alcool.

**LES VINS ET LEUR TEMPÉRATURE DE SERVICE**

| TYPES DE VINS | EXEMPLES | TEMPÉRATURE |
|---|---|---|
| **VINS EFFERVESCENTS** | | |
| **Vins effervescents secs** | Cava, crémant, Saumur, champagne | 6-8 °C |
| **Vins effervescents doux** | champagne demi-sec, Moscato d'Asti | 6-8 °C |
| **Cuvées spéciales** | champagne millésimé | 8-10°C |
| **VINS BLANCS** | | |
| **Blancs doux courants** | Anjou blanc, Loupiac, Muscat | 6-8 °C |
| **Blancs demi-secs** | Vouvray demi-sec, Riesling Spätlese, Soave Abboccato | 6-8 °C |
| **Blancs liquoreux** | Sauternes, Tokaj, Vin Santo, Muscat du Cap-Corse | 6-8 °C |
| **Blancs secs courants** | Muscadet, Sancerre, Alsace | 10-12 °C |
| **Blancs secs amples** | bourgogne, Graves, Orvieto, Sauvignon de Marlborough, | 10-12 °C |
| **Blancs secs racés** | bourgogne, Pessac-Léognan, Savennières | 12 °C |
| **VINS ROSÉS** | | |
| | les rosés courants sont servis comme les blancs secs | 10-12 °C |
| **VINS ROUGES** | | |
| **Rouges jeunes et frais** | vins de Loire, Beaujolais, Côtes-du-Rhône, Valpolicella | 14 °C |
| **Rouges courants** | bordeaux et bourgognes, Merlot du Chili | 16 °C |
| **Grands crus** | bordeaux, Côte-Rôtie, Gevrey-Chambertin, Corton, Vino Nobile de Montepulciano | 17-18 °C |
| **VINS MUTÉS** | | |
| | vins doux naturels français (blancs) | 8-10 °C |
| | Xérès Fino, Manzanilla | 10-12 °C |
| | Xérès Amontillado, Madère Sercial, vins doux naturels français (rouges) | 12 °C |
| | Xérès Oloroso, Xérès Cream, Madère Bual | 14 °C |
| | Porto Ruby | 14 °C |
| | Porto Tawny | 16 °C |
| | Porto millésimé | 16-18 °C |

# L'OUVERTURE DE LA BOUTEILLE

*Servir un vin ne s'improvise pas, et chaque détail participe déjà au plaisir de la dégustation. L'hôte se doit donc de montrer de la compétence dans tous les aspects du service. Ouvrir une bouteille avec sûreté et élégance en est une étape essentielle.*

## Le tire-bouchon

Le choix d'un tire-bouchon de bonne qualité doit répondre à deux critères. Tout d'abord, la partie qui pénètre dans le bouchon doit avoir la forme adéquate. Seule une spirale bien pointue et suffisamment longue et large aura une bonne prise sur le bouchon, sans risquer de l'effriter ou de le casser. Il convient ensuite d'étudier le mécanisme de traction. Les modèles les plus simples, à poignée en forme de T, sollicitent trop les muscles du bras et de l'épaule : un bouchon très serré risquera de vous résister. Choisissez plutôt un tire-bouchon muni d'un système de levier, qui se bloque contre le goulot de la bouteille. Il existe une vaste gamme de modèles, depuis le « couteau-sommelier » jusqu'au tire-bouchon doté d'un mécanisme de contre-vis, et enfin le « Screwpull », inspiré du principe du forage (voir p. 190-191). Enfin, il est vivement déconseillé d'utiliser des appareils à gaz ou à air : non seulement la pression de gaz peut abîmer le vin, mais, si la bouteille présente un défaut de fabrication, elle risque d'éclater ou d'exploser au moment de son ouverture.

***L'ouverture d'une bouteille est un moment crucial et ne doit pas se faire d'une façon brusque.***
*Le vin, qui est resté enfermé à la suite de différentes opérations de vinification, retrouve le contact de l'air, prêt à révéler toutes ses qualités.*

## L'ouverture d'un vin tranquille

Au moment de l'ouverture, la bouteille doit être à la température adéquate. L'extraction du bouchon doit se faire sans recours à la force et sans accrocs, car le vin est sensible au changement brutal de pression.

### OUVRIR UN VIN TRANQUILLE

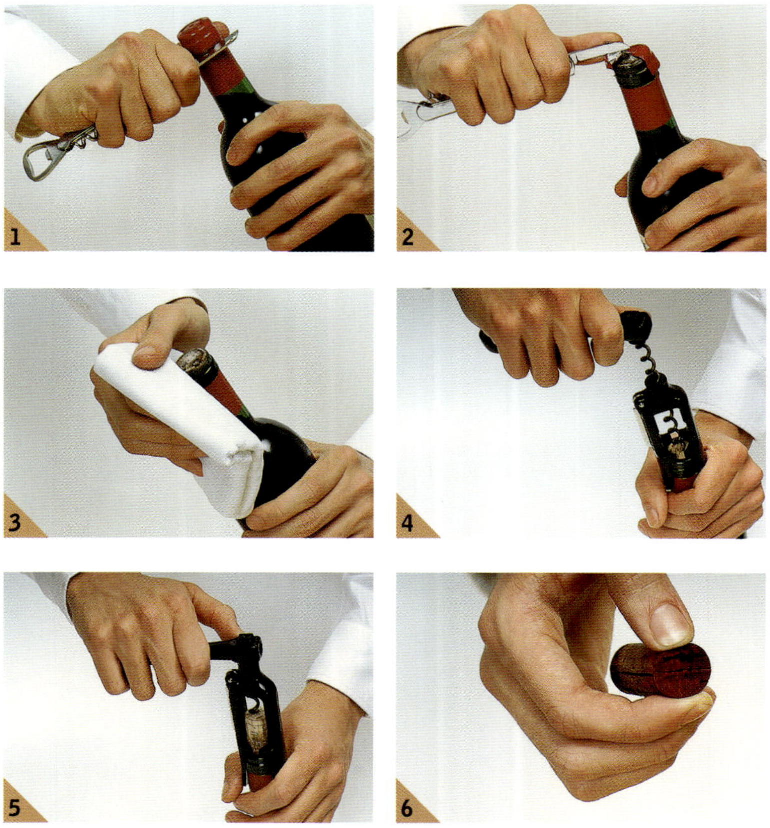


### Les bouchons récalcitrants

Il arrive que certains bouchons résistent avec entêtement. Voici quelques solutions.

**Le bouchon colle.** Chauffez le goulot de la bouteille en le passant sous l'eau chaude, afin de mouiller et de faire gonfler le verre, mais non le bouchon, ou bien vissez le tire-bouchon en le tenant légèrement incliné.

**Le bouchon s'est cassé.** Vissez le tire-bouchon avec précaution, en le tenant incliné, dans le morceau restant du bouchon. Si cette manipulation ne réussit pas, poussez le bouchon dans la bouteille.
En versant le premier verre, tenez le bouchon éloigné du goulot à l'aide de la mèche du tire-bouchon ; il flottera ensuite à la surface du vin.

Quelques morceaux de liège tombés dans le vin ne nuisent pas au goût. S'il y en a trop, vous pouvez décanter le vin (voir p. 193) dans une bouteille propre, une carafe ou un pichet.

**LA GESTUELLE.** La difficulté pour ouvrir une bouteille dépend du type de tire-bouchon dont on dispose, mais les phases de préparation sont toujours les mêmes. Il faut d'abord découper la capsule métallique sous le goulot, à l'aide d'un couteau, et en retirer la partie supérieure. Cela évite tout contact du vin avec le métal. Si l'on doit effectuer une décantation (voir p. 193), il faut retirer toute la capsule pour assurer une meilleure vue du vin.
Essuyez ensuite le goulot avec un linge propre, puis faites pénétrer la spirale du tire-bouchon au centre du bouchon, en prenant soin de ne pas le transpercer de part en part. Extrayez enfin le bouchon, dans un même mouvement, sans brusquerie.
**FAUT-IL OUVRIR À L'AVANCE ?** En général, les vins simples, rouges, blancs ou rosés, comme le Beaujolais, le Gros-Plant, le Côtes-de-Provence rosé, se débouchent au dernier moment, quitte à être passés en carafe au besoin. Les vins blancs plus corsés et encore jeunes peuvent être ouverts de 1 à 2 heures à l'avance ; on peut aussi les carafer une demi-heure avant le service. Les vins rouges de grande facture et encore jeunes méritent une ouverture de 2 à 4 heures avant d'être servis ou un carafage de 1 à 2 heures. Quant aux vins vieux, il ne faut pas les ouvrir trop à l'avance ; les laisser à la verticale permettra au dépôt éventuel de descendre au fond.
**CAS PARTICULIERS.** Certains bouchons, surtout ceux des vieux bordeaux, sont très longs et quelquefois fragiles. Il faudra donc procéder en deux mouvements. Quand toute la mèche du tire-bouchon a pénétré, commencez à extraire le bouchon de quelques millimètres, puis donnez à la mèche un tour supplémentaire et procédez à l'extraction complète, en veillant à ce que la mèche ne transperce pas le bouchon. Les « couteaux à lames » sont souvent très efficaces pour les très vieux bouchons. Des soins particuliers sont également nécessaires pour une bouteille délicate, par exemple un vieux bourgogne. Depuis la cave, où elle a été placée précautionneusement dans un panier, jusqu'au service, elle doit conserver la position couchée dans laquelle elle reposait. Tout au long de la préparation, il faut éviter le moindre mouvement brusque, y compris lors de l'ouverture.

## L'ouverture des vins effervescents

L'ouverture d'un vin effervescent se fait toujours devant les invités. Attention, il ne faut jamais le faire face à une personne ou à une vitre : tournez la bouteille vers un mur.
**QUELQUES PRÉCAUTIONS.** Le vin étant sous pression, une ouverture maladroite de la bouteille risque de faire sauter violemment le bouchon et de laisser échapper beaucoup de mousse, sans compter les dégâts que le bouchon peut occasionner sur sa trajectoire. Il faut donc commencer par rafraîchir le vin en prenant soin de ne pas remuer la bouteille afin de ne pas augmenter la pression du gaz. Sa température doit se situer entre 6 et 9 °C. On évitera par ailleurs de laisser une bouteille trop longtemps au réfrigérateur. Il est préférable, à la sortie de la cave, de la rafraîchir quelque temps dans un seau contenant un mélange d'eau et de glace ; un refroidissement accéléré ne peut qu'être préjudiciable au vin.
**LA GESTUELLE.** Ôtez d'abord la coiffe afin de dénuder le muselet et le bouchon. Détordez doucement le muselet, maintenez votre pouce sur le bouchon, puis retirez le muselet et la capsule. Le secret de l'ouverture consiste à bien maintenir le bouchon d'une main et, de l'autre, à faire tourner doucement la bouteille (et non le bouchon), légèrement inclinée. Vous sentez le bouchon monter, poussé par la pression du gaz. Poussez le bouchon avec précaution à l'aide de votre pouce dès qu'il commence à monter dans le goulot.

### OUVRIR UN VIN EFFERVESCENT

# LES TIRE-BOUCHONS

*Outils à usage bien précis, les tire-bouchons sont parfois des objets que l'on a plaisir à regarder et à tenir en main, voire aussi à collectionner.*

ZIG ZAG

# LA DÉCANTATION

*Décanter un vin est une opération délicate, qui nécessite un certain doigté, et dont résultent trois phénomènes : la séparation des dépôts du vin, son oxydation, et une modification de sa température.*

## Les avantages et quelques risques

La plupart des vins peuvent être servis directement de la bouteille, mais certains gagnent à être transvasés dans une carafe ou un pichet. Dans presque tous les cas, un vin présentant un dépôt doit être décanté. Quant aux autres vins, cela dépend de leur âge et du temps qu'ils passeront en carafe (voir encadré ci-dessous).

Les adeptes de la décantation affirment qu'en une heure, voire plusieurs heures, un vin jeune décanté devient plus moelleux, plus rond et généralement plus agréable au goût. Mais, s'il reste trop longtemps en carafe, il risque aussi de perdre de sa fraîcheur et de sa vitalité. La décantation peut vivifier les vieux millésimes mais également les durcir et leur faire perdre leurs précieux arômes. Il ne faut pas oublier que le vin continue à s'aérer en passant de la carafe au verre, et encore davantage si on le fait tourner doucement dans le verre. Avant toute décantation, une précaution s'impose donc : déguster le vin.

***La décantation peut améliorer le vin de deux façons :*** *elle le débarrasse d'éventuels morceaux de bouchon ou de dépôt et lui permet de s'oxygéner, ce qui peut accélérer sa maturation.*

## Le dépôt : qualité ou défaut ?

**DES CRISTAUX.** Certains vins blancs jeunes et légers présentent parfois un dépôt de cristaux. Il s'agit du bitartrate de potassium qui précipite à la suite d'une baisse brutale de la température. Malgré leur apparence, ces cristaux sont absolument sans danger pour la santé et n'affectent en rien le goût du vin. Il suffit de mettre la bouteille debout et, en quelques secondes, le dépôt est rassemblé. En versant attentivement, il est très facile de l'éviter.

**UN DÉPÔT COLORÉ.** Un vin rouge qui vieillit produit un dépôt naturel, résultat de tanins oxydés et de matières colorantes qui se décomposent dans le vin. Ce dépôt est plutôt léger et nécessite donc une manipulation très précautionneuse de la bouteille. La décantation s'impose, sauf si le vin est devenu trop fragile (par exemple, les vins de Bourgogne). On prendra la décision dès l'ouverture de la bouteille, après avoir aussitôt goûté le vin : un vin fermé et un peu dur profitera de la décantation, mais un vin parfaitement épanoui et délicieux n'en aura pas besoin.

## Quels vins décanter ?

**VINS ROUGES AVEC UN DÉPÔT**

Les vins énumérés ci-après ont tendance à présenter un dépôt ; mieux vaut les décanter.

**Bordelais :** premiers crus, grands crus, crus classés, grands crus de Saint-Émilion, grands Pomerols.

**Vallée du Rhône :** Hermitage et autres vins du nord de la région ainsi que les Châteauneuf-du-Pape.

**Autres vins français :** les meilleurs vins de Provence, le Madiran.

**Italie :** Barolo, Brunello di Montalcino, Sassicaia, Ornellaia.

**Espagne :** Vega-Sicilia, Pingus et les meilleurs Penedès. Quelques Riojas présentent un dépôt.

**Portugal :** Portos Vintage et Crusted. Les Portos Late Bottled et Tawny n'ont pas besoin d'être décantés.

**Nouveau Monde :** les Cabernets-Sauvignons et les Shiraz de Californie, d'Australie et du Chili.

**VINS ROUGES JEUNES**

Ils tireront généralement profit de l'aération apportée par le carafage.

**Bordelais :** les petits châteaux de Bordeaux d'un bon millésime.

**Bourgogne :** les crus de Beaujolais et les appellations communales de la Côte d'Or.

**Vallée du Rhône :** tous les rouges.

**Autres vins français :** Cahors, Bandol rouge, Chinon, Faugères et tous les vins ayant une bonne teneur en acidité et en tanins dans leur jeunesse ou tous les vins vinifiés de façon traditionnelle qui font l'objet d'une grande concentration.

**VINS BLANCS**

Certains vins blancs s'améliorent si on les décante juste avant de les servir : vins jeunes de la Loire, Graves blancs, vins d'Alsace de vendanges tardives, grands vins du Rhin et de la Moselle, Riojas blancs vieillis en fût de chêne ; tandis que d'autres n'y gagnent pas : les très vieux bordeaux et bourgognes rouges, les vins blancs à maturité sauf ceux cités ci-dessus, les blancs jeunes, les vins de Champagne et autres mousseux.

le repas, il vaut mieux disposer d'emblée sur la table tous les verres nécessaires. Le verre à eau sera, lui, placé derrière les verres à vin. Si d'aventure plusieurs bouteilles du même grand cru mémorable étaient servies au cours d'un même repas, il faut prévoir éventuellement de changer les verres à chaque bouteille ouverte, car il peut y avoir de grandes différences d'un flacon à un autre.

### Goûter avant de servir

Dès que les bouteilles sélectionnées ont été ouvertes, il est temps de vérifier le vin. Contrôlez d'abord scrupuleusement chaque bouchon en le reniflant afin de détecter d'éventuels défauts, puis procédez à une dégustation de contrôle. Certains « nez de moisi » se dissipent très vite. Plus grave est le « nez de bouchon ». Si l'odeur de moisi est très légère, seul le premier verre risque d'être altéré et, souvent, une simple aération suffit. Si elle est persistante, mieux vaut passer à une autre bouteille. Dans le doute, n'hésitez pas à changer. Chaque bouteille, vérifiée, peut être éventuellement décantée, puis servie.

## Le service à table : rester attentif comme un sommelier

**LE RÔLE DE L'HÔTE.** Au cours du repas, le rôle de sommelier est dévolu au maître (ou à la maîtresse) de maison qui assurera lui-même le service des vins. Devant les invités, par courtoisie, il goûtera de nouveau chaque bouteille avant de verser. Il veillera à ce que les vins restent autant que possible à la température de service et que chaque verre soit rempli au tiers tout au long du repas.

**CHAQUE VIN À LA BONNE TEMPÉRATURE.** Les vins effervescents et les vins blancs seront mis dans un seau contenant de l'eau additionnée de quelques glaçons pour rester suffisamment frais. Quant aux vins rouges, il est souhaitable de les servir un ou deux degrés plus frais que prévu : dès qu'ils sont versés dans le verre, ils acquièrent aussitôt un degré.

**VRAI OU FAUX ?**

***Le champagne brut s'accorde bien avec les desserts.***

**FAUX.** Le contact du sucré durcit un champagne. Avec les desserts, il faut choisir délibérément les vins qui leur sont réservés et qu'on appelle communément « vins de dessert », par exemple le Muscat de Mireval, le Monbazillac. Le champagne brut aura une place de choix en apéritif ou au cours du repas. Pour le dessert, servez plutôt un champagne demi-sec.

# LE VIN AU RESTAURANT

*Un restaurant se choisit pour sa cuisine, son décor, la sélection de ses vins et… son niveau de prix. Face à une carte des vins importante, il n'est pas toujours facile de s'y retrouver, mais, par un rapide coup d'œil, on pourra se faire une idée précise des sélections et de leur valeur, ou, le cas échéant, recourir aux conseils du sommelier.*

## Le choix du vin

Le choix du vin repose sur quelques critères qui permettent au client de se faire une idée précise de l'attention que le restaurateur porte au vin. Il vaut mieux une sélection courte et judicieuse qu'une accumulation de crus dont le service n'est pas toujours assuré. La carte reflétera le style de la cuisine servie ; l'influence de certaines régions viticoles se remarquera avec intérêt. La présence d'un sommelier confirmera que toute l'attention est portée sur la sélection, le stockage et le service.

**L'ACCORD METS-VINS.** Jamais un maître d'hôtel ne s'offusquera s'il lui est demandé en même temps le menu et la carte des vins. Cela indique l'intérêt que le client porte à l'un et à l'autre. Dans un restaurant où l'on se rend pour la première fois, il est difficile de savoir si l'on commandera d'abord la nourriture et ensuite les vins, ou le contraire. Une cuisine créative se doit d'être explicitée, car, au simple énoncé des ingrédients, le choix des vins peut en être orienté. S'il est impossible de résister à un plat dont la composition pourrait affecter le vin, il vaut mieux demander conseil au sommelier. À l'inverse, si un vin très précis retient l'attention, le maître d'hôtel ou le sommelier saura conseiller le plat idéal qui lui conviendra.

*(**Le sommelier est à la fois homme de service, œnophile, psychologue, juriste et féru de cuisine.** Il préside à la cérémonie du vin et nous guide avec doigté dans les subtiles correspondances entre les vins et les mets.)*

## La carte des vins

**LA PRÉSENTATION.** Par sa simple présentation, la carte des vins reflète l'efficacité du sommelier. Elle doit être claire afin que le client comprenne aussitôt le mode de lecture. Les vins se classent par pays, par régions, par appellations, les couleurs étant bien séparées. La contenance des bouteilles est obligatoirement indiquée. À l'intérieur des appellations, les vins peuvent être présentés par millésime, par sous-appellation ou par prix. Quel que soit le choix établi, il sera le même tout au long de la carte. Pour chaque vin doivent figurer le cru, le village, le climat, le clos, le nom du propriétaire et le millésime. Lorsque la carte propose une « cuvée de patron », il s'agit en général d'un vin honnête sélectionné en fonction du style de la cuisine servie, mais ce ne sera jamais un grand vin.

**DES PRÉCISIONS UTILES.** Le sommelier saura à tout instant apporter les précisions complémentaires souhaitées : la qualité du millésime, les cépages, les techniques particulières, la localisation exacte du domaine, etc. Il n'est cependant pas bon d'accaparer le sommelier indéfiniment, son travail consiste aussi à s'occuper d'autres tables, à préparer verres et bouteilles, et à servir…

### LE SAVIEZ-VOUS ?

***Le métier de sommelier existe depuis 4 000 ans.*** *En effet, il remonte au temps des pharaons. Le sommelier était alors en charge de la préparation des boissons pour les rois et les nobles du pays. Il pouvait élaborer aussi bien de la bière que du vin, et il en assumait également le service. Jusqu'au milieu du XX^e^ siècle, le sommelier mettait le vin en bouteilles dans la cave de l'établissement où il travaillait. C'est avec l'avènement de la mise en bouteilles à la propriété qu'il assuma le service dans la salle du restaurant.* *Voir aussi p. 200-201.*

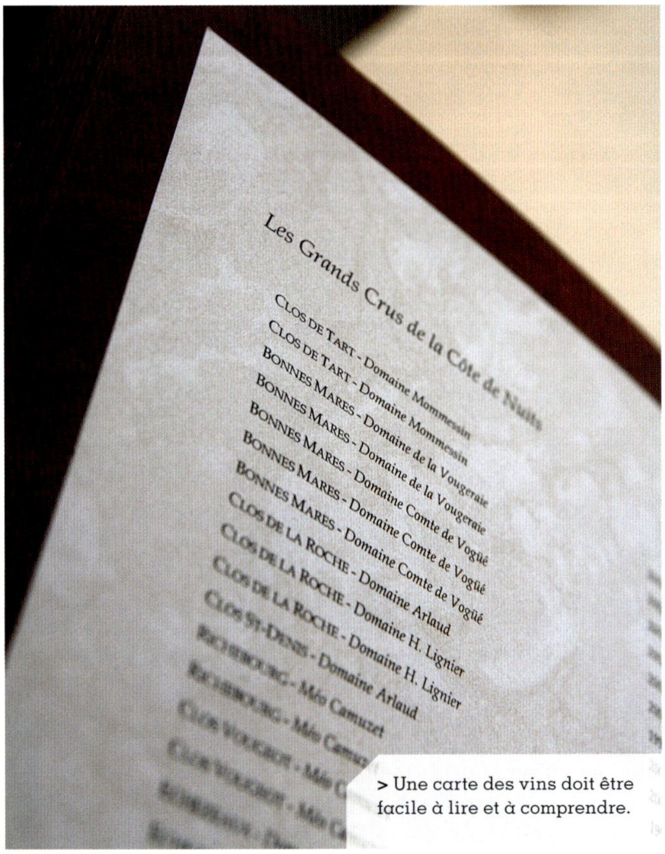


> Une carte des vins doit être facile à lire et à comprendre.

## Le vin n'est pas bon : que faire ?

**Le vin servi présente un défaut :** éventé, madérisé, oxydé, éteint, plat, acide, bouchonné… Autant de défauts qui auraient dû être notés par le patron, le maître d'hôtel ou le sommelier quand ils ont goûté eux-mêmes le vin. Auquel cas la bouteille aurait dû être changée. Mais s'il y a le moindre doute, il est en faveur du client qui demandera une autre bouteille. Certains restaurants préviennent clairement que les bouteilles rarissimes, ou tel vieux millésime, sont commandées aux risques du client et facturées quoi qu'il arrive.

**Le vin servi ne plaît pas.** Recommandé chaudement par le patron ou le sommelier, le vin ne présente aucun défaut mais ne correspond pas au goût du client pour une quelconque raison. Celui-ci en fait la remarque et le patron se doit de faire une autre proposition conforme aux goûts de la personne qui paie. Le risque étant pris, le restaurateur doit savoir se montrer à la fois grand seigneur et modeste.

> Une fois le vin approuvé par la personne qui l'a commandé, le sommelier en emplit les verres.

## Le sommelier

Perplexe et perdu devant des pages de crus de différentes origines et aux prix fort divers, le client aura volontiers recours au conseil d'un professionnel.

Bien qu'il soit extrêmement délicat d'évoquer le prix devant les invités, le sommelier de talent comprendra vite à mille détails jusqu'où ne pas aller. Il n'y aura d'embarras pour personne si, pour une quelconque raison, une suggestion ne convenait pas ; il suffit alors d'en demander une autre en étant aussi précis que possible. Si l'idée du sommelier est respectable, le client reste le maître et ne doit se sentir gêné en aucune manière. Qu'un sommelier connaisse les vins qu'il propose est la moindre des choses, mais tout cela s'efface devant les goûts du client et les règles du service.

## Le service

La commande prise, le sommelier prépare les verres nécessaires et s'enquiert des bouteilles choisies. Le service proprement dit commence. Chaque bouteille commandée est présentée au client, qui vérifie appellation, millésime, propriétaire, et acquiesce. Le sommelier procède alors bien en évidence à l'ouverture des bouteilles, hume les bouchons et goûte chaque vin. Les vins le nécessitant sont décantés et maintenus à température.

C'est la personne qui a commandé qui donne le signal du service du vin. Le sommelier la servira en premier afin qu'elle goûte elle-même. Ce contrôle permet de vérifier la qualité intrinsèque du vin et sa température. Si le client approuve, le service se poursuit en respectant les préséances et en n'oubliant pas de resservir la personne qui a goûté en premier. C'est par la droite que s'effectue le service des boissons avec la possibilité, pour chaque convive, de jeter un œil, s'il le souhaite, sur l'étiquette, le sommelier pouvant discrètement lui rappeler le nom et le millésime du vin.

Le sommelier emplira les verres au tiers et veillera sans cesse à ce qu'aucun convive ne manque de vin. Il s'acquittera également du service des eaux minérales. À tout instant, il répondra aux demandes du client. S'il arrivait que le client ne trouve pas le vin conforme à ses désirs ou note un défaut qualitatif (goût de bouchon) ou un problème de température, il est en droit de le faire remarquer et d'exiger de changer de bouteille.

1

LES MEILLEURS SOMMELIERS DU MONDE

| | |
|---|---|
| 2008 | Andreas Larsson (Suède) |
| 2004 | Enrico Bernardo (Italie) |
| 2000 | Olivier Poussier (France) |
| 1998 | Markus Del Monego (Allemagne) |
| 1995 | Shinya Tasaki (Japon) |
| 1992 | Philippe Faure-Brac (France) |
| 1989 | Serge Dubs (France) |
| 1986 | Jean-Claude Jambon (France) |

LES MEILLEURS SOMMELIERS DE FRANCE

| | |
|---|---|
| 2008 | Manuel Peyrondet (Hôtel Bristol, Paris) |
| 2006 | Pascal Leonetti (Auberge de l'Ill, Illhaeusern) |
| 2004 | Dominique Laporte (Le Phare, Palavas-les-Flots) |
| 2002 | David Biraud (Hôtel de Crillon, Paris) |
| 2000 | Franck Thomas (consultant) |

# Sommelier, l'ambassadeur des vins

**L'ombre et la lumière. Quelle meilleure image pourrait définir le métier de sommelier ? L'ombre, car le personnage est au service d'une plus grande star que lui, le vin. La lumière, car au restaurant il est, deux fois par jour, à la fois acteur et metteur en scène d'une scénographie parfaitement réglée, bien plus exposé que le chef puisqu'il se trouve, lui, au contact direct des clients.**

## UN CONNAISSEUR ET UN GESTIONNAIRE

Dans l'ombre, donc, le sommelier doit d'abord se former tout au long de sa carrière. Visite des vignobles, connaissance des vins et des vignerons, apprentissage de chaque nouveau millésime... Son éducation n'est jamais terminée. Son but ? Trouver les vins qui seront le plus adaptés à la cuisine et à la clientèle du restaurant où il officie. Avec deux critères : le style du vin et, évidemment, son prix. Car le sommelier est aussi et d'abord un gestionnaire : il est responsable de la bonne tenue de sa cave, élabore la carte des vins, établit les prix en accord avec sa direction, gère les stocks et en tient la comptabilité. Dans les établissements les plus réputés, qui ont la possibilité d'acquérir et de stocker des bouteilles de très grande valeur, il doit également parier sur l'avenir des flacons, décidant de les conserver ou de les servir. Enfin, au quotidien, il met en place la cave du jour, où les bouteilles sont stockées à la température de service, dans des armoires réfrigérées, pour les besoins journaliers du restaurant.

## COMME SUR UNE SCÈNE

C'est alors qu'il entre dans la lumière. Le costume de scène est immuable : tablier noir, veston assorti, broche dorée figurant une grappe de raisin. Les accessoires sont en place : tire-bouchon, serviette blanche, carafe, coupelle pour y déposer éventuellement le bouchon... Le rôle est toujours le même : conseiller le client en fonction des mets choisis, présenter les vins et les spiritueux et effectuer le service ! « C'est vraiment une scénographie », souligne Philippe Faure-Brac, meilleur sommelier du monde 1992.

1. Enregistrement des sorties de cave.
2. Débouchage : des gestes sûrs et précis.
3. Vérification du vin avant le service.
4. Insigne du maître sommelier.

« Mais le texte et les partenaires changent à chaque repas ! Il faut sentir à qui l'on a affaire : amateur, néophyte, homme ou femme d'affaires soucieux d'en imposer, amoureux, fortuné ou non... »

## LES CONCOURS...

Pour se préparer à cette représentation biquotidienne, de plus en plus de sommeliers postulent aux différents concours organisés par la profession. Concours du meilleur sommelier d'une région, de France, d'Europe, du monde, Concours du meilleur élève sommelier pour les débutants ou, un peu plus tard, du meilleur jeune (moins de 24 ans) sommelier en poste...

Les épreuves sont souvent les mêmes d'un challenge à l'autre. Mais ce qui fait une nette différence, c'est la difficulté des questions et le niveau des concurrents. Un premier volet d'épreuves théoriques concerne l'histoire et la géographie vitivinicoles, l'œnologie, la technologie, la législation, l'ordonnancement d'une carte des vins, l'orthographe des vins et des appellations, la gestion d'une cave, la connaissance des spiritueux, des cafés, des thés, des eaux minérales, des cigares... Rien n'est laissé au hasard.

Les meilleurs candidats passent ensuite une série d'épreuves pratiques : service en salle, accords des mets et des vins, prise d'une commande dans une langue étrangère, correction d'une carte erronée (un vin blanc glissé parmi les rouges, un millésime qui n'existe pas, une orthographe inexacte, un prix farfelu...).

Sommelier à l'hôtel Baltimore à Paris, Jean-Luc Jamrozik, en tant que membre de l'Union de la sommellerie française (UDSF), prépare régulièrement les candidats aux divers concours. « Je joue les clients difficiles », explique-t-il avec un sourire gentiment sadique. « Le genre à vouloir un vin rouge avec le poisson ou un blanc avec le gibier, à prétexter une allergie au soufre, à jouer les blasés pour réclamer qu'on le surprenne... »

## ... ET LES DISTINCTIONS

Outre le prestige de se voir distingué parmi ses pairs, le lauréat gagne généralement non pas de l'argent, mais des lots bien plus pertinents : bouteilles prestigieuses, voyages à travers les vignobles de l'Hexagone ou du monde, rencontres avec les grands noms de la profession, repas dans les restaurants étoilés les plus réputés, possibilité d'élaborer des cuvées, etc. Le défi attire des candidats chaque année plus nombreux. Quelques candidates, aussi, mais on déplore encore très peu de femmes dans ce métier, comme le montre, hélas, la liste des lauréats des concours les plus prestigieux.

# COMMENT DÉGUSTER LE VIN ?

# LES BASES D'UNE BONNE DÉGUSTATION

*Goûter un vin procure des émotions que l'on souhaite exprimer. Sa couleur, ses arômes, ses saveurs, sa texture parlent à nos sens. Cependant, le plus souvent, l'amateur néophyte est démuni pour décrire ses sensations et ne sait comment décrypter les différents composants du vin ; en un mot, comment déguster.*

## L'art de la dégustation

La dégustation est avant tout un exercice technique, qui se déroule en trois étapes durant lesquelles trois de nos sens entrent en jeu : la vue, l'odorat et le goût. S'il existe plusieurs associations de dégustation ouvertes au grand public, l'amateur peut aussi organiser de son côté une dégustation entre amis. Cette pratique, accessible à tous, ne nécessite qu'un peu de rigueur et quelques conditions matérielles et physiques.

***L'apprentissage du vin passe par la dégustation.*** *Pratiquée régulièrement, celle-ci permet à l'amateur d'aiguiser ses sens et d'acquérir peu à peu un vocabulaire spécifique avec lequel il pourra communiquer ses émotions de façon précise.*

## Choisir le lieu

Bien choisir la pièce est important. Elle doit être claire, bénéficier d'une bonne lumière du jour ou, à défaut, d'un éclairage neutre et suffisant (ampoule fluorescente et abat-jour de couleur à bannir). Aucune odeur de cuisine, de fleurs, de tabac, d'eau de toilette ne doit « polluer » l'atmosphère. La température idéale est située entre 18 et 20 °C, ce qui vous permettra de « chambrer » votre vin. Cette notion, qui consiste à laisser le vin séjourner quelques heures dans une pièce tempérée pour qu'il soit moins froid et meilleur à déguster, remonte à l'époque où le chauffage n'existait pas. La table sera recouverte d'une nappe blanche, ou, à défaut, les verres seront posés sur une feuille de papier blanc, ce qui permettra de juger objectivement de la couleur du vin.

## Choisir le matériel

**LES VERRES.** Leur choix est encore plus important tant il influe sur les perceptions visuelles et aromatiques. Le verre de couleur est à bannir. Le verre à pied transparent et en forme de tulipe, appelé aussi « Angoulême », s'impose. Le verre à dégustation plus spécifique dit INAO, conçu par les professionnels, est idéal. Sa forme semi-elliptique, avec une ouverture plus étroite que la partie convexe, permet de concentrer les arômes et évite les projections lors des mouvements du verre. On trouve le verre INAO facilement dans les grands magasins ou chez tout bon caviste. Le dégustateur sentira le verre avant usage pour s'assurer qu'il n'a pas d'odeur résiduelle (carton, torchon...). On pourra le rincer avec de l'eau ou, mieux, l'humecter avec le premier vin de la dégustation. L'idéal est de proposer un verre pour chaque vin dégusté. Sinon, on prévoira deux verres au minimum par dégustateur afin de lui permettre de comparer les vins.

**LES CRACHOIRS.** Ce sont des accessoires indispensables. Ils permettent à chacun d'y vider son verre et de cracher (voir encadré p. 205). À défaut d'un crachoir, on peut se servir d'un autre récipient, tel qu'un pot, un seau à champagne ou un vase.

### La préparation des vins

Les vins, entreposés à l'horizontale dans une cave, seront remontés la veille afin que les sédiments se déposent au fond de la bouteille. Ils seront débouchés une heure avant et, si nécessaire, décantés ou transvasés dans une carafe. Les blancs seront rafraîchis dans un seau à glace ou entreposés dans le réfrigérateur pendant quelques heures, puis seront sortis une demi-heure avant la dégustation, pour parvenir à température adéquate ; ils seront ouverts juste au moment d'être testés.

## La dégustation à l'aveugle

Cette méthode consiste à déguster un vin sans en connaître l'identité, en toute objectivité. La bouteille est alors recouverte de papier ou d'une « chaussette ». En effet, quel que soit le niveau de compétence du dégustateur, il y a toujours un risque de se laisser influencer par l'étiquette. Un vin de grande réputation est abordé avec un a priori positif et inversement. À l'aveugle, seule la qualité intrinsèque du vin plaide pour lui. Une telle expérience peut néanmoins causer des étonnements ou des déceptions.

> Bouteilles avec caches pour une dégustation à l'aveugle.

## Les bonnes conditions physiques

Le dégustateur doit être en forme, frais et dispos. Une fatigue physique trouble l'acuité du jugement par l'inconfort qu'elle suscite. Le rhume, surtout, est un grand handicap qui nuit à la bonne perception des arômes transmis directement par le nez et, indirectement, par la bouche. Le meilleur moment pour déguster est le matin lorsque les sens sont en éveil et la concentration à son maximum. Sinon, les amateurs pourront se réunir en début de soirée, avant de dîner, lorsque le corps est de nouveau en appétence. La dégustation après un repas est à proscrire absolument, les sens étant alors « saturés » et le corps « occupé » à digérer.

Avant de déguster, l'amateur s'abstiendra de boire un café ou de fumer une cigarette pour ne pas se « gâcher » le palais. Dans le même souci, on préférera le pain, aliment neutre, au fromage ou aux biscuits salés pour se « refaire » le palais entre les vins particulièrement tanniques ou acides.

## Quelques règles simples pour bien déguster

Lors de la dégustation, un certain silence est à respecter. Cette règle favorise la concentration. Il est bien sûr intéressant d'échanger ses réflexions, mais il faut le faire en son temps. Le responsable de la dégustation peut ainsi proposer de faire le point sur les vins dégustés après chaque série d'un nombre défini de bouteilles. Chacun aura noté ses commentaires sur une fiche de dégustation prévue à cet effet (voir quelques exemples p. 222-225). Il est indispensable de se plier à cet exercice qui aide le dégustateur à étayer son jugement. Ses notes lui serviront de base de données pour le développement de son goût et le suivi de l'évolution des vins. Car la dégustation est aussi un exercice de la mémoire. Ainsi, plus l'amateur déguste, enregistrant couleurs, arômes et goûts dans une « bibliothèque de références », plus il sera en mesure d'identifier les caractéristiques sensorielles d'un vin et, par comparaison, d'en juger les qualités.

Autre règle, et non des moindres : honnêteté, modestie et respect de l'autre sont des vertus à pratiquer même en dégustant ! En matière de goût, il n'y a ni « bon goût », ni « mauvais goût ». Chacun a le sien et doit pouvoir le défendre en l'argumentant, tout en respectant celui des autres.

### LE SAVIEZ-VOUS ?

***Cracher le vin est une tradition dans la dégustation.*** *Pour l'amateur débutant, cracher semble anormal et grossier, sans parler de la frustration qu'il ressent à ne pouvoir avaler le vin. Cette pratique s'explique, d'une part, par une question d'hygiène physique. Les dégustations se déroulant en dehors des repas, avaler du vin veut dire absorber de l'alcool alors que l'individu est à jeun. Il prend alors des risques et, sans forcément atteindre l'état d'ébriété, il perd en concentration et en acuité des sens. D'autre part, avaler le vin n'apporte aucun critère de jugement supplémentaire puisque tout se joue entre le nez et la bouche. Autant le cracher pour mieux en apprécier l'arôme et le corps.*

# L'ŒIL DU VIN

*Le premier contact avec le vin est visuel. À peine servi, l'œil en a saisi la couleur et l'éclat. Dans le verre, le vin raconte déjà son histoire au dégustateur attentif. En observant sa robe, c'est-à-dire sa couleur, sa brillance, son disque, ses jambes, il récolte des indices précieux. Le vin lui révèle ainsi son origine, son âge, sa personnalité, voire sa qualité.*

## Observer la robe

Dans un premier temps, le dégustateur s'attache à définir la couleur de la robe, à travers sa teinte et son intensité, ainsi que sa limpidité. Pour bien les observer, il doit tenir le verre devant un fond clair (par exemple, un mur blanc) ou le placer au-dessus d'une surface blanche, dans une source de lumière.

**LA TEINTE.** La couleur d'un vin s'évalue selon deux paramètres, sa teinte et son intensité. Le vocabulaire utilisé pour décrire la première emprunte ses termes au monde des pierres précieuses (rubis, topaze), des métaux (or, cuivre), des fleurs (rose, pivoine) et des fruits (citron, cerise). Voir aussi l'encadré ci-dessous.

**L'INTENSITÉ.** Les nuances étant nombreuses, il est important de qualifier la teinte par son intensité. Elle va de « pâle » à « dense » en passant par « claire », « foncée », « sombre », « intense », « profonde ». Certains mots employés, comme « pauvre », « légère » et « faible », donnent déjà une idée de la qualité.

***L'examen visuel d'un vin est une première étape qui éveille les sens.*** *Il prépare et conditionne psychiquement et sensoriellement à la suite de la dégustation.*

**LA LIMPIDITÉ.** Elle doit être parfaite et n'être troublée par aucun corps étranger en suspension, tels des poussières, des flocons, des voltigeurs (résidus de collage ou levures mortes en suspension dans le verre, donnant l'impression de « voltiger »). Sinon, le vin est décrit comme « bourbeux », « opalescent », « trouble », « floconneux », « voilé ». Signes de mauvaise vinification ou de maladie du vin, ces troubles rendent le vin impropre à la consommation. Heureusement, en raison des progrès de l'œnologie, ces accidents sont de plus en plus rares.

> Pour observer la robe d'un vin, il convient de placer le verre au-dessus d'une surface blanche.

## Que déduire de la robe d'un vin ?

La couleur d'un vin ne renseigne pas seulement sur sa catégorie – blanc, rouge ou rosé –, mais aussi sur l'âge de la vigne, sur le rendement, l'année de la vendange, l'âge du vin, et éventuellement sur son mode d'élevage.

**LES CÉPAGES ET LES MILLÉSIMES.** La matière colorante d'un vin provient des pigments contenus dans la peau des raisins. Peu présents dans les raisins blancs, ils sont en revanche importants dans les raisins rouges, mais d'intensité différente selon les cépages. Un vin issu du cépage gamay montre une robe d'un joli rubis, très distincte de celle d'un vin de cabernet-sauvignon, grenat sombre. La maturité de la peau conditionnant celle des pigments, l'intensité de couleur d'un vin dépend également de la qualité du millésime. Ainsi un Médoc de 1994 montre-t-il une robe moins intense que celle, plus concentrée, d'un 1996, année

### La gamme des couleurs

**Vins rouges :** pivoine, rubis clair, rubis, rubis profond, vermillon, grenat, grenat intense, carmin, pourpre. Lorsqu'ils sont âgés : tuilé, roux, marron, acajou, café.

**Vins rosés :** gris pâle, rose très pâle, rose, framboise, œil-de-perdrix, fraise, cerise, rose saumoné. Plus vieux, ils seront : saumon, orangé, brique, cuivre, pelure d'oignon.

**Vins blancs :** jaune pâle, jaune à reflets verts, or pâle, or vert, or jaune, citron, or paille. Après plusieurs années de vieillissement : vieil or, bronze, cuivre, ambre, acajou, café.

plus chaude. De la même façon, les vins blancs offrent une robe de teinte plus sombre lorsque les raisins ont été ramassés dans des années très chaudes, qui favorisent une légère surmaturité.

**LE RENDEMENT DE LA VIGNE.** L'intensité colorante résulte aussi du rendement que le vigneron a obtenu des vignes. Plus le rendement est élevé, moins les raisins seront concentrés et les jus colorés. A contrario, plus il est faible, plus le vin gagne en intensité. C'est par exemple le cas des vieilles vignes, peu chargées en raisins, qui donnent des vins d'une robe toujours très soutenue.

**L'ÉTAT DU RAISIN.** La qualité sanitaire du raisin joue, elle aussi, son rôle. Issu d'une vendange pourrie, le vin montre peu d'intensité colorante quels que soient son cépage et son rendement.

**L'ÂGE.** Avec l'âge, la couleur d'un vin blanc s'intensifie, celle d'un vin rouge s'atténue. Ainsi, l'observation de la teinte d'un vin peut permettre d'évaluer son âge. Très jeunes, les rouges (et certains rosés) affichent une nuance bleutée qui donne souvent des reflets violacés à la robe. Avec le temps, celle-ci se pare de reflets orangés en raison du jaunissement des pigments et des tanins. Les blancs possédant peu de tanins, leur robe évolue beaucoup plus lentement, dans des nuances de vert et de jaune.

### LE SAVIEZ-VOUS ?

***Un vin trouble ou présentant un dépôt n'est pas forcément mauvais signe.*** *Certains vins jeunes, parce que peu ou non filtrés, montrent un léger trouble dû à la présence de lies fines en suspension qui, avec le temps, vont former un dépôt tout à fait naturel. De même, il est tout à fait normal de trouver des dépôts dans les vieux vins, ou quelques petits cristaux dans certaines bouteilles, provenant de la précipitation d'un composant du vin, l'acide tartrique, lors d'un brusque changement de température.*

## L'examen visuel des vins effervescents

À l'instar d'un vin tranquille, un effervescent se juge d'après sa teinte, sa limpidité et sa brillance.

À ces critères, s'ajoute l'observation de la mousse et des bulles. Pour cela, la flûte est à préférer à la coupe, qui nuit à la bonne effervescence du vin. Dans un premier temps, le dégustateur étudie la mousse qui se forme spontanément dans le verre lors du service du vin. Elle se juge à sa générosité, à sa tenue dans le temps et à la taille de ses bulles. Une belle mousse est assez abondante, persistante, aérienne et composée de petites bulles. Une fois disparue, elle doit laisser place à un anneau de bulles s'accrochant à la paroi du verre, le cordon. Ces bulles doivent être fines, monter régulièrement du fond du verre en une colonne continue dite « cheminée », et nourrir le cordon. De grosses bulles venant mourir immédiatement à la surface du verre, l'absence de cordon et une moindre effervescence ne plaident pas pour la qualité du vin. Notez également que la température de service et le choix du verre conditionnent la bonne formation des bulles et de la mousse. Ainsi, le froid bloque l'effervescence tandis que la chaleur l'intensifie.

> Les bulles qui remontent en « cheminée » nourrissent le cordon formé sur la paroi du verre.

**LA VINIFICATION.** Elle influence aussi la teinte des robes. Pour les rouges, une longue macération permet une meilleure extraction de la matière colorante (voir p. 68). Les rosés, selon leur mode de vinification par pressurage ou par saignée (voir p. 66), présentent des robes de nuances différentes, assez pâles dans le premier cas, plus foncées dans le second. Enfin, la barrique neuve, parce qu'elle favorise une meilleure combinaison des matières colorantes, intensifie les teintes. Ainsi, un même vin, blanc ou rouge, élevé dans des barriques montre une robe plus sombre que lorsqu'il n'a vu que des cuves.

## Le disque et la frange

**LE DISQUE.** C'est la surface plane du vin. Pour bien l'observer, le dégustateur se place d'abord juste au-dessus du verre – c'est la vue plongeante –, puis penche le verre dans un rayon de lumière – c'est la vue latérale. Le disque se juge selon sa brillance et son éclat, par la façon dont il renvoie la lumière. Son observation doit confirmer la limpidité de la robe. Un vin montrant des troubles de limpidité présentera un disque avec les mêmes défauts. Décrit comme « mat », « terne », « voilé », « opaque », il sera suspect aux yeux du dégustateur. Le disque doit être qualifié de « brillant », « éclatant », « lumineux », « chatoyant ». Pour les vins blancs et rosés, l'éclat est un signe de qualité important et fondamental. Pour les rouges, ce paramètre est à nuancer en raison de la nouvelle tendance qui prône l'absence de filtration – opération réalisée juste avant la mise en bouteilles et visant à augmenter la limpidité et la brillance des vins (voir p. 76). Sans filtration, le vin perd en éclat, mais, en revanche, gagne en intensité colorante.

**LA FRANGE (OU LE DÉGRADÉ).** Durant l'observation du disque des vins rouges et, dans une moindre mesure, des vins rosés, le dégustateur examinera plus particulièrement son bord extérieur, appelé « frange ». En raison de la moindre épaisseur du vin à cet endroit, la teinte de la robe y est plus visible. Légèrement bleutée, elle est le signe d'un vin encore très jeune. Lorsqu'elle montre des teintes plus terre cuite ou tuilées, elle révèle un vin qui prend de l'âge. Cette évolution de la teinte, due au vieillissement des tanins et des pigments qui prennent une couleur jaune avec le temps, n'a pas le même sens ou la même importance pour tous les vins. Ainsi, les nuances violacées et rouge franc conviendront aux vins de primeur qui se boivent jeunes ; lorsqu'ils prennent une frange jaune, ils sont déjà défraîchis. L'orange et l'ocre iront de pair avec le bouquet évolué des vins d'âge moyen. Enfin, les teintes brunes ou grenat ne s'accepteront que sur des vins capables d'un long vieillissement : sur

## Les défauts visuels les plus courants

Les défauts que l'on peut aujourd'hui rencontrer sont surtout le manque d'intensité colorante et, pour les vins rouges, les robes prématurément tuilées, dont la couleur fortement accentuée rappelle celle de la tuile brunie. Cela est dû le plus souvent à une vendange pourrie ou insuffisamment mûre, à un rendement trop élevé, à une vinification trop courte ou mal conduite.

ceux qui n'ont pas une étoffe physique ou aromatique suffisante, elles seront signe de décrépitude. Comme la teinte de la robe, la frange doit traduire l'âge que le vin affiche sur l'étiquette de sa bouteille. En effet, si celui-ci est supposé encore jeune mais montre une frange déjà évoluée, ce n'est pas un signe de bonne qualité, et la robe sera qualifiée de « vieille », « usée », « fatiguée ». Dans le cas inverse d'un vin âgé avec une frange peu évoluée, le dégustateur notera la jeunesse de sa couleur.

## Les larmes ou les jambes

**QU'EST-CE QUE C'EST ?** En plaçant le verre dans une source de lumière, et en lui imprimant un mouvement rotatif de façon à faire glisser le vin sur les parois du verre, le dégustateur pourra observer des gouttes d'un liquide transparent coulant plus lentement que le reste du vin. Ce sont les larmes ou les jambes du vin, dont l'observation constitue la dernière étape de l'examen visuel. Elles résultent d'un double phénomène dû à des tensions physiques entre l'eau et l'alcool et à la conjugaison de l'alcool, des sucres et des glycérols contenus dans le vin. Elles traduisent le gras du vin, sa viscosité, son épaisseur tactile. Des larmes épaisses, grasses, bien dessinées, coulant doucement dans le verre sont le signe d'un vin riche en alcool et/ou en sucres résiduels. À l'inverse, un vin peu riche montre des larmes fines et fluides, peu nombreuses, très coulantes. Pour décrire ce phénomène, on parle de la fluidité ou, au contraire, de la viscosité du vin. Les termes employés sont « aqueux », « liquide » et « fluide » pour un vin titrant peu d'alcool, et « gras », « sirupeux », « onctueux » ou « pleurant » pour évoquer le contraire.

**COMMENT LES INTERPRÉTER ?** Les larmes sont rarement interprétées comme un signe de bonne ou mauvaise qualité du vin. Elles renseignent davantage sur sa personnalité ou sur son appartenance à l'une des grandes familles de vins (voir p. 154-161). Pour un vin blanc, des larmes abondantes, assez grasses, renvoient à un vin riche en sucres, de type moelleux, doux ou liquoreux (par exemple, un Sauternes ou un Jurançon) plutôt qu'à un vin blanc sec. Lors d'une dégustation à l'aveugle, où l'appellation du vin est inconnue, leur observation donne des indices précieux au dégustateur.

> « Larmes » ou « jambes », ces gouttes renseignent sur la richesse du vin en alcool et/ou en sucres.

### TANT QU'UN VIN BRILLE, IL EST EN VIE

**Jean-Michel Deluc**, maître sommelier.

*« La brillance d'un vin est la traduction visuelle de son acidité. Un vin jeune, qu'il soit rouge, blanc, rosé, effervescent, doux ou sec, sera brillant car son acidité est bien présente. Avec l'âge, cette acidité se fond et s'atténue, le vin perd de sa brillance. L'acidité est la vie du vin. Tant qu'il en aura, il y aura de la brillance. Un vin qui n'est plus brillant est arrivé en fin de parcours.*

*Le plus vieux vin que j'aie pu déguster était un Xeres Pedro Ximenez 1834. Sa couleur était café, sa texture liquoreuse, il était opaque par sa densité et il était encore brillant. Surprenant et éblouissant ! »*

### Le tastevin

Accessoire apprécié des professionnels et notamment des cavistes, le tastevin, ou tâte-vin, est un récipient rond et de faible profondeur, en métal, semblable à une petite tasse plate. Il ne permet pas de « humer » le vin à cause de sa forme étalée. Il sert surtout et avant tout à détailler l'aspect du vin en limpidité, en nuance et en intensité. Il aide à juger plus objectivement de l'état général du vin. Le professionnel peut ainsi suivre l'évolution et le devenir des différentes cuvées de sa maison.

# LE NEZ DU VIN

*Humer un verre de vin, identifier les différents arômes, en saisir la complexité et la subtilité est un des grands plaisirs de la dégustation. Cependant, cet exercice déconcerte le plus souvent le dégustateur néophyte qui a du mal à nommer telle ou telle odeur. Une petite phase d'apprentissage s'avère alors utile pour « réveiller » la mémoire olfactive.*

## Analyser le nez d'un vin

Le nez d'un vin livre jusqu'à 70 % d'informations sur le vin lui-même. Pour une bonne analyse olfactive du vin, le dégustateur choisira un verre en forme de tulipe qu'il ne remplira qu'au tiers de sa contenance. Il sera attentif à la température de service du vin – comprise entre 8 °C et 18 °C selon la couleur et l'origine (voir p. 186-187) –, qui affecte la bonne volatilité des composants aromatiques du vin. S'il est trop froid, les arômes ont du mal à passer à l'état gazeux et, s'il est trop chaud, ils s'évaporent trop vite et sont dominés par les vapeurs d'alcool.

Il est conseillé de humer son verre à plusieurs reprises, sans trop insister, de façon à éviter l'anesthésie, et d'attendre un peu entre chaque inhalation. L'analyse du nez du vin se décompose en trois étapes :

**LE PREMIER NEZ.** C'est le premier contact olfactif avec le vin. Le dégustateur se penche sur son verre et en respire les premières odeurs. Cela lui permet, d'une part, de s'assurer que le vin n'est pas pollué par des odeurs non désirables et, d'autre part, de sentir les odeurs volatiles du vin (celles qui se placent dans la partie supérieure du calice) et qui disparaissent rapidement dès son service.

**LE DEUXIÈME NEZ.** Poussant plus loin l'exploration olfactive du vin, cette étape a pour but d'en identifier la personnalité aromatique. Pour cela, le dégustateur saisit le verre par le pied, lui imprime un mouvement de rotation afin d'oxygéner le vin et d'accélérer la volatilisation de ses différents composants aromatiques (pour plus de facilité, il peut tout aussi bien poser le verre sur la table tout en l'agitant). Puis, il inspire plusieurs fois en plongeant quelques secondes son nez dans le verre. Il est alors en mesure de juger la force, l'intensité et la richesse du nez, tout en essayant d'identifier les différentes odeurs qui le composent.

**LE TROISIÈME NEZ.** C'est l'expression du vin après une longue oxygénation dans le verre. En contact avec l'air, les différents constituants aromatiques évoluant différemment selon le degré de volatilité de chacun, il est intéressant de replonger son nez dans le verre sans l'agiter après l'avoir laissé reposer sur un coin de table. Le dégustateur note alors l'évolution des arômes, leur persistance et leur intensité.

***Le terme « nez » regroupe l'ensemble des odeurs qui caractérisent le vin.** On parlera d'« **arôme** » pour désigner les odeurs fraîches et fruitées des vins jeunes, et de « **bouquet** » pour exprimer toute la richesse aromatique d'un vin à son apogée ou sur son vieillissement.*

> Imprimer au vin un mouvement rotatif permet de l'oxygéner.

### LE SAVIEZ-VOUS ?

***L'odorat est l'un de nos sens les plus sollicités, mais, paradoxalement, le moins éduqué.***
*Si, chez le nouveau-né, l'odorat est le sens le plus développé, adultes, nous réagissons aux odeurs de façon instinctive et primaire en les acceptant ou en les rejetant, rarement en les analysant. D'où souvent l'embarras du dégustateur lorsqu'il doit identifier les arômes caractéristiques d'un vin. Pour s'aider, il s'exercera à sentir tous les produits odorants qui l'entourent (fleurs, fruits, épices, mais aussi les odeurs de campagne, de cuisine, de boulangerie...), avec la volonté de les enregistrer et de les cataloguer dans chacune des familles d'odeurs. C'est un exercice facile, amusant et non dénué de plaisir. Déguster, c'est un peu « dépoussiérer » notre mémoire, par une sorte de plongeon dans notre vécu qui fera ressurgir des souvenirs liés à des odeurs particulières.*

## Voie nasale et voie rétronasale

L'odorat intervient non seulement lors de l'étape purement olfactive, mais aussi lors de la dégustation proprement dite. Les molécules aromatiques, qui sont à l'état gazeux, s'acheminent vers l'arrière de la cavité nasale par deux chemins : la voie nasale, qui passe directement par les narines lorsque nous inspirons, et la voie rétronasale, plus indirecte, qui relie la bouche au nez via la gorge lorsque nous expirons. C'est donc au moment de la dégustation pure que le dégustateur complète son analyse olfactive du vin en découvrant des arômes non perceptibles directement par le nez. En effet, certains arômes, en raison de leur moindre qualité volatile, ont besoin d'être chauffés dans la bouche pour passer de leur état liquide à un état gazeux. À ce moment, saveurs et arômes se mêlent en se juxtaposant. Par exemple, ce que nous reconnaissons comme le goût de fraise est en réalité l'odeur de fraise. Le goût est donc une somme de sensations tant olfactives (les arômes) que gustatives (les saveurs).

> L'analyse du nez d'un vin demande au dégustateur de la concentration et un effort de mémoire.

## Décrire le nez d'un vin

Pour décrire le nez d'un vin, il est conseillé de procéder par étapes, en partant d'une impression globale avant d'analyser les différentes odeurs ou arômes présents dans le vin.

**LA PERSONNALITÉ AROMATIQUE.** Dans un premier temps, le dégustateur s'attache à décrire de façon générale la personnalité aromatique du vin en jugeant de son intensité en termes de force ou de faiblesse avec les gradations intermédiaires. Le vocabulaire couramment usité est : « expressif », « intense », « puissant », « généreux », « exubérant » ou, dans le cas contraire, « peu expressif », « faible », « pauvre », « léger ». Il arrive parfois que le vin ne s'exprime pas du tout dans le verre, c'est le cas lorsqu'il vient juste d'être embouteillé ou qu'il est servi trop froid ; le nez est alors dit « fermé ». À ce vocabulaire purement descriptif et objectif peuvent se mêler des termes plus subjectifs tels que : « plaisant », « agréable », « élégant », « racé », ou, à l'inverse, « banal », « ordinaire », « simpliste », « vulgaire ».

**L'IDENTIFICATION DES DIFFÉRENTS ARÔMES.** Cette étape de l'analyse relève d'un exercice plus difficile. Plutôt que de tenter d'identifier une odeur particulière, il est souvent plus facile d'identifier la famille ou la série d'arômes à laquelle elle appartient. On parle ainsi de séries florales, fruitées, végétales, minérales, épicées, balsamiques, empyreumatiques (de « brûlé ») et chimiques (voir tableau p. 214).

Les arômes peuvent également être distingués en fonction de l'origine, de l'âge et du mode d'élaboration du vin, certaines de ces séries d'odeurs pouvant l'emporter sur d'autres.

**LES ARÔMES PRIMAIRES (OU VARIÉTAUX).** Ils expriment le caractère fruité propre à chaque cépage dont est issu le vin. De type floral, fruité, végétal, minéral et épicé, selon les cépages, ils prédominent lorsque le vin est très jeune, surtout s'il n'a été élevé que dans des cuves.

**LES ARÔMES SECONDAIRES.** Ils proviennent de la fermentation, c'est-à-dire du processus qui transforme le raisin en vin. Pour cette raison, ils sont aussi appelés « arômes fermentaires ». Ils dépendent de la nature des levures et du mode de vinification, et appartiennent à la famille des odeurs chimiques : amyliques (banane, vernis à ongles), fermentaires (levure, mie de pain) ou lactées (beurre, lait, crème). Signes de jeunesse d'un vin, ils disparaissent après quelques années de bouteille. Ces arômes secondaires sont aussi apportés par l'élevage du vin en fût. Il s'agit alors des arômes d'épices (poivre, vanille, cannelle) ou des arômes empyreumatiques (grillé, toasté, torréfié, fumé).

**LES ARÔMES TERTIAIRES.** Ils apparaissent lors de l'évolution ou du vieillissement des vins en bouteille (donc en milieu réducteur) ou en barrique de chêne (sous l'action d'une lente oxygénation). Les arômes tertiaires, résultat d'un long vieillissement, contribuent à la complexité d'un vin où ils ajoutent à la trame aromatique des notes animales et végétales de décomposition.

196
REBOUCHE

## Que déduire du nez d'un vin ?

Tout comme la robe, le nez d'un vin livre d'importants renseignements sur sa personnalité et sa qualité. Une bonne intensité et une large palette d'arômes plaident en faveur de sa qualité finale tout en réjouissant le dégustateur. Ses arômes dominants, primaires ou tertiaires (les arômes secondaires sont rarement dominants ou, alors, par défaut), donnent de précieux indices sur le ou les cépages, l'âge du vin, le mode d'élaboration, voire même le millésime et le rendement.

**LA MATURITÉ DU FRUIT.** En effet, la qualité des arômes contenus dans la peau des raisins dépend de la maturité du fruit. Un sauvignon peu mûr et dilué exprime des arômes peu complexes d'herbe, légèrement citronnés. Plus mûr et issu de rendement faible, il révèle des arômes complexes d'ananas et de zeste de pamplemousse rose.

**L'ORIGINE DU VIN.** Un vin de chardonnay né à Chablis offre un nez frais, minéral, avec une note de fleurs blanches, très différent de celui d'un Meursault, plus opulent avec ses notes d'amande et de noisette, ou encore d'un vin né sous le soleil du Languedoc, plus lourd, aux notes de fruits mûrs.

**LE VIEILLISSEMENT DU VIN.** Mais c'est avec le temps que le vin exprime au mieux toute sa complexité. Car les différents arômes d'un vin – arômes primaires, secondaires et tertiaires – évoluent pendant l'élevage en cuve ou en fût, puis pendant son vieillissement en bouteille. Dans le meilleur des cas, le vin conjugue les arômes d'évolution où s'exprime la quintessence du terroir, tout en gardant le souvenir de son fruité originel.

**LA CONFIRMATION DE L'ANALYSE VISUELLE.** Le nez du vin doit conforter l'analyse visuelle. Un vin à la robe jeune doit ainsi présenter des arômes jeunes sur le fruit, un grand vin rouge de garde ayant atteint son apogée, des arômes plus complexes. Si ce n'est pas le cas, il souffrira d'une disharmonie et d'un déséquilibre que devrait confirmer l'analyse gustative (voir p. 216-218). Pour conclure, le dégustateur note la complexité ou la simplicité de l'expression aromatique du vin, sa rusticité ou son raffinement, sa cohérence ou sa dispersion, sa jeunesse ou sa maturité. Il utilisera pour qualifier son observation les termes de « racé », de « séveux », de « distingué », ou, dans le cas opposé, de « banal », « ordinaire », « simple », « sans harmonie », « sans race ».

### LE SAVIEZ-VOUS ?

***Le bouquet d'un vin n'est jamais deux fois tout à fait le même.*** *Il varie en fonction du trajet subi par la bouteille, du temps d'aération, de la température du lieu comme de la bouteille, de l'état de l'atmosphère (son hygrométrie, la pression de l'air), ainsi que de la forme du verre. Ce dernier facteur est d'ailleurs déterminant dans la recherche olfactive. En effet, le même vin dégusté dans trois verres de formes différentes présentera trois profils aromatiques distincts. Le vin est vivant, et il est soumis à des humeurs et des caprices, au même titre que le dégustateur dont le jugement peut varier en fonction de son état physique et émotionnel.*

### Les défauts olfactifs

Les défauts les plus courants du vin sont ceux inhérents à son élaboration. Un manque d'hygiène dans les chais donne des odeurs de moisi, de croupi. Un vin qui n'a pas été oxygéné présente des nez de réduit, de renfermé. À l'inverse, trop d'oxygène nuit au vin et se traduit par un nez oxydé, madérisé. Un mauvais dosage de soufre a aussi des conséquences fâcheuses. Présent en trop grande quantité, le soufre se révèle par une odeur âcre, piquante. Mal combiné, il donne une odeur d'œuf pourri, dite de « mercaptan ». Mais un défaut olfactif peut aussi provenir d'un facteur externe, tels un mauvais bouchon ou certains produits de traitement du bois utilisés pour les charpentes des chais et les palettes de stockage, qui donnent une odeur de liège.

# Les familles d'arômes

Ce tableau présente les différentes familles d'arômes (florale, végétale, fruitée, minérale, etc.), par couleurs et par catégories (arômes primaires, c'est-à-dire propres à chacun des cépages ; secondaires, provenant de la fermentation ; tertiaires, dus à l'élevage et au vieillissement).

| SÉRIE AROMATIQUE | Vins rouges et rosés |
|---|---|
| Série florale | |
| **Arômes primaires** | iris, pivoine, rose, violette. |
| **Arômes tertiaires** | fleurs séchées, rose fanée. |
| Série fruitée | |
| **Arômes primaires** | petits fruits rouges et noirs (cassis, cerise, fraise, framboise, griotte, groseille, mûre), fruits compotés, olive noire, pruneaux. |
| **Arômes secondaires** | banane, bonbon anglais. |
| **Arômes tertiaires** | fruits cuits, pruneaux, liqueurs de fruits. |
| Série végétale | |
| **Arômes primaires** | bourgeon de cassis, humus, poivron vert, tomate verte. |
| **Arômes tertiaires** | champignon, humus, sous-bois, truffe. |
| Série minérale | |
| **Arômes primaires** | craie, glaise, pierre à fusil. |
| Série épicée | |
| **Arômes primaires** | garrigue, laurier, poivre, thym. |
| **Arômes secondaires** | clou de girofle, réglisse. |
| Série chimique | |
| **Arômes secondaires** | acétone, banane, levure, soufre, vernis à ongles. |
| Série animale | |
| **Arômes tertiaires** | cuir, fourrure, gibier, jus de viande, venaison. |
| Série balsamique | |
| **Arômes secondaires** | bois neuf, chêne, pin, résine, térébenthine, vanilline. |
| Série empyreumatique | |
| **Arômes secondaires** | cacao, cigare, fumé, goudron, grillé, torréfaction, tabac, suie, thé, pain toasté. |

| SÉRIE AROMATIQUE | Vins blancs |
|---|---|
| Série florale | |
| **Arômes primaires** | acacia, aubépine, fleur d'oranger, fleurs séchées, genêt, géranium, rose, tilleul. |
| **Arômes tertiaires** | camomille, fleurs séchées. |
| Série fruitée | |
| **Arômes primaires** | abricot, agrumes (citron, orange, pamplemousse), ananas, banane, coing, figue, fruits confits, fruits exotiques (litchi, mangue, papaye), fruits secs (amande, noisette, noix), melon, pêche, poire, pomme verte, pomme cuite. |
| **Arômes secondaires** | ananas. |
| **Arômes tertiaires** | tous les fruits secs, miel. |
| Série végétale | |
| **Arômes primaires** | bourgeon de cassis, buis, champignon, fenouil, fougère, foin, herbe fraîche, menthe fraîche, paille, pipi de chat. |
| **Arômes tertiaires** | *rares ou inexistants.* |
| Série minérale | |
| **Arômes primaires** | craie, iode, pétrole, pierre à fusil, silex. |
| Série épicée | |
| **Arômes primaires** | poivre blanc. |
| **Arômes secondaires** | cannelle, girofle, vanille. |
| Série chimique | |
| **Arômes secondaires** | beurre frais, brioche, crème, ferment, lait, levure, pain, soufre. |
| Série animale | |
| **Arômes tertiaires** | *rares ou inexistants.* |
| Série balsamique | |
| **Arômes tertiaires** | bois neuf, chêne, pin, résine, térébenthine, vanille. |
| Série empyreumatique | |
| **Arômes secondaires** | grillé, brioché, moka, thé, pain toasté, torréfaction. |

1945
ANNÉE DE LA VICTOIRE
TOUTE LA RÉCOLTE MISE EN BOUTEILLES AU CHÂTEAU
1945
Cette récolte a produit
24 jéroboams numérotés de A à Y
1475 magnums numér. de M.1 à M.1475
74422 bout. & ½ bout. numér. de 1 à 74422
2000 Réserve du Château marquées R.C.
Cette bouteille porte le No 60,255
Philippe de Rothschild
Château Mouton Rothschild
APPELLATION PAUILLAC CONTROLÉE

# LA BOUCHE DU VIN

*Dernière et ultime étape, la dégustation ! Le vin va enfin dévoiler toute sa personnalité gustative avec ses saveurs, sa texture, sa structure, son équilibre. Mais le dégustateur ne l'aborde pas sans déjà avoir une idée de ce qu'il va goûter, grâce aux indices qu'il a récoltés. La bouche doit confirmer ses observations tout en les complétant et bien sûr, dans le meilleur des cas, parfaire son plaisir.*

## Déguster : un exercice pas si simple !

Qui n'a pas vu des dégustateurs à l'œuvre ? Ils font la grimace, émettent du bruit en faisant glouglouter le vin dans leur bouche avant de le recracher, le tout avec une mine inspirée !

Loin d'être du cinéma, cette « mise en bouche » s'avère indispensable pour une bonne appréciation du vin. Elle s'explique par le nombre d'acteurs qui entrent en jeu lors de la dégustation. Il y a la langue qui détecte les quatre saveurs principales, mais aussi l'ensemble de la bouche – gencives, joues, langue et palais – qui enregistre les sensations d'ordre thermique (la température), d'ordre tactile (la consistance ou texture) et d'ordre chimique (l'astringence et l'effervescence éventuelle). La grimace du dégustateur a pour but de solliciter au maximum chacun de ses outils gustatifs.

Mais, si la technique est simple, l'art de la dégustation s'avère plus difficile. En effet, en un temps très court (moins d'une minute), le dégustateur éprouve plusieurs sensations qui se combinent et s'additionnent entre elles, rendant ainsi l'analyse relativement complexe. La meilleure méthode pour procéder est de se poser les bonnes questions relatives à la structure, l'équilibre, l'harmonie et la complexité des saveurs.

***La dégustation est un exercice à la portée de tous,** même si elle réclame beaucoup d'attention et de concentration. Avec un peu de pratique et de curiosité, certains amateurs montrent un niveau de compétence comparable à celui de vrais professionnels.*

## Les trois étapes de la dégustation

Si, dans la pratique, l'exercice de la dégustation se déroule en un seul temps, l'analyse procède, elle, par trois phases successives :

**L'ATTAQUE.** Elle correspond à la toute première impression que le vin fait naître sur la langue lorsque le dégustateur prend une petite gorgée de vin. D'emblée, il perçoit la température, la présence éventuelle de gaz, mais il se forme aussi une idée de la personnalité gustative du vin. Une attaque de qualité doit être franche, nette, précise, mais peut aussi s'avérer ample, aromatique, fruitée. Si ce premier contact n'enclenche aucune sensation chez le dégustateur, l'attaque est dite « faible », « fuyante », « aqueuse » ; elle est, au contraire, « agressive » quand elle provoque une réaction gustative forte et déplaisante.

**LE « MILIEU DE BOUCHE ».** Cette étape correspond à l'épanouissement du vin dans la bouche. Le dégustateur fait tourner une gorgée de vin dans la bouche pendant quelques secondes, donnant l'impression de « mâcher », puis inspire un filet d'air par la bouche afin d'accélérer l'acheminement des molécules aromatiques vers le bulbe olfactif – organe à l'arrière de la cavité nasale qui les capte – via la voie rétronasale (voir encadré p. 211). À cet instant, il appréhende toutes les saveurs et odeurs, la texture et la structure inhérentes au vin. Or, ces sensations olfactives, tactiles et thermiques, qui s'additionnent et se combinent entre elles, livrent une impression globale. La tâche du dégustateur est alors d'essayer de les différencier successivement afin de les analyser et de juger de l'équilibre du vin.

**LA FINALE.** Cette dernière étape correspond à la persistance aromatique, ou « longueur en bouche », du vin dans la bouche, une fois celui-ci avalé (ou recraché). Elle donne une idée de la « grandeur » du vin. Plus un vin est long, plus grande sera sa qualité et plus grand sera son potentiel de garde. Cette persistance se mesure en secondes, ou caudalies (du latin *cauda*, « queue » ; 1 caudalie = 1 seconde) dans le langage du dégustateur. Elle peut aussi être décrite comme « longue », « épanouie », et, dans le meilleur des cas, on parlera de « queue de paon ». A contrario, elle est dite « inexistante », « fugace », « brève » ou « courte ». La difficulté consiste à ne pas confondre la persistance aromatique

### Les défauts gustatifs

Certains défauts olfactifs (voir p. 213) se retrouvent lors de la dégustation. Les odeurs sales, de moisi, de croupi se traduisent par un « mauvais goût », proche de celui de végétaux en décomposition ou d'écurie. Un vin trop soufré présente une bouche sans harmonie, qui s'exprime par un goût d'ail, de caoutchouc ou d'œuf pourri (mercaptan). Un vin oxydé offre une bouche à la saveur très acidulée pour les blancs, et d'aigre-doux ou de « rancio » (pruneaux, fruits à l'eau-de-vie) pour les rouges. Un vin à l'odeur de bouchon aura un goût de liège impropre. D'autres défauts sont inhérents au mauvais équilibre du vin et ne sont pas toujours perceptibles à l'olfaction. Une sensation de « brûlant » traduit un excès d'alcool ou d'acidité. Un important taux de sucres non équilibré par l'alcool et une juste acidité donnent une bouche pâteuse, lourde et sans finesse. Des tanins peu mûrs induisent une sensation forte d'âpreté dans un vin jeune et de sécheresse dans un vin plus âgé.

> Une fois le vin analysé en bouche, il peut être avalé ou bien recraché.

avec les sensations engendrées par l'acidité, l'alcool ou les tanins – soit une sensation de brûlure, de chaleur ou d'astringence –, qui tendent souvent à la masquer. Le plus simple est de se concentrer sur l'arôme dominant et, une fois le vin avalé (ou recraché), de le suivre jusqu'à disparition.

Enfin, il ne saurait y avoir de dégustation sans conclusion ! Une rapide synthèse s'impose concernant non seulement la qualité du vin à cet instant T, mais aussi son éventuel devenir (par exemple, s'il est prêt à être bu, s'il demande encore à vieillir ou s'il a dépassé son apogée). Et, bien sûr, c'est le moment pour le dégustateur d'exprimer son propre goût !

## L'analyse des saveurs et des arômes

Les saveurs proviennent des différents constituants du vin. L'acide est induit des différents corps acides ; le sucré provient d'éventuels sucres résiduels mais aussi de l'alcool, qui a une saveur douce et sucrée ; l'amertume est liée à la présence de tanins ; le goût salé, plus rare, existe pourtant à faible dose et découle de différents corps salés. Lors de la dégustation, ces saveurs se combinent entre elles en s'opposant ou en s'annulant (voir encadré p. 218), tout comme elles s'additionnent aux arômes. La présence de ces derniers, qui ont déjà été identifiés en partie lors de l'analyse olfactive, doit être complétée et confirmée pendant cette étape gustative.

### Les tanins

Présents uniquement dans les cépages rouges, les tanins sont extraits des peaux lors de la macération des raisins (on les qualifie alors de « végétaux ») ou peuvent être apportés par le passage en fût (tanins « nobles »).
Leur qualité et leur quantité dépendent de plusieurs facteurs : la maturité du fruit, la durée de la macération, mais aussi le cépage (le gamay est peu tannique contrairement au cabernet-sauvignon). Les tanins sont responsables de la structure du vin et jouent un rôle essentiel dans son vieillissement.
Dans la bouche, ils se perçoivent par la sensation d'astringence (ou de sécheresse).
C'est la « mâche » du vin, plus ou moins prononcée selon l'origine du vin, sa qualité et son âge. Les tanins sont qualifiés (de peu à beaucoup) par les termes : « râpeux », « âpres », « fermes », « ronds », « fins ».
Avec le temps, les tanins évoluent de la dureté vers la douceur, de la lourdeur vers la finesse, et jamais l'inverse.

## La texture d'un vin

La texture découle de l'ensemble des sensations tactiles perçues par la bouche. Elle s'apprécie d'emblée par l'amateur avant même qu'il n'en analyse les différents axes d'équilibre et dépend du rapport entre les principaux constituants du vin : alcool, acidité, tanins et sucres. Pour la décrire, le vocabulaire emprunte souvent au monde du tissu. On dira d'une texture qu'elle est « souple », « caressante », « satinée », « veloutée », « soyeuse », ou, à l'inverse, « granuleuse », « grossière », « rêche », « rustique ». L'analogie avec le corps humain est également fréquente. La « chair » du vin est ainsi décrite comme « charnue », « grasse », « épaisse », « ferme », ou, au contraire, « mince », « maigre », « sèche ». D'autres termes comme « suave », « onctueux », « visqueux », « sirupeux », « crémeux » sont aussi couramment employés pour commenter la texture des vins blancs riches en sucres résiduels. Mais la qualité de la texture doit également être appréhendée dans le contexte de l'appellation. Un vin du Médoc, où domine le cépage cabernet-sauvignon, riche en tanins, n'offrira pas un grain aussi velouté qu'un Pomerol où le merlot majoritaire, riche en alcool, « habille » les tanins.

> Dans un vin rouge, l'astringence renforce la sensation d'acidité.

Un vin rouge qui offre des notes de fruits rouges très mûrs au nez doit aussi « goûter » les fruits rouges. Épaulé par une saveur sucrée, ce goût n'en sera que plus évident. En revanche, la prédominance de la saveur acide indiquera un déséquilibre entre saveur et arômes, qui ne plaidera pas en faveur du vin. De même, pour un vin blanc sec aux arômes dominants d'agrumes (citron, pamplemousse…), la saveur qui doit dominer en bouche est celle, fraîche, de l'acidité. L'interaction harmonieuse entre les saveurs perçues en bouche et les odeurs détectées dans le nez d'un vin est donc un point essentiel, qui permettra de juger de sa qualité et de son équilibre.

## L'analyse des sensations tactiles

Parallèlement aux sensations aromatiques et olfactives, l'ensemble de la bouche, dont les muqueuses, ressent différentes sensations tactiles :

**LE MOELLEUX.** La sensation de moelleux est provoquée par l'alcool, qui a une saveur douce et légèrement sucrée. Elle est renforcée par la présence éventuelle de sucres résiduels. L'alcool est l'agent de douceur des vins blancs secs et, dans les rouges, il donne cette impression de gras du vin.

**L'ACIDITÉ.** La sensation d'acidité provient des différents corps acides présents dans le vin. Moins perceptible dans les vins rouges, elle est plus évidente dans les blancs et les rosés élaborés par pressurage, car elle provoque la salivation et induit ainsi la sensation de fraîcheur.

**L'ASTRINGENCE.** Provoquant une sensation de dessèchement dans la bouche, elle est induite par les tanins (voir encadré p. précédente) et se perçoit donc essentiellement dans les vins rouges, mais aussi dans les rosés issus de macération. Les tanins sont, avec l'acidité et l'alcool, un des éléments responsables de la charpente ou de l'ossature des vins.

Chacune de ces sensations peut être analysée séparément bien que, le plus souvent, la perception soit de nature globale. Dans un vin blanc sec ou moelleux ainsi que dans les rosés élaborés par pressurage, c'est le couple acidité-moelleux qui donne sa personnalité tactile au vin. Pour les rouges et les rosés de macération, c'est le trio acidité-moelleux-astringence. Il existe autant de combinaisons possibles que de vins. Mais le résultat doit être harmonieux et n'engendrer aucune sensation désagréable due à l'excès d'un des composants, telle l'impression de brûlure liée à un excès d'alcool ou d'acidité, de sécheresse et de dureté induite par des tanins insuffisamment mûrs ou par manque de moelleux du vin (voir p. 220-221). De la somme de ces sensations tactiles résulte la notion de texture du vin, appelée aussi « corps », « chair » ou encore « trame ».

### LE SAVIEZ-VOUS ?

***Nous reconnaissons principalement quatre saveurs : le sucré, le salé, l'acide et l'amer.*** *Contrairement à une idée répandue, les papilles gustatives, réparties sur la langue, ne sont pas spécialisées et perçoivent chacune l'ensemble des saveurs. Lors de la dégustation, les saveurs interfèrent entre elles en s'opposant ou en s'annulant : le salé renforce l'amertume, le sucré domine le salé mais surtout diminue la perception de l'acidité et retarde celle de l'amertume. Lors de l'exercice de la dégustation, il est donc important de juger l'harmonie des saveurs entre elles et plus exactement de celles qui sont sucrées d'une part avec celles qui sont acides et amères de l'autre, car elle témoigne directement de l'équilibre du vin (voir p. 220-221). Enfin, précisons que chaque individu possède sa propre sensibilité avec des seuils de perception pour chaque saveur.*

RAS
Riesling
Engelgarten

# LA SYNTHÈSE DE LA DÉGUSTATION

*Il est maintenant temps de juger de la qualité des vins, qui peut se résumer en trois mots : équilibre, harmonie et plaisir. L'équilibre s'apprécie directement lors de la dégustation. L'harmonie synthétise toutes les données récoltées – gustatives, aromatiques et visuelles. Quant au plaisir, c'est celui du dégustateur.*

## L'équilibre et l'harmonie

Lorsqu'on juge de la qualité d'un vin, on se réfère généralement à deux notions : l'équilibre et l'harmonie.

**L'ÉQUILIBRE.** On dit qu'un vin est équilibré quand ses différents groupes de saveurs – acidité, moelleux, dans les vins blancs ; tanins, acidité, moelleux, dans les rouges – se compensent de façon satisfaisante, créant subjectivement une impression d'équilibre. Cette notion, structurale et quantitative, doit être distinguée de celle d'harmonie, qui est esthétique et qualitative.

**L'HARMONIE.** Un vin est considéré comme harmonieux lorsque ses différents constituants comportent entre eux un minimum d'accord. Chaque groupe de saveurs considéré séparément ne comporte aucun facteur de désagrément : tanin amer, acidité aigrelette, moelleux trop alcoolique. Mais, lorsqu'ils sont ensemble, chacun d'entre eux doit être dans un rapport favorable avec les deux autres, de façon à créer une impression esthétique. Cette situation est plus souvent obtenue par une hiérarchie graduée des trois groupes de saveurs que par leur égalité. Produit de l'éducation et des pratiques culturelles, le concept d'harmonie varie d'un pays à un autre.

***Savoir déguster, c'est être capable de distinguer toutes les facettes d'un vin.*** *Pour devenir un bon dégustateur, il suffit d'avoir l'esprit ouvert et disponible, de cultiver sa sensibilité sensorielle et, surtout, de faire travailler sa mémoire.*

## L'équilibre des vins blancs secs

L'équilibre des blancs secs se résume au rapport de l'acidité et de l'alcool. La première apporte la fraîcheur, la vivacité. Le second transmet au vin son moelleux, sa douceur, c'est-à-dire sa chair, son gras. Dans la bouche, ces deux sensations doivent s'équilibrer.

Pour comprendre leur articulation, il est simple de les schématiser par deux axes perpendiculaires (voir schéma). Plus le vin est proche de leur croisée, plus il sera jugé équilibré. Un vin de forte acidité et de peu d'alcool se montrera agressif, maigre, sans matière, tandis qu'avec une faible acidité pour un niveau normal d'alcool il sera qualifié de « nerveux ». De la même manière, une augmentation de l'alcool pour un même niveau d'acidité engendrera progressivement la souplesse, la rondeur, le gras, jusqu'à la lourdeur qui s'identifie à une désagréable sensation de chaleur dans la bouche.

Des nuances existent cependant, et définissent les différents styles de vin. Un Riesling d'Alsace se distingue ainsi par sa nervosité alors qu'un Meursault doit offrir une certaine opulence. Pour autant, ni l'un ni l'autre ne seront jugés déséquilibrés. L'ensemble des saveurs et des arômes va de plus jouer un rôle dans leur équilibre en soutenant ou en émoussant les sensations tactiles.

### L'ÉQUILIBRE DES VINS BLANCS SECS

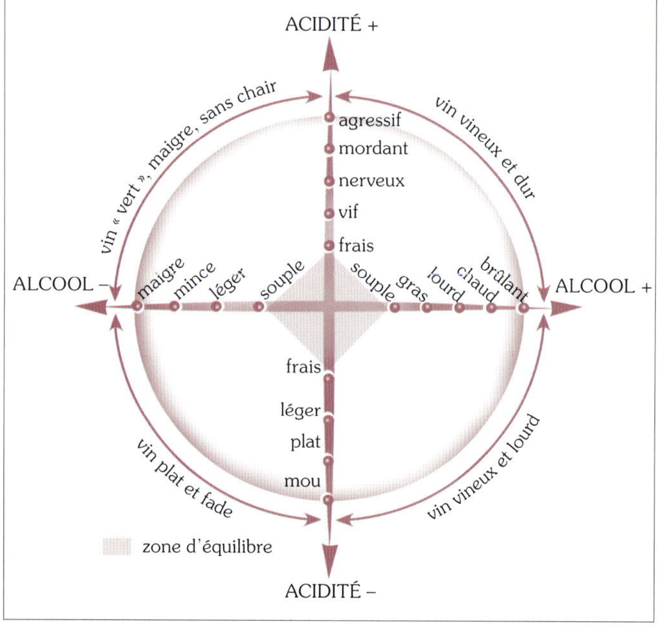


## L'équilibre des vins blancs moelleux

Aux deux axes présents dans tout vin blanc – acidité et alcool – se rajoute celui des sucres résiduels spécifique aux moelleux et aux liquoreux (voir schéma). Il renforce la sensation tactile de moelleux dans la bouche, déjà apportée par l'alcool. L'équilibre est obtenu lorsque aucun des caractères ne prédomine sur les deux autres.

Le secret de l'harmonie de ces vins réside dans deux règles importantes : plus un vin est riche en sucres, plus son degré d'alcool doit être élevé ; plus ces deux composantes sont élevées, plus le niveau d'acidité doit l'être de façon à ramener l'équilibre au centre. L'insuffisance d'un des composants entraîne aussitôt un déséquilibre. Par exemple, la seule dominante sucres donnera un vin sirupeux que l'on qualifiera de « pommadé ».

## L'ÉQUILIBRE DES VINS BLANCS MOELLEUX

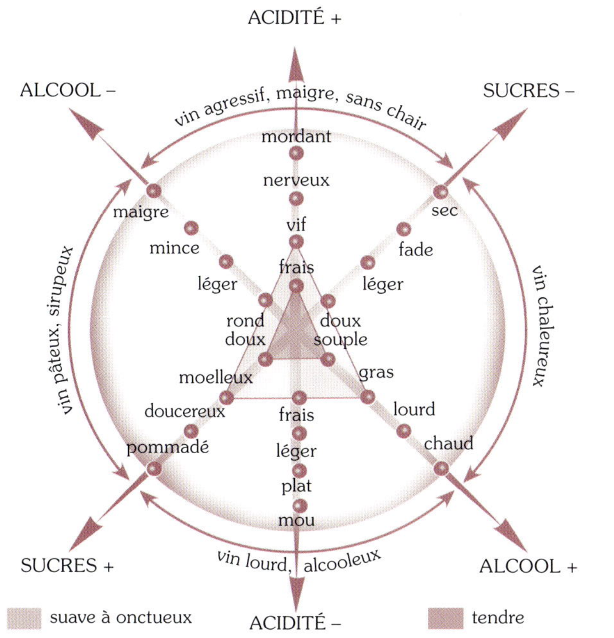


Au cœur même de cet équilibre, il existe pourtant des nuances de texture – tendre, suave, onctueux – qui traduisent la richesse des vins et définissent des styles différents. Ainsi, certains moelleux montrent une acidité importante qui, loin d'être jugée agressive, apporte une agréable nervosité au vin. C'est le cas des moelleux de Loire, comme les Coteaux-du-Layon et le Vouvray. Lors de la dégustation, l'amateur tiendra compte aussi de la puissance des arômes et des saveurs, qui doivent renforcer et confirmer la richesse du vin.

## L'équilibre des vins rouges

L'équilibre des vins rouges est un exercice rendu plus difficile par la présence des tanins, responsables de la sensation d'astringence. Il s'articule autour de trois axes, représentant respectivement l'alcool, l'acidité et les tanins (voir schéma). À leur croisée se situe le point d'équilibre idéal avec des nuances possibles relatives au style du vin, charpenté si les tanins dominent un peu le couple alcool/acidité, rond et fondu dans le cas inverse. Plus on s'éloigne du cœur du schéma, plus le vin affirmera son style jusqu'au point où il y aura rupture d'harmonie avec le retrait d'une ou de deux dominantes.

Plus un vin possède de tanins, plus la sensation d'astringence sera perçue désagréablement, si elle n'est pas compensée par une acidité et un alcool de niveau équivalent. De tannique, le vin deviendra progressivement rude, rêche, âpre, astringent. Lorsque dominent l'axe des tanins et celui de l'acidité, le vin gagne en fermeté jusqu'au point où, avec le retrait de la sensation moelleuse, il s'avère austère, raide, mordant. Ce cas s'illustre avec les vins issus de cabernet-sauvignon, très riche en tanins. Mûrs, ils montrent une certaine austérité dans leur jeunesse qui s'émoussera avec le temps. Pas assez mûrs, ils se révéleront plus anguleux et engendreront une sensation irritante mêlant astringence et amertume.

### LE SAVIEZ-VOUS ?

***On qualifie parfois les vins rouges de « féminins » ou de « virils ».***
*Le style féminin concerne les vins très souples où, parallèlement au couple tanins-alcool, on observe un net retrait de l'acidité et la domination du moelleux. Au contraire, dans les vins virils, l'astringence l'emporte, ce qui renforce la structure du vin.*

## L'équilibre des vins effervescents

La famille des vins effervescents est vaste en raison de la diversité des cépages qui peuvent rentrer dans sa composition (cépages blancs et rouges) et de ses différents modes d'élaboration (voir p. 70-71). Cependant, ils se rapprochent structurellement des vins blancs, les bulles en plus.

Les vins effervescents s'équilibrent autour de deux axes : l'acide et le moelleux, auxquels vient s'ajouter l'effervescence dont le rôle est de renforcer ou d'atténuer la sensation acide. L'appréciation du gaz se fait dès l'attaque selon l'abondance et la finesse de la bulle. Elle donne le « ton » du vin en se révélant plus ou moins agressive, plus ou moins subtile. Le fait qu'un vin mousse abondamment dans la bouche est un mauvais signe. Pour un effervescent, l'acidité montre souvent un taux plus élevé que dans un blanc sec. Elle est garante de vivacité, mais, en excès, elle donnera une sensation de mordant désagréable. Les bulles doivent l'adoucir tout autant que le moelleux sans pour autant l'affadir. La finale doit être fraîche et aromatique et non pas garder l'empreinte brûlante de l'acidité ou la saveur douceâtre d'un dosage mal équilibré.

## L'ÉQUILIBRE DES VINS ROUGES

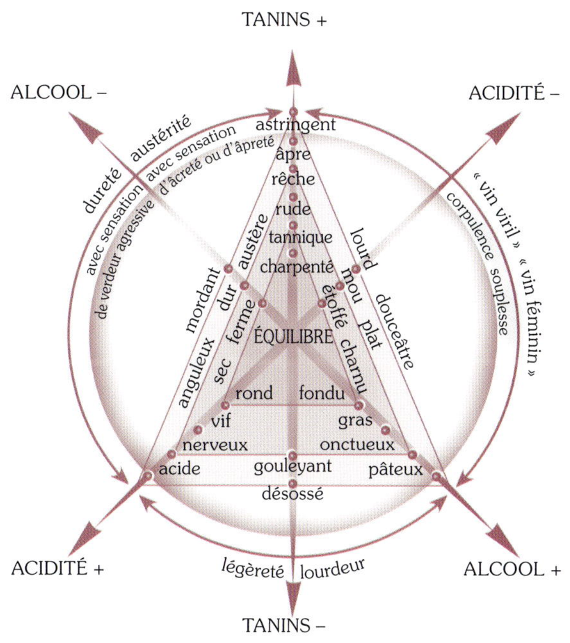

# Quelques exemples de fiches de dégustation

Juger de la qualité d'un vin n'est pas une simple affaire de goût. C'est un exercice qui repose sur un apprentissage et sur la diversité des expériences gustatives. Mieux l'amateur de vin le maîtrise, mieux il sera en mesure de comprendre le vin et d'en évaluer les qualités et les défauts.

## À quoi sert une fiche de dégustation ?

Lors de la dégustation d'un vin, la perception du goût, ou des saveurs, s'accompagne toujours d'un jugement qui reflète le plaisir (ou déplaisir) ressenti spontanément par le dégustateur. À cette dégustation purement hédoniste s'oppose la dégustation au sens technique, dont le but est de juger de la qualité d'un vin. Elle procède par une analyse détaillée des sensations selon une grille de lecture bien précise, mais s'appuie également sur une bonne connaissance du vin et de son élaboration.
Document préimprimé et assez précis pour le professionnel, la fiche de dégustation n'a rien de formel pour un amateur, qui peut noter ses impressions dans son livre de cave (voir p. 143) ou bien dans un carnet spécifique.
**POUR LE PROFESSIONNEL.** Le professionnel recherche avant tout les défauts d'un vin : déséquilibre, faiblesse, manque de typicité, manque de fruité, amertume… Il examine la robe, le nez et la bouche du vin et en fait la synthèse. Il souligne les qualités du vin et précise son potentiel de garde ainsi que la période de son apogée (période pendant laquelle le vin sera à son optimum). Il suggère des éléments de service (température, aération, décantation…). Il note le prix d'achat et éventuellement l'évolution du prix avec le temps. Il peut évoquer des accords possibles avec des mets. Le vin est noté sur 100, 20, 10 ou 5 points, quelquefois en étoiles.
**POUR L'AMATEUR.** L'amateur suit les mêmes étapes, visuelle, olfactive et gustative, et s'efforce de qualifier l'harmonie du vin. Il peut suggérer des recettes en fonction de l'évolution du vin ou noter des recommandations de service. Il peut joindre aussi les notations des divers guides ou des articles. La fiche de dégustation lui permet de suivre l'évolution des vins dans sa cave. Dans le cas d'un héritage, les fiches de dégustation permettent aux héritiers de connaître le vin encavé.

| FICHE DE DÉGUSTATION<br>Vin n° 1 | |
|---|---|
| Date : | Dégusté en janvier 2009 |
| **PROVENANCE** | |
| Région / Pays : | Bordeaux |
| Appellation et, le cas échéant, nom de cuvée : | Pauillac |
| Château : | La Rose Pauillac |
| Millésime : | 2005 |
| **EXAMEN VISUEL** | |
| Couleur : | Robe rubis intense aux reflets violets. |
| Aspect : | Brillant et chatoyant. |
| Concentration : | Gras et riche. |
| **EXAMEN OLFACTIF** | |
| Intensité : | De bonne intensité. |
| Qualité : | Élégant, fin, puissant et complexe. |
| Arômes : | Notes florales (rose, pivoine) se mariant à celles de fruits rouges mûrs (fraise, framboise) et de fruits noirs (cassis, mûre). Puis viennent des notes de boisé, de grillé, d'épices et de réglisse. |
| **EXAMEN GUSTATIF** | |
| Attaque : | Franche, crémeuse et veloutée. |
| Milieu de bouche : | Bouche ample et riche, tout en souplesse, alliant fraîcheur et vinosité. Saveurs fruitées dominantes, avec en arrière-plan le caractère grillé et torréfié de l'élevage. |
| Finale : | Très persistante et savoureuse. |
| Équilibre : | Très bien équilibré. |
| **CONCLUSION** | |
| Qualité : | Excellente cuvée de Pauillac, sur la maturité. |
| Évolution : | À déguster entre amateurs dès aujourd'hui après une aération de 1 heure en carafe. Mérite aussi de mûrir jusqu'en 2014. À conserver jusqu'en 2020, dans une bonne cave. Servir avec des viandes rouges ou du canard. |

## FICHE DE DÉGUSTATION
### Vin n° 2

| | |
|---|---|
| Date : | Dégusté en janvier 2009 |
| **PROVENANCE** | |
| Région / Pays : | Bourgogne |
| Appellation et, le cas échéant, nom de cuvée : | Savigny-lès-Beaune, Cuvée de Réserve |
| Domaine : | Maison Aegerter |
| Millésime : | 2004 |
| **EXAMEN VISUEL** | |
| Couleur : | Robe rubis tendre sur des reflets violets et une frange mauve. |
| Aspect : | Brillant et velouté. |
| Concentration : | Moyenne. |
| **EXAMEN OLFACTIF** | |
| Intensité : | De bonne intensité. |
| Qualité : | Élégant, aromatique et fruité. |
| Arômes : | Notes florales (rose) se mariant à celles de fruits rouges et noirs mûrs (cassis, griotte, framboise) et de touches légères d'épices, de fumé et de réglisse. Un nez très harmonieux. |
| **EXAMEN GUSTATIF** | |
| Attaque : | Franche et parfumée. |
| Milieu de bouche : | Bouche ample et suave, tout en souplesse, alliant fraîcheur et fruité. Saveurs de griotte dominantes, avec en arrière-plan le caractère minéral et épicé. |
| Finale : | Très persistante et savoureuse. |
| Équilibre : | Très bien équilibré. |
| **CONCLUSION** | |
| Qualité : | Un très joli vin sur la rondeur et le parfum. |
| Évolution : | À déguster dès aujourd'hui avec des viandes blanches rôties, des terrines de gibier. Ouvrir la bouteille 1 heure avant. Mûrira jusqu'en 2015, dans une bonne cave. |

## FICHE DE DÉGUSTATION
### Vin n° 3

| | |
|---|---|
| Date : | Dégusté en janvier 2007 |
| **PROVENANCE** | |
| Région / Pays : | Alsace |
| Appellation et, le cas échéant, nom de cuvée : | Gewurztraminer Fronholtz Vendanges tardives |
| Domaine : | Domaine Ostertag |
| Millésime : | 2006 |
| **EXAMEN VISUEL** | |
| Couleur : | Robe d'un bel or soutenu, bonne limpidité. |
| Disque : | Éclatant. |
| Jambes : | Belles jambes, nombreuses et épaisses. |
| **EXAMEN OLFACTIF** | |
| Intensité : | 1er nez fermé qui s'ouvre un peu à l'aération. |
| Qualité : | Élégant mais reste encore assez discret. |
| Arômes : | Jolies notes de rose un peu épicées, de fruits exotiques, de raisins très mûrs. |
| **EXAMEN GUSTATIF** | |
| Attaque : | Souple et douce. |
| Milieu de bouche : | Chair suave, tapissant bien la bouche, saveur sucrée bien présente mais sans lourdeur avec une bonne fraîcheur, joli gras, arômes de rose bien présents. |
| Finale : | Longue et savoureuse. |
| Équilibre : | Très bon équilibre sans lourdeur, les sucres sont bien intégrés. |
| **CONCLUSION** | |
| Qualité : | Très joli vin d'un équilibre parfait, montrant autant de délicatesse que de gourmandise subtile. |
| Évolution : | Trop jeune pour l'instant. Apogée estimé entre 2010 et 2020. À carafer si l'on veut l'apprécier dans ses trois premières années. |

**FICHE DE DÉGUSTATION**
**Vin n° 4**

| | |
|---|---|
| Date : | Dégusté en janvier 2009 |
| **PROVENANCE** | |
| Région / Pays : | Champagne |
| Appellation et, le cas échéant, nom de cuvée : | Champagne, Cuvée « La Grande Dame » |
| Domaine : | Veuve Clicquot Ponsardin |
| Millésime : | 1999 |
| **EXAMEN VISUEL** | |
| Couleur : | Robe dorée à pâles reflets verts. |
| Effervescence : | Première mousse fine et aérienne. Présence du cordon. |
| Aspect des bulles : | Bulles très fines, montant en cheminée jusqu'au cordon. Effervescence continue dans le verre. |
| **EXAMEN OLFACTIF** | |
| Intensité : | De bonne intensité. |
| Qualité : | Élégant, frais et complexe. |
| Arômes : | Notes florales de fleurs blanches se mariant à celles de fruits blancs mûrs (pêche) et de touches d'agrumes (zeste de pamplemousse). Puis viennent des notes légères d'amandes grillées et de moka. |
| **EXAMEN GUSTATIF** | |
| Attaque : | Fraîche et crémeuse. |
| Milieu de bouche : | Bouche ample et riche, tout en souplesse, alliant fraîcheur et vinosité. Saveurs fruitées dominantes, avec en arrière-plan le caractère grillé et torréfié. |
| Finale : | Très persistante et savoureuse. |
| Équilibre : | Très bien équilibré. |
| **CONCLUSION** | |
| Qualité : | Très grande cuvée dans un millésime riche et très mature. |
| Évolution : | À déguster entre amateurs dès aujourd'hui, avec des poissons nobles et une sauce légèrement crémée. Mérite aussi de mûrir jusqu'en 2012. À conserver jusqu'en 2020, dans une bonne cave. |

**FICHE DE DÉGUSTATION**
**Vin n° 5**

| | |
|---|---|
| Date : | Dégusté en janvier 2009 |
| **PROVENANCE** | |
| Région / Pays : | Languedoc |
| Appellation et, le cas échéant, nom de cuvée : | Corbières rosé, Cuvée Pompadour |
| Domaine : | Cave de Castelmaure |
| Millésime : | 2008 |
| **EXAMEN VISUEL** | |
| Couleur : | Rosé assez tendre, couleur framboise aux reflets saumonés et cuivrés, d'une bonne limpidité. |
| Disque : | Brillant. |
| Jambes : | Belles jambes coulantes, peu nombreuses. |
| **EXAMEN OLFACTIF** | |
| Intensité : | Expressif. |
| Qualité : | D'un joli fruité gourmand (fruits rouges). |
| Arômes : | Notes prononcées de fruits rouges, de fraise, framboise et gelée de groseille avec des arômes poivrés soutenus et une touche florale de réséda. |
| **EXAMEN GUSTATIF** | |
| Attaque : | Bonne attaque, tout en souplesse. |
| Milieu de bouche : | Bouche ronde, ample et généreuse avec des saveurs fruitées et florales bien présentes. |
| Finale : | Moyennement longue, aromatique avec une légère amertume agréable. |
| Équilibre : | Alcool et acidité s'équilibrent parfaitement. |
| **CONCLUSION** | |
| Qualité : | Rosé de type vineux, avec une chair généreuse mais sans déséquilibre. |
| Évolution : | À boire frais jusqu'en 2011. À marier avec des grillades de porc ou des poissons de roche. |

## FICHE DE DÉGUSTATION
### Vin n° 6

| | |
|---|---|
| Date : | Dégusté en janvier 2009 |
| **PROVENANCE** | |
| Région / Pays : | Espagne |
| Appellation et, le cas échéant, nom de cuvée : | Rioja Gran Reserva |
| Domaine : | Marqués de Riscal |
| Millésime : | 2001 |
| **EXAMEN VISUEL** | |
| Couleur : | Robe rubis de bonne intensité, encore fraîche et limpide. |
| Disque : | Début d'évolution, une frange légèrement orangée. |
| Jambes : | Jambes fines, coulantes. |
| **EXAMEN OLFACTIF** | |
| Intensité : | De bonne intensité. |
| Qualité : | Élégant, fin avec de jolies notes d'évolution. |
| Arômes : | Notes légèrement viandées associées à celles plus fondues de boisé et de grillé. À l'aération, on perçoit encore des notes de fruits cuits et épicés. |
| **EXAMEN GUSTATIF** | |
| Attaque : | Souple, assez moelleuse. |
| Milieu de bouche : | Bouche moyennement ample, dessinée sur des tanins fins et bien fondus. Caractère fruité bien présent avec des notes de fruits cuits à noyau. |
| Finale : | Bonne persistance aromatique. |
| Équilibre : | Équilibre correct. |
| **CONCLUSION** | |
| Qualité : | Vin qui a très bien évolué illustrant un style sudiste élégant et vineux. |
| Évolution : | Arrivé à son apogée, ce vin se dégustera jusqu'en 2012. Décantation recommandée juste avant le service pour une meilleure expression des arômes fruités. |

## FICHE DE DÉGUSTATION
### Vin n° 7

| | |
|---|---|
| Date : | Dégusté en janvier 2009 |
| **PROVENANCE** | |
| Région / Pays : | Argentine |
| Appellation et, le cas échéant, nom de cuvée : | Mendoza, Finca El Portillo Malbec |
| Domaine : | Bodegas Salentein |
| Millésime : | 2007 |
| **EXAMEN VISUEL** | |
| Couleur : | Robe rubis intense allant du noir bleuté vers le violet sur la frange. |
| Aspect : | Brillant et profond. |
| Concentration : | Riche et épais d'aspect. |
| **EXAMEN OLFACTIF** | |
| Intensité : | Intense et profond. |
| Qualité : | Élégant, puissant et épicé. |
| Arômes : | Trame sur la puissance et le caractère. Notes de fruits rouges en coulis (cassis, mûre, myrtille), notes d'épices (poivre, cannelle, vanille) et de réglisse. Toasté et cacaoté. |
| **EXAMEN GUSTATIF** | |
| Attaque : | Charnue et savoureuse. |
| Milieu de bouche : | Vin structuré avec acidité et tanins assez virils qui se fondent dans le fruité. |
| Finale : | Persistance moyenne sur des flaveurs de réglisse et de poivre. |
| Équilibre : | Encore sur la puissance de sa structure. |
| **CONCLUSION** | |
| Qualité : | Excellent Malbec à assimiler à un Cahors de bonne facture. |
| Évolution : | À déguster aujourd'hui après aération en carafe de 2 heures ou à garder en cave jusqu'en 2014. |

BOUCHARD PÈRE
BOUCHARD PÈRE & FILS
2000
CHEVALIER-MONTRACHET
GRAND CRU
BOUCHARD PÈRE & FILS
2003
CORTON-CHARLEMAGNE
BOUCHARD PÈRE & FILS

BOUCHARD PÈRE & FILS
1998
CORTON
CONTROLÉE

# DÉCRIRE LE VIN

*La bonne maîtrise des techniques de la dégustation implique également celle de la description des sensations observées. Pour mieux comprendre le vocabulaire utilisé par les dégustateurs professionnels, il est bon de se rappeler qu'il repose sur quelques principes simples.*

## Le vocabulaire de la dégustation

Il n'existe pas de terminologie officielle de la dégustation, mais un certain nombre de termes élémentaires, énumérés dans les pages qui suivent par ordre alphabétique avec leur définition. Ceux-ci ont été consacrés par l'usage pour qualifier les arômes, le caractère et la structure d'un vin. Beaucoup de ces termes procèdent par analogie : les arômes d'un vin sont ainsi décrits en référence à des odeurs familières (de fruits, d'épices, etc.) ; sa texture (la sensation tactile qu'il provoque dans la bouche) en évoquant, par exemple, la qualité d'un tissu ; sa structure en la comparant parfois avec celle du corps humain. De la même façon, on parlera de la personnalité d'un vin, qui peut être « simple » ou « complexe », « rustique » ou « élégante ». Par comparaison, le dégustateur peut donc créer un vocabulaire presque infini pour décrire et analyser ses sensations.

À ces termes associés à la dégustation proprement dite du vin s'ajoutent les mots techniques liés à son élaboration. Ils sont décrits dans le glossaire (p. 494 à 503) et dans le chapitre « Du cep à la bouteille ».

# A

**ABRICOT** Caractère aromatique de certains vins blancs, notamment dans la vallée du Rhône, lié au cépage viognier quand il est bien mûr.

**ACACIA** L'odeur agréable de la fleur d'acacia participe fréquemment à l'arôme de jeunesse des vins de chardonnay ou de chasselas, lorsque leur acidité est modérée.

**ACERBE** Caractère assez « mordant », résultant d'une acidité sensible aggravée par la présence de tanins non mûrs.

**ACIDITÉ** Ressentie par la langue, mais aussi par la sécrétion de salive qu'elle suscite et par l'impression corrosive qu'elle laisse sur les muqueuses, l'acidité joue un rôle primordial dans la tenue du vin en bouche et dans l'équilibre général des saveurs.

**AGRESSIF** Caractère du vin qui donne l'impression d'agresser les muqueuses par excès d'acidité et/ou d'astringence.

**AIGRE** Caractère lié le plus souvent à un début d'altération du vin.

**AIMABLE** Caractère attribué à un vin qui plaît, mais sans prétention.

**ALCOOL** Principal constituant du vin après l'eau, l'alcool perd son caractère brûlant et desséchant que l'on rencontre dans les eaux-de-vie, et prend un goût sucré très marqué, qui constitue en majeure partie la composante du moelleux des vins secs.

**AMANDE OU AMANDIER** L'odeur de la fleur d'amandier a été décelée parfois dans des vins blancs de sauvignon et de sylvaner. L'arôme de l'amande sèche, proche de la vanilline, est assez fréquent dans les Chardonnays vieillissants. Le caractère d'amande amère est une composante de nombreux crus blancs de primeur, et fait partie du goût discret de noyau que l'on trouve dans certains vins rouges vieux. L'arôme d'amande grillée fait le charme et la distinction de vins blancs d'un certain âge.

**AMBRE** De très grande distinction, l'odeur discrète d'ambre appartient parfois à quelques grandes cuvées de chardonnay (Champagne, Chablis, Côte d'Or) et quelques grands vins liquoreux du Sud-Ouest.

**AMBRÉ** L'aspect ambré appartient aux vins liquoreux d'un certain âge, mais aussi aux vins blancs secs ou peu sucrés de grands millésimes aptes à vieillir sans s'oxyder ou se dessécher.

**AMER** L'amertume n'existe pas dans le vin, sinon dans quelques rouges, à l'état transitoire et léger. Autrement, elle devient une anomalie.

**AMPLE** Terme appliqué aux vins qui « remplissent bien la bouche », mais sans caractère de lourdeur.

**ANANAS** Caractère odorant que l'on peut trouver dans un grand nombre de vins blancs lorsque les vendanges ont atteint une très bonne maturité physique et aromatique.

**ANIMAL** Terme générique pour désigner une famille d'odeurs de type animal (fourrure, gibier, cuir, etc.) caractéristiques des vins rouges adultes. Présentes dans les vins jeunes, ces odeurs sont alors souvent désagréables, mais disparaissent à l'aération.

**ANIS** Arôme que l'on trouve à l'état de trace dans le bouquet de certains vins blancs arrivés à bonne maturité.

**ÂPRE** L'âpreté qualifie une conjonction d'astringence et de verdeur, jointe à une certaine grossièreté plus ou moins répulsive.

**ASTRINGENCE** Sensation de sécheresse due aux tanins, présents notamment dans les vins rouges. Pendant le vieillissement des vins, l'astringence s'adoucit au fur et à mesure que les tanins « s'usent » et perdent en intensité, en acuité et en épaisseur.

**ATTAQUE** La première impression ressentie dès que le vin est mis en bouche.

**AUBÉPINE** Caractère aromatique assez répandu dans des vins blancs jeunes, secs et un peu verts.

**AUSTÈRE** Qualificatif appliqué à des vins rouges où domine l'acidité tannique en l'absence d'un bouquet qui apporterait du charme.

# B

**BADIANE** Arôme proche de l'anis, à l'odeur plus intense.

**BALSAMIQUE** Odeurs plus ou moins résineuses (pin, cèdre, genièvre, bois de chêne neuf, etc.) présentes dans tous les vins jeunes élevés dans des barriques neuves. Elles signent aussi les grands vins rouges mûrs.

**BANANE** Odeur fréquemment développée sur les vins nouveaux ou primeurs, notamment dans les vins issus de macération carbonique. Elle doit être tempérée par d'autres arômes floraux et fruités, comme dans le Beaujolais ou le Mâcon blanc, sinon le nez du vin évoque le vernis à ongles.

**BERGAMOTE** Essence à l'odeur très agréable que l'on trouve dans des vins aromatiques à un certain stade de leur vieillissement en bouteille.

**BEURRE** Dans les vins blancs, cette nuance aromatique se rencontre parfois dans des lots bien mûrs, peu acides et riches en moelleux.

**BIÈRE** Une odeur comparable à celle de la bière se rencontre parfois sur des vins blancs de chasselas quand ils commencent à perdre leur fraîcheur.

**BOISÉ** Arôme appartenant à la famille d'odeurs balsamiques, présent dans les vins élevés dans des barriques neuves.

**BOUCHE** Le mot « bouche » désigne l'ensemble des sensations qui y sont éprouvées.

**BOUCHON** Dans l'acception commune, le « goût de bouchon » désigne le caractère très désagréable de liège altéré et moisi qu'un mauvais bouchon a communiqué au vin.

**BOUQUET** L'ensemble des caractères aromatiques d'un vin mûr, dans la mesure où ils constituent un tout cohérent et homogène. Ces diverses nuances se succèdent en se chevauchant en un ensemble subtil et agréable.

**BRILLANCE** Terme qualifiant la luminosité d'un vin, c'est-à-dire sa faculté à renvoyer la lumière. Le manque de brillance, la matité, est considéré comme un défaut.

**BRÛLÉ** Voir Empyreumatique.

## C

**CACAO** Nuance aromatique présente parfois dans des vins à bouquet fruité et épicé dans les années de forte maturité.

**CAFÉ** Nuance odorante qui se développe dans le bouquet des vins rouges de qualité.

**CANNELLE** Son odeur se retrouve parfois dans des grands crus de vins blancs liquoreux (Jurançon, Sauternes) ou secs (Pouilly-Fuissé, Corton-Charlemagne).

**CAPITEUX** Caractère des vins dont la richesse de substance se double d'un degré alcoolique élevé.

**CARAMEL** Caractère aromatique et banal de vins blancs usés, oxydés ou madérisés.

**CASSIS** L'arôme du fruit et du jus de cassis fait corps en toute circonstance avec le bouquet du pinot noir, en quelque pays qu'il soit récolté. On le trouve parfois dans le fruité d'un grand nombre de cépages rouges (merlot, cinsaut, syrah, mourvèdre, etc.) quand ils arrivent à leur maturité gustative.

**CAUDALIE** Unité de mesure de la persistance (voir ce mot) gustative du vin après déglutition. Une caudalie = une seconde.

**CERISE** Les arômes de diverses variétés de cerises entrent fréquemment en composition dans le bouquet de toutes sortes de vins rouges.

**CHAIR** Nom attribué à l'ensemble des substances moelleuses de vin (alcool, glycérine, sucre), surtout dans les vins rouges, lorsque ce groupe de substances est dominant et mis en valeur par un retrait de sensations dures.

**CHALEUREUX** Ce terme exprime une sensation de chaleur éprouvée dans la bouche sous l'effet d'une certaine richesse alcoolique.

**CHAMPIGNON** Odeur plaisante, proche du champignon de Paris, souvent perçue dans les vins évolués. Elle peut être désagréable, proche du moisi, lorsque le vin a été élaboré avec des raisins atteints de pourriture grise.

**CHARPENTÉ** Se dit des vins rouges possédant une bonne teneur de tanins assez fermes, sur un support équilibré de moelleux et d'acidité.

**CHÈVREFEUILLE** Caractère aromatique de certains vins blancs de chardonnay, de sauvignon, et de cépages aromatiques légers.

**CIRE** L'odeur de cire est assez fréquente dans certains grands crus issus de chardonnay, dans les Graves blancs et certains vins de la vallée de la Loire moelleux.

**CITRON (CITRONNELLE)** Caractère aromatique assez fréquent dans les vins blancs jeunes, acides et légers. Le caractère de citronnelle, plus fin que le précédent, se trouve parfois dans des rouges de primeur légers.

**COING** Arôme décelé dans des vins blancs riches en moelleux, en relation avec d'autres arômes de fruits bien mûrs ou confits.

**CONFITURÉ** Néologisme admis en dégustation pour exprimer tout arôme ou saveur rappelant la confiture.

**CORPS** Les mots « corps », « corsé » ou « corpulence » s'appliquent à des vins marqués de façon sensible par la double dominante tanins + moelleux. L'adjectif « corsé » implique aussi une certaine richesse alcoolique.

**COULANT** Ce terme s'applique à un vin facile à boire, par absence d'astringence et par la juste proportion d'une acidité fraîche et d'un moelleux exempt de lourdeur.

**CUIR** Des odeurs de cuir de diverses catégories se rencontrent souvent dans certains crus rouges ayant quelques années d'âge (Bandol, Châteauneuf-du-Pape, Madiran, Corton, Hermitage, Chambertin…).

## D

**DÉCHARNÉ** Qualificatif appliqué aux vins rouges lorsqu'ils ont perdu leur « chair », c'est-à-dire leur moelleux, résultat d'un vieillissement excessif ou défectueux.

**DÉLICAT** Qualificatif appliqué aux vins qui ont des structures fines, mais sans manquer d'attrait ou de caractère.

**DESSÉCHÉ** On dit qu'un vin est desséché lorsque, après son apogée, il a pris de l'âpreté par ses tanins en vieillissant.

**DOUCEUR** Caractère des vins légèrement sucrés dans lesquels cette saveur donne de la souplesse, sans que le sucre soit perçu.

**DUR** Caractère attribué à des vins rouges où domine une synergie tanins + acidité à forte dose, donnant à la fois de l'astringence et de l'agressivité. La faiblesse ou l'insuffisance de la composante de moelleux aggrave encore ce caractère.

## E

**ÉGLANTINE** Arôme qui se manifeste parfois dans des vins légers et très fins.

**ÉLÉGANT** Ce qualificatif implique une absence de lourdeur et une certaine classe.

**EMPYREUMATIQUE** Appartiennent à cette catégorie les odeurs de goudron, de suie, de bois brûlé, de caramel, de pain brûlé, et aussi, sur un mode plus atténué, de thé, de café, de cacao, de tabac, de biscotte, etc. On lui préfère souvent les qualificatifs « fumé », « toasté », « grillé », « torréfié » ou « brûlé ».

**ÉPAIS** Caractère de vins rouges où domine fortement le moelleux associé aux tanins, dans un contexte excluant finesse et harmonie.

**ÉPANOUI** Qualificatif appliqué à un vin ayant atteint sa plénitude. Il offre alors une parfaite expression de sa personnalité olfactive et gustative.

**ÉPICES** Nuances aromatiques très nombreuses, incluant peu à peu toute la gamme des épices de cuisine et de pâtisserie qu'on trouve parfois dans divers vins blancs et rouges ayant atteint une bonne maturité gustative.

**ÉQUILIBRÉ** Qualité d'un vin dont les différents groupes de saveurs (alcool, acidité et moelleux dans les vins blancs ; alcool, tanins, acidité et moelleux dans les vins rouges) se compensent de façon satisfaisante, sans l'émergence ou la déficience de l'un d'eux.

**ÉTOFFÉ** Se dit d'un vin rouge suffisamment fourni en moelleux et en tanins, mais sans excès pour donner une bonne impression de consistance et de richesse substantielle.

**ÉVENTÉ** Odeur caractéristique qui se forme souvent dans les vins restés en vidange sans protection. Elle s'accompagne en général de la perte des autres caractères aromatiques du vin.

## F

**FAIBLE** Ce qualificatif implique d'une part une certaine carence en alcool, d'autre part une pauvreté de constitution qui laisse augurer une certaine fragilité et une conservation difficile.

**FANÉ** Un vin fané a perdu sa brillance, une partie de ses meilleurs arômes et sa fraîcheur.

**FATIGUÉ** Se dit d'un vin soumis à des épreuves (transport, secousses) qui lui ont fait perdre momentanément sa cohérence et son tonus.

**FAUVE** Fragrance animale qui peut marquer le bouquet des vins rouges vieux à des degrés divers. Au niveau le plus léger, on a seulement l'odeur de fourrure naturalisée. Plus corsée est l'odeur de sauvagine, ou celle de renard sur des Pinots noirs vieux. Quelques-uns se diversifient dans des nuances plus variées de venaison, tandis que d'autres évoluent jusqu'au caractère nauséabond qu'on appelle « ventre de lièvre ».

**FENOUIL** Connotation aromatique qui se retrouve quelquefois dans des vins blancs secs bien mûrs.

**FERMÉ** Ce terme qualifie un vin dont le bouquet ne s'extériorise pas.

**FERMENT** Le goût de ferment est une odeur peu appréciée, provenant de la décomposition des levures pendant le séjour des vins sur lie.

**FERMETÉ** Caractère d'un vin rouge ferme, c'est-à-dire marqué par une légère dominante tanins + acidité.

**FIGUE** L'arôme de figue sèche, fréquemment conjoint à celui de fraise cuite ou confite, est une composante habituelle des vins doux rouges du genre Porto ou Banyuls, mais aussi des vins rouges secs déjà vieux issus de millésimes très mûrs.

**FLORAL** Caractère d'un bouquet de vin où dominent des arômes de fleurs.

**FOIN COUPÉ** Nuance aromatique propre aux vins rouges qui se manifeste surtout dans la phase où ils passent des arômes de fermentation aux arômes de maturité gustative.

**FONDU** Se dit d'un vin rouge dans lequel un moelleux légèrement dominant enrobe toutes les autres sensations.

**FOUGÈRE** Caractère aromatique propre à des vins blancs de grande qualité, qui concourt à leur donner un bouquet aérien.

**FOURRURE** Nuance d'odeurs, propres à des vins rouges déjà évolués, dans la série des arômes dits animaux.

**FRAIS** On appelle frais les arômes (menthe, citronnelle), qui créent les sensations assimilées à du froid ou à un effet rafraîchissant.

**FRAISE** La nuance aromatique de fraise des bois est fréquente dans les vins rouges de primeur. La nuance de fraise cuite ou confite se trouve souvent associée au caractère de la figue sèche dans les vins doux rouges et autres vins rouges secs vieux.

**FRAMBOISE** L'arôme de framboise est une composante de bouquet très importante dans le fruité des vins de pinot noir de la Côte de Beaune, et aussi dans de nombreux vins rouges aromatiques (Beaujolais, Côtes-du-Rhône, par exemple).

**FRUITÉ** Premier stade du bouquet du vin, après la fermentation alcoolique ; les arômes sont dominés par des caractères de fruits frais. Ce qualificatif s'applique plus souvent aux rouges et rosés, bien que les blancs possèdent aussi des odeurs de fruit bien marquées : pomme, citron, banane, etc.

**FUMÉE** Odeur évoquant la suie de cheminée, presque constante dans les crus de Pessac-Léognan rouges et dans certains crus de la Côte de Nuits. Voir aussi Empyreumatique.

**FÛT (GOÛT DE)** Mauvais goût donné au vin par un défaut d'entretien du bois des fûts pendant une période de vacuité : moisissure, piqûre, croupi.

## G

**GARRIGUE** Ce mot peut servir à désigner les odeurs d'herbes sèches et aromatiques que l'on trouve souvent dans les vins rouges méditerranéens.

**GÉNÉREUX** Qualificatif appliqué surtout à des vins riches en alcool.

**GENÊT** La fleur jaune de genêt d'Espagne a une odeur suave et forte, rappelant celle de la giroflée, qui entre en composition dans les beaux arômes de chardonnay et des vins liquoreux.

**GENIÈVRE** Caractère aromatique que l'on trouve parfois dans certains crus aromatiques.

**GIBIER (ODEUR DE)** Caractère animal assez prononcé, mais pas toujours désagréable, qui rappelle celui de la viande de gibier. Il se rencontre dans les vins rouges évolués comme ceux de pinot noir de Bourgogne.

**GIROFLE** On en retrouve l'odeur dans les crus rouges de la vallée du Rhône ayant quelques années d'âge.

**GIROFLÉE** Petite crucifère ornementale dont l'odeur a quelques analogies avec les meilleurs arômes de chardonnay et de chenin.

**GOULEYANT** Mot désignant un vin facile et agréable à boire.

**GRAPPE OU RAFLE (GOÛT DE)** Goût peu agréable, à caractère acerbe et plus ou moins herbacé, provoqué par la macération prolongée, en vinification, de rafles dilacérées.

**GRAS** Ce terme qualifie la sensation tactile de moelleux d'un vin lorsqu'il est riche en alcool et/ou en sucre.

**GRENADINE** Caractère aromatique des vins rosés des Côtes du Rhône et de Provence.

**GRILLÉ** Nuance particulière de certaines notations aromatiques : on trouve le caractère « pain grillé » dans certains crus rouges ; et « l'amande grillée » est un des arômes sélects des grands vins blancs lorsqu'ils amorcent leur phase de réduction en bouteille.

**GROSEILLE** Caractère aromatique qu'on trouve parfois dans des vins clairets ou des rouges de primeur.

## H-I

**HARMONIEUX** Qualité d'un vin réussi dont chaque groupe de saveurs (alcool, acidité et moelleux dans les vins blancs ; alcool, tanins, acidité et moelleux dans les vins rouges) se fond agréablement l'un dans l'autre pour offrir un ensemble séduisant.

**HAVANE** Odeur de tabac vert observée, à l'état de trace, dans des vins rouges très fins. Voir aussi Tabac.

**HERBACÉ** Caractère gustatif rappelant l'odeur du gazon tondu, ou des organes verts des végétaux, et considéré comme une nuance désagréable.

**HUMUS** Caractère aromatique, désigné aussi comme sous-bois ou feuille morte, qu'on rencontre dans des vins rouges assez fins et déjà vieux.

**IODÉ** Qualificatif donné par analogie à des vins dont l'odeur évoque celle des bords de mer.

## J

**JACINTHE** Odeur florale fréquemment rencontrée dans les cépages blancs aromatiques, après quelques années de bouteille (sauvignon, cépages rhénans, muscats fins).

**« JAMBES » (OU « LARMES »)** Gouttes incolores qui ruissellent le long des parois internes du verre après son agitation. Elles indiquent la richesse d'un vin en alcool.

**JEUNE** On considère comme jeune tout vin qui a conservé une bonne partie des arômes fruités et des saveurs fraîches issus de sa vinification.

## L

**LACTIQUE (ODEUR)** Odeur provenant d'une évolution défectueuse de la fermentation lactique ou de combinaisons indéterminées tirant plus ou moins sur une odeur de fromage frais ou fermenté.

**« LARMES »** Voir « Jambes ».

**LAURIER** Arôme épicé qui caractérise certains cépages méridionaux, notamment la syrah et le grenache, après plusieurs années de bouteille.

**LICHEN** Caractère aromatique présent dans certains vins rouges.

**LIÉGEUX** Odeur désagréable de liège humide et moisi, due soit à un bouchon défectueux, soit à un manque d'hygiène dans la cave.

**LIERRE** L'odeur de feuille de lierre est un caractère olfactif qu'on trouve par analogie dans de nombreux vins de cabernet dans leur arôme primitif.

**LIMPIDITÉ** État de transparence de la robe d'un vin, qui peut être cristalline, brillante, limpide, voilée, laiteuse, floue ou trouble.

**LONG** Se dit d'un vin qui laisse une longue persistance aromatique en bouche après déglutition.

**LOURD** Caractère d'un vin chargé de substances pour l'ensemble de ses constituants, et plus particulièrement en tanins et en moelleux, ce qui lui ôte toute légèreté, souplesse ou fraîcheur.

## M

**MADÉRISATION** Oxydation par laquelle un vin blanc prend la couleur brune et le goût du madère. C'est un grave défaut.

**MAIGRE** Se dit de vins qui manquent fortement de gras (ou de moelleux) et de structure.

**MÉLISSE** Proche de celle du zeste de citron, mais plus aérienne et moins acide, cette nuance aromatique se retrouve dans des vins blancs jeunes.

**MENTHE** On en connaît deux nuances : la menthe poivrée et la menthe fraîche,

MEDOC
MIS EN BOUTEILLES
AU CHATEAU

se retrouvant à l'état de trace dans certains vins blancs, comme composante de fraîcheur et de vivacité du bouquet.

**MERCAPTAN** Odeur sulfurée très forte et très désagréable évoquant l'œuf pourri.

**MIEL** Caractère aromatique évoquant le miel des abeilles, très preignant dans les vins moelleux et liquoreux.

**MINCE** Qualificatif appliqué à un vin de faible consistance, pauvre en ses divers éléments.

**MIRABELLE** Caractère aromatique qui se retrouve dans des vins blancs de millésimes très mûrs, ayant un ensemble aromatique assez riche, et qui apporte une note très alléchante dans le bouquet.

**MOELLEUX** On désigne comme moelleux les vins blancs et rosés qui ont un reliquat sensible de sucres dont découle un effet gustatif de douceur.

**MOLLESSE** Caractère des vins qui manquent d'acidité lorsque par ailleurs leur teneur en moelleux et en tanins est normale.

**MORDANT** Se dit d'un vin qui possède une légère dominante acidité + tanins, donnant une pointe d'agressivité.

**MÛRE SAUVAGE** Caractère aromatique qu'on trouve par analogie dans les vins rouges d'une bonne maturité, et dotés d'un fruité riche et varié.

**MUSCADE** Épice aromatique dont on trouve des analogies dans les vins blancs liquoreux d'un certain âge et dans certains vins rouges.

**MUSQUÉ** Caractère aromatique d'une sécrétion animale légèrement fétide à l'état de réduction, mais très agréable à l'état aéré, qu'on retrouve par analogie dans divers grands crus rouges d'un certain âge.

**MYRTILLE** Arôme très souvent associé à la mûre sauvage (voir ce mot) et qui se rencontre dans les mêmes conditions.

## N

**NERVEUX** Caractère physique attribué surtout aux vins blancs, parfois aux vins rouges, lorsque de fortes teneurs en acidité et en moelleux créent une impression d'opposition et de tension.

**NET** Se dit d'un vin dont les sensations aromatiques et gustatives sont franches et précises, sans ambiguïté.

**NEZ** L'ensemble des caractères olfactifs d'un vin.

**NOISETTE** Caractère aromatique assez fréquent dans des vins blancs de qualité ayant quelques années d'âge (Chardonnay).

## O

**ŒILLET** Nuance aromatique qu'on trouve par analogie dans certains vins rouges de bouquet un peu austère.

**OIGNON (ODEUR D')** Caractère aromatique provoqué par la réduction chimique et qu'on peut trouver dans des vins rouges très vieux.

**ONCTUEUX** Caractère physique d'un vin qui a une viscosité élevée due à un moelleux bien fourni, dans un ensemble où le tanins et l'acidité ne se font pas remarquer.

**ORANGE (ZESTE D')** Légèrement desséchée, cette substance a une odeur très flatteuse, dont on retrouve des similitudes dans les vins blancs jeunes issus de vendanges bien mûres.

**ORANGER (FLEUR D')** Caractère aromatique du bouquet de certains sauvignons et autres cépages blancs aromatiques.

## P

**PAMPLEMOUSSE** Caractère aromatique qu'on trouve par analogie dans des vins blancs mousseux très acides et non encore dépouillés de leurs ferments. Il disparaît avec les fermentations secondaires et la clarification du vin.

**PÂTEUX** Se dit de vins assez épais, dont la lourdeur est aggravée par une bonne dose d'astringence.

**PÊCHE** Goût et arôme de la pêche blanche ou jaune et de son noyau, souvent présents dans les vins rouges des Côtes du Rhône, dans les crus de Beaujolais et certains vins blancs aromatiques.

**PÊCHER (FLEUR DE)** Nuance aromatique très délicate, proche de l'odeur de pistache ou d'amande amère, qui se retrouve parfois dans les vins blancs aromatiques jeunes et frais.

**PERSISTANCE** La persistance gustative est l'impression de présence que laisse le vin dans la bouche une fois avalé. Voir aussi Caudalie.

**PIERRE À FUSIL** Le goût de pierre à fusil (ou éclat de silex) désigne un caractère odorant propre à quelques vins blancs vifs et légers (Sauvignon, Muscadet, Bourgogne aligoté).

**PIN** Caractère aromatique qu'on trouve par analogie dans certains rouges très fins et de grande classe.

**PISTACHE** Odeur très fine proche de l'amande amère, mais plus délicate, qu'on trouve parfois dans des vins rouges au bouquet nuancé et subtil.

**PIVOINE** L'odeur un peu poivrée de cette fleur se retrouve aussi dans les vins qui ont cette couleur.

**PLEIN** Se dit d'un vin qui donne l'impression de remplir la bouche par sa richesse substantielle équilibrée, d'où une impression de plénitude.

**POIRE** La nuance aromatique de diverses variétés de poires se retrouve assez souvent dans des vins blancs souples au bouquet fruité.

**POIVRE** Nuance aromatique très fréquente dans de nombreux vins rouges de qualité, dans la phase la plus aérienne et subtile du nez, et dans la phase finale de la bouche, où elle se prolonge jusqu'à l'arrière-goût.

**POIVRON** Nuance aromatique perceptible surtout par voie buccale, propre aux cépages rouges riches en tanins et dont le fruité de jeunesse est peu accentué.

**POMME** Les diverses variétés de pommes ont des arômes particuliers qu'on retrouve à des intensités diverses dans de nombreux vins blancs (Muscadet, Sauvignon, etc.).

**PRUNEAU** Nuance aromatique appelée aussi rancio, définie par des notes de fruits cuits tels que le pruneau. Typique du Porto et des vieux rouges, elle est considérée comme un défaut dans les vins rouges jeunes.

## R

**RACÉ** Se dit d'un grand vin d'une élégance et distinction hors pair.

**RANCIO** Nuance aromatique d'évolution (pruneau, tabac, cuir, madère) typique des vieux vins doux naturels, du Porto, des vins rouges évolués et des vieilles eaux-de-vie.

**RÂPEUX** Caractère astringent excessif lorsque les tanins « râpent » les muqueuses de la bouche avec une intensité et une persistance exagérées.

**RÊCHE** Degré élevé d'astringence.

**RÉGLISSE** Caractère aromatique qui se trouve fréquemment en fin de bouche dans certains vins rouges.

**RÉSINE** Caractère aromatique balsamique qui entre en composition dans les bouquets de vins rouges fins et distingués.

**ROBE** Nom imagé attribué à la couleur du vin.

**ROND** Qualificatif applicable aux vins dépourvus d'angulosité, c'est-à-dire dominés par le moelleux, mais dans la souplesse et sans lourdeur.

**ROSE** Nuance d'arôme primaire caractéristique du gewurztraminer et de diverses variétés de muscats. La nuance rose fané est une nuance délicate du bouquet de certains vins rouges fins et vieux.

## S

**SEC** Qualificatif appliqué aux vins blancs dépourvus de sucre. On désigne comme sec un vin blanc dont le moelleux est discret ou légèrement récessif, sans porter atteinte à l'harmonie de l'ensemble.

**SÈVE** Terme professionnel d'origine bordelaise qui exprime le caractère d'expansion des arômes et de plénitude des saveurs pendant le passage du vin dans la bouche.

**SÉVÈRE** Vin qui, sous la double dominante tanins + acidité, possède des arômes austères.

**SOUPLE** Caractère gustatif lié à un certain retrait des tanins et de l'acidité, laissant émerger le moelleux naturel du vin.

**SOYEUX** Mot exprimant la finesse de contact du vin dans la bouche.

**SUCROSITÉ** Néologisme admis en dégustation pour exprimer le niveau de sensation sucrée d'un vin, qui peut, dans un ordre croissant, être qualifié de fruité, tendre, suave, doux, moelleux, liquoreux.

## T-V

**TABAC** Des effluves de tabac vert ou non brûlé, voisins de la nuance havane des parfumeurs, se retrouvent parfois dans des vins rouges très fins et de grande classe.

**TANIN** Substance extraite des peaux de raisins, qui donne aux vins rouges leur caractère.

**TENDRE** Se dit d'un vin qui n'offre aucune résistance dans la bouche, avec peu de tanins et un bon mariage du moelleux et de l'acidité.

**THYM** Nuance aromatique qu'on retrouve assez souvent dans les vins de Provence et de Haute-Provence.

**TILLEUL (FLEUR DE)** Nuance aromatique qu'on retrouve dans certains vins blancs au bouquet très fin.

**TRUFFE** Nuance aromatique de très grande classe qu'on rencontre dans des vins rouges vieux de haute qualité. La variété « truffe blanche » se trouve dans certains millésimes de vins blancs âgés ou liquoreux.

**TUILÉ** Aspect d'un vin rouge évolué dont la couleur brunie rappelle celle de la tuile vieillie.

**VANILLE** Élément de fond aromatique, que l'on retrouve dans le bouquet de nombreux vins blancs et rouges. Il provient naturellement des parties ligneuses du raisin ou du bois de chêne des futailles.

**VÉGÉTAL** Se dit aussi bien des arômes qui rappellent ceux du monde végétal que des tanins qui avouent une certaine astringence due à un manque de maturité ou à une extraction forte.

**VELOUTÉ** Se dit d'un vin dont le contact dans la bouche évoque le toucher du velours.

**VENAISON** Voir Gibier (odeur de).

**VERT** Se dit, par analogie avec les fruits verts, d'un vin blanc, rouge ou rosé très acide, dont le moelleux faible laisse cet excès d'acidité à découvert.

**VINEUX** Se dit d'un vin dont la richesse en alcool ressort nettement. On dit aussi alcooleux.

# LES GRANDS VIGNOBLES DU MONDE

2003
DISZNÓKŐ
5 PUTTONYOS
2001
Es Saadi
GUERROUANE
Appellation d'Origine Garantie
VIN DU MAROC
12,5 %vol.
LES VINS DU MONDE
Afrique du Sud
2008
Pinotage

# Les régions viticoles du monde

Mer du Nord
ROYAUME-UNI
PAYS-BAS
BELGIQUE
LUXEMBOURG
ALLEMAGNE
Elbe
Rhin
Moselle
Champagne
RÉPUBLIQUE TCHÈQUE
SLOVAQUIE
RUSSIE
UKRAINE
Océan Atlantique
Loire
FRANCE
Danube
SUISSE
AUTRICHE
HONGRIE
MOLDAVIE
Dniepr
GÉORGIE
Crimée
Bourgogne
Bordeaux
Rhône
SLOVÉNIE
CROATIE
ROUMANIE
Piémont
Pô
Mer Noire
Danube
SERBIE
BULGARIE
Rioja
Èbre
PORTUGAL
ESPAGNE
Corse
ITALIE
Toscane
MACÉDOINE
TURQUIE
Îles Baléares
Jérez
Sardaigne
GRÈCE
SYRIE
Sicile
CHYPRE
LIBAN
MAROC
ALGÉRIE
TUNISIE
Mer Méditerranée
Crète
ISRAËL
KAZAKHSTAN
40° N
AZERBAÏDJAN
ARMÉNIE
CHINE
JAPON
30° N
PAKISTAN
ÉGYPTE
INDE
Océan Pacifique
ÉTHIOPIE
0°
Océan Indien
ZIMBABWE
AUSTRALIE
30° S
40° S
NOUVELLE-ZÉLANDE

# LE MARCHÉ MONDIAL DU VIN

*La vigne est présente sur tous les continents, mais inégalement répartie. Si l'Europe reste largement en tête, en termes de superficie de vignoble, les deux Amériques, l'Asie et surtout l'Australie et la Nouvelle-Zélande voient leurs vignobles respectifs augmenter. Mais les grands changements concernent essentiellement la consommation et la production.*

## Le vignoble mondial

**LES VIGNOBLES LES PLUS VASTES.** Le vignoble mondial couvre 7,6 millions d'hectares (chiffres de l'Organisation internationale de la vigne et du vin, OIV, pour l'année 2009) avec, en tête des plus grands vignobles du monde, en termes de superficie : l'Espagne, la France, l'Italie, les États-Unis, le Portugal et l'Argentine. (Il s'agit de données corrigées, excluant les vignobles de Turquie, de Chine, d'Iran et de Roumanie, car les chiffres présentés par l'OIV prennent en compte les superficies de vignes plantées, sans distinction entre les raisins de table, les raisins séchés, les raisins de cuve et ceux destinés à la distillation.)

**DES CHANGEMENTS DE TENDANCES.** Le vignoble mondial voit sa superficie baisser légèrement d'année en année. Le vignoble européen reste le plus vaste, concentrant plus de 55 % de la surface du vignoble mondial ; suivent l'Asie, l'Amérique, l'Afrique et l'Océanie. Mis à part la difficulté de mesurer, pour certains pays, la part des vignobles réellement dédiée à la production du vin (en Chine, par exemple), on peut constater des modifications de fond dont les plus significatives sont la baisse, depuis vingt ans, de la production en Europe et la montée de celle de l'hémisphère Sud.

**LA CONSOMMATION EN DIMINUTION.** En 2009, les Américains sont devenus les premiers consommateurs de vin au monde. Mais, globalement, la consommation mondiale de vin tend à diminuer en raison d'une chute continue dans les pays européens traditionnellement gros producteurs et consommateurs (France, Italie, Espagne, Allemagne). À noter également l'essor de la Chine, qui est devenue en peu de temps l'un des dix plus gros consommateurs de vin au monde et qui devrait accéder à la 7e place en 2012.

***C'est l'Italie qui est aujourd'hui le premier producteur de vin en volume,*** *devançant la France, l'Espagne, les États-Unis, l'Argentine et l'Australie. En 2006, la production mondiale de vin se situait aux alentours de 282 millions d'hectolitres.*

## L'Europe en recul

Le Vieux Continent voit année après année la taille de son vignoble se réduire, en raison notamment d'une politique d'arrachage de vignes dans les pays viticoles européens ; l'arrachage définitif comme en France ou la restructuration des vignobles dans les pays rentrés récemment dans l'UE semblent ainsi inéluctables. Le vignoble communautaire (l'UE à 27) comptait ainsi 3,7 millions d'hectares en 2009. Selon la récolte annuelle, c'est tantôt la France, tantôt l'Italie qui détient la place de premier producteur mondial, mais c'est l'Espagne qui a le plus grand vignoble.

## Le boom des vignobles du Nouveau Monde

L'Amérique du Sud et l'Océanie connaissent une augmentation de leurs plantations depuis 20 ans. Les vignobles argentin, brésilien et, dans une moindre mesure, chilien continuent de s'étendre. En termes de production, le léger recul de l'Argentine ces dernières années a été compensé par la production chilienne. Ainsi, les productions vinicoles en Amérique du Sud demeuraient, en 2008 et 2009, à un niveau élevé. Les productions sud-africaine, néo-zélandaise et australienne sont également en hausse par rapport à 2008.

## De nouveaux pays producteurs de vin ?

L'Asie continue d'être le principal pôle de croissance du vignoble mondial. La croissance du vignoble chinois, qui connaît un large essor depuis 1998, semble se poursuivre, mais à un taux moins rapide depuis cinq ans ; ce pays reste toutefois le principal moteur du développement du marché du vin sur ce continent.

Le vignoble d'Afrique continue de croître, même si le plus gros producteur de ce continent, l'Afrique du Sud (au 10e rang mondial avec 1 milliard de bouteilles !), a réduit sa surface de production, se recentrant sur la qualité des vins.

## L'Inde, un marché prometteur mais restreint

Le marché indien est un cas à part, car la population y est très jeune (les trois quarts ont moins de 35 ans). La consommation de vin, estimée à 11 millions de litres par an (avec 20 % d'importations), pourrait croître dans les prochaines années. Ce pays compte aujourd'hui plus de 50 producteurs répartis sur trois régions viticoles : Nasik et Sangli, dans le Maharashtra, et Bangalore, dans le Karnataka. Même si l'Inde reste pour le moment un important consommateur d'alcool, essentiellement tourné vers la bière et les alcools forts (le whisky notamment), le marché national est prometteur pour le vin et son poids économique, très important. Le marché intérieur réel avoisine les 30 millions d'habitants, des consommateurs qui sont pour la plupart situés dans trois États, le Maharashtra, le Karnataka et Delhi, et qui font partie des classes les plus aisées. Ces trois États représentent à eux seuls 75 % de la consommation de vin en Inde.

## La Chine, premier pays consommateur en Asie

En 2011, l'Asie atteindra 5 % de la consommation mondiale de vin. Mais c'est la Chine qui, dans les prochaines années, connaîtra la plus forte progression. En 2006, la consommation de vin tranquille dans ce pays (Hong Kong inclus) représentait 62,7 % de la consommation totale de vin en Asie et elle continue de progresser. D'ici à 2012, la Chine devrait passer du 10e au 7e rang des pays consommateurs de vin tranquille au monde, dépassant la Russie et la Roumanie. La France reste aujourd'hui le principal fournisseur des pays d'Asie, devant les États-Unis, l'Italie, l'Australie et le Chili. Signalons aussi la place importante prise par le marché de Hong Kong devenu la plaque tournante des grands vins pour l'Asie de l'Est.

## Les échanges internationaux : la nouvelle donne

En 2008 et 2009, le marché mondial a marqué un coup d'arrêt dans son développement et quelques grands acteurs comme l'Australie, la France et l'Italie ont vu leurs exportations reculer par rapport à 2007. La crise économique a freiné la progression de presque tous les pays exportateurs en diminuant la consommation partout. La France, autrefois leader, voit la baisse de ses exportations s'accélérer.

L'Italie conserve sa position de leader mondial en volume de vins exportés et représente 19 % des échanges mondiaux. L'Espagne la suit de près avec 16,5 millions d'hectolitres d'exportations, la France est troisième. Parmi les nouveaux exportateurs, un groupe de six pays émerge (hémisphère Sud et États-Unis) qui constitue 30 % du marché mondial en 2008.

Il est à noter que ces échanges internationaux représentent près de 37 % de la consommation mondiale (contre 18 % en début de décennie 1980), ce qui signifie que plus du tiers des vins du monde sont consommés en dehors de leurs pays de production.

### LES PRINCIPAUX PAYS PRODUCTEURS DE VIN

| PAYS | SUPERFICIE (en milliers d'hectares) | PRODUCTION (en milliers d'hectolitres) |
|---|---|---|
| **ZONE EUROPE OCCIDENTALE ET CENTRALE** | | |
| Allemagne | 102 | 9 180 |
| Autriche | 48 | 2 346 |
| Bulgarie | 81 | 2 000 |
| Espagne | 1 113 | 32 506 |
| France | 840 | 45 558 |
| Grèce | 115 | 3 600 |
| Hongrie | 70 | 3 400 |
| Italie | 818 | 45 699 |
| Portugal | 243 | 6 000 |
| République tchèque | 19 | 585 |
| Roumanie | 205 | 5 600 |
| Slovaquie | 20 | 400 |
| Slovénie | 18 | 593 |
| Suisse | 15 | 1 110 |
| D'autres pays de cette zone que ceux cités ci-dessus produisent du vin, mais soit cette production est très faible, soit les derniers chiffres ne sont pas disponibles ou fiables. Il s'agit des pays suivants (dans leur ordre d'importance probable) : république de Macédoine, Croatie, Chypre, Bosnie, Luxembourg, Royaume-Uni, Malte. | | |
| **ZONE EUROPE DE L'EST – ASIE OCCIDENTALE – MOYEN-ORIENT** | | |
| Géorgie | (35) | (950) |
| Israël | 10 | 450 |
| Liban | 12 | 500 |
| Moldavie | (147) | (2 300) |
| Russie | 75 | (2 000) |
| Turquie | 52 | 1 750 |
| Ukraine | (87) | (2 300) |
| – Pour les pays dont les chiffres se trouvent entre parenthèses, les informations datent de 2006 au mieux et ne sont pas totalement fiables.<br>– Plusieurs pays de cette zone non mentionnés ci-dessus possèdent des vignobles, mais ceux-ci sont destinés (en partie ou entièrement) à la production de raisins de table ou de raisins secs. Dans certains cas, on peut estimer la production de vin comme presque inexistante.<br>– Pour la Turquie et le Liban, qui ont une production avérée, la part du vignoble dédiée au vin est une estimation (10 % pour la Turquie, 25 % pour le Liban).<br>– Les pays ayant un vignoble mais qui ne figurent pas dans ce tableau sont : Afghanistan, Arménie, Azerbaïdjan, Jordanie, Irak, Iran, Kazakhstan, Kirghizistan, Syrie, Tadjikistan, Turkménistan, Ouzbekistan, Yémen. | | |
| **ZONE AMÉRIQUES** | | |
| Argentine | 228 | 12 135 |
| Brésil | 92 | 2 950 |
| Chili | 200 | 9 869 |
| États-Unis | 398 | 20 620 |
| Plusieurs autres pays dans cette zone produisent du vin. Il s'agit, dans leur ordre d'importance, des États suivants : Mexique, Uruguay, Canada, Pérou, Bolivie, Venezuela. | | |
| **ZONE AFRIQUE** | | |
| Afrique du Sud | 132 | 3,419 |
| Maroc | (10) | (300) |
| Tunisie | (12) | (350) |
| Pour le Maroc et la Tunisie, il s'agit d'estimations de la part de leur vignoble dédiée à la production de vin. | | |
| **ZONE OCÉANIE** | | |
| Australie | 162 | 11 600 |
| Nouvelle-Zélande | 29 | 2 050 |
| **ZONE ASIE** | | |
| Chine | 150 | 12 000 |
| Inde | (69) | ? |
| Japon | 20 | 920 |

*1 Australian Bureau of Statistics, 2009.*
*2 New Zealand Winegrowers, 2008.*
*3 Pour la Chine, il s'agit d'une estimation établie sur la base des statistiques 2006 de l'OIV, déduction faite d'une production par assemblage avec des vins importés. Il faut noter que le vignoble de ce pays est bien plus étendu (plus de 450 000 ha) mais que la majeure partie de sa production est destinée à d'autres usages (raisin de table, raisins secs, jus, distillation).*
*4 Pour l'Inde, aucun chiffre de production fiable n'est disponible.*

*Sources : OIV, chiffres définitifs 2006 et note de conjoncture 2010, sauf si mentionné autrement*

# FRANCE

Lille
Somme
Rouen
Oise
Seine
Caen
Paris
Reims
Épernay
Marne
Meuse
Nancy
Strasbourg
Moselle
Rhin
Aube
Seine
Les Riceys
Chablis
Auxerre
Colmar
Rennes
Vilaine
Sarthe
Loir
Orléans
Angers
Loire
Tours
Cher
Nantes
Bourges
Yonne
Dijon
Saône
Doubs
Beaune
Arbois
Poitiers
Vienne
Creuse
Loire
Mâcon
La Rochelle
Roanne
Rhône
Océan
Atlantique
Clermont-
Ferrand
Lyon
Cognac
Allier
Chambéry
Isère
Grenoble
Rhône
Bordeaux
Dordogne
Valence
Cahors
Lot
Agen
Durance
Orange
Tarn
Gaillac
Avignon
Auch
Nîmes
Nice
Toulouse
Montpellier
Aix-en-Provence
Pau
Garonne
Marseille
Toulon
Carcassonne
Narbonne
Bastia
Aude
Mer
Méditerranée
Perpignan
Ajaccio
N
0
100
200 km
Régions viticoles
Alsace et Lorraine
Champagne
Vallée de la Loire
Bourgogne
Jura
Savoie
Vallée du Rhône
Bordelais
Sud-Ouest
Provence
Languedoc-Roussillon
Corse

# LES VIGNOBLES DU BORDELAIS

*Bordeaux... Partout dans le monde, ce nom évoque le vin. Symbole de crus exceptionnels et de châteaux mythiques, le Bordelais recèle quelques-uns des plus grands vins du monde. Leur excellence a inspiré plus d'un vignoble étranger, de l'Italie à l'Australie, en passant par la Californie.*

## Une renomée de longue date

**LES ORIGINES.** Le vignoble bordelais voit le jour au début du Ier siècle, avec l'arrivée des légions romaines. Ses vins deviennent bientôt célèbres ; au IVe siècle, le poète Ausone en fait déjà les louanges. Mais le Bordelais ne connaît un véritable essor qu'au XIIe siècle, après le mariage en 1152 d'Aliénor d'Aquitaine avec le futur roi d'Angleterre Henri II Plantagenêt qui marque le début des échanges commerciaux entre les vins de Bordeaux et l'Angleterre.

**DU XVIIe AU XIXe SIÈCLE.** Une nouvelle ère commerciale commence au XVIIe siècle grâce à l'arrivée des Hollandais qui achètent les vins pour les distiller. À la même époque naissent les grands châteaux comme Haut-Brion. Au XVIIIe siècle, on commence à commercialiser le vin en bouteille et les exportations se développent. La société londonienne marque son goût pour les grands vins de Bordeaux, ces rouges médocains que les Anglais appellent les *new French clarets*. Une viticulture nouvelle se développe dans le Médoc. La « place de Bordeaux » joue un rôle capital, appuyé par l'apparition de nouvelles techniques de vinification et de conservation des vins, et l'influence des négociants, acteurs majeurs de la diffusion des vins (leur poids continue de peser aujourd'hui : le négoce vend à peu près 75 % de la production girondine et 95 % des grands crus). Le XIXe siècle constitue le siècle d'or du vignoble bordelais, marqué notamment par le classement des grands crus du Médoc, en 1855, qui établit une hiérarchie entre les crus de la rive gauche de la Garonne. Mais, à la fin du XIXe siècle, le vignoble est profondément attaqué par le phylloxéra et le mildiou ; viennent ensuite la guerre, la crise économique, puis de nouveau la guerre.

**LES VIGNOBLES BORDELAIS EN CHIFFRES (AOC)**

**Superficie** : 118 919 ha
**Production** : 4 778 000 hl
**Rouges** : 87 %
**Rosés** : 4 %
**Blancs** : 9 %

(CIVB, 2008)

**DU XXe SIÈCLE À AUJOURD'HUI.** Il faudra attendre les années 1950 pour que le vignoble se relève. De nouveaux classements – ceux des Graves, de Saint-Émilion, des crus bourgeois – sont créés. À l'exception du classement des crus bourgeois, annulé en 2007, ils continuent de témoigner de l'excellence bordelaise. Malgré certains scandales (fraudes) et la concurrence étrangère de plus en plus sérieuse qui vient chahuter sa suprématie, le Bordelais se donne les moyens de ses nouvelles ambitions. Les ventes de primeurs de Bordeaux font la pluie et le beau temps sur le monde viticole. Vinexpo, salon professionnel biennal et international, et les Journées « portes ouvertes » dans tout le vignoble attirent des milliers de visiteurs. Soucieux de parfaire leur image, de mieux affronter la concurrence, d'offrir une meilleure lisibilité, les vignobles se regroupent à l'image des Sweet Bordeaux (association des producteurs de vins liquoreux ; voir aussi p. 271) et surtout de la nouvelle appellation Côtes-de-Bordeaux mise en place pour le millésime 2008, véritable force de frappe qui représente un sixième de la production bordelaise avec une superficie totale de 14 000 ha et une production de 700 000 hl.

> Château de Monbadon dans le Libournais.

**LE SAVIEZ-VOUS ?**

***La plus ancienne propriété viticole du Bordelais est Château Pape Clément.*** *Elle date de la fin du XIIIe siècle. Quand Bertrand de Goth est nommé, en 1299, nouvel archevêque de Bordeaux, il reçoit de son frère aîné ce domaine de Pessac. Six ans plus tard, il devient pape (Clément V) et donne son nom au château. Depuis, ce dernier n'a cessé de produire des vins qui figurent parmi les meilleurs crus bordelais.*

## Le climat

Le vignoble bordelais jouit d'un climat tempéré océanique. L'importante forêt des Landes forme un écran qui protège les vignes des vents venant de l'ouest et qui régule les températures. La proximité de l'Océan joue un rôle important avec ses hivers doux et humides, ses printemps précoces mais sujets aux orages de grêle et aux pluies froides, ses étés chauds et secs, et ses automnes ensoleillés, avec des brumes favorables à la pourriture noble *(Botrytis cinerea)*, celle qui donne les grands vins liquoreux.

## Le paysage viticole

Le vignoble bordelais occupe tout le département de la Gironde. Trois appellations génériques – Bordeaux, Bordeaux supérieur, Crémant de Bordeaux – sont produites sur l'ensemble de cette aire. Les « autres » appellations sont regroupées en trois grandes zones géographiques.

**LA RIVE GAUCHE DE LA GARONNE, AVEC LA VILLE DE BORDEAUX.** C'est la région du Médoc (au nord de Bordeaux), des Graves et du Sauternais (à l'ouest et au sud de Bordeaux). Les sols sont essentiellement constitués de graves variées, où les cailloux plus ou moins gros se mêlent d'argile, de limons ou de sables, avec quelques zones argilo-calcaires. On y produit des vins rouges et des blancs, secs ou liquoreux. Le Médoc est lui-même divisé en deux appellations régionales, Médoc et Haut-Médoc. Cette dernière abrite des appellations communales réputées (par ordre alphabétique : Listrac, Margaux, Moulis, Pauillac, Saint-Estèphe et Saint-Julien). La « rive gauche » abrite de très grands crus et des châteaux célèbres dans le monde entier comme Château Lafite-Rothschild, Château Margaux, Château Léoville-Las-Cases, Château Cos d'Estournel dans le Médoc ; Château Haut-Brion dans les Graves ; Château d'Yquem, Château Climens, Château Rieussec dans le Sauternais.

**LA RIVE DROITE DE LA DORDOGNE, AVEC LE PORT DE LIBOURNE.** Cette zone englobe au nord-ouest les vignobles du Bourgeais et du Blayais ; au centre, ceux du Libournais, avec Saint-Émilion, Pomerol et Fronsac ; à l'est, celui de Castillon. Les sols sont en majorité argilo-calcaires (Fronsac, Saint-Émilion) ou constitués de graves (Pomerol). On trouve sur la « rive droite » plusieurs châteaux mondialement connus : Petrus, Château L'Église-Clinet dans le Pomerol ; Château Ausone, Château Cheval-Blanc dans le Saint-Émilionnais.

### Les « stars » du vignoble bordelais

Ils sont une dizaine de grands crus prestigieux à faire rêver la planète, à hanter l'imaginaire de tous les amoureux du vin, des collectionneurs et des spéculateurs. Chaque domaine possède une personnalité unique, une âme. Leur nom ? Château Margaux, fleuron du Médoc, Château d'Yquem, le seul vin de Bordeaux qui ait droit à la mention de « premier cru supérieur », le « top du top » des vins blancs liquoreux du monde, Château Haut-Brion (Pessac-Léognan), qui fit tant, dans le passé, pour la renommée des bordeaux outre-Manche, Petrus (Pomerol), un vin culte, Château Latour (Pauillac), l'exemple achevé du cabernet-sauvignon, Château Cheval-Blanc, Château Ausone (Saint-Émilion Premier Grand Cru), des vins rares, Château Lafite-Rothschild, premier des premiers crus en 1855, et Château Mouton-Rothschild (Pauillac), classé premier cru en 1973, célèbre non seulement pour la qualité de ses vins mais aussi pour ses étiquettes signées d'artistes.

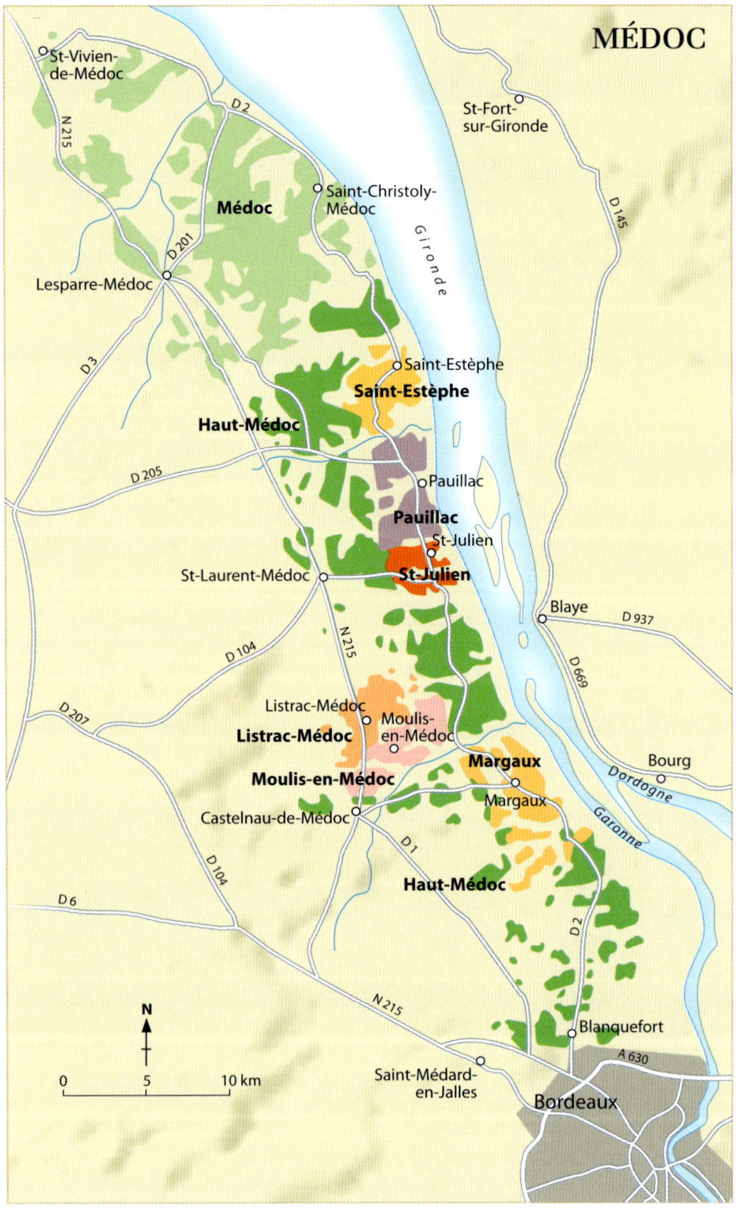


**ENTRE LA GARONNE ET LA DORDOGNE.** Cette région est dominée par le vignoble de l'appellation Entre-deux-Mers. Elle produit des vins blancs secs, des moelleux ainsi que des rouges corpulents (à partir du merlot essentiellement). Le sol est composé d'argiles et de graves. Le long de la rive droite de la Garonne se trouvent les AOC de vins liquoreux, Sainte-Croix-du-Mont, Loupiac, Cadillac.

## Les meilleurs cépages bordelais

Huit cépages principaux entrent dans l'assemblage des vins de Bordeaux. Ils sont utilisés en proportion différente selon les terroirs et les domaines.

**LE MERLOT.** On le cite à Saint-Émilion dès le XVIIIe siècle. Il est le cépage rouge le plus cultivé du Bordelais, dominant l'encépagement du Saint-Émilion et du Pomerol, des vins des côtes, des Bordeaux rouges et des Bordeaux supérieurs. Précoce, il donne des vins ronds, fruités, à la fois souples et élégants.

**LE CABERNET-SAUVIGNON.** C'est le cépage rouge vedette dans le Bordelais et le grand cépage du Médoc et des Graves. Récolté à bonne maturité, il produit des vins sombres, fins, distingués, extrêmement complexes, reconnus pour leur persistance en bouche, leur structure tannique et leur très longue garde. Il est aussi recherché dans les assemblages et répond présent dans les Bordeaux supérieurs, les Haut-Médocs ou encore les Côtes-de-Bordeaux.

**LE CABERNET FRANC.** Grand cépage rouge du Libournais, où il est en concurrence avec le merlot, il peut donner des vins qui, après 50 ans de cave, restent encore d'une incroyable jeunesse. On le cultive presque partout en Gironde.

**LE PETIT VERDOT.** Ce cépage rouge historique entre dans plusieurs crus du Médoc, apportant couleur, tanins et arômes épicées.

**LE MALBEC (AUSSI APPELÉ CÔT OU AUXERROIS).** Rouge, ce grand cépage de Cahors fait partie, dans le Bordelais, de nombreux assemblages où il apporte arômes fruités et structure.

**LE SÉMILLON.** Ce cépage blanc est le roi du Sauternais, de tous les vins liquoreux de la Gironde (et aussi du Monbazillac voisin). Très productif, il est également répandu dans les Graves et dans l'Entre-deux-Mers. Par son fruit et sa finesse, le sémillon donne des grands vins blancs, secs ou doux. Il se marie particulièrement bien avec le sauvignon.

**LE SAUVIGNON.** C'est l'autre grand cépage blanc du Bordelais. Peu productif, il est toutefois recherché pour sa structure, sa fraîcheur et sa longueur en bouche. Il donne des vins blancs secs et très aromatiques aux notes herbacées très typées (Bordeaux, Pessac-Léognan, Blaye, Entre-deux-Mers) qui révèlent une grande complexité en vieillissant. Il entre aussi dans l'assemblage des vins liquoreux.

**LA MUSCADELLE.** Cépage blanc traditionnel du Bordelais, la muscadelle apporte aux vins un parfum floral agréable. Elle est toutefois en voie d'extinction en raison de sa sensibilité extrême aux maladies.

**VRAI OU**

***Les grands crus de Bordeaux peuvent vieillir plus de 50 ans.***

**VRAI.** Même s'ils sont de plus en plus nombreux à pouvoir être bus jeunes, sur le fruit et la fraîcheur, les vins de Bordeaux son des vins de garde : ils se conservent de 5 15, voire 20 ans. Cependant seuls les grand millésimes – 2000, 2003 et 2005 parm les plus récents – du Médoc, de Saint-Émilion, de Pomerol et des Graves et les crus des meilleures appellations (Pauillac, Margaux, Saint-Julien) peuvent dépasser les 50 ans sans une ride.

### Bordeaux et les vins de marque

C'est en 1930 que le baron Philippe de Rothschild a l'idée de vendre son second vin sous une marque « Mouton Cadet », avec une étiquette différente de celle de son prestigieux domaine Château Mouton-Rothschild (Pauillac). Le succès est vite au rendez-vous. Aujourd'hui, Mouton Cadet, assemblage de différents vins du Bordelais élevés dans les chais du château, est la première marque de bordeaux dans le monde. D'autres marques ont suivi. Parmi les plus importantes : Baron de Lestac, Malesan, Blaissac, Cellier d'Yvecourt, Croix d'Austéran, Julien & Martin Batiste.

## Les « châteaux »

Bordeaux compte plus de 6 000 « châteaux » viticoles. On pourrait croire que chaque étiquette mentionnant un château correspond à un « vrai » château. Il n'en est rien. Souvent, ils n'ont de château que le nom, la plupart du temps ce ne sont que de simples maisons, des fermes réaménagées, des chais… Certes, il existe d'authentiques châteaux mais ils sont rares. En effet, à Bordeaux, le terme « château » s'applique à une propriété viticole et n'a rien à voir avec l'architecture – de fait il n'y a pas de château à Petrus, Latour, Mouton, lieux mythiques de la viticulture bordelaise. Mais tout le monde ne peut revendiquer ce terme : un château correspond à un vignoble aux mains d'un seul propriétaire cultivant sa vigne et élaborant son vin.

> C'est sur les terroirs du Bordelais que le cépage cabernet-sauvignon trouve ses meilleures expressions.

## Les vins de Bordeaux, des vins d'assemblage

Les vins de Bordeaux sont des vins d'assemblage. C'est un véritable art ici, mais aussi une ancienne et solide tradition. De fait, les bordeaux, appellation générique ou grands crus classés, sont généralement issus du mariage de plusieurs cépages, parcelles ou terroirs dont la proportion varie en fonction des années, du maître de chai, des cépages dominants dans les appellations, le but étant d'obtenir le meilleur équilibre, la meilleure expression du terroir. En principe, on trouve au moins deux cépages dans chaque bouteille, souvent trois, et parfois quatre.

## Les styles des vins

Les vins de Bordeaux se caractérisent par une immense diversité. On élabore des rouges, des rosés, des blancs secs, des blancs liquoreux, des effervescents. Leurs styles peuvent être très différents, même à l'intérieur d'une appellation, tant les terroirs, les climats et les assemblages sont variés et cela malgré l'unité apparente que constituent les cépages communs et les techniques de vinification.

**LES ROUGES.** Ils peuvent être légers, à boire rapidement sur le fruit (Bordeaux) ; corsés avec une trame tannique fine, à boire dans les 5 ans (Bordeaux supérieur) ; corsés et souples avec une bonne aptitude au vieillissement (Saint-Émilion, Pomerol, Fronsac) ; enfin complexes et tanniques lorsqu'ils sont jeunes, mais avec une très grande capacité de vieillissement (Pauillac, Saint-Julien…).

**LES ROSÉS.** Produits sur tout le département de la Gironde sous deux appellations, Bordeaux rosé et Bordeaux clairet, ce sont des vins frais, à boire rapidement.

**LES BLANCS SECS.** Produits dans tout le département de la Gironde, ils sont gouleyants et agréables à boire (Entre-deux-Mers, Côtes-de-Bordeaux-Blaye et la vaste appellation Bordeaux), mais aussi souples et puissants avec une bonne aptitude au vieillissement (Pessac-Léognan, Graves).

**LES BLANCS DOUX, MOELLEUX OU LIQUOREUX.** Avec pour emblème le Sauternais et le Château d'Yquem, ces vins se trouvent sous les appellations Sauternes, Cérons, Cadillac, Sainte-Croix-du-Mont, Barsac et Loupiac (quelque 3000 ha).

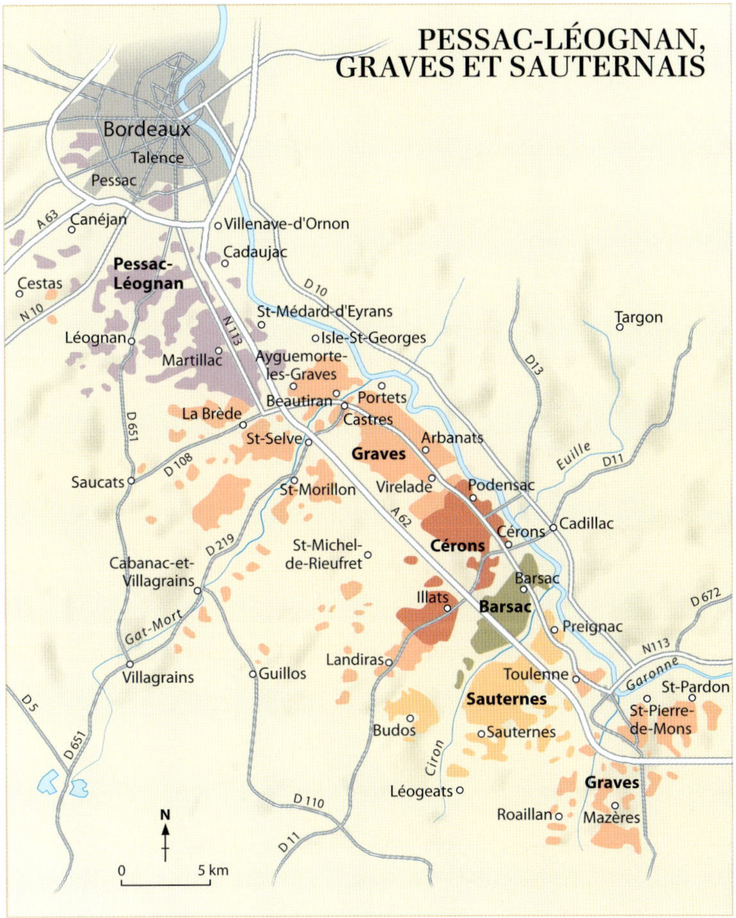

> Barriques au chai du Château Lascombes, dans l'appellation Margaux.

Mais d'autres régions peuvent également en produire (Graves supérieur, Côtes-de-Bordeaux-Saint-Macaire...). Certains sont des vins de très grande garde.

**LES EFFERVESCENTS.** Blancs ou rosés, ils sont produits sur l'ensemble de la région bordelaise et connaissent un grand engouement.

## Les classements du Bordelais

Les premiers classements de crus sont apparus dans la région à la fin du XVIIe siècle, mais le plus célèbre est celui de 1855, qui établit une hiérarchie entre les crus de vin rouge du Médoc. Il sera suivi de plusieurs autres. Au total, ce sont 171 crus classés que l'on dénombre dans le Bordelais, pour 5 300 ha de vignes environ.

**LE CLASSEMENT DE 1855 (CLASSEMENT DES CRUS DU MÉDOC).** Il comprend 61 crus, répartis en cinq catégories, du premier au cinquième cru. Il n'a été révisé qu'une seule fois, en 1973, pour promouvoir le Château Mouton-Rothschild, de second à premier cru classé.

**LE CLASSEMENT DES VINS DE SAUTERNES ET DE BARSAC.** Il date également de 1855. Derrière le Château d'Yquem – qui bénéficie du titre unique de premier cru supérieur –, on compte 11 premiers crus et 14 seconds.

**LE CLASSEMENT DES GRAVES.** Le premier classement des Graves date de 1956, avec une révision en 1959. Il distingue 16 domaines représentant 13 vins rouges et 9 vins blancs.

**LE CLASSEMENT DE SAINT-ÉMILION.** Aucun des grands crus de Saint-Émilion ne figure dans le classement de 1855. Le syndicat viticole a donc établi son propre classement, révisable tous les 10 ans. La première classification a eu lieu en 1954.

**LES CRUS ARTISANS.** Ils existaient depuis plus d'un siècle et demi, puis ils ont disparu dans les années 1930. Ils sont remis à l'honneur dans les années 1990. En 1994, le mot « artisan » est reconnu par l'Union européenne et un classement a lieu en 2002. « Cru artisan » implique une structure familiale responsable tout à la fois de la viticulture, de la vinification et de la commercialisation des vins. Le classement reconnaît 44 crus artisans sur quelque 340 ha, situés notamment dans le Médoc et le Haut-Médoc.

**LA MENTION « CRU BOURGEOIS ».** Les crus bourgeois, apparus au XIXe siècle dans le Médoc, formaient une sorte de hiérarchie intermédiaire entre les crus classés et les crus artisans. La première liste officielle, qui date de 1932, en recense 490. Puis ils tombent dans l'oubli pour prendre un nouvel essor dès les années 1980. En 2003, un classement très officiel est établi, mais aussitôt contesté devant la justice. Invalidés en 2007, les crus bourgeois renaissent en

**VRAI OU FA**

***Le mythique Petrus est un grand crus classé.***

**FAUX.** Il n'existe pas de classification à Pomerol. Malgré sa rareté, son prestige et sa qualité, Petrus ne figure dans aucun classement (voir aussi p. 267).

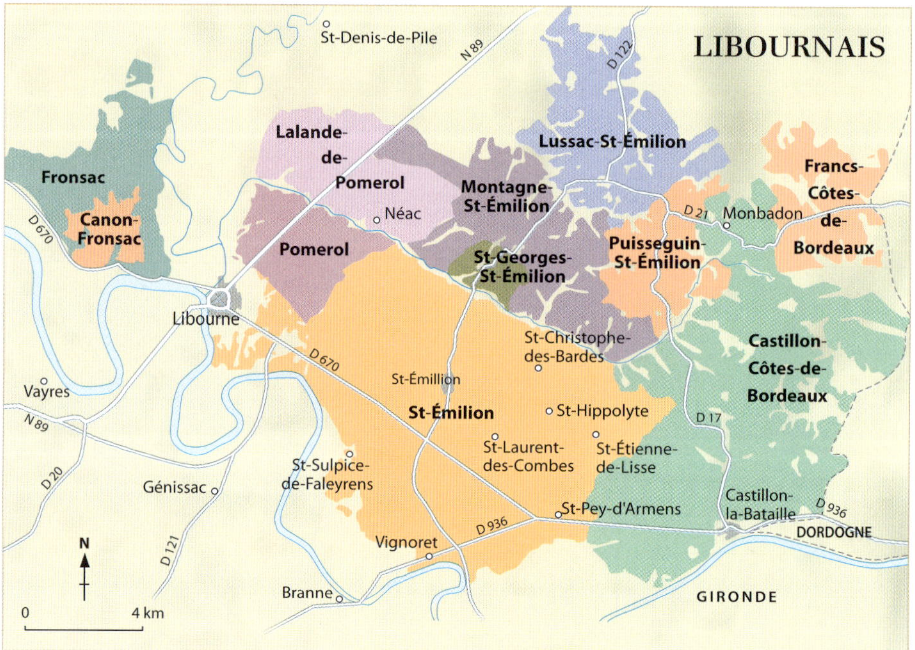

2009 sous une nouvelle forme. La mention pourra figurer sur les bouteilles dès millésime 2008. Il ne s'agit plus d'un classement, mais d'un label décerné chaque année, à partir d'un cahier des charges contrôlé par un organisme indépendant, valable pour un millésime et accordé 2 ans après la récolte.

## Les « seconds » vins

Pour faire leurs grands vins, les châteaux bordelais utilisent le meilleur assemblage possible. Tout ce qui ne correspond pas à l'élaboration du « premier » (ou « grand ») vin sert à produire un « second » vin (parfois même un « troisième » et un « quatrième »). Celui-ci sera vendu sous une étiquette différente, avec une qualité souvent excellente mais un prix en général plus attractif. Certains seconds vins valent parfois le premier cru. Rien de plus normal : n'oublions pas qu'ils sont issus de grands terroirs.

> Moins concentrés que les « grands » vins, les « seconds » vins sont à boire plus rapidement.

### Quelques « seconds » vins

Château Ausone : Chapelle d'Ausone

Château Beychevelle : Amiral de Beychevelle

Château Cheval-Blanc : Le Petit Cheval

Château Cos d'Estournel : Pagodes de Cos

Château Haut-Brion : Château Bahans Haut-Brion

Château Lafite-Rothschild : Les Carruades

Château Lafleur : Les Pensées de Lafleur

Château Lascombes : Chevalier de Lascombes

Château Latour : Les Forts de Latour

Château Léoville-Las-Cases : Clos du marquis

Château Léoville-Poyferré : Château Moulin Riche

Château Margaux : Pavillon Rouge du Château Margaux

Château Montrose : La Dame de Montrose

Château Mouton-Rothschild : Le Petit Mouton

Château Palmer : L'Alter Ego

Château Pavie-Macquin : Les Chênes de Macquin

Château Pichon-Longueville Comtesse de Lalande : La Réserve de la Comtesse

Château Pontet-Canet : Les Hauts de Pontet-Canet

Château Sociando-Mallet : La Demoiselle de Sociando-Mallet

### Les AOC du Bordelais

APPELLATIONS RÉGIONALES ET GÉNÉRIQUES
- Bordeaux
- Bordeaux clairet
- Bordeaux rosé
- Bordeaux sec
- Bordeaux supérieur
- Côtes-de-Bordeaux
- Crémant de Bordeaux

RIVE GAUCHE DE LA GARONNE
- Barsac
- Cérons
- Graves
- Graves supérieur
- Haut-Médoc
- Listrac-Médoc
- Médoc
- Moulis-en-Médoc
- Margaux
- Pauillac
- Pessac-Léognan
- Saint-Estèphe
- Saint-Julien
- Sauternes

RIVE DROITE DE LA GARONNE
- Côtes-de-Bourg
- Côtes-de-Blaye
- Blaye
- Blaye-Côtes-de-Bordeaux
- Cadillac
- Cadillac-Côtes-de-Bordeaux
- Canon-Fronsac
- Castillon-Côtes-de-Bordeaux
- Francs-Côtes-de-Bordeaux
- Fronsac
- Lalande-de-Pomerol
- Lussac-Saint-Émilion
- Montagne-Saint-Émilion
- Pomerol
- Puisseguin-Saint-Émilion
- Saint-Émilion
- Saint-Émilion Grand Cru
- Saint-Georges-Saint-Émilion

ENTRE LA GARONNE ET LA DORGOGNE
- Côtes-de-Bordeaux-Saint-Macaire
- Entre-deux-Mers
- Entre-deux-Mers-Haut-Benauge
- Loupiac
- Sainte-Croix-du-Mont
- Sainte-Foy-Bordeaux

# Les crus classés de Bordeaux

## CLASSEMENT DES CRUS ROUGES DU MÉDOC (1855)

**Premiers Crus**
- Château Haut-Brion, *Pessac*
- Château Lafite-Rothschild, *Pauillac*
- Château Latour, *Pauillac*
- Château Margaux, *Margaux*
- Château Mouton-Rothschild, *Pauillac (introduit en 1973)*

**Seconds Crus**
- Château Brane-Cantenac, *Cantenac*
- Château Cos d'Estournel, *Saint-Estèphe*
- Château Ducru-Beaucaillou, *Saint-Julien-Beychevelle*
- Château Durfort-Vivens, *Margaux*
- Château Gruaud-Larose, *Saint-Julien-Beychevelle*
- Château Lascombes, *Margaux*
- Château Léoville-Barton, *Saint-Julien-Beychevelle*
- Château Léoville-Las-Cases, *Saint-Julien-Beychevelle*
- Château Léoville-Poyferré, *Saint-Julien-Beychevelle*
- Château Montrose, *Saint-Estèphe*
- Château Pichon-Longueville Baron de Pichon, *Pauillac*
- Château Pichon-Longueville, Comtesse de Lalande, *Pauillac*
- Château Rauzan-Ségla, *Margaux*
- Château Rauzan-Gassies, *Margaux*

**Troisièmes Crus**
- Château Boyd-Cantenac, *Cantenac*
- Château Calon-Ségur, *Saint-Estèphe*
- Château Cantenac-Brown, *Cantenac*
- Château Desmirail, *Margaux*
- Château Ferrière, *Margaux*
- Château Giscours, *Labarde*
- Château d'Issan, *Cantenac*
- Château Kirwan, *Cantenac*
- Château Lagrange, *Saint-Julien-Beychevelle*
- Château La Lagune, *Ludon*
- Château Langoa-Barton, *Saint-Julien-Beychevelle*
- Château Malescot-Saint-Exupéry, *Margaux*
- Château Marquis d'Alesme-Becker, *Margaux*
- Château Palmer, *Cantenac*

**Quatrièmes Crus**
- Château Beychevelle, *Saint-Julien-Beychevelle*
- Château Branaire-Ducru, *Saint-Julien-Beychevelle*
- Château Duhart-Milon, *Pauillac*
- Château Lafon-Rochet, *Saint-Estèphe*
- Château Marquis de Terme, *Margaux*
- Château Pouget, *Cantenac*
- Château Prieuré-Lichine, *Cantenac*
- Château Saint-Pierre, *Saint-Julien-Beychevelle*
- Château Talbot, *Saint-Julien-Beychevelle*
- Château La Tour-Carnet, *Saint-Laurent-en-Médoc*

**Cinquièmes Crus**
- Château d'Armailhac, *Pauillac*
- Château Batailley, *Pauillac*
- Château Belgrave, *Saint-Laurent-Médoc*
- Château Camensac, *Saint-Laurent-Médoc*
- Château Cantemerle, *Macau-en-Médoc*
- Château Clerc-Milon, *Pauillac*
- Château Cos Labory, *Saint-Estèphe*
- Château Croizet-Bages, *Pauillac*
- Château Dauzac, *Labarde*
- Château Grand-Puy-Ducasse, *Pauillac*
- Château Grand-Puy-Lacoste, *Pauillac*
- Château Haut-Bages-Libéral, *Pauillac*
- Château Haut-Batailley, *Pauillac*
- Château Lynch-Bages, *Pauillac*
- Château Lynch-Moussas, *Pauillac*
- Château Pédesclaux, *Pauillac*
- Château Pontet-Canet, *Pauillac*
- Château du Tertre, *Arsac*

## CLASSEMENT DES VINS BLANCS LIQUOREUX DE SAUTERNES ET DE BARSAC (1855)

**Premier Cru supérieur**
- Château d'Yquem, *Sauternes*

**Premiers Crus**
- Château Climens, *Barsac*
- Château Clos Haut-Peyraguey, *Bommes*
- Château Coutet, *Barsac*
- Château Guiraud, *Sauternes*
- Château Lafaurie-Peyraguey, *Bommes*
- Château Rabaud-Promis, *Bommes*
- Château de Rayne-Vigneau, *Bommes*
- Château Rieussec, *Fargues-de-Langon*
- Château Sigalas-Rabaud, *Bommes*
- Château Suduiraut, *Preignac*
- Château La Tour Blanche, *Bommes*

**Seconds Crus**
- Château d'Arche, *Sauternes*
- Château Broustet, *Barsac*
- Château Caillou, *Barsac*
- Château Doisy-Daëne, *Barsac*
- Château Doisy-Dubroca, *Barsac*
- Château Doisy-Védrines, *Barsac*
- Château Filhot, *Sauternes*
- Château Lamothe, *Sauternes*
- Château Lamothe-Guignard, *Sauternes*
- Château de Malle, *Preignac*
- Château de Myrat, *Barsac*
- Château Nairac, *Barsac*
- Château Romer du Hayot, *Fargues-de-Langon*
- Château Suau, *Barsac*

## Classement des vins des Graves (1959)

**Premier Grand Cru**

- Château Haut-Brion (rouge), *Pessac*

**Crus classés**

- Château Bouscaut (rouge et blanc), *Cadaujac*
- Château Carbonnieux (rouge et blanc), *Léognan*
- Domaine de Chevalier (rouge et blanc), *Léognan*
- Château Couhins (blanc), *Villenave-d'Ornon*
- Château Couhins-Lurton (blanc), *Villenave-d'Ornon*
- Château Fieuzal (rouge), *Léognan*
- Château Haut-Bailly (rouge), *Léognan*
- Château Laville-Haut-Brion (blanc), *Talence*
- Château Malartic-Lagravière (rouge et blanc), *Léognan*
- Château La Mission-Haut-Brion (rouge), *Talence*
- Château Olivier (rouge et blanc), *Léognan*
- Château Pape Clément (rouge), *Pessac*
- Château Smith-Haut-Lafitte (rouge), *Martillac*
- Château La Tour-Haut-Brion (rouge et blanc), *Talence*
- Château La Tour-Martillac (rouge et blanc), *Martillac*

## Classement des vins rouges de Saint-Émilion (2012)

**Premiers Grands Crus**

**Premiers Grands Crus classés A**

- Château Angélus, *Saint-Émilion*
- Château Ausone, *Saint-Émilion*
- Château Cheval-Blanc, *Saint-Émilion*
- Château Pavie, *Saint-Émilion*

**Premiers Grands Crus classés B**

- Château Beau-Séjour-Bécot, *Saint-Émilion*
- Château Beauséjour (Duffau-Lagarrosse), *Saint-Émilion*
- Château Belair-Monange, *Saint-Émilion*
- Château Canon, *Saint-Émilion*
- Château Canon-la-Gaffelière, *Saint-Émilion*
- Château Figeac, *Saint-Émilion*
- Château La Gaffelière, *Saint-Émilion*
- Château Larcis-Ducasse, *Saint-Laurent-des-Combes*
- Château Pavie-Macquin, *Saint-Émilion*
- Château Troplong-Mondot, *Saint-Émilion*
- Château Trottevieille, *Saint-Émilion*
- Château Valandraud, *Saint-Émilion*
- Clos Fourtet, *Saint-Émilion*
- La Mondotte, *Saint-Émilion*

**Grands Crus classés**

- Château Balestard La Tonnelle, *Saint-Émilion*
- Château Barde-Haut, *Saint-Christophe-des-Bardes*
- Château Bellefont-Belcier, *Saint-Laurent-des-Combes*
- Château Bellevue, *Saint-Émilion*
- Château Berliquet, *Saint-Émilion*
- Château Cadet-Bon, *Saint-Émilion*
- Château Cap de Mourlin, *Saint-Émilion*
- Château Chauvin, *Saint-Émilion*
- Château Clos de Sarpe, *Saint-Christophe-des-Bardes*
- Château Corbin, *Saint-Émilion*
- Château Côte de Baleau, *Saint-Émilion*
- Château Dassault, *Saint-Émilion*
- Château Destieux, *Saint-Hippolyte*
- Château Faugères, *Saint-Étienne-de-Lisse*
- Château Faurie de Souchard, *Saint-Émilion*
- Château de Ferrand, *Saint-Hippolyte*
- Château Fleur Cardinale, *Saint-Étienne-de-Lisse*
- Château Fombrauge, *Saint-Christophe-des-Bardes*
- Château Fonplégade, *Saint-Émilion*
- Château Fonroque, *Saint-Émilion*
- Château Franc-Mayne, *Saint-Émilion*
- Château Grand Corbin, *Saint-Émilion*
- Château Grand Corbin-Despagne, *Saint-Émilion*
- Château Grand Mayne, *Saint-Émilion*
- Château Grand Pontet, *Saint-Émilion*
- Château Guadet, *Saint-Émilion*
- Château Haut-Sarpe, *Saint-Christophe-des-Bardes*
- Château Jean Faure, *Saint-Émilion*
- Château L'Arrosée, *Saint-Émilion*
- Château La Clotte, *Saint-Émilion*
- Château La Commanderie, *Saint-Émilion*
- Château La Couspaude, *Saint-Émilion*
- Château La Dominique, *Saint-Émilion*
- Château La Fleur Morange, *Saint-Pey-d'Armens*
- Château La Marzelle, *Saint-Émilion*
- Château La Serre, *Saint-Émilion*
- Château La Tour-Figeac, *Saint-Émilion*
- Château Laniote, *Saint-Émilion*
- Château Larmande, *Saint-Émilion*
- Château Laroque, *Saint-Christophe-des-Bardes*
- Château Laroze, *Saint-Émilion*
- Château Le Châtelet, *Saint-Émilion*
- Château Le Prieuré, *Saint-Émilion*
- Château Les Grandes Murailles, *Saint-Émilion*
- Château Montbousquet, *Saint-Sulpice-de-Faleyrens*
- Château Moulin du Cadet, *Saint-Émilion*
- Château Pavie-Decesse, *Saint-Émilion*
- Château Peby-Faugères, *Saint-Étienne-de-Lisse*
- Château de Pressac, *Saint-Étienne-de-Lisse*
- Château Petit-Faurie-de-Soutard, *Saint-Émilion*
- Château Quinault-l'Enclos, *Libourne*
- Château Ripeau, *Saint-Émilion*
- Château Rochebelle, *Saint-Laurent-des-Combes*
- Château Saint-Georges Côte Pavie, *Saint-Émilion*
- Château Sansonnet, *Saint-Émilion*
- Château Soutard, *Saint-Émilion*
- Château Tertre Daugay, *Saint-Émilion*
- Château Villemaurine, *Saint-Émilion*
- Château Yon-Figeac, *Saint-Émilion*
- Clos de l'Oratoire, *Saint-Émilion*
- Clos des Jacobins, *Saint-Émilion*
- Clos La Madeleine, *Saint-Émilion*
- Clos Saint-Martin, *Saint-Émilion*
- Couvent des Jacobins, *Saint-Émilion*

# Les vins les plus connus du Bordelais

*Bordeaux regorge de grands crus et d'appellations prestigieuses. Pour présenter ces appellations, nous avons choisi l'ordre suivant : en tête les appellations génériques, produites sur tout le département de la Gironde, ensuite les appellations de la rive gauche de la Garonne et de la Gironde, puis celles de la rive droite, pour terminer par celles qui sont entre la Dordogne et la Garonne.*

## AOC BORDEAUX

TOUTE LA RÉGION

C'est la première appellation de la Gironde en termes de surface : elle couvre tout le département (44 000 ha). Située en bordure de l'océan Atlantique, partagée en deux régions séparées par la Garonne et l'estuaire de la Gironde, l'AOC produit quelque 2 500 000 hl de vins, en majorité rouges, mais aussi des blancs secs.
Il est difficile de trouver une unité à ces vins, tant ils sont différents de par la nature du terroir ou leur cépage dominant (merlot ou cabernet). En général, ils sont harmonieux, agréables et se boivent plutôt jeunes.

> **CÉPAGES PRINCIPAUX** Merlot, cabernet franc, cabernet-sauvignon, malbec, petit verdot pour les rouges ; sémillon, sauvignon, muscadelle pour les blancs.

> **SOLS** Palus (alluvions), graves, sols argilo-calcaires, boulbènes (silice-argile-sable).

> **STYLE DES VINS** Dans leur robe couleur bordeaux, les rouges offrent, suivant les assemblages, un nez dominé par des arômes de fruits rouges et noirs (framboise, fraise, cassis), de fleurs (violette) ou de poivron, rehaussés de touches végétales et épicées. La bouche est bien structurée, fruitée, ronde, souple, peu corsée.
Vins de soif et de plaisir, les blancs s'offrent dans une robe or pâle aux reflets verts. Le nez développe des parfums fruités (agrumes, pêche) et floraux (fleurs blanches) soulignés par quelques notes d'épices douces. En bouche, ils sont secs, nerveux, fruités, avec un bel équilibre.

***Couleur du vin :***
*rouge et blanc.*

***Température de service :***
*autour de 10 °C pour les blancs ;*
*entre 15 et 16 °C pour les rouges.*

***Potentiel de garde :***
*de 2 à 3 ans pour les blancs ;*
*de 2 à 5 ans pour les rouges.*

## AOC BORDEAUX SUPÉRIEUR

TOUTE LA RÉGION

Produits sur la même aire d'appellation que les Bordeaux, les Bordeaux supérieurs sont soumis à des conditions de production plus strictes : rendements plus limités, 12 mois d'élevage au minimum (de plus en plus souvent en fûts de chêne) ; ils affichent généralement un degré alcoolique supérieur.
L'appellation produit en très grande majorité des vins rouges mais aussi quelques blancs moelleux, à la différence de l'appellation Bordeaux.

> **CÉPAGES PRINCIPAUX** Merlot, cabernet franc, cabernet-sauvignon, malbec, petit verdot pour les rouges ; sémillon, sauvignon, muscadelle avec en appoint ugni blanc, ondenc, chenin, merlot blanc, mauzac pour les blancs.

> **SOLS** Les mêmes que pour l'AOC Bordeaux : palus, graves, sols argilo-calcaires, boulbènes.

> **STYLE DES VINS** Les rouges offrent une robe bordeaux soutenue. Le nez est plus concentré, plus complexe également, avec des arômes de fruits rouges et noirs, des notes végétales, des touches épicées, vanillées. La bouche est ample, onctueuse, fruitée, bien charpentée, soutenue par des tanins puissants et fermes qui demandent un peu de temps pour s'assouplir. La finale est rafraîchissante sur le fruit.
Dans leur robe dorée, les blancs moelleux offrent un nez complexe, aromatique, et une bouche fruitée, bien équilibrée entre le fruit, la vivacité et l'alcool.

***Couleur du vin :***
*rouge et blanc.*

***Température de service :***
*entre 8 et 10 °C pour les blancs ;*
*entre 15 et 16 °C pour les rouges.*

***Potentiel de garde :***
*de 3 à 5 ans pour les blancs ;*
*de 5 à 10 ans pour les rouges.*

TOUTE LA RÉGION

## AOC CRÉMANT DE BORDEAUX

L'appellation est récente (elle date de 1990), mais elle perpétue et réglemente la tradition bordelaise en matière de vins effervescents. Elle peut être produite sur l'ensemble du territoire girondin. Élaborés selon la méthode de la seconde fermentation en bouteille (voir p. 70-71), les vins sont en grande majorité blancs (quelque 9 000 hl), mais on trouve également des crémants rosés.

> **CÉPAGES PRINCIPAUX** Sémillon, sauvignon, muscadelle, ugni blanc, colombard pour les blancs ; cabernet-sauvignon, cabernet franc, merlot, malbec, petit verdot pour les rosés.

> **SOLS** Graves, sols argilo-calcaires, boulbènes, alluvions.

> **STYLE DES VINS** Joliment aromatique, le Crémant de Bordeaux se pare d'une robe or pâle animée d'une fine moustille. Le nez est frais, fruité avec des notes florales (fleurs blanches), des touches d'agrumes et un zeste de noisette. La bouche est bien construite, avec un bel équilibre entre acidité bien fondue et complexité aromatique. L'ensemble est élégant.

Le Crémant rosé séduit par son nez très plaisant de petits fruits rouges.

***Couleur du vin :*** *blanc et rosé.*

***Température de service :*** *entre 6 et 8 °C.*

***Potentiel de garde :*** *à boire dans l'année.*

TOUTE LA RÉGION

## AOC BORDEAUX ROSÉ

Cette appellation régionale est la seule à produire des… vins rosés uniquement. Charmeurs et gouleyants, ils représentent quelque 180 000 hl par an et, comme tous les rosés de France, ont le vent en poupe.

> **SOLS** Sables, graves, sols argilo-calcaires, boulbènes.

> **STYLE DES VINS** Dans sa robe rose franc (mais qui peut aussi prendre toutes les nuances de rose), le Bordeaux rosé développe des arômes fins de petits fruits rouges (fraise…), de fleurs, agrémentés de quelques touches d'épices. La bouche est souple, bien équilibrée entre la fraîcheur et le fruit sur une fine trame tannique pour terminer longuement sur le fruit.

***Couleur du vin :*** *rosé.*

***Température de service :*** *autour de 8 °C.*

***Potentiel de garde :*** *dans l'année.*

## Deux bordeaux « très » supérieurs

C'est en 2001 que Dominique Méneret, ancien négociant en grands crus de la place de Bordeaux, rachète le domaine de 63 ha – dont 27 ha de vignes plantées essentiellement en merlot – près de Castillon. Depuis, il n'a eu de cesse de s'entourer des conseils de spécialistes, notamment Stéphane Derenoncourt, pour faire un grand vin, à l'image de ceux qu'il commercialisait auparavant. Le résultat est au rendez-vous. Son Château de Courteillac (en primeur 2007) a séduit le critique américain Robert Parker, qui lui a attribué la note de 89/91 sur 100. De quoi faire pâlir d'envie certains grands crus classés ! Le Château de Brondeau, domaine de 10 ha près de Libourne, dirigé par la femme de Dominique Méneret, Marie-Claude, produit quant à lui un autre Bordeaux supérieur digne d'un cru classé.

## AOC BORDEAUX CLAIRET

TOUTE LA RÉGION

Historiquement premier type de vin élaboré dans le Bordelais, le clairet n'est autre que le vin rouge léger que les Français exportaient déjà au Moyen Âge vers l'Angleterre. En raison de sa couleur peu soutenue, les Anglais l'avaient surnommé « French claret » (« clairet français »). Le nom est resté pour désigner ces vins intermédiaires entre rouge et rosé, obtenus par une faible macération des raisins rouges. L'appellation, assez confidentielle, s'étend sur 925 ha sur l'ensemble de la Gironde et produit environ 52 000 hl par an.

> **CÉPAGES PRINCIPAUX** Merlot (prépondérant), cabernet-sauvignon, cabernet franc, malbec.

> **SOLS** Sables, graves, sols argilo-calcaires, boulbènes.

> **STYLE DES VINS** Léger et friand, le Bordeaux clairet présente une robe rouge pâle lumineuse. Le nez exhale des arômes de fraise, de groseille et de fleurs. La bouche est fraîche, légère, soulignée par une fine structure tannique.

***Couleur du vin :*** *rouge.*

***Température de service :*** *entre 6 et 8 °C.*

***Potentiel de garde :*** *2 ans.*

## AOC MÉDOC

RIVE GAUCHE [MÉDOC]

« Médoc » signifie en latin « au milieu de l'eau ». De fait, cette région forme comme une presqu'île de 80 km de long et de 10 km de large, bordée à l'ouest par l'Océan et à l'est par la Gironde. L'appellation s'étend sur 5 700 ha et jouit d'une situation géographique exceptionnelle.
On distingue le « haut Médoc » (au sud) qui regroupe les grands crus classés (voir p. 250) et le « bas Médoc », au nord de la presqu'île, qui correspond à l'appellation Médoc proprement dite. La production est importante : 300 000 hl, de rouges uniquement. Il n'y a pas de cru classé.

> **CÉPAGES PRINCIPAUX** Cabernet-sauvignon, merlot, cabernet franc, malbec, petit verdot.

> **SOLS** Graves.

> **STYLE DES VINS** Charmeur et équilibré, le Médoc présente une robe soutenue qui offre au nez une belle palette aromatique : fruits noirs et rouges, notes de poivron, de réglisse et même, quand le vin est jeune, quelques senteurs de champignons et de sous-bois. La bouche est bien structurée, pleine, sur une trame de tanins savoureux. Avec l'âge, les arômes se fondent sur des touches animales et de torréfaction.

***Couleur du vin :*** *rouge.*

***Température de service :*** *entre 15 et 17 °C.*

***Potentiel de garde :*** *à boire à partir de sa 2e année, à garder de 5 à 10 ans environ.*

## Une sélection de producteurs de Médoc et de Haut-Médoc

### MÉDOC

- **Château Bournac (Civrac-en-Médoc)** Un vin plein de classe, doté d'une bonne capacité de vieillisement. Une valeur sûre de l'appellation.
- **Château Fontis (Ordonnac)** Un vin fin, élégant et équilibré.
- **Château La Tour de By (Bégadan)** De jolis vins souples, très fins et capables de vieillir très longtemps.
- **Château Les Ormes-Sorbet (Couquèques)** Un Médoc élégant, fin, équilibré, profond, et de belle garde.

### HAUT-MÉDOC

- **Château Camensac (Saint-Laurent-du-Médoc)** Un vin de haute qualité.
- **Château Caronne Sainte-Gemme (Saint-Laurent-du-Médoc)** Un vin racé, tannique, profond, avec une belle aptitude au vieillissement.
- **Château Clément-Pichon (Parempuyre)** Un vin très élégant et fin. Et un deuxième vin : Château de Conques.
- **Château Preuillac (Lesparre)** Un très bon vin, bien typé, charpenté et fruité.

RIVE GAUCHE [MÉDOC]

## AOC HAUT-MÉDOC

L'appellation regroupe le vignoble situé au sud de la « presqu'île » de Médoc (voir AOC Médoc) en amont de la Garonne et s'étend sur 4 765 ha. Elle produit uniquement des vins rouges (242 315 hl). Haut-Médoc englobe les meilleurs crus bordelais dont 5 crus classés en 1855. C'est sur ce territoire que l'on trouve les appellations communales prestigieuses : Pauillac, Saint-Julien, Saint-Estèphe, Margaux, Listrac, Moulis.

> **CÉPAGES PRINCIPAUX** Cabernet-sauvignon, merlot, cabernet franc, malbec, petit verdot.

> **SOLS** Graves, sols argilo-calcaires.

> **STYLE DES VINS** Les vins sont plus corsés que ceux de l'AOC Médoc. Paré d'une robe rouge grenat soutenu, le Haut-Médoc développe un nez flatteur qui exprime les fruits rouges mûrs, les fruits noirs (cassis), des touches d'épices douces, de vanille, de torréfaction. La bouche est charnue, ample avec tous les arômes du nez soutenus par une belle trame tannique, et finit longuement.

***Couleur du vin :*** *rouge.*

***Température de service :*** *entre 17 et 18 °C.*

***Potentiel de garde :*** *de 7 à 16 ans.*

RIVE GAUCHE [MÉDOC]

## AOC SAINT-ESTÈPHE

C'est la plus septentrionale des six appellations du Médoc. Son vignoble, né lors de la conquête romaine, est situé sur la commune éponyme et constitue une enclave entre Pauillac au nord et le haut Médoc au sud. Il s'étend sur quelque 1 200 ha et produit 70 000 hl de vins, rouges uniquement, solides, terriens, austères, robustes. L'appellation renferme cinq crus classés en 1855.

> **CÉPAGES PRINCIPAUX** Cabernet-sauvignon, merlot, cabernet franc.

> **SOLS** Graves argileuses.

> **STYLE DES VINS** Viril, puissant et charpenté, le Saint-Estèphe offre une robe concentrée, avec un nez qui exhale, lorsqu'il est jeune, des parfums de lilium, de fruits rouges et noirs, d'épices douces, de violette ; avec l'âge, il revêt des notes tertiaires de gibier, de sous-bois. La bouche est harmonieuse, puissante, bien charpentée sur une trame de tanins serrés, fins et racés qui demandent du temps pour s'adoucir ; elle se termine sur une finale pleine de distinction et de fraîcheur. C'est un excellent vin de garde.

***Couleur du vin :*** *rouge.*

***Température de service :*** *entre 16 et 17 °C (doit être obligatoirement carafé).*

***Potentiel de garde :*** *jusqu'à 20 ans.*

RIVE GAUCHE [MÉDOC]

## AOC SAINT-JULIEN

Situé entre Pauillac et Margaux, Saint-Julien est la plus petite appellation du Médoc (900 ha) par sa taille, mais c'est l'une des plus prestigieuses par la personnalité de ses châteaux.
Les vignobles, qui couvrent les communes de Saint-Julien et de Beychevelle, produisent quelque 46 000 hl de vins, rouges uniquement. L'appellation compte 11 crus classés, dont 5 seconds crus. Le style des vins varie considérablement selon les châteaux, mais avec une constante : ils sont tous puissants et concentrés.

> **CÉPAGES PRINCIPAUX** Cabernet-sauvignon, merlot, cabernet franc.

> **SOLS** Graves, marnes, cailloux.

> **STYLE DES VINS** Tout à la fois harmonieux, puissants et fins, les Saint-Julien arborent une belle robe dense, noir-violine. Leur nez fin et typé exhale des arômes de pulpe de fruits noirs (myrtille, cassis, mûre) auxquels s'ajoutent des notes de pruneau, de réglisse, de tabac, des notes fumées et une petite touche animale. La bouche est charnue, ample, magnifiquement structurée, équilibrée et séveuse, sur une trame de tanins serrés mais fins, veloutés et élégants. La finale est longue, épicée et fruitée.

***Couleur du vin :*** *rouge.*

***Température de service :*** *entre 16 et 18 °C.*

***Potentiel de garde :*** *de 15 à 25 ans, voire davantage pour certains grands crus.*

## AOC PAUILLAC

RIVE GAUCHE [MÉDOC]

Excellence des sols, du climat et d'un savoir-faire viticole séculaire, Pauillac, la capitale viticole du Médoc, sur la rive gauche de la Gironde, réunit des conditions vraiment exceptionnelles pour produire de très grands vins. D'ailleurs, trois des cinq premiers grands crus classés en 1855 – Lafite, Latour, Mouton – s'y trouvent ainsi qu'une pléthore d'autres grands crus.

Juché sur une belle croupe de graves, le vignoble s'étend sur 1 190 ha et produit 64 500 hl de vins rouges uniquement, à quelques exceptions près (comme Mouton-Rothschild qui produit un vin blanc). Les vins rouges se révèlent très différents, entre l'austérité d'un Château Latour et la souplesse d'un Château Lafite-Rothschild.

> **CÉPAGES PRINCIPAUX** Cabernet-sauvignon (majoritaire), merlot, petit verdot, malbec.

> **SOLS** Croupes graveleuses.

> **STYLE DES VINS** Riches, denses et profonds, les vins de Pauillac s'offrent dans une robe rubis profond. Le nez est délicat, élégant, complexe avec un bouquet qui évoque les fruits noirs (cerise griotte, cassis), les fleurs (rose, iris), entremêlé de notes de cèdre, de torréfaction, de fumé, de cuir et d'encens. La bouche est ample, riche, onctueuse, soulignée par une fine trame de tanins serrés et corsés qui demandent du temps pour s'arrondir. La finale est longue sur les fruits. Ces vins ont une aptitude exceptionnelle au vieillissement ; il faut juste savoir les attendre.

***Couleur du vin :*** *rouge.*

***Température de service :*** *entre 16 et 18 °C.*

***Potentiel de garde :*** *de 15 à 25 ans, voire plus pour certains grands crus.*

## Château Cordeillan-Bages

Le nom de ce Pauillac ne vous dit peut-être rien. C'est là qu'officie le chef étoilé Thierry Marx. Le vin est à la hauteur de sa cuisine : un rouge opulent de cabernet-sauvignon (80 %) cultivé et vinifié par le Château Lynch-Bages, cinquième grand cru classé. Ce grand vin présente une belle robe rouge sombre, un nez fin et complexe qui allie dans un bouquet charmeur des notes de fruits mûrs, des touches d'épices (vanille, cannelle), de torréfaction et de toasté. La bouche est ample, onctueuse, soutenue par des tanins fins et savoureux. Complexe, puissant et racé, c'est un vin de belle garde.

## AOC LISTRAC-MÉDOC

RIVE GAUCHE [MÉDOC]

Déjà très renommée au XVIIIe siècle, la commune de Listrac connaît un regain de faveur au début du XXe siècle. En 1913, elle est, avec 1 380 ha de vignes, l'une des plus importantes communes viticoles de la presqu'île médocaine. La crise des années 1930 bouleverse ce bel équilibre. C'est en 1957 que Listrac accède à l'AOC et devient l'une des six appellations communales du Médoc.

Installé sur trois terrasses, à la lisière du haut Médoc, le vignoble (665 ha) est abrité des vents dominants par la vaste forêt de pins, ce qui permet une maturation lente et régulière des raisins. Il produit quelque 375 800 hl de vins, rouges uniquement.

> **CÉPAGES PRINCIPAUX** Merlot (majoritaire), cabernet-sauvignon, cabernet franc, petit verdot.

> **SOLS** Graves, sols argilo-calcaires.

> **STYLE DES VINS** Le Listrac-Médoc présente une robe sombre à reflets violines. Le nez est intense, avec ses notes de fruits rouges, des arômes balsamiques, ses touches d'épices, de vanille et de toasté. La bouche est puissante et harmonieuse, d'un beau volume et d'une belle force tannique qui, avec le temps, se fondent pour donner un vin tout en rondeur et en élégance.

***Couleur du vin :*** *rouge.*

***Température de service :*** *entre 16 et 18 °C.*

***Potentiel de garde :*** *de 8 à 12 ans.*

## Les seigneurs de Listrac

Cette petite appellation médocaine, qui gagne à être connue, est boostée par un leader, Château Clarke, et par quatre châteaux réunis sous le nom de «Quatuor de Listrac».

- **Château Clarke (famille Rothschild)** C'est la référence de l'appellation. Il doit sa renaissance au baron Edmond de Rothschild qui le rachète en 1973 et le porte à la pointe de la modernité, de la vigne jusqu'au chai, avec la complicité de l'œnologue Michel Rolland. Et ses vins se hissent au top de la viticulture girondine. Après la mort du baron Edmond, qui aimait si fort sa terre de Clarke qu'il demanda à y être enterré, son fils Benjamin prend la relève. Les vins sont à la hauteur de ses ambitions : puissants, élégants et dotés d'un fort potentiel de vieillissement.

- **Quatuor de Listrac** Sous cette bannière, quatre châteaux œuvrent, depuis trente ans, pour la reconnaissance de la qualité et de l'originalité des vins de Listrac, mais chacun avec sa personnalité propre. Des gammes de vins à découvrir et à savourer.
  – Château Fonréaud (famille Chanfreau)
  – Château Fourcas Dupré (Patrice Pagès)
  – Château Fourcas Hosten (Renaud et Laurent Momméja)
  – Château Lestage (famille Chanfreau)

## AOC MOULIS-EN-MÉDOC

RIVE GAUCHE [MÉDOC]

C'est la plus petite des AOC du Médoc. Plantée de vignes depuis le XIIIe siècle, Moulis (600 ha, 34 750 hl) doit son nom aux nombreux moulins qui existaient sur la commune.
L'appellation s'étire à l'écart de la Gironde, à l'intérieur des terres et à l'ouest de Margaux, sur un étroit ruban de 12 km de long. Abritée des vents par les pins qui la bordent, elle jouit d'un microclimat favorable à une bonne maturation des raisins. Elle produit uniquement des vins rouges et ne possède pas de crus classés.

> **CÉPAGES PRINCIPAUX** Cabernet-sauvignon, merlot.
> **SOLS** Graves, limons, sols calcaires.
> **STYLE DES VINS** Fins, puissants, complexes, les Moulis offrent une robe rubis soutenu aux reflets sombres. Le nez est bouqueté et riche avec des senteurs de fruits rouges mûrs, compotés, mêlées à des notes de pain grillé, de réglisse, des touches de violette, d'humus et de sous-bois. La bouche est harmonieuse, élégante, avec une trame de tanins ronds et veloutés.

***Couleur du vin :*** *rouge.*

***Température de service :*** *entre 16 et 17 °C.*

***Potentiel de garde :*** *de 5 à 15 ans.*

## AOC MARGAUX

RIVE GAUCHE [MÉDOC]

Château Margaux, le mythique premier cru classé, fait rêver le monde entier. Mais l'appellation Margaux est riche d'autres très grands crus puisqu'elle rassemble 21 crus classés en 1855.
Dans un paysage de prairies et de bois, le vignoble bénéficie de conditions très favorables à la bonne maturation des raisins : sols, excellent drainage naturel, proximité de l'estuaire de la Gironde. Il s'étend au sud du Médoc sur 1 410 ha et sur cinq communes : Margaux, Cantenac, Labarde, Soussans et Arsac. L'appellation produit quelque 78 000 hl de vins, rouges uniquement, à l'exception du Pavillon Blanc de Château Margaux… un blanc.

> **CÉPAGES PRINCIPAUX** Cabernet-sauvignon (majoritaire), merlot, cabernet franc, malbec, petit verdot.
> **SOLS** Croupes de graves.
> **STYLE DES VINS** Fins, élégants, les Margaux arborent une robe dense, rubis, nuancée de grenat avec la maturité. Le nez, très délicat et complexe, exhale des arômes d'une grande finesse de fruits rouges et noirs, de fleurs mêlés à des notes boisées, truffées, torréfiées, vanillées, rehaussées de touches de tabac, de violette, de cannelle et de pruneau qui, en vieillissant, évoluent vers des parfums de sous-bois et de champignons. La bouche est harmonieuse, ample, soutenue par une fine trame de tanins délicats et savoureux. La finale est tout en harmonie et en élégance.

***Couleur du vin :*** *rouge.*

***Température de service :*** *entre 16 et 17 °C (à carafer impérativement).*

***Potentiel de garde :*** *à partir de sa 3e année, puis jusqu'à 20 ans.*

1. Silhouette caractéristique du colombier présent dans les vignes.
2. Grappe de cabernet-sauvignon.
3. Gaze ayant recouvert les bondillons qui obturaient les barriques.
4. Bouteilles habillées d'un papier de soie.
5. Chai.
6. Caveau.

# Château Latour

Une étiquette sobre, un nom simple, une image forte et rassurante, un immense prestige : voici Château Latour. Depuis des siècles, sa seule évocation induit magnificence et pérennité. Son histoire est longue, complexe, passionnante et toujours d'actualité.

## UN PRESTIGE ANCIEN

Si le site du château Latour fit merveille d'un point de vue stratégique durant la guerre de Cent Ans, son histoire viticole commença vraiment en 1718 quand le marquis Nicolas-Alexandre de Ségur planta le premier vignoble. Très vite la renommée de ses vins s'étendit au-delà des frontières. En 1787, alors ambassadeur des tout nouveaux États-Unis d'Amérique, Thomas Jefferson cite dans ses notes de voyage le nom du château et achète quelques flacons de son vin. Déjà, à cette époque, le vin de Latour s'estimait vingt fois plus cher qu'un bordeaux normal.

C'est en 1855, lors du classement ordonné par Napoléon III, que Château Latour obtint définitivement ses lettres de noblesse et fut nommé premier cru avec seulement trois autres châteaux du Médoc et des Graves.

## TRENTE ANS DE PRÉSENCE ANGLAISE

En 1963, le Château Latour fut vendu à un groupe anglais. Le prestige du vin n'en pâlit jamais car la régularité du cru demeura intacte. En 1993, l'homme d'affaires français et grand amateur de vin, François Pinault, se porta acquéreur de la propriété. Après trente ans de bons et loyaux services de la part des Anglais, le château redevenait français.

## UN TERROIR IDÉAL

Le terroir de Latour, dans l'AOC Pauillac, satisfait à tous les critères d'excellence. Le vignoble compte 80 hectares. Autour du château, une parcelle de 47 hectares, l'Enclos, prend toute son importance. Elle est la seule à produire le Grand Vin de Château Latour. La terre, caillouteuse, serait trop pauvre pour toute autre culture, mais pour la vigne elle s'avère idéale. Il s'agit d'une « croupe » de graves qui favorise un parfait drainage des eaux de pluie vers la rivière. La douceur de ses trois versants permet un ensoleillement constant. La vigne y trouve sans peine,

5

6

et quels que soient les aléas du climat, la nourriture et l'eau nécessaires. De plus, la proximité de la Gironde protège le vignoble des excès de température.

## L'ENCÉPAGEMENT

Le cabernet-sauvignon qui occupe 75 % des surfaces plantées est ici roi. Il apporte au vin sa structure tannique, sa couleur et sa concentration. De plus, il garantit un vieillissement lent, harmonieux et, par conséquent, une très longue garde. Plus fondu, plus aromatique et plus souple, le merlot, présent à 23 %, le compense délicatement. Le cabernet franc et le petit verdot, plantés à hauteur de 2 %, interviennent, si nécessaire, dans l'assemblage final.

## UNE VIGNE TRÈS SOIGNÉE

Pour conserver au vignoble une moyenne d'âge aussi élevée que possible, chaque pied de vigne meurt de sa belle mort avant d'être remplacé par un jeune cep. Puis, au moment des vendanges, on repère parmi les ceps ceux qui donneront les raisins dignes de faire du Latour. Pour n'avoir jamais plus de 8 grappes par pied, il sera pratiqué en juillet une « vendange en vert » : en sacrifiant une partie des grappes, on obtiendra une plus grande concentration de matières dans les baies.

Après des vendanges méticuleuses à la main, des vinifications sous haute surveillance, un vieillissement de 18 mois en fût et une mise en bouteilles minutieuse, on ne s'étonnera point du niveau qualitatif du vin, de sa remarquable capacité à vieillir en beauté ni de son indéfectible régularité quel que soit le millésime.

## LE GOÛT DE LATOUR

Le Grand Vin de Château Latour présente toutes les marques de l'exceptionnel. Certes austère dans ses jeunes années, ce premier cru classé montre à partir de 12 ans de cave l'accomplissement d'un pur chef-d'œuvre. La sève très dense du vin s'allie avec le temps à des tanins d'une grande race pour atteindre une harmonie parfaite. Structuré, succulent, persistant, dominateur, ce vin présente, de plus, une faculté naturelle à vieillir magnifiquement durant 30, 40, 50 ans, et bien plus longtemps dans les grandes années. Il demande à être décanté afin que son bouquet puisse s'épanouir totalement. Servi à 18 °C, il accompagnera l'agneau de Pauillac, des viandes rouges ou des gibiers.

Mentionnons aussi le « second vin » du château, Les Forts de Latour, qui a depuis longtemps acquis une notoriété méritée. Son style est irréprochable et, s'il n'atteint pas les sommets de son grand aîné, il dispose des attraits gustatifs d'un deuxième cru classé du Médoc. Il vieillit très bien (15 ans) et demande, lui aussi, à être décanté.

> Vignes du Château Larrivet Haut-Brion, dans l'appellation Pessac-Léognan.

# AOC PESSAC-LÉOGNAN

RIVE GAUCHE [GRAVES]

Cette appellation résulte de la scission, en 1987, de celle de Graves. Célèbres bien avant même la naissance du Médoc, les « Graves de Bordeaux » sont depuis toujours connus pour leurs beaux terroirs viticoles situés autour de deux pôles principaux : Pessac et Léognan.

Située aux abords sud et sud-ouest de Bordeaux, sur 10 communes (Cadaujac, Canéjan, Gradignan, Léognan, Martillac, Mérignac, Pessac, Saint-Médard-d'Eyrans, Talence et Villenave-d'Ornon), l'appellation regroupe tous les grands crus classés des Graves dont le mythique Château Haut-Brion. Elle produit essentiellement des vins rouges (1 300 ha, 67 000 hl), mais aussi des blancs secs (265 ha, 15 000 hl).

> **CÉPAGES PRINCIPAUX** Merlot, cabernet-sauvignon, cabernet franc, malbec, petit verdot pour les rouges ; sauvignon (25 % au minimum), sémillon, muscadelle pour les blancs.

> **SOLS** Graves, graviers, galets roulés.

> **STYLE DES VINS** Riches et élégants, les rouges se parent d'une robe cerise teintée de noir. Leur nez développe des notes intenses de fruits rouges bien mûrs, de fleurs (violette), rehaussées d'un bouquet où s'entremêlent des notes de fumé, d'amande grillée et de résine. La bouche, charnue, équilibrée, bien charpentée sur une trame de tanins serrés, se termine longuement sur les fruits et la réglisse.
Les blancs secs s'habillent d'or léger qui s'intensifie avec l'âge. Le nez intense et complexe exhale des arômes de fruits à noyau (pêche, nectarine), d'agrumes, de fleurs, avec des touches de noisette, de cire d'abeille. La bouche équilibre vivacité et fruité, rondeur et puissance. La finale est persistante, sur tous les arômes du nez.

***Couleur du vin :***
*rouge et blanc.*

***Température de service :***
*entre 8 et 10 °C pour les blancs ; entre 16 et 17 °C pour les rouges (éventuellement à carafer).*

***Potentiel de garde :***
*de 3 à 8 ans pour les blancs ; de 10 à 15 ans pour les rouges.*

## Château de France

Ses bâtiments datant du XVIIe siècle témoignent d'une partie de l'histoire de Bordeaux. Très bien situé sur l'un des plus hauts coteaux de la terrasse de Léognan, Château de France, développé tour à tour par un conseiller au parlement de Guyenne, Taffard, puis par un négociant en tissus d'ameublement, Jean-Henri Lacoste, est repris en 1971 par Bernard Thomassin qui va y effectuer un travail remarquable. Conseillé par Michel Rolland et actuellement dirigé par Arnaud Thomassin, Château de France, membre de l'Union des Grands Crus de Bordeaux, élabore des rouges à base de cabernet-sauvignon (60 %) et de merlot (40 %) – Château de France, Château Coquillas, Le Bec en Sabot – et des blancs à base de sauvignon – Château de France et Château Coquillas. Ses vins figurent parmi les meilleurs de l'appellation Pessac-Léognan.

## AOC GRAVES

RIVE GAUCHE [GRAVES]

Graves est la seule appellation en France à tirer son nom de la nature des sols qui la composent, les graves de Bordeaux. Le vignoble, situé le long de la rive gauche de la Garonne, au sud de Bordeaux, s'étend sur 2 700 ha sur une longue bande de 50 km. C'est dire sa diversité. Dominée par les rouges (quelque 1 000 000 hl), l'appellation n'en produit pas moins un tiers de grands vins blancs, secs ou moelleux. Les blancs moelleux sont commercialisés sous l'appellation Graves supérieur.

> **CÉPAGES PRINCIPAUX** Merlot (majoritaire), cabernet-sauvignon, cabernet franc pour les rouges ; sauvignon, sémillon, muscadelle pour les blancs.

> **SOLS** Graves, graviers.

> **STYLE DES VINS** Élégants, sensuels, les rouges présentent une robe grenat soutenu. Le nez est aromatique et complexe, mêlant arômes de fruits rouges et noirs, notes florales, touches épicées, vanillées, torréfiées et fumées. La bouche est bien charpentée, la finale est longue et généreuse. Avec l'âge, ces vins développent richesse et complexité aromatique.

Frais, les blancs secs offrent une jolie robe or-vert brillant. Le nez est rafraîchissant sur des arômes de fruits blancs, d'agrumes, des notes florales, des touches d'épices, de cire d'abeille. La bouche équilibre vivacité, rondeur et gras. La finale est longue sur les fruits, la fraîcheur et l'alcool.

Dans leur robe jaune soutenu, les blancs moelleux offrent un nez très aromatique (fruits blancs, agrumes, notes d'acacia) ; la bouche est volumineuse et structurée, et termine longuement sur les fruits.

***Couleur du vin :*** *rouge et blanc.*

***Température de service :*** *entre 8 et 10 °C pour les blancs secs et moelleux ; entre 16 et 17 °C pour les rouges.*

***Potentiel de garde :*** *de 2 à 3 ans pour les blancs secs ; de 5 à 10 ans pour les blancs moelleux ; jusqu'à 8 ans pour les rouges.*

## Les femmes des Graves

En 1991, le Syndicat des Graves était le premier syndicat viticole de France à élire une femme à sa présidence, Françoise Lévêque, qui y resta jusqu'en 1997. Aujourd'hui, un certain nombre de vins des Graves sont signés par des femmes. Après des parcours très divers – les unes étant élevées dans la vigne, les autres venues d'autres horizons –, elles élaborent avec passion des vins de vigneronnes qui leur ressemblent, mais se refusent à dire que ce sont des vins de femmes. On ne saurait les citer toutes. Voici une petite sélection.

- **Catherine Gachet, Château La Tour des Remparts (Preignac)** Superbes Graves.
- **Isabelle Labarthe, Château d'Arricaud (Landiras)** Des vins vifs et fruités.
- **Florence Lafragette, Château de l'Hospital (Portets)** Des vins équilibrés et élégants.
- **Catherine Martin-Larrue, Château Haut-Pommarède (Portets)** Graves rouges très personnels et de qualité.

## AOC CÉRONS

RIVE GAUCHE [SAUTERNAIS]

Au nord-ouest de Barsac, à environ 40 km au sud de Bordeaux, Cérons tire son nom de la rivière Ciron qui la baigne et qui est responsable des brouillards nocturnes favorables au développement du *Botrytis cinerea*. Ce vin confidentiel (41 ha, 1 300 hl) possède la particularité de donner, selon les années et le climat, des vins blancs moelleux ou liquoreux.

> **CÉPAGES PRINCIPAUX** Sémillon (majoritaire), sauvignon, muscadelle.

> **SOLS** Graves, sables, calcaire.

> **STYLE DES VINS** Habillé de doré, le Cérons présente un nez intense aux arômes de fruits (agrumes, fruits exotiques, fruits confits) avec des touches de miel, de caramel, de vanille et de fleur d'acacia. La bouche est très parfumée, ample, onctueuse, voluptueuse, et déroule une finale aromatique très persistante.

***Couleur du vin :*** *blanc.*

***Température de service :*** *autour de 8 °C.*

***Potentiel de garde :*** *10 ans environ, voire davantage.*

## AOC BARSAC

RIVE GAUCHE [SAUTERNAIS]

L'appellation est située sur la rive gauche de la Garonne, au nord-ouest de Sauternes, dont elle n'est séparée que par une petite rivière (le Ciron). Barsac bénéficie d'un climat spécifique – des automnes marqués par des brouillards matinaux et des ensoleillements forts l'après-midi – favorable au développement du *Botrytis cinerea*, le champignon de la pourriture noble qui donne les grands blancs liquoreux. Les vins, renommés pour leur complexité (l'AOC renferme dix crus classés en 1855), peuvent être commercialisés sous l'appellation Barsac ou celle de Sauternes, mais la réciproque n'est pas vraie.

> **CÉPAGES PRINCIPAUX** Sémillon (dominant), sauvignon, muscadelle.

> **SOLS** Argileux, calcaires ou graveleux.

> **STYLE DES VINS** Fins, élégants et racés, les vins offrent une robe or qui évolue avec l'âge vers des teintes ambrées. Le nez est intense, avec un bouquet où se mêlent flaveurs de fruits à noyau (pêche), de fruits exotiques, des notes de miel, de noisette, d'abricot sec, des touches d'orange confite, de vanille, de brioché. Ce bouquet intense se retrouve en bouche et celle-ci se déroule, ample, parfaitement équilibrée avec du gras et de la fraîcheur. La finale est longue et persistante.

***Couleur du vin :***
*blanc.*

***Température de service :***
*autour de 8 °C.*

***Potentiel de garde :***
*20 ans et plus.*

## AOC SAUTERNES

RIVE GAUCHE [SAUTERNAIS]

C'est la plus réputée des appellations de vins liquoreux du Bordelais, avec l'emblématique Château d'Yquem (voir p. 264-265), considéré comme l'un des plus grands vins liquoreux du monde.

Le vignoble de Sauternes s'étend sur 1 735 ha, à environ 40 km au sud de Bordeaux. Il recouvre cinq communes dont Barsac (qui possède sa propre AOC) et bénéficie d'excellentes conditions : protection des intempéries grâce à la forêt de pins à l'ouest, présence de la Garonne qui favorise les brouillards nocturnes, automnes ensoleillés propices au développement de la fameuse pourriture noble, celle qui fait les grands liquoreux.

L'appellation produit uniquement des vins blancs liquoreux (34 260 hl). Les conditions d'élaboration de ces nectars appréciés dans le monde entier sont rigoureuses : vendanges manuelles de raisin surmûri, grain par grain, et en plusieurs passages (ou tries). La partie du vignoble la plus élevée et la plus éloignée du fleuve porte les plus beaux terroirs. C'est là que se trouvent la plupart des crus classés.

> **CÉPAGES PRINCIPAUX** Sémillon (majoritaire), sauvignon, muscadelle.

> **SOLS** Graves, sols argilo-calcaires, calcaires.

> **STYLE DES VINS** Habillé d'une somptueuse robe « vieil or » qui évolue avec l'âge vers un ambre chaud, le Sauternes offre un nez incroyablement complexe et intense qui explose en une symphonie aromatique exubérante de fruits, de notes florales, de touches de miel, d'épices, de pâte d'amande, de cire d'abeille qui se mêlent tout en délicatesse. La bouche est ample, puissante, onctueuse, élégante et fine, avec un parfait équilibre entre finesse acidulée et ampleur, et persiste très longuement.

***Couleur du vin :***
*blanc.*

***Température de service :***
*entre 6 et 8 °C.*

***Potentiel de garde :***
*s'apprécie dès sa jeunesse ; très longue garde, jusqu'à 100 ans.*

## Une sélection des Sauternes

Derrière le Château d'Yquem se classent quelques très grands liquoreux.

- **Cru Barréjats (Pujols-sur-Ciron)** Un tout petit cru, mais immense par sa finesse, sa pureté aromatique et sa saveur profonde.
- **Château Climens (Barsac)** Peut-être le plus fin et le plus liquoreux des vins de Sauternes.
- **Château de Fargues (Fargues)** Superbe, digne d'un premier cru.
- **Château La Tour Blanche (Bommes)** Un Sauternes harmonieux au bouquet superbe.
- **Château Rieussec (Fargues-de-Langon)** Un premier cru doté de puissance et d'une grande personnalité.
- **Château Sigalas-Rabaud (Bommes)** Une finesse inégalée.

- **Château Suduiraut (Preignac)** Un grand cru élégant, riche, profond, d'une très grande longévité.

## AOC BLAYE-CÔTES-DE-BORDEAUX

RIVE DROITE [BLAYAIS]

La vigne fut plantée dans le Blayais bien avant qu'elle ne le soit dans le Médoc, pourtant si proche. Le vignoble, situé au nord de Bordeaux, face au Médoc, s'étend sur environ 6 500 ha et produit des vins, rouges principalement (325 000 hl), et quelques blancs (15 000 hl).

> **CÉPAGES PRINCIPAUX** Merlot (70 %), cabernet-sauvignon, cabernet franc, malbec pour les rouges ; sauvignon, muscadelle, sémillon pour les blancs.

> **SOLS** Argilo-calcaires.

> **STYLE DES VINS** Dans leur robe rubis intense, les rouges offrent un nez puissant et fruité (fruits rouges et noirs) agrémenté de quelques touches épicées. La bouche est souple, harmonieuse, sur une trame tannique fondue, et finit longuement sur les arômes du nez. Dans leur robe jaune pâle nuancé de vert, les blancs sont marqués par des arômes de fruits jaunes, des notes d'agrumes et des touches de genêt. La bouche est bien équilibrée entre vivacité et fruité qui perdurent en finale.

***Couleur du vin :***
*rouge et blanc.*

***Température de service :***
*entre 15 et 16 °C pour les rouges ;*
*entre 10 et 12 °C pour les blancs.*

***Potentiel de garde :***
*de 3 à 5 ans pour les rouges ;*
*de 2 à 3 ans pour les blancs.*

## AOC CÔTES-DE-BLAYE

RIVE DROITE [BLAYAIS]

Sur la rive droite de la Gironde, au nord de Bordeaux et à proximité de la ville de Blaye et de sa citadelle construite par Vauban, le vignoble est implanté sur des vallons et des collines bien ensoleillés. Cette appellation confidentielle (250 ha) produit 16 000 hl de vins rouges et de blancs secs. À l'horizon 2020, les blancs sont appelés à disparaître, les cépages ugni blanc et colombard étant peu à peu remplacés par les cépages rouges.

> **CÉPAGES PRINCIPAUX** Merlot, cabernet franc, cabernet-sauvignon pour les rouges ; sémillon, sauvignon, muscadelle, colombard, ugni blanc pour les blancs.

> **SOLS** Argilo-calcaires, graves.

> **STYLE DES VINS** Les rouges s'habillent de robes profondes et brillantes. Le nez offre des notes de fruits rouges et noirs (framboise, fraise, cerise, mûre, cassis), rehaussées de touches florales (rose poivrée, violette), végétales (menthe, poivron), d'épices, de chocolat et de boisé. La bouche est souple, ronde, bien équilibrée, sur une belle trame de tanins fins et soyeux, et une finale longue et fruitée.
Très aromatiques, les blancs offrent une robe jaune soutenu, le nez présente une jolie palette de notes d'agrumes (citron, pamplemousse, mandarine), de fruits à noyau, des touches d'amande grillée ; la bouche s'équilibre avec beaucoup de finesse entre le fruit et la fraîcheur.

***Couleur du vin :***
*rouge et blanc.*

***Température de service :***
*entre 10 et 12 °C pour les blancs ;*
*entre 16 et 17 °C pour les rouges.*

***Potentiel de garde :***
*à boire dans l'année et à garder jusqu'à 2 ou 3 ans pour les blancs ; de 3 à 7 ans pour les rouges.*

> Caves souterraines au Château Bertinerie (AOC Blaye-Côtes-de-Bordeaux).

1

# Château d'Yquem

Visible de loin, l'imposant château d'Yquem domine la centaine d'hectares de vignes qui l'entourent. Pendant plus de quatre siècles, la famille Lur-Saluces régna avec une passion et une rigueur jamais fléchies sur cette propriété, désormais aux mains d'une grande société, qui produit l'un des plus prestigieux – et des plus chers – vins liquoreux au monde.

## UNE RECONNAISSANCE DE TRÈS LONGUE DATE

L'histoire de ce vignoble exceptionnel remonte au XVIe siècle. Au moment où il entre dans le giron de la famille Lur-Saluces, deux siècles plus tard, ses vins sont déjà très prisés. Ainsi, en 1790 déjà, le futur président des États-Unis, Thomas Jefferson, commande « trente douzaines » de bouteilles pour le président en exercice, George Washington, et quelques-unes pour lui-même. Le travail accompli sur ce terroir exceptionnel par les premières générations de Lur-Saluces se trouve récompensé en 1855 : dans la classification des vins de Bordeaux, le Château d'Yquem est élevé au rang unique de premier cru supérieur de Sauternes. Toutes les cours d'Europe, tous les palaces et restaurants de prestige passent commande. Cet engouement continue encore aujourd'hui. Dans sa catégorie, Château d'Yquem est souvent considéré comme le meilleur vin du monde...

## LES HOMMES CHANGENT, LA GRANDEUR DEMEURE

Après les années prospères, le Château d'Yquem devra surmonter la crise du phylloxéra, les conflits mondiaux dans lesquels les Lur-Saluces s'engagent comme le veut la tradition familiale, et une fragilité économique due à la crise du négoce, notamment.

À partir de 1968, et pendant plus de 35 ans, Alexandre de Lur-Saluces incarnera magnifiquement la renommée du cru. Tous les millésimes qu'il a fait naître sont des monuments. En 1999, le groupe LVMH devient le principal actionnaire et maintient Alexandre de Lur-Saluces en charge du domaine. Pierre Lurton le remplace en 2004. Issu d'une célèbre lignée de viticulteurs bordelais, il contribue aussi à l'excellence du fameux Château Cheval-Blanc, premier grand cru classé de Saint-Émilion. Sa grande expérience, son humilité et son talent comptent pour beaucoup dans l'extraordinaire réussite des derniers millésimes d'Yquem.

2

3

4

5

6

1. Le château d'Yquem.
2. Une fois la fermentation arrêtée, le vin est élevé en barriques de chêne.
3. Les millésimes anciens témoignent de la longévité du « nectar doré ».
4. Grappe de sémillon avec des baies « rôties ».
5. Emblème du château d'Yquem.
6. Millésime 2005.

## UN TERROIR PRIVILÉGIÉ ET DES SOINS MINUTIEUX

Expliquer l'excellence et la pérennité de ce vin n'est pas évident. Le terroir béni sur lequel il naît joue un rôle de premier plan. Les galets de graves en surface et une sous-couche de nature argileuse s'étendent sur une mosaïque de sols qui semblent créés pour la vigne et apportent au vin toute sa complexité.

Le climat d'automne – brouillard le matin et soleil l'après-midi – ainsi que la proximité du Ciron, petite rivière se jetant dans la Garonne, favorisent le développement de la « pourriture noble », ce fameux *botrytis* qui s'installe sur la peau du raisin et se nourrit de l'eau de la pulpe, concentrant ainsi le sucre du raisin sans en augmenter l'acidité. Ce champignon se développant d'une manière irrégulière, les vendangeurs passent dans les rangs jusqu'à dix fois pour ne cueillir que les baies atteintes (ou « rôties »). Le risque est grand, car ces tries demandent du temps alors que toute pluie pourrait anéantir la récolte. Ce sont bien les aléas de la météo qui expliquent l'absence de neuf millésimes de Château d'Yquem au cours du XX<sup>e</sup> siècle. Ajoutons à cela un rendement très faible : si un pied de vigne dans le Médoc donne en moyenne une bouteille de vin, à Yquem, il équivaut à un verre...

Au cours d'une fermentation lente en barriques neuves, les levures transforment le sucre du moût en alcool. La richesse même en sucre ralentit le processus et, finalement, la fermentation s'arrête d'elle-même : tout le sucre non transformé en alcool reste dans le vin. Celui-ci séjourne ensuite trois longues années en fûts de chêne.

## UN NECTAR SUBLIME

Dans les premières années, le Château d'Yquem est déjà remarquable, provoquant un plaisir immédiat et sensuel. On est subjugué par sa robe dorée, son bouquet généreux d'agrumes confits, de fleurs, d'épices et de miel. En bouche, la suavité emporte tout, bien compensée par une exquise fraîcheur et une longueur toute de fruit et d'arômes exotiques. D'aucuns diront que c'est là commettre un crime... Ils savent, eux, ce que ce vin peut offrir quand il atteint la maturité, c'est-à-dire après au moins 15 ou 20 ans de garde. Et c'est vrai qu'on touche alors au sublime quand la robe s'ourle de topaze, quand les arômes de fruits confits se mêlent aux épices douces, à la cire d'abeille, à la brioche toastée, et quand en bouche le fondu le dispute à la richesse, le moelleux à la vigueur, la soie au velours, avec cette persistance infinie où éclatent l'abricot confit, le poivre blanc, le gingembre...

Pour apprécier l'ensemble de la symphonie, on servira le vin à 12 °C, dans le plus fin cristal et uniquement en compagnie de gens qui le méritent.

## AOC CÔTES-DE-BOURG

RIVE DROITE [BOURGEAIS]

Les Côtes de Bourg figurent parmi les plus anciens vignobles bordelais ; leurs vins concurrençaient au XIXe siècle ceux du Médoc. Située au sud de la ville de Blaye, face à Margaux, sur les coteaux surplombant la Gironde, l'appellation s'étend sur 15 communes. Les 3 900 ha de vignes de la « petite Suisse girondine » produisent quelque 130 000 hl, essentiellement des vins rouges fruités, charmeurs, aptes au vieillissement.

> **CÉPAGES PRINCIPAUX** Merlot (dominant), cabernet-sauvignon, cabernet franc, malbec pour les rouges ; sémillon, sauvignon, muscadelle, colombard pour les blancs.

> **SOLS** Limons, graves, sols sablo-argileux et calcaires.

> **STYLE DES VINS** Rustiques et charmeurs, les rouges s'habillent d'une robe profonde et présentent un nez intense de fruits noirs, frais et macérés, d'épices qui, avec l'âge, se charge de notes de champignon, d'humus et de venaison. La bouche est chaleureuse, puissante, bien charpentée sur une trame de tanins soyeux. La finale est longue, aromatique.

Secs et fruités, les blancs présentent une robe pâle, un nez très aromatique de fleurs et de fruits blancs, et une bouche harmonieuse, onctueuse, bien équilibrée entre fruit et fraîcheur.

***Couleur du vin :***
*rouge et blanc.*

***Température de service :***
*autour de 10 °C pour les blancs ;*
*entre 16 et 17 °C pour les rouges.*

***Potentiel de garde :***
*de 2 à 3 ans pour les blancs ;*
*à partir de la 3e année et*
*jusqu'à 8 ans pour les rouges.*

## AOC FRONSAC

RIVE DROITE [LIBOURNAIS]

Bordé par la Dordogne et l'Isle, ce vignoble très ancien eut son heure de gloire sous Richelieu, duc de Fronsac, qui y érigea une maison de plaisance où furent données de somptueuses fêtes. L'appellation s'étend aux portes de Libourne, sur quelque 830 ha et produit environ 44 000 hl de vins, rouges uniquement.

Les vins élaborés sur les communes de Fronsac et de Saint-Michel-de-Fronsac peuvent être commercialisés également sous l'appellation Canon-Fronsac. Il n'existe pas de classement officiel à Fronsac.

> **CÉPAGES PRINCIPAUX** Merlot, cabernet-sauvignon, cabernet franc, malbec.

> **SOLS** Alluvions (molasses du Fronsadais), sols argilo-calcaires.

> **STYLE DES VINS** Corsé et séduisant, le Fronsac présente une robe rubis particulièrement concentrée. Au nez, il développe des arômes intenses de fruits (dominés par les fruits rouges) mêlés à des notes épicées (poivre) auxquelles s'ajoutent des touches de sous-bois. La bouche est équilibrée, charpentée, riche, pleine, épaulée par une trame de tanins aromatiques et solides qui demandent quelques années pour s'assagir.

***Couleur du vin :***
*rouge.*

***Température de service :***
*entre 16 et 17 °C*
*(à carafer de préférence).*

***Potentiel de garde :***
*de 5 à 10 ans.*

## Châteaux Vrai Canon Bouché et Le Tertre de Canon

C'est en 2005 que Philip de Haseth-Möller rachète 12 ha de terres sur le haut plateau du village de Fronsac. Autodidacte, il s'entoure de Stéphane Derenoncourt, consultant qui conseille nombre de crus de Saint-Émilion (Pavie-Macquin et Canon-la-Lagaffelière, notamment) et du célèbre agrobiologiste Claude Bourguignon, spécialiste des meilleures adéquations cépages-terroirs. Résultat : deux grands vins (à prédominance merlot), Vrai Canon Bouché et Le Tertre de Canon, typiques de leur terroir.

## AOC POMEROL, LALANDE-DE-POMEROL

RIVE DROITE [LIBOURNAIS]

Joyau du Bordelais, l'appellation Pomerol est célèbre par le non moins fameux Petrus, l'un des crus les plus rares et les plus chers du monde. Paradoxalement, c'est l'une des seules où il n'existe aucun système de classement des crus.

Le vignoble de Pomerol, commune sans village, remonte à l'époque romaine. Il est situé à environ 50 km à l'est de Bordeaux et à proximité de la ville de Libourne. Les vignes s'étagent sur 785 ha de terrasses au-dessus de l'Isle et produisent 40 800 hl de vins, rouges uniquement.

Sur le même territoire que Pomerol, séparée de la prestigieuse appellation par un ruisseau, la Barbanne, l'appellation Lalande-de-Pomerol s'étend sur deux communes, Lalande-de-Pomerol et Néac, et produit, à partir des mêmes cépages, des vins qui offrent une grande similitude avec ceux de son voisin prestigieux, certains pouvant même rivaliser avec eux.

> **CÉPAGES PRINCIPAUX** Merlot (présent à 80 % et jusqu'à 100 %), cabernet franc, cabernet-sauvignon, malbec.

> **SOLS** Graves argileuses.

> **STYLE DES VINS** Puissants, ronds et souples, avec une robe dense, très soutenue, les vins de Pomerol développent des arômes complexes et profonds de fruits rouges et noirs, d'épices, des touches de violette, rehaussées de touches de tabac, de réglisse, de truffe, de gibier, et qui se complexifient avec l'âge. La bouche est pleine, suave, charnue, imprégnée d'arômes fruités, sur une puissante trame de tanins denses et veloutés. La finale est longue, parfumée et persistante.

Les vins de Lalande-de-Pomerol sont eux d'un rouge profond, puissants et bouquetés, avec des tanins élégants et fondants.

***Couleur du vin :***
*rouge.*

***Température de service :***
*entre 16 et 18 °C (à carafer impérativement plusieurs heures avant de le boire).*

***Potentiel de garde :***
*à partir de 3 ans et jusqu'à 15 à 20 ans, voire davantage.*

## Une sélection des vins de Pomerol

Derrière le « roi » Petrus, derrière les célèbres et magnifiques châteaux qui ont pour nom L'Évangile, La Conseillante, Vieux Château Certan, on trouve à Pomerol des flacons de haute qualité :

- **Château Belle-Brise (Libourne)** Pomerol élégant et racé.
- **Château Bellegrave (Pomerol)** Pomerol très typé tout en finesse et en concentration.
- **Château Gombaude-Guillot (Pomerol)** Les deux vins du domaine (Clos Prince et Château Gombaude-Guillot), qui est conduit en agriculture biologique, affichent une belle harmonie alliée à de la puissance et une grande élégance.
- **Château La Ganne (Libourne)** Très bon rapport qualité-prix.

## AOC SAINT-ÉMILION

RIVE DROITE [LIBOURNAIS]

Saint-Émilion est le premier vignoble classé au patrimoine mondial de l'Unesco « au titre des paysages culturels ». C'est aussi l'un des plus célèbres au monde. Le vignoble bénéficie d'un climat océanique et tempéré grâce à la Dordogne toute proche. Il s'étend sur 5 400 ha et sur huit communes, produisant 51 000 hl de vins, rouges uniquement.
En fonction des sols, de l'exposition et de l'âge des vignes, ou encore de la concentration des raisins, les vignerons commercialisent leurs vins sous deux appellations : Saint-Émilion et Saint-Émilion Grand Cru (voir ci-dessous). En 1955, un classement a été mis au point pour les grands crus, avec la particularité d'être réactualisé tous les 10 ans.

> **CÉPAGES PRINCIPAUX** Merlot (dominant), cabernet franc, cabernet-sauvignon.

> **SOLS** Calcaires, argilo-limoneux (molasses du Fronsadais), alluvions de graves, sables.

> **STYLE DES VINS** La robe sombre revêt vite, avec les années, un beau grenat légèrement tuilé. Le nez, complexe, exhale des parfums de fruits rouges et noirs mûrs, macérés, des notes de cuir, d'épices douces et de boisé-fumé. Avec l'âge s'ajoutent des arômes de sous-bois, d'humus et des notes giboyeuses. La bouche est pleine, pulpeuse, bien structurée, soulignée par des tanins délicats, veloutés. Belle finale sur le fruit, l'épice et le fumé.

***Couleur du vin :***
*rouge.*

***Température de service :***
*entre 16 et 17 °C*
*(à carafer de préférence).*

***Potentiel de garde :***
*à partir de sa 3ᵉ année et jusqu'à 8 à 10 ans, voire plus.*

## AOC SAINT-ÉMILION GRAND CRU

RIVE DROITE [LIBOURNAIS]

L'appellation recouvre la même aire que celle de Saint-Émilion (voir ci-dessus). Pour mériter la mention « grand cru », les vins doivent répondre à certains critères de qualité (rendement limité à 40 hl/ha, élevage en barrique obligatoire de 12 mois). L'appellation compte quatre grands crus classés A, Château Angélus, Château Ausone, Château Cheval-Blanc et Château Pavie, et quatorze grands crus classés B (voir p. 251).

> **CÉPAGES PRINCIPAUX** Merlot (dominant), cabernet franc, cabernet-sauvignon.

> **SOLS** Calcaires, argilo-limoneux (molasses du Fronsadais), alluvions de graves, sables.

> **STYLE DES VINS** Le Saint-Émilion Grand Cru, dans sa robe de couleur pourpre, offre un nez très aromatique, complexe et concentré où se mêlent fruits noirs mûrs, fleurs, notes de pruneau, touches d'épices, vanille, amande grillée. La bouche est ample, charnue, bien charpentée, sur une trame de tanins fins et serrés de qualité qui demandent à s'assouplir. La finale est longue, fraîche et aromatique.

***Couleur du vin :***
*rouge.*

***Température de service :***
*entre 16 et 18 °C*
*(à carafer de préférence).*

***Potentiel de garde :***
*de 7 à 20 ans, voire davantage pour les crus classés.*

## Grands crus et culture « bio »

Ils ne sont peut-être pas très nombreux, mais la liste des domaines de Saint-Émilion Grand Cru conduits en agriculture biologique ou en biodynamie s'allonge d'année en année. Parmi les principaux, on citera : Château Barrail des Graves (Gérard Descrambe, Saint-Sulpice-de-Faleyrens), l'un des tout premiers ; Châteaux Fonroque et Moulin du Cadet (Moueix, Saint-Émilion et Libourne) ; Château Franc-Pourret, Domaine du Haut-Patarabet, Clos Chante l'Alouette (Vignobles Ouzoulias, Saint-Émilion) ; Château Laroze (Georges Meslin, Saint-Émilion). Au-delà de leur diversité, ces vins affichent une qualité superbe avec ce supplément d'âme qui fait la différence.

## LES « SATELLITES » DE SAINT-ÉMILION

### RIVE DROITE [LIBOURNAIS]

Quatre communes limitrophes de Saint-Émilion sont autorisées à faire suivre leur nom de celui de leur célèbre voisine. Tout au nord se situe Lussac-Saint-Émilion (1 440 ha, 85 000 h). Dans le prolongement des vignobles de Pomerol et Saint-Émilion, vers le nord, on trouve Montagne-Saint-Émilion (1 600 ha, 91 600 hl) et Saint-Georges-Saint-Émilion (200 ha, 11 500 hl). Face au plateau de Saint-Émilion s'étend Puisseguin-Saint-Émilion (745 ha, 43 000 hl).

Utilisant les mêmes cépages que l'AOC Saint-Émilion, ces appellations offrent des vins à la personnalité propre et à un excellent rapport qualité-prix, plus accessibles que ceux de la grande appellation.

> **CÉPAGES PRINCIPAUX** Merlot (dominant, parfois jusqu'à 90 %), cabernet franc, cabernet-sauvignon, malbec.

> **SOLS** Argilo-calcaires. Ceux de Lussac sont très variés : argilo-graveleux dans les vallées, sablo-argileux sur les plateaux et argilo-calcaires sur les coteaux.

> **STYLE DES VINS** Les vins de Lussac sont élégants et charpentés ; les vins de Montagne, racés, généreux et distingués ; les vins de Saint-Georges, corsés et puissants, et ceux de Puisseguin, corsés et charnus.

***Couleur du vin :*** *rouge.*

***Température de service :*** *entre 15 et 17 °C.*

***Potentiel de garde :*** *de 5 à 9 ans.*

## AOC FRANCS-CÔTES-DE-BORDEAUX

### RIVE DROITE DE LA DORDOGNE

Le nom des côtes de Francs remonte au début du VIe siècle. Après la bataille de Vouillé en 507, Clovis, premier roi des Francs, bat Alaric II, roi des Wisigoths, et s'empare de l'Aquitaine. Le lieu où se fixe alors un détachement de l'armée franque est appelé en latin *Ad Francos* (« aux francs »), devenu plus tard « Francs ».

Située à environ 50 km au nord-est de Bordeaux, cette appellation est l'une des plus petites et aussi la plus orientale. Le vignoble couvre 525 ha répartis sur trois communes : Francs, Saint-Cibard et Tayac. Il produit environ 26 000 hl de vins rouges et une toute petite quantité de vins blancs, secs et moelleux.

> **CÉPAGES PRINCIPAUX** En rouge : merlot (dominant), cabernet-sauvignon et cabernet franc ; en blanc : sémillon (majoritaire), muscadelle et sauvignon.

> **SOLS** Calcaire recouvert de molasses dites de « l'Agenais » (au sud), molasses calcaires dites « du Fronsadais ».

> **STYLE DES VINS** Les rouges offrent une robe rouge très sombre. Le nez exhale des arômes de fruits rouges et noirs très mûrs et des touches épicées. La bouche allie rondeur et ampleur sur une trame de tanins, qui demandent à s'assouplir. Les blancs développent un nez de fruits exotiques, d'agrumes avec des touches miellées. La bouche est ample et bien équilibrée.

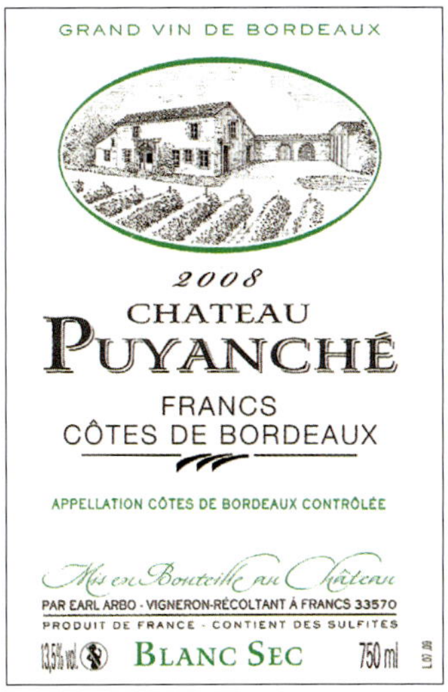


***Couleur du vin :*** *rouge et blanc.*

***Température de service :*** *entre 8 et 10 °C pour les blancs ; entre 14 et 16 °C pour les rouges.*

***Potentiel de garde :*** *de 1 à 3 ans pour les blancs ; de 3 à 5 ans pour les rouges.*

## AOC CASTILLON-CÔTES-DE-BORDEAUX

### RIVE DROITE DE LA DORDOGNE

Terre chargée d'Histoire – la bataille de Castillon en 1453 mit fin à la guerre de Cent Ans –, l'appellation s'étend sur 3 000 ha sur la rive droite de la Gironde, à l'est de Saint-Émilion. Elle produit 160 000 hl de vins, rouges uniquement, corsés et généreux. Depuis 2007, elle a intégré la nouvelle appellation Côtes-de-Bordeaux.

> **CÉPAGES PRINCIPAUX** Merlot, cabernet franc, cabernet-sauvignon.

> **SOLS** Argilo-calcaires, graves.

> **STYLE DES VINS** Les vins offrent une robe couleur rubis foncé. Le nez est expressif, complexe, avec des arômes de fruits rouges mûrs, de pruneau, rehaussés de touches végétales (lierre), d'épices, de réglisse, de cuir, de sous-bois et de gibier. La bouche est charpentée, fruitée, sur une trame de tanins puissants et généreux.

***Couleur du vin :*** *rouge.*

***Température de service :*** *entre 16 et 18 °C.*

***Potentiel de garde :*** *de 5 à 10 ans.*

## AOC ENTRE-DEUX-MERS

ENTRE GARONNE ET DORDOGNE

Ce vignoble formant un plateau sillonné de vallées doit son nom à sa situation géographique entre les deux fleuves, la Dordogne et la Garonne, qui le limitent, l'un au nord, l'autre au sud. Cette vaste appellation s'étend sur 2700 ha et produit en moyenne 140000 hl par an, essentiellement des blancs secs mais aussi quelques vins doux.

Neuf communes (Arbis, Cantois, Escoussans, Gornac, Ladaux, Mourens, Soulignac, Saint-Pierre-de-Bat et Targon), situées sur la même aire d'appellation, ont droit à l'appellation Entre-deux-Mers-Haut-Benauge.

> **CÉPAGES PRINCIPAUX** Sauvignon (majoritaire), sémillon, muscadelle.

> **SOLS** Calcaire, silice, graves, limons.

> **STYLE DES VINS** Vif, fruité, souple, plein de fraîcheur, l'Entre-deux-Mers s'offre dans une robe dorée brillante aux légers reflets verts. Le nez laisse échapper des notes de citron, de bourgeon de cassis et une légère touche iodée. La finale est relativement longue et aromatique sur des notes citronnées.

***Couleur du vin :*** *blanc.*

***Température de service :*** *autour de 8 °C.*

***Potentiel de garde :*** *de 2 à 3 ans.*

## AOC SAINTE-FOY-BORDEAUX

ENTRE GARONNE ET DORDOGNE

Située entre Bordeaux, Périgord et Agen, cette ancienne cité médiévale s'étend en limite est de la zone viticole de Bordeaux. Comprenant 19 villages, elle suit un alignement de collines et de plateaux qui dominent la Dordogne.

Avec seulement quelque 320 ha, Sainte-Foy-Bordeaux une appellation confidentielle mais très appréciée des connaisseurs. Elle produit essentiellement des vins rouges, mais aussi quelques rares blancs secs et moelleux.

> **CÉPAGES PRINCIPAUX** Cabernet-sauvignon, cabernet franc, merlot pour les rouges ; sauvignon, sémillon, muscadelle, sauvignon gris pour les blancs.

> **SOLS** Graves, sables.

> **STYLE DES VINS** Opulents et puissants, les rouges possèdent un magnifique nez de fruits rouges, dominé par la cerise, où se mêlent de délicates notes de cuir et de sous-bois. La bouche est charnue, ample, puissante, avec une solide structure tannique qui demande du temps pour s'assouplir. La finale est longue et aromatique.

Les blancs moelleux s'habillent de belles robes d'un or chaud. Leur nez délicat exprime des arômes de fleurs blanches, de miel et quelques touches finement musquées. La bouche est ronde, ample, onctueuse, soulignée par une belle fraîcheur. La finale est très longue et parfumée.

Les blancs secs offrent une robe jaune pâle, un nez vif et fruité (agrumes) ; la bouche équilibre fruits, vivacité et gras.

***Couleur du vin :*** *rouge et blanc.*

***Température de service :*** *entre 8 et 10 °C pour les blancs secs et moelleux ; entre 16 et 17 °C pour les rouges.*

***Potentiel de garde :*** *de 2 à 3 ans pour les blancs secs ; de 3 à 6 ans pour les rouges ; de 4 à 7 ans pour les blancs moelleux.*

## AOC CADILLAC

ENTRE GARONNE ET DORDOGNE

Dominée par le château de Cadillac, belle bastide du XVIIe siècle, l'appellation s'étend sur la rive droite de la Garonne, à 30 km au sud-est de Bordeaux. Les vignes profitent d'un microclimat favorable au développement de la pourriture noble. Vingt-deux communes ont droit à l'appellation. Cadillac constitue une belle découverte en raison du bon rapport qualité-prix de ses vins.

Il ne faut pas confondre cette appellation avec l'AOC Cadillac-Côtes-de-Bordeaux, qui concerne les vins rouges uniquement.

> **CÉPAGES PRINCIPAUX** Sémillon, sauvignon, muscadelle.

> **SOLS** Argilo-calcaires, graves.

> **STYLE DES VINS** Dans sa robe dorée, aux reflets topaze, le Cadillac offre au nez un bouquet d'arômes de miel, d'acacia, de chèvrefeuille, de fruits confits qui signe sa typicité. En bouche, il déroule une belle matière, onctueuse et aromatique avec une note de rôti qui persiste en finale.

***Couleur du vin :*** *blanc.*

***Température de service :*** *autour de 8 °C.*

***Potentiel de garde :*** *de 10 à 15 ans, voire davantage.*

## Les « Sweet Bordeaux »

Onze appellations de vins moelleux et liquoreux de la Gironde – Sauternes, Barsac, Loupiac, Sainte-Croix-du-Mont, Premières-Côtes-de-Bordeaux, Graves supérieur, Cadillac, Cérons, Bordeaux supérieur, Côtes-de-Bordeaux-Saint-Macaire, Sainte-Foy-Bordeaux) se sont regroupées sous la bannière de Sweet Bordeaux, « une identité chic, urbaine, conviviale, festive » afin de partir à la conquête de nouveaux marchés autour d'un « univers de séduction » décliné en « sweet hours », « sweet music », « sweet parties » pour tenter de conquérir un public de jeunes et affirmer leur vocation à table et pas seulement avec le foie gras. Voici quelques vins qui en font partie.

- **Château Haura,** à Barsac (AOC Cérons), un liquoreux ample, complexe, savoureux, d'un très bel équilibre.
- **Château La Grave,** à Sainte-Croix-du-Mont (AOC Sainte-Croix-du-Mont), pour sa cuvée Sentiers d'automne, puissante, suave et corsée.
- **Château Petit Clos Jean,** à Cérons (AOC Loupiac), dont la cuvée Prestige est pleine de charme, d'élégance et de puissance.
- **Château Peyruchet,** à Loupiac (AOC Loupiac), avec des liquoreux qui reflètent magnifiquement leur appellation.

## AOC LOUPIAC

**ENTRE GARONNE ET DORDOGNE**

Situé sur de petites collines, à 40 km au sud de Bordeaux, le vignoble de Loupiac (350 ha, 12 550 hl) bénéficie d'un excellent ensoleillement, d'un très bon drainage naturel et de brouillards en automne qui s'ajoutent à la présence de la Garonne pour créer des conditions propices au développement du *Botrytis cinerea*, la pourriture noble qui fait les vins liquoreux.

> **CÉPAGES PRINCIPAUX** Sémillon (majoritaire), sauvignon, muscadelle.
> **SOLS** Argile, graves.
> **STYLE DES VINS** Généreux et très fin, le Loupiac s'habille d'une robe d'un beau jaune aux reflets d'or. Élégant et complexe, son nez exhale des arômes de fruits confits, de fruits exotiques, de figue, auxquels s'ajoutent des notes de pain d'épices, de fleurs jaunes, de miel, d'acacia, de raisin de Corinthe et de pruneau séché. La bouche est ample et onctueuse, avec une structure élégante soutenue par une belle acidité, et déroule une finale persistante et aromatique.

***Couleur du vin :*** *blanc.*

***Température de service :*** *autour de 8 °C.*

***Potentiel de garde :*** *jusqu'à 20 ans*

## AOC SAINTE-CROIX-DU-MONT

**ENTRE GARONNE ET DORDOGNE**

Cette appellation originale se trouve au sud-est de Bordeaux, juste en face de Sauternes, et occupe 450 ha de coteaux escarpés autour de la commune éponyme. Le vignoble jouit d'un microclimat – douceur automnale et humidité nocturne – favorable au développement du *Botrytis cinerea*. Il produit quelque 15 000 hl de vins, blancs uniquement, moelleux ou liquoreux.

> **CÉPAGES PRINCIPAUX** Sémillon, sauvignon, muscadelle.
> **SOLS** Argilo-calcaires, calcaires.
> **STYLE DES VINS** Dans sa séduisante robe doré intense, le Sainte-Croix-du-Mont exprime au nez des senteurs de fruits confiturés (pêche, abricot), d'agrumes, de fruits exotiques, mêlées à des notes de raisin sec et de figue et rehaussées de touches de chèvrefeuille, d'acacia et de miel. La bouche est onctueuse, ample, très aromatique, avec une finale suave, longue, très persistante sur tous les fruits du nez.

***Couleur du vin :*** *blanc.*

***Température de service :*** *entre 8 et 10 °C.*

***Potentiel de garde :*** *jusqu'à 10 ans, voire plus (mais peut aussi se boire jeune).*

# LES VIGNOBLES DE BOURGOGNE

*Région emblématique, la Bourgogne d'aujourd'hui a gardé la même envergure que la province médiévale du même nom. Elle compte sur son territoire certains des plus grands vins de France (et du monde !), tant en blanc qu'en rouge. Si la complexité de ses multiples parcelles et hiérarchies fait partie de son charme, elle peut la rendre un peu hermétique au profane.*

## Des moines, des clos et des classements compliqués

La Bourgogne est une terre de passage entre le nord et le sud, non seulement de la France mais de l'Europe, ce qui a longtemps favorisé la connaissance et la diffusion de ses vins.

**DE L'IMPLANTATION DES ABBAYES À LA RÉVOLUTION FRANÇAISE.** On pense que la vigne est apparue en pays beaunois dès 200 apr. J.-C. Mais le véritable essor de la Bourgogne viticole est lié à celui du christianisme, non seulement par la demande de vin de messe (la communion se pratique sous les deux espèces, pain et vin, jusqu'au XIIIe siècle, et les fidèles communient souvent tous les jours), mais aussi par l'implantation des abbayes au Moyen Âge, pour lesquelles les vignes, souvent léguées par de grands seigneurs locaux, servent de mode de financement. Les moines, qui sont aussi de bons vivants, vont sélectionner patiemment les parcelles (ou « climats ») qui produisent les meilleurs vins afin de vendre ces derniers plus cher (voir aussi p. 17). On dit même qu'ils goûtaient la terre pour évaluer un terroir ! Plus sûrement, ils repéraient les parcelles en dégustant les vins servant au paiement de la dîme en nature. Pour protéger leurs précieux raisins du « grappillage » (et éviter les contestations de leurs voisins…), ils érigent des murs de pierre, créant ainsi les fameux « clos » bourguignons.

**DE LA RÉVOLUTION AUX PREMIERS CLASSEMENTS.** La Révolution est l'occasion, pour les vignerons bourguignons, de prendre une revanche sur les grands domaines monastiques ou nobiliaires : c'est à partir

**LES VIGNOBLES BOURGUIGNONS EN CHIFFRES (AOC)**

**Surface** : 50 122 ha

**Production** : 2 640 724 hl

**Rouges et rosés** : 59,8 %

**Blancs** : 35,6 %

**Crémants** : 4,6 %

(BIVB, 2007 ; Inter-Beaujolais, 2005)

> L'Hôtel-Dieu de Beaune est couronné d'un toit de tuiles colorées et vernissées.

### Les enchères des Hospices de Beaune

Créés en 1452 par Nicolas Rolin et Guigone de Salins pour secourir et soigner les pauvres, les Hospices de Beaune possèdent un vaste domaine de plus de 60 ha, issu de legs, et bien doté en premiers et en grands crus. Chaque année, les vins du domaine sont vendus en pièces (du nom de la barrique bourguignonne de 228 litres) le troisième dimanche de novembre, lors de la plus grande vente de charité de vins au monde. Organisée depuis 2005 par la grande maison britannique Christie's, cette vente se déroule au feu des chandelles. Le produit de cette vente (2,8 millions d'euros en 2008) sert toujours à financer l'Hôtel-Dieu, devenu un centre hospitalier de pointe. Les prix obtenus lors de la vente aux enchères servent d'indicateur pour fixer le prix moyen des vins de Bourgogne pour le millésime.

> Vendanges dans un village bourguignon.

de 1791, avec la vente des biens nationaux, que commence l'émiettement des domaines, tels ceux du Clos de Vougeot (voir aussi p. 283) ou de La Romanée-Conti (voir aussi p. 288-289). Dès 1861, le classement du « Comité d'agriculture de l'arrondissement de Beaune » préfigure le système moderne des appellations contrôlées. On y distingue les très grands crus ou « têtes de cuvée », parmi lesquels figurent La Romanée-Conti, le Clos de Vougeot et le Chambertin, les grands crus et les premiers crus. Cette classification a été simplifiée (!) quelque peu par l'Institut national des appellations d'origine (INAO) qui a supprimé l'étage supérieur en ne conservant que les grands crus et les premiers crus. Les décrets d'appellation paraissent dès 1936, et les premiers seront pour les grands crus, suivis rapidement par ceux des appellations communales.

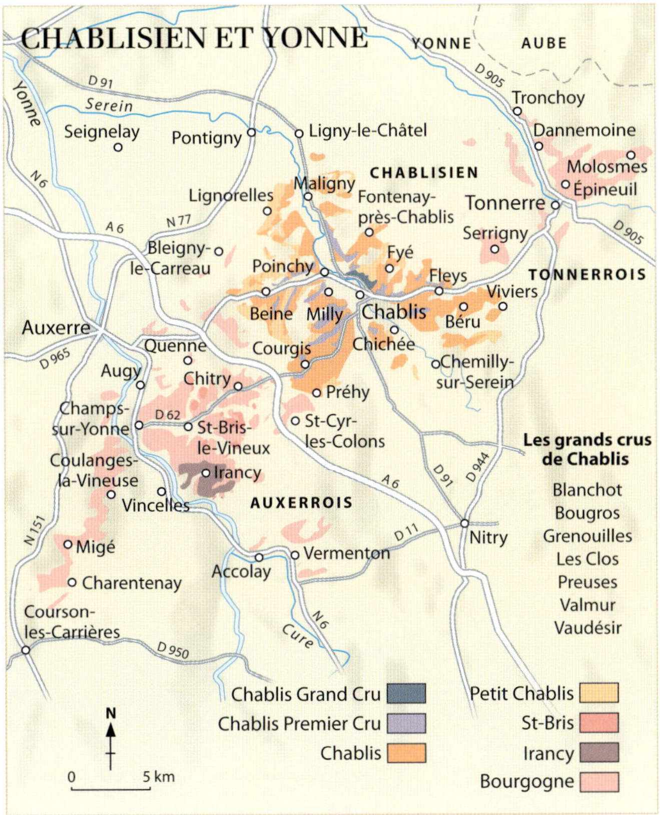


## Le Chablisien et les vignobles de l'Yonne

Chablis est l'archétype du vin blanc sec de qualité, où l'équilibre entre la fraîcheur procurée par l'acidité et le fruit aboutissent à un vin très proche de celui des grands blancs de la Côte d'Or, mais en plus sec. Pour autant, faire du vin n'est pas chose facile dans le Chablisien qui se trouve en limite nord de culture de la vigne. Le grand ennemi est ici le gel, à tel point que les vignerons sont parfois obligés, en hiver, de placer dans les vignes des chaufferettes, sorte de braseros à huile, ou encore d'asperger d'eau les ceps pour former un gel protecteur autour de la plante.

Le cépage chardonnay, appelé ici « beaunois », s'acclimate particulièrement bien sur les sols argilo-calcaires de l'Yonne. Les premiers crus de Chablis (voir p. 281), et plus encore les grands crus, rivalisent avec les grands blancs de la Côte d'Or, en plus minéral et moins gras. Les grands crus se regroupent tous au nord-est de la ville de Chablis, entre les villages de Fyé et de Poinchy.

Dans les autres vignobles de l'Yonne, l'Auxerrois et le Tonnerrois, on trouve des vins rouges de qualité tels les Bourgogne Côte-Saint-Jacques (anciennement Coteaux-de-Joigny) ou les Bourgogne Vézelay, mais dans un style beaucoup plus léger que leurs prestigieux voisins plus au sud de la Bourgogne.

## La Côte d'Or

La Côte d'Or s'étire de Dijon, au nord, jusqu'à Santenay, en passant par Beaune. Ici sont élaborés les vins les plus complexes, les plus chers et de plus grande longévité. Ils proviennent des villages célèbres – Vosne-Romanée, Pommard, Volnay, Meursault, Puligny-Montrachet… – qui possèdent leur appellation d'origine, et des « climats » dont les plus remarquables sont classés en premier et en grand cru. La région se divise en deux parties, la Côte de Nuits au nord et la Côte de Beaune au sud. La première produit presque exclusivement du vin rouge, la seconde élabore aussi bien des rouges que des blancs.

La Côte d'Or tient son nom de l'Orient : les vignes regardent à l'est pour profiter au maximum d'un ensoleillement parfois limité. Comme pour le Chablisien, on se trouve ici en limite septentrionale de culture de la vigne avec des hivers longs et rigoureux, et des étés chauds et secs, ce qui explique pourquoi tous les millésimes ne se valent pas. Les vignobles sont situés sur des escarpements, avec des coteaux composés de marnes et de roches calcaires. L'altitude peut varier entre 150 et 400 m, et les meilleurs crus se situent presque toujours à mi-pente, le village se trouvant généralement en bas.

## La Côte chalonnaise

Cette région se situe dans le prolongement des derniers villages de la Côte d'Or vers le sud. Sa géologie est similaire à celle de la Côte d'Or, avec des affleurements de calcaire et de marne et quelques sites escarpés bien exposés, mais la ligne bien nette de la Côte d'Or se brise ici pour devenir une succession de collines et de vallées. Les vins ont droit aux appellations génériques ou régionales de Bourgogne ainsi qu'à l'AOC Bourgogne Côte chalonnaise. En outre, cinq villages peuvent utiliser leur propre nom : Bouzeron, Rully, Mercurey, Givry et Montagny. On élabore du rouge, du blanc et du crémant.

## Le Mâconnais

Ce vaste vignoble (6 920 ha), au sud de la Côte chalonnaise, produit des vins blancs et des vins rouges sous l'AOC Mâcon. Plusieurs villages sont autorisés à utiliser leur propre nom, et certains, comme Pouilly, ont acquis une grande réputation. On trouve aussi bien des coteaux calcaires, parfaits pour le chardonnay, que des zones de roches granitiques au sol sablonneux, plus propices au gamay. Près de Viré, Clessé et Lugny, le sol est favorable aux vins blancs légers. Les collines les plus élevées et les meilleurs coteaux sont regroupés au sud de la région. C'est là que des villages fameux élaborent de bons blancs de chardonnay comme le Pouilly-Fuissé et le Saint-Véran.

## Le Beaujolais

Le plus vaste (15 000 ha) et le plus méridional des vignobles de la Bourgogne, le Beaujolais s'étend du sud de Mâcon jusqu'à la banlieue lyonnaise. Pourtant, il a peu de choses en commun avec le reste de la Bourgogne, en dehors du négoce et de la proximité. Le calcaire, si présent ailleurs, cède ici la place au granite et aux roches ignées d'une chaîne de montagnes séparant la Loire, à l'ouest, de la Saône. Et c'est le cépage gamay qui domine. La région, souvent considérée comme une appellation productrice de « vins de soif », plus à l'aise sur les comptoirs pour accompagner les « mâchons » lyonnais, élabore également des

### LE SAVIEZ-VOUS ?

***Le gamay, le principal cépage du Beaujolais, fut interdit à une époque, en Bourgogne.***

*En 1395, Philippe le Hardi fait interdire en Bourgogne (et ordonne son arrachage) le « très mauvais et très déloyal plant de gamay, duquel plant vient très grande abondance de vin […], lequel vin est de telle nature qu'il est moult nuisible à créature humaine… car il est plein de très grande et horrible amertume ». Cet édit sera très peu appliqué… d'autant plus que le gamay peut donner de grands vins quand ses rendements sont maîtrisés, comme en Beaujolais !*

vins de grande qualité, notamment les 10 crus du Beaujolais, capables de vieillir plusieurs années. L'adjectif le plus souvent employé par les producteurs est le terme « gouleyant » qui désigne généralement un vin rafraîchissant, sans grande prétention, avec des arômes de raisins frais. La production de blanc est anecdotique, mais souvent de bonne qualité.

## Les cépages bourguignons

Les trois principaux cépages de Bourgogne sont bien connus : deux cépages rouges, le pinot noir et le gamay, et un cépage blanc, le chardonnay. Si le pinot noir et le chardonnay sont présents dans le monde entier, le gamay est assez peu planté, sauf en vallée de la Loire. Les autres cépages, l'aligoté et le sauvignon, sont beaucoup moins répandus : l'aligoté n'existe pas hors de Bourgogne, le sauvignon ne se trouve quasiment qu'à Saint-Bris.

> Vignes aux environs du col de la Vieille Morte, près du village de Rivolet, dans le Beaujolais.

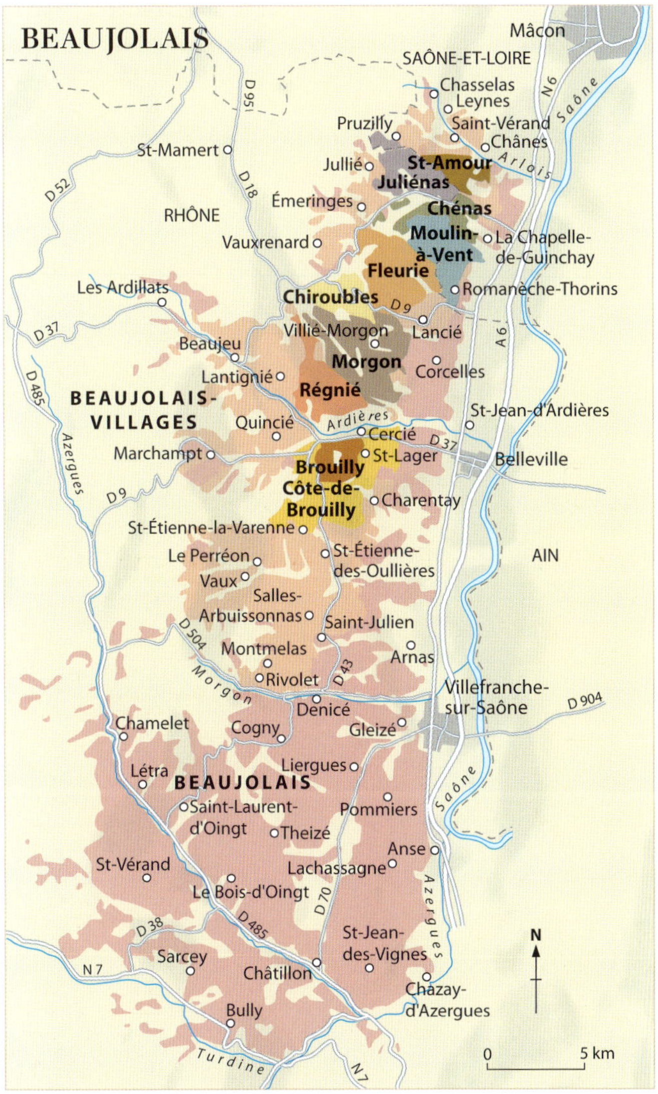


**LE PINOT NOIR.** C'est un cépage difficile à cultiver, délicat, qui est ici en limite nord de sa culture, comme en Champagne ou dans le Jura. C'est pourtant là qu'il donne ses meilleurs résultats, particulièrement en Côte d'Or, où les grands crus rouges figurent parmi les plus grands vins du monde.

**LE GAMAY.** Ce cépage a mauvaise réputation en raison de sa trop grande productivité. Il est vrai que, mal conduit, il peut donner des vins clairs, dilués et insipides, où seule la macération carbonique (voir p. suivante) permet de dégager quelques rares arômes. C'est oublier que si l'on limite ses rendements, il sait donner des vins au caractère gourmand, frais et sans lourdeur, et que les meilleurs crus du Beaujolais arrivent parfois, en vieillissant, à ressembler quelque peu à leurs voisins de Côte d'Or. Il est aujourd'hui question, sinon de le remplacer, du moins de lui adjoindre d'autres cépages, en Beaujolais notamment, en particulier pour faire face au réchauffement climatique. La syrah des voisins des Côtes du Rhône septentrionales a été évoquée.

**LE CHARDONNAY.** Quel cépage paraît plus intimement lié à la Bourgogne ? Et pourtant, s'il existe un cépage international, c'est bien le chardonnay. Il se plaît particulièrement sur les calcaires, nombreux en Bourgogne. Il peut varier énormément dans ses arômes, suivant la vinification, le vieillissement et le terroir. On décèle notamment les notes de beurre et de pain grillé dans les bourgognes blancs de chardonnay élevés sous bois.

**L'ALIGOTÉ.** Cépage simple et rustique, il est plutôt destiné à produire des vins de soif, désaltérants, mais peu complexes. Il trouve cependant un peu plus de profondeur et de caractère autour du village de Bouzeron, dont les vins peuvent prétendre à la mention « Aligoté-Bouzeron ».

**LE SAUVIGNON.** Présent de façon anecdotique, dans l'Yonne notamment, ce cépage originaire de la Loire, utilisé aussi en Bordelais, produit des blancs aromatiques fameux à Saint-Bris.

## Les vinifications à la bourguignonne

**LES BOURGOGNES ROUGES.** Le pinot noir demande un équilibre subtil dans sa maturité, et dans ce que le vigneron peut en extraire : récolté trop tôt ou en année fraîche, il donnera des arômes végétaux et un vin léger à l'acidité excessive ; récolté trop tard ou soumis à une extraction excessive, il donnera un vin lourd, alcooleux, sans finesse. Traditionnellement, on conservait une partie de la rafle (la partie végétale des grappes en dehors des baies elles-mêmes), supposée apporter au vin une structure tannique, mais cette pratique n'est plus uniformément répandue. L'élevage sous bois se développe de plus en plus, notamment pour les grands crus, mais on utilise moins de bois neuf qu'à Bordeaux. On soutire aussi peu que possible les fûts pour éviter le contact avec l'air. La filtration est également moins répandue que dans d'autres régions, comme le Bordelais, par exemple.

**LES BOURGOGNES BLANCS.** Les blancs sont moins exigeants dans leur élaboration. S'il s'agit d'un premier ou grand cru de la Côte d'Or ou de Chablis, on lui réservera une vinification en petits fûts de chêne. S'il s'agit d'un Chablis générique ou d'un vin du Mâconnais, l'on privilégiera une vinification en cuves en Inox ou en ciment, pour préserver fraîcheur et légèreté, et conserver un fruit simple et plaisant. Elle est parfois suivie d'un élevage en fûts de chêne, jusqu'à la fin de la fermentation malolactique, pour ajouter de la complexité. Le vin reste alors sur ses lies fines ; le collage et le filtrage sont réduits au minimum. Les grands crus bénéficient généralement du bâtonnage (on mélange des lies à l'aide d'un bâton dans le fût), qui ajoute de la complexité, du gras et de l'ampleur.

**LE CAS DU BEAUJOLAIS.** Afin de préserver les arômes frais et délicats du gamay, les vignerons utilisent une technique originale appelée « macération carbonique » (voir aussi p. 68). Il s'agit de faire fermenter les raisins égrappés mais non foulés en cuve fermée. Le poids des raisins provoque l'éclatement des baies de façon douce et progressive, dégageant leurs levures naturelles. Le dioxyde de carbone émis par cette fermentation tient le moût sous pression et évite l'oxydation de la couche supérieure. On procède ensuite à un soutirage et à un pressurage, puis on assemble les deux types de jus (avec une plus faible proportion de jus de presse, toutefois), pour continuer la fermentation, généralement en cuves Inox. L'élevage se poursuit ensuite en cuve ou en fût, jusqu'à la mise en bouteilles, en septembre de l'année suivante.

### Le Beaujolais nouveau

À l'origine du développement des vins de primeur depuis 1951, le Beaujolais nouveau ne peut arriver sur les tables avant le troisième jeudi de novembre (depuis 1985). Il s'agit d'un vin fruité, frais et rafraîchissant, sans autre véritable prétention que d'égayer la fin de l'automne. Sa couleur vive, violacée, parfois fluorescente, et ses arômes de fruits exotiques et de raisin frais en font un compagnon idéal, lorsqu'il est réussi et peu ou pas chaptalisé, des charcuteries et divers « mâchons » des comptoirs lyonnais ou parisiens.

> Clos des Barraults (rouge) et Vignes de Maillonge (blanc), deux Mercureys du domaine Juillot.

## Les appellations et les crus : un système complexe

En bas de l'échelle se trouvent les appellations régionales ; viennent ensuite les vins de village ou appellations communales, puis les premiers crus et enfin les grands crus.

**LES APPELLATIONS RÉGIONALES.** Elles couvrent les assemblages de vins provenant de plusieurs vignobles bourguignons (par exemple, Bourgogne Passetougrain) ou les vins d'une sous-région (par exemple, Bourgogne Hautes-Côtes-de-Nuits).

**LES VINS DE VILLAGE (APPELLATIONS COMMUNALES).** Il s'agit d'une appellation attachée à un terroir autour d'un village. Ainsi, l'étiquette d'un vin élaboré sur la commune de Gevrey-Chambertin porte la mention « Appellation Gevrey-Chambertin contrôlée ». Cependant, certaines AOC « village » empiètent sur les villages voisins, et d'autres ne comprennent pas la totalité du terrain de la commune. Ainsi, un vin AOC Nuits-Saint-Georges peut provenir de Premeaux, un village adjacent.

**LES PREMIERS CRUS.** Ce statut distingue certaines parcelles dans les villages de la Côte d'Or et de Chablis. L'étiquette

**VRAI OU**

***Tous les vins de Bourgogne sont monocépages.***

**FAUX.** Le Bourgogne Passetougrain comporte un tiers de pinot noir (er complément du gamay), le Bourgogn blanc générique et le Crémant d Bourgogne peuvent comporter du chardonnay, du pinot blanc, de l'aligoté, du melon de Bourgogne (et du sacy dans l'Yonne).

291
299
224
500
394
20
450

## La Confrérie des chevaliers du Tastevin

Si le nom de cette fameuse confrérie évoque le Moyen Âge, celle-ci est en fait une création assez récente. Elle a été fondée en 1934 par Georges Faiveley et Camille Rodier pour redonner de la notoriété aux vins de Bourgogne, malmenés par la crise de 1929. La Confrérie est propriétaire du fameux château du Clos de Vougeot (mais pas des vignobles), dans lequel elle tient ses « chapitres », lors desquels sont intronisés les nouveaux membres (ils sont près de 10 000 dans le monde entier). Elle regroupe hommes d'État et hommes de lettres, personnalités et amateurs dans l'optique d'en faire des ambassadeurs des vins de Bourgogne. Depuis 1950, elle organise des sélections de vins de Bourgogne sous le nom de « tastevinage ». Il s'agit d'un processus de labellisation rigoureux et très moderne dans son esprit… malgré le caractère quelque peu désuet du logo apposé sur les bouteilles !

mentionne alors le nom du village et celui de la parcelle ; par exemple, Gevrey-Chambertin Le Clos Saint-Jacques. Un vin de premier cru peut provenir d'un seul climat (parcelle), par exemple Beaune-Grèves, ou être un assemblage de premiers crus de différentes parcelles (Beaune Premier Cru sans autre indication).

**LES GRANDS CRUS.** Ils constituent des appellations à part entière et, sur les étiquettes, leur nom est toujours suivi de la mention « Appellation Grand Cru contrôlée ». Par exemple, le grand cru rouge Romanée-Saint-Vivant est étiqueté « Romanée-Saint-Vivant, Appellation Grand Cru contrôlée ». Un grand cru peut être à cheval sur plusieurs villages ; ainsi le grand cru Corton naît sur certaines parcelles des communes d'Aloxe-Corton, de Ladoix-Serrigny et de Pernand-Vergelesses.

Un « truc » bourguignon pour s'y repérer : plus le nom est court, meilleur est le vin. Ainsi Musigny (grand cru) est meilleur que Chambolle-Musigny (village), Chambertin (grand cru) que Gevrey-Chambertin (village), etc. Mais cette règle souffre hélas de nombreuses exceptions.

## Les principaux acteurs du marché

La production des vins se répartit, comme dans beaucoup d'autres régions, entre les vignerons indépendants, le négoce et les coopératives, mais avec des spécificités importantes et des particularités.

**LES VIGNERONS INDÉPENDANTS.** Les grands vins de Bourgogne ont toujours été chers, et les sommets atteints ces dernières années n'ont pas démenti ce phénomène. La Côte d'Or est bien le royaume des petits vignerons indépendants, favorisés non seulement par la notoriété de leurs vins, mais aussi par l'émiettement des « climats » et la complexité des appellations. La mise en bouteilles à la propriété s'est beaucoup développée depuis les années 1970. Mais la petite taille des parcelles fait que les producteurs – à part quelques grands domaines (Domaine Leroy, Domaine Prieur, domaine de Vogüé, par exemple) – ont rarement de vieux millésimes à vendre (voire n'ont rien à proposer en dehors de la dernière récolte). C'est encore la taille des parcelles qui explique l'extrême hétérogénéité des vins au sein d'une même appellation : un petit vigneron n'a pas toujours la faculté d'assembler plusieurs parcelles pour compenser un mauvais millésime ou une situation moins favorable. Le meilleur côtoie donc le pire, et le consommateur a parfois du mal à s'y repérer, même s'il est aidé par les systèmes de labellisation comme le tastevinage (voir encadré ci-contre). Les prix fournissent aussi une indication fiable, et un grand cru offert à un prix sensiblement inférieur à celui de ses voisins doit rendre circonspect et prudent. En conséquence, les vins des vignerons d'élite (Chandon de Briailles, Coche-Dury, Comtes Lafon ou Méo-Camuzet, par exemple) sont souvent hors de prix et vendus pour l'essentiel à l'étranger et dans la grande restauration.

**LE NÉGOCE BOURGUIGNON.** En Bourgogne, le négoce ne se contente pas, comme ailleurs, de commercialiser des vins faits par d'autres. On distingue d'ailleurs les simples négociants des négociants-éleveurs, qui achètent du raisin (ou des vins), vinifient, assemblent, élèvent et mettent sur le marché. On les a souvent critiqués pour l'uniformité de leurs vins ou la médiocrité de certaines cuvées. Mais la quantité de vins qu'ils travaillent permet précisément, par la maîtrise de l'assemblage, de gommer les imperfections d'un vignoble aussi capricieux et morcelé que celui de la Bourgogne. Ils possèdent assez souvent un domaine en propre, bien doté en premiers et en grands crus, dont les vins rivalisent avec ceux des viticulteurs d'élite. Mais la régularité a un prix ! Enfin, tout comme les maisons champenoises, les négociants bourguignons assurent la majeure partie des exportations.

**LES COOPÉRATIVES.** On se tromperait en pensant que le caractère volontiers indépendant, voire individualiste, des vignerons bourguignons leur ferait rejeter les coopératives comme mode de production. Mais elles sont malgré tout plus importantes en « périphérie », à Chablis, dans les Hautes Côtes, dans le Mâconnais et dans le Beaujolais, qu'en Côte d'Or, au cœur de la Bourgogne. Certaines sont excellentes, telles La Chablisienne ou la coopérative de Buxy, et produisent des vins de très haut niveau. Elles disposent aujourd'hui d'installations de pointe (qui font souvent défaut au vigneron indépendant) et incitent leurs sociétaires à produire les meilleurs raisins possibles.

### LE SAVIEZ-VOUS ?

***Plusieurs villages en Côte d'Or ont obtenu, à la fin du XIXe siècle, le droit d'accoler à leur nom celui du ou des grands crus qui se trouvaient sur leur commune.*** *C'est ainsi que Chambolle a pris en 1882 le nom de Chambolle-Musigny, Gevrey est devenu Gevrey-Chambertin, les deux villages Puligny et Chassagne se sont partagé le nom de leur grand cru, le fameux Montrachet. Aloxe s'est annexé le Corton, bien que ce grand cru soit présent également sur les communes de Pernand-Vergelesses et Ladoix, tandis que Vosne a naturellement profité de la notoriété de la Romanée.*

## Les AOC de Bourgogne

*** grand cru * appellation communale comportant des premiers crus*

APPELLATIONS RÉGIONALES ET GÉNÉRIQUES (produites dans toute la Bourgogne)
- Bourgogne Aligoté
- Bourgogne rosé ou Bourgogne clairet
- Bourgogne Grand Ordinaire ou Bourgogne ordinaire
- Bourgogne Passetougrain
- Crémant de Bourgogne

CHABLISIEN
- Petit Chablis
- Chablis *
- Chablis Grand Cru **
- Bourgogne Côte-de-Saint-Jacques

AUXERROIS, TONNERROIS ET VÉZELIEN
- Bourgogne Chitry
- Bourgogne Côtes d'Auxerre
- Bourgogne Coulanges-La-Vineuse
- Bourgogne Épineuil
- Bourgogne Vézelay
- Irancy
- Saint-Bris

CÔTE DE NUITS
- Bonnes-Mares **
- Bourgogne Hautes-Côtes-de-Nuits
- Bourgogne La Chapelle-Notre-Dame
- Bourgogne Le Chapitre
- Bourgogne Montrecul
- Chambertin **
- Chambertin-Clos de Bèze **
- Chambolle-Musigny *
- Chapelle-Chambertin **
- Charmes-Chambertin **
- Clos de la Roche **
- Clos de Tart **
- Clos de Vougeot **
- Clos des Lambrays **
- Clos Saint-Denis **
- Côte-de-Nuits-Villages
- Échezeaux **
- Fixin *
- Gevrey-Chambertin *
- Grands Échezeaux **
- Griotte-Chambertin **
- La Grande Rue **
- La Romanée **
- La Tâche **
- Latricières-Chambertin **
- Marsannay
- Mazis-Chambertin **
- Mazoyères-Chambertin **
- Morey-Saint-Denis *
- Musigny **
- Nuits-Saint-Georges ou Nuits *
- Richebourg **
- Romanée-Conti **
- Romanée-Saint-Vivant **
- Ruchottes-Chambertin **
- Vosne-Romanée *
- Vougeot *

CÔTE DE BEAUNE
- Aloxe-Corton *
- Auxey-Duresses *
- Bâtard-Montrachet **
- Beaune *
- Bienvenues-Bâtard-Montrachet **
- Blagny *
- Bourgogne Hautes-Côtes de Beaune
- Chassagne-Montrachet *
- Chevalier-Montrachet **
- Chorey-lès-Beaune ou Chorey
- Corton **
- Corton-Charlemagne et Charlemagne **
- Côte-de-Beaune
- Côte-de-Beaune-Villages
- Criots-Bâtard-Montrachet **
- Ladoix-Serrigny ou Ladoix *
- Maranges *
- Meursault *
- Monthélie *
- Montrachet **
- Pernand-Vergelesses *
- Pommard *
- Puligny-Montrachet *
- Saint-Aubin *
- Saint-Romain
- Santenay *
- Savigny-lès-Beaune ou Savigny *
- Volnay *

CÔTE CHALONNAISE
- Bourgogne Côte chalonnaise
- Bourgogne Côtes-du-Couchois
- Bouzeron
- Givry *
- Mercurey *
- Montagny *
- Rully *

MÂCONNAIS
- Mâcon
- Mâcon suivi d'un nom de village
- Mâcon supérieur
- Mâcon-Villages
- Pouilly-Fuissé
- Pouilly-Loché
- Pouilly-Vinzelles
- Saint-Véran
- Viré-Clessé

BEAUJOLAIS
- Beaujolais
- Beaujolais-Villages
- Beaujolais supérieur
- Brouilly
- Chénas
- Chiroubles
- Côte-de-Brouilly
- Fleurie
- Juliénas
- Morgon
- Moulin-à-Vent
- Régnié
- Saint-Amour

# Les vins les plus connus de Bourgogne

*La Bourgogne est une région assez homogène en termes de style de vin, à l'exception des rouges du Beaujolais. Les blancs, plus secs et minéraux au nord, plus gras et aromatiques en Côte d'Or, sont très majoritairement issus de chardonnay, ce qui leur confère, sinon une ressemblance exacte, du moins un air de famille. Les rouges présentent une plus grande diversité : il y a peu en commun entre un Passetougrain et un grand seigneur de la Côte de Nuits.*

## AOC CRÉMANT DE BOURGOGNE

TOUTE LA RÉGION

En Bourgogne, les vins effervescents sont élaborés depuis le XIXe siècle, mais c'est depuis 1975 qu'ils ont droit à l'appellation Crémant de Bourgogne (s'ils sont issus de vins tranquilles auxquels on fait subir une seconde fermentation en bouteille). Sans pouvoir rivaliser avec leurs voisins champenois, ils offrent en général un bon rapport qualité-prix.

> **CÉPAGES PRINCIPAUX** Pinot noir et gamay (20 % au maximum) pour les rosés ; chardonnay (30 % au minimum) complété avec aligoté, melon, sacy pour les blancs.

> **SOLS** Tous les terroirs bourguignons conviennent, avec une préférence pour les marnes calcaires, les sols crayeux comme en Champagne, voire le granite du sud.

> **STYLE DES VINS** Le « blanc de blancs » offre des arômes de fleurs blanches, des notes d'agrumes ou de pomme verte qui évoluent avec le temps vers des notes de fruits blancs et de pain grillé.
Le « blanc de noirs » exhale des arômes de petits fruits (cerise, cassis ou framboise). C'est un vin plus puissant en bouche, long et persistant. La garde lui apporte un peu plus de rondeur et de chaleur, avec des arômes de fruits secs parfois miellés, voire épicés.
Le rosé (pinot noir, avec ou sans gamay) est un vin délicat aux subtils arômes de fruits rouges.

***Couleur du vin :***
*blanc et rosé.*

***Température de service :***
*entre 4 et 9 °C selon l'occasion (apéritif ou repas).*

***Potentiel de garde :***
*de 3 à 5 ans au maximum.*

## AOC BOURGOGNE PASSETOUGRAIN

TOUTE LA RÉGION

Cette appellation (qui s'écrit également « Passe-tout-grain »), créée en 1937, s'applique à des vins rouges ou rosés provenant de tout le territoire de la Bourgogne et issus pour les deux tiers de gamay noir à jus blanc et d'un tiers de pinot noir. Il s'agit d'un assemblage de raisins en cuve, et non de vins. Dans une région que l'Histoire a conduite à privilégier les vins monocépages, c'est un trait suffisamment original pour être noté. Les vins rosés, plus rares, doivent être vinifiés par cuvaison de raisins, foulés ou non, sans pressurage de la vendange avant fermentation.

> **CÉPAGES PRINCIPAUX** Pinot noir et gamay.

> **SOLS** Le pinot noir se trouve presque partout en Bourgogne, le gamay surtout en Mâconnais, sur des sols siliceux, argileux, sableux ou granitiques.

> **STYLE DES VINS** Pour les rouges, le style varie selon la proportion de gamay et de pinot, mais ce sont en général des vins fruités et légers, plutôt des « vins de soif ». Leur robe peut prendre des reflets violacés, presque fuchsia, pleins de lumière dans leur jeunesse. Les rosés présentent une couleur peu soutenue, tirant un peu sur l'orangé ; leurs arômes fruités et gourmands évoquent la groseille, la pêche.

***Couleur du vin :***
*rouge et rosé.*

***Température de service :***
*12 °C pour les rouges comme pour les rosés.*

***Potentiel de garde :***
*de 3 à 5 ans au maximum.*

CHABLISIEN ET YONNE

## AOC CHABLIS, PETIT CHABLIS

Avant l'invasion du phylloxéra, le Chablisien produisait le tiers des vins de Bourgogne, autour de la petite ville de Chablis, dont les blancs secs sont connus depuis le IXe siècle. Ce vignoble, le plus au nord de Bourgogne, est particulièrement exposé aux gelées printanières.
Chablis est synonyme dans le monde entier de vin blanc sec minéral. Son nom fut usurpé jusqu'en Californie ! L'AOC Petit Chablis, un peu moins réputée, donne des vins plus légers, moins aromatiques que les Chablis… mais aussi moins chers !

> **CÉPAGE UNIQUE** Chardonnay.

> **SOLS** Coteaux de calcaire kimmeridgien et argile.

> **STYLE DES VINS** Autrefois, le Chablis fut vinifié et élevé en fûts de chêne, mais ceux-ci étaient rarement neufs. L'utilisation de cuves en Inox pour la vinification a ouvert d'autres horizons. L'élevage sous bois donne des vins plus gras, parfois plus complexes, mais l'arôme de noisette qu'on lui prête peut se révéler aussi dans les vins élevés en cuves d'acier, au bout de quelques années. Si l'on laisse le vin vieillir 3 ou 4 ans, il acquiert complexité et richesse.

***Couleur du vin :*** *blanc.*

***Température de service :*** *entre 10 et 11 °C.*

***Potentiel de garde :*** *de 3 à 6 ans pour le Chablis ; 4 ans au plus pour le Petit Chablis.*

CHABLISIEN ET YONNE

## AOC CHABLIS GRAND CRU, CHABLIS PREMIER CRU

Les grands et les premiers crus de Chablis comptent parmi les plus grands blancs de Bourgogne. Les grands crus sont issus de sept « climats », dont le nom suit la mention Chablis Grand Cru : Blanchot, Bougros, Les Clos, Grenouilles, Preuses, Valmur et Vaudésir. Plus abordables que leurs homologues de la Côte de Beaune, ils peuvent vieillir plus longtemps que les Chablis sans mention de cru et gagnent avec la maturité en complexité et en richesse. Les premiers crus sont plus nombreux. Parmi les plus connus figurent Fourchaume, Montée de Tonnerre, Monts de Milieu, Montmains et Vaucoupin.

> **CÉPAGE UNIQUE** Chardonnay.

> **SOLS** Calcaires dans lesquels on retrouve encore des dépôts d'huîtres minuscules datant de l'époque où une mer chaude et peu profonde recouvrait la Bourgogne.

> **STYLE DES VINS** Les divers crus ne sont pas toujours évidents à reconnaître, tant leur différence vient autant des styles de culture et de vinification que des différents terroirs. Après au moins 5 ans de cave, un premier ou un grand cru de Chablis devient un vin complexe, épanoui, où les arômes de silex et de pierre à fusil de la jeunesse cèdent la place à des notes de tilleul, de fruits secs et parfois de mousseron.

***Couleur du vin :*** *blanc.*

***Température de service :*** *entre 12 et 14 °C.*

***Potentiel de garde :*** *jusqu'à 10 ans pour les premiers crus ; de 10 à 15 ans (et parfois plus) pour les grands crus.*

## Une sélection de meilleurs producteurs de Chablis

- **La Chablisienne** Cette coopérative haut de gamme couvre environ le tiers de la production de Chablis. Ses cuvées sont toujours irréprochables, telle La Grande Cuvée, une sélection des plus vieilles vignes classées en premier cru. Son meilleur vin est le Château Grenouilles (grand cru), très rare et recherché.
- **Château de Béru** Un jeune et dynamique domaine de 400 ans (!). Le vignoble, dévasté par le phylloxéra au début du XXe siècle, et n'a été replanté qu'en 1987. Le domaine produit du Chablis Clos Béru, un Chablis Premier Cru Vaucoupin et un Chablis « village » de premier ordre.
- **Domaine Laroche** L'un des plus grands domaines de Chablis (100 ha). Son meilleur Chablis « village » est le Chablis Saint-Martin. Les amateurs éclairés (et fortunés !) rechercheront le rare et fameux Réserve de l'Obédiencerie, un Chablis Grand Cru issu d'une minuscule parcelle de vieilles vignes de Blanchot.
- **William Fèvre** Ce négociant, filiale de la maison beaunoise Bouchard Père & Fils, possède la plus grande surface en grands crus de l'appellation. C'est l'un des grands partisans du chêne neuf dans l'élevage.

## AOC FIXIN

CÔTE DE NUITS

Ce petit village (ainsi que le hameau de Fixey), le plus au nord de la Côte de Nuits, produit essentiellement de grands vins rouges, peu connus des amateurs, dont certains peuvent rappeler ceux de Gevrey-Chambertin par leur caractère. L'appellation comporte quelques premiers crus, parmi lesquels Les Hervelets, La Perrière, Le Clos du Chapitre, Le Clos Napoléon.

> **CÉPAGE PRINCIPAL** Pinot noir.

> **SOLS** Des sols bruns calcaires, assez homogènes dans les premiers crus, avec des marnes à certains endroits (Les Hervelets par exemple) ; ailleurs, des ensembles calcaires et marneux.

> **STYLE DES VINS** Les vins sont puissants et délicats, avec une bonne structure tannique, mais sans agressivité. Ils ont une robe plutôt soutenue et révèlent au nez des arômes typiques de grands pinots noirs (violette, cassis, griotte) évoluant, après quelques années, vers des notes plus animales et plus épicées.

***Couleur du vin :*** *rouge.*

***Température de service :*** *entre 13 et 15 °C.*

***Potentiel de garde :*** *de 10 à 15 ans.*

## AOC GEVREY-CHAMBERTIN

CÔTE DE NUITS

Très étendue, cette appellation est l'une des plus fameuses de la Côte de Nuits, et aussi… l'une des plus compréhensibles ! Ici, pas de grand cru avec un nom complètement différent du principal village. Les neuf grands crus – Chambertin, Charmes-Chambertin, Chambertin-Clos de Bèze, Chapelle-Chambertin, Griotte-Chambertin, Latricières-Chambertin, Mazis-Chambertin, Mazoyères-Chambertin, Ruchottes-Chambertin – totalisent 87 ha : plus que tout autre village. Napoléon était réputé ne boire que du Clos de Bèze, qu'il coupait, dit-on, avec de l'eau. On compte aussi pas moins de 26 premiers crus.

> **CÉPAGE UNIQUE** Pinot noir.

> **SOLS** Roche dure, recouverte d'une mince couche de terre brune limoneuse sur le haut ; marnes et roches calcaires sur le versant.

> **STYLE DES VINS** Le meilleur Gevrey-Chambertin est puissant, fruité et tannique, avec une structure qui lui permettra de durer. Les vins ont une robe vive dans leur jeunesse, allant du rouge foncé jusqu'à la cerise noire. Au nez, les notes de cassis, griotte et framboise évoluent avec le temps vers le cacao, le café et les arômes de sous-bois. En bouche, l'amplitude et la chair dominent.

Si les grands crus déçoivent rarement, en revanche le morcellement rend la qualité parfois variable. Certains premiers crus – le fameux Clos-Saint-Jacques, entre autres – peuvent rivaliser avec des grands crus.

***Couleur du vin :*** *rouge.*

***Température de service :*** *entre 14 et 16 °C.*

***Potentiel de garde :*** *de 10 à 30 ans.*

## AOC MOREY-SAINT-DENIS

CÔTE DE NUITS

C'est un petit village coincé entre deux célébrités (Gevrey-Chambertin et Chambolle-Musigny). Les vignobles s'étendent sur un coteau calcaire qui va de Gevrey à Vougeot. Deux des grands crus du village sont d'anciens clos de monastère ceints de murs, typiquement bourguignons : le Clos de Tart (qui est un monopole) et le Clos Saint-Denis, de même que le premier cru, Clos de la Bussière. Les autres grands crus sont le Clos de la Roche et le Clos des Lambrays ainsi qu'une partie des Bonnes-Mares (l'autre partie étant sur Chambolle-Musigny).

Morey-Saint-Denis élabore des bourgognes rouges de garde dans le style classique de la Côte de Nuits, solides et charpentés. Du fait de sa faible renommée auprès du grand public, cette appellation communale bénéficie d'un bon rapport qualité/prix, du moins en comparaison de ses prestigieux voisins.

> **CÉPAGE PRINCIPAL** Pinot noir.

> **SOLS** Calcaires et argilo-calcaires.

> **STYLE DES VINS** Selon leur provenance, les vins rouges de Morey empruntent les uns leur virilité aux Gevrey-Chambertins, les autres leur délicatesse aux Chambolles. Dans l'ensemble, ce sont des vins avec beaucoup de classe et d'étoffe, dont le bouquet très riche de violette et de fraise rappelle parfois aussi la truffe.

***Couleur du vin :*** *rouge.*

***Température de service :*** *entre 14 et 16 °C.*

***Potentiel de garde :*** *de 10 à 30 ans.*

CÔTE DE NUITS

## AOC CHAMBOLLE-MUSIGNY

C'est en 1878 seulement que la commune de Chambolle fut autorisée à accoler à son nom celui de son « climat » le plus renommé, Musigny, qui surplombe le Clos de Vougeot.

Ancien fief de l'abbaye de Cîteaux, Chambolle-Musigny compte deux grands crus, Bonnes-Mares (partagé avec Morey-Saint-Denis) et Musigny.Plus féminins que les Chambertins, les vins rouges de Chambolle-Musigny ont un bouquet et une suavité admirables, et on les juge généralement les plus fins, les plus délicats et les plus élégants de la Côte de Nuits. La sonorité même du nom du village lorsqu'on le prononce évoque l'élégance et la légèreté.

Les premiers crus sont également de premier ordre, le meilleur étant Les Amoureuses, situé en contrebas des parcelles de Musigny. On trouve (ou plus exactement, on cherche…) du Musigny blanc de façon anecdotique.

> **CÉPAGE PRINCIPAL** Pinot noir.

> **SOLS** Calcaires, mêlés souvent à des marnes argileuses.

> **STYLE DES VINS** La puissance (discrète), alliée à l'élégance est le signe distinctif des meilleurs vins du village, qui font partie des plus grands rouges de Bourgogne. Ils sont cependant moins tanniques et moins structurés que les vins de Morey-Saint-Denis et Gevrey-Chambertin. Au nez, la violette et les petits fruits rouges sont très présents dans les premières années, laissant la place, avec l'âge, à des arômes plus mûrs, plus épicés, plus animaux (pruneau, truffe, sous-bois).

***Couleur du vin :***
*rouge.*

***Température de service :***
*entre 14 et 16 °C.*

***Potentiel de garde :***
*de 10 à 20 ans.*

CÔTE DE NUITS

## AOC VOUGEOT

Le Clos de Vougeot est probablement le porte-étendard le plus fameux de la Bourgogne, même si sa dispersion entre de multiples propriétaires possédant de petites parcelles (80 propriétaires pour 50 ha) peut donner des vins assez différents selon leur situation et le travail du vigneron. Mais le village – qui doit son nom à la Vouge, petite rivière locale – ne se résume pas à ce Clos fameux, propriété de l'abbaye de Cîteaux dès le XIIe siècle, dont le château médiéval reste le quartier général de la Confrérie des chevaliers du Tastevin de Bourgogne (voir encadré p. 278).

On élabore une petite quantité de vin blanc, principalement à partir du premier cru Clos Blanc (parfois appelé aussi Vigne Blanche), ce qui est assez rare en Côte de Nuits.

> **CÉPAGES PRINCIPAUX** Pinot noir en rouge ; chardonnay en blanc.

> **SOLS** Sols bruns calcaires assez fins sur le haut du coteau ; marnes argilo-calcaires en descendant vers le piémont.

> **STYLE DES VINS** Les Vougeots rouges ont une robe sombre, presque violette dans leur jeunesse, et un goût puissant, riche, presque doux lorsqu'ils sont jeunes,

rehaussé par un bouquet mêlant la violette aux petits fruits noirs (cassis). Une note terreuse, présente sur d'autres crus mais moins systématiquement, permet de les reconnaître. S'ils ne sont pas les plus subtils des bourgognes, il faut leur reconnaître une générosité voluptueuse en bouche et une texture veloutée.

Les blancs sont des vins assez secs, au bouquet floral (aubépine, acacia) rehaussé de notes de pain grillé. La bouche peut être assez minérale, proche des vins d'Aloxe-Corton, dans un style moins gras que les grands blancs de la Côte de Beaune ; elle évolue vers des arômes plus épicés et corsés au bout de quelques années.

***Couleur du vin :***
*rouge et blanc.*

***Température de service :***
*entre 12 et 13 °C pour les blancs ;*
*entre 14 et 16 °C pour les rouges.*

***Potentiel de garde :***
*de 5 à 10 ans pour les blancs ;*
*de 10 à 20 ans pour les rouges.*

## AOC VOSNE-ROMANÉE

### CÔTE DE NUITS

Bordée par Nuits-Saint-Georges au sud, Chambolle-Musigny et Vougeot au nord, cette appellation, autour et au-dessus des charmants villages de Vosne-Romanée et Flagey-Échezeaux, ne compte pas moins de huit grands crus, parmi lesquels La Romanée-Conti (voir p. 288-289), possédé en monopole avec La Tâche par le domaine qui porte son nom. Certains grands crus sont minuscules (La Romanée, La Grande Rue – promu de premier cru à grand cru en 1992) et les autres à peine plus grands en surface (Richebourg, Romanée-Saint-Vivant, Échezeaux, Grands Échezeaux), ce qui ne les empêche pas, bien souvent, d'être partagés entre plusieurs propriétaires. Les grands crus et les premiers crus sont tous regroupés au-dessus des villages. Les grands crus atteignent les prix les plus élevés de la Bourgogne, notamment en raison des sommets qu'atteignent ceux vendus par le Domaine de La Romanée-Conti. Heureusement, certains premiers crus, comme Les Malconsorts, Les Suchots, Les Chaumes, Aux Brûlées et Les Beaux Monts, sont excellents et produisent des vins remarquables qui, en grande année, rivalisent avec les grands crus.

> **CÉPAGE PRINCIPAL** Pinot noir.

> **SOLS** Sols calcaires mêlés souvent à des marnes argileuses, avec une profondeur qui varie de quelques centimètres à un mètre au plus.

> **STYLE DES VINS** Les grands crus sont toujours riches, capiteux et d'une grande opulence, en particulier ceux du Domaine de La Romanée-Conti. La structure tannique est une caractéristique commune des vins de Vosne-Romanée, ainsi que leur richesse et leur caractère à la fois velouté et puissant. Après quelques années, leur bouquet tertiaire se développe, laissant apparaître des arômes d'épices, de cuir, de sous-bois et de violette.

***Couleur du vin :***
*rouge.*

***Température de service :***
*entre 14 et 16 °C.*

***Potentiel de garde :***
*de 10 à 30 ans, voire au-delà pour les grands crus dans les meilleurs millésimes.*

## Une sélection de meilleurs producteurs de la Côte de Nuits

Faut-il préférer un vin de vigneron à celui d'un négociant ? Tel est le dilemme auquel est confronté l'amateur de grands bourgognes. Les premiers peuvent être exceptionnels, mais introuvables. Les seconds ne sont pas toujours les mieux réussis de l'appellation, ni les plus abordables, mais ils présentent généralement une qualité assez constante. Une solution peut être de privilégier les vins du domaine privé des négociants, généralement de très haut niveau, car ils constituent une sorte de « carte de visite ».

- **Domaine Faiveley : Les Damodes, AOC Nuits-Saint-Georges Premier Cru** Vinifié de manière à la fois moderne (macération à froid) et traditionnelle, sans excès de bois neuf, ce vin à la robe soutenue provient de l'un des meilleurs premiers crus de Nuits (il n'existe pas de grand cru).

- **Domaine Liger-Belair : AOC Richebourg Grand Cru** Thibault Liger-Belair a décidé de reprendre en 2001 les vignes de ce domaine créé en 1720, qui étaient jusqu'alors en métayage. Il a converti le domaine en biodynamie en quelques années, avec pour seul objectif la sublimation de son terroir. Il suffit de goûter son merveilleux Richebourg pour se convaincre qu'il y est parvenu.

- **Domaine Méo-Camuzet : AOC Clos de Vougeot Grand Cru** Ce très beau domaine familial de Vosne-Romanée produit l'un des meilleurs Vougeots, riche, complexe et concentré. L'excellente situation de sa parcelle, dans le haut du Clos, près du château, n'y est certainement pas étrangère.

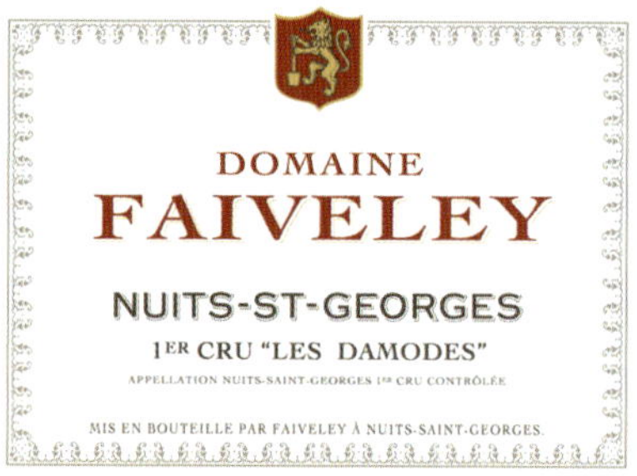

CÔTE DE NUITS

# AOC NUITS-SAINT-GEORGES

La petite ville qui a donné son nom à la Côte de Nuits fut longtemps la grande rivale de Beaune pour le négoce des vins. Si elle compte encore quelques grands négociants (Faiveley, Labouré-Roi), c'est Beaune qui domine ce terrain aujourd'hui.
Restent les vins, répartis outre Nuits-Saint-Georges sur Premeaux-Prissey, sur une bande de 7 km le long de la Côte, ce qui explique leur diversité. Ils sont presque tous rouges, issus majoritairement du pinot noir (98 %). Quelques vignes de chardonnay subsistent cependant (moins de 2 %), qui fournissent des vins blancs remarquables mais confidentiels. Il n'y a pas de grand cru mais une quarantaine de premiers crus.
Nuits-Saint-Georges possède tout comme Beaune son hospice, mais de taille bien plus modeste, avec cependant un beau vignoble de 8,8 ha. Les vins des Hospices sont de très bonne tenue.

> **CÉPAGES PRINCIPAUX** Pinot noir en rouge ; chardonnay en blanc.
> **SOLS** Ils comportent des éboulis aluvionnaires en provenance de la Côte au nord, des marnes argilo-calcaires au sud, le tout sur une roche-mère calcaire.
> **STYLE DES VINS** Selon qu'ils sont situés au nord, près de Vosne, ou au sud, autour de Premeaux, les rouges prennent un caractère assez différent : plus opulents et parfumés au nord (le premier cru Les Damodes jouxte Vosne-Romanée), ils sont plus aromatiques et plus robustes au sud, en raison notamment des sols plus lourds. Généralement corsés, ces vins sont d'une couleur assez intense, tirant parfois sur le mauve ; ils offrent des arômes de fruits rouges, de cassis et de réglisse dans leur jeunesse, évoluant en vieillissant vers le cuir et la truffe.
Les blancs, assez rares, ont une belle robe dorée après un ou deux ans et des arômes briochés tirant vers les fleurs blanches.

***Couleur du vin :***
*rouge et blanc.*

***Température de service :***
*entre 12 et 13 °C pour les blancs ;*
*entre 14 et 16 °C pour les rouges.*

***Potentiel de garde :***
*de 4 à 8 ans pour les blancs ;*
*de 5 à 10 ans pour les rouges.*

CÔTE DE BEAUNE

# AOC ALOXE-CORTON

Le village d'Aloxe-Corton est dominé par la colline de Corton et ses deux grands crus : Corton (l'unique grand cru rouge de la Côte de Beaune et le plus vaste de Bourgogne) et Corton-Charlemagne (vins blancs uniquement).
On dit que le vignoble de Corton-Charlemagne aurait été la propriété personnelle de l'empereur, qui en fit don à la collégiale de Saulieu en 775. D'autres histoires plus ou moins apocryphes sont rapportées sur ce vin mythique, à commencer par celle qui voudrait que Charlemagne le préférât car il ne tachait pas sa barbe…

> **CÉPAGES PRINCIPAUX** Pinot noir en rouge ; chardonnay en blanc.
> **SOLS** Corton occupe le versant est de la colline, le Corton-Charlemagne les coteaux sud et sud-ouest, avec un sol plus léger en altitude, comportant un pourcentage élevé de craie. Le bas du coteau produit des vins moins puissants et plus souples.
> **STYLE DES VINS** Les rouges sont très tanniques dans leur jeunesse, puissamment aromatiques, avec un goût de terroir très prononcé, d'où émergent, après quelques années de bouteille, des notes fruitées et épicées. On ne doit pas les boire avant 5 ans.
Les blancs comptent parmi les meilleurs au monde, avec un bouquet épicé, très minéral dans sa jeunesse, et qui ne commence vraiment à s'ouvrir et à dévoiler des arômes subtils de noisette et d'épices qu'à partir de 5 ans, pour se conserver une quinzaine ou une vingtaine d'années.

***Couleur du vin :***
*rouge et blanc.*

***Température de service :***
*entre 12 et 14 °C pour les blancs ;*
*entre 14 et 16 °C pour les rouges.*

***Potentiel de garde :***
*de 10 à 20 ans pour les blancs ;*
*de 10 à 30 ans pour les rouges.*

## AOC LADOIX-SERRIGNY

CÔTE DE BEAUNE

Premier village de la Côte de Beaune en venant de Dijon, Ladoix accueille avec Aloxe-Corton et Pernand-Vergelesses les grands crus Corton et Corton-Charlemagne sur ses plus beaux coteaux. Depuis peu, l'INAO a élevé au rang de premier cru quelques climats, parmi lesquels on peut citer les Hautes-Mourottes, dans un style qui rappelle les premiers crus d'Aloxe, en rouge. Les blancs sont plus rares (20 % de la production), mais de bonne facture.

> **CÉPAGES PRINCIPAUX** Pinot noir en rouge ; chardonnay en blanc.

> **SOLS** Graveleux, calcaires et assez marneux.

> **STYLE DES VINS** Les meilleurs rouges rappellent le Corton, sans atteindre la plénitude et le corps du grand cru, avec une chair et des arômes plus délicats (framboise, griotte, mais aussi épices, cacao en vieillissant pour les rouges).

Les blancs peuvent être déroutants, avec des notes beurrées et des arômes plus végétaux. Ils n'ont pas toutefois la richesse et la puissance des grands blancs plus proches de Beaune.

***Couleur du vin :***
*rouge et blanc.*

***Température de service :***
*entre 11 et 12 °C pour les blancs ;*
*entre 14 et 16 °C pour les rouges.*

***Potentiel de garde :***
*de 5 à 10 ans pour les blancs ;*
*de 10 à 15 ans pour les rouges.*

## AOC BEAUNE

CÔTE DE BEAUNE

La charmante et opulente cité médiévale de Beaune s'est enrichie du commerce des vins de la Côte d'Or au cours des siècles, et ça se voit ! Haut lieu touristique, mais aussi culturel, elle devient le centre de la région à l'occasion de la vente des Hospices de Beaune, le troisième dimanche de novembre (voir p. 272).

C'est une vaste appellation (320 ha), aux nombreux premiers crus, dont certains peuvent presque rivaliser avec des grands crus (le Clos des Mouches, le Clos du Roi et la Vigne de l'Enfant-Jésus du négociant Bouchard Père & Fils sur le « climat » des Grèves). Elle produit principalement des rouges (à 98 %). Parmi les blancs, rares, certains sont remarquables, tel le Clos des Mouches de Joseph Drouhin, si on a la chance de pouvoir y goûter.

> **CÉPAGES PRINCIPAUX** Pinot noir (98 %) en rouge ; chardonnay en blanc.

> **SOLS** Entre 200 et 300 m d'altitude, on trouve sur un socle calcaire à la fois des sols bruns peu épais, des marnes parsemées de crasse ferrique, ainsi que des sols argilo-calcaires en bas de coteau.

> **STYLE DES VINS** Les rouges sont puissants et possèdent une riche palette aromatique (fruits noirs et rouges) soutenue par une trame tannique assez élégante. Ils évoluent vers des arômes typiquement bourguignons de sous-bois et de truffe, rehaussés d'une touche épicée.

Les blancs sont plus simples et plus faciles à boire, à l'exception des premiers crus qui peuvent parfois, pour les meilleurs, rivaliser avec leurs voisins de Puligny ou de Chassagne.

***Couleur du vin :***
*rouge et blanc.*

***Température de service :***
*entre 12 et 14 °C pour les blancs ;*
*entre 14 et 16 °C pour les rouges.*

***Potentiel de garde :***
*de 5 à 10 ans pour les blancs ;*
*de 6 à 10 ans pour les rouges.*

## AOC POMMARD

CÔTE DE BEAUNE

L'un des noms quasi synonymes de grand vin de Bourgogne, ce village au sud de Beaune produit exclusivement des vins rouges, mais ne possède pas de grand cru. Le vignoble, bordé au sud par Volnay et au nord par Beaune, forme un large ruban. Les premiers crus (27 climats) se situent presque tous autour du village de Pommard, et l'on cite généralement Les Épenots et Les Rugiens comme les meilleurs. L'appellation a été accordée en 1936, parmi les premières.

> **CÉPAGE UNIQUE** Pinot noir.

> **SOLS** Argilo-calcaires, composés de roches alluvionnaires et de débris caillouteux, avec des sols bruns calcaires, parfois accompagnés de crasse ferrique.

> **STYLE DES VINS** Les vins sont de couleur profonde, avec des arômes intenses et une bonne concentration qui leur permet de se bonifier. Le bouquet aux notes de fruits (cassis, groseille, cerise) évolue avec le temps vers des arômes nettement plus animaux (sous-bois, cuir, chocolat).

***Couleur du vin :***
*rouge.*

***Température de service :***
*entre 14 et 16 °C.*

***Potentiel de garde :***
*de 5 à 15 ans.*

CÔTE DE BEAUNE

## AOC VOLNAY

Le village se situe assez haut sur le coteau, les vignobles s'étendant de part et d'autre et en dessous. Volnay est encadré au sud-ouest par Meursault et Monthelie, au nord-est par Pommard.

L'appellation produit uniquement des vins rouges (les blancs ont droit à l'appellation Meursault). Les premiers crus – Caillerets, Champans, Clos des Chênes et Clos des Ducs – sont réputés pour la qualité de leur vinification qui met en valeur leur finesse et leur caractère délicat. Santenots, un autre premier cru, se trouve quant à lui sur la commune de Meursault bien qu'il relève de l'AOC Volnay.

> **CÉPAGE UNIQUE** Pinot noir.

> **SOLS** Très calcaires en haut de coteau, les sols sont plus caillouteux en milieu et en bas de pente.

> **STYLE DES VINS** Un parfum délicat de violette et de fraise se dégage du Volnay dans sa jeunesse, et si l'âge lui apporte une plus grande complexité (avec des arômes de pruneau et d'épices) et une plus grande suavité, il ne se départ pas de son élégance naturelle, même lorsqu'il est un peu fané.

***Couleur du vin :*** *rouge.*

***Température de service :*** *entre 14 et 16 °C.*

***Potentiel de garde :*** *de 5 à 15 ans.*

CÔTE DE BEAUNE

## AOC MONTHÉLIE

Ce vieux village doté d'un château est perché sur la colline de Meursault. Il fut longtemps dépendance de l'abbaye de Cluny. Les Bourguignons en prononcent le nom d'un trait – « montli », comme s'il s'agissait de finir rapidement son verre… Il est vrai que jusqu'au milieu des années 1980, les vins du village (surtout rouges) était plutôt considérés comme rustiques et sans prétention. Depuis, des vignerons de talent ont su tirer parti du potentiel de leurs parcelles, et les meilleurs vins ont pris du caractère, de la structure et des arômes, et sont désormais recherchés pour leur bon rapport qualité-prix. Les plus connus des neuf premiers crus de Monthélie sont Sur la Velle et Les Champs Fulliot.

> **CÉPAGES PRINCIPAUX** Pinot noir en rouge ; chardonnay en blanc.

> **SOLS** Une base calcaire recouverte par des marnes et des argiles rouges.

> **STYLE DES VINS** Les rouges sont assez légers et délicats, plutôt féminins comme leurs cousins et voisins de Volnay. Le nez, délicat, présentant souvent des notes de fruits noirs et rouges, est quelquefois rehaussé de touches florales (pivoine, violette) évoluant avec l'âge vers des arômes de sous-bois et d'épices. Les tanins sont discrets et souvent souples, même dans leur jeunesse.

Les blancs ne sont pas sans rappeler les Meursaults, mais avec davantage de légèreté et moins de concentration, et des nez plus floraux et moins complexes, du moins dans leur jeunesse.

***Couleur du vin :*** *rouge et blanc.*

***Température de service :*** *entre 10 et 12 °C pour les blancs ; entre 14 et 16 °C pour les rouges.*

***Potentiel de garde :*** *de 5 à 10 ans pour les rouges et les blancs.*

CÔTE DE BEAUNE

## AOC AUXEY-DURESSES

Auxey-Duresses (prononcez : « ossai ») est une ancienne dépendance de l'abbaye de Cluny, située dans une vallée étroite qui remonte dans les Hautes Côtes, entre Meursault (au sud), Monthélie (au nord) et Saint-Romain (à l'ouest). Avant la loi sur les AOC, le vin de ce petit village était parfois vendu comme du Volnay ou du Pommard. Les vins agréables qu'on y produit, surtout rouges (mais avec une part de blancs non négligeable) sont généralement vendus à des prix plutôt sages pour des vins de la Côte de Beaune.

> **CÉPAGES PRINCIPAUX** Pinot noir (70 %) en rouge ; chardonnay en blanc.

> **SOLS** Du côté de Monthélie, marnes calcaires sur des assises caillouteuses qui signalent des terroirs de rouge ; calcaires plus fins, annonçant les blancs, sur les climats du Val et du mont Mélian.

> **STYLE DES VINS** Les premiers crus, comme Les Duresses et le Clos du Val, peuvent donner de beaux rouges au goût de framboise, soutenant la comparaison avec certains Volnays. Les meilleurs blancs, au délicieux goût de pain grillé et de noisette, n'ont rien à envier aux Meursaults, lorsqu'ils possèdent suffisamment de gras, mais doivent se boire plus jeunes.

***Couleur du vin :*** *rouge et blanc.*

***Température de service :*** *entre 12 et 14 °C pour les blancs ; entre 14 et 16 °C pour les rouges.*

***Potentiel de garde :*** *de 5 à 10 ans pour les blancs et les rouges.*

1

2

3

4

1. Vignes et village de Vosne-Romanée.
2. Cette croix au milieu des vignes est l'emblème du Domaine.
3. Dans la cave.
4. La mention « monopole» indique qu'un seul domaine assure la production de ce grand cru.
5. Barriques de chêne dans la cuverie.

# La Romanée-Conti

Au cœur de la Côte de Nuits, cette modeste parcelle de terre couvrant 1 hectare, 80 ares et 50 centiares jouit d'un prestige mondial. Le vin rouge qu'elle produit a atteint depuis bien longtemps le statut de mythe, tant il est vrai qu'on en parle plus qu'on ne le déguste.

## UNE HISTOIRE SÉCULAIRE

Les Romains, déjà, avaient remarqué l'extraordinaire potentiel du terroir de cette région. Plus tard, les moines cisterciens affinèrent encore l'observation et, dès 1512, les limites du cru furent fixées. En 1760, le prince de Conti, bourguignon d'origine et conseiller de Louis XV, acheta la parcelle à un prix exorbitant. À la Révolution, le prince fut dessaisi de son domaine et celui-ci, vendu en 1792 comme bien national. C'est à partir de cet événement que le vignoble prit sa dénomination définitive : La Romanée-Conti.

## UN TERROIR QUI FAIT TOUTE LA DIFFÉRENCE

Le vin de La Romanée-Conti est la démonstration de l'importance primordiale du terroir. Sur cette minuscule surface de terre, avec le même cépage utilisé dans toute la Bourgogne, le pinot noir, des senteurs et des saveurs uniques se révèlent. Ses voisins immédiats, à quelques mètres, traités avec les mêmes attentions et les mêmes méthodes, donnent des vins remarquables certes, mais toujours différents. Le mystère est total et le constat permanent...

Faisant face au levant, sur un terrain légèrement pentu, la vigne profite d'une exposition idéale et d'un drainage parfait. Le pinot noir est ici chez lui et s'exprime pleinement. Pendant longtemps, on a tout fait pour conserver les pieds de vigne d'origine, mais, après la récolte de 1945, les longs ravages du phylloxéra ont contraint les propriétaires de tout arracher et de replanter, comme ailleurs, l'ensemble de la parcelle avec des porte-greffes insensibles au parasite. Ainsi, entre 1946 et 1951 inclus, il n'existe pas de Romanée-Conti.

5

## DE LA VIGNE À LA CAVE : UN PARCOURS SANS FAUTE

Aujourd'hui, Aubert de Villaine et Henry-Frédéric Roch, les copropriétaires du domaine, entretiennent le respect de la vigne en s'inspirant des principes de la biodynamie. Car c'est dans le vignoble que tout commence : pour obtenir des raisins mûrs et sains, on ne force jamais rien par l'utilisation de produits chimiques qui pourraient faciliter le travail, mais qui épuisent le sol et la vigne. Les traitements indispensables restent parcimonieux, ponctuels et naturels, et les rendements sont sous un contrôle rigoureux.

Au moment de la vendange, chaque grappe subit un contrôle : tout grain douteux ou pas assez mûr est éliminé. Suivant les cas, le raisin est peu ou pas égrappé et la fermentation se poursuit très simplement jusqu'à son terme. Le vin est ensuite élevé pendant au moins 18 mois dans des fûts de chêne neufs issus de la forêt de Tronçais.

Une fois embouteillé – outre les bouteilles de 75 cl, on utilise quelques magnums et jéroboams –, le vin séjourne encore une année dans les caves fraîches du domaine, avant d'être proposé aux amateurs triés sur le volet et à une centaine de cavistes. À eux de prendre ensuite la responsabilité du lent et indispensable vieillissement. Une cave irréprochable s'impose, car ce vin est exigeant et ne souffre pas de compromis. Dans une bonne année, il se conservera au moins 20 ans ; dans une grande année, 30 ans, 40 ans ou encore davantage.

## UN NECTAR AUX MILLE FACETTES

Pour apprécier pleinement ce vin légendaire, son service se fera à 16 °C et il n'est pas nécessaire de le décanter. Pour les millésimes anciens, qui auront du dépôt, il suffit de mettre la bouteille très lentement debout, deux jours avant la dégustation, et de verser le vin dans les verres en évitant toute brusquerie. Le verre sera en cristal très fin et de forme tulipe pour profiter pleinement du fabuleux bouquet.

À son apogée, le vin de La Romanée-Conti est une alliance unique de densité et de soyeux. Le nez, d'une extraordinaire complexité, offre des notes de fruits noirs, de griotte macérée, de myrtille, de sous-bois, de tabac blond, puis viennent ces touches de boisé, d'épices douces, de rose ancienne, de cuir de Russie, de truffe... En bouche, la richesse se fait tendresse, finesse, suavité et fondu, et le vin se prolonge longuement, sans faiblir jamais, mais comme une caresse de fleurs et de réglisse. Après Mozart, le silence qui suit est toujours du Mozart...

## AOC MEURSAULT

CÔTE DE BEAUNE

Voici un village synonyme de vin blanc gras et opulent, où le chardonnay donne le meilleur de lui-même pour produire un bourgogne blanc emblématique.

Meursault ne possède pas de grands crus, mais un nombre impressionnant de premiers crus (Les Charmes, Les Perrières, Les Gouttes d'Or, etc.), 21 au total. La production est importante, et la qualité parfois variable, il faut donc se fier en priorité au producteur (en dehors des premiers crus).

On pourrait trouver saugrenue l'idée d'y faire du vin rouge (moins de 4 % des vignes) s'il n'y avait le merveilleux Clos de Mazeray, du domaine Prieur. Les rouges ont également droit à l'appellation Blagny, du nom du hameau voisin. Ce dernier peut vendre ses blancs sous l'appellation Meursault ou Puligny-Montrachet, selon l'endroit d'où ils proviennent.

> **CÉPAGES PRINCIPAUX** Pinot noir pour les rouges ; chardonnay pour les blancs.

> **SOLS** Marnes calcaires.

> **STYLE DES VINS** Environ 96 % des vins sont blancs. Les premiers crus donnent les vins les plus fins et les plus concentrés ; les vins de village ont moins de caractère. Ces vins à l'arôme puissant et persistant peuvent vieillir et se bonifier de manière remarquable. Le bouquet, discret dans la jeunesse, est floral et végétal (fougère, tilleul, fleurs blanches) ; il évolue vers des arômes plus marqués de noisette et de fruits secs, de miel et des notes beurrées caractéristiques. En bouche, c'est le gras qui domine souvent, mais un vrai Meursault sait garder l'équilibre en assurant la fraîcheur nécessaire par une trame acide, discrète, mais toujours présente. Les rouges se rapprochent des vins de Blagny et un peu de Volnay (pour la finesse), mais sont plutôt anecdotiques en raison des très faibles quantités produites. Il faut en effet une volonté affirmée pour faire du rouge à Meursault…

***Couleur du vin :***
*blanc et rouge.*

***Température de service :***
*entre 12 et 14 °C pour les blancs ;*
*entre 14 et 16 °C pour les rouges.*

***Potentiel de garde :***
*de 5 à 10 ans pour les rouges ;*
*de 10 à 15 ans pour les blancs.*

## LES VINS DE PULIGNY ET DE CHASSAGNE

CÔTE DE BEAUNE

Ces deux communes au paysage de carte postale se partagent l'honneur d'abriter la plupart des grands vins blancs de la Bourgogne (et du monde). Il s'agit des grands crus Montrachet (prononcez : « mon-rachet »), Chevalier-Montrachet, Bienvenues-Bâtard-Montrachet, Bâtard-Montrachet et Criots-Bâtard-Montrachet.

Le Montrachet (grand cru) ne fait que 8 ha (7,99 précisément), et peu de ses propriétaires en possèdent plus d'un. C'est dire la rareté de ce vin au bouquet suave, pénétrant et entêtant, que peu d'amateurs peuvent se vanter d'avoir goûté. Seuls les plus grands experts savent distinguer le Chevalier-Montrachet de son voisin, plus corsé, et si le Montrachet domine ses voisins, c'est d'une courte tête.

Outre les grands crus, les deux communes élaborent des vins, rouges et blancs, dans les AOC « villages » Chassagne-Montrachet et Puligny-Montrachet. Curieusement, Chassagne-Montrachet est plus connu pour ses rouges, certes dignes d'être remarqués, que pour ses blancs, qui représentent tout de même 60 % de la production.

> **CÉPAGES PRINCIPAUX** Pinot noir pour les rouges ; chardonnay pour les blancs.

> **SOLS** Le socle calcaire est parfois recouvert de marnes rougeâtres ou de sols minces et pierreux.

> **STYLE DES VINS** Les grands crus blancs sont puissants et se laissent attendre : il est imprudent de les ouvrir avant 5 ans et préférable de les déguster après 10 ans. Leur bouquet est riche, entêtant, avec des arômes de beurre, de pain d'épices, de noisette, de fruits secs. La richesse et l'onctuosité sont bien présentes en bouche, avec toujours un bel équilibre par l'acidité, qui confère à ces vins une grande fraîcheur qu'on n'attendrait pas forcément. Les premiers crus sont généralement excellents ; sur Puligny, on peut citer Les Pucelles et Les Caillerets, sur Chassagne, En Remilly.

Les rouges sont puissants et tanniques, avec des arômes de fruits rouges ou noirs (cerise, cassis). Citons le Clos Pitois, Morgeot, La Maltroye parmi les meilleurs premiers crus de Chassagne. Ils sont souvent d'un bon rapport qualité-prix.

***Couleur du vin :***
*blanc et rouge.*

***Température de service :***
*entre 12 et 14 °C pour les blancs ;*
*entre 14 et 16 °C pour les rouges.*

***Potentiel de garde :***
*de 5 à 15 ans pour les rouges ;*
*de 10 à 30 ans pour les blancs.*

CÔTE DE BEAUNE

## AOC SANTENAY, MARANGES

À cette extrémité sud de la Côte de Beaune, le vin rouge reprend possession du terrain. On compte plusieurs premiers crus, qui donnent de bons vins un peu rustiques, au goût de terroir prononcé. Il ne faut pas les garder trop longtemps, mais les déguster entre 5 et 10 ans.

Le village de Santenay possède plusieurs agglomérations et hameaux, et partage l'appellation Santenay avec celui de Remigny. L'AOC Maranges quant à elle se partage entre trois villages, Dezize-lès-Maranges, Sampigny-lès-Maranges et Cheilly-lès-Maranges ; elle compte six premiers crus.

> **CÉPAGES PRINCIPAUX** Pinot noir en rouge ; chardonnay (13 %) en blanc.

> **SOLS** Le haut des coteaux est constitué de sols calcaires qui, en descendant la pente, se mêlent à des marnes.

> **STYLE DES VINS** Les rouges associent des arômes floraux (pivoine, violette) aux fruits rouges avec des notes de réglisse. Les tanins sont fermes, parfois un peu rustiques, avec une bonne amplitude en bouche. Les blancs sont vigoureux et rafraîchissants, avec des arômes minéraux et floraux, évoluant vers des notes végétales et de fruits secs.

***Couleur du vin :***
*blanc et rouge.*

***Température de service :***
*entre 10 et 12 °C pour les blancs ;*
*entre 14 et 16 °C pour les rouges.*

***Potentiel de garde :***
*de 5 à 10 ans pour les rouges et les blancs.*

## Une sélection des meilleurs producteurs de la Côte de Beaune

- **Domaine Chandon de Briailles : Corton blanc, AOC Corton Grand Cru** Beau domaine de Savigny, propriété de la famille Nicolay, qui possède de très belles parcelles sur Corton, notamment dans les Bressandes. Il produit de très beaux vins, très traditionnels, vinifiés pour durer et que l'on doit attendre pour les apprécier pleinement.

- **Domaine Drouhin : Clos des Mouches, AOC Beaune Premier Cru** Acheté parcelle par parcelle dans les années 1920, ce clos beaunois produit l'un des meilleurs premiers crus de l'appellation, en blanc comme en rouge.

- **Domaine Jacques Prieur : Clos des Santenots, AOC Volnay Premier Cru** Ce vaste domaine de 21 ha, repris depuis quelques années par la famille Labruyère, possède des parcelles dans les plus grands terroirs de Bourgogne et notamment une parcelle du Montrachet. Son Volnay Clos des Santenots est tout en équilibre et en finesse.

- **Domaine Jadot : Clos de Malte, AOC Santenay Premier Cru** Issu du domaine des héritiers Jadot, ce premier cru est vif et puissant, sans la rusticité que l'on trouve parfois dans les Santenays. Il existe en blanc et en rouge. Louis Jadot distribue également le Domaine du Duc de Magenta, avec une belle brochette de premiers crus à Chassagne et Puligny.

- **Domaine Leflaive : Les Pucelles, AOC Puligny-Montrachet Premier Cru** Le plus beau domaine de blancs de la Côte de Beaune, passé intégralement en biodynamie sous la houlette d'Anne-Claude Leflaive, secondée par Pierre Morey. Ses premiers crus sont presque au niveau d'un grand cru, et Les Pucelles est certainement le meilleur. Les prix sont tout sauf abordables, malheureusement.

- **Domaine Louis Latour : Corton Grancey, AOC Corton Grand Cru** Racheté au comte de Grancey en 1749, c'est le siège de la cuverie des vins du domaine, et un peu le « Corton privé » de la famille Latour qui a obtenu de pouvoir rajouter « Grancey » après le nom de « Corton ». Le grand cru Corton-Charlemagne du domaine est aussi de premier ordre.

## CÔTE CHALONNAISE

# AOC MERCUREY

Mercurey est l'une des cinq appellations communales de la Côte chalonnaise (à côté des AOC Bouzeron, Rully, Givry et Montagny) et certainement la plus prestigieuse. Elle s'étend sur deux communes, Mercurey et Saint-Martin-sous-Montaigu. Ici, les rouges dominent (mais on produit aussi quelques blancs), dans un vignoble trois fois plus étendu (640 ha) que celui de Rully, au nord.

On trouve sur l'appellation de grands domaines bien gérés et quelques négociants (Antonin Rodet est le plus fameux). Un Mercurey d'un bon producteur peut présenter un excellent rapport qualité-prix (pour un bourgogne, s'entend…) et vieillir plusieurs années.

Certains terroirs ont été distingués comme premiers crus par l'INAO (32 climats classés), mais d'autres, y compris les climats non classés, jouissent d'une excellente réputation. Parmi les meilleurs vignobles, on peut citer le Clos du Roy, le Clos Voyen, Les Champs Martin, le Clos des Barraults et le Clos l'Evêque.

> **CÉPAGES PRINCIPAUX** Pinot noir en rouge ; chardonnay et aligoté en blanc.

> **SOLS** Affleurements de calcaire et de marne.

> **STYLE DES VINS** Les blancs sont des vins rafraîchissants, avec une pointe de minéralité et des arômes floraux et épicés. Bien plus abordables que leurs voisins de Côte d'Or, ils sont cependant moins complexes et moins puissants. Les rouges sont fermes mais délicats dans leur jeunesse, avec des arômes évoquant la framboise, la fraise ou la cerise. En vieillissant, ils évoluent vers des arômes épicés et animaux.

***Couleur du vin :***
*rouge et blanc.*

***Température de service :***
*entre 10 et 12 °C pour les blancs ;*
*entre 14 et 16 °C pour les rouges.*

***Potentiel de garde :***
*de 3 à 6 ans pour les blancs ;*
*de 4 à 8 ans pour les rouges.*

## Une sélection des meilleurs producteurs de la Côte chalonnaise

- **Comte de Ternay : Château de Rully, AOC Rully** L'ancien château médiéval domine l'appellation, non seulement par sa situation, mais aussi par la qualité de ses vins. Distribué par l'important négociant de la Côte chalonnaise, Antonin Rodet, il existe en blanc et en rouge, mais ce sont les blancs qui présentent le plus d'intérêt, par l'équilibre entre la finesse et la richesse.

- **Domaine Faiveley : La Framboisière, AOC Mercurey** Cette belle maison de Côte de Nuits possède également des vignes à Mercurey, notamment dans les meilleurs premiers crus (Clos du Roy et Clos des Myglands). La Framboisière porte bien son nom, avec un vin gourmand qui évoque les fruits rouges, et un velouté caractéristique.

- **Domaine de Villaine : Aligoté-Bouzeron, AOC Bouzeron** Le régisseur du Domaine de La Romanée-Conti exploite avec son épouse ce beau domaine d'environ 20 ha, qui compte deux tiers de blanc. Son Aligoté prend ici une vigueur et une ampleur qu'on ne lui soupçonnait pas, et qui doit autant à la rigueur d'Aubert de Villaine qu'à son terroir.

- **Marquis de Jouennes d'Herville : Château de Chamirey, AOC Mercurey** Ce vieux et grand domaine de 40 ha (dont 10 en premier cru) est l'un des fleurons que distribue le négociant Antonin Rodet. Son Mercurey rouge, fin, délicat et gourmand, est une bonne introduction à la production du domaine.

- **Michel Juillot : Clos des Barraults, AOC Mercurey Premier Cru** Un beau domaine familial de près de 32 ha, situé principalement sur Mercurey. Les vendanges sont ici manuelles et la vinification très traditionnelle. Son Mercurey Premier Cru, blanc, mêlant avec bonheur la vivacité et la richesse, est remarquable.

## Une sélection des meilleurs producteurs du Mâconnais

- **Domaine Cordier : Vieilles Vignes, AOC Pouilly-Fuissé** Ce vin fait preuve d'une belle complexité aromatique dévoilant des notes vanillées, celles de fleurs blanches tirant sur le miel, avec ce qu'il faut de gras et de vivacité pour la soutenir.

- **Domaine Guffens-Heynen : AOC Mâcon-Pierreclos,** Un minuscule domaine de haut vol, créé en 1976 par un couple belge qui n'a peut-être pas oublié que la Flandre et la Bourgogne furent unies autrefois. Son Mâcon (blanc) est exceptionnel, plus proche de ses voisins du nord, et réputé dans le monde entier.

- **Domaine Jacques et Nathalie Saumaize : La Vieille Vigne des Crèches, AOC Saint-Véran** Issue d'une vigne de 50 ans d'âge et élevée sous bois, cette cuvée élégante ne manque pas d'ampleur, avec un bel équilibre entre le gras et la fraîcheur.

- **Domaine de la Bongran : Tradition, AOC Viré-Clessé** Jean Thévenet a prouvé qu'on pouvait faire des vendanges tardives en Mâconnais, ce qui lui a souvent valu des ennuis avec la commission d'agrément d'AOC. Il continue cependant de vinifier à haute maturité, élaborant des cuvées particulièrement originales.

MÂCONNAIS

# AOC MÂCON, MÂCON-VILLAGES

Le Mâconnais est le cœur du sud de la Bourgogne. Il s'étend sur une quarantaine de kilomètres entre la fin de la Côte chalonnaise et la roche de Solutré. La région est plus méridionale que la Côte d'Or, et le climat moins rude.

Les vins rouges peuvent prétendre à l'AOC Mâcon (ou Mâcon supérieur s'ils possèdent un degré d'alcool supplémentaire). Ils sont souvent issus de gamay, même si le pinot noir est autorisé. Le blanc doit être issu à 100 % de chardonnay.

Une vingtaine de villages ont le droit de faire figurer leur nom à côté de celui de l'AOC. C'est notamment le cas pour Chardonnay, Lugny, Prissé, Igé, Loché, La Roche-Vineuse, Pierreclos, notamment. L'AOC Mâcon-Villages concerne les vins blancs uniquement. La nouvelle appellation Viré-Clessé (279 ha) a remplacé les AOC Mâcon-Viré et Mâcon-Clessé en 2002.

> **CÉPAGES PRINCIPAUX** Gamay et pinot noir en rouge ; chardonnay en blanc.

> **SOLS** Le pinot préfère les sols bruns calcaires, tandis que le gamay se plaît plus sur des sols granitiques proches de ceux du Beaujolais. Les terroirs sableux, argileux ou siliceux seront plus adaptés au chardonnay.

> **STYLE DES VINS** Les blancs sont assez différents selon qu'ils sont élevés sous bois ou en cuve Inox. Dans le premier cas, ils gagnent en complexité et en richesse ce qu'ils peuvent perdre en fraîcheur et en vivacité ; dans le second cas, on privilégie le fruit et la simplicité. Ce dernier style est plus représentatif du Mâcon blanc : pâle, frais, léger et net, il ouvre l'appétit sans fatiguer.

Les rouges à base de pinot noir peuvent prétendre à l'appellation Bourgogne (ou à celle de Passetougrain s'ils possèdent la proportion requise de gamay). Quant aux rosés, ils sont gourmands et vifs, avec des arômes discrets de petits fruits rouges légèrement acidulés.

***Couleur du vin :*** *rouge, rosé et blanc.*

***Température de service :*** *entre 10 et 12 °C pour les blancs et les rosés ; entre 14 et 15 °C pour les rouges.*

***Potentiel de garde :*** *de 3 à 6 ans.*

MÂCONNAIS

# AOC POUILLY-FUISSÉ

Trois appellations commencent par le nom de Pouilly, mais Pouilly-Fuissé, produit sur Fuissé, Solutré, Vergisson et Chaintré, est plus connue que ses voisines Pouilly-Loché et Pouilly-Vinzelles, du fait de sa production plus importante (environ 42 000 hl). On élabore ici les meilleurs vins blancs du Mâconnais, depuis longtemps réputés grâce aux moines de Cluny qui y ont essaimé leurs vignobles.

> **CÉPAGE PRINCIPAL** Chardonnay.

> **SOLS** Coteaux argilo-calcaires.

> **STYLE DES VINS** Dans le style classique des blancs de Bourgogne, les Pouillys sont marqués par une minéralité et une acidité bien équilibrées par le gras. Sans atteindre la puissance de certains de leurs voisins plus au nord, ils présentent un caractère marqué et une bonne palette aromatique. En vieillissant, ils développent des arômes de fruits secs et de miel.

***Couleur du vin :*** *blanc.*

***Température de service :*** *entre 10 et 12 °C*

***Potentiel de garde :*** *de 3 à 6 ans.*

## AOC BEAUJOLAIS, BEAUJOLAIS-VILLAGES

BEAUJOLAIS

Le vignoble se trouve dans le département du Rhône, sauf pour le canton de La Chapelle-de-Guinchay, situé en Saône-et-Loire. Les pittoresques coteaux, où les vignes s'étendent jusqu'à 500, voire 600 m d'altitude, dominent la vallée de la Saône.

Profitant dans les années 1950 d'une décision réglementaire autorisant les premières mises en vente anticipées, l'AOC Beaujolais a été popularisée dans le monde entier par le Beaujolais nouveau. Ce dernier est propulsé sur le marché dès le troisième jeudi de novembre, quelques semaines seulement après les vendanges. Mais cette soudaine popularité, qui a consacré une image de vin rouge facile à boire, sans grande ambition, est à double tranchant, et ses meilleurs producteurs aimeraient davantage être pris au sérieux comme des producteurs de vins de qualité. Elle ne doit pas faire oublier « l'élite » du Beaujolais que sont les 10 crus : Brouilly, Chénas, Chiroubles, Côte-de-Brouilly, Fleurie, Juliénas, Morgon, Moulin-à-Vent, Régnié et Saint-Amour.

> **CÉPAGES PRINCIPAUX** Gamay en rouge et en rosé ; chardonnay en blanc.

> **SOLS** C'est le sol granitique composé d'alluvions du tertiaire et du quaternaire qui permet d'exprimer tout le fruit et le charme du gamay.

> **STYLE DES VINS** Le Beaujolais nouveau se destine tout naturellement à des mâchons et casse-croûte, par son côté rafraîchissant et le plaisir immédiat qu'il procure.

Un Beaujolais ou un « Villages » est un vin frais et fruité aux arômes de fruits rouges (groseille), de raisin frais et d'épices qui lui permettent de supporter tout un repas, où il est généralement très à l'aise avec les charcuteries et des plats simples.

Les Beaujolais blancs (et encore plus les rosés) sont confidentiels mais souvent de très bonne tenue. Issus du chardonnay (et non du gamay, même si son jus est blanc), ils peuvent soutenir la comparaison avec les vins du Mâconnais ou de la Côte chalonnaise lorsqu'ils sont bien faits.

***Couleur du vin :***
*rouge, rosé et blanc.*

***Température de service :***
*entre 16 et 17 °C pour les rouges ; entre 10 et 12 °C pour les blancs et les rosés.*

***Potentiel de garde :***
*de 3 à 5 ans.*

## AOC JULIÉNAS

BEAUJOLAIS

Juliénas comprend quelques-uns des sites viticoles les plus anciens du Beaujolais. Ses coteaux élevés et escarpés permettent un excellent mûrissement du raisin.

L'appellation est à cheval sur les départements de la Saône-et-Loire et du Rhône, orientée au sud, face à la vallée de la Mauvaise, un affluent de la Saône. Elle possède une superficie plantée de 609 ha, deux fois plus que Saint-Amour, grâce à l'annexion de deux hameaux voisins, Jullié et Emeringues. Les climats La Bottière, Les Capitans, Les Chers et Les Paquelets sont plus particulièrement réputés.

> **CÉPAGE PRINCIPAL** Gamay.

> **SOLS** Granitiques.

> **STYLE DES VINS** Les vins de Juliénas sont plus solides et moins fins que ceux de Saint-Amour ; ils s'ouvrent dans les 2 à 4 années qui suivent la vendange.

***Couleur du vin :***
*rouge.*

***Température de service :***
*entre 14 et 16 °C.*

***Potentiel de garde :***
*de 3 à 5 ans.*

BEAUJOLAIS

## AOC MOULIN-À-VENT

Tirant son nom d'un moulin à vent se trouvant au sommet d'une colline, ce cru est généralement considéré comme le meilleur du Beaujolais. Les négociants beaunois ne s'y sont pas trompés, tel Louis Jadot qui possède ici des vignes. Il s'agit certainement du beaujolais le plus apte à vieillir, et le plus onéreux. Certains producteurs pratiquent l'élevage en fûts de chêne, atypique dans l'appellation, afin de tirer le meilleur parti de la structure et du potentiel de vieillissement des vins.

> **CÉPAGE PRINCIPAL** Gamay.

> **SOLS** Le sous-sol granitique, recouvert d'une couche sableuse riche en manganèse, confère au vin un caractère particulier.

> **STYLE DES VINS** Les meilleurs vins, de couleur rubis foncé, peuvent conserver une structure et une densité impressionnantes au-delà de 10 ans. Ils rappellent en vieillissant, par leur corps et leur classe, certains crus de la Côte d'Or.

***Couleur du vin :*** *rouge.*

***Température de service :*** *entre 14 et 16 °C.*

***Potentiel de garde :*** *de 10 à 15 ans.*

BEAUJOLAIS

## AOC SAINT-AMOUR

Situé à quelques kilomètres au sud de Mâcon, Saint-Amour est le plus septentrional des crus du Beaujolais, et l'un des plus petits. La plupart des vignes sont plantées sur des coteaux orientés est-sud-est à une altitude de 250 m. Avec un nom pareil, il serait bien surprenant que le vin ne se vende pas. Ajoutés à la petite taille du vignoble (321 ha), les prix sont donc plutôt élevés au regard de la qualité moyenne. Quelques producteurs de vin blanc de chardonnay vendent leur production sous l'appellation Saint-Véran.

> **CÉPAGE PRINCIPAL** Gamay.

> **SOLS** L'appellation est située sur un plateau granitique au sud du département de Saône-et-Loire.

> **STYLE DES VINS** Légers, délicatement fruités, les vins sont vinifiés pour être dégustés jeunes. Ils s'améliorent toutefois après 2 ou 3 ans de bouteille.

***Couleur du vin :*** *rouge.*

***Température de service :*** *entre 14 et 16 °C.*

***Potentiel de garde :*** *de 3 à 5 ans.*

## Une sélection des meilleurs producteurs du Beaujolais

- **Domaine des Jacques : AOC Moulin-à-Vent** Que fait donc un négociant de la Côte de Beaune à Moulin-à-Vent ? Louis Jadot a simplement choisi de faire un grand vin à la bourguignonne en rachetant ce beau domaine en 1996. Une partie de la vendange est élevée en fûts de chêne pendant 10 mois, ce qui ajoute au vin complexité et longévité.

- **Domaine du Vissoux : Fleurie Poncié, AOC Fleurie** Pierre-Marie Chermette s'est fait connaître pour ses cuvées de Beaujolais non chaptalisé, qui ont prouvé qu'il était plus simple de limiter les rendements et de vendanger à parfaite maturité pour obtenir un vin naturellement gourmand. Ses cuvées de Fleurie et de Moulin-à-Vent sont des vins de caractère, qu'on ne payera guère plus cher que d'autres moins bien faits.

- **Domaine Jean Foillard : Morgon Côte du Py, AOC Morgon** Jean Foillard allie respect des sols et techniques modernes pour produire un Morgon authentique et équilibré, marqué par son terroir et sans concession.

- **Henry Fessy : AOC Beaujolais** Cette maison de négoce de qualité a été rachetée en 2008 par le négociant beaunois Louis Latour. Elle produit, avec ce simple Beaujolais, un vin typiquement fruité, souple et gouleyant.

# LE VIGNOBLE CHAMPENOIS

*Le champagne est le vin de fête et de célébration par excellence. Né en France, il a conquis le monde entier et créé un art de vivre qui n'appartient qu'à lui. Tout participe de sa magie, à commencer par ses origines mystérieuses jusqu'à son élaboration, cet art de l'assemblage jalousement gardé par chaque grande maison. Il est le vin le plus connu au monde, le plus copié aussi, mais on n'en produit qu'en Champagne et nulle part ailleurs.*

## De l'invention des bulles aux défis modernes

Comme un peu partout en France, le vignoble champenois doit sa création aux légions romaines. Aux Ve et VIe siècles, les ordres monastiques, notamment les bénédictins, contribuent à son développement. Ces vins sont servis à la cour des rois de France ; Louis XIV en est très friand. Les vins d'alors n'ont rien à voir avec les petites bulles que nous connaissons aujourd'hui. Il s'agit de vins vifs, rouges très légers ou blancs tranquilles.

**LES PREMIERS CHAMPAGNES.** Le mythe champenois ne prend son envol qu'avec la maîtrise de l'effervescence, grâce à la seconde fermentation en bouteille, dans les années 1670. On en attribue la paternité à dom Pérignon (voir encadré p. suivante et p. 71). Vrai ou faux, toujours est-il que ces années marquent un tournant dans l'histoire champenoise. Les grandes maisons de négoce voient le jour et, dès le XVIIIe siècle, assurent la renommée de la Champagne à travers le monde entier. Déjà à cette époque, elles favorisent les assemblages afin d'obtenir des cuvées plus homogènes. À la fin du XIXe siècle, le phylloxéra détruit le vignoble, provoquant de nombreuses crises d'ordre économique ; celle de 1911 est restée dans les mémoires.

Pour rétablir le vignoble, des conditions précises de production et de vinification, toujours en vigueur aujourd'hui, sont édictées.

**DES CHOIX RAISONNÉS.** Soucieuse de ses pieds de vigne et de l'environnement, la Champagne instaure, en 2001, la viticulture raisonnée. Le monde des bulles ne connaît pas la crise et affiche une santé éclatante. Sa production suffit à peine pour satisfaire la demande. En 2003, une procédure visant à étendre les limites de l'appellation est lancée. La nouvelle aire, qui devrait intégrer quelque 40 nouveaux villages, devrait être établie d'ici à 2013, et les premières vignes des nouvelles parcelles seraient plantées vers 2015, pour une première récolte deux ans après.

**LES VIGNOBLES CHAMPENOIS EN CHIFFRES**

**Superficie :**
35 000 ha

**Production moyenne :**
338 000 000 bouteilles

(CIVC, 2007)

> Travaux de taille d'hiver dans les vignes champenoises.

## Le climat et les sols

La Champagne s'étend à quelque 150 km au nord-est de Paris. C'est le vignoble le plus au nord de la France, à la limite septentrionale de la culture de la vigne. Il s'étage en coteaux, entre 90 et 350 m d'altitude, sur 319 communes situées dans cinq départements : l'Aube, la Haute-Marne, la Marne, et quelques communes de l'Aisne et de Seine-et-Marne.

**LE CLIMAT.** Il est caractérisé d'une part, par la rigueur continentale, avec ses hivers froids – et des gelées parfois destructrices – et ses étés fortement ensoleillés, et, d'autre part, par une relative douceur atlantique dotée d'une humidité bien marquée.

### Les AOC de la Champagne

- Champagne
- Coteaux champenois
- Rosé des Riceys

LE SAVIEZ-VOUS ?

***Le champagne a souvent été affaire de femmes.*** *En effet, quelques veuves ont dirigé des maisons à des époques où il n'était pas courant de voir une femme à la tête d'une entreprise. Si elle ne fut pas la première – il y eut la veuve Soyez avant elle –, M*me *Clicquot en demeure l'archétype. Son vin était d'ailleurs appelé « La Veuve ».*

**LE SOL.** Le sol calcaire est un élément essentiel de la qualité des vins de Champagne. Il est en majorité composé de sables et d'argiles reposant sur un sous-sol crayeux, excellent régulateur hydrique et thermique, qui joue un rôle capital dans la maturation des raisins. En outre, la craie permet de creuser des caves profondes pour faire vieillir et conserver le vin.

## Le paysage viticole

**LA MONTAGNE DE REIMS.** Il s'agit d'un vaste plateau entre Épernay et Reims recouvert de forêts. C'est le royaume du pinot noir (jusqu'à 70 % dans certains secteurs), mais on y cultive aussi du chardonnay et du pinot meunier. Cette région compte le plus grand nombre de villages classés « grand cru ».

### Deux noms de légende, deux noms de marques

Contemporain de Louis XIV – il a vécu aux mêmes dates que ce dernier (1639-1715) –, dom Pérignon fut chargé des vignes et des celliers à l'abbaye de Hautvillers près d'Épernay, où il écrivit *l'Art de bien traiter la vigne et du champagne*. On ne sait pas s'il fut vraiment l'inventeur du champagne, mais cet œnologue avant l'heure mit au point l'assemblage des crus et des cépages, fondement de l'élaboration du champagne. Aujourd'hui, Dom Pérignon est aussi le nom d'une cuvée de prestige appartenant à Moët & Chandon, créée en 1936, toujours millésimée.

L'autre « dom », Ruinart (1657-1709), fut spécialisé dans l'étude des « antiquités », c'est-à-dire la science des monuments et des inscriptions funéraires. Il rencontra dom Pérignon en 1696 à l'abbaye de Hautvillers. On le considère comme l'inspirateur de Nicolas Ruinart (dont il était l'oncle), fondateur de la maison qui porte son nom. Pour lui rendre hommage, Ruinart, la plus ancienne maison champenoise, lui a dédié sa cuvée de prestige.

**LA CÔTE DES BLANCS.** Située au sud d'Épernay, elle est le fief du chardonnay, qui y règne en maître, principalement entre Cramant et Le Mesnil-sur-Oger. Quelques villages (par exemple Vertus) produisent de bons vins rouges tranquilles (AOC Coteaux champenois).

**LA VALLÉE DE LA MARNE.** Elle s'étend de l'ouest de Château-Thierry à l'est d'Épernay. Ici dominent les cépages noirs, notamment le pinot meunier. On y trouve quelques grands crus.

**LE VIGNOBLE DE L'AUBE.** Il s'étend sur plus de 100 km au sud-est de Troyes. Les sous-sols de la région à tendance marneuse sont principalement plantés de pinot noir. Au sud se trouve l'appellation Rosé des Riceys.

**LA CÔTE DE SÉZANNE.** Plantée dans les années 1960, elle prolonge la Côte des Blancs au sud. C'est le fief du chardonnay qui donne ici des vins amples et riches.

## Les cépages et les styles de vins

Trois cépages sont autorisés en Champagne, le chardonnay en blanc et deux pinots en rouge.

**LE CHARDONNAY.** Planté sur 28 % du vignoble, il donne des vins élégants et fins, empreints de vivacité et d'esprit, aux arômes délicats avec des notes florales, parfois minérales. Il confère une bonne aptitude au vieillissement.

**LE PINOT NOIR.** Il représente 39 % des surfaces plantées et apporte à l'assemblage du corps, de la puissance et de la longévité.

**LE PINOT MEUNIER.** Il occupe les 33 % restants. Il donne de la saveur et du fruité. Les vins qui en sont issus sont souples, fruités, dotés d'un bouquet intense.

## Un vin d'assemblage

Le champagne est élaboré selon une méthode de vinification dite « champenoise » ou traditionnelle (voir p. 70-71). Seule la Champagne peut revendiquer le nom de « méthode champenoise ».

Le champagne est le vin de l'assemblage par excellence. Il existe peu de cuvées provenant d'une seule vigne ou d'un seul village. Le vigneron peut choisir d'assembler deux ou trois cépages ou de n'en utiliser qu'un seul. De même, il assemble plusieurs crus et plusieurs années. Les cépages rouges sont pratiquement toujours vinifiés en blanc. Tous les ans, le chef de cave élabore la cuvée correspondant à la qualité et à l'image de la maison.

**VRAI OU FAUX ?**

***Le champagne vieillit mieux dans des bouteilles de 75 cl.***

**FAUX.** L'expérience montre que le champagne se conserve mieux dans un magnum (qui a une contenance de 1,5 litre). Il y mûrit mieux et il y vieillit plus longtemps.

## Les types de champagne

On distingue plusieurs types de champagne en fonction des cépages, des assemblages, des dosages et du vieillissement.

**CHAMPAGNE BLANC DE BLANCS.** Exception à la règle de l'assemblage, il est composé du seul cépage chardonnay, qui donne des vins d'une extrême finesse.

**CHAMPAGNE BLANC DE NOIRS.** Il est uniquement composé de pinot noir ou de pinot meunier. C'est un champagne rare car les pinots sont avant tout utilisés pour l'élaboration des cuvées. Puissant et vineux, il est toujours très élégant.

### Échelle des crus

Le nom des crus figure rarement sur les étiquettes de champagne, mais il relève d'un système rigoureux de classement que les Champenois dénomment « l'échelle des crus », qui est exprimée en pourcentage et fixe le prix des raisins. Sur un total de 319 villages qui produisent du champagne, 17 ont le privilège d'être classés en crus à 100 % (du prix de base fixé pour l'ensemble de la région) et peuvent prétendre à l'appellation « grand cru » ; 44 villages sont classés de 99 à 90 % et ont le droit de se dénommer « premier cru », tandis que les autres, classés de 89 à 80 %, ont droit à la désignation « second cru ». Loin d'être théorique, ce classement détermine des niveaux de qualité des raisins, les meilleures cuvées et les cuvées de prestige étant le fruit de crus à 100 %.

**CHAMPAGNE ROSÉ.** La Champagne est la seule région viticole où le mélange de vins blancs et de vins rouges est autorisé pour l'élaboration de rosés. Évidemment, le vin rouge (pinot noir), présent à hauteur de 10 à 20 %, ne doit provenir que de la Champagne. D'autres champagnes rosés peuvent être issus de saignée après une courte macération. Raffiné, ce type de champagne connaît un tel engouement que presque toutes les grandes marques proposent « leur » rosé.

**CHAMPAGNE SANS ANNÉE.** Non millésimé, il provient de l'assemblage de plusieurs cépages et de plusieurs années.

> Les remueurs manipulent jusqu'à 50 000 bouteilles par jour afin que le dépôt de levures s'accumule dans le goulot.

**CHAMPAGNE MILLÉSIMÉ.** Il n'est produit que dans les grandes années, en général une sur trois, et doit vieillir au minimum 3 ans sur lies. C'est un grand champagne, très typé, qui sait procurer des sensations extraordinaires.
**CUVÉE SPÉCIALE, CUVÉE DE PRESTIGE.** Trésor de rareté, ce champagne unique est en général présenté dans un flacon original et raffiné. Il rassemble les meilleures cuvées. C'est le champagne des grandes occasions. Parmi les cuvées célèbres, citons : Cristal de Roederer, Sir Winston Churchill de Pol Roger, Cuvée Grand Siècle de Laurent-Perrier, Dom Ruinart de chez Ruinart.
**CHAMPAGNE GRAND OU PREMIER CRU.** 17 communes peuvent revendiquer la première mention et 44 communes, la seconde (voir encadré p. précédente).
**CHAMPAGNE RÉCEMMENT DÉGORGÉ (RD).** C'est un champagne resté très longtemps sur ses lattes et qui est donc parvenu à sa maturité maximale. Le plus célèbre est le RD de Bollinger.
**CHAMPAGNE BRUT NATURE OU DOSAGE ZÉRO OU ENCORE « NON DOSÉ ».** Ce champagne ne contient pas de sucre… ou moins de 3 g/l. Sec, il affiche beaucoup de droiture et de fraîcheur.
**CHAMPAGNE EXTRA-BRUT.** C'est un brut nature mais un peu plus rond que le précédent avec moins de 6 g/l de sucre.
**CHAMPAGNE BRUT.** C'est le champagne le plus consommé. Il contient moins de 15 g/l de sucre.
**CHAMPAGNE EXTRA-DRY.** C'est un champagne volontairement rond, gras et souple, avec 12 à 20 g/l de sucre, mais qui affiche quand même une certaine fraîcheur.

> Bouteilles inclinées sur les pupitres, dans les caves de la maison Roederer à Reims.

## Une sélection des champagnes de grandes marques

- **Bollinger (Ay).** Une institution en Champagne. Son style inimitable, reconnaissable entre tous, fait sa réputation depuis toujours à travers trois cuvées mythiques, le Spécial Cuvée, le brut maison sans année, la Grande Cuvée et le RD (récemment dégorgé). C'est le champagne préféré de l'agent secret 007.
- **Billecart-Salmon (Mareuil-sur-Ay).** Un style tout en finesse, harmonie et équilibre.
- **Duval-Leroy (Vertus).** Pour son très rare champagne Rosé de Saignée.
- **Champagne Gosset (Ay).** Pour sa Cuvée Celebris, dense et puissante, et son Grand Rosé superbement vineux.
- **Jacquesson (Dizy).** Une valeur sûre.
- **Krug (Reims).** Pour certains, c'est le champagne par excellence, pour d'autres, c'est un des vins les plus sophistiqués qui soient (voir aussi p. 302-303). Pour sa Grande Cuvée, son Clos du Mesnil et son Brut rosé.
- **Laurent-Perrier (Tours-sur-Marne).** Pour son élégant Brut sans année, son Ultra Brut non dosé et sa mythique et éblouissante Cuvée Grand Siècle.
- **Louis Roederer (Reims).** Une superbe gamme de champagnes, racés, droits et harmonieux, dont la prestigieuse cuvée « Cristal », mondialement connue.
- **Moët & Chandon (Épernay).** La marque de champagne incontournable. Son Brut impérial (sans année), au style inimitable, léger et fruité, est la cuvée la plus vendue au monde. La célébrissime Cuvée Dom Pérignon compte parmi les plus renommées et les plus chères.
- **Philipponnat (Mareuil-sur-Ay).** Pour son fleuron, le Clos des Goisses.
- **Pol Roger (Épernay).** Des vins de très grande finesse. C'était le champagne préféré de Winston Churchill.
- **Ruinart (Reims).** Une très petite production mais des vins très élégants, notamment la Cuvée Dom Ruinart blanc de blancs.
- **Salon (Le Mesnil-sur-Oger).** Sa Cuvée S est unique : monocépage, monocru, toujours millésimée.
- **Veuve Clicquot-Ponsardin (Reims).** Son Brut sans année avec la célèbre étiquette jaune-orangé est un des meilleurs du genre, de même que la Grande Dame en hommage à celle qui fonda sa renommée.

**CHAMPAGNES SEC ET DEMI-SEC.** Malgré leur nom, ils contiennent de 17 à 40 g/l de sucre, ce qui en fait des accompagnements des desserts.
**CHAMPAGNE DOUX.** Très rare, il est particulièrement chargé en sucre : plus de 55 g/l.

## Grandes maisons et champagnes de producteurs

Prestige oblige, la Champagne cultive sa différence. Ici, pas de château, pas de domaine, mais des « maisons » et des marques.
**LES GRANDES MAISONS.** Ce sont celles qui ont fait l'histoire du champagne et qui perpétuent un savoir-faire, un art, une tradition à la française. Les plus puissantes d'entre elles sont cotées en Bourse. On trouve en tête le groupe LVMH (Moët & Chandon, Veuve Clicquot-Ponsardin, Mercier, Krug, Ruinart), un empire de 55 millions de bouteilles. Il est suivi par le groupe Rémy Cointreau (Charles Heidsieck, Piper-Heidsieck), le groupe Vranken (Vranken, Pommery, Charles Lafitte, Heidsieck & Co Monopole) ou encore BCC (Boizel, Chanoine, de Venoge, Philipponnat, Lanson ou Alfred Rothschild). D'autres, tout aussi prestigieuses, sont restées dans le giron familial : Louis Roederer, Bollinger, Henriot… Elles sont plus d'une centaine et occupent une grande partie du marché. Rares sont celles qui, comme Bollinger, ont leur propre vignoble : elles achètent en général leurs raisins à d'autres vignerons.
**LES CHAMPAGNES DE VIGNERONS.** On les oppose souvent aux grandes marques. Ils sont l'expression d'un homme, d'un cru, d'un terroir. L'émergence de ces champagnes de terroir est un phénomène récent, conduit par une nouvelle génération de vignerons (Selosse, Égly, Vesselle, Fleury…) qui se refusent à livrer leurs raisins au négoce pour champagniser eux-mêmes et privilégier les caractéristiques du terroir. On compte ainsi

### Une sélection des champagnes de vignerons

- **Pierre Gimonnet (Cuis).** Des vins originaux, remarquablement élaborés.
- **Marie-Noëlle Ledru (Ambonnay).** Ses champagnes élevés sur lies pendant 3 à 5 ans sont d'une grande densité.
- **Jacques Selosse (Avize).** Son propriétaire est l'une des personnalités les plus marquantes de la Champagne. Ses champagnes superbes et savoureux, issus de la culture biodynamique, affirment haut et fort leur terroir.
- **Paul Bara (Bouzy).** De précieuses cuvées de caractère.
- **Égly-Ouriet (Ambonnay).** Ses grands champagnes, peu dosés, et son Bouzy rouge sont des vins de personnalité entre vinosité et élégance.
- **Pierre Moncuit (Le Mesnil-sur-Oger).** Des champagnes marqués par la minéralité, la pureté et le caractère du terroir.
- **Roses de Jeanne (Celles-sur-Ources).** Les champagnes de Cédric Bouchard jouent la carte de la finesse et de l'élégance.
- **Jean-Pierre Fleury (Courteron).** Pionnier de la biodynamie en Champagne, il signe des champagnes pleins de finesse, aromatiques et élégants, qui expriment magnifiquement leur terroir.
- **Champagne Drappier (Urville).** Des champagnes de terroir de caractère et des cuvées non dosées. Et des contenants extraordinaires, le salomon (18 l), le primat (27 l) et le melchisédec (30 l).
- **Larmandier-Bernier (Vertus).** De beaux champagnes bien équilibrés dans les meilleurs crus et d'un excellent rapport qualité/prix.
- **De Sousa (Avize).** Des vins racés d'une longueur et d'une profondeur qui n'ont guère d'équivalent en Champagne.
- **Agrapart & Fils (Avize).** Des blancs de blancs légers, frais, distingués, pleins de charme.
- **Jacques Beaufort (Ambonnay).** Ses cuvées mêlant fruits et terroir, élaborées à partir de raisins soignés par homéopathie et aromathérapie, n'ont pas leurs pareilles.
- **Françoise Bedel (Crouttes-sur-Marne).** Une gamme remarquable de champagnes issus de l'agriculture biologique.

> Champs de vignes aux environs d'Ay, dans la Vallée de la Marne.

## Quelques particularités des étiquettes

La Champagne cultive sa différence jusque sur son étiquette. Ici la mention « appellation contrôlée » n'est pas obligatoire. Mais, en plus des mentions classiques (voir p. 108), doit figurer obligatoirement la catégorie professionnelle de celui qui a mis le vin en bouteilles. Elle est en général écrite en bas de l'étiquette en tout petits caractères (voir aussi p. 111).

**NM : négociant-manipulant.** Le négociant ou la maison de négoce récolte ou achète ses vins et les vinifie dans ses caves.

**RM : récoltant-manipulant.** Le vigeron vinifie et commercialise son vin.

**RC : récoltant-coopérateur.** Le viticulteur confie ses raisins à sa coopérative pour qu'elle élabore le vin, puis récupère tout ou partie des bouteilles terminées pour les commercialiser.

**R : récoltant.** Ni manipulateur, ni coopérateur, le vigneron fait élaborer les vins de sa récolte par un négociant-manipulant.

**CM : coopérative de manipulation.** Les vins sont élaborés et vendus par une coopérative.

**SR : société de récoltants.** Assez rare, c'est une association de vignerons indépendants qui élaborent et commercialisent leurs vins en commun.

**ND : négociant-distributeur.** C'est un négociant qui achète des bouteilles finies à d'autres opérateurs, et les commercialise sous sa propre marque.

**MA : marque d'acheteur.** Une marque produit sur commande pour un acheteur des bouteilles que ce dernier commercialise sous son nom. C'est souvent le cas des champagnes vendus en grande surface.

plus de 6 000 producteurs innovants, dynamiques, capables de rivaliser avec les plus beaux fleurons du luxe à la française. Ils représentent près de 25 % de la production totale de la Champagne. Les propriétés sont petites (souvent moins de 15 ha), transmises pour nombre d'entre elles de génération en génération. Leurs vins sont le plus souvent commercialisés à la propriété ou par vente directe.

**LES CAVES COOPÉRATIVES.** Elles se sont multipliées ces dernières années. Parmi les plus connues figurent Champagne Jacquart regroupant quelque 600 vignerons – c'est l'une des coopératives les plus actives du marché –, Veuve A. Devaux, Beaumont des Crayères, Union auboise ou encore le CV-CNF (Centre vinicole-Champagne Nicolas Feuillatte). En général, leurs champagnes sont consensuels, universels, capables de plaire à tout le monde, légers, fruités, bien équilibrés. Ce qui ne les empêche pas de développer des cuvées spéciales particulièrement soignées, par exemple la Cuvée Allegra de Champagne Jacquart, les cuvées prestige de Nicolas Feuillatte comme Palmes d'Or avec son habillage très particulier créé en hommage à une diva, ses grands crus millésimés ou encore ses cuvées vieillies en fût de chêne.

## La Champagne « tranquille »

À côté de ses vins effervescents, le vignoble champenois élabore des vins tranquilles sous deux appellations.

**COTEAUX CHAMPENOIS.** L'appellation s'étend sur toute la Champagne. Elle produit des vins secs tranquilles, blancs, rosés et rouges. Les blancs sont frais, légers, soutenus par une belle fraîcheur. Les rosés affichent beaucoup d'élégance et de finesse. Les rouges sont tout aussi élégants, avec une belle charpente, de jolis arômes de framboise et de cerise. Le plus célèbre porte le nom de la commune de Bouzy (grand cru de pinot noir). Celle-ci, comme quelques autres (par exemple Vertus, Ambonnay, Ay, Cumières), a le droit de rajouter son nom derrière celui de l'appellation.

**ROSÉ DES RICEYS.** Figurant parmi les grands rosés de France, ce vin confidentiel est produit au sud de la Champagne, dans l'Aube, sur des sols calcaires et de marnes kimméridgiennes. Issu de la vinification par macération courte de pinot noir – qu'il faut interrompre au moment précis où se révèle le « goût de Riceys », sinon ce dernier disparaît –, c'est un vin ample, dense avec un joli nez au fruité très fin mais complexe. Un vin de pur plaisir.

1

2

3

# L'art du champagne par Krug

**C'est en 1843 que la maison Krug a fait son entrée dans le monde du champagne. Au fil du temps, elle a su conquérir et conserver une réputation au sommet du prestige et de l'excellence. Cela résulte d'un choix obstiné de l'authenticité et de la perfection qui guida déjà le fondateur de la maison, Johann-Joseph Krug. La sixième génération de la famille cultive toujours le même enthousiasme et la même passion. Une première fermentation en petits fûts de chêne pour enrichir la complexité du vin tout en en garantissant l'évolution dans le temps, l'art de l'assemblage suivi du long vieillissement dans les les caves – 6 ans au minimum –, tout cela concourt à l'excellence et crée une signature inimitable.**

## LA GRANDE CUVÉE, UN EMBLÈME MAISON

Une des grandes forces de la maison est l'immense réserve de vieux vins issus des meilleures parcelles. Ces vins tranquilles qui vieillissent dans la fraîcheur des caves sont régulièrement utilisés dans l'assemblage final de la Grande Cuvée, véritable emblème de la maison Krug. N'étant pas millésimée, elle permet de marier plusieurs crus des différentes régions de Champagne, d'utiliser des vins des années antérieures, d'intégrer les trois cépages, chardonnay, pinot meunier et pinot noir, dans des proportions adéquates pour obtenir, année après année, le style emblématique Krug. Cinquante vins, et certaines fois bien davantage, entrent dans sa composition finale !

La Grande Cuvée présente une robe légèrement dorée, brillante et s'ourle dans le verre d'un cordon de mousse constante et très fine. Le riche bouquet révèle des fruits jaunes et des agrumes bien mûrs avec des touches de noisette grillée, de brioche et de fleurs blanches. Au palais, le vin se développe longuement sur une densité vineuse riche, aromatique et très goûteuse ; la fine effervescence se fond littéralement dans le moelleux du fruit. Le tout se prolonge sans faille par la grâce d'une fraîcheur constante et de rares touches de minéralité. Ce champagne, par sa richesse et sa complexité, exige un palais exercé. Vin de méditation et de célébra-

1. Bâtiment principal à Reims.
2. Vignes plantées de chardonnay au Clos du Mesnil.
3. Olivier Krug sélectionne des vins clairs.
4. La Grande Cuvée.
5. Dans les caves, les bouteilles stockées en position inclinée, avant le dégorgement.
6. Fût de chêne avec le vin provenant du Clos du Mesnil.

tion, il est capable à table de fréquenter les crustacés sophistiqués, les viandes et volailles à la crème (et aux girolles...) et même de petits gibiers rôtis.

## LE KRUG MILLÉSIMÉ

Le Krug millésimé, ou Krug Vintage, répond évidemment à d'autres critères. Pas question de faire appel aux vins de réserve. Bien que le millésime impose sa loi climatique, on retrouvera le style Krug en jouant sur la maturité du raisin, sur toute une gamme de terroirs, sur les judicieuses proportions entre les trois cépages. Pendant la fermentation en petits fûts de chêne, on observe de près l'évolution du vin : le vin nouveau est goûté tous les jours. Et, au moment crucial de l'assemblage, la famille Krug au grand complet a encore un vaste choix de vins tranquilles de la même année pour composer un vin fidèle à la fois au millésime et... à son propre goût. Ces champagnes à la grande capacité de vieillissement étonnent encore par leur fraîcheur après 20 ou 30 années passées en cave.

## LE KRUG ROSÉ

Le rosé fait désormais partie de la gamme signant la volonté de la famille d'évoluer vers des cuvées nouvelles. Le premier Krug rosé naquit avec le magnifique millésime 1976. Aux premières dégustations, en 1983, le succès fut immédiat. L'assemblage, toujours aussi méticuleux, inclut une petite quantité de pinot noir vinifié avec la peau qui confère au vin cette nuance et cette saveur sensiblement plus corsées qui lui sont propres. Fait pour les grands accords gastronomiques, ce champagne vineux reflète toujours et encore l'esprit Krug.

## CLOS DU MESNIL ET CLOS D'AMBONNAY

Deux raretés extraordinaires parachèvent la galerie de portraits : le Clos du Mesnil en blanc de blancs et le Clos d'Ambonnay, en blanc de noirs. C'est en 1971 que la famille Krug a acquis le Clos du Mesnil, 1,85 hectare planté en chardonnay dont la configuration reste intacte depuis 1698. Ce vin n'existe que dans les millésimes exceptionnels et ne subit aucun assemblage. Un comble chez les Krug ! Et, pourtant, voilà l'un des champagnes les plus épurés, les plus accomplis. Encore plus rare, presque extravagant, le Clos d'Ambonnay est le fruit exceptionnel d'un clos de 0,685 hectare uniquement planté en pinot noir. Le vin possède une robe or cuivré et dégage une magnifique richesse aromatique et gustative. Que pourrait bien encore prouver la maison Krug ?

# LES VIGNOBLES D'ALSACE, DU JURA ET DE SAVOIE

*Alsace, Lorraine, Jura, Savoie, Bugey... Les vignobles de l'Est figurent parmi les plus petits de l'Hexagone. Petits par leur taille certes, mais grands et uniques par la variété et l'originalité de leurs cépages, la typicité de leurs vins dont certains, tel le Château-Chalon, figurent parmi les plus célèbres au monde.*

## ALSACE

Étroit ruban de vals et de coteaux, l'Alsace s'étend sur quelque 170 km de long, à l'ouest d'une ligne allant de Thann au sud à Marlenheim au nord. Elle cultive sa différence à travers ses cépages et le style de ses vins, sans oublier son système d'appellations qui, depuis toujours, permet aux vins d'afficher clairement les cépages dont ils sont issus : gewurztraminer, riesling, muscat, pinot noir... Il n'y a que trois appellations : l'une pour les vins de cépage, une autre pour les grands crus et une troisième pour les crémants.

**LES VIGNOBLES ALSACIENS EN CHIFFRES (AOC)**

**Superficie :** 15 500 ha

**Production :** 1 150 000 hl

**Blancs :** 91 %

**Rouges et rosés :** 9 %

(CIVA, 2007)

### L'histoire d'hier et d'aujourd'hui

Implanté par les légions romaines qui y apportent leurs cépages, le vignoble alsacien trouve son apogée dès le Moyen Âge. La période de prospérité, avec en parallèle l'apparition de grands négociants, se poursuit jusqu'au XVII^e siècle. Mais les guerres, le rattachement à l'Allemagne et le phylloxéra ont raison de ce dynamisme. Cependant, à la fin de la Première Guerre mondiale, en 1918, le vignoble se relève en misant à fond sur la qualité.

Depuis les années 1970, l'Alsace s'est engagé dans le bio, sous l'impulsion de vignerons comme Jean-Pierre Frick, pionnier en la matière. La région compte 110 domaines en culture biologique ou biodynamique sur une surface de quelque 1 000 ha. Cela peut sembler modeste, mais la dynamique de la conversion est fortement enclenchée.

> Vignes près du village de Riquewihr.

### Le paysage viticole

**LE CLIMAT.** L'Alsace, protégée par le massif des Vosges, bénéficie d'un climat continental sec avec des printemps chauds, des étés secs et ensoleillés, des automnes longs et doux et des hivers froids, particulièrement favorable à la culture de la vigne.

**LES SOLS.** Le vignoble ne compte pas moins de 13 types de sols : volcanique, gréseux, granitique et gneissique, schisteux, marno-calcaire, argilo-marneux, lœss..., la plupart du temps étroitement imbriqués. Cette grande diversité permet d'obtenir à partir d'un même cépage une très large palette de vins.

### Les cépages et les styles de vins

L'Alsace peut s'enorgueillir de posséder une véritable collection de cépages, dont certains n'existent qu'ici.

**LE RIESLING.** C'est le cépage roi. Vif, racé, il donne un vin au bouquet très caractéristique de citron, chèvrefeuille, citronnelle et pamplemousse, soutenu par une belle minéralité et qui, avec l'âge, prend des notes d'hydrocarbure fascinantes.

**LE GEWURZTRAMINER.** Son nom signifie « traminer épicé » en allemand et en alsacien. Il donne un vin corsé très expressif, d'une exceptionnelle complexité aromatique où dominent la rose,

**LE SAVIEZ-VOUS ?**

***Traditionnellement, on rattache à l'Alsace... la Lorraine.*** *Car cette région produit notamment les Côtes-de-Toul, célèbres pour leur vin gris (en fait un rosé de pressurage direct) à la surprenante couleur... grise, assez vive, et aux arômes marqués de fleurs et de fruits rouges.*

## La fin du cépage unique ?

La règle en Alsace pour les grands crus, c'est un terroir et un cépage. Si le vigneron ne la respecte pas, le vin perd l'appellation. Pourtant, certains osent franchir le pas. C'est le cas de Marcel Deiss. Il ne se contente pas de sublimer ses vins en poussant, amoureusement, l'expression du terroir qu'il traite en biodynamie. Il a décidé de recourir à la complantation – planter différents cépages sur un même terroir, sans qu'ils soient identifiables – et travaille sur des assemblages de cépages. Son Burg (assemblage de tous les cépages alsaciens) et son Grasberg (riesling, gewurztraminer, pinot gris), entre autres, sont de véritables réussites.

le litchi mêlés à des flaveurs de fruits blancs, de fruits exotiques et de notes épicées.

**LE PINOT GRIS.** Il donne des blancs ronds, charpentés, riches et complexes, aux arômes de fruits mâtinés de touches épicées.

**LE MUSCAT.** Deux variétés sont utilisées ici, souvent en assemblage : le muscat d'Alsace (aussi appelé muscat à petits grains ou muscat de Frontignan) et le muscat Ottonel. Ils donnent des vins secs avec un nez et une bouche intenses de… raisin frais.

**LE SYLVANER.** Il est à l'origine d'un vin agréable, frais, léger au fruité discret doté de senteurs d'acacia soulignées par des notes minérales et végétales, et une jolie vivacité.

**LE PINOT BLANC.** Ce cépage en pleine progression donne un vin rond et tendre, frais et souple, avec une palette aromatique de fruits et de fleurs.

**LE PINOT NOIR.** C'est le seul cépage rouge d'Alsace. Il est vinifié en rosé ou en rouge. Dans ce dernier cas, il est élevé en foudre et donne des vins rouges un peu moins profonds que ses frères bourguignons, mais au fruité typique évoquant la cerise ; ces vins peuvent se révéler extraordinaires dans les grandes années.

**LE KLEVENER DE HEILIGENSTEIN.** Ce n'est ni plus ni moins que le savagnin rose. Sa culture est limitée à cinq communes du Bas-Rhin. Il donne des vins originaux, bien charpentés, au fruité exotique souligné par des notes épicées.

## Les spécialités alsaciennes

Plusieurs mentions peuvent venir compléter les étiquettes.

**« GENTIL » ET « EDELZWICKER ».** Il s'agit de deux vins d'assemblage de plusieurs cépages, qui sont d'agréables vins de soif. L'AOC Alsace est alors suivie de l'une ou l'autre mention.

**« VENDANGES TARDIVES » ET « SÉLECTION DE GRAINS NOBLES ».** Pouvant compléter les AOC Alsace et Alsace Grand Cru, ces mentions (il ne s'agit pas d'appellations) sont accordées uniquement aux vins liquoreux issus de riesling, gewurztraminer, muscat et pinot gris présentant à la récolte une richesse en sucres particulièrement élevée. Ces vins exceptionnels, capables de rivaliser avec les plus grands liquoreux du monde, ont une aptitude au vieillissement qui peut dépasser le demi-siècle.

**LES VINS DE GLACE.** Quelques vignerons s'essaient à ces vins issus de vendanges réalisées en décembre ou janvier, par – 7 °C à – 10 °C. Ignorés par la législation française, ces nectars s'arrachent à prix d'or.

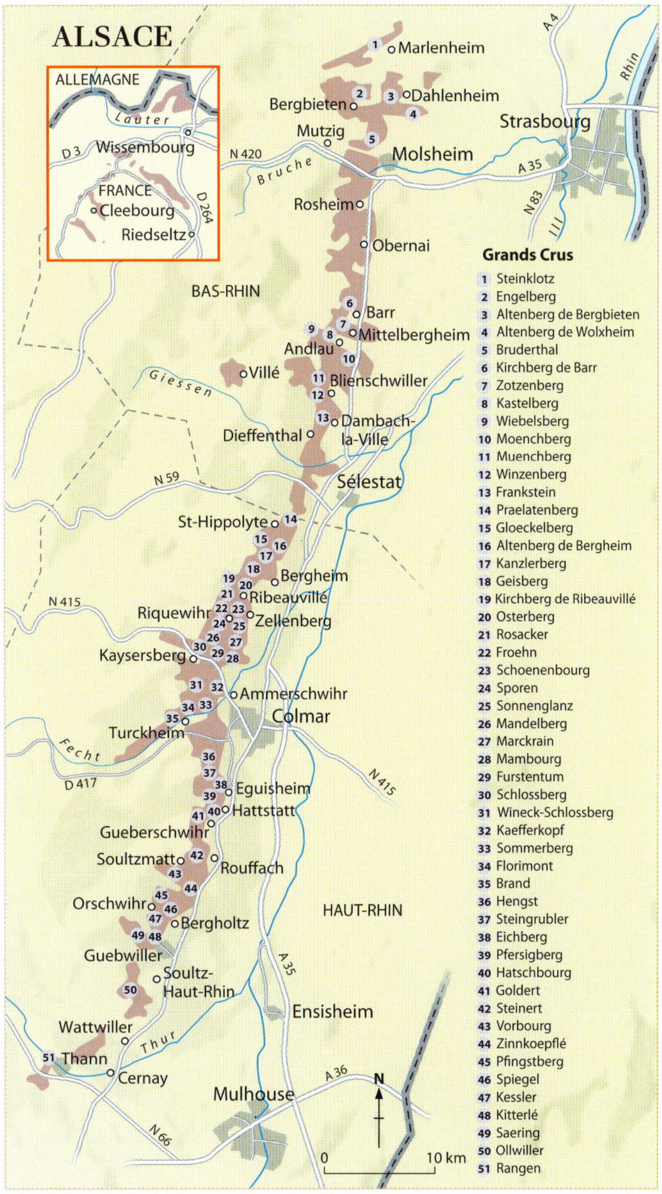


### Les AOC d'Alsace

- **Alsace**
- **Crémant d'Alsace**
- **Alsace Grand Cru** suivi du nom de l'un des 51 lieux-dits :

> *Altenberg de Bergbieten*
> *Altenberg de Bergheim*
> *Altenberg de Wolxheim*
> *Brand*
> *Bruderthal*
> *Eichberg*
> *Engelberg*
> *Florimont*
> *Frankstein*
> *Froehn*
> *Furstentum*
> *Geisberg*
> *Gloeckelberg*
> *Goldert*
> *Hatschbourg*
> *Hengst*
> *Kaefferkopf*
> *Kanzlerberg*
> *Kastelberg*
> *Kessler*
> *Kirchberg de Barr*
> *Kirchberg de Ribeauvillé*
> *Kitterlé*
> *Mambourg*
> *Mandelberg*
> *Marckrain*
> *Moenchberg*
> *Muenchberg*
> *Ollwiller*
> *Osterberg*
> *Pfersigberg*
> *Pfingstberg*
> *Praelatenberg*
> *Rangen*
> *Rosacker*
> *Saering*
> *Schlossberg*
> *Schoenenbourg*
> *Sommerberg*
> *Sonnenglanz*
> *Spiegel*
> *Sporen*
> *Steinert*
> *Steingrubler*
> *Steinklotz*
> *Vorbourg*
> *Wiebelsberg*
> *Wineck-Schlossberg*
> *Winzenberg*
> *Zinnkoepflé*
> *Zotzenberg*

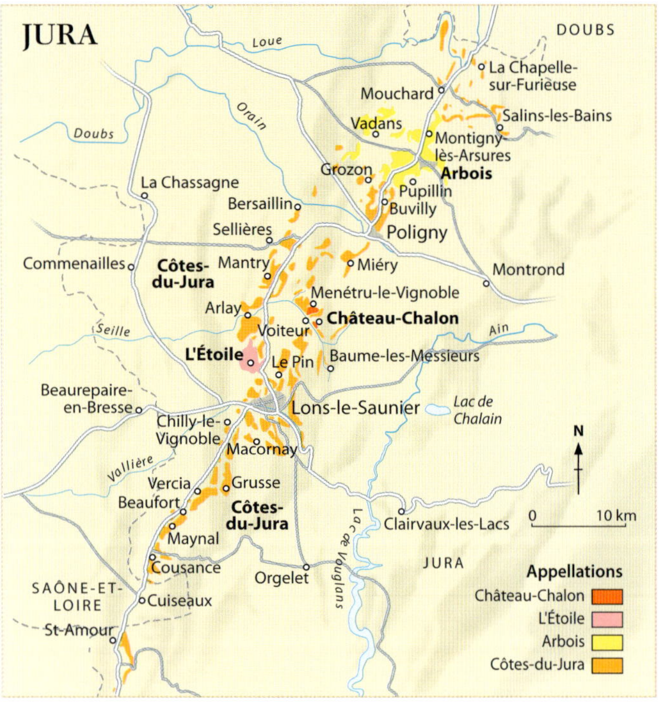


# JURA

Face à la Bourgogne, de l'autre côté de la Saône, le Jura s'étire sur une bande de 80 km de long entre plaines et montagnes. Si la patrie de Pasteur, père de l'œnologie moderne, est surtout connue pour ses vins jaunes, elle n'en produit pas moins une incomparable palette de vins rouges, rosés, blancs – secs ou moelleux –, et même des effervescents.

LES VIGNOBLES DU JURA EN CHIFFRES (AOC)

**Superficie** : 15 500 ha

**Production** : 93 000 hl

**Blancs** : 40 %

**Rouges et rosés** : 40 %

**Crémants** : 16 %

**Autres** : 4 %

(CIVJ, 2007)

## Le paysage viticole

Implanté au Ier siècle av. J.-C., le vignoble jurassien se développe avec les communautés religieuses aux Ve et VIe siècles. À la fin du XIXe siècle, il couvre quelque 20 000 ha. Le phylloxéra ravage la région, mais les vignerons décident de jouer la carte de la qualité et obtiennent en 1936 avec Arbois la première AOC française.

**LE CLIMAT ET LES SOLS.** Le Jura jouit d'un climat semi-continental propice au développement et à la maturation de la vigne, caractérisé par des hivers rigoureux, des printemps froids et humides, des étés chauds et des automnes ensoleillés. Les vignes s'étagent sur les coteaux, en général exposés à l'ouest, entre 200 et 500 m d'altitude sur le Revermont, bénéficiant de terroirs très divers constitués d'une succession d'argiles et de marnes, de sols marno-calcaires, d'éboulis calcaires et d'alluvions.

### Les AOC du Jura

- Arbois
- Arbois-Pupillin
- Côtes-du-Jura
- Château-Chalon
- Crémant du Jura
- L'Étoile
- Macvin du Jura

## Les cépages et les styles de vins

Le Jura possède cinq grands cépages, uniques, qui ont trouvé là leur terroir de prédilection et qui donnent des vins originaux très typés.

**LE POULSARD (OU PLOUSSARD).** Présent surtout dans l'AOC Arbois, il produit un vin rouge rubis clair, peu tannique, aux arômes de petits fruits rouges évoluant sur des notes épicées et de sous-bois.

**LE TROUSSEAU.** Il se caractérise par une robe rubis intense, un nez de fruits rouges et noirs et d'épices légèrement poivrées, soutenu par des tanins fermes qui lui assurent un bon potentiel de vieillissement. Il est assez souvent vinifié avec le pinot noir et/ou le poulsard.

**LE PINOT NOIR.** Il donne ici des vins de caractère, profondément imprégnés de leur terroir, aux arômes de framboise et de cassis, rehaussés de notes épicées.

**LE SAVAGNIN.** C'est « le » grand cépage blanc du Jura, à l'origine du fameux vin jaune. Sa riche palette aromatique va de la pomme à l'amande grillée, de la noix verte au froment, du curry au café. Il est vinifié avec ou sans ouillage (voir p. 78), seul ou en assemblage avec le chardonnay, et produit des vins très typés, dotés d'une grande fraîcheur, et aptes à un long vieillissement.

**LE CHARDONNAY.** C'est le cépage le plus répandu (42 % du vignoble). Il donne ici des vins à la typicité propre aux arômes fleuris, frais et bien charpentés.

## Les spécialités jurassiennes

À côté du légendaire vin jaune, le Jura possède deux autres spécialités : le Macvin du Jura et le vin de paille.

**LE MACVIN.** C'est un vin de liqueur obtenu à partir de deux tiers de moûts de raisin fermentés et mutés avec un tiers d'eau-de-vie du Jura. Élevé 18 mois en fût, il offre un bel équilibre entre douceur du fruit et force de l'alcool.

**LE VIN DE PAILLE.** Ce vin liquoreux est issu d'une méthode d'élaboration bien particulière (voir p. 66).

> En cours d'élevage du vin jaune, il se forme à la surface un voile de levures.

**LE VIN JAUNE.** Ce vin unique est issu d'un seul cépage : le savagnin. Vendangé tardivement, il est vinifié en blanc sec puis entreposé dans des fûts de 228 litres où il va débuter sa mystérieuse transformation. Élevé sans ouillage, le vin se couvre à la surface d'un voile de levures le protégeant de la piqûre acétique qui le transformerait en vinaigre, et lui apportant cet inimitable « goût de jaune ». Ce n'est qu'au bout de 6 ans et 3 mois qu'il pourra être embouteillé dans sa bouteille spéciale, le fameux clavelin de 62 cl, contenance qui correspond au pourcentage restant sur un litre de vin l'élevage terminé.

### Petit vignoble voisin

Entre le Jura et la Savoie, le Bugey s'étend sur quelque 500 ha et trois territoires de production – Cerdon, Montagnieu, Belley –, sur des sols silico-calcaires et silico-argileux. Il produit essentiellement des vins blancs tranquilles et effervescents à partir de cépages savoyards et bourguignons. On mentionnera tout particulièrement les Bugey-Cerdon, des mousseux ou des pétillants, blancs ou rosés, obtenus par la méthode ancestrale (voir p. 70).

# SAVOIE

On connaît davantage la Savoie pour ses neiges éternelles et ses glaciers que pour ses vins, et c'est dommage. Entre lacs et montagnes, champs de céréales et pâturages vallonnés, le vignoble savoyard s'étage sur des coteaux situés entre 300 et 600 m d'altitude, du lac Léman jusqu'à Chambéry. Il a donné naissance à une large et séduisante diversité de vins, consommés le plus souvent sur place.

### LES VIGNOBLES DE SAVOIE EN CHIFFRES (AOC)

**Superficie** : 2 000 ha
**Production** : 145 000 hl
**Blancs** : 65 %
**Rouges** : 35 %

(Syndicat des vins de Savoie, 2007)

## Le paysage viticole

La Savoie est dotée d'un climat continental, avec des hivers rigoureux, des étés chauds et des arrière-saisons ensoleillées, tempéré par la présence des lacs. Les sols sont très variés avec une prédominance d'éboulis calcaires, de moraines caillouteuses et de molasses gréseuses. La vigne est ici cultivée depuis l'époque romaine. Le vignoble connaît son apogée au XIXe siècle, où il dépasse les 8 000 ha. La crise phylloxérique le réduit à moins de 2 000 ha. Sa remontée est lente, mais s'accélère depuis les années 1950, et il est depuis en constante augmentation.

## Les cépages et les styles de vins

La Savoie dispose d'une large variété de cépages, autochtones et très originaux, surtout blancs, qui donnent des vins très stylés.

**LA JACQUÈRE.** Cépage blanc le plus répandu, elle donne des vins frais et légers. C'est le cépage principal des crus Abymes et Apremont.

**LA ROUSSETTE (OU ALTESSE).** En pleine expansion, ce cépage donne des vins riches et fruités, avec quelques notes épicées. Il est à la base des vins de l'AOC Roussette de Savoie.

**LA ROUSSANNE (OU BERGERON).** Produite en très petite quantité, elle donne des vins de qualité, parfois même des vins exceptionnels et de grande garde, notamment à Chignin avec le Chignin-Bergeron.

### Les AOC de la Savoie

- **Vin de Savoie** avec ou sans un nom de cru
- **Roussette de Savoie** avec ou sans un nom de cru
- **Roussette de Seyssel**

**LE CHASSELAS.** Il occupe 70 % du vignoble et constitue la base unique des crus Marin, Marignan, Ripaille et Crépy.

**LA MOLETTE.** Elle donne un vin blanc clair, léger, assez alcoolique et très fruité, avec quelques notes herbacées. De forte acidité, elle entre dans la composition du Seyssel mousseux.

**LE GRINGET.** Équivalent du savagnin jurassien, il produit le célèbre mousseux d'Ayze.

**LE CHARDONNAY.** Introduit dans les années 1960, il est cultivé pratiquement sur tout le territoire savoyard. Seul ou en assemblage, il donne ici des vins vifs et fruités.

**LE GAMAY.** C'est le cépage rouge dominant qui donne des vins frais et légers. Il trouve dans le Chautagne sa meilleure expression.

**LA MONDEUSE.** Ce cépage très ancien donne traditionnellement des vins rouges bien charpentés et tanniques, notamment à Arbin où il est le seul utilisé.

**LE PERSAN.** Cet ancien cépage rouge avait pratiquement disparu. Il est aujourd'hui cultivé de nouveau par quelques vignerons de la Combe de Savoie et en Maurienne, et donne des vins tanniques, bien colorés et de bonne garde.

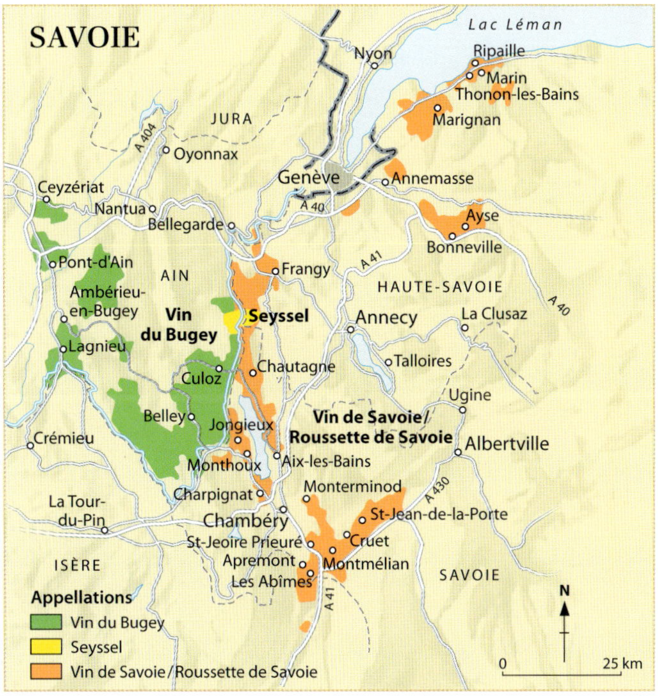

# Les vins les plus connus d'Alsace, du Jura et de Savoie

*Petits vignobles, mais grands vins. L'Alsace, le Jura et la Savoie comptent quelques très grands vins, dont certains figurent parmi les meilleurs vins du monde.*

## AOC ALSACE

ALSACE

C'est la plus importante des AOC alsaciennes. Elle couvre tout le territoire et produit essentiellement des vins blancs (92 %). Quand l'étiquette fait référence au cépage, celui-ci est présent à 100 % et son nom suit celui de l'appellation, par exemple Alsace Muscat, Alsace Riesling, Alsace Gewurztraminer, Alsace Pinot noir, Alsace Sylvaner... Lorsque le cépage n'est pas indiqué, il s'agit d'un assemblage de plusieurs cépages, et le vin est vendu sous les appellations Alsace Edelzwicker ou Gentil.

> **CÉPAGES PRINCIPAUX** Riesling, sylvaner, gewurztraminer, pinot blanc, pinot gris, muscat, pinot noir.

> **SOLS** Schisteux, granitique, volcanique, marno-calcaire.

> **STYLE DES VINS** Les blancs sont en général secs, fruités, bouquetés, chaque cépage apportant sa spécificité. Le gewurztraminer offre des vins puissants, amples, structurés, avec leurs notes de rose et de litchi. Le riesling donne des vins corsés et bien charpentés, avec des notes d'hydrocarbure, c'est-à-dire de pétrole (pudiquement appelées « minérales »), qui laissent percer une pointe d'agrume. Le muscat offre un vin enjôleur avec un nez de raisin frais rehaussé de touches de fruits exotiques : on croit croquer le fruit. Le pinot blanc donne un vin puissant avec un nez intense de fleurs et de fruits blancs.

Le vin rouge alsacien, issu du pinot noir, est acidulé avec des arômes de groseille et de cerise ; sa bouche croquante développe avec l'âge des arômes de fruits rouges mûrs d'où s'échappent quelques notes animales.

Les vins liquoreux de vendanges tardives (VT) ou de sélection de grains nobles (SGN ; voir p. 305) sont des vins de grande classe qui affichent une exceptionnelle concentration des arômes.

***Couleur du vin :***
*blanc et rouge.*

***Température de service :***
*entre 8 et 10 °C pour les blancs ; entre 12 et 14 °C pour les rouges.*

***Potentiel de garde :***
*à boire dans l'année pour le Muscat ; de 1 à 3 ans pour le Gewurztraminer, le Riesling, le Pinot blanc ; de 1 à 3 ans pour les rouges ; de 2 à 10 ans pour les blancs VT et SGN.*

## AOC CRÉMANT D'ALSACE

ALSACE

Premier vin effervescent consommé en France (en AOC), le Crémant d'Alsace a la cote. Il est élaboré selon la méthode de seconde fermentation en bouteille (voir p. 71).

> **CÉPAGES PRINCIPAUX** En blanc : pinot blanc, pinot gris, riesling, chardonnay, en assemblage ou en exclusivité (dans ce dernier cas, le nom du cépage figure sur l'étiquette). En rosé : pinot noir.

> **SOLS** Granitiques, siliceux, gréseux, marneux.

> **STYLE DES VINS** Les effervescents alsaciens sont légers, aériens, avec une jolie palette aromatique et de fines bulles. Ce sont des vins « plaisir ».

***Couleur du vin :***
*blanc et rosé.*

***Température de service :***
*entre 6 et 8 °C, frappé.*

***Potentiel de garde :***
*à boire dans l'année.*

ALSACE

# AOC ALSACE GRAND CRU

Ici, ce qui compte plus que le cépage, c'est le terroir, car cette appellation vise à mettre en valeur les meilleurs terroirs. Ainsi 51 d'entre eux (voir p. 305) sont délimités selon des critères géologiques et climatiques stricts. Ils répondent à des règles sévères en matière de viticulture, de choix de cépages, de rendement, de teneur en alcool, de vinification… Ces vins représentent 4 % de la production. Outre le millésime et le nom de cru, l'étiquette doit préciser le cépage, sauf s'il s'agit d'un assemblage (autorisé pour les lieux-dits Altenberg de Bergheim et Kaefferkopf).

> **CÉPAGES PRINCIPAUX** Riesling, gewurztraminer, pinot gris, muscat. Une dérogation est accordée au sylvaner pour l'Alsace Grand Cru Zotzenberg.

> **SOLS** Schistes, sols granitiques, volcaniques, marno-calcaires, gréseux…

> **STYLE DES VINS** Il est impossible de décrire ici les styles des 51 grands crus, ces grands blancs alsaciens, si différents les uns des autres, force du terroir oblige. Ces vins qui subliment leur terroir sont en général racés, puissants et dotés d'une grande capacité de vieillissement.

***Couleur du vin :*** *blanc.*

***Température de service :*** *autour de 8 °C, frais mais non glacé.*

***Potentiel de garde :*** *de 10 à 15 ans pour tous les grands crus. Pour les blancs VT et SGN, de 15 à 20 ans, voire davantage, dans les plus grands millésimes.*

JURA

# AOC CHÂTEAU-CHALON

Perchée sur son éperon rocheux qui surplombe la vallée, Château-Chalon est le berceau du vin jaune et la seule appellation qui lui soit entièrement dédiée. L'AOC s'étend sur quatre communes et 50 ha pour une production de quelque 1 500 hl qui varie selon le millésime, car on ne produit de vin que les bonnes années. Les autres années, il n'y a pas de Château-Chalon.

> **CÉPAGE UNIQUE** Savagnin.

> **SOLS** Marnes bleues ou grises du lias.

> **STYLE DES VINS** Un vin au goût inimitable qui peut parfois paraître déroutant, avec un nez complexe et riche où se mêlent des arômes de noix, de pomme, de curry et de champignons. Il possède une bouche grasse et sèche à la fois, et une finale d'une extrême longueur (on dit qu'elle fait la « queue de paon »).

***Couleur du vin :*** *blanc.*

***Température de service :*** *entre 14 et 16 °C.*

***Potentiel de garde :*** *de 50 à 100 ans.*

# Une sélection de producteurs d'Alsace

- **Cave des vignerons de Pfaffenheim.** La cave la plus médaillée et la plus dynamique d'Alsace proposant une large gamme au très beau rapport qualité-prix-plaisir.
- **Domaine Dopff & Irion (Riquewihr).** Une large gamme de vins authentiques, notamment le Kaefferkopf de gewurztraminer, le Rouge d'Ottrott et le Crémant d'Alsace rosé.
- **Domaine Hugel (Riquewihr).** Une des plus célèbres maisons alsaciennes, fondée en 1639. Ses « vendanges tardives » et ses « sélections de grains nobles » sont tout simplement remarquables.
- **Domaine Pierre Frick (Pfaffenheim).** Incontournable pour ses vins en biodynamie, d'une grande pureté.
- **Domaine Ostertag (Epfig).** Ses vins « de fruit », « de pierre » et « de temps » sont de véritables réussites.
- **Domaine Seppi Landmann (Riquewihr).** Ses Gewurztraminers et ses Rieslings de vendanges tardives et de sélection de grains nobles méritent toute l'attention.
- **Maison Trimbach (Ribeauvillé).** Des Gewurztraminers et des Rieslings d'exception, notamment le Clos Sainte-Hune.
- **Domaine Weinbach (Kaysersberg).** Des vins impressionnants, parmi les plus grands liquoreux du monde.
- **Domaine Zind-Humbrecht (Turckheim).** Des grands crus cultivés en biodynamie qui poussent très haut la notion de terroir.
- **Marcel Deiss (Bergheim).** L'un des plus grands domaines d'Alsace. Des grands crus toujours exceptionnels, issus de la culture biologique.

## Une sélection de producteurs du Jura

- **Château d'Arlay (Arlay).** L'un des producteurs les plus réputés du Jura. Ses vins blancs et ses vins jaunes sont tout simplement grands.
- **Domaine André et Mireille Tissot (Montigny-lès-Arsures).** Pour ses vins bio, et notamment sa Cuvée La Mailloche (Arbois blanc) et son Spirale, vin de paille remarquable.
- **Domaine Berthet-Bondet (Château-Chalon).** Remarquables vins jaunes et Côtes-du-Jura blancs.
- **Jacques Tissot (Arbois).** Formidables crémants du Jura et vins jaunes.
- **Domaine Henri Maire (Arbois).** Figure emblématique du Jura, Henri Maire a redonné sa notoriété à la région. Très belle et large gamme de vins, très bon rapport qualité-prix.
- **Domaine Pierre Overnoy-Emmanuel Houillon (Pupillin).** Excellents vins de grande pureté, des blancs intenses, des rouges sans soufre cultivés en biodynamie.
- **Les fruitières vinicoles (Arbois, Voiteur, Pupillin, Caveau des Byards).** Elles offrent une large gamme de vins avec un très bon rapport qualité/prix.

- **Michel Gahier (Montigny-lès-Arsures).** À retenir pour ses vins naturels et la pureté de ses cuvées.

## AOC ARBOIS

**JURA**

La plus importante des AOC jurassiennes (40 % de la production) s'étend sur 13 communes autour de la ville d'Arbois, mais seule la commune de Pupillin peut accoler son nom à celui de l'appellation. Terroir de prédilection du trousseau et du poulsard, l'AOC est surtout réputée pour ses vins rouges, mais elle produit également des vins blancs, des vins jaunes, des vins de paille et des crémants.

> **CÉPAGES PRINCIPAUX** En blanc : chardonnay et savagnin ; en rouge et en rosé : poulsard, trousseau, pinot noir.

> **SOLS** Argiles et éboulis calcaires.

> **STYLE DES VINS** Les rouges sont généreux, tanniques, richement bouquetés aux arômes de fruits rouges et noirs soulignés par des notes animales, et d'une belle persistance en bouche. Les blancs de chardonnay sont élégants avec leurs arômes fruités et floraux relevés de notes d'épices, de noix et de miel. Ceux de savagnin sont plus opulents avec des notes de noix et d'épices, et une belle longueur en bouche.

***Couleur du vin :***
*blanc et rouge.*

***Température de service :***
*entre 8 et 10 °C pour les blancs et les rosés ; entre 14 et 16 °C pour les rouges ; entre 14 et 16 °C pour le vin jaune ; entre 7 et 10 °C pour le vin de paille ; entre 6 et 8 °C pour les mousseux.*

***Potentiel de garde :***
*à boire dans l'année pour les crémants ; de 1 à 3 ans pour les blancs ; de 3 à 5 ans pour les rouges ; plus de 10 ans pour le vin de paille ; de 50 à 100 ans pour le vin jaune.*

## AOC CÔTES-DU-JURA

**JURA**

La plus vaste du Jura, cette appellation s'étend de Salins au nord à Saint-Amour au sud sur des terroirs très variés. Elle regroupe 105 communes parmi lesquelles les plus connues sont Voiteur, Poligny, Gevingey, Arbois. Ici les blancs dominent nettement, secs ou doux, tranquilles ou effervescents. On trouve également toute la gamme jurassienne de vins rouges, rosés, vins jaunes et vins de paille.

> **CÉPAGES PRINCIPAUX** En blanc : chardonnay et savagnin ; en rouge : poulsard, trousseau et pinot noir.

> **SOLS** Argiles et éboulis calcaires.

> **STYLE DES VINS** Les blancs offrent des styles très différents selon le terroir, le mode de vinification et les assemblages. Deux catégories s'en dégagent : les blancs frais floraux, issus de chardonnay, et les blancs « typés », issus de savagnin. Les rouges sont tanniques, ronds, généreux avec des arômes de fruits rouges et noirs. Les vins de paille expriment des parfums de fruits exotiques et de fruits secs.

***Couleur du vin :***
*rouge, blanc et rosé.*

***Température de service :***
*entre 8 et 10 °C pour les blancs et les rosés ; entre 14 et 15 °C pour les rouges ; entre 14 et 16 °C pour le vin jaune ; entre 7 et 10 °C pour le vin de paille ; entre 6 et 8 °C pour les mousseux.*

***Potentiel de garde :***
*à boire dans l'année pour les mousseux et les rosés ; de 3 à 5 ans pour les blancs ; de 5 à 10 ans pour les rouges ; plus de 10 ans pour le vin de paille ; de 50 à 100 ans pour le vin jaune.*

SAVOIE

## AOC VIN DE SAVOIE

C'est la principale appellation de Savoie. Son nom peut être utilisé seul ou suivi du nom des 16 villages, ou zones, appelés « crus » : Abymes, Apremont, Arbin, Ayze, Chautagne, Chignin, Chignin-Bergeron, Crépy, Cruet, Jongieux, Marignan, Marin, Montmélian, Ripaille, Saint-Jean-de-la-Porte, Saint-Jeoire-Prieuré.
Les vins de cette appellation qui s'étend sur les quatre départements peuvent être issus de plusieurs cépages. L'AOC Vin de Savoie produit essentiellement des blancs secs (70 % de la production), le reste se partageant entre les rouges et les rosés, avec aussi des vins mousseux. La demande étant plus forte que l'offre, ces vins aux accents montagnards sont souvent consommés sur place et bus dans leur jeunesse. Certains mériteraient pourtant d'être attendus quelques années.

> **CÉPAGES PRINCIPAUX** En blanc : jacquère, altesse ou roussette, chasselas, molette, gringet, roussanne. En rouge : mondeuse, pinot noir, gamay noir.

> **SOLS** Éboulis calcaires et moraines glaciaires.

> **STYLE DES VINS** En général, les rouges de mondeuse offrent une belle robe pourpre aux arômes sauvages de fruits de la montagne et de violette, avec des notes épicées très marquées ; leurs tanins astringents et persistants savent s'arrondir agréablement avec l'âge.
Les blancs sont légers, très secs, fruités, surtout ceux issus de jacquère. Les blancs de roussanne, aux senteurs de fleurs blanches et de fruits exotiques, sont plus charpentés et peuvent vieillir plus longtemps ; ceux de roussette ont une grande finesse.

***Couleur du vin :***
*rouge, blanc et rosé.*

***Température de service :***
*entre 8 et 10 °C pour les blancs et les rosés ; entre 12 et 13 °C pour les rouges (entre 15 et 17 °C pour ceux de mondeuse) ; entre 6 et 8 °C pour les mousseux.*

***Potentiel de garde :***
*à boire dans l'année pour les mousseux ; à boire dans les 2 ans pour les blancs et les rosés ; de 2 à 6 ans pour les rouges.*

SAVOIE

## AOC ROUSSETTE DE SAVOIE

Les vignes s'étendent le long du Rhône entre Frangy et Jongieux. C'est le cépage roussette qui donne au vin son nom. Il est l'unique cépage pour les quatre crus, Frangy, Marestel, Monthoux, Monterminod. Les autres blancs peuvent être élaborés aussi bien à partir de chardonnay que de roussette.

> **CÉPAGES PRINCIPAUX** Roussette aussi appelée altesse, chardonnay.

> **SOLS** Éboulis calcaires et moraines glaciaires.

> **STYLE DES VINS** Les vins sont d'une grande finesse, avec beaucoup de fraîcheur et de vivacité, des arômes de fruits secs et de noix qui persistent assez longuement en bouche.

***Couleur du vin :***
*blanc.*

***Température de service :***
*entre 6 et 8 °C.*

***Potentiel de garde :***
*à boire dans l'année, mais peut aussi attendre quelques années.*

## Une sélection de producteurs de la Savoie et du Bugey

- **Château de Ripaille (Ripaille).** Des Chasselas vifs, fruités et minéraux, de belle longueur.
- **Château de la Violette (Les Marches).** Blancs de jacquère très élégants.
- **Domaine Raphaël Bartucci (Mérignat).** Digne représentant des vins du Bugey, son Cerdon rosé issu de l'agriculture biologique possède de jolies petites bulles joyeuses et gourmandes.
- **Domaine Belluard (Ayze).** Des effervescents délicats et enchanteurs et des vins tranquilles de gringet.
- **Domaine Dupasquier et Fils (Jongieux).** Des Roussettes très bien équilibrées.
- **Domaine Louis Magnin (Arbin).** Grandes Mondeuses et superbes Bergerons de garde.
- **Domaine André et Michel Quénard (Chignin).** Remarquables rouges de gamay et de mondeuse, et blancs d'Abymes et de Chignin-Bergeron.
- **Domaine Raymond Quénard (Chignin).** Ses Mondeuses et ses cuvées de Bergeron sont magnifiques de fruit et de classe.

# LES VIGNOBLES DE LOIRE

*La vallée de la Loire compte parmi les régions viticole les plus étendues de France. Elle produit une palette de vins aux saveurs et textures si différentes qu'il est difficile de leur trouver des caractéristiques communes.*

## Des massifs d'Auvergne jusqu'aux sables vendéens

Le vignoble de Loire s'est constitué autour du sillon creusé par le fleuve français le plus long. La Loire prend sa source dans le sud du Massif central, à plus de 1 300 m d'altitude, où les vignes sont rares. À mi-chemin de son parcours vers la mer, à l'endroit où elle amorce son virage à l'ouest, elle atteint la région de Sancerre et de Pouilly ; elle n'est plus alors qu'à 200 m d'altitude. Elle longe ensuite la forêt d'Orléans, puis continue sa course vers l'ouest en passant par les vastes étendues de la Touraine, de l'Anjou et du Saumurois, où elle n'est plus qu'à 50 m d'altitude. Après Ancenis, elle rejoint le Pays nantais, tout près de l'Océan.

Sur 1 000 km environ, le fleuve traverse des terrains géologiques très divers qui, conjugués aux fluctuations du climat et aux variétés des raisins, influencent le caractère des vins.

**LES VIGNOBLES DE LOIRE EN CHIFFRES (AOC ET AOVDQS)**

**Superficie** : 52 000 ha
**Production** : 3 000 000 d'hl
**Blancs** : 52 %
**Rouges** : 26 %
**Rosés** : 16 %
**Effervescents** : 6 %

(www.vinsvaldeloire.fr)

## L'héritage du temps au service des vins

L'origine du vignoble remonterait à l'époque romaine. Au IVe siècle, saint Martin, évêque de Tours, favorise le développement de la viticulture, réservant l'usage du vin aux exigences du culte et aux besoins des malades. Dès le Xe siècle, les moines vignerons des abbayes et des monastères contribuent à l'installation des vignes. Au XIIe siècle, Henri II Plantagenêt, comte d'Anjou devenu roi d'Angleterre, fait servir les vins d'Anjou à sa cour. Plus tard, au cours des XVe et XVIe siècles, les châteaux de la Loire et leurs royaux propriétaires stimulent le travail des vignerons, qui cherchent à améliorer leur vin en sélectionnant les cépages et en affinant leur culture.

Jusqu'au milieu du XIXe siècle, les vins de Loire connaissent un bel essor grâce notamment au commerce avec les Pays-Bas via le port de Nantes. Mais la crise du phylloxéra anéantit, comme partout, le vignoble. Celui-ci renaît au XXe siècle et la qualité devient alors le mot d'ordre. Sancerre, Vouvray ou Quincy figureront parmi les premières AOC.

## Une révolution qualitative

Le vignoble de Loire compte aujourd'hui une soixantaine d'appellations. Elle est le premier producteur de vins blancs d'AOC de France ainsi que la première région en matière de production de vins effervescents (hors champagne). Depuis plusieurs années, on assiste à un véritable réveil des terroirs. Baisse des rendements, meilleure segmentation des appellations, davantage de soins dans les vinifications et l'élevage des vins : tout ce travail de fond vise l'amélioration de la qualité des vins. Il a déjà abouti à la création de nouvelles appellations, les dernières en date étant celles d'Orléans et d'Orléans-Cléry (depuis 2005).

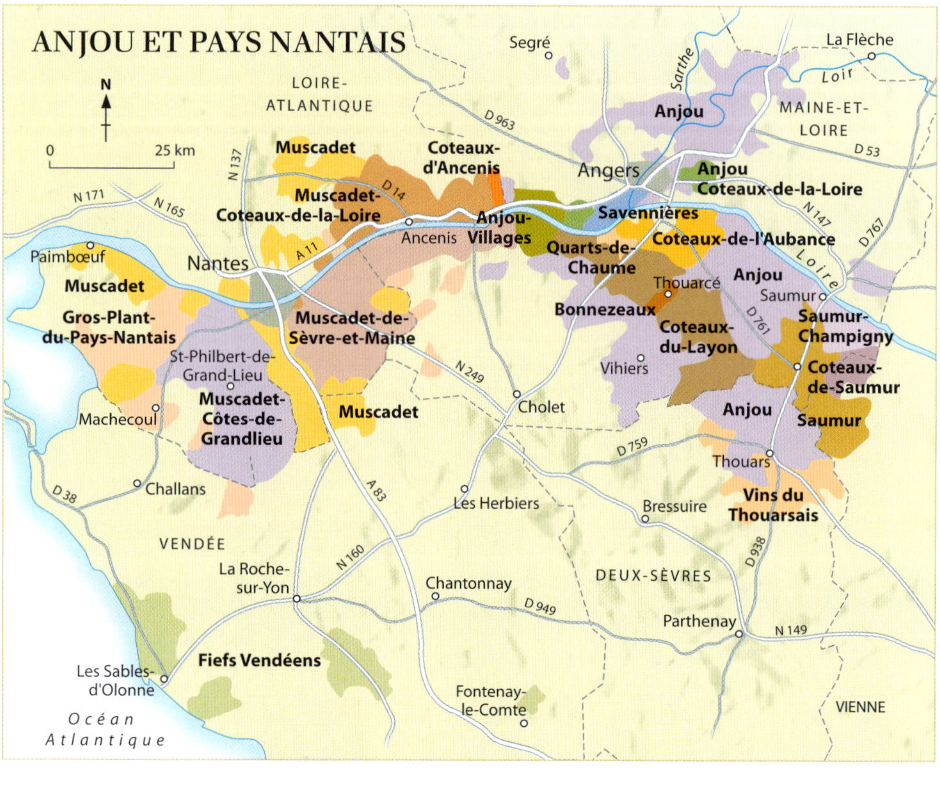


Cette révolution qualitative n'aurait jamais vu le jour sans les efforts de nouveaux vignerons, jeunes et talentueux, venus d'horizons divers : lignées de producteurs, enfants des meilleurs vignerons ou plus simplement passionnés de vins prêts à rejoindre l'aventure viticole.

## Les régions viticoles

La vallée de la Loire se décompose en plusieurs sous-régions qui ont chacune leur identité propre et leurs styles de vins. Les vignobles bordent les cours d'eau, la Loire, mais aussi ses affluents comme le Cher, l'Indre, l'Allier et la Vienne, parmi les plus importants.

**LE VIGNOBLE DU CENTRE.** Il commence au nord des monts d'Auvergne, s'étend autour de la ville de Bourges et continue ensuite jusqu'aux environs de la ville de Gien. Les vins blancs de sauvignon dominent ici, et les appellations phares sont le Sancerre et le Pouilly Fumé.

**LA TOURAINE.** Elle commence à l'ouest d'Orléans et atteint Chinon aux frontières du Saumurois. Son vignoble compte un nombre important d'appellations. Sur des sols typiques, appelés localement « tufs », naissent des vins blancs particulièrement minéraux aux senteurs de roche, de pierres frottées, avec une texture très saline comme le Chinon ou le Vouvray. Les vins rouges, issus du cabernet franc, se trouvent dans les appellations Bourgueil et Chinon. Avec l'Anjou voisin, la Touraine possède la plus importante production de vins rouges de Loire. C'est aussi au cœur de cette région que naissent une bonne partie des vins effervescents produits dans la vallée de la Loire, notamment le Crémant de Loire ainsi que les Vouvray et Montlouis-sur-Loire mousseux et pétillants.

**L'ANJOU ET LE SAUMUROIS.** Cette vaste région s'étend à une vingtaine de kilomètres à l'est de Nantes et longe la Loire jusqu'à Saumur et Angers. On y trouve des appellations célèbres pour leurs vins blancs aussi bien secs, comme Savennières, que moelleux, comme Coteaux-du-Layon et autres Coteaux-de-l'Aubance. Dans la zone autour de Saumur, on produit aussi plusieurs vins rouges ainsi que des effervescents.

LE SAVIEZ-VOUS ?

***Traditionnellement, les vins de l'Auvergne sont rattachés aux vins de la vallée de la Loire.***
*Il s'agit des appellations Côtes-d'Auvergne (AOVDQS), Côtes-du-Forez, Côte-Roannaise et Saint-Pourçain (AOVDQS).*

**LE PAYS NANTAIS ET LE VIGNOBLE DE VENDÉE.** Situés aux portes de Nantes et en partie sur les terres vendéennes, ces vignobles proches de l'Océan produisent surtout des vins blancs secs, assez rafraîchissants et très aromatiques, parfaits pour accompagner les fruits de mer. Dans l'appellation Muscadet, le cépage melon de Bourgogne trouve sa meilleure expression, donnant des vins vifs et acidulés ; certains d'entre eux, élevés sur lies, possèdent un léger perlant et une fraîcheur bien présente. Les vins des coteaux d'Ancenis sont issus du cépage malvoisie alors que la folle-blanche, connue également dans le Sud-Ouest, s'exprime avec fraîcheur et panache dans le Gros-Plant du Pays nantais, un vin acidulé qui accompagne bien la cuisine locale. Isolée quelque peu au sud-ouest de la Loire, l'appellation Fiefs Vendéens, avec ses crus Mareuil, Vix, Brem et Pissotte, produit des vins rouges et quelques blancs.

## Le réchauffement climatique dans la vallée de la Loire

Le millésime 2003 a marqué le monde de la viticulture par son ensoleillement caniculaire et des températures élevées qui ont mené la vie dure à la fois aux raisins et aux dégustateurs. Depuis, les vignerons se sont interrogés sur l'évolution du climat, avec comme certitude le fait qu'il faudra à l'avenir subir le réchauffement de la planète et ses conséquences. Bon nombre d'entre eux tentent donc de parer à l'effet caniculaire d'un millésime en se tournant vers les cépages peu ou pas présents jusqu'ici dans les vignobles de Loire et qui seraient plus adaptés aux nouvelles conditions. La syrah, habituellement destinée aux vins de la vallée du Rhône, pointerait peut-être le bout de son nez, tout comme le chasselas ou le petit meslier, cépages déjà présents dans les vignobles de Loire, intéressants pour leur fraîcheur et leur vivacité. À l'avenir, sans qu'il faille dénaturer l'identité des appellations, les règles en matière d'encépagement ne seront peut-être plus les mêmes.

> Plusieurs microclimats, divers cépages et sols sont à l'origine de la variété des vins de Loire.

## Les sols en vallée de la Loire

L'étendue géographique de la vallée de la Loire lui permet de receler une grande variété de sols et de sous-sols. Voici une sélection des plus intéressants.

**Caillottes** Sur ce sol calcaire dur que l'on trouve à Sancerre, le cépage sauvignon a trouvé son terroir de prédilection. Lorsque le calcaire est un peu plus friable, les caillottes s'appellent « grillottes ».
Elles apportent au vin une expression aromatique assez intense et beaucoup de vivacité.

**Chailloux** Dans le vignoble du Centre, ce sol formé à partir de silice et de colluvions est surtout présent sur l'appellation Pouilly Fumé. Il confère au vin une profonde minéralité et des arômes de fruits exotiques.

**Schiste** Dans le Pays nantais, il apporte aux vins fraîcheur et minéralité.

**Tuffeau** Cette roche constituée de craie ferme, qui abrite d'innombrables caves où l'on vinifie encore, est présente principalement à Vouvray et à Montlouis. Elle est un support idéal pour la minéralité.

**Varennes** Mélange de sables et de graviers, ce type de sol se rencontre à Chinon. Il offre aux vins de la finesse. À Saint-Nicolas-de-Bourgueil, les varennes désignent également des sols sablo-limoneux.

## Les cépages

La variété des cépages présents dans la vallée de la Loire permet aux viticulteurs de diversifier le style de leurs vins. Il n'est pas rare de voir un même producteur proposer du vin rouge et du vin blanc, tranquille ou effervescent. Certains cépages atteignent ici une qualité d'expression rare, par exemple le chenin à Vouvray, ou le pinot noir qui, à Sancerre, surprend par la pureté de son fruit.

**LES CÉPAGES DOMINANTS.** Dans les vignobles du Centre, on trouvera un peu de chardonnay et surtout le sauvignon pour les vins blancs ; le pinot noir et le gamay pour les rouges. De la Touraine jusqu'au Pays nantais, c'est le chenin et le melon de Bourgogne (ce dernier, uniquement dans l'AOC Muscadet) qui dominent pour les blancs alors que le cabernet franc s'impose comme le cépage rouge majeur.

**QUELQUES CÉPAGES RARES.** En dehors de ces cépages connus, on trouve ici et là quelques plants rares qui se révèlent passionnants à la dégustation. Ainsi, le pinot gris offre à Reuilly un vin rosé à la texture gourmande et séveuse. Dans l'appellation Saint-Pourçain, le tressalier et le saint-pierre doré promettent des vins blancs à la texture vivifiante. Le gris meunier, synonyme du pinot meunier, prend une place importante dans les vins rosés

**VRAI OU**

***Le Sancerre blanc se boit sur ses premières années, très frais.***

**FAUX.** Les vins blancs issus sauvignon (comme ceux de ch nin) et vinifiés avec un passage barrique, ce qui est le cas de ce tains Sancerres, sont capable de vieillir en cave pendant plus de 15 ans.

> Vignes à Sauzay, dans l'aire de l'appellation Saumur-Champigny.

### LE SAVIEZ-VOUS ?

***L'appellation Savennières propose une classification de ses styles de vins et l'affiche sur les contre-étiquettes.*** *Les vins «secs» peuvent contenir jusqu'à 8 grammes par litre (g/l) de sucres résiduels, les «demi-secs» de 8 à 18 g/l, les «moelleux» entre 18 et 45 g/l et les vins «doux» plus de 45 g/l. Cette démarche, qui vise à mieux informer le consommateur, s'étend à d'autres appellations productrices de vins moelleux, notamment en Alsace.*

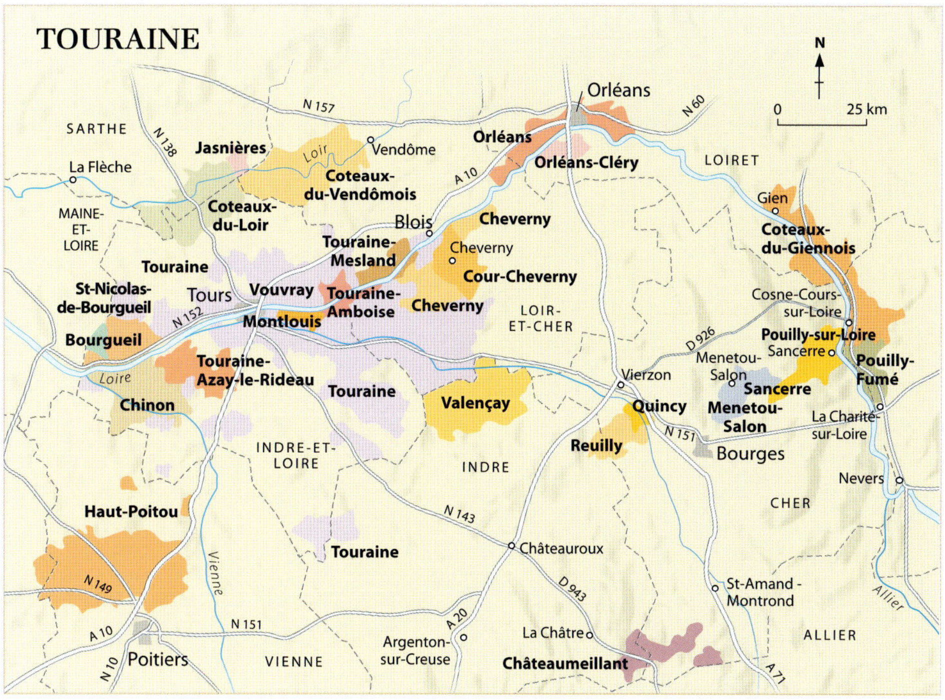


de l'Orléanais alors que, sur l'appellation Touraine, le gamay noir est complété par du gamay de Bouze et du gamay de Chaudenay. Enfin, dans les coteaux d'Ancenis, le cépage malvoisie, cousin du pinot gris, marque les vins par son ampleur et sa générosité.

## Les négociants et les propriétés

Les vallée de la Loire reste une région de petits domaines qui se rapproche davantage de la Bourgogne que du Bordelais. Toutefois, si les Bourguignons se sont enrichis grâce à la renommée de leurs vins, il n'en a pas été de même pour les producteurs de la Loire, dont le talent n'est pas toujours récompensé à sa juste valeur. Le Muscadet, le Sancerre, le Pouilly Fumé (blancs), le Bourgueil, le Saumur-Champigny (rouges) représentent les seules productions vinicoles relativement prospères.

Peu de coopératives viticoles garantissent un revenu aux producteurs, ce qui implique une liberté totale de stocks disponibles et de la demande des négociants. Le plus souvent situés dans la région du Muscadet, entre Saumur et Nantes, les négociants achètent des vins dans différents domaines pour les assembler. Les achats se font généralement en fonction du prix et les vignerons ne céderont ainsi que leurs cuvées les moins réussies, ce qui explique qu'un Sancerre embouteillé dans la région nantaise soit souvent décevant.

## Les AOC et AOVDQS de la Loire

APPELLATIONS RÉGIONALES
- Rosé de Loire
- Crémant de Loire

VIGNOBLE DU CENTRE
- Châteaumeillant
- Coteaux-du-Giennois
- Menetou-Salon
- Orléans
- Orléans-Cléry
- Pouilly-sur-Loire
- Pouilly Fumé (ou Blanc Fumé de Pouilly)
- Quincy
- Reuilly
- Sancerre

TOURAINE
- Bourgueil
- Chinon
- Cour-Cheverny
- Cheverny
- Coteaux-du-Vendômois
- Coteaux-du-Loir
- Jasnières
- Montlouis-sur-Loire
- Saint-Nicolas-de-Bourgueil
- Touraine
- Touraine-Amboise
- Touraine-Azay-le-Rideau
- Touraine-Mesland
- Touraine-Noble-Joué
- Valençay
- Vouvray

ANJOU ET SAUMUROIS
- Anjou
- Anjou blanc
- Anjou Coteaux-de-la-Loire
- Anjou Gamay
- Anjou mousseux
- Anjou-Villages
- Anjou-Villages-Brissac
- Bonnezeaux
- Cabernet d'Anjou
- Cabernet de Saumur
- Coteaux-de-l'Aubance
- Coteaux-du-Layon
- Coteaux-du-Layon-Chaume
- Coteaux-de-Saumur
- Quarts-de-Chaume
- Rosé d'Anjou
- Saumur
- Saumur-Champigny
- Saumur mousseux
- Savennières suivi ou non d'un nom de lieu-dit
- Vins du Thouarsais

PAYS NANTAIS, VIGNOBLES VENDÉEN ET POITEVIN
- Coteaux-d'Ancenis
- Fiefs Vendéens
- Gros-Plant nantais
- Haut-Poitou
- Muscadet
- Muscadet-Sèvre-et-Maine
- Muscadet-Coteaux-de-la-Loire
- Muscadet-Côtes-de-Grandlieu

AUVERGNE
- Côtes-d'Auvergne
- Côte-Roannaise
- Côtes-du-Forez
- Saint-Pourçain

# Les vins les plus connus de la vallée de la Loire

*Du Centre jusqu'au Pays nantais, voici au fil du fleuve les appellations incontournables de toutes les zones viticoles de la vallée de la Loire.*

CENTRE

## AOC REUILLY

Ce vignoble trouverait ses origines au VIIe siècle grâce aux moines de l'abbaye de Saint-Denis. Les vins, destinés à l'époque uniquement à la ville de Bourges, ont peu à peu gagné en notoriété sur tout le territoire français et les pays limitrophes. L'appellation s'étend sur deux départements, le Cher et l'Indre, au sud-est de Bourges, sur une surface de 186 ha. Reuilly et Sancerre sont les seules AOC des vignobles du Centre qui produisent des vins dans les trois couleurs.

> **CÉPAGES PRINCIPAUX** Sauvignon pour les vins blancs ; pinot gris et pinot noir pour les rosés ; le pinot noir est l'unique cépage pour les rouges.

> **SOLS** Coteaux de marnes calcaires et de sables qui confèrent aux vins une profondeur idéale accompagnée par des notes acidulées.

> **STYLE DES VINS** Commençons par le rosé. La présence non négligeable de pinot gris lui garantit des bouches toujours pleines et gourmandes. Les vins blancs sont harmonieux et très aromatiques. Dans les vins rouges, le pinot noir impressionne par sa gourmandise et sa sensibilité, ses arômes étant ponctués de senteurs de fraise, de framboise et de petits fruits des bois.

***Couleur du vin :*** *blanc, rosé et rouge.*

***Température de service :*** *entre 8 et 10 °C pour les vins blancs et les rosés ; 16 °C pour les rouges.*

***Potentiel de garde :*** *de 3 à 7 ans.*

CENTRE

## AOC QUINCY

Situé à quelques kilomètres à l'est de Bourges, Quincy est le plus ancien vignoble de la région. Il fut également le premier, parmi les vignobles de Loire, à accéder au statut d'AOC en 1936. L'appellation (224 ha) se répartit sur deux communes, Quincy et Brinay. Le cépage sauvignon fut apporté à l'abbaye de femmes Notre-Dame de Beauvoir par les moines de l'ordre de Cîteaux.

> **CÉPAGE UNIQUE** Sauvignon.

> **SOLS** On rencontre trois types de sols, à savoir les sablo-graveleux, les sols sableux sur des formations de sable rouge et des formations sablo-limoneuses avec une présence plus ou moins importante d'argile.

> **STYLE DES VINS** Le Quincy est un vin sec, fin, tendre et vif. En dégustation, il brille par des robes légères aux couleurs toujours éclatantes et limpides. Au nez, on trouve un panel d'agrumes frais comme le combava ou le pomelo, et des fruits exotiques, pour continuer sur une bouche marquée d'une fraîcheur affirmée et d'une grande pureté.

Il est toujours bienvenu d'attendre ce vin au moins 3 ans avant de le déguster.

***Couleur du vin :*** *blanc.*

***Température de service :*** *entre 8 et 10 °C.*

***Potentiel de garde :*** *de 3 à 10 ans.*

## Les vins « plaisir » d'un bon rapport qualité-prix

### LES BLANCS SECS

- AOC Coteaux-du-Giennois : Émile Balland (Cosne-sur-Loire).
- AOC Montlouis-sur-Loire : Clos de la Bretonnière, Domaine de la Taille aux Loups (Montlouis-sur-Loire).
- AOC Orléans : L'Excellence, Clos Saint-Fiacre (Mareau-aux-Prés).
- AOC Pouilly Fumé : Domaine Michel Redde (Saint-Andelain).
- AOC Sancerre : Florès et Nuance, Domaine Vincent Pinard (Bué).

### LES BLANCS EFFERVESCENTS

- AOC Montlouis-sur-Loire : Brut traditionnel, Domaine François Chidaine (Montlouis-sur-Loire).
- AOC Vouvray : Brut Méthode traditionnelle, Domaine du Clos Naudin (Vouvray).
- Vin mousseux de qualité, Cuvée Ludwig Hahn, Domaine de l'Écu (Le Landreau).

### LES ROSÉS

- AOC Sancerre : Domaine François Cotat (Chavignol).

### LES ROUGES

- AOC Chinon : Les Varennes du Grand Clos, Domaine Charles Joguet (Chinon).
- AOC Orléans-Cléry : Clos Saint-Fiacre (Mareau-aux-Prés).
- AOC Sancerre : À Nicolas, Domaine Pascal et Nicolas Reverdy (Maimbray) ; Domaine Francois Cotat (Chavignol) ; Domaine François Crochet (Bué).

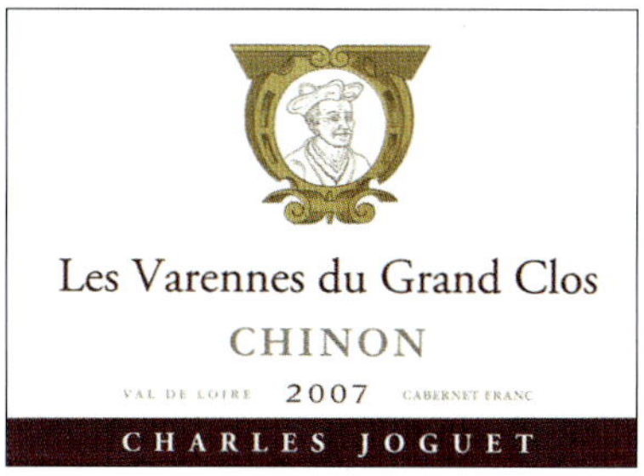


## AOC SANCERRE

CENTRE

C'est l'appellation phare des vignobles du Centre. Elle s'étend sur des pentes et des coteaux autour du village de Sancerre, sur une surface de 2 770 ha. On la retrouve également sur les meilleurs terroirs, reconnus depuis toujours pour la qualité de leurs vins, Chavignol et Bué.

> **CÉPAGES PRINCIPAUX** Le sauvignon est l'unique cépage des vins blancs ; le pinot noir est l'unique cépage pour les rosés et les rouges.

> **SOLS** L'appellation s'étend sur toute une mosaïque de sols, les caillottes, les grillottes, mais aussi les terres blanches ou les silex, ce qui confère aux vins autant de facettes aromatiques.

> **STYLE DES VINS** Longtemps assimilé à des vins de fruit, acidulés et rafraîchissants, le style de l'appellation a beaucoup changé. Si autrefois les Sancerres mûrissaient essenteillement en bouteille, on trouve maintenant des vins façonnés par un élevage en barrique offrant un souffle minéral intense.

***Couleur du vin :*** *blanc, rosé et rouge.*

***Température de service :*** *entre 8 et 10 °C pour les vins blancs et les rosés ; 16 °C pour les rouges.*

***Potentiel de garde :*** *de 5 à 10 ans.*

## AOC POUILLY FUMÉ (OU BLANC FUMÉ DE POUILLY)

CENTRE

L'appellation Pouilly Fumé s'impose depuis bien longtemps comme un véritable écrin pour le sauvignon. C'est d'ailleurs sur les hauteurs de la butte de Saint-Andelain que l'on retrouve les silex, compagnons idéaux qui subliment la minéralité et la pureté cristalline de ce cépage.

> **CÉPAGE UNIQUE** Sauvignon.

> **SOLS** À l'image de Sancerre, l'appellation s'étend sur des sols très divers, véritables témoins de l'œuvre du temps et de la nature. Les chailloux (quartz), les marnes calcaires et les silex sont, au regard des vignerons, les meilleurs sols pour les vins.

> **STYLE DES VINS** Ceux-ci sont toujours en correspondance avec leurs sols. Les vins de marnes calcaires sont souvent appréciés pour leurs expressions aromatiques assez directes : infusions et fruits blancs ; les chailloux offrent la juste expression de la minéralité et des touches exotiques ; les silex permettent un élan minéral sublime souligné par des notes pierreuses.

***Couleur du vin :*** *blanc.*

***Température de service :*** *entre 8 et 10 °C.*

***Potentiel de garde :*** *de 5 à 15 ans.*

## AOC ORLÉANS, ORLÉANS-CLÉRY

TOURAINE

Orléans a toujours occupé une place de choix en termes de viticulture dans la vallée de la Loire. Dans le passé, les tonneliers y avaient élu domicile pour façonner les plus belles barriques qui rejoignaient les meilleures exploitations de la région, activité peu à peu délaissée.

L'attribution, en 2005, de l'AOC redonne aux vins de l'Orléanais (classés jusqu'alors en VDQS) toutes leurs lettres de noblesse. L'appellation Orléans-Cléry produit quant à elle uniquement des vins rouges.

> **CÉPAGES PRINCIPAUX** Chardonnay pour les vins blancs ; pinot noir et pinot meunier pour les rouges de l'AOC Orléans ; cabernet franc pour les rouges d'Orléans-Cléry.

> **SOLS** Les vignes, situées principalement au sud d'Orléans, reposent sur des sols composés d'alluvions laissées par le lit du fleuve il y a des millions d'années. À signaler aussi, une présence de silice et de calcaire qui apportent aux vins des tonalités minérales.

> **STYLE DES VINS** Les derniers millésimes proposent des blancs issus de chardonnay avec des senteurs d'agrumes, légèrement exotiques, très plaisantes et à la bouche rafraîchissante. Les rosés présentent un fruité très expressif pour continuer vers une bouche acidulée.

Les Orléans rouges sont souples et leur texture, soyeuse. Les Orléans-Cléry offrent davantage de profondeur et de structure ainsi que des notes de poivre du Sichuan et de cuir.

***Couleur du vin :***
*blanc, rosé et rouge pour Orléans ; rouge uniquement en Orléans-Cléry.*

***Température de service :***
*entre 8 et 10 °C pour les vins blancs et les rosés ; 16 °C pour les vins rouges.*

***Potentiel de garde :***
*de 5 à 7 ans.*

## AOC JASNIÈRES

TOURAINE

C'est tout d'abord un minuscule vignoble de 65 ha et l'une des plus anciennes appellations de Loire. Légèrement excentrée du fleuve, elle produit depuis des lustres des vins de pur chenin taillés par la minéralité et faisant preuve d'un potentiel de garde inouï.

> **CÉPAGE UNIQUE** Chenin.

> **SOLS** Orientées plein sud, les vignes reposent sur un sol constellé d'éclats de silex et de tuffeau qui, en restituant la chaleur, contribuent à assurer aux raisins une parfaite maturité.

> **STYLE DES VINS** L'appellation marie à merveille des vins blancs secs tendus, cristallins, accompagnés par des notes de coing et trouvant en bouche une droiture sublime, et des vins moelleux, synonymes d'équilibre et d'harmonie où la sucrosité reste très équilibrée en bouche, offrant des touches de cire, de confiture de coing et de miel d'acacia.

***Couleur du vin :***
*blanc.*

***Température de service :***
*entre 8 et 10 °C pour les moelleux ; entre 10 et 12 °C pour les secs.*

***Potentiel de garde :***
*de 3 à 15 ans pour les blancs secs ; de 10 à 30 ans pour les moelleux et liquoreux.*

## AOC VOUVRAY, MONTLOUIS-SUR-LOIRE

TOURAINE

Vouvray (2 000 ha) et Montlouis-sur-Loire (370 ha) sont deux appellations « jumelles », juste séparées par la Loire, à proximité de Tours. Elles sont à la source des grands blancs de Loire. Le chenin, leur cépage, y prend tout son essor pour offrir de multiples styles : du plus sec, nerveux, en passant par des vins effervescents pour terminer sur des vins moelleux.

> **CÉPAGE UNIQUE** Chenin.

> **SOLS** Vouvray et Montlouis-sur-Loire reposent sur un sol de tuffeau, cette roche calcaire, crayeuse, assez tendre, qui délivre aux vins les messages du terroir les plus cristallins et minéraux. Il s'impose comme le terroir de choix pour le chenin.

> **STYLE DES VINS** La force de ces deux appellations est de produire aussi bien des vins blancs secs ciselés et des demi-secs à la sucrosité aérienne que des vins moelleux suaves et charmeurs ainsi que des vins effervescents à la bulle revigorante. Côté arômes, on trouve des notes de coing, de tilleul, de bergamote sur un fond de miel d'acacia, typiques de l'expression de ces deux appellations.

***Couleur du vin :***
*blanc.*

***Température de service :***
*entre 8 et 10 °C pour les vins blancs moelleux et effervescents ; 10 °C pour les vins blancs secs.*

***Potentiel de garde :***
*de 3 à 10 ans pour les vins secs ; de 7 à 30 ans (voire davantage dans les grands millésimes) pour les moelleux.*

TOURAINE

## AOC CHINON

Cette vaste appellation (2 300 ha) s'étend sur la rive sud de la Loire, en face de Bourgueil, autour de la ville de Chinon. Elle produit surtout des vins rouges dans lesquels le cabernet franc s'exprime pleinement, leur conférant à la fois profondeur et finesse tannique, très appréciables.

> **CÉPAGES PRINCIPAUX** Cabernet franc et cabernet-sauvignon pour les rouges et les rosés ; chenin pour les blancs.

> **SOLS** Calcaires. Des buttes d'argile à silex et des buttes de sable sont toutefois présentes sur le secteur de Véron.

> **STYLE DES VINS** Les rouges demandent quelques années d'épanouissement en cave pour que le cabernet franc prenne toute sa dimension et sa subtilité. Ils dégagent alors des fragrances de mûre, de cassis, de fleur de sureau. L'évolution amènera ensuite des notes fumées, sanguines et poivrées.

Les blancs offrent le juste équilibre entre une texture ample et des saveurs crayeuses et de pierre à fusil. Quant aux rosés, ils montrent toute la gourmandise que l'on peut demander à cette appellation.

***Couleur du vin :*** *blanc, rosé et rouge.*

***Température de service :*** *entre 8 et 10 °C pour les blancs et les rosés ; 16 °C pour les rouges.*

***Potentiel de garde :*** *de 3 à 5 ans pour les blancs et les rosés ; de 7 à 20 ans pour les rouges.*

TOURAINE

## AOC BOURGUEIL, SAINT-NICOLAS-DE-BOURGUEIL

Situées sur la rive droite de la Loire, à quelques rangs de vigne en amont de Saumur, ces AOC sont appréciées pour la structure et la profondeur de leurs vins rouges. À souligner, les progrès qualitatifs des dernières années, surtout en matière d'élevage, et la montée en puissance de vignerons passionnés et passionnants.

> **CÉPAGES PRINCIPAUX** Cabernet franc et cabernet-sauvignon.

> **SOLS** Une grande partie du vignoble est située sur des coteaux. Les sols s'étendent sur des compositions beaucoup plus sableuses que les autres sols de la région, entrecoupées de touches d'argile qui influent sur la puissance des vins.

> **STYLE DES VINS** Ces rouges offrent une robe rubis éclatante, un nez aux senteurs de mûre et de prune, et une bouche ferme, au grain de tanin précis, sachant faire preuve de beaucoup de subtilité. Afin de les découvrir pleinement, il convient de laisser ces vins en cave pendant quelques mois voire quelques années.

***Couleur du vin :*** *rouge.*

***Température de service :*** *16 °C.*

***Potentiel de garde :*** *de 5 à 25 ans.*

TOURAINE

## AOC COTEAUX-DU-LAYON

C'est une des références majeures en matière de vins moelleux dans la vallée de la Loire. Le vignoble (1 400 ha), situé près d'Angers, s'étend de part et d'autre du Layon, petit affluent de la Loire qui, à l'automne, le couvre de ses brumes, ce qui permet l'apparition de la pourriture noble sur les grains dorés du chenin.

Les meilleurs villages de cette appellation, qui ont le statut de cru, peuvent faire figurer leur nom sur l'étiquette : Beaulieu-sur-Layon, Faye-d'Anjou, Rablay-sur-Layon, Rochefort-sur-Loire, Saint-Aubin-de-Luigné et Saint-Lambert-du-Lattay.

L'AOC Coteaux-du-Layon-Chaume, créée en 2007, vise à définir de façon précise le terroir de Chaume, situé sur un coteau exposé plein sud, sur des sols de schistes et de grès. Les vins issus des millésimes 2005 et 2006 peuvent bénéficier de cette appellation.

> **CÉPAGE UNIQUE** Chenin.

> **SOLS** C'est un véritable « melting-pot » où les calcaires côtoient les schistes et les grès pour offrir au chenin autant de facettes et d'expressions différentes.

> **STYLE DES VINS** Les vins sont uniquement moelleux, et seule leur richesse en sucres varie. Chaque vigneron interprète à sa façon l'expression du chenin : on trouve des vins moelleux d'un grand équilibre, tout comme des liquoreux où la sucrosité s'affirme. Côté parfums, des arômes de fruits confits (mirabelle, reine-claude, coing) se mêlent à des senteurs briochées et truffées durant l'évolution du vin.

***Couleur du vin :*** *blanc.*

***Température de service :*** *entre 8 et 10 °C.*

***Potentiel de garde :*** *de 5 à 50 ans.*

## Le Clos Rougeard, des terroirs sublimés

Depuis plus d'un siècle, le Clos Rougeard, à Chacé, élabore de grands vins rouges de la vallée de Loire. Dans la lignée des générations précédentes, les frères Foucault produisent de façon artisanale et confidentielle les plus belles expressions ligériennes sous les appellations Saumur-Champigny et Coteaux-de-Saumur. Dans les vignes, tout est mis en œuvre pour permettre l'épanouissement du cabernet franc, le cépage des rouges, et du chenin, l'unique cépage des blancs, secs comme moelleux. Les produits chimiques et de synthèse sont bannis au profit de traitements plus doux pour la terre. Chaque parcelle est enherbée, labourée et les rendements sont volontairement bas pour préserver la qualité. Les vendanges s'effectuent de façon manuelle sur des raisins de maturité exemplaire. Pour les vinifications, simples, « on prend notre temps », comme le dit Nady Foucault. Après de très longs élevages (de 24 à 36 mois), rares dans les vignobles français, les vins sont prêts à défier les décennies, voire les siècles, comme le montrent encore certains flacons de 1953, 1937, 1921, et même un magique 1900.

## AOC SAUMUR, SAUMUR-CHAMPIGNY

ANJOU-SAUMUROIS

Ces deux appellations s'étendent sur plusieurs communes autour de la ville de Saumur. L'AOC Saumur (2 600 ha) produit des vins secs, rouges et blancs, ainsi que des effervescents.
L'AOC Saumur-Champigny (1 500 ha), qui produit des rouges seulement, présente deux styles de vins. Le négoce élabore des vins souples à consommer pendant leurs premières années, tandis que les vignerons indépendants, comme le Clos Rougeard (voir ci-dessus), visent à vinifier leurs vins pour un temps de garde plus important.

**> CÉPAGES PRINCIPAUX** Chenin, sauvignon et chardonnay pour les blancs ; cabernet franc, cabernet-sauvignon et pineau d'Aunis pour les rouges.

**> SOLS** Le vignoble de Saumur occupe un ensemble de terres blanches enrichies en craies. L'appellation Saumur-Champigny repose sur des sols beaucoup plus riches et profonds, de tuffeau mais également argilo-calcaires et silico-argileux.

**> STYLE DES VINS** Les effervescents de Saumur séduisent par la finesse de leurs bulles, les arômes subtils et une texture aérienne. Petite curiosité, on élabore dans cette appellation un rouge effervescent travaillé à partir de cabernet et de gamay : un pur délice. Les blancs, lorsqu'ils sont soigneusement vinifiés et élevés, offrent des arômes de fruits juteux et des touches de verveine ; en bouche, c'est la minéralité du tuffeau qui prend le pas.
Les Saumur-Champigny rouges savent faire preuve de profondeur. Ils sont dotés d'une sensation tactile élégante servie par des fragrances de fruits noirs acidulés, de bois fumé et d'épices douces. Ceux de Saumur sont un peu plus souples et concentrés.

***Couleur du vin :***
*blanc et rouge.*

***Température de service :***
*entre 8 et 10 °C pour les vins blancs (tranquilles ou effervescents) et les rosés ; 16 °C pour les vins rouges.*

***Potentiel de garde :***
*de 3 à 10 ans pour les blancs ; de 5 à 20 ans pour les rouges.*

## AOC SAVENNIÈRES

ANJOU-SAUMUROIS

Curnonsky, prince des gastronomes, classait Savennières au même rang que le mythique Montrachet, le Château d'Yquem, ou encore le Château-Chalon. Autant dire que Savennières fait figure d'exception dans le paysage viticole angevin. Idéalement situé, regardant passer le cours de la Loire, le vignoble (124 ha) se répartit sur trois communes (Savennières, Bouchemaine, La Possonnière). Les vins sont toujours travaillés à partir de raisins à haute maturité, et chaque flacon est vraiment un moment de dégustation privilégié. Le nom de l'appellation peut être suivi du nom de l'un des lieux-dits : La Roche-aux-Moines et La Coulée-de-Serrant.

**> CÉPAGE UNIQUE** Chenin.

**> SOLS** L'appellation est ancrée sur des coteaux perpendiculaires à la Loire, traversés de veines schisteuses avec un fond de sables. Ce sol, assez particulier, confère au chenin une noble austérité.

**> STYLE DES VINS** Les Savennières ont besoin de temps. Discrets et réservés sur leurs premiers instants, ils doivent patienter pendant 10 ans au moins en cave avant de livrer leur florilège d'arômes de fruits jaunes juteux comme la mirabelle, le coing et l'abricot. En bouche, c'est presque une texture tannique qui s'offre au palais : un Savennières s'appuie sur une texture ferme d'une élégante amertume et surtout d'une tonalité saline.

***Couleur du vin :***
*blanc.*

***Température de service :***
*entre 10 et 12 °C.*

***Potentiel de garde :***
*de 10 à 50 ans.*

ANJOU-SAUMUROIS

## AOC QUARTS-DE-CHAUME, AOC BONNEZEAUX

S'il y avait un classement en termes de grands crus de la vallée de la Loire, ces deux appellations occuperaient tout simplement les premières places.

Bonnezeaux (90 ha) se trouve au cœur des terroirs des Coteaux-du-Layon ; Quarts-de-Chaume (50 ha) est riveraine de la Loire. Profitant du mésoclimat des méandres du Layon, ces appellations dont les origines remontent au Moyen Âge subliment leur cépage, le chenin. Aux yeux des amateurs, elles constituent l'essence même des grands vins liquoreux capables de traverser le temps.

> **CÉPAGE UNIQUE** Chenin.

> **SOLS** Constitués de grès et de schistes, ils sont complices des brouillards matinaux du Layon qui accueillent la pourriture noble.

> **STYLE DES VINS** Que ce soit Quarts-de-Chaume ou Bonnezeaux, les vins impressionnent par leur richesse en sucres résiduels qui s'affine et se nuance au fur et à mesure de leur évolution en cave. Si on les savoure jeunes, des notes de bergamote, d'agrumes confits, de miel de sapin, de coing se manifestent. Quand ils sont un peu plus âgés, au bout de 10 ou 20 ans, la palette aromatique s'enrichit de notes de terres blanches, de confiture de poires, de pâtisserie, de truffe blanche.

***Couleur du vin :*** *blanc.*

***Température de service :*** *entre 10 et 12 °C.*

***Potentiel de garde :*** *de 10 à 50 ans.*

PAYS NANTAIS

## AOC MUSCADET

Aux portes de Nantes, le vaste vignoble du Muscadet occupe 3 600 ha. Il est limité au nord par la Bretagne, au sud par le bocage vendéen et à l'ouest par la frange atlantique. Au XVIe siècle, déjà, Rabelais vantait les mérites du melon de Bourgogne, cépage du Muscadet.

Récemment, certains vignerons ont opéré un véritable virage qualitatif. À noter également les progrès en matière de techniques de vinification et d'élevage qui apportent aux vins beaucoup plus de finesse.

> **CÉPAGE UNIQUE** Melon de Bourgogne (dénommé aussi « muscadet »).

> **SOLS** Ils sont très divers. On trouve les schistes, les micaschistes, les gabbros ainsi que, dans une proportion plus discrète, le granite.

> **STYLE DES VINS** Les meilleurs sont souvent issus de très longs élevages en cuve, qui apportent aux vins une tenue en bouche et de la profondeur. Des travaux autour de gros contenants comme des foudres garantissent aux vins un avenir certain en cave.

À la dégustation, la phase olfactive s'exprime autour de senteurs florales d'herbes fraîchement coupées, de tilleul, pour atteindre ensuite des notes d'agrumes et de fruits blancs. En bouche, c'est la fraîcheur qui vivifie les papilles avec vivacité et panache.

***Couleur du vin :*** *blanc.*

***Température de service :*** *entre 8 et 10 °C.*

***Potentiel de garde :*** *de 3 à 20 ans.*

# Les vins de prestige

### LES BLANCS SECS

- AOC Anjou : Les Rouliers, Richard Leroy (Rablay-sur-Layon).
- AOC Blanc Fumé de Pouilly : Silex, Dagueneau, Didier Dagueneau (Saint-Andelain).
- AOC Montlouis-sur-Loire : Stéphane Cossais, Maison Marchandelle (Montlouis-sur-Loire).
- AOC Sancerre : Clos La Néore, Edmond Vatan (Chavignol).

### LES BLANCS MOELLEUX

- AOC Coteaux-de-Saumur : Clos Rougeard (Chacé).
- AOC Montlouis-sur-Loire : Domaine François Chidaine (Montlouis-sur-Loire).
- AOC Vouvray moelleux : Romulus, Domaine de la Taille aux Loups (Montlouis-sur-Loire) ; Domaine du Clos Naudin (Vouvray).
- AOC Quarts-de-Chaume : Château de Suronde (Rochefort-sur-Loire).

### LES ROUGES

- AOC Chinon : L'Huisserie, Domaine Philippe Alliet (Cravant-les-Coteaux).
- AOC Sancerre : Charlouise, Domaine Vincent Pinard (Bué) ; Belle Dame, Domaine Vacheron (Sancerre).
- AOC Saumur : Les Arboises, Romain Guiberteau (Mollay).
- AOC Saumur-Champigny : Les Poyeux, Clos Rougeard (Chacé).

# LES VIGNOBLES DU RHÔNE

*Située entre Lyon et Marseille, bordée à l'ouest par le Massif central, à l'est par les Alpes et au sud par la Méditerranée, la vallée du Rhône présente une double personnalité, granitique et plutôt monocépage au nord, calcaire et multicépage au sud. L'ensoleillement, voire l'aridité, et le vent font tout autant son unité qu'une croyance profonde dans la dynamique collective. La vogue mondiale de ses cépages et une succession de bons millésimes expliquent une réussite actuelle bien méritée.*

## La situation géographique

Les appellations de la vallée sont réparties sur six départements. On trouve, du nord au sud, la Côte-Rôtie dans le département du Rhône, Château-Grillet, Condrieu et Saint-Joseph dans la Loire, une autre partie de Saint-Joseph, puis Cornas et, plus au sud, les Côtes-du-Vivarais en Ardèche, Hermitage, Crozes-Hermitage et les appellations du Diois dans la Drôme.

La partie méridionale commence dans la Drôme provençale, avec Vinsobres et les Coteaux-du-Tricastin. Châteauneuf-du-Pape, Gigondas, Vacqueyras, Beaumes-de-Venise, Ventoux et Luberon sont dans le Vaucluse. Le Gard oriental est le territoire de Lirac, Tavel et des Costières-de-Nîmes.

LES VIGNOBLES DU RHÔNE EN CHIFFRES (EN AOC)

**Superficie** : 77 174 ha
**Production** : 2 815 434 hl
**Rouges** : 83 %
**Rosés** : 12 %
**Blancs** : 5 %

(Inter-Rhône, 2008)

> La minuscule appellation de Château-Grillet (4 ha) est connue pour ses excellents blancs issus du viognier.

## Une histoire géologique tumultueuse

La vallée du Rhône, issue de l'affrontement du Massif central et des Alpes, est une fosse d'effondrement qui a été comblée par la Méditerranée. Il y a 300 millions d'années se forme la roche granitique du nord, issue de l'activité volcanique du Massif central. Au sud, on est dans le golfe du grand océan mondial, où se succèdent des dépôts fluviatiles et marins, en particulier les calcaires qui formeront les futurs reliefs (les Dentelles de Montmirail, le mont Ventoux). La personnalité du Nord, plus granitique, et celle du Sud, plus calcaire, sont déjà posées. Le surgissement alpin, il y a 40 millions d'années, fait s'effondrer la vallée située entre les deux massifs ; celle-ci est engloutie par la Méditerranée. Cet événement se répétera plusieurs fois. À chaque submersion se produiront de nouveaux dépôts, et à chaque assèchement le fleuve creusera son lit de plusieurs centaines de mètres, créant des terrasses sur les flancs de sa vallée, et mélangeant les différents apports sur les pentes entre les terrasses.

## Les sols et les styles de vins

Les terroirs de la vallée du Rhône sont regroupés autour de quatre types de roches, qui permettent de classer les vins selon quelques grandes tendances.

**LE GRANITE.** Il est présent dans le nord de la vallée du Rhône en roche-mère et en dépôts (Côte-Rôtie, Condrieu, Cornas,

### Une sécheresse récurrente

Malgré certaines différences climatiques – un peu plus de soleil et de vent au sud, un peu plus de fraîcheur et de pluie au nord –, le phénomène de sécheresse touche tous les vignobles de la vallée du Rhône. Durant la période 2003-2008, les déficits pluviométriques se sont accumulés, en particulier sous l'influence du réchauffement climatique (prouvé par la précocité croissante des dates de vendanges). En résulte une baisse des rendements, la mort d'une partie des plants, parfois des déséquilibres dans les vins. Si ce manque d'eau nécessite une meilleure attention à la vie de la plante, il permet parfois de diminuer les traitements chimiques.

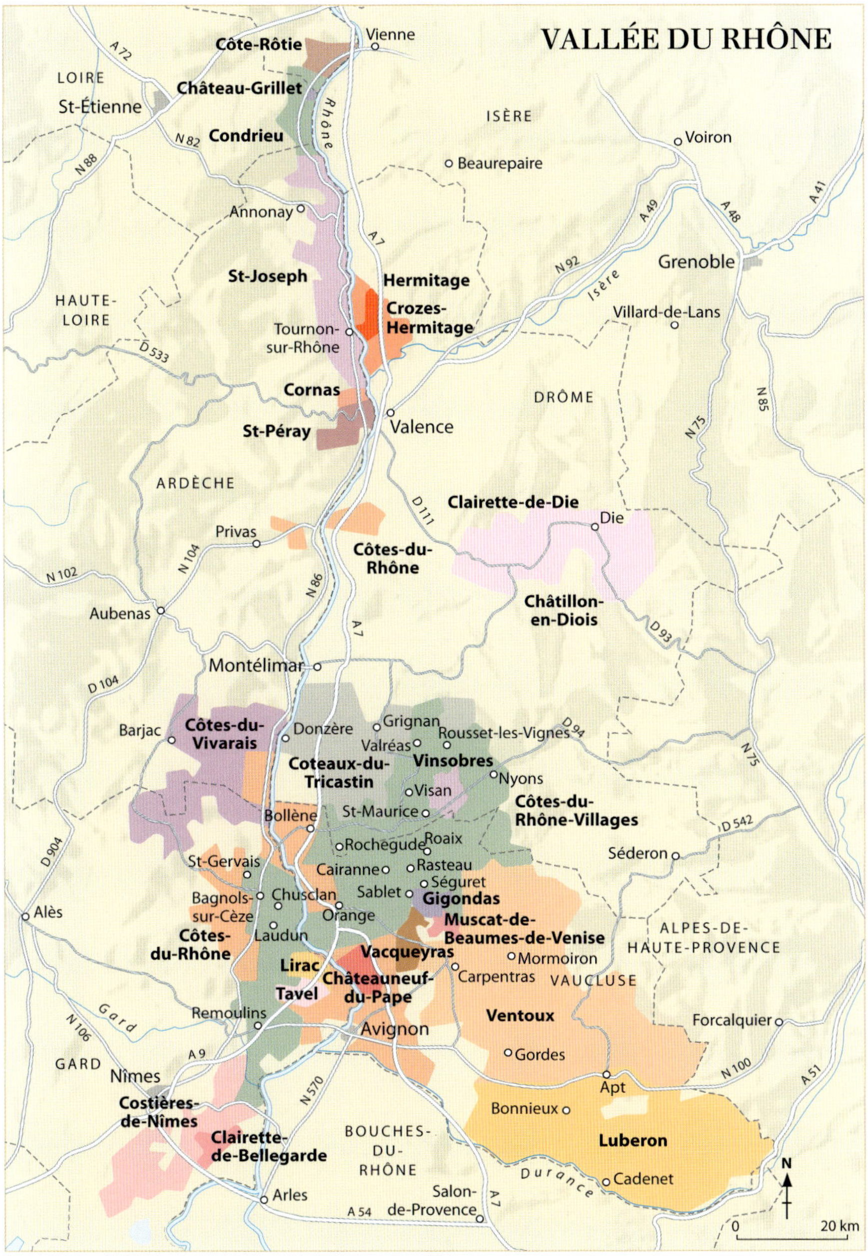


## Petites bouteilles de grands vignerons

Les vignerons qui élaborent des bouteilles prestigieuses de la vallée du Rhône, dont les prix oscillent entre 30 et 70 €, sont nombreux à avoir dans leur gamme des vins abordables, qui permettent de découvrir leur style. Ce sont des vins provenant de parcelles anciennement exclues des appellations, de jeunes vignes non encore acceptées dans les AOC, ou encore des vins de pays ou des appellations moins cotées… Citons, pour le nord de la vallée, Pierre Gaillard, François Villard, Yves Gangloff, le Domaine Jamet, le Domaine Chèze ; pour le sud, le Clos du Caillou, le Domaine de Beaucastel, ou encore le Domaine du Vieux Télégraphe.

Château-Grillet, Saint-Joseph, Hermitage) et donne des vins blancs et rouges minéraux et de longue garde.

**LA SILICE (SOUS FORME DE SABLES).** Elle est issue au nord de la décomposition des granites (Saint-Joseph, Crozes-Hermitage) et, au sud, des dépôts de la mer et des fleuves sur les terrasses et au fond de la vallée (Châteauneuf-du-Pape, Lirac). Ce type de sol confère aux vins de la finesse et les rend aériens. Parfois, en particulier dans la partie méridionale, cette silice a été recomposée en gros galets (Châteauneuf-du-Pape, Lirac, Costières-de-Nîmes, Tavel), qui font mûrir les raisins par un phénomène de conservation et de restitution de la chaleur. Ces galets donnent des vins rouges structurés avec de l'alcool et des tanins, voire des vins de garde.

**LES ARGILES.** Au nord de la vallée, elles sont issues de la décomposition du granite (Hermitage, Crozes-Hermitage, Saint-Joseph) ; au sud, ce sont des marnes marines, voire glaciaires (sud de l'appellation Côtes-du-Rhône, Beaumes-de-Venise, Vinsobres, Gigondas, Vacqueyras). L'argile du sol équilibre notamment les raisins chauffés par les galets (Châteauneuf-du-Pape rouges). Les vins blancs, rosés ou rouges sont amples, mais structurés.

**LE CALCAIRE.** On en trouve un peu au nord de la vallée, issu des glaciers (Hermitage, Saint-Péray) ; il y donne des vins blancs et rouges plutôt fins et frais. Mais il est surtout présent dans le sud, en dépôts sédimentés qui ont ensuite constitué des roches-mères (Châteauneuf-du-Pape, Coteaux-de-Die, Tavel). Les vins blancs et rosés sont aromatiques, mais, là aussi, frais. Il existe aussi dans le sud des calcaires en éboulis sur les pentes des reliefs (les Dentelles de Montmirail, le mont Ventoux). Les vins sont dans ce cas plutôt rouges et chaleureux (Côtes-du-Rhône, Beaumes-de-Venise, Gigondas, Vacqueyras, Côtes-du-Ventoux).

## L'histoire du vignoble

**UNE ORIGINE GRECQUE ET ROMAINE.** Au sud, vers Marseille, il semble que la vigne ait déjà été présente à l'époque grecque, vers le IVe siècle av. J.-C. Au nord, la culture de la vigne ne se développe qu'assez longtemps après la conquête romaine, vers la seconde moitié du Ier siècle apr. J.-C. Pline l'Ancien, dans son *Histoire naturelle,* indique qu'une nouvelle variété de vigne a rendu célèbre le vignoble des Allobroges et il l'appelle *Allobrogica.* Sa particularité était son adaptation à des climats plus froids que ceux des cépages méditerranéens. L'effondrement de l'Empire romain marque un coup d'arrêt au développement du vignoble rhodanien, privé de ses débouchés, sauf pour les vignobles proches des ports méditerranéens et le vignoble du Nord, qui alimentera surtout Lyon.

**DU TEMPS DES PAPES À LA CRISE DU PHYLLOXÉRA.** La présence de la cour pontificale en Avignon pendant la plus grande partie du XIVe siècle encourage les plantations dans les campagnes autour de Châteauneuf, Tarascon, Avignon, Arles. Les cépages sont toujours des variétés antiques, originaires

> La Côte-Brune est l'un des deux lieux-dits formant le prestigieux vignoble de la Côte-Rôtie dans le nord de la vallée du Rhône.

d'Italie, voire d'Espagne. Pendant des siècles, hormis quelques grands crus, les vins du Rhône ne sont consommés qu'à l'échelle locale. À la fin du XIX^e siècle se produit une profonde mutation : le phylloxéra décime les vignes dans une grande partie de la vallée, en particulier en Provence. Dans le même temps, les zones sablonneuses du Gard, du Vaucluse, et du Languedoc proche, se couvrent rapidement de vignes, l'insecte ne pouvant prospérer sur ce type de terrain. La crise de surproduction qui s'ensuit amène à la création des coopératives, encore très présentes aujourd'hui, en particulier dans le Sud.

## Une région attachée à l'émulation collective

La vallée du Rhône a joué un rôle très actif dans la naissance des appellations et des structures viticoles françaises, et continue à démontrer sa foi dans le système des AOC.

**LE BARON VIGNERON.** Le baron Pierre Le Roy de Boiseaumarié (1890-1967), héros de la Première Guerre mondiale, puis vigneron par mariage à Châteauneuf-du-Pape, porta le combat pour la reconnaissance des caractéristiques de cette appellation en justice, puis par décret en 1933. Le cahier des charges qui fut élaboré collectivement à cette occasion constitua par la suite le modèle de tous les décrets des AOC françaises : délimitation de l'aire d'appellation, cépages, usages, modes de culture, degré alcoolique minimal, tries de la vendange. Mais son action porta aussi sur les Côtes-du-Rhône, une dénomination ancienne, reconnue par décret en 1937, dont il présida également le syndicat. Il participa à la fondation de l'Institut national des appellations d'origine (INAO), qu'il présida (1947-1967), ainsi que de l'Office international de la vigne et du vin. Voir aussi p. 22.

**LA FOI DANS LES AOC.** Depuis lors, l'accession à l'appellation d'origine contrôlée a constitué une motivation collective pour tout le vignoble, dont les villages cherchent à faire connaître leur spécificité et leur qualité. Après les grandes appellations historiques, ce sont Gigondas et Saint-Joseph, auparavant simples mentions des Côtes-du-Rhône-Villages, qui furent reconnues comme AOC à part entière en 1970, Vacqueyras en 1990, et enfin Vinsobres et Beaumes-de-Venise en 2005. Rasteau (qui bénéficie d'une AOC seulement pour ses vins doux naturels) et Cairanne, dont la réputation est en partie déjà faite, attendent cette reconnaissance.

### Des vins version nature

Comme dans tous les vignobles français, une minorité de vignerons rhodaniens se sont fait connaître par des vins dits « naturels », c'est-à-dire vinifiés avec le moins d'apports chimiques possible et en réduisant le rôle de la technologie. Ces vins offrent souvent une expression aromatique plus originale, libre et diverse. Dans le nord de la région, ce sont les Domaines Dard et Ribo, Titi et Moustique, Christophe Curtat, La Tache, Texier, Stéphan, Allemand ; dans le sud, Gramenon, Le Mazel, La Soutéronne, Marcel Richaud, Élodie Balme, La Ferme Saint-Martin, Chaume-Arnaud, L'Anglore ou encore la Cave d'Estézargues.

## Retour aux souches à Côte-Rôtie

Brigitte Roch et Gilbert Clusel, vignerons en Côte-Rôtie, se sont toujours sentis limités par les cinq clones de syrah disponibles chez les pépiniéristes. Ils ont donc entrepris en 1990 de multiplier les trente souches génétiques autochtones présentes dans leur plus vieille vigne, celle du grand-père. L'expérience a été étendue à l'ensemble de l'appellation, un conservatoire des cépages a été créé, et un mouvement de fond de replantation de ces souches diverses est en cours. Les vins sont plus complexes, plus tanniques, mais durent plus longtemps que ceux issus de clones, et la biodiversité réintroduite permet de limiter la diffusion des maladies.

> À Châteauneuf-du-Pape, les galets absorbent la chaleur du soleil et la restituent aux ceps la nuit.

## Des cépages en vogue

Les vins de la vallée du Rhône jouissent d'un grand intérêt dans les pays anglo-saxons parce qu'ils sont en phase avec une tendance mondiale. Issus d'un climat chaud, ils peuvent avoir le goût de fruit concentré des vins du Nouveau Monde. Trois cépages rhodaniens sont aujourd'hui très prisés. La syrah, cépage autochtone, est très plantée en Australie, en Argentine, en Afrique du Sud et en Californie. De récentes découvertes génétiques ont démontré qu'elle serait issue du croisement de la mondeuse blanche, un cépage savoyard, et du dureza, un cépage noir ardéchois, qui aurait une lointaine parenté avec le pinot noir. Également descendant de la mondeuse blanche, le viognier est cultivé aux États-Unis, en Argentine et en Afrique du Sud. Enfin, le grenache, le grand cépage du Sud, est aussi très cultivé en Espagne, en particulier dans le Priorat, mais aussi en Australie.

...I OU FAUX ?

*On ne fait de vins doux que dans la partie méridionale de la vallée du Rhône.*

**FAUX.** À côté des muscats de Beaumes-de-Venise et des vins doux naturels de Ras...eau, il existe une véritable curiosité : le vin de ...aille de l'Hermitage. Il est produit de la même ...çon que celui du Jura, en laissant sécher des ...aisins une fois cueillis pendant trois mois pour concentrer les sucres. Produit en très petite quantité, très onéreux à fabriquer, ce vin est cependant unique, avec des arômes qui oscillent entre le champignon et les fruits exotiques.

Cela n'empêche pas d'apprécier la subtilité d'autres souches. En rouge, on trouve le difficile mourvèdre, à la personnalité âpre mais tellement attachante, le léger cinsaut, parfait pour les vins de soif, parfois le carignan, délicieux quand il est très mûr. En blanc, c'est l'opulent grenache, la florale clairette, les corpulents marsanne et bourboulenc, les aromatiques roussanne et muscat, et l'onctueux rolle.

## Les millésimes récents

La vallée du Rhône a bénéficié depuis 1998 d'une série impressionnante de bons millésimes, mis à part 2002, très endommagé par une pluie au moment des vendanges, et, dans une moindre mesure, le millésime 2008. Quant aux très grandes années, on signalera surtout 2005 et 2007, deux millésimes à la fois puissants et équilibrés. Hors normes, le millésime 2003 a beaucoup de générosité, mais, souvent, une verdeur en fin de bouche qui aura du mal à s'atténuer ; son manque d'acidité risque de faire dépérir rapidement les vins.

De façon générale, pour les grandes appellations de garde comme Hermitage, Côte-Rôtie, Cornas et Châteauneuf-du-Pape, les vins du millésime 2000 sont aujourd'hui ouverts, et les 2005 encore fermés.

### Les AOC de la vallée du Rhône

- Côtes-du-Rhône
- Côtes-du-Rhône-Villages
- Beaumes-de-Venise
- Château-Grillet
- Châteauneuf-du-Pape
- Châtillon-en-Diois
- Clairette de Die
- Condrieu
- Cornas
- Costières-de-Nîmes
- Coteaux-de-Die
- Côte-Rôtie
- Côtes-du-Vivarais
- Crémant de Die
- Crozes-Hermitage
- Gigondas
- Hermitage, vin de paille
- Lirac
- Luberon (anciennement Côtes-du-Luberon)
- Muscat de Beaumes-de-Venise (VDN)
- Rasteau (vin doux naturel), rancio
- Saint-Joseph
- Saint-Péray
- Tavel
- Tricastin
- Vacqueyras
- Ventoux (anciennement Côtes-du-Ventoux)
- Vinsobres

# Les vins les plus connus du Rhône

*La vallée du Rhône produit une belle palette de vins. Sa partie septentrionale commence au sud du département du Rhône (vers Vienne), touche la Loire et l'Isère, puis s'étend jusqu'au nord de l'Ardèche et de la Drôme (vers Valence) ; la partie méridionale comprend la moitié sud du Vaucluse et de la Drôme (vers Montélimar), l'est du Gard et le Vaucluse (autour d'Avignon).*

RHÔNE

## AOC CÔTES-DU-RHÔNE, CÔTES-DU-RHÔNE-VILLAGES

Côtes-du-Rhône est une appellation régionale : tout vin produit dans la vallée du Rhône peut la revendiquer, hormis pour les vins produits en AOC Luberon, Ventoux, Côtes-du-Vivarais, Coteaux-du-Tricastin, Costières-de-Nîmes ainsi que dans le Diois.

L'AOC Côtes-du-Rhône-Villages peut être suivie du nom de l'un des 18 villages suivants : Cairanne, Chusclan, Laudun, Massif d'Uchaux, Plan de Dieu, Puyméras, Rasteau, Roaix, Rochegude, Rousset-les-Vignes, Sablet, Saint-Gervais, Saint-Maurice, Saint-Pantaléon-les-Vignes, Séguret, Signargues, Valréas, Visan.

La grande majorité des vins en AOC Côtes-du-Rhône sont produits dans la partie sud de la vallée (77 % des rouges et rosés et 84 % des blancs proviennent du Gard et du Vaucluse).

> **CÉPAGES PRINCIPAUX** Grenache noir, syrah, mourvèdre, carignan, cinsaut, counoise, muscardin, camarèse, vaccarèse, picpoul noir, terret noir, grenache gris, clairette rose pour les rosés et les rouges ; grenache blanc, clairette, marsanne, roussanne, bourboulenc, viognier, ugni blanc et picpoul blanc pour les blancs.

> **SOLS** La vallée du Rhône est à dominante granitique au nord et calcaire au sud, avec dans les deux cas une forte présence des argiles et des sables. Le vignoble est partagé entre roches-mères et terrasses de hauteurs variables.

> **STYLE DES VINS** Les rouges, concentrés et corsés, ont des arômes de fruits rouges mûrs et de garrigue. Les blancs, souvent aromatiques, longtemps lourds, sont de plus en plus agréables avec l'amélioration des techniques de maîtrise des températures. Les rosés sont plus corpulents et colorés qu'en Provence.

Dans les Côtes-du-Rhône-Villages, on trouve des vins plus structurés, parfois élevés en fût, dont le type tend souvent vers les vins des crus prestigieux. En particulier, citons deux communes aux vins très différents : à Cairanne, on prend le parti du fruit rouge (framboise), gouleyant, mais précis ; à Rasteau, ce sont les fruits noirs (mûre, cassis) qui dominent.

***Couleur du vin :***
*rouge, rosé et blanc.*

***Température de service :***
*entre 8 et 12 °C pour les blancs et les rosés ; entre 12 et 16 °C pour les rouges.*

***Potentiel de garde :***
*3 ans pour les rosés et les blancs ; de 3 à 5 ans pour les rouges.*

RHÔNE [NORD]

## AOC CÔTE-RÔTIE

Cette appellation confidentielle (242 ha), perchée sur des pentes abruptes, est aussi la plus septentrionale de la vallée. Elle produit de grands vins de garde rouges, la plupart du temps élevés en fût. Après une première période d'ouverture, les vins se referment souvent vers 3 ans, avant de se rouvrir vers 7 ou 8 ans.

> **CÉPAGES PRINCIPAUX** Syrah (appelée ici « serine ») et viognier.

> **SOLS** Granite au sud, schistes au nord.

> **STYLE DU VIN** Le style des vins est tourné vers le fruit noir concentré, le moka, la réglisse et le chocolat, mais avec des caractéristiques spécifiques des terroirs de l'appellation. Les vins de la partie méridionale, plus granitique, où se trouve le lieu-dit « Côte-Blonde », ont parfois des arômes plus floraux et plus marqués par la mine de crayon que les vins de la partie septentrionale, où se trouve le lieu-dit « Côte-Brune ».

***Couleur du vin :***
*rouge.*

***Température de service :***
*16 °C.*

***Potentiel de garde :***
*15 ans au moins.*

## AOC CONDRIEU

RHÔNE [NORD]

Totalement granitiques, les 133 ha de cette AOC produisent des vins blancs exclusivement à base de viognier. Ce cépage, aux expressions très variables selon les terroirs, donne ici des vins qui expriment toute la minéralité du sol quand le vigneron la met en valeur. Selon les années, une partie de la production peut être élaborée en vins moelleux ou liquoreux. Ceux-ci devraient prochainement se voir attribuer la mention « Sélection de grains nobles », ce qui permettra à l'acheteur de choisir en connaissance de cause. Les vins de Condrieu peuvent être bus jeunes si on aime le fruit frais, mais on peut aussi les attendre pour aller vers plus de minéralité.

> **CÉPAGE UNIQUE** Viognier.

> **SOLS** Granite à biotite (mica blanc), qui donne des vins marqués par la minéralité ; granite à moscovite (mica noir), qui donne des vins plus généreux.

> **STYLE DES VINS** Au-dessus de la minéralité, la palette aromatique des vins de Condrieu est souvent à la fois diverse et subtile, marquée par les fleurs blanches, le poivre blanc, la pêche, voire l'abricot et l'écorce d'orange, mêlés d'herbes aromatiques.

***Couleur du vin :***
*blanc.*

***Température de service :***
*entre 10 et 12 °C.*

***Potentiel de garde :***
*4 ou 5 ans si l'on privilégie le côté fruité ; 10 ans si l'on préfère la minéralité.*

## AOC SAINT-JOSEPH

RHÔNE [NORD]

Cette appellation (1 100 ha), qui produit des rouges et des blancs, commence au nord, sur le territoire de Condrieu, et finit au sud en face de l'Hermitage, juste au-dessus de Cornas. La colline Saint-Joseph, qui a donné son nom à l'AOC, est située entre les communes de Mauve et de Tournon, ce qui justifie l'ancienne appellation de « vin de Mauve ».

L'appellation présente une grande diversité de terroirs, d'où peut parfois résulter une hétérogénéité de production. On remarque cependant que les grands domaines de la région connus pour leur production en AOC Cornas, Côte-Rôtie, voire Hermitage, achètent de plus en plus de vignes à Saint-Joseph. Le rapport qualité-prix de ces vins est souvent très intéressant. Le centre de l'appellation, moins prestigieux, recèle cependant aussi de nombreuses bonnes surprises.

> **CÉPAGES PRINCIPAUX** Syrah pour les rouges ; marsanne et roussanne pour les blancs.

> **SOLS** Semblables en partie à ceux des grandes appellations de la région, avec des parties granitiques, parfois décomposées en argiles.

> **STYLE DES VINS** Les vins rouges possèdent en général un nez de fruits rouges ou noirs, teinté de fleurs (violette), tirant sur un côté un peu fumé, et une bouche au fruit claquant, grâce à une bonne fraîcheur, et une fin souple voire poivrée-réglissée. Les blancs, relativement nombreux (9 % de la production), tirent des terres argileuses une certaine onctuosité, rarement lourde, en particulier quand la roussanne est majoritaire.

***Couleur du vin :***
*rouge et blanc.*

***Température de service :***
*entre 10 et 12 °C pour les blancs ;*
*entre 12 et 16 °C pour les rouges.*

***Potentiel de garde :***
*de 3 à 10 ans.*

## Les grands noms du Rhône

Reconnus depuis longtemps par les amateurs, les vins de l'Hermitage, de la Côte-Rôtie et de Châteauneuf-du-Pape constituent le tiercé des terroirs prestigieux du vignoble, avec des bouteilles dont les prix oscillent entre 25 et 70 €, selon les domaines et les cuvées. Au nord, c'est le négociant Guigal qui a fait la réputation de la Côte-Rôtie, avant de développer toute une gamme plus ou moins qualitative dans les autres terroirs de la vallée. Ce producteur a été rejoint plus tard par de nombreux domaines exigeants, comme celui de Mathilde et Yves Gangloff, également très réputé pour ses magnifiques vins de Condrieu. En Hermitage, à côté de la maison Jaboulet, Michel Chapoutier s'est affirmé au fil des ans par des cuvées hors norme, issues de parcelles souvent cultivées en agriculture biologique, voire en biodynamie. Au sud, le Château Rayas, sur les terroirs de sable, et le Château de Beaucastel, sur les galets roulés, sont les deux domaines les plus recherchés de Châteauneuf-du-Pape.

## AOC HERMITAGE

RHÔNE [NORD]

La colline de l'Hermitage – 137 ha d'un seul tenant situés sur la commune de Tain – présente à la fois une grande unité spatiale et une étonnante complexité géologique. Cela permet à chaque vigneron d'affirmer son style, préférant soit offrir des vins issus de micro-parcelles, soit réaliser d'intéressants vins d'assemblage. Environ 25 % des vins de l'Hermitage sont des blancs, parmi les meilleurs de France, en majorité issus de marsanne. Les amateurs de fruit jeune caraferont les Hermitages dans leur jeunesse ; les plus patients les attendront de 7 à 15 ans avant d'y goûter.

> **CÉPAGES PRINCIPAUX** Syrah en rouge ; marsanne et roussanne en blanc.

> **SOLS** La colline est à l'origine un bloc de granite que le Rhône a séparé du Massif central. Ce massif granitique, surmonté d'une petite chapelle, affleure à l'est de l'AOC ; c'est le territoire des grands rouges austères. Les parties centrale et occidentale (75 % du terroir) sont recouvertes d'alluvions multiples. Les zones de dépôts calcaires et argileux, voire sableux, sont souvent plantées en cépages blancs.

> **STYLE DU VIN** La grande complexité des sols, l'exposition au sud et l'élevage en barrique donnent aux blancs des nuances de genêt et d'acacia, de beurre, de fruits blancs, voire de réglisse, de noix, de gentiane ou de truffe. Les rouges sont souvent onctueux, aux arômes de fruits noirs chocolatés, avec des notes de réglisse, de poivre, d'épices, voire de violette, et une très grande longueur en bouche.

***Couleur du vin :***
*rouge et blanc.*

***Température de service :***
*12 °C pour les blancs ; entre 16 et 17 °C pour les rouges (à carafer 1 ou 2 heures pour les vins âgés de moins de 6 ans).*

***Potentiel de garde :***
*plus de 20 ans, tant pour les rouges que pour les blancs.*

## AOC CROZES-HERMITAGE

RHÔNE [NORD]

L'autre vaste (1 467 ha) AOC du nord de la vallée du Rhône, dont on peut dire que l'Hermitage est le grand cru, présente une intéressante diversité de styles. Limitée en 1937 à 500 ha, l'AOC a été étendue dans les années 1950 pour regrouper les terres similaires de la région. Malgré cette extension, les vins sont la plupart du temps d'une grande régularité et d'un très bon rapport qualité-prix. Il faut noter la culture locale des grands vins blancs, souvent issus à majorité de marsanne, cépage opulent qui appelle l'élevage en fût.

> **CÉPAGES PRINCIPAUX** Syrah en rouge ; marsanne et roussanne en blanc.

> **SOLS** Le terroir des Châssis, majoritaire, est fait d'alluvions argilo-sableuses ; le nord de l'appellation est granitique comme l'Hermitage. On compte également des zones calcaires, et une partie assez rare de kaolin (argile blanche) dans le secteur de Larnage.

> **STYLE DES VINS** Le style classique des vins (zone des Châssis) est friand, fait d'un agréable équilibre entre des arômes fruités et corsés, et une grande souplesse de corps. Mais on trouve aussi des vins d'élevage et de garde (zones de granite et de kaolin) plus marqués par les tanins, voire par des nuances animales.

***Couleur du vin :***
*rouge et blanc.*

***Température de service :***
*entre 10 et 12 °C pour les blancs ; entre 12 et 16 °C pour les rouges.*

***Potentiel de garde :***
*de 3 à 10 ans.*

## Une sélection de bons domaines de Crozes-Hermitage

- **Domaine Combier (Pont-de-l'Isère).** Conduit en agriculture biologique, il élabore des blancs et des rouges précis et de garde.

- **Domaine Les Bruyères (Beaumont-Monteux).** Dans ce domaine en biodynamie naissent des vins rouges à la fois gourmands et détendus.
- **Domaine Mucyn (Gervans).** Un style d'élevage en fût de chêne, à la patte très bourguignonne, très réussi, y compris en Saint-Joseph.
- **Domaine Pradelle (Chanos-Curson).** Des rouges et des blancs d'un style classique, souples et veloutés.
- **Yann Chave (Mercurol).** Ses vins expriment une alliance parfaite du terroir et du plaisir.
- **Cave de Tain (Tain-l'Hermitage).** La coopérative produit des vins très bien faits, en particulier en blanc.

RHÔNE [NORD]

## AOC CORNAS

Encore un tout petit vignoble (116 ha) avec un grand caractère ! À la différence de l'Hermitage et de la Côte-Rôtie, orientés plein sud, une partie du vignoble de Cornas regarde l'est, ce qui peut expliquer que les vins soient un peu plus rustiques, et toujours un peu plus longs à s'ouvrir. Mais ce phénomène est variable selon les domaines, dont les plus traditionalistes n'égrappent pas la vendange, ce qui donne des vins plus rêches, à attendre entre 8 et 10 ans. Pour ceux qui égrappent, la « période de fermeture » du Cornas est beaucoup moins longue, voire inexistante, hormis dans certains millésimes comme 2005.

> **CÉPAGE PRINCIPAL** Syrah.

> **SOLS** Granite en majorité, quelques zones de calcaire (venu du Vercors) sur la colline des Chaillots à la limite de Saint-Joseph.

> **STYLE DES VINS** Le Cornas est marqué par des notes dominantes fumées et de fruits noirs, sauf sur les parcelles plus calcaires, qui donnent un vin plus fruité au nez, mais parfois rugueux en bouche.

En vieillissant, il acquiert des nuances très spécifiques, de menthol, de gibier et de poivre.

***Couleur du vin :*** *rouge.*

***Température de service :*** *16 °C.*

***Potentiel de garde :*** *plus de 20 ans.*

RHÔNE [SUD]

## AOC CÔTES-DU-VIVARAIS

Bien que située en Ardèche, c'est la première AOC « sudiste », avec un encépagement majoritaire de grenache, en rouge comme en blanc. Les Côtes-du-Vivarais sont une petite appellation (496 ha) mais qui présente deux intérêts majeurs : une personnalité originale et des prix très avantageux.

> **CÉPAGES PRINCIPAUX** Grenache noir, syrah, carignan, cinsaut pour les rouges et les rosés ; grenache blanc, marsanne et clairette pour les blancs.

> **SOLS** Cailloux calcaires sur argiles situés autour des gorges de l'Ardèche. Ce sol est chaud en surface, mais frais en profondeur, et la zone souffre moins de la sécheresse que la vallée, tout en bénéficiant d'autant de soleil.

> **STYLE DES VINS** Les vins sont ici très différents de ce qu'on trouve dans toute la vallée du Rhône. Ils sont à la fois concentrés comme tous les vins du sud de la vallée, mais également étayés par une belle fraîcheur.

***Couleur du vin :*** *rouge, rosé et blanc.*

***Température de service :*** *entre 8 et 10 °C pour les rosés et les blancs ; 14 °C pour les rouges.*

***Potentiel de garde :*** *3 ans pour les rosés et les blancs ; de 3 à 8 ans pour les rouges.*

## Des vins du sud de la vallée au bon rapport qualité-prix

- **Cave de Rasteau (Rasteau).** La coopérative élabore des Côtes-du-Rhône dans les trois couleurs, en particulier dans la gamme Les Viguiers.
- **Cave TerraVentoux (Villes-sur-Auzon-Mormoiron).** Des vins très bien travaillés à tous les prix en Ventoux.
- **Domaine de la Boisserelle (Saint-Remèze).** Des Côtes-du-Vivarais blancs, rosés et rouges d'un excellent rapport qualité-prix.
- **Domaine de Beaumalric (Beaumes-de-Venise).** Un grand Beaumes-de-Venise à petit prix.
- **Domaine Coulange (Bourg-Saint-Andéol).** Des Côtes-du-Rhône d'un style précis faits par une excellente vinificatrice.
- **Domaine Brusset (Cairanne).** Un très bon vigneron de Cairanne qui fait aussi de très abordables Côtes-du-Rhône et Ventoux.
- **Domaine de Durban (Beaumes-de-Venise).** Un remarquable rapport qualité-prix pour un vin typique de l'AOC Beaumes-de-Venise.
- **Domaine de Grange blanche (Blovac).** Un Côtes-du-Rhône-Villages Rasteau très agréable !
- **Domaine Terre des Chardons (Bellegarde).** De magnifiques Costières-de-Nîmes à 8 euros.
- **Nicolas Croze (Saint-Martin-d'Ardèche).** De très bons Côtes-du-Rhône gourmands.

## AOC VINSOBRES

RHÔNE [SUD]

L'un des deux derniers-nés (2005), le cru Vinsobres est une belle réussite. La surface limitée (494 ha) regroupe des sols drainants, situés parfois à des altitudes élevées (jusqu'à 500 m) et combinés à un climat protégé du mistral par les reliefs proches, ce qui donne aux vins une bonne structure. Comme dans toutes les appellations récentes, on trouve ici de bons rapports qualité-prix. Signalons que le décret précise que les jeunes vignes ne peuvent produire du Vinsobres qu'après 7 ans, ce qui est particulièrement exigeant.

> **CÉPAGES PRINCIPAUX** Grenache noir (50 % au moins), syrah et mourvèdre, avec 5 % de cépages blancs.

> **SOLS** Argiles mêlées de cailloux ou de sable.

> **STYLE DES VINS** Des vins au nez de fruits rouges et noirs, étayés par une belle profondeur minérale ; une bouche bien structurée, sans lourdeur.

***Couleur du vin :*** *rouge.*

***Température de service :*** *entre 14 et 16 °C.*

***Potentiel de garde :*** *de 8 à 10 ans.*

## AOC GIGONDAS

RHÔNE [SUD]

Cette appellation est située au nord-ouest des Dentelles de Montmirail, et ses parcelles s'étagent entre 100 et 500 m d'altitude sur le flanc du massif. Les vins rouges commencent à se boire dans les 3 ans après la récolte, parfois 5 pour les millésimes fermés. On y produit aussi des rosés.

> **CÉPAGES PRINCIPAUX** Grenache noir (majoritaire), syrah et mourvèdre ainsi que les autres cépages de la vallée du Rhône (hormis le carignan).

> **SOLS** Argile rouge parsemée de sables et de cailloux calcaires.

> **STYLE DES VINS** Ce sont des vins plutôt capiteux, souvent dotés de jolies notes de fruits rouges et d'une bonne structure tannique.

***Couleur du vin :*** *rouge et rosé.*

***Température de service :*** *entre 8 et 10 °C pour les rosés ; entre 14 et 16 °C pour les rouges.*

***Potentiel de garde :*** *de 8 à 10 ans.*

## AOC CHÂTEAUNEUF-DU-PAPE

RHÔNE [SUD]

Si cette appellation a plus été délimitée à son origine en raison des usages communs de vinification qu'on pouvait trouver sur son aire, elle est cependant dotée d'une certaine logique géologique. Celle-ci est aujourd'hui plus pertinente que la fameuse diversité des 13 cépages de Châteauneuf, et surtout des 8 cépages rouges, la plupart des domaines proposant actuellement des vins où le grenache noir domine fortement. Les vins rouges de Châteauneuf doivent être attendus de 5 à 10 ans selon le millésime. Les blancs sont des vins de gastronomie, la plupart du temps élevés en fût, comme les rouges, mais ils peuvent être bus dès leur mise en vente.

> **CÉPAGES PRINCIPAUX** Grenache blanc, syrah, mourvèdre, terret noir, counoise, muscardin, vaccarèse, cinsaut pour les rouges ; picpoul blanc, clairette, roussanne, bourboulenc, picardan pour les blancs.

> **SOLS** Sur un socle de dépôts calcaires urgoniens (coquillages) se sont sédimentés des sables, puis des argiles, avant que le Rhône ne reconstitue des galets en agglomérant du quartzite et de la silice provenant des Alpes.

> **STYLE DES VINS** Le terroir calcaire est bien approprié pour produire des vins blancs aromatiques mais dotés d'une bonne fraîcheur.

Les argiles à galets roulés, très présents dans le sud de l'appellation, donnent des vins rouges à la fois chaleureux et profonds, structurés, qui ont constitué le grand style classique des vins de Châteauneuf-du-Pape. Mais la tendance actuelle est à la revalorisation des terroirs sablonneux, situés vers le nord-ouest de l'AOC, qui engendrent des vins plus fins, aériens et épicés.

***Couleur du vin :*** *rouge et blanc.*

***Température de service :*** *entre 10 et 12 °C pour les blancs ; entre 14 et 16 °C pour les rouges (à carafer 1 ou 2 heures pour les vins jeunes).*

***Potentiel de garde :*** *plus de 10 ans pour les blancs ; plus de 20 ans pour les rouges.*

RHÔNE [SUD]

## AOC BEAUMES-DE-VENISE

Ce cru fait partie des plus récents (2005). Comme les vignobles de Gigondas et de Vacqueyras, il se trouve au pied des Dentelles de Montmirail. On signalera la grande régularité de niveau des vins, en particulier grâce à un décret d'AOC très avant-gardiste, tant du point de vue des conditions de production que de l'agrément des vins. À noter, les bouteilles issues du terroir du trias sont encore très accessibles, et vaudront sûrement beaucoup plus dans quelques années !

> **CÉPAGES PRINCIPAUX** Grenache noir (50 % au moins), syrah (25 % au maximum) et tous les autres cépages des Côtes du Rhône ; cépages blancs (5 % au maximum).

> **SOLS** Argiles mêlées de sable ou de cailloux calcaires descendus des Dentelles de Montmirail ; sur le terroir du trias (– 200 millions d'années), un mélange de sel, de gypse, d'argile et de calcaire.

> **STYLE DES VINS** Des vins aux arômes de fruits rouges particulièrement mûrs, avec de nombreuses notes de kirsch et souvent une structure minérale intéressante. Selon les terroirs, les vins sont tantôt fins (argiles), concentrés (cailloux calcaires), ou de garde avec une grande structure et une grande finesse (trias).

***Couleur du vin :***
*rouge.*

***Température de service :***
*entre 14 et 16 °C.*

***Potentiel de garde :***
*de 8 à 10 ans ; 5 ans d'attente et 15 ans de garde pour les vins issus de la zone du trias.*

RHÔNE [SUD]

## AOC VACQUEYRAS

Située à l'ouest des Dentelles de Montmirail, l'AOC Vacqueyras (1 411 ha) est très proche géographiquement de sa voisine du Nord, l'AOC Gigondas, mais s'en distingue par son climat un peu plus chaud, et donc par le style de ses vins. Les blancs se boivent sans attendre, les rouges ont besoin de 3 à 6 ans pour se faire.

> **CÉPAGES PRINCIPAUX** Grenache noir (50 % au moins), syrah et mourvèdre pour les rouges et les rosés ; grenache blanc, clairette, bourboulenc, marsanne, roussanne et viognier pour les blancs.

> **SOLS** Argile rouge parsemée de sables et de cailloux calcaires.

> **STYLE DU VIN** Ce sont des vins aux arômes de fruits noirs, dotés de notes minérales et fumées, voire animales, avec des fins de bouche marquées par la réglisse et le poivre.

***Couleur du vin :***
*rouge, rosé et blanc.*

***Température de service :***
*entre 8 et 10 °C pour les blancs ; entre 14 et 16 °C pour les rouges.*

***Potentiel de garde :***
*3 ans pour les rosés ; de 7 à 8 ans pour les blancs ; de 8 à 10 ans pour les rouges.*

## Château de la Gardine

Le style de ce domaine de Châteauneuf-du-Pape est une alliance réussie entre finesse et puissance. Située sur la commune de Châteauneuf, la propriété réunit les trois types de terroir (calcaires, sables et argiles à galets roulés) de l'AOC, ce qui permet d'élaborer des cuvées (vins blancs et rouges) à la fois très équilibrées et très représentatives du style local. La recherche d'équilibre est aussi à l'œuvre dans les méthodes de vinification : adeptes de pratiques très actuelles, comme les macérations préfermentaires à froid ou l'égrappage total pour certaines cuvées, Patrick, Philippe et Maxime Brunel cultivent l'art castelneuvois de l'assemblage des cépages à la vinification, une pratique datant de l'époque où les pieds de vigne étaient plantés « en foule », c'est-à-dire sans distinction de variété. L'équilibre n'empêchant pas la fantaisie, le domaine produit depuis quelques années une cuvée réalisée sans aucun apport de soufre, appelée « Peur bleue », en référence aux angoisses que cette vinification risquée peut provoquer ! Les vins de Châteauneuf-du-Pape sont, comme toujours, à des prix très élevés, mais la gamme se complète des productions du Château Saint-Roch en Lirac blanc, rosé et rouge, et d'un délicieux Côtes-du-Rhône, à petits prix.

## AOC TAVEL

RHÔNE [SUD]

Seule appellation des Côtes du Rhône à ne proposer que des vins rosés, l'AOC Tavel est constituée de trois types de terroirs qui permettent l'assemblage de moûts soit aromatiques, soit charpentés et colorés, soit plus légers. Il en résulte des vins assez différents des rosés modernes, pâles et légers, de style provençal. En plus de ce décalage par rapport à la tendance de consommation, l'appellation a souffert ces dernières années d'une certaine irrégularité de production, avec des vins parfois lourds, peu nets, trop soufrés… Il semble qu'une nouvelle génération de vignerons soit maintenant prête à reprendre le flambeau.

> **CÉPAGES PRINCIPAUX** Grenache, cinsaut, clairette, picpoul, calitor, bourboulenc, mourvèdre, syrah, carignan.
> **SOLS** Cailloux calcaires ou lauses, argiles à galets, sols sableux.
> **STYLE DES VINS** Ce sont des rosés puissants, colorés, longs en bouche, bien adaptés à la table.

***Couleur du vin :*** *rosé*

***Température de service :*** *entre 8 et 10 °C.*

***Potentiel de garde :*** *5 ans.*

## AOC LIRAC

RHÔNE [SUD]

AOC depuis 1947, Lirac synthétise les différents terroirs du sud de la vallée du Rhône. Mais, là où Châteauneuf, pourtant cinq fois plus vaste, arrive à pérenniser un marché lucratif grâce à une qualité régulière, Lirac est partagé entre une production d'entrée de gamme un peu diluée et des domaines plus exigeants, souvent venus du voisin castelneuvois, qui veulent mettre en valeur de grands terroirs. Il en résulte des niveaux de prix modérés, qui font le bonheur de l'amateur familier des « petits vins des grands domaines ».

> **CÉPAGES PRINCIPAUX** Grenache noir (40 % au moins), syrah et mourvèdre, cinsaut, carignan pour les rouges et les rosés ; clairette, grenache blanc, bourboulenc, ugni blanc, picpoul, marsanne, roussanne, viognier pour les blancs.
> **SOLS** Éboulis calcaires, sables et argiles à galets.
> **STYLE DES VINS** Les Liracs sont des vins chaleureux et aromatiques, plus ou moins structurés.

***Couleur du vin :*** *rouge, rosé et blanc.*

***Température de service :*** *entre 8 et 10 °C pour les rosés et les blancs ; entre 14 et 16 °C pour les rouges.*

***Potentiel de garde :*** *3 ans pour les rosés ; de 3 à 6 ans pour les blancs ; de 3 à 10 ans pour les rouges.*

## AOC VENTOUX OU CÔTES-DU-VENTOUX

RHÔNE [SUD]

Depuis 2008, Ventoux est le nouveau nom de l'ancienne AOC Côtes-du-Ventoux. Le mont Ventoux accueille sur son piémont un paysage méditerranéen traditionnel. La spécificité locale, c'est un climat aux températures estivales très contrastées (de 5 à 10 °C le matin, jusqu'à 30 ou 40 °C l'après-midi), qui permet un mûrissement optimal des tanins des raisins.
En résulte un goût original, présent également dans l'AOC locale de raisin de table, le muscat du Ventoux. Mais l'appellation souffre de l'immensité de sa surface (6 391 ha, soit plus que tous les Côtes-du-Rhône-Villages avec nom de commune réunis), qui condamne même les bons producteurs à une grande précarité économique du fait de la fluctuation des cours du vin. Il faut espérer que ces difficultés ne dissuaderont pas les caves coopératives ni les domaines, de plus en plus nombreux, de soigner leur production : en effet, l'AOC est actuellement un réservoir étonnant de bons rapports qualité-prix en vin rouge. Ce constat vaut aussi pour les blancs.

> **CÉPAGES PRINCIPAUX** Grenache noir, syrah, cinsaut, mourvèdre, carignan, picpoul noir, counoise pour les rouges et les rosés ; clairette, bourboulenc, grenache blanc, roussanne pour les blancs.
> **SOLS** Calcaire majoritaire.
> **STYLE DES VINS** Ils présentent des arômes de fruits très mûrs et une grande fraîcheur en bouche, en blanc comme en rouge.

***Couleur du vin :*** *rouge, rosé et blanc.*

***Température de service :*** *entre 8 et 10 °C pour les rosés et les blancs ; entre 14 et 16 °C pour les rouges.*

***Potentiel de garde :*** *3 ans pour les rosés ; de 3 à 5 ans pour les blancs ; de 3 à 8 ans pour les rouges.*

## AOC LUBERON OU CÔTES-DU-LUBERON

RHÔNE [SUD]

Depuis 2008, Luberon est le nouveau nom de l'ancienne AOC Côtes-du-Luberon. Dotée d'un sol semblable à celui de l'AOC Ventoux voisine, Luberon ne bénéficie pas d'une amplitude thermique aussi grande, et les vins sont davantage dans la norme des Côtes-du-Rhône méridionales, à un détail près : le prestige du nom a permis à certains producteurs de s'orienter vers des élevages en fûts neufs dans un style international, avec des prix en adéquation. On trouve cependant des domaines intéressants, qui mettent bien en valeur leur terroir.

> **CÉPAGES PRINCIPAUX** En rouge et en rosé : syrah et grenache noir (60 % au moins), mourvèdre, carignan, cinsaut. En blanc : grenache blanc, ugni blanc, clairette, rolle, bourboulenc, roussanne, marsanne.

> **SOLS** Calcaire majoritaire.

> **STYLE DES VINS** Les vins rouges sont chaleureux, avec une part importante de vins issus d'élevage en fût. Les rosés, plutôt colorés, sont plus rhodaniens que provençaux. Les blancs sont une spécialité de l'AOC, avec parfois des élevages démonstratifs, mais aussi d'intéressantes réussites.

Dans les assemblages, la part croissante du cépage rolle, aromatique et raffiné, signale la proximité avec la Provence viticole.

***Couleur du vin :***
*rouge, rosé et blanc.*

***Température de service :***
*entre 8 et 10 °C pour les rosés et les blancs ; entre 14 et 16 °C pour les rouges.*

***Potentiel de garde :***
*3 ans pour les rosés ; de 3 à 8 ans pour les blancs ; de 3 à 10 ans pour les rouges.*

## AOC COSTIÈRES-DE-NÎMES

RHÔNE [SUD]

Administrativement située en Languedoc-Roussillon, cette vaste AOC (4 311 ha) trouve cependant sa place géologique dans la vallée du Rhône. Elle recèle nombre de bons rapports qualité-prix, et quelques domaines qui tirent la production vers le haut.

> **CÉPAGES PRINCIPAUX** Syrah, grenache, mourvèdre, carignan, cinsaut pour les rouges et les rosés ; grenache blanc, marsanne, roussanne, clairette, bourboulenc, maccabeu, rolle pour les blancs.

> **SOLS** Si en surface on retrouve les galets roulés castelneuvois de silice et de quartzite, mêlés de cailloutis, la couche d'argile est cependant assez mince, et c'est le sable, très drainant, qui domine.

> **STYLE DES VINS** Ils présentent des arômes de fruits mûrs très concentrés, comme on les rencontre dans toute la vallée du Rhône, mais sur des structures plutôt légères, peu tanniques, ce qui en fait des vins à consommer assez rapidement. Dans les blancs, l'onctuosité peut être très intéressante si la maturité est bien maîtrisée.

***Couleur du vin :***
*rouge, rosé et blanc.*

***Température de service :***
*entre 14 et 16 °C pour les rouges ; entre 8 et 10 °C pour les rosés et les blancs.*

***Potentiel de garde :***
*3 ans pour les rosés ; de 3 à 5 ans pour les blancs ; de 3 à 8 ans pour les rouges.*

## AOC MUSCAT DE BEAUMES-DE-VENISE

RHÔNE [SUD]

Confidentiel (12 000 hl) par rapport à ses cousins du Languedoc-Roussillon (150 000 hl), ce muscat principalement blanc est fermenté pour l'essentiel en levures indigènes (c'est-à-dire présentes naturellement sur la peau du raisin et non reproduites artificiellement), et muté avec 5 % d'alcool. Quelques parcelles de muscat rouge persistent, qui permettent d'élaborer des Muscats de Beaumes-de-Venise rouges et rosés. Les vins sucrés sont ici une vraie culture, et l'on trouve parfois d'autres curiosités : des vendanges tardives de mourvèdre, du vin de paille…

> **CÉPAGES PRINCIPAUX** Muscat à petits grains dit « de Frontignan ».

> **SOLS** Argiles mêlées de sable ou de cailloux calcaires.

> **STYLE DES VINS** Les blancs offrent un univers enchanteur de fleurs (acacia, glaïeul, tilleul, rose, violette) et de fruits (abricot, coing, zeste d'orange confit, citron, poire, mangue), des notes de menthol, de genièvre, de réglisse ainsi que des nuances épicées, voire de l'amertume, et des finales confites. Les rouges et les rosés sont dotés de jolis arômes de groseille.

***Couleur du vin :***
*rouge, rosé et blanc*

***Température de service :***
*10 °C.*

***Potentiel de garde :***
*de 5 à 10 ans.*

# LES VIGNOBLES DU SUD-OUEST

*Situés entre le très vaste Languedoc-Roussillon à l'est et le prestigieux Bordelais à l'ouest, les vignobles du Sud-Ouest, les plus diversifiés de France, couvrent une grande variété de terroirs, de cépages et d'appellations. Éparpillés sur 10 départements, les vins du Sud-Ouest cultivent leur typicité et offrent de véritables perles avec des rapports qualité-prix très intéressants. Un atout de taille à l'ère de la mondialisation du vin.*

## L'histoire du vignoble

Comme pour de nombreux autres vignobles français, c'est l'occupation romaine qui apporte la culture de la vigne dans cette région. Dès le Moyen Âge, certains vins – Cahors, Madiran, Gaillac, par exemple – sont très appréciés par les rois de France, et leur notoriété s'étend à toute l'Europe (Angleterre, Pays-Bas). Mais la région subit la domination et la jalousie de ses puissants et prestigieux voisins bordelais, qui interdisent l'accès de leur port tant que leurs propres vins ne sont pas écoulés.

À la fin du XIXe siècle, la crise du phylloxéra détruit la quasi-totalité du vignoble. Il faudra attendre les années 1970 pour que celui-ci renaisse sous la houlette des caves coopératives dynamiques et de vignerons passionnés qui jouent la carte de la qualité et de la typicité.

LES VIGNOBLES DU SUD-OUEST EN CHIFFRES (AOC)

**Superficie** : 74 000 ha
**Production** : 4 300 000 hl
**Rouges** : 68 %
**Blancs** : 22 %
**Rosés** : 10 %

(CIVSO, CIVRB, 2007)

## Les régions viticoles

Si le Sud-Ouest se distingue par l'hétérogénéité de ses régions viticoles, on peut néanmoins y délimiter quatre pôles viticoles.

**LE BERGERACOIS.** Sur les deux rives de la Dordogne, il englobe l'appellation Bergerac, bien sûr, mais aussi Monbazillac, Pécharmant, Montravel...

**LES VIGNOBLES DE LA GARONNE.** Ils s'étendent le long des deux rives de la Garonne, en amont de Bordeaux, de Langon à Agen. C'est le fief des appellations Côtes-de-Duras, Côtes-du-Marmandais et Buzet.

**LES VIGNOBLES DU « HAUT-PAYS ».** Cette zone au nord et nord-ouest de Toulouse englobe les appellations Gaillac, Côtes-du-Frontonnais, Cahors...

**LES VIGNOBLES DES PYRÉNÉES.** Situés au sud, entre l'Adour et les Pyrénées, ils regroupent quelques appellations-phares : Madiran, Irouléguy, Pacherenc-du-Vic-Bilh, Jurançon...

> Vignes du Château de Haute-Serre, dans la région de Cahors.

## Le climat et les sols

Le climat diffère entre les rives de la Garonne, le Pays basque et les Pyrénées... Mais le climat océanique, marqué d'influences continentales ou

### Neuf nouvelles AOC ?

Aucune autre région de France ne compte autant d'AOVDQS (appellation qui doit être reclassée avant 2011 ; voir p. 96) que le Sud-Ouest. Elles sont neuf à attendre la reconnaissance officielle : Coteaux-du-Quercy, Côtes-de-Millau, Côtes-du-Brulhois, Saint-Mont, Saint-Sardos, Tursan, Vin d'Entraygues et du Fel, Vin d'Estaing, Vin de Lavilledieu. Par leur qualité et leur originalité, elles le méritent amplement.

> **LE SAVIEZ-VOUS ?**
>
> ***Le tannat, cépage du Madiran, a été reconnu comme particulièrement efficace contre certaines affections cardio-vasculaires.*** *C'est ce qu'a affirmé, en 2006, le Dr Corder de la faculté de médecine de Londres. Le tannat se caractérise par une concentration importante en procyanidine, l'un des polyphénols (composés du vin aux vertus antioxydantes). Le rôle de ce composé serait même renforcé par le mode de vinification traditionnel, qui contribue à le maintenir dans le vin.*

montagnardes, domine avec des printemps et des hivers humides, des étés chauds et de longs et beaux automnes ensoleillés. La diversité des sols répond à la pluralité des vignobles avec, toutefois, une prédominance de molasses, de calcaires et d'alluvions des terrasses formées par de nombreux fleuves et cours d'eau.

## Les cépages

Les cépages bordelais côtoient les variétés autochtones, ce qui donne aux vins leur typicité.

**LE COLOMBARD.** Il donne des blancs secs aux arômes de pamplemousse et de fruits exotiques.

**LE DURAS.** Surtout utilisé à Gaillac, il produit des rouges légers aux tanins fins et aux arômes épicés (poivre).

**LE FER SERVADOU.** Dénommé aussi « pinenc » ou « braucol », ce cépage originaire du Pays basque est à l'origine de vins rouges fruités, très colorés et tanniques.

**LE GROS MANSENG.** Tout aussi pyrénéen, il sert à l'élaboration de blancs secs, mais il est utilisé aussi avec le courbu et le petit manseng pour les blancs moelleux.

**LE LEN DE L'EL (OU LOIN DE L'ŒIL).** Il est à la base des Gaillacs et Gaillac-Premières-Côtes.

**LE MALBEC.** Connu aussi sous les noms d'« auxerrois » et de « côt », c'est le cépage principal des vins de Cahors, auxquels il donne sa couleur et ses arômes.

**LE MAUZAC.** Ce cépage gaillacois est recherché pour sa puissance et son caractère aromatique (pomme, poire). Il entre dans l'élaboration des blancs secs et des effervescents.

**LA NÉGRETTE.** Ce cépage des Côtes-du-Frontonnais donne des rouges très aromatiques et épicés (violette, réglisse).

**LE PETIT MANSENG.** Ce cépage pyrénéen fait la renommée des vins blancs de Jurançon. Sous l'action de la pourriture noble, il donne des vins liquoreux d'une grande finesse, au parfum particulier qui mêle arômes de cannelle, fruits confits, fruits exotiques, miel, zeste d'agrume.

**LE TANNAT.** Béarnais, ce cépage entre dans l'assemblage de nombreuses appellations (Béarn, Madiran, Irouléguy). Il donne un vin très coloré, tannique, aux arômes de framboise. Voir aussi encadré ci-dessus.

## Les style de vins

Le Sud-Ouest élabore une gamme de vins très variée : 21 rouges, 15 rosés, 15 blancs secs, 10 moelleux, 2 effervescents. Les rouges issus de tannat, de malbec et de cabernets sont puissants, structurés, tanniques avec un nez aromatique et épicé. Ce sont des vins de garde. On trouve aussi des vins plus légers, à boire plus rapidement, qui rappellent parfois certains vins du Bordelais.

Les vins blancs secs offrent en général un nez agréable, floral et fruité, avec une belle fraîcheur et une agréable légèreté. Les blancs moelleux se montrent fins et élégants ; certains n'ont rien à envier à leurs voisins sauternais.

### Les AOC du Sud-Ouest

- Béarn
- Béarn-Bellocq
- Bergerac
- Buzet
- Cahors
- Côtes-de-Bergerac
- Côtes-de-Duras
- Côtes-du-Frontonnais ou Fronton
- Côtes-du-Frontonnais-Villaudric
- Côtes-du-Marmandais
- Côtes-de-Montravel
- Gaillac
- Gaillac doux
- Gaillac mousseux
- Gaillac-Premières-Côtes
- Haut-Montravel
- Irouléguy
- Jurançon
- Jurançon sec
- Madiran
- Marcillac
- Monbazillac
- Montravel
- Pacherenc-du-Vic-Bilh
- Pécharmant
- Rosette
- Saussignac

# Les vins les plus connus du Sud-Ouest

*Derrière les appellations phares – Madiran, Jurançon, Gaillac –, la région est riche d'une multitude d'appellations qui méritent d'être découvertes pour leur originalité, leur typicité et leur bon rapport qualité-plaisir.*

BERGERACOIS

## AOC BERGERAC, CÔTES-DE-BERGERAC

Situé en plein cœur du Périgord, aux confins du Bordelais dont il reprend tous les cépages dans une version assouplie, le vignoble de Bergerac s'étend sur quelque 7 000 ha de paysages de coteaux et de plateaux ensoleillés, de part et d'autre de la vallée de la Dordogne dans un rayon de 10 à 15 km autour de la ville de Bergerac. Il constitue une véritable mosaïque de terroirs et produit des vins rouges et des blancs. Les vins plus élaborés sont regroupés sous l'AOC Côtes-de-Bergerac, qui constitue le haut de gamme de l'appellation.

> **CÉPAGES PRINCIPAUX** Cabernet-sauvignon, cabernet franc, merlot, malbec, fer servadou, mérille pour les rouges et les rosés ; sémillon, sauvignon, muscadelle, ondenc, chenin, ugni blanc pour les blancs.

> **SOLS** Argilo-calcaires, sables au nord de la Dordogne, molasses, marnes et calcaires au sud.

> **STYLE DES VINS** Les rouges sont fins, souples, faciles à boire et assez fruités, avec des senteurs de fraise, cassis et d'autres fruits rouges. Les Côtes-de-Bergerac, qui bénéficient souvent d'un élevage en fût, sont plus tanniques et offrent une belle complexité aromatique (fruits mûrs, notes empyreumatiques, épices) ; ils peuvent vieillir plus longuement. Issus de saignée, les rosés, d'une belle couleur saumonée, offrent un fruit très croquant (framboise, fraise des bois…) soutenu par une grande fraîcheur aromatique. Les blancs secs sont frais, vifs, agréablement bouquetés, avec une bonne longueur en bouche. Les blancs moelleux et liquoreux (Côtes-de-Bergerac blanc) allient fraîcheur, finesse, rondeur et bouquet assez prononcé.

***Couleur du vin :*** *rouge, rosé et blanc.*

***Température de service :*** *environ 8 °C pour les blancs moelleux ; entre 10 et 12 °C pour les blancs secs et les rosés ; entre 15 et 17 °C pour les rouges.*

***Potentiel de garde :*** *à boire dans l'année pour les rosés ; de 2 à 3 ans pour les blancs et les rouges ; de 5 à 6 ans pour les Côtes-de-Bergerac.*

BERGERACOIS

## AOC MONBAZILLAC

Ce vignoble compte parmi les plus anciens de la région. Après une certaine désaffection, le Monbazillac a retrouvé sa renommée ; aujourd'hui, c'est certainement le plus célèbre de tous les vins de la Dordogne.

Les vignes s'étagent sur des coteaux pentus dans la vallée de la Dordogne, au sud de Bergerac, sur cinq communes : Pomport, Rouffignac, Colombier, Saint-Laurent-des-Vignes

et Monbazillac. Le climat, tempéré, est propice au développement de la pourriture noble qui fait les grands liquoreux. Dans les bonnes années, le Monbazillac est capable de rivaliser avec certains vins de Sauternes.

> **CÉPAGES PRINCIPAUX** Sémillon, sauvignon, muscadelle.

> **SOLS** Argilo-calcaires à forte teneur en argile.

> **STYLE DES VINS** De couleur or clair, ce moelleux exhale un bouquet complexe d'arômes, où se mêlent fleurs blanches, fruits secs (amande, noisette), notes miellées et épices douces. Il présente un bel équilibre entre vivacité et puissance, et sa finale est longue et aromatique.

***Couleur du vin :*** *blanc.*

***Température de service :*** *entre 6 °C et 8 °C.*

***Potentiel de garde :*** *de 5 à 30 ans, voire davantage.*

VIGNOBLES DE LA GARONNE

## AOC BUZET

C'est la plus ancienne – et la plus réputée – des appellations du vignoble de la Garonne. Elle a bien failli disparaître avec la crise du phylloxéra, mais c'était sans compter avec l'acharnement des viticulteurs de la puissante association des Vignerons de Buzet (elle couvre la quasi-totalité de la production) qui n'a eu de cesse de lui redonner vie.

Aujourd'hui, l'AOC couvre 2 000 ha situés entre la rive gauche de la Garonne et la bordure des Landes, et produit des vins dans les trois couleurs, mais avec une forte proportion de rouges.

> **CÉPAGES PRINCIPAUX** Merlot, cabernet franc, cabernet-sauvignon pour les rouges et les rosés ; sémillon et sauvignon pour les blancs.

> **SOLS** Graveleux, argilo-calcaires, boulbènes.

> **STYLE DES VINS** Les rouges sont puissants et charnus, avec des flaveurs de fruits rouges et noirs, des notes d'épices et de fumé, soutenues par une belle structure tannique. En vieillissant, les tanins s'assouplissent et le vin gagne en complexité aromatique évoluant vers des arômes de sous-bois, d'humus, de gibier. Ces vins sont capables de rivaliser avec leurs voisins bordelais.
Les blancs sont frais, avec des arômes de fruits et de fleurs blanches. Les rosés offrent un nez puissamment aromatique.

***Couleur du vin :***
*rouge, rosé et blanc.*

***Température de service :***
*entre 8 et 10 °C pour les blancs et les rosés ; entre 15 et 17 °C pour les rouges.*

***Potentiel de garde :***
*de 1 à 2 ans pour les rosés et les blancs ; de 3 à 6 ans pour les rouges.*

VIGNOBLES DU HAUT-PAYS

## AOC CAHORS

Surnommé « *black tie* » par les Anglais en raison de sa robe presque noire, le vin de Cahors était apprécié par François Ier et la cour de Russie, et utilisé comme vin de messe par l'Église orthodoxe. C'est l'un des plus anciens de France.

L'appellation s'étend sur 4 200 ha au sud du Quercy, de part et d'autre de la vallée du Lot, et produit 192 700 hl de vins rouges, exclusivement. Sous la houlette de Pascal Verhaeghe (Château du Cèdre), quelques producteurs se sont regroupés autour d'une charte de qualité « Cahors Excellence » afin de mettre en place un cahier des charges très strict pour l'élaboration de vins de qualité.

> **CÉPAGES PRINCIPAUX** Malbec (ou auxerrois ou côt noir), merlot, tannat.

> **SOLS** Calcaires, alluvions et galets dans le Lot, argilo-calcaires ailleurs.

> **STYLE DES VINS** Traditionnellement, le Cahors est un vin puissant et généreux. Il a une robe foncée, d'un rouge grenat dense, presque noir. Son nez développe des arômes de fruits rouges macérés et de fruits à noyau très typiques du malbec dont il est issu. Avec l'âge, les tanins s'assouplissent, le nez se complexifie avec ses flaveurs de pruneau, chocolat, humus, réglisse, qui perdurent longuement en bouche. Aujourd'hui, on trouve aussi des Cahors dominés par le cépage merlot, plus souples, plus faciles à boire.

***Couleur du vin :***
*rouge.*

***Température de service :***
*entre 15 et 17 °C (à carafer de préférence).*

***Potentiel de garde :***
*de 3 ans à 10 ans, voire davantage dans les grands millésimes.*

VIGNOBLES DU HAUT-PAYS

## AOC CÔTES-DU-FRONTONNAIS OU FRONTON

C'est le vin de Toulouse. Situé entre le Tarn et la Garonne, le vignoble de Fronton s'étage en terrasses sur 2 400 ha, sur des sols propices au développement de la négrette, le cépage local qui donne au vin ses caractéristiques. Il produit 100 000 hl de vins, des rouges presque exclusivement.

> **CÉPAGES PRINCIPAUX** Négrette, cabernets (franc et sauvignon), syrah, gamay, fer servadou, malbec, cinsaut.

> **SOLS** Graves, boulbènes, « rougets » riches en fer.

> **STYLE DES VINS** Les rouges sont souples, élégants, bien typés par leur cépage, la négrette. Ils arborent une robe rouge rubis profond. Le nez exhale des arômes complexes de fruits rouges, de fleurs (violette, pivoine) et d'épices (réglisse, poivre). Les rosés sont vifs et joliment bouquetés avec des arômes mêlant fruits rouges, fruits exotiques et fleurs blanches.

***Couleur du vin :***
*rouge et rosé.*

***Température de service :***
*entre 8 et 10 °C pour les rosés ; entre 15 et 17 °C pour les rouges (à carafer de préférence).*

***Potentiel de garde :***
*à boire dans l'année pour les rosés ; de 4 à 5 ans pour les rouges.*

## Les caves coopératives en vedette

Les caves coopératives ont joué un rôle important dans la renaissance des appellations qui étaient en train de disparaître. Et elles continuent de le faire. Certaines mettent la barre très haut, comme Les Producteurs Plaimont, la plus importante coopérative de Gascogne (elle regroupe les caves de Saint-Mont et de Crouseilles), qui a redonné ses lettres de noblesse aux vins de Saint-Mont, Madiran, Pacherenc-du-Vic-Bilh. Parmi les autres coopératives, citons Les Vignerons de Buzet, Cave d'Irouléguy, Cave des vignerons de Rabastens (Gaillac), Cave de Fronton, Berticot (Côtes-de-Duras), Cave de Cocumont (Côtes-du-Marmandais). Rapport qualité-prix-plaisir assuré.

VIGNOBLES DU HAUT-PAYS

## AOC GAILLAC

Célèbre autrefois pour son vin blanc pétillant, ce vignoble est l'un des plus anciens de la région. C'est aussi l'un des plus étendus du Sud-Ouest (2 500 ha).
Gaillac offre une palette de vins riche et très large : des rouges, des rosés, des blancs secs, des blancs mousseux, des blancs perlants, des blancs moelleux. Il produit aussi des vins primeurs, blancs et rouges. L'appellation Gaillac-Premières-Côtes élabore, quant à elle, un vin blanc sec.

> **CÉPAGES PRINCIPAUX** Duras, braucol (fer servadou), gamay, syrah, négrette, cabernet franc pour les rouges ; mauzac, len de l'el, muscadelle, sauvignon, ondenc, sémillon pour les blancs.

> **SOLS** Graveleux sur la rive gauche du Tarn, propice aux vins rouges ; granites et calcaires sur la rive droite, plus propice aux vins blancs.

> **STYLE DES VINS** Les blancs secs sont élégants, vifs et frais. Ils offrent un nez très typé de leur cépage mauzac, avec ses arômes de pomme verte et de poire. La bouche est légère avec un léger perlant. Le blanc sec perlé, une spécialité gaillacoise, arbore une très légère perle qui renforce la sensation de vivacité et de fraîcheur, tout en exacerbant les arômes naturels du mauzac ou du len de l'el. Le blanc moelleux arbore des notes de pomme confite, de miel, de figue et de fleurs blanches. Le mousseux – élaboré selon la méthode traditionnelle ou selon la méthode gaillacoise (voir p. 70) – se fait enjôleur avec ses arômes de pomme et la finesse de ses bulles. Vifs et frais eux aussi, les rosés présentent un joli bouquet aromatique.
Le rouge primeur – qui ne peut être consommé qu'à partir du 3e jeudi de novembre – offre le nez typique de son unique cépage, le gamay, avec des arômes de petits fruits rouges soutenus par une belle fraîcheur. Quant au rouge traditionnel, c'est un vin tannique, structuré, convivial, doté d'un nez de fruits rouges, d'épices et d'un bel équilibre.

***Couleur du vin :***
*rouge, blanc et rosé.*

***Température de service :***
*entre 6 et 8 °C pour les blancs doux et les mousseux ; entre 8 et 10 °C pour les blancs secs et les rosés ; entre 12 et 17 °C pour les rouges.*

***Potentiel de garde :***
*à boire dans l'hiver qui suit pour les rouges primeurs ; à boire dans l'année pour les rosés, les blancs mousseux et les blancs secs ; de 2 à 3 ans pour les blancs moelleux ; de 2 à 5 ans pour les rouges traditionnels.*

VIGNOBLES DES PYRÉNÉES

## AOC PACHERENC-DU-VIC-BILH

En gascon, *pacherenc du vic bihl* veut dire « rangée de piquets du vieux pays ». Sur la même aire d'appellation que Madiran, dans un paysage de collines et de vallons, cette toute petite appellation produit 8 500 hl de vins blancs uniquement, liquoreux ou moelleux, mais aussi quelques vins secs.

> **CÉPAGES PRINCIPAUX** Arrufiac, petit manseng, petit courbu, gros manseng, sauvignon, sémillon.

> **SOLS** Argilo-siliceux, alluvions.

> **STYLE DES VINS** Issu de raisins vendangés à surmaturité par tries successives, le Pacherenc est un vin rafraîchissant et aromatique, au nez charmeur, acidulé, où se mêlent notes de citron et de pamplemousse confits, fruits exotiques, fruits secs, et doté d'une bonne fraîcheur.

***Couleur du vin :***
*blanc.*

***Température de service :***
*entre 6 et 8 °C pour les moelleux ; entre 10 et 12 °C pour les secs.*

***Potentiel de garde :***
*à boire dans l'année pour les secs ; de 5 à 10 ans pour les moelleux.*

## AOC MADIRAN

VIGNOBLES DES PYRÉNÉES

Le Madiran fut longtemps le vin des pèlerins de Saint-Jacques-de-Compostelle avant de devenir le vin à la mode à Paris dans les années 1970.

Située en plein Béarn, au nord-est de Pau, l'appellation compte 1 300 ha et s'étage en terrasses au pied des Pyrénées. Elle produit quelque 70 000 hl de vins rouges exclusivement, très typés en raison de leur cépage, le tannat, qui leur donne sa force tannique si caractéristique.

> **CÉPAGES PRINCIPAUX** Tannat, cabernet franc, cabernet-sauvignon, fer servadou.

> **SOLS** Argilo-calcaires, silices, graves.

> **STYLE DES VINS** Concentré et tannique, le Madiran offre des parfums très typiques de framboise, de fruits noirs, des notes d'épices et de truffe, le tout soutenu par des tanins bien présents ainsi qu'une belle richesse en alcool. En vieillissant, les tanins s'assouplissent et les arômes deviennent plus épicés avec des notes de torréfaction et de fruits noirs (pruneaux), mêlées à des touches de réglisse et de menthol léger. Grâce à leur structure riche, ces vins possèdent une grande capacité de garde.

***Couleur du vin :***
*rouge.*

***Température de service :***
*entre 16 et 17 °C (à carafer impérativement).*

***Potentiel de garde :***
*de 1 à 5 ans ; de 10 à 15 ans dans les grandes années et chez les grands producteurs.*

## AOC JURANÇON, JURANÇON SEC

VIGNOBLES DES PYRÉNÉES

L'histoire raconte qu'Henri IV fut baptisé avec une goutte de Jurançon et une gousse d'ail. Avec les Pyrénées en toile de fond, le vignoble s'étale en terrasses sur 1 000 ha et à 300 m d'altitude, parmi les champs et les prés, juste aux portes de Pau. L'appellation produit quelque 38 000 hl de vins blancs uniquement. Ses liquoreux comptent parmi les plus grands de France. L'AOC Jurançon ne produit que des vins moelleux qui, depuis 1996, peuvent être issus de vendanges tardives. Pour les vins secs, il existe une appellation distincte, le Jurançon sec.

> **CÉPAGES PRINCIPAUX** Gros manseng, petit manseng, courbu.

> **SOLS** Marno-argilo-calcaires ou silico-calcaires, poudingues.

> **STYLE DES VINS** D'une grande expression aromatique, le Jurançon exhale des parfums de citron et de pamplemousse légèrement confits, une jolie palette de fruits tropicaux et de douces notes miellées. La finale est longue et savoureuse. Le Jurançon sec arbore des senteurs de fleurs et de fruits exotiques soutenus par une belle vivacité et un léger perlant.

***Couleur du vin :***
*blanc.*

***Température de service :***
*8 et 10 °C pour le Jurançon ; entre 10 et 12 °C pour le Jurançon sec.*

***Potentiel de garde :***
*de 2 à 10 ans, voire 15 dans les grandes années, pour le Jurançon ; de 3 à 4 ans pour le Jurançon sec.*

## AOC IROULÉGUY

VIGNOBLES DES PYRÉNÉES

Plantée au cœur du Pays basque sur le département des Pyrénées-Atlantiques, la vigne était autrefois reine dans ce pays et dépassait le millier d'hectares. Aujourd'hui, ce n'est plus qu'un vignoble confidentiel. Farouchement accroché au flanc des coteaux de Saint-Étienne-de-Baïgorry et des cinq communes environnantes, non loin de la frontière espagnole, il produit en grande partie des vins rouges, mais aussi quelques blancs et rosés très recherchés.

> **CÉPAGES PRINCIPAUX** Tannat, cabernet franc, cabernet-sauvignon pour les rouges et les rosés ; gros manseng, petit manseng, petit courbu pour les blancs.

> **SOLS** Argilo-calcaires, argilo-siliceux, galets rouges.

> **STYLE DES VINS** De couleur pourpre, les rouges exhalent des arômes un peu sauvages de fruits noirs et de violette, rehaussés par des notes d'épices et soutenus par de petits tanins. La finale est longue et aromatique. Les rosés sont vifs et fruités, avec des arômes de fruits rouges appuyés par une agréable fraîcheur.

***Couleur du vin :***
*rouge, rosé et blanc.*

***Température de service :***
*entre 8 et 10 °C pour les rosés et les blancs ; entre 15 et 17 °C pour les rouges.*

***Potentiel de garde :***
*à boire dans les 2 ans pour les rosés et les blancs ; de 5 à 8 ans pour les vins rouges.*

# LES VIGNOBLES DU LANGUEDOC ET DU ROUSSILLON

*Ces deux régions comptent parmi les plus anciennes. Elles ont longtemps souffert de leur image de producteurs de vins ordinaires. Aujourd'hui, elles fournissent plus du tiers de la production nationale, et méritent largement qu'on redécouvre leurs vins.*

## LANGUEDOC

Le Languedoc constitue une région à peu près unique dans le paysage français, avec sa mosaïque de vignobles et sa très large palette de vins. Après son énorme bond en avant réalisé ces trente dernières années, elle ambitionne de devenir la première région viticole du monde. Trois appellations, Corbières, Coteaux-du-Languedoc et Minervois, représentent les trois quarts des ventes.

### Hier et aujourd'hui

Si les Grecs apportent la vigne dans la région au VI^e^ siècle av. J.-C., ce sont les Romains qui la développent sous l'empereur Domitien après que celui-ci eut créé la vaste province Narbonnaise. Malgré les aléas de l'Histoire, comme l'occupation par les Wisigoths, la vigne se maintient, bénéficiant même au IX^e^ siècle de l'expansion des abbayes (Lagrasse, Caunes...). L'ouverture du canal du Midi en 1681 et le développement au XIX^e^ siècle des chemins de fer favorisent l'essor de la viticulture. Cependant, à la fin du XIX^e^ siècle, le phylloxéra anéantit le vignoble. Celui-ci va renaître mais la qualité est alors sacrifiée à la productivité. Aujourd'hui, le vignoble a retrouvé son identité et son authenticité, et affirme son rôle moteur.

**LES VIGNOBLES LANGUEDOCIENS EN CHIFFRES (AOC)**

**Superficie** : 37 855 ha

**Production moyenne** : 13 270 000 hl

**Rouges** : 80 %

**Blancs** : 13 %

**Rosés** : 7 %

(CIVL, 2008)

> Vignes près de Carcassonne.

### Le paysage viticole

Le Languedoc viticole couvre trois départements : le Gard, l'Hérault et l'Aude. C'est une région allant, de l'est à l'ouest, de Nîmes à Carcassonne, bordée au nord par les derniers contreforts du Massif central, et au sud par la Méditerranée et le massif des Corbières. Des sols très divers – schistes, terrasses à cailloux roulés, grès, marnes, calcaires, alluvions... – donnent aux vins leur caractère affirmé. Le climat méditerranéen, avec des températures élevées l'été, des pluies irrégulières et des vents importants, assure l'unité de la région et permet une parfaite maturation des raisins.

### Les cépages et les styles de vins

L'encépagement repose sur les cépages méditerranéens et bordelais.

**LES PRINCIPAUX CÉPAGES ROUGES.** Le carignan, qui trouve ici son terroir de prédilection, apporte aux vins structure, tenue et couleur. Le grenache donne chaleur et bouquet aromatique, la syrah, les tanins. Quant au mourvèdre, il produit des vins élégants, aptes au vieillissement. Le cinsaut est surtout utilisé pour l'élaboration des rosés.

**LES PRINCIPAUX CÉPAGES BLANCS.** Le grenache blanc produit des vins corsés, ronds, peu acides, avec une finale de belle longueur. Le maccabeu donne des vins secs, colorés, assez gras et fins, aux arômes relativement subtils et au nez de fruits mûrs. Le picpoul apporte un support acide et de la fraîcheur, et le bourboulenc est à l'origine de vins frais et floraux. Sont également cultivés le chardonnay (Limoux) et la marsanne, associés à la roussanne, ainsi que le rolle.

**Les AOC du Languedoc**

- Blanquette de Limoux
- Cabardès
- Clairette du Languedoc
- Corbières
- Corbières-Boutenac
- Crémant de Limoux
- Faugères
- Fitou
- Languedoc ou Coteaux-du-Languedoc
- Limoux
- Malepère
- Minervois
- Minervois-La Livinière
- Muscat de Frontignan
- Muscat de Lunel
- Muscat de Mireval
- Muscat de Saint-Jean-de-Minervois
- Saint-Chinian

**DES VINS SECS ET DES VINS DOUX NATURELS.** D'une façon générale, les vins rouges du Languedoc arborent une belle robe rouge grenat. Ils sont puissants, généreux, robustes, avec de plus en plus d'élégance. Outre les vins d'appellation contrôlée, il existe des vins de pays très divers, essentiellement rouges. Certains d'entre eux, tels ceux du Mas de Daumas Gassac, sont reconnus comme de très grands vins. La région élabore également des blancs, souvent amples et gras, des vins effervescents (Blanquette de Limoux, Crémant de Limoux) et quelques vins doux naturels (Muscat de Lunel, Muscat de Frontignan) de qualité remarquable, mais relativement confidentiels.

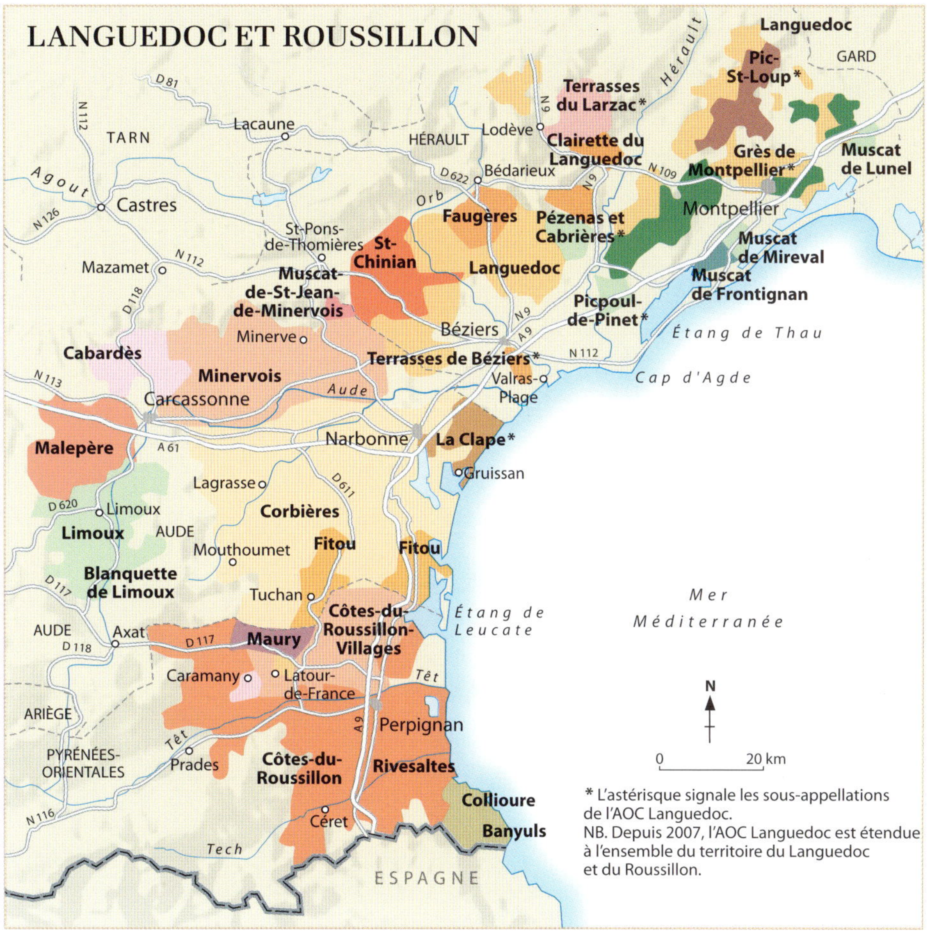

* L'astérisque signale les sous-appellations de l'AOC Languedoc.
NB. Depuis 2007, l'AOC Languedoc est étendue à l'ensemble du territoire du Languedoc et du Roussillon.

### Les AOC du Roussillon

- Banyuls
- Banyuls Grand Cru
- Collioure
- Côtes-du-Roussillon
- Côtes-du-Roussillon-Les Aspres
- Côtes-du-Roussillon-Villages
- Maury
- Muscat de Rivesaltes
- Rivesaltes

# ROUSSILLON

C'est la patrie des exceptionnels vins doux naturels (VDN) : Banyuls, Maury, Rivesaltes. La région produit 80 % des VDN de France, mais offre également une jolie gamme de vins traditionnels de qualité, rouges, rosés et blancs.

## Un peu d'histoire

Le commerce du vin remonte ici à l'Antiquité grecque. Si les vins du Roussillon se font connaître dès le Moyen Âge, le véritable développement du vignoble s'effectue à partir du milieu du XVIIe siècle. Mais le phylloxéra dévaste une partie des vignes entraînant une crise économique. La reconstruction se fait en misant sur la qualité, travail récompensé avec les AOC de Rivesaltes, Banyuls et Maury, dès 1936.

## Le paysage viticole

Le vignoble occupe un vaste amphithéâtre tourné vers la Méditerranée, entre le massif des Corbières au nord, le Canigou à l'ouest et la chaîne des Albères au sud. Il bénéficie d'un climat méditerranéen particulièrement ensoleillé avec des hivers cléments et des étés chauds. Les sols sont d'origines très diverses : schistes noirs et bruns, arènes granitiques, sols argilo-calcaires.

### LES VIGNOBLES ROUSSILLONNAIS EN CHIFFRES (AOC)

**Superficie :** 24 396 ha
**Production :** 680 000 hl
**VDN :** 80 %
**Vins secs :** 20 %
(dont 77 % en rouge et rosé, 23 % en blanc)

(CIVR, 2007)

## Les cépages et les styles de vins

**LES CÉPAGES.** On retrouve ici toutes les variétés méditerranéennes, carignan, grenache noir, mourvèdre, syrah, cinsaut pour les vins rouges et rosés, grenache blanc, maccabeu, roussanne et marsanne pour les blancs. Et quelques cépages autochtones comme la malvoisie du Roussillon blanche qui donne des vins couleur d'or, gras, fins, assez aromatiques et à l'acidité élevée, ou le lledoner pelut (appelé aussi grenache poilu) qui donne des vins secs colorés. Le muscat d'Alexandrie et le muscat à petits grains, cépages d'une très grande richesse aromatique, sont utilisés en assemblage dans les vins doux naturels.

**LES VINS DOUX NATURELS.** Issus du grenache (Banyuls, Maury) ou du muscat (Rivesaltes et Muscat de Rivesaltes), ce sont des vins tout à la fois puissants, élégants et floraux. Très injustement méconnus, ils souffrent encore d'une image négative de « vins cuits » ou de « vins d'apéritif bon marché ». C'est dommage, car ils méritent d'être redécouverts pour ce qu'ils sont : de grands vins de gastronomie avec une capacité de vieillissement remarquable.

**LES VINS TRADITIONNELS.** Les rouges sont soit fins et légers, à boire jeunes, soit puissants, concentrés et aptes au vieillissement (notamment les Côtes-du-Roussillon-Villages). Les rosés allient finesse et puissance. Les rares vins blancs (Côtes-du-Roussillon) sont aromatiques, fruités et bien équilibrés.

# Les vins les plus connus du Languedoc et du Roussillon

*Cette région, l'une des plus importantes du monde en termes de surface, produit des vins de grande qualité. Certains d'entre eux, dont les vins doux naturels, sont très recherchés pour leur typicité.*

LANGUEDOC ET ROUSSILLON

## AOC LANGUEDOC

L'AOC Languedoc a remplacé en 2007 l'appellation Coteaux-du-Languedoc (qui pourra figurer sur les étiquettes jusqu'en 2012). Elle s'étend sur toutes les aires d'appellation du Languedoc et du Roussillon (environ 9 500 ha). Elle produit des rouges, des rosés et quelques blancs.
L'appellation se découpe en dénominations géographiques correspondant à un terroir particulier : La Clape, Picpoul-de-Pinet, Pézenas, Grès de Montpellier, Terrasses du Larzac, Pic-Saint-Loup, Terrasses de Béziers, Terres de Sommières. Avec la possibilité de mentionner l'une des dénominations géographiques suivantes : Cabrières, La Méjanelle, Montpeyroux, Quatourze, Saint-Christol, Saint-Drézéry, Saint-Georges-d'Orques, Saint-Saturnin et Vérargues.
> **CÉPAGES PRINCIPAUX** Grenache noir, syrah, mourvèdre, cinsaut, carignan, lledoner pour les rouges et les rosés ; grenache blanc, clairette blanche, bourboulenc, picpoul blanc, roussanne, marsanne, rolle, viognier pour les blancs.
> **SOLS** Calcaire, schistes, graves.
> **STYLE DES VINS** Selon qu'ils sont vinifiés de façon traditionnelle ou avec la macération carbonique, les rouges peuvent être souples et légers, avec des arômes de fruits rouges agrémentés d'épices, ou bien plus élaborés, plus concentrés et plus tanniques, avec des notes de cuir, fruits secs, des senteurs minérales. Les rosés sont ronds et souples avec un joli nez floral et fruité. Les blancs, frais et savoureux, présentent un bouquet aromatique de fleurs jaunes et blanches, de notes de miel, d'épices et de garrigue.

***Couleur du vin :*** *rouge, rosé et blanc.*

***Température de service :*** *entre 8 et 10 °C pour les blancs et les rosés ; entre 12 et 14 °C pour les rouges légers ; entre 15 et 17°C pour les rouges concentrés.*

***Potentiel de garde :*** *à boire dans l'année pour les blancs ; de 1 à 2 ans pour les rosés ; de 2 à 4 ans pour les rouges (parfois jusqu'à 8 ans).*

LANGUEDOC

## AOC CORBIÈRES

Le vignoble de Corbières s'étend au cœur de l'Aude, dans un quadrilatère de 12 850 ha compris entre Carcassonne, Narbonne, Perpignan et Quillan. Il produit essentiellement des vins rouges.
La variété des sols est telle que 11 terroirs ont été mis en évidence : Montagne d'Alaric, Saint-Victor, Fontfroide, Quéribus, Boutenac, Termenès, Lézignan, Lagrasse, Sigean, Durban, Serviès. Boutenac bénéficie depuis 2005 de sa propre AOC.
> **CÉPAGES PRINCIPAUX** Grenache, syrah, mourvèdre, carignan, cinsaut pour les rouges et les rosés ; grenache blanc, bourboulenc, maccabeu, marsanne, roussanne, vermentino pour les blancs.
> **SOLS** Schiste, calcaire, grès, marne.
> **STYLE DES VINS** Il est difficile de décrire le Corbières tant les terroirs, donc les vins, sont variés. Les rouges, vinifiés en traditionnel ou avec la macération carbonique, sont puissants, concentrés et charpentés. Ils exhalent un nez complexe où se mêlent fruits noirs, épices, fruits macérés, notes de garrigue sur une trame de petits tanins ronds et parfumés. La bouche est longue, avec une belle persistance. Avec l'âge, les arômes évoluent vers des notes de café, cacao, sous-bois, humus, gibier.
Les rosés sont puissants, aromatiques et fruités. Quant aux blancs, ils offrent un nez fin et délicat de fleurs blanches et de fruits exotiques avec une belle rondeur.

***Couleur du vin :*** *rouge, rosé et blanc.*

***Température de service :*** *entre 10 et 12 °C pour les blancs et les rosés ; entre 16 et 18°C pour les rouges (à carafer).*

***Potentiel de garde :*** *de 1 à 2 ans pour les blancs et les rosés ; de 3 à 10 ans, voire 15 ans, pour les rouges.*

LANGUEDOC

## AOC BLANQUETTE DE LIMOUX

C'est le plus ancien vin pétillant de France. Son histoire remonte au XVIe siècle : il aurait été mis au point en 1531 par les moines de l'abbaye de Saint-Hilaire, près de Limoux.
Situé sur les coteaux bordant la vallée de l'Aude, adossé aux Pyrénées, au sud de Carcassonne, le vignoble s'étend sur 1 200 ha et produit 50 000 hl de Blanquette élaborée selon la méthode traditionnelle ou la méthode ancestrale (voir p. 70), qui dispose de sa propre appellation. Ces vins pétillants, tous blancs, peuvent être bruts, demi-secs ou secs.

> **CÉPAGES PRINCIPAUX** Méthode traditionnelle : mauzac, aussi appelé blanquette (90 % au moins), chenin, chardonnay. Méthode ancestrale : mauzac.

> **SOLS** Argilo-calcaires, cailloux, marnes, grès.

> **STYLE DES VINS** Animé de fines et petites bulles, le nez bien fruité est dominé par un parfum de pomme mûre rehaussé de quelques notes florales (fleurs blanches) qui emplit la bouche avec une finale très persistante.

***Couleur du vin :***
*blanc.*

***Température de service :***
*entre 6 et 8 °C.*

***Potentiel de garde :***
*de 1 à 3 ans.*

LANGUEDOC

## AOC MINERVOIS

Le nom de cette appellation viendrait de celui de la déesse de la Sagesse, Minerve. Le territoire du Minervois est un amphithéâtre de 4 178 ha délimité par le canal du Midi au sud et la Montagne Noire au nord. Il donne des vins très différents, souples ou fruités, charpentés et de bonne garde.
L'AOC produit en majorité des vins rouges, mais aussi des vins blancs et rosés. C'est au cœur de son aire, sur le territoire de six communes, qu'a été créée la première appellation « village » du Languedoc, Minervois-La Livinière.

> **CÉPAGES PRINCIPAUX** En rouge et rosé : syrah, mourvèdre, grenache, carignan, cinsaut, terret noir, picpoul noir ; en blanc : maccabeu, bourboulenc, clairette, grenache, vermentino, muscat.

> **SOLS** Terrasses de galets, grès, schistes, sols calcaires.

> **STYLE DES VINS** Complexité aromatique et concentration caractérisent les vins rouges, d'un grenat intense. Le nez développe des arômes de fruits rouges et noirs, des senteurs de garrigue, d'épices, de réglisse, de violette sur une trame de tanins qui perdurent longuement en bouche.
Les rosés sont assez puissants mais frais. Les blancs mêlent fruits blancs et fruits exotiques dans un bel ensemble équilibré.

***Couleur du vin :***
*rouge, rosé et blanc.*

***Température de service :***
*entre 10 et 12 °C pour les blancs et les rosés ; entre 16 et 17 °C pour les rouges.*

***Potentiel de garde :***
*à boire dans l'année pour les blancs et les rosés ; de 5 à 8 ans pour les rouges.*

## Une sélection de producteurs du Languedoc

BLANQUETTE DE LIMOUX

- **Blanquette Beirieu (Roquetaillade).** De superbes Blanquettes de méthode ancestrale dans le plus pur respect de la tradition, sans soufre ajouté.
- **Sieur d'Arques (Limoux).** Toute la gamme des bulles par la grande cave coopérative.

CORBIÈRES

- **Domaine Montmija (Lagrasse).** Des cuvées de très belle expression aromatique issues de culture biologique.
- **Château Pech-Latt (Lagrasse).** L'un des domaines majeurs de l'appellation.

LANGUEDOC

- **Château Puech-Haut (Saint-Drézéry).** Des vins rouges superbes.
- **Domaine Peyre-Rose (Saint-Pargoire).** L'un des crus les plus impressionnants du Languedoc.
- **Prieuré Saint-Jean-de-Bébian (Pézenas).** Un domaine exceptionnel, des rouges et des blancs de légende.

MINERVOIS

- **Château La Grave (Badens).** Des vins bien équilibrés entre finesse et puissance. Une référence.
- **Domaine Pierre Cros (Badens).** Des vins puissants et généreux.

ROUSSILLON

## AOC CÔTES-DU-ROUSSILLON, CÔTES-DU-ROUSSILLON-VILLAGES

Cette appellation régionale s'étend sur quelque 5 000 ha, sur tout le Roussillon. Elle produit essentiellement des vins rouges, mais aussi des rosés et les rares vins blancs de la région.
Le nord du Roussillon, entre le massif des Corbières et la Têt, est le fief des Côtes-du-Roussillon-Villages, appellation entièrement dédiée aux vins rouges. Quatre villages, Caramany, Latour-de-France, Lesquerde, Tautavel, peuvent adjoindre leur nom à celui de l'appellation.

> **CÉPAGES PRINCIPAUX** En rouge et rosé : carignan, grenache noir, mourvèdre, syrah, lledoner ; en blanc : maccabeu, grenache blanc, malvoisie, marsanne, roussanne.

> **SOLS** Granites, schistes, calcaires.

> **STYLE DES VINS** Puissants et généreux, les rouges sont marqués par un nez de fruits sauvages et des notes minérales. Ceux de l'AOC Côtes-du-Roussillon-Villages affichent un nez complexe de fruits confiturés, de notes vanillées sur une trame de tanins ronds qui perdurent longuement. La bouche est ferme, d'une belle vivacité.
Issus de saignée, les rosés sont corsés et fruités. Les blancs sont légers, avec des arômes de fleurs et des notes boisées.

***Couleur du vin :***
*rouge, rosé et blanc.*

***Température de service :***
*10 °C pour les blancs et les rosés ; entre 15 et 16 °C pour les rouges.*

***Potentiel de garde :***
*à boire dans l'année pour les blancs et les rosés ; à partir de 2 ans et jusqu'à 5 ans pour les rouges.*

ROUSSILLON

## AOC RIVESALTES

L'appellation a hérité son nom de la ville de Rivesaltes (« rives hautes » en catalan). Située en majeure partie en Roussillon mais aussi sur le territoire des Corbières, c'est la plus importante des appellations de vins doux naturels. Elle s'étend sur environ 5 400 ha et produit en moyenne 300 000 hl de vins blancs et rouges. Son nom peut être complété par les mentions « tuilé », « ambré » et « hors d'âge ».
Attention : on ne confondra pas l'AOC Rivesaltes avec l'AOC Muscat de Rivesaltes, un vin doux naturel blanc, aromatique à souhait, qui couvre le même territoire, mais est élaboré à partir du muscat d'Alexandrie et du muscat à petits grains.

> **CÉPAGES PRINCIPAUX** Grenache (noir, gris ou blanc), maccabeu, malvoisie du Roussillon.

> **SOLS** Schistes, calcaires, limons.

> **STYLE DES VINS** Le Rivesaltes jeune exhale des arômes de fruits rouges frais légèrement confiturés, soutenus par des tanins ronds. Le Rivesaltes « tuilé » offre un nez dominé par le caramel, mêlé à des parfums d'épices douces, d'écorce d'orange, de cacao, de coing, de café, de noix. Le Rivesaltes « hors d'âge » subit un élevage minimal de 5 ans après élaboration. La plupart sont beaucoup plus âgés.

***Couleur du vin :***
*blanc et rouge.*

***Température de service :***
*entre 12 et 16 °C.*

***Potentiel de garde :***
*de 10 à 20 ans, voire davantage.*

## Quelques grands noms de vins doux naturels

MAURY

- **Domaine de la Coume du Roy (Maury).** Des vins de grande matière, impressionnants par leur densité, leur concentration, leur profondeur aromatique.
- **Mas Amiel (Maury).** De magnifiques Maury, de superbes Muscats de Rivesaltes et une gamme remarquable de Côtes-du-Roussillon, jouant l'élégance, jusqu'à la bouteille et son étiquette.

BANYULS

- **Domaine du Mas Blanc (Banyuls-sur-Mer).** Un domaine historique pour ses Banyuls et ses vins de Collioure qui comptent parmi les plus grands de l'appellation.
- **Domaine de la Rectorie (Banyuls-sur-Mer).** De très grands et superbes Banyuls qui font référence. Également de magnifiques vins de l'appellation Collioure, rosés et rouges.
- **Domaine du Traginer (Banyuls-sur-Mer).** Des vins puissants et corsés issus de raisins bio.

RIVESALTES

- **Domaine Cazes (Rivesaltes).** Une valeur sûre. Des Muscats harmonieux, gourmands, de belle facture, en biodynamie.

ROUSSILLON

# AOC MAURY

Au cœur de la vallée de l'Agly, au nord-ouest du Roussillon, le vignoble s'étend sur quelque 1 700 ha et produit 48 000 hl de vins doux naturels. Il couvre la commune de Maury et trois communes limitrophes formant une enclave à l'intérieur des appellations plus vastes de Rivesaltes et de Côtes-du-Roussillon-Villages.

On distingue deux sortes de Maury, le vintage (ou rimage), qui est embouteillé rapidement après vinification, et le rancio, volontairement oxydé soit dans des foudres de bois, soit dans des bonbonnes de verre exposées aux variations climatiques.

> **CÉPAGES PRINCIPAUX** Grenache noir (75 % au moins), grenache gris et blanc, maccabeu.

> **SOLS** Schistes.

> **STYLE DES VINS** Le Maury Vintage arbore des parfums capiteux de fruits noirs et rouges qui explosent au nez sur un fond chocolaté. La bouche est onctueuse, serrée avec des tanins pulpeux, la finale est longue et aromatique.

Dans sa robe grenat tuilé, le Maury Rancio offre un nez de caramel, de fumé, de pain toasté, de fruits secs et confits, de thé, de noix, de café et de cacao. La bouche est onctueuse, aussi fondue et parfumée que le nez avec une très belle persistance.

*Couleur du vin :* rouge et blanc.

*Température de service :* entre 12 et 14 °C pour les vins jeunes ; entre 14 et 16 °C pour les vieux (le vintage se carafe).

*Potentiel de garde :* de 5 à 10 ans, voire de 20 à 30 ans pour les plus grands.

ROUSSILLON

# AOC BANYULS, BANYULS GRAND CRU

Ce vignoble historique remonte à l'époque des Carthaginois, cinq siècles avant Jésus-Christ. Située au bord de la Méditerranée, à la limite de la frontière espagnole, l'appellation de vins doux naturels s'étend sur les communes de Banyuls, Collioure, Port-Vendres et Cerbère. Elle couvre 1 200 ha de vignes cultivées en terrasses escarpées pour une production qui avoisine les 29 000 hl.

Comme pour les Maury, on distingue deux sortes de Banyuls : les rimages, qui ont été rapidement mis en bouteilles pour conserver leur fruit et leur fraîcheur, et les rancios, qui ont vieilli en cuve ou en bonbonne de verre et qui développent un goût complexe mêlant notes de chocolat, de café et de pruneau.

Le Banyuls Grand Cru élaboré sur la même aire d'appellation bénéficie d'un élevage de 30 mois (contre 12 mois pour le Banyuls).

> **CÉPAGES PRINCIPAUX** Grenache noir (50 % pour le Banyuls, 75 % pour le Banyuls Grand Cru), grenache gris, grenache blanc, carignan, maccabeu.

> **SOLS** Schistes.

> **STYLE DES VINS** Les Banyuls jeunes de type rimage offrent des arômes de fruits à noyau, de myrtille et de mûre. Ils sont naturellement sucrés et moelleux, voire suaves, et très longs en bouche. Les rimages anciens développent un bouquet très équilibré de notes torréfiées (café, chocolat), de cuir. Le nez est intense et aromatique à souhait avec son bouquet où se mêlent des notes de réglisse, de café, de thé, de fruits secs, d'épices douces. La bouche est souple, douce. Avec l'âge, la robe se pare d'effets mordorés et le nez se complexifie encore, révélant des notes toastées, celles de noix et de caramel qui perdurent longtemps.

Les Banyuls Rancio présentent un bouquet plus « oxydatif » avec des notes d'épices et de torréfaction très persistantes.

*Couleur du vin :* rouge et blanc.

*Température de service :* entre 12 et 14 °C pour les vins jeunes ; entre 14 et 16 °C pour les vins vieux.

*Potentiel de garde :* de 10 à 20 ans, voire davantage.

# LES VIGNOBLES DE PROVENCE ET DE CORSE

*La Provence et la Corse figurent parmi les plus anciens vignobles de France. Loin de la réputation de vins d'été et de soif qui les poursuit, leur production réserve de belles surprises.*

## PROVENCE

Le soleil, les vacances et le rosé : c'est l'image de la Provence. Et, de fait, celle-ci élabore plus de 75 % de vins rosés. Mais le vignoble provençal ne se limite pas à ces seuls vins : il produit aussi de grands vins rouges et des blancs de qualité qui méritent le détour.

### Un vignoble très ancien

La culture de la vigne a été introduite en Provence au VIe siècle av. J.-C. par les Phéniciens ou les Phocéens – les historiens hésitent encore –, qui ont fait du vignoble provençal le tout premier vignoble français. La vigne se développe et prospère harmonieusement sous l'influence des grands ordres monastiques. À partir du XVe siècle, le vignoble subit de nombreux désastres : la peste, les guerres... À peine s'en est-il remis que s'abat sur lui au XIXe siècle le phylloxéra, qui ruine tous les efforts. Au XXe siècle la reconstruction a lieu, avec un seul mot d'ordre dans toutes les appellations : la qualité.

LES VIGNOBLES DE PROVENCE EN CHIFFRES (AOC)

**Superficie :** 28 500 ha
**Production :** 1 200 000 hl
**Rosés :** 75 %
**Rouges :** 20 %
**Blancs :** 5 %

(CIVP, 2007)

### Le climat et les sols

De par sa grande étendue entre Nice, Marseille et Saint-Rémy-de-Provence, le vignoble provençal connaît d'importantes nuances climatiques – maritimes ou continentales – selon la latitude et le relief, avec un dénominateur commun et une constante : l'ensoleillement. Les sols sont de nature très variée : granites et schistes dans le massif des Maures, sols calcaires à Cassis...

### Les cépages

À la diversité du relief et du climat correspond une large palette de cépages, où les variétés traditionnelles cohabitent avec les cépages autochtones.

**LES CÉPAGES ROUGES.** Le grenache, très employé dans les Coteaux-d'Aix-en-Provence, apporte puissance, gras et arômes élégants de fruits rouges. Le cinsaut confère fraîcheur, finesse et fruité aux vins rosés, alors que le tibouren leur offre un riche bouquet. Le mourvèdre, le cépage vedette du Bandol, donne à ce dernier son velouté, sa complexité et ses notes épicées. Le carignan produit des vins charpentés, généreux et colorés.

**LES CÉPAGES BLANCS.** Le rolle, présent notamment dans l'AOC Bellet, donne des vins aux parfums d'agrumes et de poire, gras, équilibrés et fins. La clairette apporte aux vins arômes et bouquet, et le bourboulenc leur confère finesse et rondeur.

### Les styles de vins

Trois appellations, Côtes-de-Provence, Coteaux-d'Aix-en-Provence et Coteaux-Varois, concentrent 95 % de la production. Les vins rosés sont en général très aromatiques, fruités, secs et vifs. Mais on trouve aussi des rosés plus complexes, structurés et charnus, aux arômes de fruits puissants, capables d'accompagner un repas gastronomique. Les vins rouges relèvent de deux grandes catégories. Il y a des vins gouleyants et fruités, aux arômes de fruits rouges et de fleurs, qui se boivent dans leur jeunesse ; et des vins plus

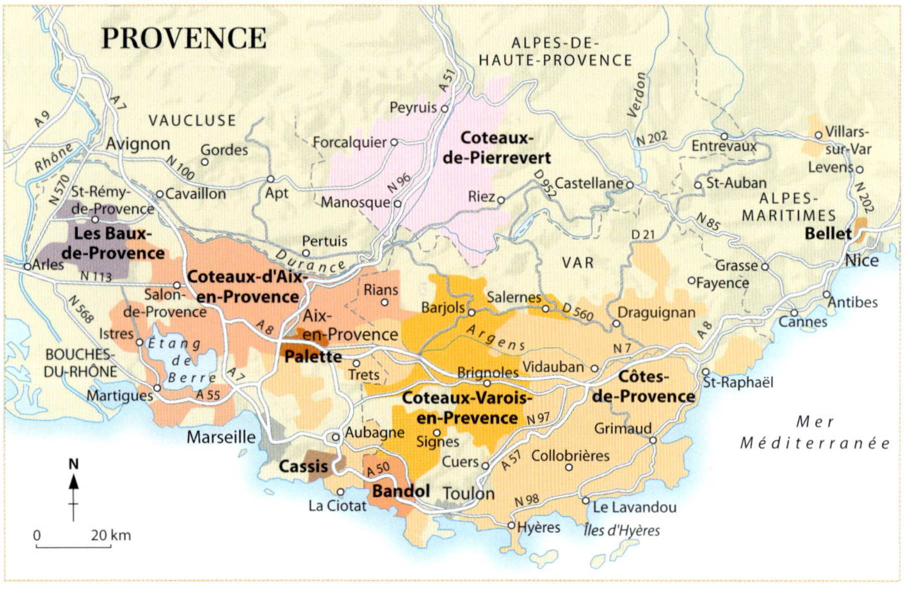


**Les AOC de Provence**

- Bandol
- Bellet
- Cassis
- Coteaux-d'Aix-en-Provence
- Coteaux-de-Pierrevert
- Coteaux-Varois-en-Provence
- Côtes-de-Provence avec ou sans l'une des dénominations géographiques suivantes : Fréjus, La Londe, Sainte-Victoire
- Les Baux-de-Provence
- Palette

## LE SAVIEZ-VOUS ?

***9 % des vins rosés de la planète proviennent de Provence.*** *Celle-ci est aussi la première région productrice de rosés en France (42 % de la production nationale). La couleur des rosés est donnée par leur mode de vinification (saignée ou pressurage direct). Elle se décline en neuf teintes (selon une classification établie par le Centre de recherche et d'expérimentation sur le vin rosé de Vidauban, pôle de référence en la matière) : groseille, bois de rose, framboise, chair, marbre rose, saumon, pelure d'oignon, brique, corail.*

élaborés, plus concentrés, plus tanniques, qui ont un beau potentiel de garde. Quant aux blancs, ils offrent en général une belle complexité aromatique avec une agréable onctuosité.

La Provence produit également un vin cuit : le moût de raisin est longuement chauffé de manière à concentrer ses arômes et sa matière. Ce vin ne relève d'aucune appellation.

# CORSE

## Un peu d'histoire

Vieux de plus de 2 500 ans, le vignoble de Corse s'est développé sous les influences grecque et romaine. Au XVII^e siècle, les vignes occupent une grande partie du territoire et la viticulture constitue la ressource essentielle de la quasi-totalité de la population. Mais, comme ailleurs, le phylloxéra ravage tout le vignoble. Il faudra attendre les années 1960 et l'arrivée des rapatriés d'Afrique du Nord pour que le vignoble renaisse. Après une période de productivité à outrance, il s'est définitivement orienté vers la qualité et la typicité.

### LES VIGNOBLES CORSES EN CHIFFRES (AOC)

**Superficie** : 2 800 ha
**Production** : 98 000 hl
**Rouges** : 44 %
**Rosés** : 42 %
**Blancs** : 14 %

(CIVP, 2007)

## Le climat et les sols

Plus qu'une île, la Corse est un puissant massif montagneux. Elle bénéficie d'un climat méditerranéen tempéré par les influences conjuguées de la mer et de la montagne, particulièrement favorable à la maturation du raisin. Sur ce relief tourmenté, on trouve une grande diversité de terroirs : schistes à l'est, sols granitiques sur la côte ouest et au sud.

### Les AOC de Corse

- Ajaccio
- Muscat du Cap-Corse
- Patrimonio
- Vin de Corse

## Les cépages et les styles de vins

**LES CÉPAGES...** À côté des cépages méridionaux (grenache, syrah), la Corse fait la part belle à ses cépages originaux. Apparenté au cépage sangiovese (région de Chianti), le nielluccio est à la base des vins rouges de Patrimonio auxquels il confère des arômes de petits fruits rouges, de violette, d'épices et d'abricot. Un autre cépage rouge, le sciacarello, est cultivé essentiellement dans la Corse granitique du Sud ; il se révèle d'une grande finesse alliée à un bouquet poivré inoubliable. Parmi les cépages blancs, le plus caractéristique est le vermentino appelé aussi malvoisie. Il donne un vin très typé, aux arômes floraux forts, avec beaucoup de gras. Il est également utilisé pour l'élaboration de rosés à forte personnalité.

**ET LES VINS.** Les vins corses rosés et blancs possèdent une grande richesse aromatique et un bel équilibre. Ils sont à boire jeunes. Les vins rouges sont en général légers, mais ceux de Patrimonio ou d'Ajaccio présentent des tanins concentrés, avec de belles longueurs en bouche, et acceptent quelques années de vieillissement.

> Au nord de la Corse, le vignoble de Patrimonio jouit d'une situation privilégiée, à l'abri des vents.

# Les vins les plus connus de Provence et de Corse

*Petites ou grandes, les appellations provençales sont surtout réputées pour leurs rosés, mais leurs rouges et leurs blancs méritent amplement le détour. Sans oublier la Corse avec ses vins de soleil et son muscat.*

## AOC CÔTES-DE-PROVENCE

PROVENCE

Très vaste, cette AOC s'étend de Gardanne à Saint-Raphaël sur quelque 19 000 ha, trois départements (Var, Bouches-du-Rhône, Alpes-Maritimes) et une mosaïque de terroirs dotés chacun d'une personnalité géographique et climatique.
Cinq grandes zones naturelles constituent l'appellation : la montagne Sainte-Victoire, le bassin du Beausset, les collines calcaires du haut pays, la vallée intérieure, la bordure maritime. Elle est surtout célèbre pour ses rosés (87 % de la production, soit près de la moitié des rosés vendus en France). Elle produit également des rouges de qualité et quelques blancs.
L'AOC Côtes-de-Provence compte 18 crus classés : Château Minuty, Château Sainte-Roseline, Château Sainte-Marguerite, Château de la Clapière, Domaine de l'Aumérade, Clos Cibonne, Domaine de Rimauresq, Château Roubine, Château du Galoupet, Château de Saint-Martin, Château Saint-Maur, Clos Mireille, Château de Selle, Château de Brégançon, Château de Mauvanne, Domaine de la Croix, Domaine du Noyer, Domaine du Jas d'Esclans.

> **CÉPAGES PRINCIPAUX** Grenache, syrah, carignan, mourvèdre, tibouren, cinsaut, cabernet pour les rouges et les rosés ; clairette, sémillon, ugni blanc, rolle pour les blancs.

> **SOLS** Caillouteux.

> **STYLE DES VINS** Plutôt pâles, les rosés affichent des senteurs agréables et subtiles de fruits rouges frais, mêlées à des touches d'épices et de réglisse. Les rouges peuvent être souples et légers avec un nez de petits fruits rouges et de fleurs, ou aussi être généreux, puissants et très élégants avec des arômes complexes de fruits noirs rehaussés de touches de garrigue et de notes épicées qui perdurent en bouche. Les blancs sont harmonieux avec un bel et délicat équilibre entre fraîcheur et gras.

***Couleur du vin :***
*rouge, rosé et blanc.*

***Température de service :***
*entre 6 et 8 °C pour les blancs ; entre 8 et 12 °C pour les rosés ; entre 16 et 17 °C pour les rouges (à carafer de préférence).*

***Potentiel de garde :***
*à boire dans l'été pour les rosés ; à boire dans l'année pour les blancs ; 3 ans pour les rouges, de 10 à 12 ans pour les crus classés.*

## AOC COTEAUX-VAROIS-EN-PROVENCE

PROVENCE

L'appellation s'étend sur 28 communes au cœur de la Provence, autour de Brignoles, entre les massifs de la Sainte-Baume au sud et des Bessillons au nord. Elle s'étage sur des pentes de 350 m d'altitude soumises à un climat de type continental. Elle produit surtout des vins rosés, mais aussi des rouges et des blancs.

> **CÉPAGES PRINCIPAUX** Syrah, grenache, mourvèdre, cinsault, cabernet-sauvignon pour les rouges et les rosés ; clairette, grenache, rolle, sémillon, ugni blanc pour les blancs.

> **SOLS** Argilo-calcaires.

> **STYLE DES VINS** Avec leur jolie robe tout en nuances, les rosés offrent des arômes de fruits rouges (fraise, framboise) rehaussés de notes d'épices et de garrigue, et soulignés par une jolie fraîcheur et un bel équilibre.
Les rouges bien charpentés, charnus et tanniques mêlent arômes de fleurs et de fruits rouges, avec quelques touches végétales. Ils demandent du temps pour s'assouplir.
Les blancs présentent un nez fin délicatement parfumé avec des notes de fleurs, de fruits, d'agrumes et un bel équilibre entre fraîcheur et rondeur.

***Couleur du vin :***
*rouge, rosé et blanc.*

***Température de service :***
*entre 6 et 8 °C pour les blancs ; entre 8 et 12 °C pour les rosés ; entre 16 et 18 °C pour les rouges.*

***Potentiel de garde :***
*à boire dans l'année pour les rosés ; de 1 à 2 ans pour les blancs ; de 3 à 8 ans pour les rouges.*

PROVENCE

## AOC BANDOL

Aux portes de Toulon, ce vignoble est l'un des plus anciens de France. Limité à huit communes du Var, il s'étend en terrasses sur 1 700 ha. Il produit avant tout de grands vins rouges de caractère, mais aussi des rosés et des blancs.

> **CÉPAGES PRINCIPAUX** Mourvèdre (50 % au moins), grenache, cinsaut, syrah, carignan pour les rouges et les rosés ; bourboulenc (60 % au moins), clairette, ugni blanc pour les blancs.

> **SOLS** Silico-calcaires.

> **STYLE DES VINS** Estampillés du « B », les rouges, qui séjournent au moins 18 mois en fût, sont puissants, aux arômes complexes de fruits noirs, de garrigue et de pinède. Avec l'âge, ils évoluent vers des arômes de pivoine, d'épices, de réglisse, avec une finale toujours très aromatique. Les rosés offrent une palette aromatique de fruits rouges soulignée par des notes végétales. Plus confidentiels, les blancs affichent des arômes de fleurs et de fruits blancs et jaunes, et une belle finesse.

***Couleur du vin :***
*rouge, rosé et blanc.*

***Température de service :***
*entre 8 et 10 °C pour les rosés ; entre 9 et 11 °C pour les blancs ; entre 16 et 18 °C pour les rouges.*

***Potentiel de garde :***
*de 1 à 3 ans pour les blancs et les rosés ; 10 ans et plus pour les rouges.*

PROVENCE

## AOC CASSIS

Situé à proximité du charmant petit port de Cassis chanté par Mistral, le vignoble s'étend entre les Calanques et le cap Canaille, la plus haute falaise de France (400 m de haut), sur 170 ha, et produit des vins blancs très réputés, mais aussi des rosés et des rouges.

> **CÉPAGES PRINCIPAUX** En rouge et en rosé : grenache, carignan, mourvèdre, cinsaut ; en blanc : clairette, ugni blanc, sauvignon, marsanne, bourboulenc.

> **SOLS** Calcaires.

> **STYLE DES VINS** Les blancs jeunes offrent une bouche fraîche avec un nez enjôleur de fruits blancs, d'agrumes, ainsi qu'une nuance iodée qui rappelle la mer toute proche. Tous ces arômes perdurent longuement en finale. Avec l'âge, le nez se complexifie en libérant des senteurs miellées, et le vin se fait plus rond, plus moelleux. Les rosés, légers et souples, exhalent des notes joliment fruitées et florales.

Très confidentiels, les rouges offrent des notes végétales de laurier et de thym avec des touches de fruits rouges (cassis) mêlées à quelques notes d'épices et de réglisse.

***Couleur du vin :***
*rouge, rosé et blanc.*

***Température de service :***
*entre 8 et 10 °C pour les blancs et les rosés ; entre 15 et 17 °C pour les rouges.*

***Potentiel de garde :***
*à boire dans l'année pour les rosés ; de 3 à 5 ans pour les rouges ; jusqu'à 8 ans pour les blancs.*

## Une sélection de producteurs de Provence

- **Château de Pibarnon (La Cadière-d'Azur).** Un grand classique de l'appellation, des vins profonds et équilibrés de l'AOC Bandol.
- **Château du Gros'Noré (La Cadière-d'Azur).** Des vins très typés de très belle expression qui comptent parmi les meilleurs de l'AOC Bandol.
- **Château La Calisse (Pontevès).** Des rosés séducteurs et des rouges précieux en Coteaux-Varois-en-Provence
- **Clos Sainte-Magdeleine (Cassis).** Domaine phare de l'appellation Cassis produisant des vins de caractère, délicieux en diable.
- **Domaine de La Courtade (île de Porquerolles).** Des Côtes-de-Provence rouges issus de mourvèdre, exceptionnels.
- **Domaine de Garbelle (Garéoult).** Des Coteaux-Varois-en-Provence rouges extraordinaires de puissance et de générosité.
- **Domaine Hauvette (Saint-Rémy-de-Provence).** Un domaine incontournable de l'AOC Coteaux-d'Aix-en-Provence qui produit de grands vins en culture biologique.
- **Domaine Rabiega (Draguignan).** L'un des meilleurs de l'AOC Côtes-de-Provence, dont les vins sont une très belle expression du terroir ; son Clos Dière est superbe.
- **Les Maîtres Vignerons de la Presqu'île de Saint-Tropez (Gassin).** Une gamme de Côtes-de-Provence de très belle qualité ; leur Château de Pampelonne rouge est coloré, riche, dense et généreux.

## Le Domaine de Trévallon : le vin de pays en majesté

Venu de son Alsace natale, Éloi Dürrbach reprend en 1973 le domaine acheté par son père sur le versant nord des Alpilles, près de Saint-Étienne-du-Grès. Pour élaborer ses vins rouges, il opte pour un assemblage à parts égales de deux grands cépages qu'il estime particulièrement bien adaptés à son terroir : la syrah et… le cabernet-sauvignon. Ce dernier est refusé par les instances de l'INAO et rétrogradé en simple Vin de pays des Bouches-du-Rhône. Il n'empêche : c'est un des grands domaines provençaux, reconnu dans le monde entier.

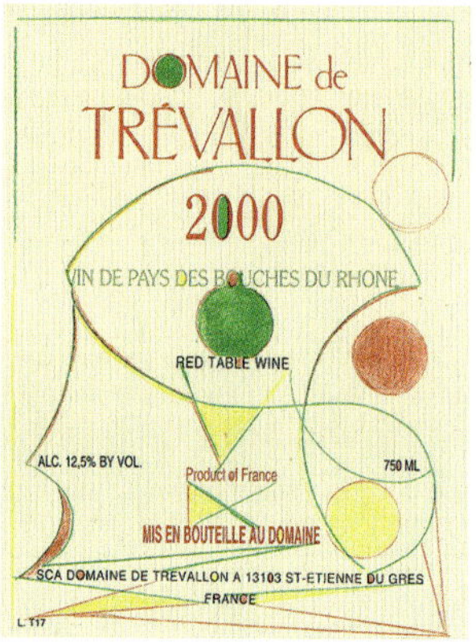


## AOC COTEAUX-D'AIX-EN-PROVENCE

PROVENCE

Aix-en-Provence a été la ville du roi René (XVe s.), le roi vigneron, qui développa les vignes alentour. Aujourd'hui, ce vaste vignoble couvre le département des Bouches-du-Rhône. Il s'étend sur des coteaux abrités, entre bois et garrigue, sur quelque 3 000 ha et produit des vins rosés, mais aussi des rouges et des blancs.

> **CÉPAGES PRINCIPAUX** Grenache, cabernet-sauvignon, carignan, mourvèdre, cinsaut, syrah, counoise pour les rouges et les rosés ; clairette, rolle, bourboulenc, ugni blanc, grenache, sémillon, sauvignon pour les blancs.

> **SOLS** Argilo-calcaires.

> **STYLE DES VINS** Les rosés, légers et souples, tout en nuances délicates, offrent une jolie palette de fruits (fraise, pêche), de fleurs (tilleul) et des notes minérales sur un agréable fond de fraîcheur. Les rouges, gras et amples, marient les fleurs (violette), les notes végétales et quelques touches d'épices avec une persistance aromatique en bouche. Les blancs sont frais, élégants, aromatiques, et exhalent un bouquet de fleurs, de fruits et d'agrumes.

***Couleur du vin :***
*rouge, rosé et blanc.*

***Température de service :***
*entre 6 et 8 °C pour les blancs ; entre 8 et 12 °C pour les rosés ; entre 16 et 18 °C pour les rouges.*

***Potentiel de garde :***
*de 1 à 2 ans pour les blancs ; de 2 à 5 ans pour les rosés ; de 2 à 6 ans pour les rouges.*

## AOC PATRIMONIO

CORSE

Étagé dans le cirque du golfe de Saint-Florent au nord-ouest de la Corse, modelé par la montagne et la mer, le vignoble de Patrimonio prospère à l'abri des vents sur quelque 1 900 ha. Il est surtout connu pour ses vins rouges, mais produit aussi des rosés et des blancs – très confidentiels – de haute qualité.

> **CÉPAGES PRINCIPAUX** En rouge et en rosé : niellucio, sciacarello, grenache ; en blanc : vermentino, ugni blanc.

> **SOLS** Schistes recouverts de calcaire.

> **STYLE DES VINS** Les rouges, à base de niellucio essentiellement, offrent un nez puissant de fruits rouges macérés et d'épices qui laissent une bouche riche et généreuse sur les notes épicées.
Les rosés présentent un nez savoureux d'épices, de fruits frais (fraise, cerise), appuyé par une belle générosité.
Très typés par leur cépage, le vermentino, et très homogènes, les blancs, secs et vifs, offrent un bouquet très aromatique où se mêlent des notes de fleurs blanches et de fruits exotiques avec une pointe d'herbe séchée, le tout souligné par une fine fraîcheur.

***Couleur du vin :***
*rouge, rosé et blanc.*

***Température de service :***
*entre 7 et 8 °C pour les blancs ; entre 8 et 10 °C pour les rosés ; entre 15 et 16 °C pour les rouges.*

***Potentiel de garde :***
*à boire dans l'année pour les rosés ; dans les 2 ans pour les blancs ; de 3 à 8 ans pour les rouges.*

CORSE

## AOC VIN DE CORSE

Adossé aux arêtes rocheuses, le vignoble s'étend sur quelque 2 150 ha et produit 76 000 hl, surtout des vins rouges, mais aussi des blancs et des rosés très typés. Les vins, qui peuvent être produits sur tout le territoire corse, proviennent essentiellement de la côte est, et peuvent s'adjoindre le nom de l'un des terroirs : Sartène, Figari, Porto-Vecchio, Calvi, Coteaux-du-Cap-Corse.

> **CÉPAGES PRINCIPAUX** Nielluccio, sciacarello, grenache pour les rouges et les rosés ; vermentino, ugni blanc pour les blancs.

> **SOLS** Granite, schiste.

> **STYLE DES VINS** Les vins rouges offrent un nez très bouqueté avec des arômes de fruits rouges et des touches minérales qui perdurent longuement en bouche.

Les blancs, issus en grande majorité du cépage vermentino, présentent un nez généreux, floral et fruité, avec des notes d'agrumes et de fruits exotiques soulignées par une belle fraîcheur. Quant aux rosés, ils sont frais, vifs, avec des notes florales ponctuées de discrètes touches végétales.

***Couleur du vin :*** *rouge, rosé et blanc.*

***Température de service :*** *entre 8 et 10 °C pour les blancs et les rosés ; entre 15 et 17 °C pour les rouges.*

***Potentiel de garde :*** *de 1 à 2 ans pour les blancs et les rosés ; de 4 à 9 ans pour les rouges.*

CORSE

## AOC MUSCAT DU CAP-CORSE

Le muscat est une très vieille spécialité corse. Rare – on en produit quelque 2 000 hl – et délicat, ce vin doux naturel provient de vignes qui s'étagent sur 90 ha à l'extrémité nord de l'île, sur 17 communes, sur les terres du Patrimonio et celles de l'AOC Vin de Corse-Coteaux-du-Cap-Corse. Il existe également une variante locale appelée « passito », un vin non muté obtenu par passerillage.

> **CÉPAGE** Muscat blanc à petits grains.

> **SOLS** Schistes du cap Corse, éboulis calcaires de Patrimonio.

> **STYLE DES VINS** Obtenu par mutage, le Muscat du Cap-Corse est un vin d'une grande finesse. Il offre un riche et complexe bouquet aromatique où se mêlent des notes de fruits secs (figue, raisin de Corinthe), de fruits exotiques, des touches d'épices (cannelle), et qui persistent très longuement en bouche avec un bel équilibre entre fraîcheur et générosité.

***Couleur du vin :*** *blanc.*

***Température de service :*** *entre 8 et 10 °C.*

***Potentiel de garde :*** *10 ans.*

## Une sélection de producteurs de Corse

- **Clos d'Alzeto (Sari-d'Orcino).** Des vins rouges, rosés et blancs à forte personnalité, en AOC Ajaccio.
- **Domaine Arena (Patrimonio).** Des vins blancs, rouges et rosés de l'appellation Patrimonio de grande pureté et un Muscat du Cap-Corse Grotte di Sole.
- **Domaine Comte Peraldi (Mezzavia).** Une valeur sûre de l'AOC Ajaccio.
- **Domaine Leccia (Poggio-d'Oletta).** Domaine majeur de l'appellation Patrimonio ; ses blancs secs et ses rouges subliment leur terroir.
- **Domaine de Torraccia (Porto-Vecchio).** Des Vins de Corse rouges très convaincants issus de culture biologique.

# ITALIE

Régions viticoles
Nord
Centre
Sud et Îles
Frontière
Limite de région
N
0
100
200 km
VAL D'AOSTE
PIÉMONT
Turin
Asti
LOMBARDIE
Côme
Milan
Adda
Lac de Garde
TRENTIN-HAUT-ADIGE
Bolzano
Trente
Adige
FRIOUL-VÉNÉTIE JULIENNE
Trieste
VÉNÉTIE
Vicence
Vérone
Venise
Piave
Pô
Modène
ÉMILIE-ROMAGNE
Bologne
Reno
Ravenne
Gênes
LIGURIE
SAINT-MARIN
Pise
Florence
Arno
TOSCANE
Montepulciano
Tibre
Pérouse
OMBRIE
Ancône
MARCHES
Pescara
ABRUZZES
LATIUM
Rome
MOLISE
Foggia
CAMPANIE
Naples
Bari
POUILLES
BASILICATE
Tarente
CALABRE
Reggio di Calabria
Messine
Palerme
SICILE
Catane
PANTELLERIA
SARDAIGNE
Cagliari
Mer Ligurienne
Mer Tyrrhénienne
Mer Adriatique
Mer Ionienne
Mer Méditerranée

# LES VIGNOBLES D'ITALIE

*L'Italie produit près de 20 % du vin mondial. Sur la planète, une bouteille sur cinq est italienne. Terre d'art et de culture, mémoire vivante des saveurs et des nourritures, la Péninsule regorge de grands classiques et de surprises locales, grâce à la diversité géographique des régions et à la richesse de leur histoire.*

## Une offre multiple et déconcertante

Dans une cave italienne, l'expert en vins français perd son latin. Chaque vigneron suit son inspiration esthétique et la forme de la bouteille ne révèle en aucune manière, comme en France (bouteille bordelaise, bourguignonne…), la région de production. Le seul flacon typique est la fiasque recouverte de paille du Chianti, que la Toscane abandonne d'ailleurs pour adopter la forme bordelaise.

Lire l'étiquette ne lève pas le mystère. Exception faite des appellations les plus connues (Chianti, Barolo, Marsala...), les 41 DOCG *(Denominazione di origine controllata e garantita)*, les 316 DOC *(Denominazione di origine controllata)*, les 120 IGT *(Indicazione geografica tipica)*, les innombrables références et marques commerciales de *vino da tavola* (vin de table) plongent le novice dans la perplexité. En nombre d'appellations de vins et spiritueux, l'Italie et la France se classent au premier rang mondial. La gamme de prix est également fort étendue. Comment anticiper la surprise que nous révélera l'ouverture du flacon ? Le vin sera-t-il léger, corsé, sec, doux, pétillant ? Conviendra-t-il pour l'apéritif ou le repas ? Avec quels mets s'accordera-t-il ?

Pour comprendre et apprécier le vin italien, quelques clés explicatives s'avèrent aussi précieuses qu'un tire-bouchon : le nom des cépages, la mosaïque des sols et des climats, l'histoire viticole et humaine des diverses régions.

LES VIGNOBLES ITALIENS EN CHIFFRES

**Surface :** 684 000 ha (raisins de cuve)

**Vins et moûts :** 46 700 000 hl (moyenne 2005-2009)

**Blancs :** 55 %

**Rouges et rosés :** 45 %

(Assoenologi et Istat, 2010)

## Une longue histoire viticole

**DES ORIGINES ANTIQUES...** Liane voyageuse, la vigne débute son itinéraire en Asie Mineure. La Grèce antique l'appréciait et enseigna aux Étrusques la fermentation du raisin. De nombreux textes romains relatent les méthodes d'élaboration du vin, le classement des crus par l'Académie de médecine de Rome, l'exportation au prix fort de ces nectars appréciés des Gaulois fortunés : « un esclave contre une amphore », s'étonnait Diodore de Sicile. Le terroir réputé de Campanie, entre Rome et Naples, souffrit de l'éruption du Vésuve à Pompéi en l'an 79. Cette cité ensevelie sous les cendres volcaniques révèle les traces de poteaux ayant soutenu la vigne. Les vignerons ont amélioré et transmis leur savoir-faire pendant des millénaires ; la famille Antinori élabore du vin depuis 1385, soit vingt-six générations, mais il existe d'innombrables dynasties d'Italiens inventeurs de vins dont l'histoire n'a pas retenu le nom.

**... AUX TROIS PÉRILS MODERNES...** Trois dangers ont successivement menacé le patrimoine viticole italien : le phylloxéra, les hauts rendements et la mondialisation du goût. Le premier fut écarté à la fin du XIX$^{e}$ siècle en plantant l'habituel pied de vigne américain résistant à l'insecte, sur lequel on greffe le cépage souhaité. Mais quel cépage choisir ? Celui des ancêtres, dont le nom se prononce en dialecte local et que nul ne connaît en dehors de la province ? Ou ces cépages français célèbres (merlot, chardonnay…) bien négociés à l'export et à la productivité souvent supérieure ? Des régions entières – Vénétie, Sicile, Toscane – ont planté en masse ces cépages « internationaux ». Durant le XX$^{e}$ siècle, le second péril pour la biodiversité fut l'époque du « vin en vrac » où l'Italie exportait des bateaux entiers de vin de table destiné au coupage. Ces vins issus de vignes à fort rendement, généreuses en alcool et en couleur, constituent encore aujourd'hui le tiers

> Fabrication de barriques chez Florio, en Sicile.

> Terrasses de vignes en coteaux dans le Haut-Adige, au nord-est de l'Italie.

du volume produit dans le pays. Les qualifier de « piquette de pizzeria » serait injuste : certes peu subtils, ils offrent néanmoins un honnête pichet du patron. Le « vrac » n'est pas nécessairement synonyme de piètre qualité et de nombreux producteurs vendent le vin avec une pompe de station-service à des clients qui l'embouteillent eux-mêmes.

**... ET À L'ÈRE DE LA BOUTEILLE.** Aujourd'hui, en Italie, le marché a évolué. On boit « moins, mais mieux ». Le vignoble de cuve est ainsi passé de 1 230 000 ha en 1980 à 684 000 ha en 2009. Les champions du vin en vrac (dans l'ordre : Pouilles, Sicile, Émilie-Romagne, Abruzzes) réduisent leurs exportations à bas prix pour améliorer la qualité et vendre plutôt des bouteilles. Afin de séduire à l'export, certains vignerons adaptent leur production aux désirs supposés du marché international et accentuent les goûts sucrés ou boisés ; on regrette parfois cette standardisation d'une matière première originale. D'autres vignerons relancent les cépages locaux, élégante riposte aux saveurs formatées du Nouveau Monde.

## Les régions du Nord

Dans son itinéraire à travers le monde, la liane voyageuse ne se serait pas autant attachée à l'Italie si ce territoire avait été une morne plaine au climat uniforme. C'est en effet l'un des rares pays où chaque région cultive ses variétés de vigne, sous des climats très différents et avec une remarquable biodiversité.

Val d'Aoste, Trentin-Haut-Adige et Frioul connaissent un climat de montagne. Les ceps plantés dans la neige du Val d'Aoste, à plus de 1 200 m d'altitude, sont parmi les plus hauts d'Europe. Le climat se ressent dans les vins et leur confère le plus souvent une tension, une fraîcheur ; la mosaïque de microclimats et la multiplicité des cépages rencontrés dans ces régions septentrionales donnent lieu à de jolies découvertes. Dans le Piémont (littéralement « au pied des monts »), la vigne pousse sur des collines au relief marqué, où l'on cultive aussi le noisetier ; plus bas s'étendent les rizières de la plaine du Pô. Les riches terres de ces zones alluviales, l'eau des Alpes et le soleil permettent les hauts rendements observés en Lombardie et en Vénétie, jusqu'à 15 000 litres de vin à l'hectare. Afin d'obtenir des moûts plus concentrés, les appellations comme le Barolo limitent leur production à moins de 5 200 litres à l'hectare. Sur un total de vingt régions, les six du Nord (Piémont, Lombardie, Trentin, Vénétie, Frioul, Émilie-Romagne) fournissent la moitié du volume de vin italien et totalisent plus de la moitié des DOCG.

**VRAI OU FAUX ?**

***L'Italie est le plus grand producteur de vin au monde.***

**VRAI.** Le volume de vin produit et le volume exporté placent l'Italie en première position, mais la France réalise le plus important chiffre d'affaires ; ces résultats varient cependant selon les années, les marchés et les récoltes. Du point de vue de la superficie, c'est l'Espagne qui se révèle le plus vaste vignoble de la planète.

## Les régions du Centre

Dans le « cœur vert » italien, les collines de Toscane donnent le célèbre Chianti. La région tire son nom des Étrusques (ou *Tusci)* qui ont appris la vinification des Grecs, avant de l'enseigner aux Romains. Le mot grec *voinos* est devenu *vinum* en langue étrusque, puis romaine, avant de donner « vin » en français. Au XXe siècle, la Toscane vit naître les « supertoscans », ces vins haut de gamme inventés avec des cépages tels que cabernet-sauvignon et cabernet franc. Grand amateur de vins de Bordeaux, le marquis Incisa della Rocchetta élabora les premières bouteilles de Sassicaia dans les années 1940 (voir aussi p. 368-369). D'autres vignerons créatifs suivirent, tels les Antinori avec leur Solaia, et l'appellation Bolgheri fut créée pour officialiser ce nouveau style de vins. L'autre ambition était de révéler les qualités du terroir toscan. De la mer Adriatique aux Apennins, Latium, Abruzzes et Molise bénéficient de climats et de sols d'une grande diversité, évoluant entre plage et neiges éternelles, sous un soleil de Romain. Ces zones de viticulture ancienne ont aussi bénéficié de la proximité avec la capitale, marché vinicole majeur depuis plusieurs millénaires.

## Les régions du Sud

Le Sud ne manque pas de soleil, mais plutôt d'eau. Les sols volcaniques de Campanie, les collines arides des Pouilles, de la Basilicate et de la Calabre tentent de jouer leur typicité locale et revendiquent une proximité culturelle avec la Grèce antique, qui nommait « Oenotria » (le pays des vignes) cette partie de la Péninsule. Grandes fournisseuses de vin en vrac, coloré et riche

> Collines toscanes autour de l'abbaye de Sant'Antimo, près de Montalcino.

en alcool, ces régions évoluent. Les coopératives et de vastes caves privées approvisionnent la grande distribution à bas prix, tandis que de petits producteurs élaborent des vins « de niche » à partir de cépages locaux.

## Les îles

Sous le climat méditerranéen, les îles sont des univers à part. La Sardaigne montagneuse a gardé les cépages de son époque espagnole. La Sicile connaît un volcanisme toujours actif, d'où des sols particuliers au pied des neiges de l'Etna. Au sud de l'île, sur les sables sombres de Pachino s'enracine un vignoble à une latitude plus méridionale que celle de Tunis. Le climat sec et le vent marin limitent les maladies fongiques (mildiou, oïdium…) liées à l'humidité ; les traitements phytosanitaires y sont moins nécessaires que sur les vignes du Nord, ce qui permet à la Sicile d'être la plus vaste région de production « bio » en Europe. L'extrême sud du vignoble italien se situe à Pantelleria, une île entre Sicile et Afrique, où les raisins sèchent naturellement sur la vigne.

## Vingt cépages célèbres d'Italie

L'extrême variété des sols et des climats, sur 1 200 km du nord au sud, constitue la première cause de la biodiversité du vignoble italien. L'autre raison est humaine : jusqu'au XIX$^{e}$ siècle, la Péninsule fut une marqueterie de petits États indépendants et belliqueux. Chacun cultivait fièrement ses cépages locaux, sélectionnés et différenciés depuis des générations de vignerons.

Pour comprendre le vin italien, l'indication du cépage constitue une clé précieuse. L'étiquette ou la contre-étiquette le précisent souvent. Un tiers des appellations citées dans les pages 360-373 sont des noms de cépages associés à une zone géographi-

### Les vignes géantes de Campanie

La vigne est une liane flexible que les Grecs laissaient pousser à même le sol. Puis, les vignerons de l'Antiquité inventèrent la taille en petit arbre toujours pratiquée en Italie *(alberello)* et en France (gobelet). Pour limiter la casse des jeunes tiges fragiles subissant le vent et leur propre poids, il fallait leur trouver un support où s'accrocher. Le plus connu est le poteau de bois, et le célèbre vin Falerno de l'Antiquité décrit par Pline (23-79 apr. J.-C.) tirerait son nom du mot « poteau ». Autre stratégie, le support vivant formé par un peuplier sur lequel s'accroche la liane. En Campanie, près d'Aversa, des vignes du cépage asprinio sont « mariées aux peupliers » depuis plus d'un siècle et s'enlacent aux branches de l'arbre sur une quinzaine de mètres de hauteur. On les vendange à l'échelle.

> Grappes de sangiovese, le cépage majeur du Chianti.

que : Cannonau di Sardegna DOC (Sardaigne), Montepulciano d'Abruzzo DOC (Abruzzes)… Quant aux cépages français adoptés (merlot, chardonnay…), ils ont pris l'accent italien. De nombreuses appellations DOC et DOCG les intègrent désormais.

**AGLIANICO.** Rouge surtout cultivé en Campanie, Basilicate, Molise et dans les Pouilles. Probablement apporté par les colons grecs, d'où son nom tiré de *ellenico*. Parfois vinifié en blanc (sans la peau), en mousseux, en passerillé, en « riserva ».

**ARNEIS.** Blanc du Piémont vinifié en sec et parfois passerillé. En piémontais, son nom signifie « coquin, espiègle ».

**BARBERA.** Rouge du Piémont, cultivé dans toute l'Italie.

**BONARDA.** Rouge utilisé dans de nombreuses appellations du Piémont, de Lombardie et d'Émilie-Romagne, transformé en vin pétillant ou tranquille et parfois cultivé comme raisin de table.

**BRACHETTO.** Rouge léger du Piémont, donne un vin peu tannique, perlant à pétillant.

**CANNONAU.** Rouge cultivé en Sardaigne, appelé aussi « grenache » en français, au degré d'alcool soutenu. Vinifié aussi en rosé et en vin doux naturel.

**DOLCETTO.** Rouge du Piémont, frais et léger.

**FALANGHINA.** Blanc de Campanie. Les Romains l'auraient utilisé dans leur célèbre Falerno.

**FIANO D'AVELLINO.** Blanc, donne un vin jaune paille. Peu productif, il a été récemment sauvé de la disparition.

**GRECO DI TUFO.** Blanc cultivé en Campanie. En Italie, plusieurs cépages portent ce nom Greco, en hommage probable à leur origine grecque. En voie de disparition, également remis au goût du jour.

**VRAI OU FAUX ?**

***La Sicile produit surtout du vin rouge.***

**FAUX.** Le vin blanc constitue 61 % de la production sicilienne, le rouge, 39 %. Les cépages blancs ne sont pas l'apanage des vignobles septentrionaux, ni les rouges l'exclusivité des terroirs du Sud !

**INZOLIA.** Blanc utilisé pour élaborer le Marsala, puis comme vin de coupage. Des vignerons proposent aujourd'hui la version monocépage « in purezza » (100 %) ou des assemblages avec d'autres blancs (chardonnay, sauvignon blanc, grecanico…). On l'appelle « ansonica » sur l'île d'Elbe, dans le Latium et en Toscane.

**LAMBRUSCO.** Rouge cultivé en Lombardie et en Émilie-Romagne. Les Romains nommaient *vitis labrusca* les vignes sauvages qui poussaient au bord *(labrum)* des champs cultivés *(bruscum)*.

**MONTEPULCIANO.** Rouge intense du Sud (Abruzzes, Pouilles, Marches, Latium…).

**MOSCATO.** Blanc très répandu dans toutes les régions d'Italie. On le transforme en vins tranquilles, pétillants, mousseux, passerillés, vendanges tardives… Existe aussi en rouge.

**NEBBIOLO.** Rouge du Piémont et de Lombardie, lent à mûrir en altitude. On le vendange vers la mi-octobre, voire en novembre, sous le brouillard *(nebbia)* d'automne – d'où son nom. Il apprécie les sols calcaires.

**NERO D'AVOLA.** Rouge emblématique de Sicile, aux arômes sauvages. Il est assemblé avec des cépages plus « sages » (cabernet, merlot, syrah…) ou vinifié seul, pour les amateurs de sensations fortes. Existe aussi en rouge moelleux. Il entre dans une vingtaine d'appellations siciliennes.

**PRIMITIVO.** Rouge génétiquement identique au zinfandel californien. « Ce sont deux frères jumeaux séparés depuis longtemps », s'attendrissent les vignerons des Pouilles. Il est mûr le premier pour la vendange, d'où son nom.

**PROSECCO.** Blanc de Vénétie, vinifié en cuve close en mousseux « extra dry », « brut » ou « dry ». Cette méthode de l'autoclave fut inventée par Charmat (selon les Français) ou par Martinotti (selon les Italiens). Existe en passerillé à 16 % vol.

**SANGIOVESE.** Son nom vient de *sanguis Jovis* (sang de Jupiter). C'est un rouge emblématique de Toscane, également cultivé dans le centre et le sud de l'Italie. Il en existe plusieurs clones à l'allure et au rendement bien différents.

**TOCAI FRIULANO.** Blanc cultivé dans le Frioul et en Vénétie. Après quelques démêlés juridiques avec ses voisins hongrois, ce cépage s'appelle désormais « friulano ». Le tokaj hongrois (doux) et le tocai du Frioul (vinifié en sec) n'ont rien en commun.

## Un pays qui sait valoriser ses vins

En Italie, le vin est davantage qu'un produit : un vecteur d'identité culturelle. Les dépliants touristiques lui rendent hommage entre les fresques du monastère, les fromages et charcuteries typiques, un opéra de Rossini, une sculpture contemporaine et

**LE SAVIEZ-VOUS ?**

***Les cépages italiens portent souvent des noms imagés.*** *Ainsi le raisin* coda di volpe, *une variété antique de Campanie, est nommé par analogie visuelle avec la queue d'un renard. En Émilie-Romagne, le cépage bombino, souvent exporté pour couper les vins allemands, est surnommé* pagadebit *(« qui paie les dettes ») en allusion à son rendement et sa rentabilité.*

des légumes anciens. Les acteurs locaux (villes, régions, syndicats de vignerons…) et nationaux (chambres de commerce, Institut italien pour le commerce extérieur [ICE]…) publient d'innombrables brochures, dépliants, beaux livres, guides, cartes pédagogiques et sites Internet, tels www.terroirsditalie.com (anglais et français) et l'incontournable www.enoteca-italiana.it (en italien et en anglais). Les *strade del vino* (routes du vin) signalent des itinéraires dans les vignobles et les *cantine* ouvertes au public.

## Décrypter les étiquettes

**LE MESSAGE ESTHÉTIQUE.** Le vin est un produit agricole qui voyage. Lorsqu'il s'éloigne de sa province où tout le monde le connaît, il a besoin d'un passeport pour se présenter. Déjà, les Romains joignaient des étiquettes aux amphores, gravaient le nom du producteur, du lieu d'origine et le type de vin. Aujourd'hui, la bouteille bleu électrique de certains blancs bon marché est destinée à un public jeune ; petit raffinement, la couleur du bouchon synthétique s'accorde souvent avec celle de l'étiquette. Un vin prestigieux tel que le Barolo communique avec une étiquette sage, voire désuète, ou une esthétique contemporaine élitiste. Sur l'étagère du magasin, l'objectif de cette tactique visuelle demeure : être vu, pour être bu.

**LA PYRAMIDE DE QUALITÉ.** Elle comprend aujourd'hui trois niveaux (voir aussi p. 96) : les appellations d'origine contrôlée, DOCG *(Denominazione di origine controllata e garantita)*, reconnaissable à la collerette violette numérotée sur le goulot de la bouteille), et DOC *(Denominazione di origine controllata)* ; le vin de pays, IGT *(Indicazione geografica tipica)* ; le vin de table ou *vino da tavola*. Chacun de ces trois niveaux (DOC-DOCG, IGT et *vino da tavola*) représente environ un tiers du volume produit en Italie chaque année.

**UNE GARANTIE DE QUALITÉ ?** Les DOC et surtout les DOCG, au rendement plus faible que les IGT ou les vins de table, offrent en principe des arômes plus riches et plus concentrés. Au chai, le vigneron y consacre les cuvées les mieux réussies de ses meilleures parcelles. L'intérêt d'une appellation est de définir une méthode d'élaboration afin que le consommateur retrouve, d'un producteur à l'autre, un style qu'il a déjà apprécié, ou du moins un air de famille. Or, de nombreux vignerons créatifs inventent des vins originaux hors appellation. C'est pourquoi certaines IGT affichent un prix plus élevé qu'une DOCG. Libre au consommateur de préférer le hors-piste aux grands classiques. Pour d'autres amateurs de vin, la qualité résidera dans le respect de l'environnement, dans ces *organic wines* dont le raisin est issu de l'agriculture biologique. L'Italie produit également du vin certifié casher.

> Dans une épicerie à Sienne.

### PETIT VOCABULAIRE DU VIN ITALIEN

**Voici quelques mots que l'on peut trouver sur les étiquettes :**

**amabile :** demi-doux
**amaro :** amer (ou très sec)
**asciutto :** demi-sec
**bianco :** blanc
**cantina :** cave, chai
**cantina sociale :** coopérative vinicole
**chiaretto :** clairet (vin rosé léger)
**classico :** issu du cœur historique de la zone d'appellation
**cerasuolo :** vin rosé foncé (couleur cerise)
**consorzio :** groupement de vignerons d'une zone
**dolce :** doux
**frizzante :** pétillant
**gradi :** degrés d'alcool
**invecchiato :** vieilli
**in purezza :** pur, monocépage, non assemblé avec un autre cépage
**metodo classico :** vin mousseux en méthode traditionnelle (champenoise)
**nero :** rouge sombre
**novello :** nouveau
**passito :** vin de dessert issu de raisin passerillé (les grappes sont conservées dans des cagettes ou sèchent accrochées à un fil)
**recioto :** certains vins passerillés de Vénétie portent cette mention
**riserva :** vin élevé pendant une période définie par l'appellation
**rosato :** rosé
**rosso :** rouge
**secco :** sec
**spumante :** mousseux
**tenuta :** domaine, propriété
**vendemmia :** vendanges, millésime
**vendemmia tardiva :** vendanges tardives

# Les vins les plus connus d'Italie

*Goûter aux vins d'Italie est un voyage à travers l'histoire et les microclimats de la Péninsule. Véritable mosaïque, la carte des appellations reflète l'alchimie qui se crée entre les terroirs, la diversité biologique des cépages et celle des paysages naturels et humains.*

## VALLE D'AOSTA DOC

AOSTE

C'est la plus petite de toutes les régions d'Italie, sertie entre la Suisse et la France, où l'on parle officiellement italien et français. Des vignerons montagnards y cultivent un vignoble réputé le plus haut d'Europe. La production minuscule de ce terroir original représente une fraction infime du volume de vin italien, mais se répertorie néanmoins en une trentaine de catégories tels « l'Enfer d'Arvier » ou la « Petite Arvine ». La production de vin issu de raisins passerillés est aussi réputée que confidentielle.

> **CÉPAGES PRINCIPAUX** L'appellation reconnaît 22 variétés piémontaises (nebbiolo, dolcetto, moscato…), françaises (chardonnay, pinots, gamay…), germaniques (müller-thurgau…) ou bien locales (petit rouge, petite arvine, vien, malvasia…).

> **SOLS** Terrasses alpines dont certaines dépassent 1 200 m d'altitude.

> **STYLE DES VINS** Seule DOC de la région, Valle d'Aosta regroupe un panorama de vins au caractère montagnard. L'altitude leur donne une fraîcheur, une tension, une agréable acidité ainsi qu'un taux d'alcool réduit (au minimum 9 % vol. pour le blanc de Morgex et de La Salle, 9,5 % vol. pour le rouge de base).

***Couleur du vin :*** *rouge (peu coloré), blanc et rosé.*

***Température de service :*** *entre 8 et 10 °C pour les blancs et les rosés ; entre 14 et 15 °C pour les rouges.*

***Potentiel de garde :*** *de 1 à 2 ans.*

## ASTI SPUMANTE DOCG

PIÉMONT

Avec 80 millions de bouteilles expédiées chaque année, l'appellation se classe en seconde position derrière le Chianti. Les vignes couvrent les collines et les plaines calcaires des provinces d'Asti, Cuneo et Alessandria. Lors de la vinification, la cuve est refroidie pour bloquer la fermentation alors qu'il reste encore du sucre de raisin. Le taux d'alcool se stabilise entre 7 et 9,5 % vol. ; il atteindrait 12 % vol. si l'on laissait les levures transformer l'intégralité du sucre. Ensuite, la prise de mousse se réalise presque toujours en cuve close avec la méthode Charmat-Martinotti (voir encadré p. 71), parfois en bouteille (méthode traditionnelle).

Des vinifications médiocres ou des bouteilles mal conservées ont nui à la réputation de l'Asti Spumante. Pourtant, ce mousseux au prix très abordable s'avère moderne par sa faible teneur en alcool, sa douceur et sa fraîcheur.

> **CÉPAGE PRINCIPAL** Muscat blanc sucré, que les Romains nommaient *uva apiana* (raisin apprécié des abeilles).

> **SOLS** Collines et plaines calcaires.

> **STYLE DES VINS** La mousse est fine, la couleur jaune pâle, limpide. Le cépage aromatique exprime un fruit intense. L'Asti Spumante s'accorde avec les desserts peu sucrés, gâteaux secs, panettone et les pâtisseries du Piémont à base de noisettes.



***Couleur du vin :*** *blanc.*

***Température de service :*** *entre 6 et 8 °C.*

***Potentiel de garde :*** *moins de 2 ans.*

PIÉMONT

# BAROLO DOCG

Né au « pied des monts », le Barolo est un vin rare et l'un des plus prestigieux d'Italie. On le compare souvent au Bourgogne : les deux sont des vins monocépages, élaborés en limite nord d'un territoire, sur des terroirs étudiés depuis plusieurs siècles. Le style de vinification, la fraîcheur et le potentiel de garde se ressemblent, ainsi que les prix haut de gamme. D'ailleurs, la bouteille du Barolo adopte parfois la forme bourguignonne. Le vin, qui titre 13 % vol. au minimum, subit un élevage sous bois pendant 3 ans (5 ans pour la mention « riserva »). Barolo Chinato est aromatisé au quinquina.

Les 6 millions de cols annuels du « roi des vins et vin des rois » restent une quantité limitée, à peine un millième de la production italienne. Le Barolo reconnaît des cousins issus du même cépage nebbiolo : dans la même gamme de tarifs élevés, le Barbaresco ; pour un prix plus abordable, les Albugnano, Boca, Bramaterra, Carema, Lessona, Gattinara, Ghemme, Nebbiolo d'Alba et Roero.

> **CÉPAGE PRINCIPAL** Nebbiolo.

> **SOLS** Collines argilo-calcaires des Langhe.

> **STYLE DES VINS** Le Barolo, d'une robe grenat moyennement intense, aux reflets orangés, tuilés, même chez un vin jeune, possède un nez expressif : violette, rose séchée, confitures, pruneaux à l'eau-de-vie. En bouche, on découvre des arômes veloutés de fruits cuits, de réglisse, d'épices, avec une légère acidité, des tanins et une finale longue. Selon le style de vinification et la durée du séjour en barrique, c'est la fraîcheur ou les arômes corsés qui dominent.

***Couleur du vin :*** *rouge.*

***Température de service :*** *entre 16 et 17 °C.*

***Potentiel de garde :*** *de 10 à 30 ans.*

LOMBARDIE

# FRANCIACORTA DOCG

Vers 1960, des industriels lombards grands amateurs de champagne décidèrent de produire leur effervescent. Or, leur région était davantage réputée pour ses usines que pour ses vins. Ils investirent dans un vignoble sur le territoire de la Franciacorta, bâtirent des chais modernes, financèrent des œnologues et des formations pour les techniciens. Ainsi naquit le Franciacorta. Sa seconde fermentation et sa prise de mousse s'effectuent obligatoirement en bouteille selon la méthode traditionnelle et non en cuve close comme pour les mousseux simples. Le degré minimal est de 11,5 % vol. La version blanc de blancs ou *satèn* (crémant) s'obtient avec uniquement des raisins blancs, le rosé avec au minimum 15 % de pinot noir. Le Franciacorta millésimé renferme au moins 85 % de vin de l'année considérée.

Aujourd'hui, les 1 700 ha du vignoble donnent 10 millions de bouteilles par an et c'est le plus prestigieux spumante d'Italie. Plus exigeante que celle du champagne, l'appellation limite le rendement à 9 000 kg/ha et exige un élevage sur lies d'au moins 18 mois. Il ne faut pas la confondre avec la DOC Terre di Franciacorta qui élabore des vins tranquilles, blancs ou rouges.

> **CÉPAGES PRINCIPAUX** Chardonnay (70 % des surfaces contre 26 % seulement en Champagne), pinot blanc et pinot noir.

> **SOLS** Collines morainiques pré-alpines, graviers.

> **STYLE DES VINS** Les vins, jaune paille, aux reflets légèrement verts ou dorés, présentent un bouquet frais, floral ou fruité. En bouche, ils montrent une certaine rondeur et moins d'acidité que les mousseux septentrionaux. « En Franciacorta, le manque de maturité des raisins n'est jamais un problème, ce serait plutôt le contraire ! » ironisent les producteurs, toujours prompts à se gausser des Champenois.

***Couleur du vin :*** *blanc et rosé.*

***Température de service :*** *10 °C.*

***Potentiel de garde :*** *de 2 à 5 ans.*

## OLTREPÒ PAVESE DOC

LOMBARDIE

Située comme son nom l'indique « de l'autre côté du Pô », près de Pavie, cette appellation rassemble une vingtaine de crus. On y goûte des vins blancs, rosés, rouges, des effervescents blancs ou rouges tel le Bonarda (16 millions de bouteilles par an), des vins doux ainsi que deux étonnantes curiosités, le Sangue di Giuda et le Buttafuoco. Le Sangue di Giuda (« sang de Judas ») est un rouge à la fois sucré et pétillant, d'où son nom humoristique de vin « traître », car trop facile à boire et pesant néanmoins ses 12 % vol. d'alcool au minimum. Le Buttafuoco, littéralement « qui crache le feu », est un rouge intense, corsé, souvent pétillant, aussi à 12 % vol. Le vin qui refermentait involontairement a trouvé son statut.

> **CÉPAGES PRINCIPAUX** Barbera, croatina, pinot noir, uva rara, vespolina, cabernet-sauvignon pour les rouges ; chardonnay, cortese, malvasia, moscato, pinot gris, riesling italico, riesling renano, sauvignon pour les blancs.

> **SOLS** Collines sédimentaires et sols argileux.

> **STYLE DES VINS** Les vins affichent toutes sortes de styles. On les boit durant le repas, en apéritif pour les pétillants, au dessert pour les pétillants sucrés.

***Couleur du vin :*** *blanc, rosé et rouge.*

***Température de service :*** *entre 8 et 10 °C pour les blancs et les rosés ; entre 14 et 16 °C pour les rouges.*

***Potentiel de garde :*** *de 2 à 3 ans.*

## VALPOLICELLA DOC

VÉNÉTIE

Quatrième en volume parmi les appellations italiennes, le Valpolicella remplit plus de 40 millions de bouteilles par an et la Vénétie l'exporte largement. C'est un vin rouge de repas, titrant au moins 11 % vol. Le « superiore », à 12 % vol., vieillit pendant 1 an. La mention « classico » atteste d'une production dans la zone historique. Il existe aussi une dénomination territoriale Valpantena. Il ne faut pas confondre le Valpolicella avec le Recioto della Valpolicella, vin de dessert issu de raisins passerillés, qui existe aussi en mousseux (spumante).

> **CÉPAGES PRINCIPAUX** Corvina veronese (de 40 à 70 %), rondinella (de 20 à 40 %), molinara, auxquels s'associent negrara trentina et/ou rossignola et/ou sangiovese et/ou barbera et d'autres cépages rouges autorisés. Le Bardolino (voir ci-après) vient des mêmes cépages et de la même région.

> **SOLS** Plaines alluviales fertiles.

> **STYLE DES VINS** Les vins présentent une robe rubis intense et un nez caractéristique de fruits rouges (cerise) et d'amande amère. En bouche, on perçoit un goût sec ou velouté, un fruité, une légère amertume et une sensation épicée.

***Couleur du vin :*** *rouge.*

***Température de service :*** *entre 16 et 17 °C.*

***Potentiel de garde :*** *de 3 à 5 ans.*

## BARDOLINO DOC

VÉNÉTIE

Avec une production qui frôle les 26 millions de bouteilles par an, ce vin rouge des rives du lac de Garde est l'un des plus connus d'Italie, en particulier grâce à sa version « novello » (vin nouveau). Entre rouge et rosé, son « chiaretto » s'obtient après une macération plus brève du moût avec la peau colorée du raisin.
Le Bardolino Superiore DOCG, élevé pendant au moins 1 an, titre 12 % vol. au minimum. Le « classico » vient de la zone historique de l'appellation. Jusqu'au début du XIX<sup>e</sup> siècle, le moût fermentait dans des cavités creusées dans des roches imperméables et couvertes de dalles de pierre.

> **CÉPAGES PRINCIPAUX** Corvina veronese (de 35 à 65 %), pour le corps et la couleur ; rondinella (de 10 à 40 %) et molinara, pour le parfum ; rossignola, barbera, sangiovese, garganeca, merlot, cabernet-sauvignon. Ce sont les mêmes cépages que dans le Valpolicella (voir ci-dessus).

> **SOLS** Plaines alluviales fertiles et collines morainiques.

> **STYLE DES VINS** Ces vins à la robe rubis clair et à l'arôme de cerise sont faciles à boire, légers et fruités en bouche.

***Couleur du vin :*** *rouge et « chiaretto ».*

***Température de service :*** *entre 14 et 15 °C.*

***Potentiel de garde :*** *de 1 à 3 ans.*

## SOAVE DOC, RECIOTO DI SOAVE DOCG

VÉNÉTIE

Le plus connu des blancs secs italiens, le Soave, se classe troisième après Chianti et Asti. Chaque année, plus de 70 millions de bouteilles quittent la région de Soave, dont 65 % pour l'export. « S'il y a des vins italiens dans un magasin quelque part sur terre, il y aura un vin de Vénétie ! » plaisante Luciano Piona, président de l'Uvive (Union des consortiums des vins d'appellation d'origine de Vénétie).
Soave est le nom d'une ville, mais ce mot signifie aussi « suave, délicat ». Presque « novello », ce vin arrive sur le marché dès le 1er décembre de l'année de la vendange. Le « classico », affiné plus longtemps, vient de la zone historique ou du terroir des Colli Scaligeri. Le Soave Superiore DOCG vieillit parfois en barrique, ce qui lui confère des notes de vanille ; il reste au moins 3 mois en bouteille avant d'être mis sur le marché. Affiné 2 ans à partir du 1er novembre suivant la vendange, le DOCG « riserva » doit titrer au moins 12,5 % vol. Il existe aussi un DOCG « riserva classico ».
Sur la même aire d'appellation, on élabore également le Recioto di Soave DOCG, un vin très doux à base de raisins passerillés (séchés partiellement). Avant d'être vinifiés, ces derniers sont suspendus sur des fils ou déposés dans des caissettes pendant plusieurs mois, à l'abri de l'humidité. Pressés en mars, ils donnent environ 20 litres pour 100 kg de raisin initial, d'où le prix élevé des bouteilles de 50 cl.
> **CÉPAGES PRINCIPAUX** Garganega (70 % minimum), trebbiano di Soave et/ou pinot blanc et/ou chardonnay (25 à 30 %) et autres blancs locaux.
> **SOLS** Plaines alluviales fertiles.
> **STYLE DES VINS** Le Soave porte une robe jaune paille aux reflets verts et or. Aux arômes floraux se succèdent en bouche des saveurs de pomme, pêche, citron, pamplemousse. C'est un vin frais, sec, légèrement amer. Le Recioto rappelle l'abricot sec, les fruits confits, les litchis, sans toutefois un goût sucré excessif.

***Couleur du vin :*** *blanc.*

***Température de service :*** *entre 8 et 10 °C.*

***Potentiel de garde :*** *de 1 à 4 ans, selon la qualité (« superiore », « riserva »...).*

## Quel est le meilleur vin d'Italie ?

Assoenologi* dénombre environ 700 000 producteurs de raisins de cuve dans toutes les régions d'Italie, de la grande entreprise viticole au petit agriculteur à temps partiel et aux particuliers qui apportent à la coopérative les quelques paniers de leur jardin. Bien sûr, tous ne vinifient pas leur raisin, même si la production domestique reste courante et mériterait une étude approfondie, à la fois œnologique et ethnologique.
Si l'on se limite aux bouteilles commercialisées, quel est le meilleur vin d'Italie ? Plusieurs classements (disponibles sur Internet) tentent de répondre à cette question. Tous les ans, l'équipe du *Wine Spectator* teste des milliers de références et distingue de 10 à 20 vins italiens à son Top 100 mondial. Un Brunello di Montalcino fut même désigné meilleur vin du monde en 2006. Qualité oblige, les prix s'affichent plutôt entre 70 et 100 $, quoique le *Wine Spectator* ait sélectionné des Prosecco et Barbera à 12 et 13 $. Autres classements de référence : le Festival Grand Tasting, Duemilavini dell'AIS, *L'Espresso*, *Gambero Rosso*, le guide de Maroni et celui de Veronelli. La revue *Civiltà del bere* publie son *Guida delle guide dei vini* qui synthétise les notations.

Parmi les maîtres de la qualité en Italie, voici quelques noms au fil des régions.
- **Val d'Aoste** : les Crêtes.
- **Piémont** : Fratelli Cavallotto, Giacomo Contero, Gaja, Bruno Giacosa, Massolino.
- **Lombardie** : Bellavista.
- **Trentin-Haut-Adige** : Cantina Bolzano, Kellerei Kaltern, Tenuta San Leonardo.
- **Toscane** : Antinori, Castello del Terriccio, Colle Massari-Podere Grattamacco, Montervertine, Ornellaia, Petrolo, Podere Il Carnasciale, Poliziano, San Guido, Tenimenti Luigi D'Alessandro.
- **Ombrie** : Arnaldo Caprai, Còlpetrone.
- **Marches** : Ercole Velenosi.
- **Campanie** : Galardi, Mastroberardino, Montevetrano.
- **Basilicate** : Basilisco.
- **Sicile** : Abbazia Santa Anastasia, Donnafugata, Palari.

**Associazione Enologi Enotecnici Italiani, www.assoenologi.it*

## PROSECCO DI CONEGLIANO VALDOBBIADENE DOC

VÉNÉTIE

Les Italiens apprécient les bulles, dans l'eau minérale et dans les vins blancs, rosés ou rouges. Il est fréquent de trouver, en particulier dans les régions du Nord, des bars à vins nommés *proseccheria*, spécialisés dans les effervescents.

Toute l'Italie ou presque produit ses *spumanti* mais la zone la plus célèbre pour son Prosecco se situe dans la province de Trévise, vers les communes de Conegliano et Valdobbiadene. Le spumante dégage davantage de bulles que le frizzante. Il est vinifié en « brut », « extra-dry » et « dry », et titre au moins 10,5 % vol.

> **CÉPAGES PRINCIPAUX** Prosecco, verdiso, bianchetta, perera, chardonnay, pinot blanc, pinot noir.

> **SOLS** Plaines alluviales fertiles autorisant de forts rendements.

> **STYLE DES VINS** Robe jaune paille, constellée de bulles. Malgré ses arômes fruités, le Prosecco demeure frais et sec en bouche.

Vin apéritif et festif, le Prosecco accompagne également les repas de poisson, les pâtes, le risotto...

***Couleur du vin :*** *blanc.*

***Température de service :*** *entre 8 et 10 °C.*

***Potentiel de garde :*** *de 1 à 2 ans.*

## AMARONE DELLA VALPOLICELLA DOC

VÉNÉTIE

Les vignerons de Vénétie ont gardé le sens du commerce international de l'ancienne Venise. Leur région, la plus grande productrice de vins de toute l'Italie, comptabilise à elle seule 30 % des exportations italiennes en valeur. Or, la Vénétie élabore aussi des quantités limitées de vins « de niche », réputés pour leur vinification atypique, tel l'Amarone della Valpolicella.

Cueillies à la main, les grappes de raisin rouge sèchent de 1 à 3 mois sur un treillis, ce qui favorise l'augmentation de leur concentration en sucres. Après pressage et fermentation de ce raisin passerillé, on obtient classiquement un vin doux. L'originalité de la vinification de l'Amarone est de laisser se poursuivre la fermentation jusqu'à ce que les levures transforment l'intégralité des sucres en alcool. On obtient ainsi un vin sec à 15 ou 16 % vol. Son élevage dure au moins 2 ans.

> **CÉPAGES PRINCIPAUX** Corvina veronese (de 40 à 70 %), rondinella (de 20 à 40 %), molinara, barbera, negrara trentina et/ou rossignola et/ou sangiovese.

> **SOLS** Plaines alluviales fertiles.

> **STYLE DES VINS** Le vin affiche une robe grenat, un nez aux arômes de fruits rouges mûrs, de prune, de raisins secs, de confiture de cerises, et d'épices (clou de girofle, cannelle, entre autres). En bouche, il est intense et révèle des saveurs de fruits à l'eau-de-vie.

***Couleur du vin :*** *rouge.*

***Température de service :*** *entre 16 et 17 °C.*

***Potentiel de garde :*** *jusqu'à 15 ans, grâce à sa forte teneur en alcool.*

## L'accord des mets et des vins italiens

**REGARD D'UN RESTAURATEUR SARDE**

Le restaurant sarde Fontanarosa est l'un des lieux gastronomiques italiens les plus réputés de Paris, avec plus de 200 vins sur sa carte. Comment le truculent Flavio Mascia guide-t-il ses clients ? Conseille-t-il, comme souvent en Italie, de choisir un vin originaire de la région du plat ? Visiblement non, car il ne vend pas seulement les vins de Sardaigne. Comment accorde-t-il mets et vins ? Quels sont ses producteurs préférés ? Discours de la méthode :

« Citer des noms serait une grande erreur. Et il faut arrêter les clichés, tel vin pour la polenta, etc. Je propose un vin léger au déjeuner, avec du corps pour le dîner – je ne parle pas du degré, mais plutôt de l'impact en bouche. En observant les clients, en leur posant quelques questions, j'essaie de comprendre s'ils veulent faire un voyage autour du plat, ou l'inverse, autour du vin ; ce sont deux approches différentes. De même, leur souhait en termes de prix. Mon conseil : lorsque vous aimez un vin, notez son nom, cherchez le domaine viticole sur Internet, essayez de comprendre. Mieux encore : trouvez le nom de l'œnologue et les autres vins qu'il élabore. En deux mots : lisez l'étiquette ! »

## ALTO ADIGE DOC - SÜDTIROL DOC

TRENTIN-HAUT-ADIGE

Une appellation-tiroir pour une histoire singulière. Jusqu'en 1919, la région fut autrichienne, après une brève administration française sous Napoléon Ier. Aujourd'hui, la province autonome de Bolzano recense seulement un quart d'italophones et la complexité des étiquettes DOC y atteint des sommets.

Bilinguisme oblige, le principe « nom de l'appellation-cépage » se décline en allemand et en italien : Alto Adige DOC Pinot bianco et Südtirol DOC Weissburgunder sont ainsi le même vin. Ajoutez ensuite le nom de l'une des six zones de sous-dénomination d'origine : Colli di Bolzano, Meranese, Santa Maddalena, Terlano, Valle Isarco ou Valle Venosta, avec leur traduction allemande appréciée sur l'important marché germanique. Une localisation encore plus précise avec la mention *vigna, gewächs* ou *wachstum* est possible.

La complication ne saurait s'arrêter en chemin : l'appellation autorise une vingtaine de cépages pour les monocépages et quelques bi-cépages (cabernet-lagrein, cabernet-merlot et merlot-lagrein), le tout en version bilingue. On déniche également la version « vendanges tardives », des *spumanti* et quelques rosés. La mention « riserva » concerne des vins ayant vieilli au moins 2 ans.

**> CÉPAGES PRINCIPAUX** Une vingtaine de variétés allemandes, italiennes et françaises, vivants vestiges du périple napoléonien.

**> SOLS** Collines alpines et vignes de montagne plantées en terrasses.

**> STYLE DES VINS** Les vins blancs (55 % des volumes de la production) sont frais et parfumés ; les rouges (45 %) se montrent légers et clairs.

***Couleur du vin :***
*blanc, rosé et rouge.*

***Température de service :***
*entre 8 et 10 °C pour les blancs, les effervescents et les rosés ; entre 14 et 15 °C pour les rouges.*

***Potentiel de garde :***
*de 1 à 2 ans.*

## COLLI ORIENTALI DEL FRIULI DOC

FRIOUL-VÉNÉTIE JULIENNE

Cette appellation regroupe une trentaine de types de vins différents, tranquilles, effervescents ou doux, de la province d'Udine. Les vins blancs représentent 60 % de la production, les rouges 40 %.

La DOC affiche l'origine géographique (avec deux sous-zones, Cialla et Rosazzo) et le cépage, s'il est présent à plus de 85 %. Ainsi le Colli orientali del Friuli Rosazzo Ribolla gialla vient de la zone de Rosazzo et contient au moins 85 % du cépage blanc ribolla gialla. Les vignerons recherchant une plus grande liberté dans l'assemblage produisent un Colli orientali del Friuli bianco générique. Les rouges suivent le même principe d'appellation. Le blanc Colli orientali del Friuli Dolce se vinifie à partir de raisin passerillé. La mention « riserva » concerne les vins bénéficiant d'un élevage d'au moins 2 ans ; dans la zone Cialla, cette mention « riserva » demande 4 ans.

**> CÉPAGES PRINCIPAUX** En blanc : sauvignon, traminer aromatico, verduzzo friulano, chardonnay, malvasia, pinot blanc, pinot gris et tocai friulano (désormais nommé friulano) ; en rouge : cabernet, cabernet franc, cabernet-sauvignon, merlot, pinot noir, pignolo, schioppettino, refosco nostrano, refosco dal peduncolo rosso, tazzelenghe. Les vignerons adorent collectionner les cépages !

**> SOLS** Escarpés, entre les Alpes et la mer Adriatique, avec de nombreux microclimats.

**> STYLE DES VINS** La région du Frioul se distingue par des blancs frais et minéraux, plutôt légers en alcool, obtenus grâce à une excellente maîtrise technique de la vinification. Huîtres et poissons gras se marient bien avec les blancs secs et leurs notes de fleurs blanches et d'agrumes (citron et pamplemousse). Frais, légers et minéraux, les rouges ne sont pas aussi réputés, malgré un savoir-faire incontestable. Certains vignerons adoptent cependant un style plus intense et corsé après élevage en barrique.

***Couleur du vin :***
*blanc et rouge.*

***Température de service :***
*entre 8 et 10 °C pour les blancs ; entre 14 et 15 °C pour les rouges.*

***Potentiel de garde :***
*de 1 à 3 ans.*

1

# Sassicaia, le « supertoscan »

« Sur ces pierres je construirai mon vignoble. » Ainsi aurait pu s'exprimer le marquis Mario Incisa della Rocchetta en 1944. Ce fou de vins de Bordeaux décida de planter des pieds de cabernet-sauvignon, le cépage roi de Bordeaux, parce qu'il avait observé que le terroir des Graves ressemblait à celui d'une parcelle de sa propriété toscane, la Tenuta San Guido, au bord de la Méditerranée, tout près de Sienne. En dialecte toscan, *sassicaia* signifie « sol pierreux ». Tout s'explique.

## LES DÉBUTS

Le premier hectare et demi planté fut augmenté d'un autre hectare après que le baron Philippe de Rothschild offrit au marquis des plants supplémentaires de cabernet-sauvignon issus directement du château Mouton-Rothschild... Bel encouragement. Pendant vingt années, de 1948 à 1968, les bouteilles n'étaient bues que par la famille du marquis, sur place.

Au début, le vin présentait peu d'attrait mais, les vignes prenant de l'âge – de même que les bouteilles en cave –, il se montra avec le temps tout à fait intéressant et présentable. Un vin toscan issu de cépages 100 % bordelais : voilà qui perturba les esprits. Un vin qui de surcroît n'avait droit qu'à la plus modeste place dans la hiérarchie des appellations italiennes, celle d'un *vino da tavola* (vin de table).

## LA RÉVÉLATION

En 1977, le magazine *Decanter* organisa à Londres une dégustation à l'aveugle des grands Cabernets du monde. Les meilleurs dégustateurs y participèrent. Le Sassicaia 1974 s'attribua alors la première place devant de nombreuses gloires mondiales, Médocs et Graves inclus. Instantanément, ce vin « récent », atypique, incongru presque, s'imposa définitivement dans la galaxie des légendes œnologiques.

Au décès du marquis, en 1983, son fils Nicolò reprit le flambeau avec la même fougue. Enfin, en 1994, une toute nouvelle DOC *(Denominazione di origine controllata)* fut établie en Italie sous le nom de *Bolgheri Sassicaia*, confirmant une reconnaissance officielle et indiscutable.

## UN VIGNOBLE MODÈLE

Actuellement, le vignoble couvre 60 hectares et se compose à 85 % de cabernet-sauvignon et à 15 % de cabernet franc. Très morcelées, les différentes parcelles

TRENTIN-HAUT-ADIGE

## ALTO ADIGE DOC - SÜDTIROL DOC

Une appellation-tiroir pour une histoire singulière. Jusqu'en 1919, la région fut autrichienne, après une brève administration française sous Napoléon Ier. Aujourd'hui, la province autonome de Bolzano recense seulement un quart d'italophones et la complexité des étiquettes DOC y atteint des sommets.

Bilinguisme oblige, le principe « nom de l'appellation-cépage » se décline en allemand et en italien : Alto Adige DOC Pinot bianco et Südtirol DOC Weissburgunder sont ainsi le même vin. Ajoutez ensuite le nom de l'une des six zones de sous-dénomination d'origine : Colli di Bolzano, Meranese, Santa Maddalena, Terlano, Valle Isarco ou Valle Venosta, avec leur traduction allemande appréciée sur l'important marché germanique. Une localisation encore plus précise avec la mention *vigna, gewächs* ou *wachstum* est possible.

La complication ne saurait s'arrêter en chemin : l'appellation autorise une vingtaine de cépages pour les monocépages et quelques bi-cépages (cabernet-lagrein, cabernet-merlot et merlot-lagrein), le tout en version bilingue. On déniche également la version « vendanges tardives », des *spumanti* et quelques rosés. La mention « riserva » concerne des vins ayant vieilli au moins 2 ans.

> **CÉPAGES PRINCIPAUX** Une vingtaine de variétés allemandes, italiennes et françaises, vivants vestiges du périple napoléonien.

> **SOLS** Collines alpines et vignes de montagne plantées en terrasses.

> **STYLE DES VINS** Les vins blancs (55 % des volumes de la production) sont frais et parfumés ; les rouges (45 %) se montrent légers et clairs.

***Couleur du vin :***
*blanc, rosé et rouge.*

***Température de service :***
*entre 8 et 10 °C pour les blancs, les effervescents et les rosés ; entre 14 et 15 °C pour les rouges.*

***Potentiel de garde :***
*de 1 à 2 ans.*

FRIOUL-VÉNÉTIE JULIENNE

## COLLI ORIENTALI DEL FRIULI DOC

Cette appellation regroupe une trentaine de types de vins différents, tranquilles, effervescents ou doux, de la province d'Udine. Les vins blancs représentent 60 % de la production, les rouges 40 %.

La DOC affiche l'origine géographique (avec deux sous-zones, Cialla et Rosazzo) et le cépage, s'il est présent à plus de 85 %. Ainsi le Colli orientali del Friuli Rosazzo Ribolla gialla vient de la zone de Rosazzo et contient au moins 85 % du cépage blanc ribolla gialla. Les vignerons recherchant une plus grande liberté dans l'assemblage produisent un Colli orientali del Friuli bianco générique. Les rouges suivent le même principe d'appellation.

Le blanc Colli orientali del Friuli Dolce se vinifie à partir de raisin passerillé. La mention « riserva » concerne les vins bénéficiant d'un élevage d'au moins 2 ans ; dans la zone Cialla, cette mention « riserva » demande 4 ans.

> **CÉPAGES PRINCIPAUX** En blanc : sauvignon, traminer aromatico, verduzzo friulano, chardonnay, malvasia, pinot blanc, pinot gris et tocai friulano (désormais nommé friulano) ; en rouge : cabernet, cabernet franc, cabernet-sauvignon, merlot, pinot noir, pignolo, schioppettino, refosco nostrano, refosco dal peduncolo rosso, tazzelenghe. Les vignerons adorent collectionner les cépages !

> **SOLS** Escarpés, entre les Alpes et la mer Adriatique, avec de nombreux microclimats.

> **STYLE DES VINS** La région du Frioul se distingue par des blancs frais et minéraux, plutôt légers en alcool, obtenus grâce à une excellente maîtrise technique de la vinification. Huîtres et poissons gras se marient bien avec les blancs secs et leurs notes de fleurs blanches et d'agrumes (citron et pamplemousse). Frais, légers et minéraux, les rouges ne sont pas aussi réputés, malgré un savoir-faire incontestable. Certains vignerons adoptent cependant un style plus intense et corsé après élevage en barrique.

***Couleur du vin :***
*blanc et rouge.*

***Température de service :***
*entre 8 et 10 °C pour les blancs ; entre 14 et 15 °C pour les rouges.*

***Potentiel de garde :***
*de 1 à 3 ans.*

LIGURIE

## CINQUE TERRE DOC

Dessinée en croissant de lune autour du golfe de Gênes, la minuscule Ligurie se classe avant-dernière en volume dans la liste des régions productrices de vin. Le Cinque Terre est un vin blanc (les deux tiers de la production) élaboré par des vignerons acrobates : comme en Val d'Aoste, les vignes poussent aux flancs des rochers et en terrasses, mais à une altitude moindre et sous un soleil plus intense. Certaines vignes de la Riviera sont littéralement fouettées par les embruns, d'autres s'accrochent plus haut en montagne. Cinq secteurs produisent le vin, d'où son nom. Il existe aussi un Cinque Terre Sciacchetrà, une version passerillée.

> **CÉPAGES PRINCIPAUX** Bosco (40 % au moins), albarola et/ou vermentino (40 % au moins) et autres blancs locaux.
> **SOLS** Terrasses escarpées, entre montagne et Méditerranée.
> **STYLE DES VINS** Leur couleur est jaune paille, le goût sec, les arômes floraux et fruités. Le Cinque Terre Sciacchetrà, moelleux, a une robe jaune doré aux reflets ambre et des parfums de miel et d'abricot ; il s'accorde avec les fromages forts, les bleus, les desserts peu sucrés et les fruits légèrement acides.

***Couleur du vin :*** *blanc.*

***Température de service :*** *entre 8 et 10 °C pour les secs et moelleux servis en apéritif ; 12 °C pour les moelleux servis avec le dessert.*

***Potentiel de garde :*** *de 1 à 3 ans.*

ÉMILIE-ROMAGNE

## LAMBRUSCO DI SORBARA DOC

Dans les vastes plaines fertiles d'Émilie-Romagne pousse un vignoble à fort rendement qui donne un vin rouge aussi original que bon marché : le Lambrusco. Son élaboration rappelle celle de l'Asti Spumante (voir p. 360) : la fermentation est bloquée par réfrigération et filtration avant que les levures ne transforment tout le sucre du raisin en alcool. Au lieu d'atteindre 11,5 % vol., le degré final est seulement de 8 ou 9 % vol. et les sucres résiduels apportent une douceur caractéristique. Une seconde fermentation réalisée en cuve close provoque la prise de mousse.
Ce vin largement exporté fut nommé malicieusement le « Coca-Cola italien ». Il offre aux jeunes une initiation œnologique, en douceur et avec des bulles. D'autres appellations de Lambrusco existent, par exemple le Lambrusco grasparossa di Castelvetro, issu à 85 % du cépage grasparossa, ainsi que des cuvées haut de gamme vinifiées avec soin par de petits producteurs.

> **CÉPAGES PRINCIPAUX** Lambrusco di Sorbara, lambrusco grasparossa, lambrusco salamino.
> **SOLS** Plaines alluviales et argileuses.
> **STYLE DES VINS** Vin pétillant aux arômes fruités, voire de bonbon, léger, frais, sucré ; à conseiller en apéritif, avec de la charcuterie et des antipasti, ou au dessert.

***Couleur du vin :*** *rouge et rosé.*

***Température de service :*** *entre 12 et 13 °C.*

***Potentiel de garde :*** *1 an.*

TOSCANE

## BRUNELLO DI MONTALCINO DOCG

Contrairement à d'autres appellations issues de traditions millénaires, ce vin rouge est une invention récente, née dans le terroir de Toscane. Vers 1870, en pleine crise du phylloxéra, Ferruccio Biondi-Santi replante son vignoble et parie sur un vin de garde longuement affiné en tonneau puis en bouteille ; à l'époque, les vins locaux se consommaient jeunes, voire pétillants. Le premier millésime de Brunello di Montalcino date de 1888. Cette invention d'un vin annonce les « supertoscans », Sassicaia (voir p. 368-369) et Solaia, créés un siècle plus tard par d'autres vignerons visionnaires de la région.
Le Brunello di Montalcino est livré à la consommation la sixième année suivant les vendanges, le « riserva », la septième année. Les deux vieillissent obligatoirement au moins 2 ans en tonneaux de chêne, puis en bouteille.

> **CÉPAGES PRINCIPAUX** Sangiovese (localement appelé « brunello »).
> **SOLS** Collines argilo-calcaires.
> **STYLE DES VINS** Le vin, à la robe rubis à grenat, révèle au nez des arômes de fruits rouges et de confiture, de vanille, d'épices. En bouche, il est intense, charnu, fruité et tannique, avec une finale longue.

***Couleur du vin :*** *rouge.*

***Température de service :*** *entre 16 et 17 °C.*

***Potentiel de garde :*** *de 10 à 20 ans.*

# CHIANTI DOCG

TOSCANE

Le plus célèbre vin rouge italien se reconnaissait à sa fiasque de paille qui le protégeait lors des transports ; les vignerons le vendent aujourd'hui plutôt en bouteille bordelaise. Le Chianti vient d'une vaste partie de Toscane, mais l'étiquette précise une dénomination géographique restreinte si le raisin est cultivé dans les zones suivantes : Colli Aretini, Colli Fiorentini, Colli Senesi (de Sienne), Colline Pisane (de Pise), Montalbano, Montespertoli, Rùfina.

S'il vieillit au moins 2 ans, dont 3 mois en bouteille, et s'il titre au moins 12 % vol., il porte la mention « riserva ». Il ne faut pas confondre celle-ci avec la mention « classico » qualifiant le vin de la zone historique, plus restreinte, signalée sur la bouteille par un coq noir cerné de rouge. Le « riserva classico » subit le même élevage, mais titre un minimum de 12,5 % vol. Dans le procédé ancien, nommé « governo », le vin reçoit, juste après décuvage, des raisins légèrement passerillés qui déclenchent une seconde fermentation lente, apportant au vin de l'alcool, de la rondeur et un éventuel léger perlant.

> **CÉPAGES PRINCIPAUX** Sangiovese (75 % au moins), canaiolo nero, trebbiano toscano, malvasia del Chianti.

> **SOLS** Argilo-calcaires des collines toscanes.

> **STYLE DES VINS** Le Chianti arbore une robe rubis vif à grenat, un nez avec des arômes de violette, et un goût sec. On retrouve souvent des notes de confiture, de vanille, de cannelle, voire de cuir. Il est légèrement tannique et velouté.

***Couleur du vin :*** *rouge.*

***Température de service :*** *entre 15 et 17 °C, suivant l'âge et la complexité.*

***Potentiel de garde :*** *de 5 à 7 ans.*

# VERDICCHIO DEI CASTELLI DI JESI DOC

MARCHES

Le cépage blanc verdicchio est utilisé en Italie dans neuf appellations, dont le Verdicchio dei Castelli di Jesi DOC. Issu de la zone de Jesi, il titre 11,5 % vol., existe en versions spumante et passito (élaboré à partir de raisins passerillés). S'il vieillit au moins 24 mois dont 6 en bouteille et qu'il titre au moins 12,5 % vol., il décroche la mention « riserva ». Le spumante aussi peut bénéficier de cette mention. Le vin de la zone ancienne est « classico » ; sa version « superiore » titre au minimum 12 % vol. et le « riserva classico », 12,5 % vol. Le Verdicchio di Matelica, élaboré aussi dans les Marches, est un proche cousin.

> **CÉPAGES PRINCIPAUX** Verdicchio bianco, éventuellement accompagné d'autres cépages blancs, dans la limite de 15 %.

> **SOLS** Collines entre montagne et mer.

> **STYLE DES VINS** Des nuances de vert se reflètent dans la robe jaune paille, les arômes sont fruités et floraux. En bouche, le Verdicchio se révèle frais, sec et avec une légère amertume.

***Couleur du vin :*** *blanc.*

***Température de service :*** *entre 8 et 10 °C.*

***Potentiel de garde :*** *de 1 à 2 ans.*

# ORVIETO DOC

OMBRIE ET LATIUM

Élaboré près de Rome, ce blanc fut prisé des papes, des princes et du vaste marché de la bourgeoisie romaine. La mention « classico » qualifie le vin de la zone historique, au centre de l'appellation ; « superiore », un vin d'au moins 12 % vol. vendu après le 1er mars suivant l'année des vendanges. Récolté après le 1er octobre, l'Orvieto DOC bénéficie de la mention « vendemmia tardiva » (vendange tardive).

> **CÉPAGES PRINCIPAUX** Grechetto, trebbiano toscano, canaiolo nostrano et autres blancs locaux.

> **SOLS** Collines argilo-calcaires.

> **STYLE DES VINS** Au nez, on apprécie un bouquet floral, mais en bouche, le vin se révèle sec, avec une légère amertume. Il accompagne les repas de poisson, le risotto, les pâtes…

***Couleur du vin :*** *blanc.*

***Température de service :*** *entre 8 et 10 °C.*

***Potentiel de garde :*** *de 1 à 2 ans.*

1

# Sassicaia, le « supertoscan »

« Sur ces pierres je construirai mon vignoble. » Ainsi aurait pu s'exprimer le marquis Mario Incisa della Rocchetta en 1944. Ce fou de vins de Bordeaux décida de planter des pieds de cabernet-sauvignon, le cépage roi de Bordeaux, parce qu'il avait observé que le terroir des Graves ressemblait à celui d'une parcelle de sa propriété toscane, la Tenuta San Guido, au bord de la Méditerranée, tout près de Sienne. En dialecte toscan, *sassicaia* signifie « sol pierreux ». Tout s'explique.

## LES DÉBUTS

Le premier hectare et demi planté fut augmenté d'un autre hectare après que le baron Philippe de Rothschild offrit au marquis des plants supplémentaires de cabernet-sauvignon issus directement du château Mouton-Rothschild... Bel encouragement. Pendant vingt années, de 1948 à 1968, les bouteilles n'étaient bues que par la famille du marquis, sur place.

Au début, le vin présentait peu d'attrait mais, les vignes prenant de l'âge – de même que les bouteilles en cave –, il se montra avec le temps tout à fait intéressant et présentable. Un vin toscan issu de cépages 100 % bordelais : voilà qui perturba les esprits. Un vin qui de surcroît n'avait droit qu'à la plus modeste place dans la hiérarchie des appellations italiennes, celle d'un *vino da tavola* (vin de table).

## LA RÉVÉLATION

En 1977, le magazine *Decanter* organisa à Londres une dégustation à l'aveugle des grands Cabernets du monde. Les meilleurs dégustateurs y participèrent. Le Sassicaia 1974 s'attribua alors la première place devant de nombreuses gloires mondiales, Médocs et Graves inclus. Instantanément, ce vin « récent », atypique, incongru presque, s'imposa définitivement dans la galaxie des légendes œnologiques.

Au décès du marquis, en 1983, son fils Nicolò reprit le flambeau avec la même fougue. Enfin, en 1994, une toute nouvelle DOC *(Denominazione di origine controllata)* fut établie en Italie sous le nom de *Bolgheri Sassicaia*, confirmant une reconnaissance officielle et indiscutable.

## UN VIGNOBLE MODÈLE

Actuellement, le vignoble couvre 60 hectares et se compose à 85 % de cabernet-sauvignon et à 15 % de cabernet franc. Très morcelées, les différentes parcelles

2

3

4

1. Parcelles de vigne du Domaine San Guido qui produit le Sassicaia.
2. Marquis Nicolò Incisa della Rocchetta, le fils du créateur du Sassicaia.
3. Palais San Guido, près du village Bolgheri, en Toscane.
4. Étiquette Sassicaia 2004, avec l'emblème de la famille Incisa della Rocchetta.

de la propriété s'étendent sur des coteaux caillouteux et bien protégés des vents marins. Seuls les traitements pour la vigne à base de bouillie bordelaise sont ici pratiqués. Les nombreux bosquets proches des parcelles abritent les prédateurs naturels des insectes dangereux pour la vigne. À ces avantages s'ajoute le souci constant d'éviter, par une taille rigoureuse et par la pratique de la vendange « en vert », une production trop importante et néfaste à la concentration et à la qualité des raisins.

## UNE ÉLABORATION SOIGNÉE ET UN ÉLEVAGE PROLONGÉ

Après les vendanges et les vinifications faites avec toutes les précautions d'usage, le vin nouveau séjourne en barriques de chêne de 225 litres. Chaque année, 40 % de fûts neufs entrent en rotation. Le bois de chêne utilisé pour leur confection, issu des forêts du département de l'Allier en France, est universellement reconnu comme l'un des meilleurs atouts pour l'élevage des vins fins.

Le vin séjourne 24 mois en barrique. Après la mise en bouteilles, six autres mois au repos sont imposés aux flacons avant qu'ils soient expédiés aux quatre coins du monde.

## UN NECTAR DE GRANDE GARDE

Le vin de Sassicaia se traite comme un grand Bordeaux. Bien qu'il en ait le profil, il présente cependant une vertu toute latine d'élégance et de charme. Un vin strictement issu des deux cabernets, le sauvignon et le franc, pourrait se présenter sous un aspect austère voire rigide. Mais le climat méditerranéen transmet à ce nectar une incontestable suavité. Le temps et la patience font le reste, en conférant au vin la touche suprême et indispensable de l'harmonie.

Comme ses lointains cousins bordelais, le Sassicaia demande à évoluer de 8 à 12 ans avant d'atteindre son apogée, et doit par conséquent être stocké dans une cave irréprochable. Sa capacité de garde lui permet, dans les grandes années, de se maintenir plusieurs décennies sans démontrer une faiblesse quelconque.

## AU SOMMET DES ÉMOTIONS

On comprend aisément que, lors de ces fameuses dégustations à l'aveugle, Sassicaia ait pu se hisser parmi les meilleurs. Mais est-il si facile de le reconnaître parmi ses glorieux confrères ? Les plus grands dégustateurs avouent volontiers leur embarras. Tous les grands vins ont en commun d'offrir du plaisir et, souvent, de l'émotion. Désormais, fidèle à la richesse culturelle de sa terre, ce grand toscan entre dans le panthéon des meilleurs vins du monde.

## MONTEPULCIANO D'ABRUZZO DOC

ABRUZZES

Le cépage montepulciano (homonyme d'une ville de Toscane) existe dans de nombreuses régions d'Italie et participe à une centaine d'appellations, mais les Abruzzes lui réservent une place privilégiée.

Le Montepulciano d'Abruzzo DOC titre au moins 11,5 % vol. et subit un élevage réglementaire de 5 mois. Le « riserva » est à 12,5 % vol. au moins et vieillit 2 ans en cuve.

Haut de gamme, le Montepulciano Colline Teramane DOCG, vinifié dans la zone de Teramo, titre 12,5 % vol. Il vieillit au moins 2 ans – 3 ans pour le « riserva » – dont au moins 1 an dans un contenant en chêne ou en châtaignier, puis 6 mois en bouteille.

> **CÉPAGE PRINCIPAL** Montepulciano. Le règlement autorise l'ajout d'un autre cépage assemblé à hauteur de 15 % au maximum, souvent le sangiovese.

> **SOLS** Des Apennins (qui culminent à 2 914 m d'altitude) à l'Adriatique, on trouve des sols argilo-calcaires, alluviaux, sableux et caillouteux.

> **STYLE DES VINS** Le Montepulciano d'Abruzzo présente une robe rubis intense et des arômes de fruits rouges, de réglisse, d'épices. En bouche, il s'affirme robuste, fruité et tannique.

***Couleur du vin :*** *rouge, cerasuolo (couleur cerise).*

***Température de service :*** *entre 16 et 17 °C.*

***Potentiel de garde :*** *10 ans et plus.*

## TREBBIANO D'ABRUZZO DOC

ABRUZZES

Comme souvent, le nom de cette appellation associe cépage et zone géographique. Le trebbiano est un raisin blanc, connu sous de multiples synonymes dont bombino bianco et pagadebit. L'appellation s'étend sur les quatre provinces des Abruzzes, L'Aquila, Chieti, Pescara et Teramo. Cette région est réputée pour la grande diversité de ses conditions géographiques, puisqu'elle s'étend de la mer Adriatique jusqu'aux montagnes de la chaîne des Apennins.

> **CÉPAGES PRINCIPAUX** Trebbiano d'Abruzzo et/ou trebbiano toscano (85 % au minimum), plus d'autres blancs locaux.

> **SOLS** Entre les plaines maritimes et la montagne, on trouve plusieurs types de sols, argilo-calcaires, alluviaux, sableux et caillouteux.

> **STYLE DES VINS** Le Trebbiano d'Abruzzo est un vin facile à boire. Sa robe jaune paille présente des reflets verts. Le nez est intense, fruité, floral, mais le goût est sec.

***Couleur du vin :*** *blanc.*

***Température de service :*** *entre 10 et 12 °C.*

***Potentiel de garde :*** *de 1 à 2 ans.*

## GRECO DI TUFO DOCG

CAMPANIE

Avec le fiano, l'aglianico et le falanghina, le greco est l'un des cépages locaux en voie de disparition que des vignerons de Campanie, tel Mastroberardino ou Francesco Paolo Avallone (Villa Matilde) ont remis au goût du jour.

Le Greco di Tufo est un vin blanc vinifié près de Tufo, au nord-est de Naples. Le nom du cépage rappelle l'origine grecque de la viticulture italienne. Il existe aussi en spumante « brut » ou « extra-brut » après refermentation traditionnelle en bouteille.

> **CÉPAGES PRINCIPAUX** Greco et coda di volpe bianca à 85 % au moins, associés à d'autres raisins blancs locaux.

> **SOLS** Volcaniques et alluviaux.

> **STYLE DES VINS** Le Greco di Tufo présente une robe jaune paille, dorée. Au nez, il exprime des arômes fruités de pêche et d'ananas. Une agréable acidité et une pointe citronnée surprennent en bouche. On l'apprécie au cours du repas, mais aussi à l'apéritif pour sa fraîcheur et la richesse de ses arômes.

***Couleur du vin :*** *blanc.*

***Température de service :*** *entre 8 et 10 °C.*

***Potentiel de garde :*** *de 2 à 3 ans.*

## TAURASI DOCG

CAMPANIE

Ce rouge vigoureux est issu d'un seul cépage, l'aglianico, éventuellement associé à d'autres raisins de la même couleur. Il est élaboré dans la province d'Avellino, à l'est de Naples. La DOCG contraint le vigneron à un élevage obligatoire de 3 ans (dont au moins 1an en fût) et de 4 ans pour la mention « riserva ». Le titre minimal est respectivement de 12 et 12,5 % vol.

> **CÉPAGE PRINCIPAL** Aglianico.

> **SOLS** Volcaniques et alluviaux.

> **STYLE DES VINS** La robe est rubis aux reflets orangés typiques de vin vieux, même lorsque le vin est jeune. Le bouquet, intense, révèle des notes de cerise noire, de cannelle, de vanille, de muscade, soutenues par une bonne structure tannique.

***Couleur du vin :***
*rouge.*

***Température de service :***
*entre 16 et 17 °C.*

***Potentiel de garde :***
*10 ans et plus.*

## CASTEL DEL MONTE DOC

POUILLES

L'un des monuments emblématiques de la province de Bari a donné son nom à cette appellation générique des Pouilles, véritable jeu de construction bâti sur le cépage. Ainsi, le Castel del Monte Aglianico se compose à 90 % au moins du cépage aglianico ; le « riserva » subit 2 ans d'élevage dont 1 an sous bois. Selon la même logique, l'appellation compte les rouges et les rosés suivants : Castel del Monte Bombino nero, Castel del Monte Cabernet, Castel del Monte Pinot nero, Castel del Monte Uva di Troia. Le Castel del Monte rosso (rouge) générique s'élabore à partir d'un minimum de 65 % d'aglianico ou de montepulciano ou d'uva di Troia, assemblés avec un maximum de 35 % d'autres rouges.

En blanc, le jeu de construction est identique. Lorsque l'appellation Castel del Monte affiche le cépage, sa présence doit dépasser 90 %. Le Castel del Monte bianco (blanc) générique s'élabore avec au minimum 65 % de bombino bianco ou de chardonnay ou de pampanuto, assemblés avec d'autres cépages blancs locaux.

> **CÉPAGES PRINCIPAUX** En blanc : bombino bianco, chardonnay, pinot bianco, sauvignon ; en rouge : aglianico, aglianico rosato, bombino nero, cabernet, pinot nero (pinot noir), uva di Troia.

> **SOLS** Calcaires, graviers, alluvions.

> **STYLE DES VINS** Ce panorama de vins bon marché offre une jolie gamme de cépages locaux à découvrir dans leurs singularités, d'autant plus que les vins sont en général peu travaillés (sauf la version « riserva »).

***Couleur du vin :***
*blanc, rosé et rouge.*

***Température de service :***
*entre 8 et 10 °C pour les blancs et les rosés ; entre 14 et 15 °C pour les rouges ; entre 16 et 17 °C pour le « riserva ».*

***Potentiel de garde :***
*1 an pour les blancs et les rosés ; 3 ans pour les rouges et le « riserva ».*

## CIRÒ DOC

CALABRE

La Calabre est riche d'un prestigieux passé viticole ; des archéologues y ont retrouvé les traces de canalisations en terre cuite d'un « vinoduc » présumé. C'est une région montagneuse aux microclimats variés, de la montagne à la côte ionienne et aux rivages de la mer Tyrrhénienne. Le Cirò DOC vient des collines basses, maritimes.

Ces dernières années, la Calabre assoupie sur son passé ne produisait plus guère que des vins trop mûrs, oxydés, alcooleux. Grâce aux méthodes modernes de vinification et au contrôle de la température de fermentation, le Cirò DOC a gagné en fruit et en fraîcheur. La mention « classico » indique la provenance des zones historiques de Cirò et Cirò Marina. « Superiore » signale un taux d'alcool supérieur à 13,5 % vol. et « riserva », une durée d'élevage de 2 ans.

> **CÉPAGES PRINCIPAUX** Au moins 95 % de gaglioppo, avec parfois une adjonction de blancs tels trebbiano toscano et greco blanc. Les neuf dixièmes de la production régionale sont constitués de vins rouges ou rosés.

> **SOLS** Calcaire des Apennins, massifs granitiques et alluvions.

> **STYLE DES VINS** La robe apparaît rubis intense. Le nez exhale des arômes de fruits rouges et de fruits des bois, de confiture. Le goût est sec, corsé, chaud, velouté.

***Couleur du vin :***
*rouge.*

***Température de service :***
*entre 15 et 16 °C.*

***Potentiel de garde :***
*de 3 à 5 ans (jusqu'à 10 ans pour les vins « riserva »).*

## CANNONAU DI SARDEGNA DOC

SARDAIGNE

La Sardaigne fut longtemps occupée par des Espagnols et son vin rouge emblématique vient du cépage cannonau, originaire d'Espagne, appelé grenache rouge en France.

La DOC Cannonau distingue trois sous-dénominations territoriales : Oliena, Capo Ferrato et Jerzu. Les vins sont élevés pendant 7 mois au moins et leur titre minimal s'élève à 12,5 % vol. Le « riserva » vieillit 2 ans et titre au moins 13 % vol. L'appellation produit aussi un rosé.

**> CÉPAGES PRINCIPAUX** Cannonau et autres variétés locales.

**> SOLS** Ils sont complexes : sédiments argilo-calcaires de l'époque romaine, granites ; roches volcaniques tertiaires et alluvions quaternaires dans les plaines.

**> STYLE DES VINS** Les vins présentent une robe de couleur rubis à grenat, et des arômes de fruits mûrs et d'épices. En bouche, ils sont secs, tanniques et confirment les arômes confiturés perçus au nez. La finale est longue.

***Couleur du vin :***
*rouge et rosé.*

***Température de service :***
*entre 8 et 10 °C pour le rosé ; entre 16 et 17 °C pour le rouge.*

***Potentiel de garde :***
*de 1 à 2 ans pour le rosé ; de 3 à 5 ans pour le rouge.*

## ALCAMO DOC

SICILE

Localisée dans la province de Trapani et de Palerme, l'appellation Alcamo rassemble plusieurs types de vins : blanc, rouge, rosé, effervescent (blanc et rosé), « vendanges tardives », vin nouveau...

La mention « classico » qualifie les vins provenant de la zone historique et « riserva », un élevage de durée plus longue que la moyenne. Quand le cépage est mentionné à côté de la DOC, il doit être présent à 85 % au moins. Ainsi, l'Alcamo Grecanico est issu à 85 % au minimum du cépage grecanico. L'Alcamo bianco DOC est un assemblage de catarratto (au moins 60 %), d'inzolia et d'autres raisins blancs de la zone.

**> CÉPAGES PRINCIPAUX** Inzolia (appelé également ansonica), catarratto, chardonnay, grecanico, grillo, müller-thurgau, sauvignon, pour les blancs ; cabernet-sauvignon, calabrese ou nero d'Avola, merlot, syrah, pour les rouges.

**> SOLS** Sols volcaniques, calcaires, argiles et sables.

**> STYLE DES VINS** L'Alcamo bianco présente une robe jaune paille pâle, avec des reflets verts ainsi qu'un nez fruité. En bouche, on perçoit une légère acidité et de la fraîcheur. Les rouges sont plus diversifiés.

***Couleur du vin :***
*blanc, rosé et rouge.*

***Température de service :***
*entre 8 et 10 °C pour les blancs et les rosés ; entre 14 et 17 °C pour les rouges, selon la complexité.*

***Potentiel de garde :***
*de 1 à 2 ans pour les blancs et les rosés ; 3 ans pour les rouges.*

## MARSALA DOC

SICILE

Comment transporter du vin vers des destinations lointaines sans que la fermentation ne reprenne ou qu'il ne tourne en vinaigre ? L'une des solutions les plus anciennes consiste à le « fortifier » avec de l'alcool de vin, qui joue le rôle de conservateur. Au XVIII^e^ siècle, le marchand britannique John Woodhouse développa sur ce principe l'exportation de Marsala vers l'Angleterre et le monde entier.

Ce vin muté, également enrichi en moût sucré, a perdu un peu de son prestige car la mode n'est plus aux vins doux et l'utilisation en cuisine n'est jamais valorisante.

Le Marsala est « fine » (1 an d'âge), « superiore » (2 ans), « superiore riserva » (4 ans), « vergine » et/ou « soleras » (5 ans), ou « soleras stravecchio » (10 ans).

**> CÉPAGES PRINCIPAUX** Grillo, catarratto, inzolia, damaschino pour les blancs ; pignatello, calabrese, nerello mascalese, nero d'Avola pour les rouges.

**> SOLS** Volcaniques, calcaires, argiles et sables.

**> STYLE DES VINS** La robe des blancs est dorée et ambrée, celle des rouges, couleur rubis. Les arômes caractéristiques du Marsala sont ceux de fruits confits et de fruits à l'eau-de-vie. Le goût sucré varie du « sec », néanmoins sucré (moins de 40 g/l), au demi-sec (de 41 à 99 g/l) et au doux (plus de 100 g/l).

***Couleur du vin :***
*blanc (ambré) et rouge.*

***Température de service :***
*entre 6 et 8 °C pour servir à l'apéritif ; entre 14 et 15 °C pour servir avec le dessert.*

***Potentiel de garde :***
*de 5 à 20 ans selon la catégorie.*

## Du vin « nature » au pied de l'Etna

Frank Cornelissen est l'un des vignerons auteurs de vins « nature » ou « naturels », élaborés le plus souvent à partir de raisins bio, avec le moins possible d'interventions de la vigne à la bouteille. Les vins « non levurés, non filtrés, non sulfités » se reconnaissent au trouble de la robe et à une fraîcheur agréable d'un infime goût de vinaigre, que l'on nomme « acidité volatile ». Dans son chai près de l'Etna, Frank emplit un verre à ras bord, plonge son doigt. Du vin coule à l'extérieur. « Si l'on ajoute quelque chose, on enlève forcément autre chose. » Sans engrais ni traitements, il obtient un rendement très faible, 10 000 bouteilles seulement sur les 10 ha de son domaine. « Je ne traite pas la vigne, car je veux qu'elle se défende toute seule. C'est la même chose pour mes vins. Pour que le vin se conserve sans soufre, il lui faut une belle concentration, une minéralité. » À la vendange, pour lancer la fermentation du raisin dans ses jarres en terre cuite, il n'utilise pas les levures standardisées du commerce : « Mes levures sont dans l'air du chai. » Il obtient des crus vigoureux aux arômes complexes, floraux, fruités, minéraux. Frank Cornelissen exporte 95 % de sa production à des prix situés entre 10 et 150 € la bouteille.

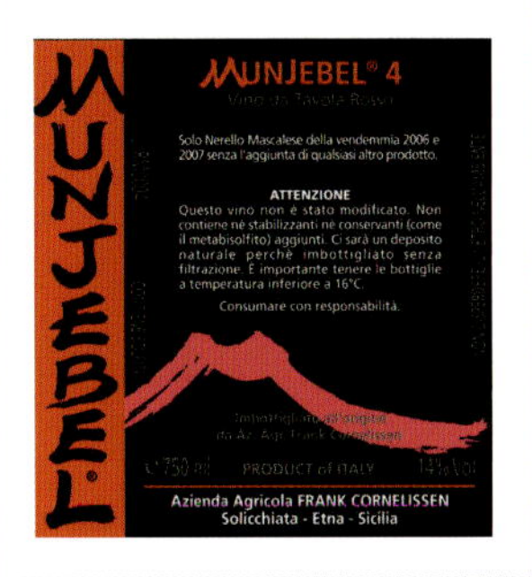


## ETNA DOC

SICILE

Dans son étude *De Naturali vinorum historia* publiée en 1596, Andrea Bacci, médecin du pape Sixte V, signalait déjà les qualités pour l'agriculture des cendres volcaniques du terroir de Catane. Cette zone montagneuse où dominent des sables noirs est en effet particulièrement riche en minéraux. L'Etna, le plus grand volcan d'Europe, et l'un des plus actifs au monde, culmine à 3 345 m d'altitude. Il génère un microclimat humide et donne des sols fertiles.

L'appellation Etna élabore des vins dans les trois couleurs, sur la commune de Milo (qui n'est pas celle, grecque, de la Vénus du même nom !).

> **CÉPAGES PRINCIPAUX** Carricante et catarratto bianco comune, éventuellement trebbiano et minella bianca, pour les blancs (l'Etna blanc « superiore » est issu du carricante) ; nerello mascalese et nerello mantellato ou cappuccio, pour les rouges et les rosés (ces derniers admettent une petite proportion de raisins blancs).

> **SOLS** Volcaniques.

> **STYLE DES VINS** Le blanc offre une robe jaune paille, avec des reflets verts ou dorés. Son goût est sec, frais et fruité ; il titre 11,5 % vol. au minimum. Le blanc « superiore » titre au moins 12 % vol. Le rouge, aux reflets rubis, offre des arômes d'épices et de fruits rouges (prune, cassis). En bouche, il est sec et corsé. Quant au rosé, il est fruité, léger et rafraîchissant.

***Couleur du vin :*** *blanc, rouge et rosé.*

***Température de service :*** *entre 8 et 10 °C pour les blancs et les rosés ; entre 14 et 16 °C pour les rouges.*

***Potentiel de garde :*** *de 2 à 3 ans pour les blancs et les rosés ; de 3 à 5 ans pour les rouges.*

## MOSCATO DI PANTELLERIA DOC

ÎLE DE PANTELLERIA

Ce « vin naturellement doux », sans ajout d'alcool, a fait très tôt la célébrité de l'île qui l'exportait vers l'Europe. Située entre la Sicile et l'Afrique, l'île de Pantelleria cultive un vignoble où les grappes mûrissent vite et sèchent facilement sur la vigne ou après la récolte. Ce muscat blanc titre au moins 15 % vol. Il ne faut pas le confondre avec le Pantelleria passito liquoroso, issu de grappes passerillées, qui est un vin muté à l'alcool de raisin lors de son élaboration.

> **CÉPAGE PRINCIPAL** Muscat d'Alexandrie, appelé aussi zibibbo.

> **SOLS** Volcaniques.

> **STYLE DES VINS** Ce blanc doux à la robe dorée très claire présente des arômes intenses, typiques du muscat aromatique. En bouche, s'épanouissent des saveurs de fruits secs, d'abricot, de miel. Le Moscato se déguste à l'apéritif. Les adeptes de l'accord liquoreux-foie gras l'apprécieront également. D'autres encore le conseillent plutôt avec des desserts peu sucrés, voire acides, tels une tarte aux quetsches. Autre accord élégant : avec du fromage bleu, un cigare...

***Couleur du vin :*** *blanc.*

***Température de service :*** *8 °C.*

***Potentiel de garde :*** *de 1 à 2 ans.*

# ESPAGNE

La Corogne
GALICE
Saint-Jacques-de-Compostelle
Rías Baixas
Vigo
Miño
Ribeira Sacra
Ribeiro
Monterrei
Océan Atlantique
Oviedo
ASTURIES
Bierzo
León
Valdeorras
Esla
Santander
CANTABRIQUE
Txakoli de Bizkaia
Txakoli de Getaria
Bilbao
PAYS BASQUE
Saint-Sébastien
Vitoria
Pampelune
NAVARRE
Navarre
Logroño
Rioja
LA RIOJA
Burgos
CASTILLE-LEÓN
Cigales
Valladolid
Douro
Toro
Ribera del Duero
Rueda
Salamanque
Pyrénées
Somontano
Huesca
CATALOGNE
Ampurdán-Costa Brava
Costers del Segre
Pla de Bages
Alella
Lérida
Barcelone
Saragosse
Èbre
Campo de Borja
Cariñena
Priorato
Tarragone
Penedès
Calatayud
Terra Alta
ARAGÓN
Tarragone
Conca de Barberà
Mondéjar
MADRID
Madrid
Tage
Los Vinos de Madrid
Méntrida
Tolède
PORTUGAL
ESTRÉMADURE
Mérida
Guadiana
Ribera del Guadiana
La Mancha
CASTILLE-LA MANCHE
Utiel Requena
VALENCE
Valence
Júcar
Mer Méditerranée
Almansa
Valencia
Valdepeñas
Valdepeñas
Jumilla
Alicante
Yecla
Alicante
Bullas
MURCIE
Murcie
Cordoue
Condada de Huelva
Huelva
Guadalquivir
Genil
Séville
Montilla-Moriles
ANDALOUSIE
Grenade
Jerez/Xérès
Jerez de la Frontera
Cadix
Málaga
Málaga
Binissalem
Palma
MAJORQUE
Pla í Llevant
ÎLES BALÉARES
Régions viticoles
Denominación de origen (DO)
Denominación de origen calificada (DOC)
Limite de communauté autonome
Frontière
0
100
200 km
N
Océan Atlantique
Lanzarote
Valle de la Orotava
Tacoronte-Acentejo
La Palma
Ycoden Daute-Isora
Valle de Güímar
Abona
El Hierro
CANARIES
N
0
100 km

# ESPAGNE

Txakoli de Bizkaia
Txakoli de Getaria
La Corogne
GALICE
Oviedo
Saint-Sébastien
Saint-Jacques-de-Compostelle
ASTURIES
Santander
Bilbao
PAYS BASQUE
CANTABRIQUE
Ampurdán-Costa Brava
Rías Baixas
Ribeira Sacra
Bierzo
Pampelune
Vitoria
León
NAVARRE
Vigo
Ribeiro
Miño
Valdeorras
Logroño
Rioja
Navarre
Pyrénées
Burgos
Somontano
Monterrei
CASTILLE-LEÓN
LA RIOJA
Huesca
CATALOGNE
Océan Atlantique
Cigales
Campo de Borja
Costers del Segre
Pla de Bages
Valladolid
Ribera del Duero
Èbre
Saragosse
Douro
Lérida
Alella
Toro
Cariñena
Barcelone
Priorato
Rueda
Tarragone
Calatayud
Terra Alta
Salamanque
Mondéjar
ARAGÓN
Penedès
MADRID
Tage
Tarragone
PORTUGAL
Madrid
Conca de Barberà
Los Vinos de Madrid
Méntrida
Tolède
Utiel Requena
VALENCE
Mer Méditerranée
La Mancha
ESTRÉMADURE
Valence
CASTILLE-LA MANCHE
Júcar
Mérida
Guadiana
Almansa
Valencia
Ribera del Guadiana
Valdepeñas
Valdepeñas
Jumilla
Alicante
Yecla
Alicante
Bullas
Cordoue
MURCIE
Murcie
Condada de Huelva
Guadalquivir
Genil
Montilla-Moriles
Binissalem
ANDALOUSIE
Huelva
Séville
Grenade
Palma
MAJORQUE
Jerez/Xérès
Málaga
Jerez de la Frontera
Pla í Llevant
Málaga
Cadix
ÎLES BALÉARES
Régions viticoles
Denominación de origen (DO)
Denominación de origen calificada (DOC)
Limite de communauté autonome
Frontière
N
0
100
200 km
Océan Atlantique
Lanzarote
Valle de la Orotava
Tacoronte-Acentejo
La Palma
Valle de Güímar
Ycoden Daute-Isora
Abona
El Hierro
CANARIES
N
0
100 km

# LES VIGNOBLES D'ESPAGNE

*Après être restée longtemps dans l'ombre, l'Espagne se place aujourd'hui parmi les meilleurs vignobles du monde. L'explication de ce succès ? Des terroirs bien identifiés, le recours aux cépages autochtones, bien en adéquation avec leur appellation, ainsi que des progrès réalisés en matière de viticulture et de vinification.*

## Entre hier et aujourd'hui

**UNE HISTOIRE RICHE ET ANCIENNE.** L'histoire des vignobles d'Espagne a été forgée par les conquêtes, les croisades et les successions de peuples qui ont peu à peu dessiné et enrichi le paysage viticole. Les Phéniciens sont les premiers à avoir apporté la vigne en Espagne, au VII$^{e}$ siècle av. J.-C., particulièrement dans la région de Málaga et de Cadiz. Les Romains, arrivés en Espagne vers la fin du III$^{e}$ siècle av. J.-C., ont permis aux Espagnols de mieux comprendre les techniques de la taille de la vigne, le processus de fermentation tout comme l'évolution du vin qui se faisait à l'époque non pas en barriques mais en amphores. Le muscat d'Alexandrie, cépage au bouquet d'une somptueuse exubérance, aurait quitté le Maghreb au VIII$^{e}$ siècle pour rejoindre l'Espagne grâce aux Arabes.

**LES VIGNOBLES ESPAGNOLS EN CHIFFRES**

**Surface** : 1 174 000 ha
**Production** : 38 173 000 hl
**Rouges** : 52 %
**Blancs** : 24 %
**Rosés** : 17 %
**Effervescents** : 4,5 %
**Vins mutés** : 2,5 %
(OIV, 2006)

**L'ÉPOQUE DU PHYLLOXÉRA.** Quand l'insecte s'est abattu sur le vignoble espagnol, on avait déjà trouvé une parade à ses ravages : le greffage des variétés européennes sur des porte-greffes américains résistants. Les vignerons se sont employés à replanter. Les bodegas les plus réputées d'aujourd'hui datent pour la plupart de cette époque.

**L'ÉVOLUTION RÉCENTE.** Au cours de la seconde moitié du XX$^{e}$ siècle, le pays, jadis producteur de vins anonymes vendus en vrac, s'est hissé au niveau des vins de qualité. Dans les années 1970, les vins de la Rioja ont commencé à bien s'exporter, bientôt suivis par ceux de domaines comme Vega-Sicilia (voir p. 384-385), puis par ceux de Valdepeñas et de Catalogne. Dans les années 1980, le vin espagnol a vécu une véritable révolution qualitative. Le paysage viticole a changé, dans un pays composé de dix-sept régions autonomes *(autonomías)* qui produisent chacune des vins bien distincts.

> Vignes en terrasse dans la région de Catalogne.

## La géographie et le climat

> Vignes de la Bodega Gonzáles Byass, en Andalousie.

L'Espagne se compose d'un vaste plateau central (Meseta) situé à 650 m au-dessus du niveau de la mer et limité de toutes parts par des massifs montagneux. Les meilleurs vins sont issus de cépages qui se plaisent en altitude (jusqu'à 500 m en Rioja). Ces vignobles bénéficient d'une bonne exposition au soleil sans souffrir de la canicule ni de nuits trop fraîches. La plupart des grands vins d'Espagne proviennent du nord de Madrid, c'est-à-dire, d'ouest en est, de Galice, des vallées du Douro (Duero) et de l'Èbre, et de Catalogne. Les meilleurs sites se trouvent le plus souvent dans ces vallées montagneuses aux sols relativement pauvres et aux sous-sols d'argile. En revanche, les vallées de l'Èbre et du Douro sont riches en terres alluviales.

Le climat bénéficie d'une même diversité : l'Ouest subit l'influence de l'Atlantique, qui apporte fraîcheur et humidité ; les zones centrale et septentrionale connaissent un climat de type continental avec des étés chauds et des hivers froids ; la côte catalane jouit d'un climat méditerranéen.

## Le paysage viticole

Le vignoble espagnol est le premier vignoble au monde par sa superficie. La vigne est présente presque partout.

**LA GALICE ET LE PAYS BASQUE.** Ce sont les vignobles les plus septentrionaux du pays. L'océan Atlantique y influence le climat, l'économie (fondée principalement sur la pêche) et les vins, le plus souvent des blancs légers et secs, se mariant bien avec le poisson.

**LA NAVARRE, LA RIOJA ET L'ARAGON.** Situées également au nord, dans la haute vallée de l'Èbre, ces régions produisent avant tout des rouges puissants au long vieillissement et des blancs robustes.

**LA CATALOGNE.** Située à l'embouchure de l'Èbre, la Catalogne possède une culture bien spécifique. L'importance de sa pêche et son climat méditerranéen l'avaient conduite naturellement vers les vins blancs. Elle est également le berceau des vins effervescents espagnols, les Cavas.

**LA CASTILLE-LEÓN.** C'est le vignoble traditionnel de la vallée du Douro. Son climat, de type continental, est tempéré à proximité du fleuve. Ses vins rouges sont charnus et puissants et ses blancs secs ont du corps. C'est ici que l'on produit le mythique Ribera del Duero (voir p. 382).

**L'ANDALOUSIE.** À l'extrême sud de l'Espagne, cette région constitue une seule et vaste autonomía. Ses légendaires vins de Xérès sont longuement élaborés lors d'un élevage sous voile (voir p. 74). En constant progrès, les appellations Montilla-Moriles et Condado de Huelva élaborent des vins doux, mutés ou non, ainsi qu'un peu de vins secs. Enfin, le Málaga, après avoir failli disparaître (voir encadré p. 378), continue de produire une vaste gamme de vins moelleux.

**LES AUTRES RÉGIONS.** Les meilleurs vins espagnols sont issus des régions du nord du pays citées ci-dessus, mais la vigne est également très présente dans le centre et dans le sud. Les vastes plaines de Castille-La Manche et les Vinos de Madrid, qui se trouvent sur le plateau de la Meseta, de même que le Levante, composé des autonomías de Valence et de Murcie, produisent surtout des vins de consommation courante. Il existe aussi une petite production de vin dans les îles espagnoles, les Baléares et les Canaries.

### LE SAVIEZ-VOUS ?

***Les rendements pratiqués en Espagne figurent parmi les plus bas en Europe.*** *Le rendement moyen est en effet de 25 hl/ha. Ce chiffre impressionnant, tellement bas lorsqu'on le compare à celui des pays voisins (70 hl/ha en France en moyenne), s'explique par la présence de très vieilles vignes dans les différentes aires viticoles, tout comme par des conditions climatiques rudes qui mènent la vie dure au raisin... mais pour le bien du vin.*

## Les cépages : un patrimoine préservé

L'Espagne a su conserver ses cépages autochtones qui constituent une sorte de mémoire viticole du pays. Ils portent au plus haut l'expression des appellations et permettent de découvrir des vins avec beaucoup de personnalité.

**AIRÉN.** On trouve ce cépage blanc (le plus planté au monde) dans le sud de l'Espagne, en Castille-La Manche, sur plus de 420 000 ha. Il donne des vins très rafraîchissants et aromatiques.

**ALBARIÑO.** Doté d'une forte personnalité et souvent comparé au pinot blanc, au sauvignon voire au viognier, ce cépage blanc fascine par son bouquet d'une grande complexité évoquant tantôt les fruits exotiques, tantôt un registre floral des plus élégants. C'est en Galice, au nord-ouest du pays, qu'il s'épanouit, en grande partie sur l'appellation Rías Baixas.

**CARIÑENA.** Connu en France sous le nom de carignan, ce cépage rouge est présent de façon massive en Catalogne où il livre de savoureux arômes de fruits noirs juste chocolatés, amenés par un toucher de bouche dense et complexe. Il prend toujours une place de choix dans l'assemblage des grands Priorats.

**GODELLO.** Délaissé pendant quelques années, ce cépage blanc effectue depuis peu un retour des plus probants. On apprécie à la fois sa texture suave, minérale, accompagnée de touches de pierres frottées et de cailloux. Il est présent dans les appellations Valdeorras, Bierzo, entre autres.

**MENCIA.** Ce cépage rouge s'exprime dès les premières années sur des notes de fruits rouges acidulés promettant en bouche une gourmandise extrême. Ses appellations de prédilection sont Monterrei, Valdeorras, Ribeiro et Ribeira Sacra.

**PALOMINO ET PEDRO XIMÉNEZ.** Ce duo complice de cépages blancs se trouve sur la DO Xérès : le palomino y apporte sa vivacité naturelle et le « PX », comme on l'appelle localement, s'exprime par le biais d'une gamme aromatique diverse et surtout par une douceur toujours bien présente.

**TEMPRANILLO.** S'il ne fallait en retenir qu'un, ce serait bien lui. Ce cépage rouge, porte-étendard de la viticulture espagnole, donne des vins à la robe sombre, d'une structure tannique toujours affirmée, sans pour autant négliger une fraîcheur permettant un équilibre somptueux. Il s'exprime le mieux dans l'appellation Ribera del Duero où il fait de vraies merveilles. Ses autres noms : tinto fino, cencibel, tinto del pais, tinto de Toro, tinto de Madrid…

**VRAI OU F**

***La majorité des vins blancs d'Espagne sont marqués par un ensoleillement excessif et très chargés en alcool.***

**FAUX.** Dans les régions septentrior les comme la Galice ou le Pays basqu on trouve des vins vivifiants et pe alcooleux qui présentent des arômes d'agrumes et des arômes floraux, comme le Rías Baixas ou le Txakoli.

## Les styles de vins

Réputée pour ses vins mutés, comme le fameux xérès, l'Espagne produit aussi des vins rouges, des vins rosés, des vins blancs et des vins effervescents qui vont du plus modeste au plus raffiné.

> Publicité pour le Málaga peinte sur céramique.

### Le Málaga sauvé

Vin andalou muté à l'eau-de-vie de vin, le malaga a failli disparaître, la viticulture locale étant menacée par l'immobilier de loisirs et une forte demande du marché pour le raisin sec. Depuis les années 1980, une nouvelle génération de viticulteurs a repris l'étendard de cette appellation. Le malaga est un vin blanc moelleux qui doit son caractère complexe et sa douceur à l'adjonction de vins doux, de sirops et de moûts concentrés. Le vin est élevé en *conos* (fûts de châtaignier) selon un système de solera comparable à celui du xérès (voir p. 74). Sa qualité dépend d'un long vieillissement en fût. Les meilleurs peuvent se garder en bouteille pendant des décennies, voire des siècles. On distingue plusieurs catégories, selon la durée du vieillissement : Málaga (de 6 à 24 mois), Málaga Noble (2 à 3 ans), Málaga Añejo (3 à 5 ans) et Málaga Trasañejo (supérieur à 5 ans). On classe aussi les malagas en fonction de leur couleur, du *dorado* (doré) au *negro* (noir).

Depuis 1995, il est possible d'élaborer dans la région des blancs secs (le Málaga Blanco Seco) et des blancs doux naturels, c'est-à-dire sans augmentation artificielle du degré alcoolique, ainsi que des vins secs dans les trois couleurs sous la DO Sierras de Málaga.

> Chai d'élevage dans la Bodega Señorío de Arinzano, près d'Estella, en Navarre.

Les vins rouges croquants aux tanins acidulés sont représentés dans les appellations Ribeira Sacra et Monterrei en Galice. Les vins bien constitués et charnus se retrouvent principalement dans le Priorat (voir p. 386), le Toro (voir p. 381) ou même en Ribera del Duero (voir p. 382). Les blancs secs affichent leur vivacité appuyée, comme le Rías Baixas (voir p. 380), le Txakoli (voir p. 380) ou autres vins de la Navarre ou de la Rioja (voir p. 383). Quelques meilleures vendanges passerillées en blanc comme en rouge sont également travaillées dans le Penedès, dans la Navarre ou en Murcie.

Les Cavas, vins effervescents aux bulles éclatantes, sont produits principalement en Catalogne (voir p. 389). La technique de vinification est identique à celle du champagne, mais les cépages diffèrent.

Universellement connu, le xérès, vin blanc muté, sec à l'origine, offre toute une palette de styles, du plus sec au plus sucré. Très apprécié par les Britanniques (qui le nomment *sherry*), il doit son goût envoûtant à sa vinification particulière sous un voile de levures appelé *flor* (voir p. 74 et 388). Ce dernier ne se développe naturellement que dans une seule autre région au monde, le Jura, où il joue un rôle essentiel dans l'élaboration du vin jaune (voir p. 307).

## Les *vinos de pagos*

Le système des appellations espagnol (voir p. 96) est semblable à celui qui existe en France. Les *vinos de pagos* se trouvent tout en haut de l'échelle de qualité. Appelés également « vins de terroir », ils sont en quelque sorte des vins d'auteur. En effet, sur ces terroirs de très petite taille, au microclimat précis, délimités après de longues années d'observation et de dégustation, s'exprime bien souvent le travail d'un seul producteur. En France, ces vins correspondraient à ces « monopoles » (c'est-à-dire des appellations dont les vignobles n'ont qu'un seul propriétaire) adulés de tous les dégustateurs comme la Romanée-Conti en Bourgogne, le Château-Grillet dans la vallée du Rhône ou encore la Coulée de Serrant dans la vallée de la Loire. On trouve les *vinos de pagos* principalement en Castille-León. Parmi les plus célèbres, citons Marqués de Griñón, Manuel Manzaneque, Dominio de Valdepusa ou encore Finca Elez.

# Les vins les plus connus d'Espagne

*Dynamiques, les vignobles espagnols produisent une vaste gamme de vins et connaissent un essor spectaculaire sur le marché international. Du nord au sud, voici les principales appellations et leurs caractéristiques.*

## TXAKOLI DO

PAYS BASQUE

Au cœur du Pays basque surnommé « l'Espagne verte », dans les provinces de Bilbao et de Saint-Sébastien, cette appellation comprend trois dénominations géographiques, Bizkaia, Getaria et Alava. Proches de l'océan Atlantique, les vignes sont situées à flanc de coteau, sur de très vastes collines escarpées où les conditions climatiques sont marquées par des précipitations abondantes et un ensoleillement modéré.

> **CÉPAGES PRINCIPAUX** Ondarribi zuri pour les vins blancs et ondarribi beltza pour les rouges.

> **SOLS** Les parcelles reposent sur des sols en grande majorité granitiques, mais aussi calcaires pour quelques-unes.

> **STYLE DES VINS** La quasi-totalité de l'appellation est tournée vers la production de vins blancs, mais il n'est pas rare de trouver quelques flacons de vins rouges plutôt voués à une consommation rapide et sur le fruit.

Côté blancs, chaque verre de Txakoli s'exprime au travers d'une robe clair presque argentée, sur des senteurs de pomme granny, de zestes d'agrumes conjuguées en bouche à une vivacité presque tranchante.

***Couleur du vin :***
*blanc et rouge.*

***Température de service :***
*entre 8 et 10 °C pour les vins blancs ;*
*entre 16 et 18 °C pour les rouges.*

***Potentiel de garde :***
*de 3 à 5 ans pour les blancs ;*
*de 3 à 7 ans pour les rouges.*

## RÍAS BAIXAS DO

GALICE

Cette DO se trouve sur la partie méridionale de la Galice, quasiment contiguë avec la frontière portugaise. On retrouve différentes zones de production comme Valle del Salnes, Condado del Tea ou encore O Rosal. La région vit grâce à un passé riche d'influences vinicoles.

> **CÉPAGES PRINCIPAUX** Albariño, loureiro, treixadura, caiño blanco, torrontés et godello pour les vins blancs ; caiño tinto, sousón, espadeiro, brancellaon, mencia et loureiro pour les rouges.

> **SOLS** C'est une région marquée par l'influence de la mer, toute proche. On retrouvera donc des sols propices à l'élaboration de vins blancs marqués d'une touche minérale : les calcaires, les craies ou encore les éboulis rocheux.

> **STYLE DES VINS** La quasi-totalité de l'appellation se destine à l'élaboration de vins blancs aux robes jaune pâle ou or clair, qui se montrent dès leurs premières années très aromatiques avec des notes de fruits du verger comme la pêche et l'abricot.

Lorsqu'ils évoluent dans le temps, on distingue très nettement des touches de confiture de reine-claude et de mirabelle. Les bouches sont construites sur des supports salins, exhausteurs de minéralité, avec une persistance convaincante.

***Couleur du vin :***
*blanc et rouge*
*(moins de 1 %).*

***Température de service :***
*10 °C pour les vins blancs ;*
*16 °C pour les vins rouges.*

***Potentiel de garde :***
*de 3 à 5 ans pour les rouges ;*
*de 5 à 7 ans pour les blancs.*

GALICE

## VALDEORRAS DO

Valdeorras s'étend au sud de la province d'Orense entre la frontière portugaise et l'océan Atlantique. Depuis quelques millésimes, cette DO, qui accueille un parterre de vignerons talentueux, produit des vins blancs suscitant beaucoup d'intérêt en raison de leur minéralité et de la présence en bouche qu'ils offrent. Les rouges ne concernent qu'une très faible partie de la production. Le climat, souvent humide du fait de la proximité de l'Océan, est idéal pour les maturités. Les vignobles s'accrochent de façon impressionnante aux flancs de montagne, mais s'étendent également au cœur des vallées.

> **CÉPAGES PRINCIPAUX** Godello, palomino, doña blanca pour les vins blancs ; mencia pour les rouges.

> **SOLS** Les sols de granite et d'ardoise apportent aux vins beaucoup de tension, de droiture sur des bouches souvent grasses et consistantes.

> **STYLE DES VINS** Les vins blancs s'expriment par des arômes de fruits blancs à l'eau-de-vie comme la poire et la mirabelle. En bouche, le toucher est dense, gras avec une minéralité intéressante. Côté vins rouges, le cépage mencia s'exprime par des robes pourpre violacé éclatantes pour continuer sur des notes de petits fruits rouges acidulés, avec des tanins soyeux offrant une gourmandise bienvenue.

***Couleur du vin :*** *blanc et rouge.*

***Température de service :*** *10 °C pour les vins blancs ; 16 °C pour les vins rouges.*

***Potentiel de garde :*** *de 3 à 5 ans pour les rouges ; de 5 à 7 ans pour les blancs.*

CASTILLE-LEÓN

## TORO DO

En à peine dix ans, cette DO créée en 1987 s'est imposée comme l'une des places de choix pour l'élaboration de grands vins. Le rendement moyen est de 15 hl/ha à peine et l'amplitude thermique, l'une des plus larges du pays, permet d'aboutir à des maturités idéales.

> **CÉPAGES PRINCIPAUX** Malvasia et verdejo pour les blancs ; tinto de Toro et garnacha pour les rouges et les rosés.

> **SOLS** C'est un vignoble d'altitude (entre 600 et 800 m), le plus souvent soumis à des nuits très froides qui permettent aux sols, principalement argilo-siliceux, de restituer avec justesse la chaleur et les oligo-éléments dont la vigne a besoin.

> **STYLE DES VINS** Ce sont surtout les vins rouges issus le plus souvent de pur tinto de Toro qui émerveillent. Leur robe attire l'œil par sa coloration grenat sombre, presque noire. Le nez présente des tonalités chaudes de cuir, de terres humides, de patines anciennes pour terminer sur une touche de fruits juteux. En bouche, la concentration s'allie à une sensation tactile suave et veloutée. On découvre alors une série légèrement empyreumatique, épicée, conjuguée à une race exemplaire. Les vins blancs et les rosés ont un caractère plus classique.

***Couleur du vin :*** *blanc, rosé et rouge.*

***Température de service :*** *entre 8 et 10 °C pour les vins blancs et les rosés ; 16 °C pour les vins rouges.*

***Potentiel de garde :*** *de 5 à 20 ans.*

## Numanthia, fleuron de l'appellation Toro

Située à plus de 650 m d'altitude, la DO Toro s'étend entre plateaux et collines. Le cépage tinto de Toro, bien connu sous le nom de tempranillo, y produit des vins séveux, d'une grande profondeur, aux arômes de fruits noirs juteux et d'épices. Une bodega brille particulièrement au cœur de ce paysage : Numanthia-Termes. Ce domaine créé en 1998 est tout d'abord l'histoire d'une famille, les Eguren, qui a su mettre en valeur un vignoble exceptionnel. En effet, la propriété (40 ha environ) dispose d'un patrimoine extraordinaire de vieilles vignes qui confèrent aux vins toute leur grandeur. Chaque bouteille bénéficie de soins très attentifs : rendements très faibles, recherche extrême des maturités et surtout vinifications soigneuses donnant aux vins un velouté et une persistance rares. La cuvée Termanthia élaborée uniquement à partir de vignes préphylloxériques, c'est-à-dire non greffées, s'impose sur les derniers millésimes comme l'un des plus grands flacons d'Espagne.

## BIERZO DO

CASTILLE-LEÓN

Située au pied de la cordillère de Cantabrie, Bierzo repose entre plaines et montagnes à une altitude de plus de 500 m en moyenne, ce qui garantit à la vigne une amplitude thermique parfaite. C'est le terroir de prédilection du cépage mencia qui produit ici des vins rouges saisissants.

> **CÉPAGES PRINCIPAUX** Godello, doña blanca, malvasia, palomino, chardonnay pour les blancs ; mencia, garnacha (grenache), tempranillo, cabernet-sauvignon et merlot pour les vins rouges et les rosés.

> **SOLS** L'altitude moyenne de l'appellation étant assez élevée et les montagnes étant proches, le sol se compose principalement d'alluvions, mais également de calcaire. Il garantit aux vins une maturité lente et une profonde minéralité.

> **STYLE DES VINS** Les vins blancs et les rosés se trouvent éclipsés par les progrès réalisés ces dernières années dans l'élaboration des vins rouges issus du cépage mencia. Affichant dès le début une coloration sombre, quasi opaque, ils présentent un nez des plus concentrés et profonds, livrant tantôt des notes de confiture de cerise noire, de cassis pour évoluer vers un registre fumé et minéral. En bouche, on retrouve un grain de tanin riche, serré, qui a toujours besoin de quelques années de garde pour délivrer ses promesses.

***Couleur du vin :***
*blanc, rosé et rouge.*

***Température de service :***
*entre 8 et 10 °C pour les vins blancs et les rosés ; 16 °C pour les vins rouges.*

***Potentiel de garde :***
*de 3 à 5 ans pour les blancs et les rosés ; de 5 à 15 ans pour les rouges.*

## RIBERA DEL DUERO DO

CASTILLE-LEÓN

Cette appellation qui produit surtout des vins rouges est à l'Espagne ce que sont en France Margaux ou Côte-Rôtie. Véritable emblème du savoir-faire hispanique, aujourd'hui encore plus qu'hier, elle prouve millésime après millésime qu'elle est bien la reine de la péninsule Ibérique et le berceau des plus grandes bodegas. Le domaine mythique Vega-Sicilia (voir p. 384-385) y trouve d'ailleurs ses origines depuis 1864.

Le classement espagnol des vins selon leur âge (voir aussi p. 96) trouve au sein de cette DO l'une des plus illustres applications et donne une vision des vins des plus claires. Ainsi, les vins « joven », mis en bouteilles avant 12 mois, se boivent jeunes ; les « reservas » sont âgés d'au moins 3 ans, dont 1 an passé en fût ; les « gran reservas », produits dans les millésimes particulièrement réussis, sont âgés d'au moins 5 ans, dont 2 ans passés en fût et 3 ans en bouteille.

> **CÉPAGES PRINCIPAUX** Tinto fino, cabernet-sauvignon, merlot, malbec, garnacha (grenache) pour les vins rouges ; albillo pour les blancs (mais la production est presque inexistante).

> **SOLS** Dans ce terroir d'altitude se trouvent des sols en grande partie formés d'alluvions, de craies et de vieux calcaires. Ils garantissent aux vins une définition tactile sans équivalent.

> **STYLE DES VINS** Les arômes des vins rouges sont portés sur des registres de petits fruits rouges acidulés, d'épices douces, de bois exotique en passant par une touche de viande fumée, pour terminer sur des essences de rose séchée : Ribera del Duero sait se montrer intrigante et passionnante.

Les vins de « crianza » offrent un juste compromis entre une texture goûteuse et une expression du tinto fino attirante. Les « reservas » et « gran reservas » sont des vins beaucoup plus profonds, séduisants et veloutés.

***Couleur du vin :***
*rouge et blanc.*

***Température de service :***
*10 °C pour les blancs ; 16 °C pour les vins rouges.*

***Potentiel de garde :***
*de 10 à 50 ans voire davantage, selon les millésimes et la bodega en question.*

RIOJA

# RIOJA DOC

La région de la Rioja, située dans le nord du pays, des deux côtés de l'Èbre, tire son nom de Rio Oja, petite rivière qui traverse l'appellation d'ouest en est. Au XIXe siècle, les vins de Bordeaux ont beaucoup inspiré les producteurs de la Rioja. Durant la crise du phylloxéra, certains d'entre eux se sont expatriés dans le Bordelais pour revenir ensuite avec les nouvelles techniques et le savoir-faire.

Comme dans l'appellation Ribera del Douero, les vins relèvent d'un système de contrôles de vieillissement très strict, garantissant un suivi qualitatif rigoureux. Le Rioja, sans autre mention, passe quelques mois en baril de chêne tout au plus ; le Rioja Crianza vieillit au moins 2 ans, dont au moins 1 an en fût de chêne ; le Rioja Reserva vieillit au moins 3 ans dont 1 an en fût de chêne ; le Rioja Gran Reserva vieillit au moins 2 ans en fût de chêne et au moins 3 ans en bouteille.

> **CÉPAGES PRINCIPAUX** Grenache blanc, viura, malvasia, pour les vins blancs ; tempranillo, grenache noir, graciano et mazuelo pour les rouges et les rosés.

> **SOLS** La majeure partie des sols s'étend sur un ensemble argilo-calcaire fortement influencé par un climat continental. En Rioja Baja, l'un des terroirs de la Rioja, on retrouve une présence plus importante d'argile ferrugineuse alors qu'en Rioja Alavesa, c'est le calcaire qui domine.

> **STYLE DES VINS** Les vins blancs reposent principalement sur une présence marquée de grenache blanc. Les robes s'affichent sur des tons clairs et le nez est bercé par des essences de fruits blancs (poire japonaise, pêche de vigne) et des touches de caillou humide. En bouche, le gras et l'ampleur dominent.

Ces dernières années, les rouges ont peu à peu perdu le style généreux et chaleureux d'autrefois. Ils montrent des robes grenat

aux reflets violines. La phase olfactive exprime à merveille la personnalité haute en couleur de l'appellation. La bouche, imprégnée de notes sanguines (venaison, touches animales), de confiture de mûres et de touches de cacao poudré, se caractérise par la structure et la sève.

Les rosés jouent la carte de la fraîcheur et de la gourmandise du fruit.

***Couleur du vin :***
*blanc, rosé et rouge.*

***Température de service :***
*entre 8 et 10 °C pour les vins blancs et les rosés ; 16 °C pour les vins rouges.*

***Potentiel de garde :***
*de 3 à 15 ans pour les blancs et les rosés ; de 5 à 20 ans pour les rouges.*

NAVARRE

# NAVARRA DO

C'est l'une des appellations les plus connues, existant depuis l'origine des DO. Située à 60 km au sud des Pyrénées françaises, l'appellation est comprise entre Pampelune au nord, Logroño à l'ouest et la Sierra del Moncayo au sud.

Au sein de la DO, il existe plusieurs zones de production : Baja Montaña, Tierra Estella, Valdizarbe, la Ribera Alta et la Ribera Baja. Son terroir immense – il s'étend sur plus de 15 000 ha – commence en touchant quasiment les dernières parcelles de la Rioja.

> **CÉPAGES PRINCIPAUX** Viura, chardonnay, moscatel de grano menudo, malvasia pour les vins blancs ; garnacha (grenache), tempranillo, cabernet-sauvignon, merlot, mazuelo et graciano pour les rouges et les rosés.

> **SOLS** Les vignes se répandent sur des étendues toujours impressionnantes. On peut les retrouver bordant la rivière de l'Èbre pour évoluer au nord vers des collines et des hauteurs plus affirmées. Les sols sont aussi divers que les expositions sont nombreuses. On trouve des argiles mais surtout des sables et une présence non négligeable de calcaire qui offre aux vins un support minéral important.

> **STYLE DES VINS** Les blancs sont le plus souvent rafraîchissants, acidulés, avec des saveurs fruitées qui s'expriment à merveille. À noter des Chardonnays élevés « à la bourguignonne », c'est-à-dire avec un passage en barrique afin de leur procurer du gras et de l'ampleur.

Les amateurs de découvertes et de cuvées rares pourront déguster les vins moelleux dont l'élaboration est autorisée par l'appellation. Depuis quelques millésimes déjà, on assiste à la production de Muscats issus de la variété à petits grains. Ces vins produits avec des raisins passerillés se révèlent de véritables douceurs pour les sens et les papilles.

Le style des rouges est souvent dominé par l'assemblage de type bordelais. On trouve donc une forte présence de merlot et de cabernet-sauvignon, ce qui fait perdre aux vins une partie de leur authenticité et de leur couleur locale. En revanche, les Navarra issus du tempranillo se montrent denses et bien constitués, délivrant des fragrances de fruits noirs (mûre), ou de baie de genièvre sur un fond d'épices.

***Couleur du vin :***
*blanc, rosé et rouge.*

***Température de service :***
*entre 8 et 10 °C pour les vins blancs et les rosés ; 16 °C pour les vins rouges.*

***Potentiel de garde :***
*de 3 à 10 ans pour les blancs et les rosés ; de 5 à 15 ans pour les rouges.*

1. Vue sur le domaine de Vega-Sicilia.
2. Des grappes de tempranillo.
3. Dans les chais.
4. Emblème de Vega-Sicilia.
5. Une étiquette de Unico.

# Vega-Sicilia « Unico »

Étrange, ce nom aux consonances italiennes, étrange ce fleuve à 100 km au sud de Burgos, le Duero qui devient le Douro au Portugal pour produire le fameux porto. Étrange ce vin d'Espagne élaboré avec quelques cépages bien français, étrange encore la manière avec laquelle il est élevé... Le Vega-Sicilia « Unico » fait désormais partie des vins de légende.

## DE SIMPLE *VINO DE MESA* À LA COUR DES GRANDS

Après un voyage instructif à Bordeaux, don Eloy Lecanda y Chaves créa son vignoble en 1864, en Castille, en plantant des cépages qu'il ramena de France, le cabernet-sauvignon, le malbec, le merlot, le carménère, auxquels il ajouta le célèbre cépage local, le tempranillo (appelé aussi « tinto fino »). Les débuts furent médiocres et il fallut attendre 1903 pour que le nouveau propriétaire, Antonio Herrero, donne au domaine une grande réputation.

En 1982, la propriété fut acquise par la famille Alvarez, et le Vega-Sicilia atteignit les sommets du prestige mondial. La même année, le vin, jusqu'ici classé simple *vino de mesa* (vin de table), accéda officiellement au statut prestigieux de *Denominación de origen Ribera del Duero*.

## CLIMATS, SOLS ET MÉTHODES DOUCES

Perché à 700 m d'altitude, le vignoble profite d'un climat semi-continental aux étés chauds et secs et aux hivers froids et pluvieux. Les gelées printanières peuvent sévir jusqu'à début mai, ce qui présente un grand risque. Dans tous les cas, seuls les grands millésimes voient apparaître le Vega-Sicilia « Unico ». Ainsi, dans les millésimes médiocres – 1992, 1997, 2000, 2001 –, ce vin n'existe simplement pas.

Peu fertile, le terroir des 230 ha de la propriété ne comporte pas moins de 19 types de sols. Cette relative pauvreté et cette belle variété sont propices à la complexité du vin. Cinq niveaux de vins sont produits sur l'ensemble du domaine, mais, pour la cuvée qui porte le nom de Vega-Sicilia « Unico », seules les vignes les plus anciennes sont sollicitées.

Dans le vignoble, les méthodes douces et naturelles sont toujours privilégiées. On procède à la taille « en vert » pour limiter les rendements et améliorer la qualité de chaque grappe. Quand vient le temps des vendanges, le plus tard possible afin d'obtenir une maturité optimale du raisin,

3

4

5

la récolte est égrappée, toujours en douceur, et la fermentation s'engage aussitôt, naturellement.

## UN TRAVAIL D'ÉLEVAGE… UNIQUE

Dans l'assemblage final, chaque cépage apporte sa touche et participe au large éventail aromatique. Une fois le vin obtenu, commence le long et incroyable élevage de l'Unico. Le maître de chai, Xavier Aussas, suit l'évolution du vin en fût pendant... 7 ans au moins ! Son patient travail consiste à faire séjourner le vin pendant diverses périodes d'abord dans des fûts neufs d'origine française, ensuite dans des fûts anciens de chêne américain, puis dans d'autres fûts neufs américains, et encore dans des fûts français... Xavier est le maître absolu de ce méticuleux périple. Après un tel traitement, tout autre vin deviendrait amorphe et desséché ; pour l'Unico, c'est tout le contraire.

## LIVRÉ 10 ANS APRÈS LA VENDANGE

Après ce patient travail d'élevage, le vin est mis en bouteilles, mais il restera au domaine quatre années supplémentaires afin de s'affiner encore et de devenir totalement harmonieux. C'est alors seulement qu'il est proposé à la commercialisation. Les quelques privilégiés qui l'obtiennent font partie d'une longue liste d'attente.

Un vin livré 10 ans – au moins – après la vendange : tous les records sont battus ! On dit même que le roi d'Espagne doit se montrer patient... Dans les ventes aux enchères des meilleures places du monde, le Vega-Sicilia « Unico » atteint des prix « stratosphériques ».

Et, pour atteindre son apogée, le vin devra encore séjourner en cave pendant quelques années. Un demi-siècle de garde ne saurait le gêner, bien au contraire.

## SA DÉGUSTATION

Voilà un vin pour une grande occasion et qu'il convient de mettre en valeur avec beaucoup de soin. Pour profiter de sa large palette aromatique, on le décantera 1 heure avant de le servir à 18 °C.

Versé dans un verre de forme tulipe, il séduit aussitôt par sa profonde robe pourpre. Tourné lentement, il offre sans retenue toute la panoplie de son bouquet : d'abord les fruits noirs confits et macérés, les épices boisées et fumées, des notes giboyeuses et florales, puis des touches de sous-bois et enfin, discrets, des parfums d'ambre...

Quand on a enfin le plaisir de le mettre en bouche, on savoure son fruit épanoui, ses tanins d'une race extrême et sa constante fraîcheur, bienvenue et particulièrement gourmande. Un vin opulent, d'un beau soyeux et d'une longueur suave et infinie... Un seigneur assurément. Un grand d'Espagne.

ARAGON

## CAMPO DE BORJA DO

La région d'Aragon constitue une immense étendue traversée par l'interminable fleuve Èbre. L'appellation Campo de Borja, située à la pointe sud de la DO Navarre, tire son nom de *campo* qui signifie « pays » entourant la vieille cité de Borja. Elle interprète très bien la qualité et la noblesse des vins que l'on peut produire sur ces terroirs. L'altitude moyenne du vignoble est de 500 m. Il en résulte un paysage viticole varié, formé par de longues étendues entrecoupées de collines aux pentes douces.

> **CÉPAGES PRINCIPAUX** Garnacha (grenache), tempranillo, mazuelo, cabernet-sauvignon, merlot et syrah pour les rouges et les rosés ; maccabeu, moscatel et chardonnay pour les blancs.

> **SOLS** Calcaires assez bruns avec des touches d'oxyde de fer.

> **STYLE DES VINS** Ce sont surtout les rouges, dominés par le grenache, qui font la réputation de l'appellation. Leurs robes offrent des couleurs saturées, aux teintes souvent violacées voire opaques. Au nez, on évolue sur des notes de fruits noirs macérés (mûre, myrtille, figue) et c'est une structure affirmée qui se laisse apprécier en bouche. Les tanins, fondus, évoluent vers une texture suave et veloutée.
Les blancs et rosés, minoritaires, se caractérisent par la fraîcheur des arômes et des textures revigorantes et acidulées.

***Couleur du vin :***
*blanc, rosé et rouge.*

***Température de service :***
*entre 8 et 10 °C pour les vins blancs et les rosés ; 16 °C pour les rouges.*

***Potentiel de garde :***
*de 3 à 5 ans pour les blancs secs ; de 7 à 10 ans pour les blancs doux et les rancios ; de 7 à 20 ans pour les rouges.*

CATALOGNE

## PRIORAT DOC

C'est l'appellation reine de la Catalogne. Alors qu'il y a vingt ans les vins du Priorat étaient vendus à peine 1 € par litre en Cubitainer, les plus grandes cuvées dépassent aujourd'hui les 500 € par flacon. Cette DOC s'est métamorphosée pour offrir des vins profonds qui retranscrivent leur terroir.
Les vins blancs ainsi que les rouges portant la mention « crianza » sont élevés au moins 6 mois dans des fûts de chêne ; les « gran reservas » passent 24 mois au minimum en fût et 3 ans en bouteille avant d'être mis sur le marché.

> **CÉPAGES PRINCIPAUX** En blanc : grenache blanc, maccabeu, parellada, chenin, viognier et pedro ximénez ; en rouge : cariñena, garnacha (grenache), cabernet-sauvignon, merlot, pinot noir, syrah, tempranillo et touriga.

> **SOLS** Le paysage alterne une succession de terrasses et de plateaux à une altitude entre 200 et plus de 900 m, reposant sur un sol de schistes et de granite.

> **STYLE DES VINS** Les blancs secs, encore produits de façon confidentielle, s'expriment bien au travers du grenache blanc, véritable « marqueur » de terroir. Les blancs doux et de style rancio sont de véritables gourmandises, mais plus anecdotiques en termes de production.
Les rouges arborent des robes pourpres, des senteurs de confiture de groseilles, de mûres, d'épices. Ils reposent sur des tanins fermes, nuancés par des arômes de fruits noirs et de mine de crayon.

***Couleur du vin :***
*blanc et rouge.*

***Température de service :***
*entre 10 et 12 °C pour les vins blancs secs et les moelleux ; 16 °C pour les vins rouges.*

***Potentiel de garde :***
*de 3 à 5 ans pour les blancs secs ; de 7 à 10 ans pour les blancs doux et les rancios ; de 7 à 20 ans pour les rouges.*

## Sélection des 10 meilleures bodegas espagnoles

- **Agustí Torelló** - DO Cava
- **Bodegas Chivite** - DO Navarra
- **Bodega Aalto** - DO Ribera del Duero
- **Bodega Alvaro Palacios** - DOC Priorat
- **Bodegas Arzuaga** - DO Ribera del Duero
- **Bodegas Numanthia-Termes** - DO Toro
- **Bodega San Roman** - DO Toro
- **Bodegas Vega-Sicilia** - DO Ribera del Duero
- **Clos Mogador** - DOC Priorat
- **Vall Llach** - DOC Priorat

CATALOGNE

## PENEDÈS DO

Répartie sur plus de 30 000 ha, cette appellation emblématique occupe une bonne partie de la Catalogne. Elle compte plusieurs sous-régions : Alt Penedès, Baix Penedès et Garraf. Son étendue permet l'élaboration de multiples styles de vins.

> **CÉPAGES PRINCIPAUX** Maccabeu, parellada, xarel-lo, moscatel, chardonnay, sauvignon, gewurztraminer, riesling et chenin pour les vins blancs ; tempranillo, grenache, cariñena, monastrell, cabernet-sauvignon, merlot, pinot noir et syrah pour les rouges et les rosés.

> **SOLS** Cette immensité géographique regroupe bon nombre de sols. En altitude, les calcaires majoritaires garantissent aux vins une fraîcheur marquée ; on y trouve aussi des sols de craie et de granite. En plaine, ce sont davantage des sols argilo-sablonneux qui dominent.

> **STYLE DES VINS** Les vins blancs sont vinifiés selon plusieurs axes ; la présence de cépages internationaux comme le chardonnay ou le sauvignon autorise tous les styles, même les plus boisés. En bouche, les gammes aromatiques et les textures seront donc tout aussi différentes.

Quant aux vins rouges, ils sont souvent travaillés autour d'élevages judicieux qui donnent des vins à la couleur profonde, aux nez de fruits noirs comme la prune, le cassis, poudrés d'épices. La constitution tannique varie selon les assemblages de cépages, mais demeure relativement souple et soyeuse.

***Couleur du vin :***
*blanc, rosé et rouge.*

***Température de service :***
*entre 8 et 10 °C pour les blancs et les rosés ; 16 °C pour les rouges.*

***Potentiel de garde :***
*de 1 à 3 ans pour les rosés ; de 3 à 10 ans pour les blancs secs ; de 7 à 10 ans pour les rouges.*

CASTILLE-LA-MANCHE

## VALDEPEÑAS DO

L'aire de cette DO s'étend sur plus de 30 000 ha, protégée entre les monts de Tolède et la sierra de Segura. Les vins sont travaillés dans les trois couleurs et souvent vinifiés selon une vision classique et honnête de l'appellation.

> **CÉPAGES PRINCIPAUX** En blanc : airén et maccabeu ; en rouge et rosé : cencibel, grenache et cabernet-sauvignon.

> **SOLS** *Val de peñas* signifie « vallée des pierres » : on imagine facilement les paysages désertiques et arides sur lesquels les vignes se répandent. Les parcelles le plus prometteuses reposent sur des sols de craie et de calcaire.

> **STYLE DES VINS** Les blancs sont travaillés autour d'un sublime duo formé par l'airén et le maccabeu. Le premier apporte sa fraîcheur et sa vivacité tandis que le second se laisse apprécier pour ses bouches amples et charnues, révélant une minéralité somptueuse.

Les vins rouges sont issus en majorité du cépage cencibel, purement hispanique, qui réserve de belles surprises aux amateurs de vins denses, profonds et veloutés.

***Couleur du vin :***
*blanc, rosé et rouge.*

***Température de service :***
*entre 8 et 10 °C pour les blancs et les rosés ; 16 °C pour les rouges.*

***Potentiel de garde :***
*de 3 à 5 ans pour les blancs secs et les rosés ; de 8 à 10 ans pour les rouges.*

MURCIE

## JUMILLA DO

Située au sud-est du pays, dans le Levant, Jumilla s'étend sur plus de 40 000 ha. Le paysage de certaines zones ressemble à des plaines lunaires, les terres étant arides et l'ensoleillement important.

> **CÉPAGES PRINCIPAUX** En blanc : airén, maccabeu, moscatel, malvasia et pedro ximénez ; en rouge et rosé : monastrell, garnacha (grenache), tempranillo, cabernet-sauvignon, merlot et syrah.

> **SOLS** De pierres et de craies, il assure une bonne conservation des oligo-éléments et des sels minéraux, garantissant un épanouissement idéal de la vigne.

> **STYLE DES VINS** Les vins blancs et rosés sont vinifiés pour mettre en valeur l'expression aromatique de leurs différents cépages ; leur bouche est généreuse et vivifiante. Mais les vins les plus intéressants sont les rouges passerillés, issus du monastrell (mourvèdre). Les vignerons se sont lancés dans leur élaboration avec un grand succès dès le début du XX<sup>e</sup> siècle. Ces vins à la couleur violacée assez sombre évoluent vers des sensations olfactives amenant une véritable explosion de fruits cuits (framboise, prune, figue), mêlée à une bouche suave, le tout dans un équilibre idéal. La sucrosité demeure toujours harmonieuse, jamais pesante.

***Couleur du vin :***
*blanc, rosé et rouge.*

***Température de service :***
*entre 8 et 10 °C pour les blancs et les rosés ; 15 °C pour les rouges.*

***Potentiel de garde :***
*de 3 à 5 ans pour les blancs secs et les rosés ; de 7 à 30 ans pour les rouges.*

MURCIE

# YECLA DO

Cette appellation méridionale a opéré un véritable retour qualitatif depuis les derniers millésimes. Bien plus confidentielle en termes de surface cultivée que la DO Jumilla voisine, elle comporte deux zones, Campo Arriba et Campo Abajo, qui élaborent des vins très appréciés des amateurs pour leurs maturités abouties.

> **CÉPAGES PRINCIPAUX** Airén, maccabeu, merseguera, sauvignon blanc pour les vins blancs ; monastrell (synonyme du mourvèdre, présent à 75 % au moins dans les assemblages), tempranillo, garnacha (grenache), cabernet-sauvignon, merlot et syrah pour les rouges et les rosés.

> **SOLS** Comme quelques autres appellations méridionales, Yecla repose sur des sols de craie et de calcaire, qui confèrent aux vins beaucoup de fraîcheur et d'équilibre.

> **STYLE DES VINS** Les vins blancs et les rosés sont toujours très expressifs, s'épanouissant sur des textures ensoleillées, vivifiantes et acidulées. Côté rouges, les robes sont toujours intenses, soulignées par des teintes grenat-pourpre. Les vins sont denses, puissants, largement épaulés par des matières tanniques généreuses et des gammes aromatiques épicées, chocolatées, légèrement balsamiques.

***Couleur du vin :***
*blanc, rosé et rouge.*

***Température de service :***
*entre 8 et 10 °C pour les vins blancs et les rosés ; 16 °C pour les vins rouges.*

***Potentiel de garde :***
*de 3 à 5 ans pour les blancs secs et les rosés ; de 3 à 10 ans pour les rouges.*

ANDALOUSIE

# XÉRÈS DOC

Située tout au sud de l'Espagne, en Andalousie, l'appellation Xérès (Jerez) a obtenu le statut de DOC dès 1933. Connue depuis des siècles, elle a fait très tôt le bonheur des Anglais qui ont apprécié ses qualités gustatives. Le cépage palomino, qui, sur d'autres terroirs, produit un vin à la gamme aromatique discrète et sans grand intérêt, semble avoir trouvé ici les conditions idéales.

> **CÉPAGES PRINCIPAUX** Deux cépages ressortent principalement. Le premier, le palomino fino, également appelé le palomino blanc ou le listan, est présent sur plus de 90 % des terres viticoles. Le second, pedro ximénez, dénommé plus rapidement « PX », concerne davantage la production de vins doux.

> **SOLS** C'est principalement le sol et le sous-sol calcaire (on appelle ces terres « albarizas ») qui dominent dans cette région. Ce type de sol est l'un des critères qualitatifs des grands vins de Xérès. Il s'impose comme une marque de la minéralité unique et confère aux cépages utilisés pour la vinification une palette aromatique et une sensation tactile authentiques.

> **STYLE DES VINS** C'est dans les styles de vins que résident la complexité et la diversité de l'appellation. On trouve à la fois un vin des plus secs et nerveux comme le Xérès Fino Manzanilla et un vin quasiment sirupeux, riche en arômes tertiaires, comme le xérès Oloroso Cream. Il existe deux familles de xérès, les Finos, secs et légers, et les Olorosos, plus colorés et plus puissants. Les Finos sont tributaires de la *flor* (voir p. 74) alors que les Olorosos ne le sont pas.

– Les Finos. Ils sont très secs et aromatiques (arômes de brou de noix, d'amandes, de cuir), et leur degré d'alcool est le plus bas. Ils se boivent très jeunes. On distingue plusieurs catégories en fonction du temps de vieillissement, du taux de sucres résiduels et du caractère des vins : Manzanilla, Manzanilla Pasada, Fino Amontillado et Amontillado.

– Les Olorosos. Ils se distinguent des Finos par leurs teneurs en alcool plus importantes (entre 16 et 18 % vol.) et surtout par leurs durées de vieillissement en barrique et en foudre. La gamme aromatique s'exprime sur des arômes de fruits secs, de malt, de torréfaction, de chocolat mais également de cuir et de nuances plus balsamiques. Les catégories sont : Medium, Palo Cartado, Cream, Pale, Pale Cream, Moscatel ou Pedro Ximénez.

***Couleur du vin :***
*blanc.*

***Température de service :***
*de 8 à 12 °C pour les Finos ; à 14 °C pour les Olorosos.*

***Potentiel de garde :***
*de 1 à 3 ans pour les Finos ; de 7 à 100 ans pour les Olorosos.*

## PLA Í LLEVANT DO

### ILES BALÉARES

Cette appellation tout aussi fameuse que récente en termes de classement se trouve sur l'île de Majorque. Sur moins de 250 ha, ce qui est très faible pour l'Espagne, on trouve 9 caves et producteurs qui font évoluer leurs vins sous un climat régulier où l'ensoleillement important et l'air marin permettent d'obtenir une qualité de vendanges des plus honorables.
À signaler, au passage, un encépagement à base de variétés autochtones renfermant toutes les richesses de l'île.
> **CÉPAGES PRINCIPAUX** Prensal, moscatel, maccabeu, parellada, chardonnay pour les vins blancs ; callet, fogoneu, tempranillo, manto negro, monastrell, cabernet-sauvignon et merlot pour les rouges et les rosés.
> **SOLS** Les vignes occupent des terrains crayeux parsemés de blocs de craies assurant une rétention en eau idéale.
> **STYLE DES VINS** Les muscats à la fois à petits grains et d'Alexandrie semblent avoir trouvé un terroir de prédilection parfait pour leur épanouissement. Le plus souvent vinifiés en sec, ils s'expriment sur des senteurs florales de lavande, de mimosa pour délivrer en bouche une tenue vivifiante et aromatique.
Les vins rosés méritent aussi beaucoup d'attention. Ils attirent l'œil par des colorations marquées pour évoluer ensuite vers des touches d'orange confite, de cuir frais et également une pointe fumée. En bouche, le gras et l'opulence sont au rendez-vous.
Toute la générosité des vins du bassin méditerranéen se retrouve ensuite dans les rouges. Majoritairement vinifiés à partir de callet et de tempranillo, ils se laissent observer sous des colorations grenat et donnent des sensations olfactives fleurant la confiture de mûres, le cacao et un fond chocolaté envoûtant. Les textures en bouche s'affirment grâce à des tanins solides et bien mûrs.

***Couleur du vin :***
*blanc, rosé et rouge.*

***Température de service :***
*entre 8 et 10 °C pour les vins blancs et les rosés ; 15 °C pour les vins rouges.*

***Potentiel de garde :***
*de 3 à 5 ans pour les blancs et les rosés comme pour les rouges.*

## CAVA DO

### PLUSIEURS RÉGIONS

Surnommé « champaña » par les Espagnols, le plus connu des vins effervescents de la péninsule Ibérique tire son nom du mot « cave » en catalan. Ses origines sont bien postérieures à celles du champagne. Les premiers écrits remontent à 1872, lorsque José Raventos, de la célèbre bodega Cordoniu, à la suite d'un périple en Champagne, décida de produire à partir des cépages locaux l'équivalent cette fameuse boisson effervescente. Après de nombreux essais et recherches, il réussit à la mettre au point dans sa cave de San Sadurni d'Anoia.
Le Cava est produit principalement en Catalogne, mais il est possible de l'élaborer également dans l'Aragon, l'Estrémadure, la Rioja, la Navarre, au Pays basque et en Valence. Son étendue est donc gigantesque (plus de 35 000 ha).
> **CÉPAGES PRINCIPAUX** En blanc : chardonnay, maccabeu, malvasia, parellada et xarel-lo ; en rosé : garnacha (grenache), monastrell, trepat et pinot noir.
> **SOLS** La superficie importante offre des types de sols assez divers, néanmoins bon nombre de producteurs s'accordent à penser que les plus fines bulles naissent sur des sols calcaires, crayeux, capables de procurer aux vins la minéralité et la maturité nécessaires.
> **STYLE DES VINS** Les différents Cavas se caractérisent par des robes scintillantes parsemées de mille bulles et de cordons réguliers.
Au nez, on distingue très nettement des bouquets floraux de tilleul, d'acacia, de verveine pour continuer sur des touches de fruits jaunes finement surmûris comme la mirabelle ou la reine-claude, l'ensemble étant éclairé par des touches crayeuses.
En bouche, les papilles sont emmenées par une effervescence vive et dynamique. L'évolution permet aux vins de gagner en ampleur et en suavité. La rétro-olfaction restitue des senteurs de cailloux frottés, de miel d'acacia, de poires juteuses. La persistance sait se montrer longue à souhait.
À noter que, depuis 1986, on autorise le chardonnay qui prend de plus en plus

d'importance dans les assemblages pour développer des senteurs beurrées très délicates, tout comme le moelleux de bulles que l'on attend d'un grand effervescent.

***Couleur du vin :***
*blanc et rosé.*

***Température de service :***
*entre 8 et 12 °C selon les cuvées et le stade d'évolution du vin.*

***Potentiel de garde :***
*de 3 à 15 ans.*

# PORTUGAL

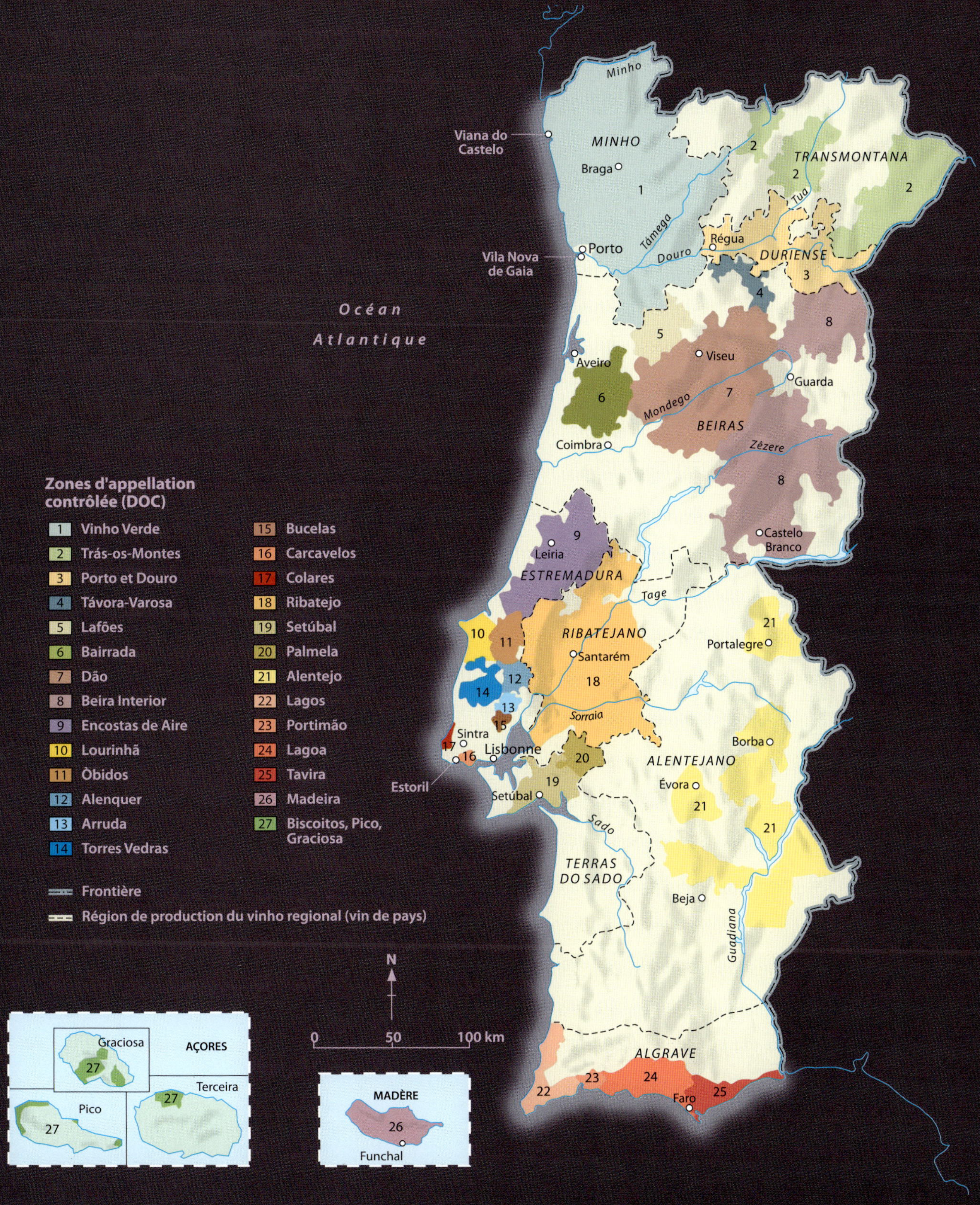

Minho
MINHO
Viana do Castelo
Braga
Porto
Vila Nova de Gaia
Tâmega
Douro
Régua
DURIENSE
TRANSMONTANA
Tua
Océan Atlantique
Aveiro
Viseu
Guarda
Mondego
BEIRAS
Coimbra
Zêzere
Castelo Branco
Leiria
ESTREMADURA
Tage
RIBATEJANO
Santarém
Portalegre
Sorraia
Sintra
Lisbonne
Estoril
Setúbal
Borba
ALENTEJANO
Évora
Sado
TERRAS DO SADO
Beja
Guadiana
ALGRAVE
Faro
Zones d'appellation contrôlée (DOC)
1 Vinho Verde
2 Trás-os-Montes
3 Porto et Douro
4 Távora-Varosa
5 Lafões
6 Bairrada
7 Dão
8 Beira Interior
9 Encostas de Aire
10 Lourinhã
11 Òbidos
12 Alenquer
13 Arruda
14 Torres Vedras
15 Bucelas
16 Carcavelos
17 Colares
18 Ribatejo
19 Setúbal
20 Palmela
21 Alentejo
22 Lagos
23 Portimão
24 Lagoa
25 Tavira
26 Madeira
27 Biscoitos, Pico, Graciosa
Frontière
Région de production du vinho regional (vin de pays)
N
0 50 100 km
AÇORES
Graciosa
Terceira
Pico
MADÈRE
Funchal

# LES VIGNOBLES DU PORTUGAL

*Situé aux confins occidentaux de l'Europe, le Portugal offre une grande variété de vins sur un territoire relativement étroit. Depuis des siècles, il est renommé pour ses vins mutés de Porto et de Madère, mais produit désormais aussi de grands vins rouges secs et des blancs de plus en plus séduisants.*

## Une longue histoire viticole

**LE COMMERCE DU PORTO.** L'histoire du vignoble portugais remonte à l'Antiquité mais c'est tardivement que ses vins ont acquis une certaine reconnaissance. Les liens commerciaux tissés avec l'Angleterre dès le XIIe siècle ont été le principal moteur du développement de la vigne au Portugal. Cette longue collaboration donna notamment naissance, au XVIIIe siècle, au vin de Porto, un rouge sombre de la vallée du Douro que les négociants mutaient pour qu'il supporte les longues traversées en mer. Cette région s'est dotée d'une législation très précise dès 1756, qui fait d'elle la première véritable appellation contrôlée du monde, 179 ans avant l'instauration du système des AOC en France. Le retard économique et l'isolement politique du pays jusqu'à la révolution de 1974 ont longtemps figé les pratiques viticoles, permettant au Portugal de conserver quasiment intacte sa formidable richesse ampélographique.

**LES PROGRÈS RÉCENTS.** Depuis l'entrée du Portugal dans l'Union européenne en 1986, un dynamisme extraordinaire anime les producteurs, qu'il s'agisse des grandes maisons historiques – qui ont toujours joué un rôle moteur –, des coopératives, souvent modernisées, ou des domaines privés, les *quintas*, qui se sont multipliés depuis les années 1990. Certains vignobles ont été replantés, d'autres créés et des régions jusqu'alors sans grande tradition viticole, comme l'Alentejo, sont devenues le lieu de toutes les expérimentations. Cependant, le pays présente encore un visage contrasté entre des exploitations familiales qui travaillent selon les usages du passé et des domaines à la pointe du progrès, même si cette réalité tend à s'estomper devant la rapidité de la diffusion des progrès techniques.

**LES VIGNOBLES PORTUGAIS EN CHIFFRES**

**Superficie :** 237 000 ha
**Production :** 7 500 000 hl
**Rouges et rosés :** 69 %
**Blancs :** 31 %

(Instituto da Vinha e do Vinho, OIV, 2007)

## Le relief et le climat : un pays de contrastes

Le Portugal est une terre de contrastes, parfois très tranchés, qui se traduisent aussi dans les vins. Rapporté à la superficie totale du pays, le vignoble portugais est vaste : 237 000 ha répartis sur tout le territoire à l'exception des zones de haute montagne au centre et au nord-est.

Relativement étroit d'est en ouest, le Portugal possède un littoral long de 600 km. Les influences atlantiques sont marquées dans les zones côtières, avec des précipitations assez abondantes, des températures rafraîchies par les vents marins et une végétation luxu-

> Domaine vinicole dans la vallée du Douro.

riante, notamment au nord. Ces influences s'estompent rapidement à mesure que l'on progresse vers l'est. Au nord, des barrières montagneuses arrêtent l'avancée des masses d'air humide et donnent naissance à des paysages arides soumis à des températures extrêmes, en hiver comme en été. Au sud du Tage, qui coupe le pays en deux, le relief s'aplanit, laissant place à de vastes plaines parfois légèrement ondulées, écrasées par le soleil et la sécheresse en été.

> Chaque année, des centaines de vendangeurs cueillent le raisin sur les versants ensoleillés face au Douro.

## Les régions du Nord

Les vignobles du Nord s'étendent de la vallée du Douro au sud jusqu'aux frontières nord et nord-est du pays. C'est ici que se trouvent les deux appellations les plus vastes et les plus renommées, Vinho Verde et Porto, qui produisent des vins aux caractères diamétralement opposés.

**VINHO VERDE.** Le vignoble de Vinho Verde prend la forme d'un vaste amphithéâtre regardant l'Atlantique. Humide, à la végétation luxuriante, densément peuplé, il est réputé surtout pour ses vins blancs secs, légers, vifs et perlants, provenant d'une large variété de cépages locaux.

**DOURO ET PORTO.** Vers l'est, les campagnes vertes cèdent progressivement la place à un paysage austère et aride de moyenne montagne où s'étendent les vignobles de Douro et de Porto. Les deux DOC partagent la même aire d'appellation, qui suit le cours du fleuve Douro et de ses affluents, depuis les abords de la ville de Resende, à environ 100 km à l'intérieur des terres, jusqu'à la frontière espagnole. Les cours d'eau ont creusé dans les sols de schistes des canyons profonds. Les vignes sont plantées à flanc de coteau et soutenues par des murets de pierre ou organisées en terrasses en pente, de construction plus récente (les *patamares*). Le porto, vin muté par l'adjonction d'un peu d'alcool, est puissant, chaleureux et épicé. Il naît de ces vignobles spectaculaires, pauvres et pierreux, soumis à un climat rude, sec et particulièrement chaud en été. Depuis les années 1990, cette région dispose d'un autre atout : ses vins rouges secs, produits au sein de la DOC Douro à partir des mêmes cépages que ceux utilisés pour les portos.

**TRÁS-OS-MONTES.** Le vignoble de cette DOC récente (2006), à l'extrémité nord-est du pays, est enclavé dans la vaste aire du Vinho regional de Transmontano. La production est dominée par les coopératives.

### Quatre catégories de vins

Au Portugal, la logique de marque a longtemps prévalu sur celle de l'origine et l'acheteur portugais reste souvent plus attaché à un nom de produit ou de producteur qu'à celui d'une appellation. Malgré cela, la législation a dû se conformer aux exigences européennes et s'organise autour de quatre catégories de vins : les DOC *(Denominação de origem controlada)*, les IPR *(Indicação de proveniência regulamentada)*, en voie de disparition, le *Vinho regional* (vin de pays) et le *Vinho de mesa* (vin de table). Cette organisation est censée exprimer une hiérarchie de qualité, mais bon nombre des meilleurs producteurs préfèrent travailler sous la bannière du *Vinho regional*, qui laisse plus de liberté, notamment dans le choix des cépages.

## Les régions du Centre

Les régions viticoles situées entre le Douro et le Tage assurent chaque année plus de 40 % de la production nationale, dont la moitié en vin de table. La région, qui compte quelques DOC célèbres, est découpée en trois zones de *vinho regional* (vin de pays) – Beiras au nord, Ribatejano et Estrémadure au sud-ouest – qui autorisent, en plus des cépages locaux, la plantation de cépages internationaux.

**BAIRRADA.** Cette région rurale et humide est coincée entre la côte et les collines granitiques à l'est du pays qui marquent la frontière avec la DOC Dão. Réputée au XVIIIe siècle, elle redécouvre aujourd'hui son potentiel grâce au travail de quelques producteurs visionnaires comme Luis Pato (dont les vins sont vendus sous la dénomination Vinho regional Beiras). Les sols à dominante argilo-calcaire et un cépage majoritaire, le baga, façonnent le caractère des vins rouges locaux, puissants et structurés, qui exigent souvent du temps pour se dépouiller de leur austérité de jeunesse.

**DÃO.** Jouxtant Bairrada à l'est, cette DOC est en pleine révolution depuis que les coopératives ont perdu (en 1989) le monopole de la vinification de tous les vins de l'appellation. Elle offre aujourd'hui quelques-uns des vins rouges les plus aboutis du pays ainsi que des blancs généreux et convaincants. Le vignoble prend appui sur un plateau granitique, abrité des influences atlantiques par les montagnes de la Serra do Caramulo. Le style des vins oscille du souple au puissant et structuré.

**RIBATEJO.** La région du Ribatejo (ou Tejo), traversée par le Tage, produit encore une majorité de vins de table et de vins de pays (sous la dénomination Ribatejano), dont de bons Cabernets-Sauvignons et Syrahs. Les vins élaborés au sein de la DOC Ribatejo représentent moins de 10 % de la production régionale, mais mettent à l'honneur des cépages locaux intéressants.

**LES VIGNOBLES DE L'ESTRÉMADURE.** Ils occupent une zone côtière d'une trentaine de kilomètres au nord de Lisbonne. L'essentiel des surfaces (25 000 ha) est voué à la production de vins courants et les neuf DOC de la région représentent à peine 5 % de la production. La plupart peinent à émerger et certaines DOC historiques situées à la périphérie de Lisbonne, comme Carcavelos et Colares, sont menacées d'extinction par le grignotage urbain. Bucelas, au nord de Lisbonne, aurait pu connaître le même sort, mais la mode actuelle pour ses blancs vifs et parfumés issus du cépage arinto la préserve pour le moment.

## Les régions du Sud et les îles

**LES VIGNOBLES DE LA PÉNINSULE DE SETÚBAL.** Cette région regroupe les vignobles de la péninsule de Setúbal et ceux situés au sud de l'estuaire du Sado. La péninsule profite d'un climat océanique relativement tempéré tandis que les vignobles situés à l'est de Setúbal, dans la plaine fertile du Sado, sont soumis à un climat nettement plus caniculaire. On ne compte que deux DOC : Palmela, fief du cépage rouge castelão (appelé localement periquita), donnant des vins plutôt souples et relativement fruités, et Setúbal, connue pour ses vins blancs doux issus du cépage muscat de Setúbal. Un vin sur deux est désormais produit sous la dénomination Vinho regional Terras do Sado qui laisse davantage de liberté en matière d'encépagement. Les blancs, issus de variétés locales ou internationales, ont fortement progressé depuis 10 ans. En rouge, le castelão domine mais apparaît de plus en plus concurrencé par le cabernet-sauvignon, la syrah, l'aragonês ou le touriga nacional.
**LES VIGNOBLES DE L'ALENTEJO ET D'ALGARVE.** L'Alentejo est une vaste région peu peuplée, couvrant près du tiers du Portugal. Terre de grands domaines agricoles, soumise à un climat particulièrement chaud et sec, caniculaire en été, elle était surtout connue pour sa production de liège : elle l'est désormais pour ses vins bien au goût du jour, puissants et charnus, en blanc comme en rouge. La production se divise entre Vinho regional Alentejo et la DOC Alentejo qui comprend huit sous-régions, chacune pouvant revendiquer une DOC particulière. Si le poids des coopératives est encore très important, la vitalité de l'Alentejo est surtout le fait d'investisseurs privés, petits ou grands, qui ont largement contribué au succès actuel de ses vins. Les petits vignobles d'Algarve (2 500 ha), à l'extrémité sud du Portugal, régressent devant le développement des infrastructures touristiques, mais les domaines ont été modernisés et produisent surtout des vins rouges, souples et fruités, issus des cépages castelão, negra mole ou syrah.
**LES VIGNOBLES ÎLIENS.** Les vignobles des Açores et de Madère occupent une faible surface mais Madère a laissé son nom à un vin muté chargé d'histoire, unique au monde par son mode d'élaboration et par son aptitude exceptionnelle à affronter le temps. Voir aussi encadré p. suivante.

## Les cépages portugais : une richesse phénoménale

Longtemps isolé, insensible aux modes internationales, le Portugal a conservé intacte sa formidable palette de cépages. L'entrée dans l'Union européenne et l'intérêt international

### La vinification du porto

Les raisins sont d'abord foulés soit aux pieds dans des cuves en pierre appelées *lagares*, soit par des procédés mécaniques. En cours de fermentation, les moûts sont mutés : on ajoute de l'eau-de-vie (environ 10 % par volume) afin de stopper l'action des levures et de conserver une partie du sucre naturel des raisins. Pour les portos de producteurs indépendants, vinifiant uniquement les vins de leur *quinta* (domaine), l'élevage s'effectue sur place. Mais la tradition des grandes maisons de Porto est autre. Dès le printemps qui suit la récolte, les vins sont transportés à Vila Nova de Gaia, à l'embouchure du Douro, face à Porto, où ils vieilliront dans des récipients en bois de différentes tailles : foudres, *pipas* (fûts d'une contenance d'environ 630 l) ou barriques. Les chais humides des maisons de négoce sont ici le garant d'un élevage lent, loin de la chaleur estivale de la vallée du Douro.
Le mode et la durée de cet élevage sont variables en fonction du style de vin recherché (voir p. 396).

> Les portos rouges se classent en deux familles, les Ruby et les Tawny. La production des portos blancs reste très marginale.

### LE SAVIEZ-VOUS ?

***Le Portugal possède plus du tiers des forêts de chênes-lièges plantées dans le monde.***
*Environ 70 % des surfaces sont situées dans la région de l'Alentejo, qui est le premier producteur mondial de bouchons de liège.*

> Dans la région d'Alentejo, au sud du pays, les vignes poussent sur des plaines vastes et arides.

pour les vins portugais ont obligé les autorités à mettre un peu d'ordre dans la désignation et le recensement des différentes variétés. On a ainsi identifié 341 cépages présents dont un bon nombre reste totalement inconnu en dehors des frontières du pays. Si quelques variétés internationales peuvent donner d'excellents résultats (syrah, cabernet-sauvignon ou chardonnay), l'intérêt des vins portugais réside d'abord dans la collection de cépages autochtones.

**LES CÉPAGES ROUGES.** Le touriga nacional est le grand cépage rouge portugais, actuellement très en vogue. Originaire de Dão, il constitue souvent la colonne vertébrale des vins de Porto et des rouges secs du Douro, mais il fait ses preuves dans d'autres régions comme l'Alentejo ou le Ribatejo. Il donne des vins concentrés, tanniques et intenses. Le tempranillo espagnol (appelé ici aragonês ou tinta roriz), très présent, offre des vins assez puissants, souvent plus souples que ceux du touriga nacional. Le baga est le grand cépage de Bairrada. Résistant et tardif, il donne des vins sombres, très structurés, tanniques, acides et de longue garde. Le trincadeira aime les terroirs chauds et secs du Sud (Alentejo) et les coteaux du Douro (sous le nom de tinta amarela). Bien mûr, il est à l'origine de vins sombres, épicés et de bonne garde. Le castelão (ou periquita) est l'un des cépages rouges les plus plantés notamment dans le Sud, apprécié pour son fruité et sa relative fraîcheur.

**LES CÉPAGES BLANCS.** En blanc, le loureiro et surtout l'alvarinho sont très prisés dans la région du Vinho Verde, où ils transmettent aux vins fraîcheur et intensité aromatique. Le bical, plutôt vif et intense en arômes, est un des cépages vedettes des vins blancs de Bairrada, tranquilles ou effervescents. On le trouve également dans l'appellation Dão aux côtés du puissant et remarquable encruzado, l'un des cépages blancs les plus prometteurs. L'arinto est présent dans la plupart des régions viticoles, mais il a acquis ses lettres de noblesse dans la DOC Bucelas, connue pour ses vins très frais et citronnés. Quant au fernão pires, le cépage blanc le plus planté (centre et sud du pays surtout), il produit des vins ronds, tendres et plutôt chaleureux.

## L'inaltérable madère

Le vignoble de cette île portugaise à 640 km au large des côtes marocaines a connu la gloire au XVIIIe siècle, lorsque ses vins ornaient les tables des grands. L'oïdium et le phylloxéra au XIXe siècle, la perte de marchés traditionnels et le recours aux cépages médiocres ont peu à peu terni sa réputation et le madère a fini par trouver son principal débouché en cuisine ! Aujourd'hui, le vignoble occupe, sur 400 ha, un patchwork de petites parcelles. Quelques maisons historiques perpétuent encore la tradition des grands madères, vins mutés au degré de douceur variable, dont le caractère unique est lié à leur mode de vieillissement : les vins sont chauffés pendant 3 mois à 45 °C dans des cuves en acier ou 2 ans dans des greniers baignés de soleil. Les plus grands sont millésimés (Vintage ou Frasqueira) et bénéficient d'un vieillissement minimal de 20 ans en fût. Ce sont des vins puissants, à la fois chaleureux et vifs, au bouquet d'une rare complexité (notes de caramel, cuir, fruits confits, fruits secs, d'iode, notes balsamiques…) et d'une longévité extraordinaire.

# Les vins les plus connus du Portugal

*Le Portugal est aujourd'hui en pleine révolution, et d'excellents producteurs émergent dans toutes les régions sans exception, qu'il s'agisse des DOC ou des zones de vinho regional.*

NORD

## DOC PORTO

Cette DOC est réservée aux vins mutés blancs et rouges produits au sein d'une région délimitée qui suit la vallée du Douro, dans le nord du Portugal. Elle couvre 250 000 ha mais seulement 45 000 sont réellement plantés. On distingue trois sous-régions : le Baixa Corgo à l'ouest, le Cima Corgo, cœur historique qui fit l'objet d'une première législation dès 1756, et le Douro Superior à l'est.

L'appellation Porto est la plus strictement contrôlée au monde, à chaque étape de sa production, depuis un classement parcellaire draconien jusqu'aux dégustations d'agrément particulièrement exigeantes. Les vins tirent leur caractère à la fois des conditions géographiques locales – sols schisteux, climat particulièrement chaud et sec pendant la phase de maturation des raisins, cépages adaptés – et des techniques de vinification et d'élevage qui façonnent in fine la diversité des styles de Porto.

> **CÉPAGES PRINCIPAUX** En rouge : touriga nacional, tinto cão, tinta roriz, tinta barroca, touriga franca ; en blanc : sercial (esgana cão), folgasão, verdelho, malvasia, rabigato, viosinho, gouveio.

> **SOLS** Seuls les sols schisteux de la vallée du Douro et de ses affluents ont le droit de produire du Porto.

> **STYLE DES VINS** Les vins rouges sont doux, puissants, intenses. Ils emplissent le palais d'une douce chaleur et procurent en bouche une rare sensation de plénitude. Il existe deux grandes familles de Portos rouges :

– Les Portos Tawny. Ils vieillissent longuement sous bois. Sous l'effet d'une oxydation maîtrisée, ils se parent d'une robe évoluée (tawny signifie « roussâtre » ou « ambré ») et d'arômes tertiaires puissants (café, noix, fruits secs, figue, cèdre…) qui s'affinent et se complexifient avec le temps. La plupart sont obtenus par assemblages de vins de différents âges dont la moyenne doit correspondre au minimum exigé par la législation. Cette famille comprend, par ordre de prestige, les Tawny (vieillissement minimal de 3 ans sous bois), les Tawny Reserve (7 ans), les Tawny avec indication d'âge (10, 20, 30 ou 40 ans). Les Colheita (7 ans au minimum) sont des Tawny millésimés, issus d'une seule et même année, indiquée sur l'étiquette.

– Les Portos Ruby. À l'inverse des précédents, ils ont conservé la couleur « rubis » de leur jeunesse. Ces vins ont bénéficié d'un vieillissement plus court sous bois avant leur mise en bouteilles. Jeunes, ils sont colorés, très intenses, regorgeant d'arômes de fruits noirs et rouges très mûrs, et d'épices. En bouche, les plus ambitieux conservent une structure tannique qui peut être très puissante pour les vins haut de gamme. Les Ruby ou Ruby Reserve sont des jeunes vins au fruité intense et exubérant, relativement peu tanniques. Les Late Bottled Vintage (LBV) sont issus d'une seule année et ont été embouteillés entre 4 et 6 ans après la récolte. Ils sont plus souples que l'ultime catégorie, les Vintage. Porto Vintage désigne un porto millésimé provenant d'années exceptionnelles et mis en bouteilles entre 2 et 3 ans après la récolte. Grâce à leur intensité et leur structure tannique, les LBV, et plus encore les Vintage, possèdent une capacité de garde de plusieurs décennies. Les Portos Vintage s'échangent sur les marchés internationaux de vins de collection au même titre que les grands bordeaux ou bourgognes.

Il existe aussi une production, très minoritaire, de portos blancs issus uniquement de raisins blancs et vieillis sous bois. Ils peuvent être demi-secs ou doux, et sont généralement tendres, ronds, sans la complexité des portos rouges.

> **MAISONS DE PORTO À RETENIR** Barros, Burmester, Churchill, Croft, Dow, Fonseca, Gould Campbell, Ferreira, Graham, Niepoort, Quinta do Crasto, Quinta do Noval, Quinta do Vale D. Maria, Ramos Pinto, Andresen, Taylor Fladgate, Warre's.

***Couleur du vin :*** *rouge et blanc.*

***Température de service :*** *entre 11 et 14 °C pour les blancs ; entre 15 et 17 °C pour les rouges.*

***Potentiel de garde :*** *à boire dans les premières années pour les blancs ; jusqu'à 50 ans pour les rouges.*

## DOC DOURO

NORD

L'appellation couvre la même aire de production que la DOC Porto. On a toujours produit des vins secs, rouges et blancs dans le Douro pour la consommation locale, mais ils provenaient soit d'excédents de récoltes pour le Porto, soit de raisins de qualité inférieure. Puis quelques maisons de Porto comme Ferreira (dès les années 1950, avec sa cuvée Barca Velha) ou, plus tard, Quinta do Crasto ont compris le potentiel à produire des vins rouges secs de haut niveau. La région est devenue rapidement une référence aussi pour ce type de vin, qui est issu de plus en plus souvent de vignobles spécialement dédiés. Les vins du Douro puisent dans le même vivier de cépages que le Porto, dont quelques-uns dominent largement.

**> CÉPAGES PRINCIPAUX** Touriga nacional, tinto cão, tinta roriz, tinta barroca, touriga franca, trincadeira, souzão pour les rouges ; malvasia, rabigato, viosinho, gouveio pour les blancs.

**> SOLS** Schistes.

**> STYLE DES VINS** Les vins rouges (environ 80 % de la production) présentent des styles très variables. Ce sont en général des vins colorés, intenses en arômes (fruits rouges et noirs très mûrs, prune, notes minérales proches du silex ou du schiste), puissants et tanniques, parfois dotés d'une belle fraîcheur minérale, capables de bien supporter un élevage sous bois.

Les blancs sont plutôt aromatiques et souples ; les meilleurs d'entre eux offrent un équilibre surprenant avec une fraîcheur réelle et un degré d'alcool très raisonnable.

**> PRODUCTEURS À RETENIR** Alves de Sousa, Barca Velha, Quinta do Côtto, Quinta do Crasto, Quinta do Fojo, Quinta do Passadouro, Quinta de la Rosa, Quinta de Roriz, Quinta do Vale Dona Maria, Quinta do Vallado, Niepoort, Sogrape, Ramos Pinto, Wine and Soul, Prats and Symington.

***Couleur du vin :***
*rouge et blanc.*

***Température de service :***
*entre 9 et 12 °C pour les blancs ;*
*entre 14 et 16 °C pour les rouges.*

***Potentiel de garde :***
*de 3 à 5 ans pour les blancs ;*
*10 ans et plus pour les rouges.*

## DOC VINHO VERDE

NORD

Cette DOC ancienne (1908) située dans le nord-ouest du Portugal est l'une des plus vastes et des plus connues. Elle évoque d'abord des vins blancs légers, frais et aromatiques, à boire jeunes (d'où son nom de vin « vert »), mais la région produit aussi des rouges au profil similaire ainsi que quelques effervescents rosés et blancs.

La DOC couvre 38 000 ha, délimités par les fleuves Minho au nord et Douro au sud, et par des montagnes à l'est. Ouverte sur l'Atlantique, la région reçoit près de 1 200 mm d'eau par an, d'où la grande exubérance végétative de la vigne conduite traditionnellement en culture haute (treille, pergolas) ou basse pour les plantations les plus récentes.

L'appellation a été divisée en neuf sous-régions selon des critères à la fois géographiques et culturels. Le secteur de Monção au nord est particulièrement réputé pour ses blancs issus du cépage alvarinho (albariño en Espagne).

**> CÉPAGES PRINCIPAUX** Alvarinho, arinto, avesso, azal, batoca, loureiro, trajadura pour les blancs ; alvarelhão, amaral, borraçal, espadeiro, padeiro, pedral, rabo de anho, vinhão pour les rouges.

**> SOLS** Ils sont à dominante granitique, peu profonds, acides et peu fertiles.

**> STYLE DES VINS** Les vins blancs sont légers en alcool, nerveux, aromatiques, marqués par des arômes de pomme verte, d'agrumes, et de fleurs. La sensation de fraîcheur qu'ils procurent peut être renforcée par un perlant plus ou moins marqué.

Les vins rouges sont colorés, vifs, fruités, aux tanins légers pour la plupart.

**> PRODUCTEURS À RETENIR** Palácio da Brejoeira, Ponte de Lima, Quinta do Ameal, Quintas de Melgaço, Reguengo de Melgaço, Sogrape, Casa de Vila Verde, Aveleda, Paço de Teixeiró.

***Couleur du vin :***
*blanc et rouge.*

***Température de service :***
*entre 8 et 12 °C pour les blancs ;*
*entre 14 et 15 °C pour les rouges.*

***Potentiel de garde :***
*2 ans pour les blancs ;*
*3 ans pour les rouges.*

# DOC BAIRRADA

CENTRE

Cette DOC qui date de 1979 est située dans la région de Beiras, entre la côte atlantique et les collines de l'Est qui marquent la frontière avec Dão. Le climat est doux et particulièrement humide (jusqu'à 1 600 mm de précipitations par an), ce qui favorise le développement de maladies de la vigne.

Le vignoble occupe 12 000 ha au milieu d'autres cultures. Les vins rouges dominent la production (70 %). Leur cépage principal, le baga, doit représenter au moins 50 % de l'assemblage. La qualité des blancs secs a fortement progressé et la région conserve une tradition de vins effervescents issus notamment du cépage arinto. Certains vignerons vedettes comme Luis Pato produisent des vins sous l'appellation Vinho regional Beiras.

> **CÉPAGES PRINCIPAUX** Baga, alfrocheiro, camarate, castelão, jaen, touriga nacional, aragonês, cabernet-sauvignon, merlot pour les rouges ; fernão pires, arinto, cercial, chardonnay pour les blancs.

> **SOLS** Argilo-calcaires et sableux, assez lourds et fertiles.

> **STYLE DES VINS** Les rouges sont des vins austères dans leur jeunesse, particulièrement tanniques et acides, et, pour cette raison, de longue garde. À maturité, les meilleurs montrent beaucoup de complexité. Un style plus moderne (meilleure maturité des raisins, éraflage..) est récemment apparu avec des vins qui ont gagné en souplesse et en rondeur, accessibles plus rapidement.

Les blancs sont frais, aromatiques (agrumes, fleurs, gazon), bien équilibrés, notamment ceux issus du cépage arinto. Le fernão pires donne des vins plus ronds.

> **PRODUCTEURS À RETENIR** Caves Aliança, Casa de Saima, Caves São João, Luis Pato, Quinta de Baixo, Quinta do Poço do Lobo, Quinta da Rigodeira, Sidónio de Sousa, Sogrape.

***Couleur du vin :***
*blanc et rouge.*

***Température de service :***
*entre 9 et 12 °C pour les blancs ; entre 15 et 17 °C pour les rouges.*

***Potentiel de garde :***
*3 ans pour les blancs ; 10 ans (parfois bien plus) pour les rouges.*

# DOC DÃO

CENTRE

Cette DOC ancienne (1908), située dans la Beira Alta, à l'est de l'appellation Bairrada, tire son nom du fleuve qui la traverse. La région est constituée d'un plateau granitique où la vigne couvre près de 20 000 ha, plantés entre 400 et 700 m d'altitude. Les montagnes qui l'entourent, notamment à l'ouest, la préservent des influences océaniques. Le climat apparaît plus continental avec des hivers froids et humides et des étés particulièrement chauds et secs.

Les vins rouges (environ 80 % de la production) sont dominés par le touriga nacional et le tinta roriz (tempranillo), parfois vinifiés en monocépage, mais souvent assemblés à d'autres variétés comme le jaen (mencía en Espagne) ou l'alfrocheiro. Les blancs secs, comme les quelques effervescents, sont dominés par l'encruzado souvent assemblé aux bical, cercial ou malvasia fina.

> **CÉPAGES PRINCIPAUX** Alfrocheiro, alvarelhão, tinta roriz, bastardo, jaen, rufete, tinto cão, touriga nacional, trincadeira pour les rouges et les rosés ; barcelo, bical, cercial, encruzado, malvasia fina, rabo de ovelha, terrantez, uva cão, verdelho pour les blancs.

> **SOLS** Schistes, sables et granites.

> **STYLE DES VINS** Les vins modernes de Dão ont effacé le souvenir des vins médiocres produits du temps des coopératives, dont le monopole a été aboli en 1989.

En rouge, les styles sont pluriels, mais un bon vin de Dão offre des arômes très mûrs (fruits rouges et noirs), épicés, boisés (si l'élevage est fait en fût), parfois floraux. En bouche, ils sont généralement corpulents, structurés, tanniques et assez frais, aptes à une bonne garde.

Les blancs à base d'encruzado sont aromatiques (fruits jaunes), consistants, assez gras mais équilibrés. Il existe aussi des rosés, plutôt légers et aromatiques.

> **PRODUCTEURS À RETENIR** Caves Aliança, Dão Sul, Quinta dos Carvalhais, Quinta das Maias, Quinta da Pellada, Quinta do Perdigão, Quinta dos Roques, Quinta de Saes.

***Couleur du vin :***
*blanc, rouge et rosé.*

***Température de service :***
*entre 9 et 12 °C pour les blancs ; de 10 à 12 °C pour les rosés ; entre 14 et 16 °C pour les rouges.*

***Potentiel de garde :***
*à boire dans l'année pour les rosés ; 4 ans pour les blancs ; 10 ans pour les rouges.*

CENTRE ET SUD

## DOC ET VINHO REGIONAL ALENTEJO

L'Alentejo est une très vaste région du centre et du sud du Portugal. La vigne occupe à peine 22 000 ha mais les vins ont fait une percée remarquable ces 10 dernières années, grâce autant au dynamisme des coopératives qu'à celui des nouveaux arrivants.

La région est divisée en huit sous-régions (Reguengos, Borba, Redondo, Vidigueira, Évora, Granja-Amareleja, Portalegre, Moura) et attend l'officialisation d'une neuvième, chacune pouvant revendiquer une DOC spécifique, mais plus de la moitié de la récolte se fait sous la bannière de Vinho regional Alentejo.

Le climat est particulièrement chaud et sec. L'ensoleillement facilite la récolte de raisins à pleine maturité, mais nécessite aussi d'irriguer les vignes et de vendanger plus tôt qu'ailleurs, notamment pour les blancs.

> **CÉPAGES PRINCIPAUX** Alicante bouschet, aragonês, cabernet-sauvignon, moreto, periquita, syrah, tinta caiada, touriga nacional, trincadeira pour les rouges ; antão vaz, arinto, rabo de ovelha, roupeiro, fernão pires pour les blancs.

> **SOLS** Argiles, sables, granites et schistes.

> **STYLE DES VINS** Dans une zone où plus de 50 cépages sont autorisés (en vinho regional), les styles des vins sont forcément divers, mais les rouges séduisent par leur plénitude, la maturité de leur fruité et leur puissance chaleureuse. Agréables dès leur jeunesse, les plus tanniques peuvent prétendre à une moyenne garde. Les blancs possèdent volume, rondeur et puissance.

> **PRODUCTEURS À RETENIR** Adega Cooperativa de Borba, Adega Cooperativa de Portalegre, Adega Cooperativa de Redondo, Cortes de Cima, Quinta do Mouro, Herdade da Malhadinha Nova, Herdade do Mouchão, Sogrape, Quinta do Carmo, Quinta do Monte d'Oiro.

***Couleur du vin :***
*blanc et rouge.*

***Température de service :***
*entre 9 et 12 °C pour les blancs ;*
*entre 15 et 16 °C pour les rouges.*

***Potentiel de garde :***
*4 ans pour les blancs ;*
*10 ans pour les rouges.*

## Les cinq coups de cœur de Georges Dos Santos

**IMPORTATEUR-CAVISTE LYONNAIS (ANTIC WINE, PORTO PORTO PORTO) ET MEILLEUR AMBASSADEUR DU PORTO EN FRANCE**

- **Maria Gomes, Vinho regional Beiras, 2008 (Luis Pato).** Vin de soif par excellence, un blanc tonique, fruité, minéral et direct, à tout petit prix. Idéal avec la cuisine méditerranéenne (fruits de mer, crustacés, safran, huile d'olive).
- **Girosol Loureiro, Vinho Verde blanc, 2008 (Niepoort).** Toute la pureté du cépage loureiro, explosif, aux notes d'agrumes, tendre et frais, avec une belle rondeur en finale, par l'une des meilleures signatures du Portugal. Un vin d'amis pour une cuisine d'été.
- **Cuvée Ex æquo, Vinho regional Estremadura (Bento).** Vin dense et concentré aux arômes de fruits noirs, de lard fumé, d'olives noires et de baies de sureau. Marqué par le soleil de l'Estrémadure, il est parfait pour les viandes grillées, comme le *porco preto* de la région.
- **Porto Vintage 2004 (Quinta do Noval).** Une grande maison à son meilleur niveau avec ce Vintage à vous faire perdre vos repères, tant il est intense et grandiose. Arômes de ciste et une fraîcheur qui émerge d'un corps dont la puissance est extraordinaire.
- **Porto Vintage 2006 (Quinta do Vesuvio).** Le goût d'un mythe, un vin immense, issu de vignes centenaires et de vignobles enclavés, qui procure une sensation unique de plénitude et d'onctuosité fraîche.

# ALLEMAGNE

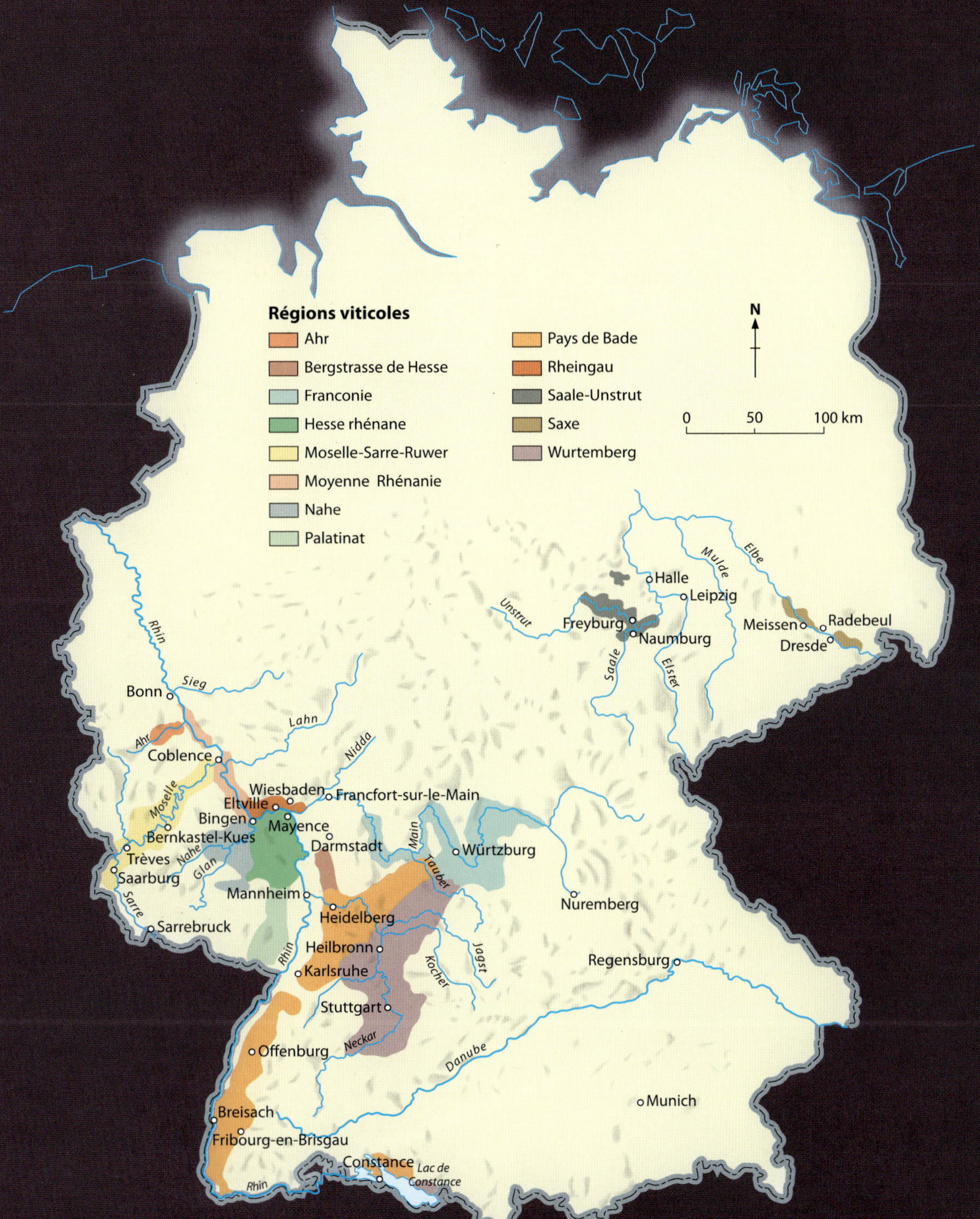
Régions viticoles
Ahr
Bergstrasse de Hesse
Franconie
Hesse rhénane
Moselle-Sarre-Ruwer
Moyenne Rhénanie
Nahe
Palatinat
Pays de Bade
Rheingau
Saale-Unstrut
Saxe
Wurtemberg
N
0
50
100 km
Halle
Leipzig
Freyburg
Naumburg
Meissen
Radebeul
Dresde
Mulde
Elbe
Unstrut
Saale
Elster
Rhin
Bonn
Sieg
Ahr
Lahn
Coblence
Nidda
Wiesbaden
Francfort-sur-le-Main
Eltville
Bingen
Mayence
Moselle
Bernkastel-Kues
Darmstadt
Main
Würtzburg
Trèves
Nahe
Saarburg
Glan
Tauber
Mannheim
Nuremberg
Sarre
Heidelberg
Sarrebruck
Heilbronn
Jagst
Regensburg
Karlsruhe
Kocher
Stuttgart
Offenburg
Neckar
Danube
Munich
Breisach
Fribourg-en-Brisgau
Constance
Lac de Constance

# LES VIGNOBLES D'ALLEMAGNE

*Les meilleurs vins allemands figurent au palmarès des grands vins du monde et, même si certains vins courants peuvent décevoir, les efforts récents de jeunes viticulteurs sont de bon augure.*

## La culture de la vigne en Allemagne

Les premières implantations de vignes remontent au IIIe siècle av. J.-C. pour la région de l'Ahr et au Ier siècle av. J.-C. pour les régions du Rhin et de la Moselle. Après la chute de l'Empire romain, il faut attendre la période de l'empereur Charlemagne pour voir apparaître de nouvelles vignes. Au Moyen Âge, ensuite, la fondation de nombreux couvents et abbayes profite beaucoup à la qualité des vins.

Le vignoble allemand s'est développé entre le XIe siècle et la fin du XVIe siècle pour atteindre une superficie de 300 000 ha. Mais, au XVIIe siècle, les guerres ont détruit une grande partie des vignes. L'apparition du phylloxéra (1874), du mildiou et de l'oïdium ont réduit la superficie des vignobles à près de 100 000 ha, ce qui correspond à leur taille actuelle.

### LES VIGNOBLES ALLEMANDS EN CHIFFRES

**Superficie :** 102 000 ha

**Production :** 10 365 000 hl

**Blancs :** 63 %

**Rouges et rosés :** 37 %

(Statistisches Bundesamt, Deutscher Weinbauverband e.V., 2007)

## Des conditions climatiques difficiles

Les vins allemands ont toujours été le résultat d'un travail effectué dans des conditions limites de viticulture, ce qui explique leur teneur en alcool souvent assez basse et leur acidité parfois particulièrement élevée. La fraîcheur rendait difficile l'obtention d'une bonne maturité du raisin, et les aléas du temps pouvaient anéantir les efforts de toute une année. Les vignerons compensaient ce handicap en plantant la vigne sur les sites les mieux exposés.

Le réchauffement climatique des dernières décennies, qui a entraîné l'augmentation des moyennes annuelles de température de près de 2 °C, a profité aux vignobles allemands, permettant d'obtenir des raisins plus mûrs et d'implanter des cépages rouges, jusqu'ici très minoritaires.

> Travail dans la vigne près de Meissen, en Saxe.

### PETIT VOCABULAIRE DU VIN ALLEMAND

**Voici quelques mots que l'on peut voir sur les étiquettes :**

**Grauburgunder :** pinot gris

**Halbtrocken :** demi-sec

**Eiswein :** vin de glace

**Erzeugerabfüllung :** mis en bouteilles chez le producteur.

**Grosses/Erstes Gewâchs :** grand/premier cru

**Schwarzriesling :** pinot meunier

**Spätburgunder :** pinot noir

**Spätlese :** vendanges tardives (mais le vin portant cette mention peut être aussi bien doux que sec).

**Süss :** doux (en fait, désigne des vins liquoreux)

**Trocken :** sec

**Weingut :** domaine viticole

**Weinkellerei :** cave

**Weissburgunder :** pinot blanc

**Winzergenossenschaft :** coopérative viticole

*Voir aussi d'autres mots allemands dans le Glossaire en fin d'ouvrage*

> Coteaux de vignes face au Rhin, près de la ville de Bacharach (Moyenne Rhénanie).

## Des vignes le long des fleuves

L'Allemagne compte 13 régions viticoles (*Anbaugebiete*) traditionnelles (décrites p. 406-411) divisées elles-mêmes en districts (*Bereiche*). La majeure partie des vignobles est située dans l'ouest et le sud du pays et épouse les courbes des vallées fluviales. Il suffit de regarder où se situent les principales régions viticoles pour mesurer l'importance accordée à la proximité d'un cours d'eau.

Les vignobles de Bade ne s'éloignent jamais du Rhin. Le Neckar et ses affluents serpentent entre les coteaux du Wurtemberg, avant de rejoindre le Rhin à Mannheim ; le Main, autre affluent, façonne au passage les vignobles de Franconie. La petite région de la Bergstrasse de Hesse fait face à la vallée rhénane, au nord de Heidelberg, tandis que, de l'autre côté du fleuve, s'étend la région du Palatinat. Immédiatement au nord, on trouve la Hesse rhénane, bordée à l'est et au nord par le fleuve, et, sur la rive droite, les vignes du Rheingau. Les vignobles escarpés des gorges du Rhin constituent la région du Mittelrhein.

La Nahe, autre affluent, a également donné son nom à une région viticole. La Moselle, l'une des régions les plus connues hors des frontières allemandes, regroupe les vignobles qui suivent les cours de la Sarre et de la Ruwer. La belle région de l'Ahr est proche de l'extrémité nord des zones viticoles de l'ouest du pays. À l'est, la région Saale-Unstrut tire son nom de deux rivières qui la traversent. Enfin, l'Elbe porte sur ses rives les vignobles de Saxe.

**VRAI OU FAUX ?**

***Les vins blancs allemands sont doux en grande majorité.***

**FAUX.** Si c'était le cas autrefois, aujourd'hui, l'Allemagne produit une multitude d'excellents blancs demi-secs et secs. Une meilleure adéquation entre les cépages et les sols, conjuguée au réchauffement climatique des dernières années, permet d'obtenir des raisins plus mûrs qu'autrefois. Les vignerons n'ont plus besoin de chaptaliser et les fermentations aboutissent à des vins secs ou demi-secs.

### LE SAVIEZ-VOUS ?

***L'Allemagne produit des vins de glace parmi les meilleurs au monde.*** *Les raisins, sains et de bonne maturité, sont vendangés quand il fait –10 °C dans les vignes pour avoir dans le pressoir au moins – 7 °C. La cryoextraction (voir p. 62) est interdite. Les vins titrent environ 8 % vol. D'une grande fraîcheur, due à une bonne minéralité, ils révèlent des arômes subtils : abricot sec, agrumes, pomme caramélisée, cèpe, radis noir, anis, gingembre candi, miel... Ils peuvent se garder pendant des décennies.*

## Les cépages les plus répandus

Depuis la fin du XIXe siècle, en croisant des cépages anciens, les chercheurs ont obtenu des variétés moins sensibles aux maladies, capables de produire des vins de caractère tout en permettant de meilleurs rendements et une teneur en sucres plus élevée. Les hybrides sont aujourd'hui largement plantés, à côté de cépages traditionnels. Un autre fait marquant intervenu durant les quinze dernières années est l'augmentation de la part des cépages rouges (pinot noir, cabernet-sauvignon), qui occupent désormais 40 % des surfaces.

> Grappes de riesling.

> Grappes de trollinger.

**LES CÉPAGES BLANCS CLASSIQUES.** Le cépage blanc qui sert de point de repère pour les vins allemands est le riesling. Il est capable de bien mûrir au cours des automnes ensoleillés, donnant des vins dans les différentes catégories. Il occupe les meilleurs sites, notamment ceux de moyenne Moselle (Mittelmosel) et du Rheingau. Avec l'arrivée des cépages métis (croisements entre deux *vinifera*), il a d'abord perdu du terrain, mais les surfaces qu'il recouvre sont désormais stables. Le déclin du sylvaner, l'autre cépage classique, est bien plus sensible. Ce cépage est surtout associé à la Franconie, mais les plus grands vignobles se trouvent en Hesse rhénane. Il donne des vins secs à la fois concentrés et vifs, aptes à bien vieillir, si les vignobles sont bien situés et les rendements raisonnables. On trouve aussi le weissburgunder (pinot blanc), le grauburgunder (pinot gris, appelé aussi ruländer) et le chardonnay.

**LES CÉPAGES BLANCS MÉTIS.** Le müller-thurgau, premier métis créé (voir aussi p. 35), donne des blancs de qualité, à condition de maintenir des rendements faibles. Le scheurebe, le meilleur des métis si l'on en juge par la qualité des vins, offre de belles réussites à la région du Palatinat. Ces vins s'affirment grâce à leur bouquet et à une acidité soutenue et bénéficient d'un bon potentiel de garde. Le kerner, apprécié pour la constance de ses rendements, donne des vins de caractère, aux arômes de fruits, de végétaux (fleurs de sureau, herbe coupée), légèrement mielleux et épicés, qui se rapprochent des arômes du riesling. Grâce à leur teneur en sucres, ils entrent souvent dans les catégories des « vendanges tardives » comme les *Spätlesen* ou des *Auslesen*.

**LES CÉPAGES ROUGES CLASSIQUES.** Les principales variétés sont le spätburgunder (pinot noir), qui a triplé ses surfaces en 20 ans, et le blauer portugieser, qui donne des vins légers. On cultive aussi le trollinger, le schwarzriesling (pinot meunier) et le samtrot (mutation du pinot meunier).

**LES CÉPAGES ROUGES MÉTIS.** Le dornfelder, métis récent, jouit d'un essor remarquable. Ses vins présentent une robe rouge grenat, des arômes de fruits rouges (mûre, cerise, prune), des notes de chocolat amer en bouche ainsi que des tanins souples. Le cabernet cubin, qui rappelle le cabernet-sauvignon, complète en général d'autres cépages rouges ; il donne de bons résultats lorsqu'il est élevé en barrique. Le domina et le regent produisent des rouges aux reflets grenat et aux arômes fruités.

## Les propriétaires-récoltants et les caves coopératives

Exception faite du Bade-Wurtemberg, la majeure partie des meilleurs vins est issue de domaines privés ou de propriétés d'État (Rheinland-Pfalz, Hesse, Bavière), voire municipales. Les caves coopératives reçoivent le raisin (jamais de moûts ou de vins) de leurs membres ; leur part constitue plus du tiers de la production nationale. Dans le Bade-Wurtemberg, elles couvrent toute la gamme des vins. Ailleurs, la qualité et le style des vins de la coopérative peuvent varier en fonction de la politique commerciale de chaque cave. La nouvelle tendance affirme une volonté de produire de meilleurs vins et de les vendre plus cher, souvent avec la mention *Erzeugerabfüllung* (mis en bouteilles par le producteur).

## La recherche de la qualité

Le réchauffement climatique, des sélections clonales plus performantes ainsi que les efforts effectués dans la formation des jeunes vignerons ont contribué à rehausser la qualité des vins.

**LES CRITÈRES OFFICIELS.** Si l'origine géographique est le premier critère de distinction des vins allemands, le second est leur niveau de qualité officiel, complété par une classification selon la teneur en sucres du jus de raisin. Cette hiérarchisation officielle procède du raisonnement suivant : plus les raisins sont mûrs, meilleur est le vin. On distingue ainsi le *Tafelwein* (vin de table), le *Landwein* (vin de pays), le QbA (*Qualitätswein bestimmter Anbaugebiete,* vin de qualité d'une région délimitée) et le QmP (*Qualitätswein mit Prädikat,* vin de qualité supérieure). Les vins QmP peuvent s'adjoindre l'une des six mentions reflétant leur degré de sucrosité naturelle (voir p. 98).

### « Classic » et « Selection » sur les étiquettes

En 2000, le Deutsches Weininstitut a institué deux nouvelles catégories censées rendre plus lisible l'offre des vins. Les labels « Classic » et « Selection », qui apparaissent sur les étiquettes, ne concernent que les vins blancs de qualité, secs, et issus d'un cépage unique. La catégorie « Classic » impose de faire figurer le nom du cépage, celui du producteur, la région de production ainsi que le millésime.
La catégorie « Selection » requiert de faire apparaître en plus le nom du vignoble d'origine. Elle est également soumise à des exigences accrues en matière de règles de production (vendanges, rendements, degré d'alcool potentiel minimal).

### LE SAVIEZ-VOUS ?

***En Allemagne (comme en Autriche), le vin effervescent s'appelle Sekt.*** *Quelque 800 entreprises produisent aujourd'hui près de 500 millions de bouteilles de Sekt par an. Si l'étiquette porte la mention* Deutscher Sekt, *le vin est issu exclusivement de raisin allemand. C'est dans cette dernière catégorie que l'on peut trouver quelques rares vins de qualité. En effet, la presque totalité des Sekt, de fabrication industrielle, se vendent très bon marché sous un nom de marque. Seul le Sekt de propriété* (Winzersekt), *confidentiel, est vendu à un prix élevé. Dans un Sekt millésimé, au moins 85 % des vins ayant servi pour la cuvée doivent provenir de la même année.*

**DES PRATIQUES CULTURALES QUI VISENT LA QUALITÉ.** Cependant, certains propriétaires remettent en cause la tradition en abandonnant les vins naturellement doux au profit de vins plus secs, afin de satisfaire à la nouvelle demande des consommateurs. Cette tendance encourage les viticulteurs à limiter leurs rendements, la concentration obtenue assurant ainsi l'équilibre habituellement fourni par les sucres résiduels. Plusieurs domaines se sont convertis au « bio » et à la biodynamie, et le nombre des vignerons affiliés ou non à l'un des organismes de certification (Ecovin, Bioland, Naturland, Demeter, Gäa) s'accroît chaque année.

## Labels de qualité et médailles

On les trouve sur l'étiquette ou directement sur la bouteille.

**Un aigle aux ailes déployées.** C'est l'emblème du Verband Deutscher Prädikatsweingüter (VDP). Cette association rassemble des producteurs de QmP, et son aigle signale des vins de grande qualité – mais de nombreux producteurs de grands vins n'en sont pas membres. En 2002, le VDP a décidé d'appliquer un système de classement des meilleurs sites viticoles : les désignations *Grosses Gewächs* ou *Erstes Gewächs* correspondent à la notion de grand ou de premier cru, et impliquent des contraintes de production concernant, notamment, les cépages plantés, les rendements, les niveaux de maturité et les techniques de vinification.

**Un macaron ou une collerette.** Ils correspondent à la médaille (or, argent ou bronze) que les autorités agricoles allemandes (Deutsche Landwirtschafts-Gesellschaft, ou DLG) décernent à des vins primés par des jurys locaux.

**Un *Weinsiegel* (sceau) de couleur.** Il est également attribué par la DLG. Le jaune concerne les *Trocken* (vins secs), le vert les *Halbtrocken* (vins demi-secs) et le rouge les autres vins.

> Chai dans une propriété en Franconie ; à droite, le *Bocksbeutel,* bouteille caractéristique de la région.

# Les régions et vins les plus connus d'Allemagne

*L'amélioration de la qualité des vins a fait progresser la demande sur le marché allemand et à l'export. En 2008, les exportations s'élevaient à 2 200 000 hl, principalement vers le Royaume-Uni, les Pays-Pays, les États-Unis, la Russie, la Suède, la France et la Norvège. Voici, du nord au sud, les principales régions de production et leurs vins.*

## SAALE-UNSTRUT ET SAXE (SACHSEN)

Ces deux vignobles faisaient partie de l'Allemagne de l'Est il y a une vingtaine d'années. Saale-Unstrut (660 ha) se trouve dans les vallées de deux rivières éponymes ; le vignoble de Saxe (470 ha) s'étend le long de la rivière Elbe, au nord et au sud de Dresde. Ces régions produisent principalement des vins blancs secs et demi-secs. Les cépages rouges représentent moins de 20 % des surfaces. Depuis la réunification, la qualité de leurs vins s'est nettement améliorée.

> **CÉPAGES PRINCIPAUX** En blanc : müller-thurgau, weissburgunder (pinot blanc), riesling, sylvaner ; en rouge : portugieser, dornfelder, spätburgunder.

> **SOLS** Calcaires désagrégés, grès bigarré, lœss argileux, ardoise cuivrée dans la région de Saale-Unstrut ; schistes, granite, grès et couches de loess recouvertes d'argile et de sables de rivière, dans la Saxe.

> **STYLE DES VINS** Les blancs de Saale-Unstrut expriment des arômes de fruits (pomme, zeste de citron, noix) avec des notes minérales très rafraîchissantes. Les vins rouges issus du portugieser montrent des arômes de fruits noirs (mûre, cerise) avec des effluves de violette, de genièvre, d'anis étoilé.

Dans les blancs de Saxe issus du müller-thurgau, on trouve des arômes de pomme, de pêche ou de noix alors que les vins de riesling présentent des arômes de pomme, d'abricot, d'agrumes, de petites fleurs blanches, soutenus par une belle minéralité. Les rouges issus du dornfelder exhalent des arômes de fruits rouges, de violette, de cacao ; ceux de spätburgunder, des arômes de fruits rouges, de sous-bois et des notes poivrées.

> **MEILLEURS CRUS** Dans Saale-Unstrut : Freyburg Edelacker, Karsdorf Hohe Gräte, Bad Kösen Saalhäuser, Bad Sulza Sonnenberg, Gosecker Dechantenberg, Höhnstedt Kreisberg, Kaatschen Dachsberg, Naumburg (Sonneneck, Steinmeister), Schulpforte Köppelberg, Weischütz Nüssenberg. Dans la Saxe : Dresdner Elbhänge, Meissen (Kapitelberg, Rosengründchen), Pesterwitz Jochhöhschlösschen, Pillnitz Königlicher Weinberg, Radebeul (Johannisberg, Steinrücken), Schloss Proschwitz, Seusslitz Heinrichsburg, Weinböhla Gellertberg.

> **PRODUCTEURS À RETENIR** Dans Saale-Unstrut : Günter Born, Gussek, Klaus Böhme, Lützkendorf, Bernard Pawis, Kloster Pforta, Thüringer Weingut Bad Sulza. Dans la Saxe : Klaus Zimmerling, Schloss Proschwitz Prinz zur Lippe, Vincenz Richter.

## AHR

Cette région de 530 ha tient son nom de la rivière qui la traverse. Elle se trouve tout près du confluent avec le Rhin. La vigne, en pentes escarpées, pousse sur des sols comportant surtout du schiste argileux et donne d'excellents vins rouges de pinot noir. Les cépages blancs ne représentent que 12 % des surfaces plantées.

> **CÉPAGES PRINCIPAUX** Spätburgunder (pinot noir), portugieser et domina pour les rouges ; riesling pour les blancs.

> **SOLS** Schiste argileux.

> **STYLE DES VINS** Les vins rouges de pinot noir montrent des arômes prononcés de fruits noirs et d'épices. Dans les grands millésimes, ils offrent un potentiel de garde d'une vingtaine d'années. Le cépage portugieser confère aux vins des arômes de fruits (cerise, framboise, cassis, prune), d'épices, de cuir et, en fin de bouche, de fumée de bois.

Les vins de riesling, généralement vinifiés en demi-sec et doux, révèlent des arômes de fruits (pomme, abricot, agrumes, fraise des bois), de fleurs d'acacia, d'anis, ainsi que des notes minérales.

> **MEILLEURS CRUS** Ahrweiler Rosenthal, Altenahr Eck, Dernau Hardtberg, Heimersheim Burggarten, Neuenahr Schieferlay, Walporzheim (Gärkammer, Kräuterberg).

> **PRODUCTEURS À RETENIR** J. J. Adeneuer, Deutzerhof-Cossmann-Hehle, Meyer-Näkel, Jean Stodden.

## MOYENNE RHÉNANIE (MITTELRHEIN)

Cette région (440 ha) s'étend à partir du sud de Bonn, avec le vignoble de Königswinter sur la rive droite du Rhin, se prolonge ensuite autour de Bad Hönningen et de Vallendar à la hauteur de Coblence, pour arriver près la ville de Nassau et surtout dans la partie la plus romantique du Rhin où se trouvent des villages vinicoles de grande tradition comme Boppard, St. Goar et Bacharach.

Les vignes poussent sur des pentes très escarpées qui nécessitent un travail manuel intense. La région est renommée pour ses vins de vendanges tardives, mondialement connus. Les vins rouges, de pinot noir, ne représentent que 9 % de l'encépagement, mais sont en progression.

> **CÉPAGES PRINCIPAUX** Riesling (70 %), müller-thurgau pour les blancs ; spätburgunder (pinot noir) pour les rouges.

> **SOLS** Schiste et grauwacke (roche sédimentaire gréseuse).

> **STYLE DES VINS** Le riesling donne des vins secs, demi-secs et doux de très grande qualité, aux arômes d'agrumes, de fleurs de tilleul et de sureau, très épicés, minéraux et d'un grand potentiel de vieillissement. Quant aux rouges, ils gagnent à être bus jeunes.

> **MEILLEURS CRUS** Bacharach Hahn, Boppard Hamm Feuerlay, Engelhöll Bernstein, Oberwesel Ölsberg, Steeg St. Jost.

> **PRODUCTEURS À RETENIR** Didinger, Friedrich Bastian, Toni Jost-Hahnenhof, Dr. Randolf Kauer, Lanius-Knab, Helmut Mades, Matthias Müller, August et Thomas Perll, Ratzenberger.

## MOSELLE-SARRE-RUWER

La partie allemande de la Moselle est, avec les affluents de celle-ci, la Ruwer et la Saare, l'une des régions vinicoles les plus romantiques d'Allemagne. Les vignes occupent 8 800 ha et plus d'un quart poussent sur les coteaux vertigineux qui surplombent le fleuve. Les vignobles sont regroupés en sous-régions, Moselle, Sarre, Ruwer, mais, depuis 2009, seule la mention « Mosel » apparaît sur les étiquettes.

La fraîcheur du climat a, durant des siècles, poussé les vignerons à planter uniquement les cépages blancs. À côté de nombreux vins blancs très chaptalisés et de qualité médiocre, il y avait les grands vins de la Moselle. Au début du XX$^{e}$ siècle, les prix des Rieslings de vendanges tardives ou des vins de glace surpassaient souvent ceux des grands Sauternes.

Aujourd'hui, les meilleurs Rieslings – secs – sont appréciés jeunes pour leur légèreté et leur fraîcheur, mais aussi pour leur faculté à se transformer, avec l'âge, en vins fascinants et complexes. Les Rieslings doux – *Spätlese, Auslese, Beerenauslese, Trockenbeerenauslese* et *Eiswein* (vin de glace) – sont des vins de garde (jusqu'à 30 ans et plus).

On a commencé, par endroits, à cultiver des cépages rouges comme le pinot noir et le dornfelder.

> **CÉPAGES PRINCIPAUX** Riesling, müller-thurgau pour les blancs ; dornfelder et spätburgunder pour les rouges.

> **SOLS** Calcaires en haute Moselle, schisteux en moyenne Moselle (Mittelmosel), calcaire-gréseux dans la région de Terrassenmosel, schisteux dans la Sarre.

> **STYLE DES VINS** Les grands Rieslings, secs ou doux, éblouissent par leur palette aromatique portée sur les fruits (pomme, pêche, abricot, agrumes), les notes florales (fleurs de sureau) ou épicées (anis, cumin). D'excellente minéralité, ils sont frais et longs en bouche.

> **MEILLEURS CRUS** En Moselle : Bernkastel Doctor, Brauneberg (Juffer et Sonnenuhr), Erden (Prälat et Treppchen), Graacher Himmelreich, Piesporter Goldtröpfchen, Trittenheimer Apotheke, Ürziger Würzgarten, Wehlener Sonnenuhr, Winningen Uhlen. Dans la Sarre : Kanzem Altenberg et Hörecker, Scharzhofberg, Oberemmel Hütte, Ockfen Bockstein, Saarburg Rausch, Serrig, Wiltinger Braune Kuppe. Dans la Ruwer : Eitelsbach Karthäuserhofberg, Kasel Nies'chen et Kehrnagel, Maximin Grünhaus Abtsberg et Herrenberg.

> **PRODUCTEURS À RETENIR** En Moselle : Schloss Lieser, Fritz Haag, Reichsgraf von Kesselstatt, Witwe Dr. Thanisch Erben, Dr. Loosen, Markus Molitor, Joh. Joseph Prüm. Dans la Sarre : von Othegraven, von Hövel, Van Volxem, Egon Müller zu Scharzhof, Le Gallais, Reichsgraf von Kesselstatt, Forstmeister Geltz-Zilliken, Dr. Wagner, Schloss Saarstein. Dans la Ruwer : Karthäuserhof, C. von Schubert'sche Schlosskellerei.

## RHEINGAU

Cette région viticole occupant 3 000 ha jouit d'une renommée mondiale pour la qualité de ses Rieslings blancs, secs et doux, et de ses rouges de pinot noir.

> **CÉPAGES PRINCIPAUX** Riesling (78 %) pour les blancs ; spätburgunder (pinot noir) pour les rouges.

> **SOLS** Plus ou moins marneux, caillouteux, avec parfois du sable argileux et de l'argile à l'est de la région ; grès, schiste argileux et quartz à l'ouest.

> **STYLE DES VINS** Dans les meilleurs millésimes, les Rieslings sont des vins élégants dans leur jeunesse ; ils acquièrent, en vieillissant, de la complexité et un superbe équilibre. Ils comptent parmi les plus grands vins du monde.
Les vins rouges sont en général d'excellente garde, par exemple les Spätburgunder (Pinots noirs), aux arômes de cerise, de gelée de coing, d'abricot sec et de cannelle.

> **MEILLEURS CRUS** Assmannshausen Höllenberg, Hallgarten (Hendelberg, Jungfer), Hattenheim Steinberg, Hochheim Hölle, Johannisberg Hölle, Schloss Johannisberg, Lorch Kapellenberg, Kiedrich (Gräfenberg, Turmberg), Rauenthal (Baiken, Nonnenberg), Rüdesheim (Berg Kaisersteinfels, Berg Roseneck, Berg Rottland, Berg Schlossberg), Jesuitengarten Schloss Vollrads, Winkel Jesuitengarten.

> **PRODUCTEURS À RETENIR** Staatsweingüter Domaine Assmannshausen, August Eser, J.B. Becker, Georg Breuer, Joachim Flick, August Kesseler, Hessische Kloster Eberbach, Franz Künstler, Johannishof-Johannes Eser, Graf von Kanitz, Josef Leitz, Robert König, Fürst Löwenstein, Peter Jakob Kühn, Querbach, Balthasar Ress, Schloss Johannisberg, Robert Weil.

## Schloss Johannisberg

Situé dans le Rheingau, ce domaine, l'un des fleurons du vignoble allemand, profite d'une position exceptionnelle sur une colline surplombant le Rhin pour cultiver, sur 35 ha seulement, le cépage riesling. Selon les millésimes et le niveau de qualité *(Kabinett, Spätlese, Auslese…)*, les vins présentent une grande complexité dans les arômes de fruits (orange, citron, pamplemousse, pomme, pêche), avec des notes de noisette, d'amande et d'épices (cannelle, coriandre) ; leur côté végétal est porté sur l'angélique, le foin, la menthe. Bien structurés, ils affichent un bel équilibre entre le fruit, l'acidité et le corps. Leur potentiel de garde atteint en général 15 ans environ pour les vins secs et au moins 30 ans pour les vins doux. Traditionnellement, les bouteilles portent des capsules de couleurs différentes selon leur niveau de qualité : rouge (Rotlack) pour le *Kabinett*, verte (Grünlack) pour le *Spätlese*, rosée (Rosalack) pour l'*Auslese*, argent (Silberlack) pour la mention *Erstes Gewächs* VDP, jaune (Rosa-Goldlack) pour le *Beerenauslese* et or (Goldlack) pour le *Trockenbeerenauslese*.

## NAHE

La rivière Nahe se jette à Bingen dans le Rhin. Le vignoble qui l'entoure s'étend sur plus de 4 000 ha. Il produit principalement des vins blancs. Les cépages rouges, en augmentation, sont destinés surtout à la production du rosé *(Weissherbst)*.

> **CÉPAGES PRINCIPAUX** Riesling, müller-thurgau, sylvaner, grauburgunder (pinot gris) en blanc ; dornfelder et spätburgunder en rouge.

> **SOLS** Terrasses caillouteuses, sols gréseux, argileux, schisteux.

> **STYLE DES VINS** Les Rieslings, aux notes fruitées et minérales, sont en général des vins de garde et rappellent certains blancs de la Moselle et du Rheingau. Fruités et épicés, les rosés s'apprécient dans leur jeunesse. Les rouges, surtout ceux de pinot noir, offrent une grande palette de fruits rouges et noirs, avec des parfums de sous-bois et d'épices. Ils présentent un bon potentiel de garde.

> **MEILLEURS CRUS** Bad Kreuznach (Brückes, Kahlenberg), Dorsheim (Pittermännchen, Goldloch), Langenlonsheim Rothenberg, Monzingen (Halenberg), Münster-Sarmshein (Dautenpflänzer), Niederhausen (Hermannsberg), Schlossböckelheim (Felsenberg), Traisen Bastei.

> **PRODUCTEURS À RETENIR** Dr. Crusius, Gutsverwaltung Niederhausen-Schlossböckelheim, Dönnhof, Jung, Schlossgut Diel, Tesch, Kruger-Rumpf, Mathern, Göttelmann, Bürgermeister Schweinhardt, von Racknitz, Prinz zu Salm-Dalberg'sches, Schäfer-Fröhlich.

## HESSE RHÉNANE (RHEINHESSEN)

La Hesse rhénane est la plus grande région viticole d'Allemagne (26 000 ha). Elle se trouve sur la rive gauche du Rhin et s'étend de Bingen au nord-ouest jusqu'à la hauteur de Worms au sud.

Dans les années 1970, la plantation de cépages hybrides assortie de grands rendements ainsi que la production en quantité de vins médiocres destinés à l'export (vendus sous le nom de *Liebfraumilch*) ont beaucoup terni l'image de la région. De nos jours, la Hesse produit une gamme de vins blancs secs, demi-secs et doux de qualité moyenne à excellente.

Les meilleures parcelles, les *Rheinterrassen* (« terrasses du Rhin »), s'étendent à l'est de la région et occupent 10 % des surfaces. C'est là que se trouvent les domaines célèbres qui produisent des vins du même niveau de qualité que ceux du Rheingau.

> **CÉPAGES PRINCIPAUX** En blanc : müller-thurgau, riesling, sylvaner, grauburgunder (pinot gris) ; en rouge : dornfelder, portugieser, spätburgunder (pinot noir).

> **SOLS** Lœss et marnes sableuses fines à l'est ; quarzite et porphyrite à l'ouest.

> **STYLE DES VINS** Ils varient selon les cépages. Ceux de müller-thurgau, par exemple, sont fruités (pomme, abricot, noix, pêche, agrumes) et montrent des arômes végétaux (ortie, fleurs de sureau, basilic) ou épicés (cumin, moutarde, anis, coriandre).

> **MEILLEURS CRUS** Binger Scharlachberg, Flörsheim-Dalsheim (Bürgel et Hubacker), Nackenheim Rothenberg, Nierstein (Brudersberg, Ölberg, Pettenthal), Westhofen Kirchspiel, Worms Liebfrauenstift-Kirchenstück.

> **PRODUCTEURS À RETENIR** Klaus Keller, K. F. Groebe, Gunderloch, Kissinger, Kruger-Rumpf, Kühling-Gillot, Manz, Michael-Pfannebecker, Schales, St. Antony, Wagner-Stempel, Wittmann.

## BERGSTRASSE DE HESSE (HESSISCHE BERGSTRASSE)

Ce petit vignoble (436 ha) se trouve à la lisière de l'Odenwald, séparé de Worms par la largeur du Rhin (200 m à cet endroit). La partie principale du vignoble commence au sud de Darmstadt. Le gel est ici exceptionnel, les pluies généreuses. Une grande partie des vignobles appartient à l'État (Domaine Bergstrasse) et à la ville de Bensheim.

La région produit surtout du vin blanc : de bons QbA et toute une gamme de QmP ainsi que des vins de glace *(Eiswein)*. Ses Rieslings peuvent facilement rivaliser avec ceux du Rheingau, mais, leur volume étant limité, ils sont rares hors de leur région d'origine. Au cours de la dernière décennie, le müller-thurgau a été en partie remplacé par le pinot noir et le pinot gris.

> **CÉPAGES PRINCIPAUX** En blanc : riesling, grauburgunder (pinot gris), müller-thurgau ; en rouge : spätburgunder (pinot noir) et dornfelder.

> **SOLS** Ils ne sont pas uniformes et se composent de sable, d'argile, de calcaire, de lœss ou de granite décomposé.

> **STYLE DES VINS** Le Grauburgunder est un vin généralement corsé aux arômes de pomme, de poire, de zeste de citron, de fruits secs (amande, noix), avec des notes de fleurs de tilleul, de céleri rave, de cannelle.

> **MEILLEURS CRUS** Bensheim, Kalkgasse, Heppenheim Centgericht et Steinkopf.

> **PRODUCTEURS À RETENIR** Domaine Bergstrasse, Weingut der Stadt Bensheim, Bergsträsser Winzer eG.

## FRANCONIE (FRANKEN)

La Franconie se trouve au cœur de l'Allemagne, à l'est du Rhin, dans une région couverte d'épaisses forêts. Les vignobles (6 300 ha) se concentrent dans les vallées exposées vers le sud et l'est, le long du Main et de ses affluents. La Franconie vinicole comprend trois sous-régions : Mainviereck, Maindreieck et Steigerwald supérieur.

Reconnus en général pour leur qualité sur le marché allemand (même si certains vins de coopérative sont de qualité moyenne), les vins sont moins connus à l'étranger. Plus de la moitié sont des *Fränkisch trocken,* qualité qui désigne des vins secs contenant moins de 4 g de sucres résiduels. Le *Bocksbeutel*, la petite bouteille ronde et trapue, est en général utilisé pour les meilleurs vins de la région (environ la moitié de la production).

> **CÉPAGES PRINCIPAUX** Müller-thurgau, sylvaner, bacchus pour les blancs ; domina, spätburgunder (pinot noir) pour les rouges.

> **SOLS** Grès bigarré, calcaire, gypse du trias supérieur.

> **STYLE DES VINS** Les meilleures cuvées de Franconie proviennent des cépages sylvaner, domina et spätburgunder. En blanc, le sylvaner, implanté en Franconie il y a 350 ans, donne des vins de caractère et de bonne garde. Ils sont fruités (pomme, zeste d'agrumes, poire, noix, abricot), floraux (fleurs de sureau, foin), épicés (cumin, farine de moutarde) et minéraux. En rouge, le domina produit des vins aux arômes de fruits rouges (cassis, mûre, prune), de confiture de framboise, d'épices ( cannelle, clou de girofle) et de chocolat amer.

> **MEILLEURS CRUS** Bürgstadt Centgrafenberg, Castell Schlossberg, Escherndorf Lump, Homburger Kallmuth, Iphofen Julius-Echter-Berg, Klingenberg Schlossberg, Randersacker Pfülben, Würzburg (Innere Leiste et Stein).

> **PRODUCTEURS À RETENIR** Bickel-Stumpf, Bürgerspital, Fürstlich Castell'sches Domäneamt, Rudolf Fürst, Horst Sauer, Michael Fröhlich, Juliusspital, Fürst Löwenstein, Schmitt's Kinder.

## BADE (BADEN)

Les vignobles de Bade, qui couvrent 15 000 ha, s'étirent le long du Rhin sur près de 300 km, du lac de Constance au sud jusqu'à la Franconie au nord, entre le fleuve et la Forêt-Noire. Ils comprennent neuf sous-régions : Badisches Frankenland (partie de la Taubertal), Badische Bergstrasse (située au sud de la Bergstrasse de Hesse), Kraichgau (entre l'est de Karlsruhe et Pforzheim), Ortenau (de Baden-Baden au sud d'Offenburg), Breisgau (du sud d'Offenburg au sud de Fribourg), Kaiserstuhl (nord-ouest de Fribourg), Tuniberg (au sud de Kaisterstuhl et à l'ouest de Fribourg), Markgräflerland (du sud de Fribourg jusqu'à la hauteur de Bâle) et Bodensee (lac de Constance) au sud.

Bade compte beaucoup de coopératives (85 % de la production) qui ont la réputation de faire des vins de qualité. Celle de Breisach, Badischer Winzerkeller, est le plus grand producteur d'Europe, produisant une gamme de 500 à 600 vins différents. Il existe aussi de beaux domaines chargés d'histoire.

> **CÉPAGES PRINCIPAUX** Müller-thurgau, grauburgunder (pinot gris), riesling, gutedel et weissburgunder (pinot blanc) pour les blancs ; spätburgunder (pinot noir) pour les rouges.

> **SOLS** Une quinzaine de types de sols.

> **STYLE DES VINS** Les Rieslings, surtout ceux de l'Ortenau, sont fruités et enchantent par leurs notes florales (foin, fleurs de sureau, tilleul, menthe), épicées (anis, coriandre, gingembre) et une excellente minéralité. Les Pinots noirs expriment surtout des arômes de cerise, de prune et de cassis.

> **MEILLEURS CRUS** Région de Bodensee : Meersburg Rieschen ; région de Breisgau : Bombach Sommerhalde, Hecklingen Schlossberg, Malterdingen Bienenberg ; région d'Ortenau : Neuweier Mauerberg, Durbach (Ölberg, Plauelrain, Schloss Grohl, Schlossberg, Schloss Staufenberg), Lauf Gut Alsenhof, Neuweier Schlossberg, Waldulm Pfarrberg ; région de Kaiserstuhl : Blankenhornsberg Doktorgarten, Burkheimer Feuerberg, Ihringen Winklerberg, Oberbergen Bassgeige, Oberrotweil Henkenberg ; région de Markgräflerland : Efringen-Kirchen Oelberg, Istein Kirchberg.

> **PRODUCTEURS À RETENIR** Andreas Laible, Bercher, Engist, Graf Wolff Metternich, Gut Nagelförst, Dr. Heger, Heinrich Männle, Jakob Duijn, Schloss Neuweier, Schwarzer Adler, Salwey, Stigler, WG Durbach.

## Les vins de Bernhard Huber (Baden)

Ce domaine familial de 30 ha, situé dans la région de Baden (vignoble de Breisgau), est renommé pour la grande qualité de ses vins blancs et surtout pour ses rouges issus de spätburgunder (pinot noir). Les vignes, réparties dans les meilleures parcelles des communes de Malterdingen (Bienenberg), Hecklingen (Schlossberg) et Bombach (Sommerhalde), sont cultivées dans le plus grand respect de la nature. Les vins blancs, à part le muscat, sont vinifiés en sec. Le pinot noir représente les deux tiers de l'encépagement. Les vins qui en sont issus proviennent de jeunes vignes *(junge Reben)* ou de vieilles vignes *(alte Reben)*. La mention « R » (réserve) visible sur les étiquettes signifie que les vins blancs ont passé en barrique de 6 à 8 mois et les vins rouges, 18 mois. Le domaine produit aussi des vins mousseux de grande classe.

## PALATINAT (PFALZ)

Région étroite de 22 000 ha, le Palatinat s'étire à l'ouest du Rhin, sur environ 80 km, selon un axe nord-sud. Il se divise en trois secteurs : Mittelhaardt (Haardt moyenne), Deutsche Weinstrasse (Route allemande du vin) et Südliche Weinstrasse (Route sud du vin).

Les meilleurs vignobles longent les coteaux à l'est de la forêt du Palatinat. La région est renommée pour la qualité de ses vins blancs, particulièrement pour ses Rieslings, vins de caractère, minéraux, généralement corsés, mais aussi très fins. La production des vins rouges est très limitée, mais leur qualité généralement excellente.

> **CÉPAGES PRINCIPAUX** En blanc : riesling, müller-thurgau ; en rouge : dornfelder, portugieser, spätburgunder.

> **SOLS** Très divers : entre autres grès bigarré, lœss.

> **STYLE DES VINS** Les grands Rieslings sont des vins de garde aux arômes de pêche, de pomme, de noix, d'abricot, d'ananas, avec des fines notes de fleurs de sureau, menthe, anis, coriandre, possédant une très bonne minéralité.

> **MEILLEURS CRUS** Bad Dürkheim Michelsberg, Birkweiler (Kastanienbusch, Mandelberg), Deidesheim Hohenmorgen, Hohenmorgen, Duttweiler, Forst (Jesuitengarten, Kirchenstück, Ungeheuer), Gimmeldingen Mandelgarten, Haardt Bürgergarten « Breumel in den Mauern », Königsbach Idig, Schweigen Kammerberg, Siebeldingen im Sonnenschein.

> **PRODUCTEURS À RETENIR** Acham-Magin, Geheimer Rat Dr. von Bassermann-Jordan, Bergdolt, Friedrich Becker, Josef Biffar, Dr. Bürklin-Wolf, A. Christmann, Dr. Deinhard, Gies-Düppel Knipser, Koehler-Ruprecht, Georg Mosbacher, Müller-Catoir, Pfeffingen-Fuhrmann-Eymael, Ökonomierat Rebholz, Reichsrat von Buhl, Georg Siben Erben, Dr. Wehrheim.

## WURTEMBERG (WÜRTTEMBERG)

Le vignoble de Wurtemberg (11 500 ha) commence à côté de Bad Mergentheim (Taubertal), continue vers le sud autour de Heilbronn pour atteindre la région de Remstal et de Stuttgart, et se prolonge jusqu'à Tübingen et Reutlingen au sud.

> **CÉPAGES PRINCIPAUX** En blanc : riesling, kerner ; en rouge : trollinger, schwarzriesling (pinot meunier), lemberger (ou limberger), spätburgunder (pinot noir).

> **SOLS** Ils sont très divers, passant du trias supérieur aux sols calcaires, marneux, caillouteux ou argileux.

> **STYLE DES VINS** En rouge, le Trollinger présente des arômes de cerise, prune, amande amère, groseille rouge avec un côté végétal qui rappelle les lentilles et la betterave, ainsi qu'une note de feu de bois en fin de bouche.

> **MEILLEURS CRUS** Bad Canstatt Zuckerle, Bönnigheim Sonnenberg, Fellbacher Lämmler, Heilbronn Stiftsberg, Hohenbeilstein Schlosswengert, Kleinbottwar Süssmund, Neipperg Schlossberg, Pfaffenhofen Hohenberg, Schnaiter Altenberg, Schwaigern Ruthe, Stettener Brotwasser, Stettener Pulvermächer, Untertürkheim (Gips, Herzogenberg), Verrenberg Verrenberg.

> **PRODUCTEURS À RETENIR** Aldinger, Graf Adelmann, Ernst Dautel, Drautz-Able, J. Ellwanger, Karl Haidle, Fürst zu Hohenlohe-Öhringen, Schlossgut Hohenbeilstein, Rainer Schnaitmann, Wachtstetter, Staatsweingut Weinsberg, Wöhrwag.

# SUISSE, AUTRICHE, HONGRIE ET PAYS DU DANUBE À LA MER NOIRE

# LES VIGNOBLES DE SUISSE, AUTRICHE, HONGRIE ET PAYS DU DANUBE À LA MER NOIRE

*Apparue sur les pentes du Caucase dans des temps immémoriaux, la vigne s'est répandue dans toute l'Europe centrale et les Balkans. De la Suisse à la mer Noire, ce sont majoritairement les vins blancs qui dominent un paysage viticole marqué par les caractéristiques du climat continental.*

## SUISSE

Le relatif isolationnisme économique de la Suisse lui a permis de conserver une production originale dans laquelle on trouve des vins de très bonne qualité et des vins ordinaires, pour l'essentiel consommés dans le pays.

### Un vignoble morcelé

Le vignoble suisse, qui remonte jusqu'aux temps des Romains, se développa comme dans le reste de l'Europe sous l'influence du clergé. Le relief escarpé et la recherche des meilleures expositions expliquent que les parcelles soient souvent minuscules : 0,4 ha en moyenne. Jadis pays de vins blancs, la Suisse produit désormais davantage de vins rouges. L'essentiel du vignoble est situé dans les cantons romands du Valais, de Neuchâtel, de Vaud et de Genève.

LES VIGNOBLES SUISSES EN CHIFFRES

**Surface :** 15 000 ha

**Production :** 1 000 000 hl environ

**Rouges :** 52 %

**Blancs :** 48 %

(Office fédéral de l'agriculture, 2007)

### Le Valais

Premier canton viticole du pays, le Valais produit aussi les vins les plus intéressants. Au sud de la Suisse, à l'est du lac de Genève, les 5 300 ha de vignes longent le cours du Rhône sur des pentes souvent escarpées, à une altitude qui dépasse rarement 600 m (sauf sur les terrasses de Visperterminen, à 1100 m d'altitude, où poussent les vignes parmi les plus hautes d'Europe). Les empilements de terrasses façonnent la montagne et assurent aux vignes un ensoleillement optimal. Le travail titanesque que nécessite l'entretien des murets explique que les parcelles soient souvent minuscules, blotties au creux des montagnes pour bénéficier d'un climat sec, mais aussi du vent, toujours présent, qui dessèche les grappes.

Les vins blancs et les vins rouges jouent ici à jeu presque égal, avec une légère prédominance des premiers, bien que le Valais produise 44 % des vins rouges du pays. L'assemblage du pinot noir et du gamay donne la Dôle, un rouge léger très populaire qui peut être rosé quand les raisins sont pressurés directement. Les principaux cépages blancs sont le fendant, nom local du chasselas, le sylvaner, appelé ici Johannisberg, le riesling, le muscat, la roussanne ou ermitage, ainsi que des cépages autochtones telles la petite-arvine et l'amigne qui donnent les vins les plus typés. Les rouges, souvent charpentés, sont issus principalement du pinot noir, du gamay et de la syrah.

### Neuchâtel et les trois lacs

Les vignes qui enserrent le lac de Neuchâtel s'étendent jusque dans le canton de Berne, autour des lacs de Bienne et de Morat. L'ensemble totalise

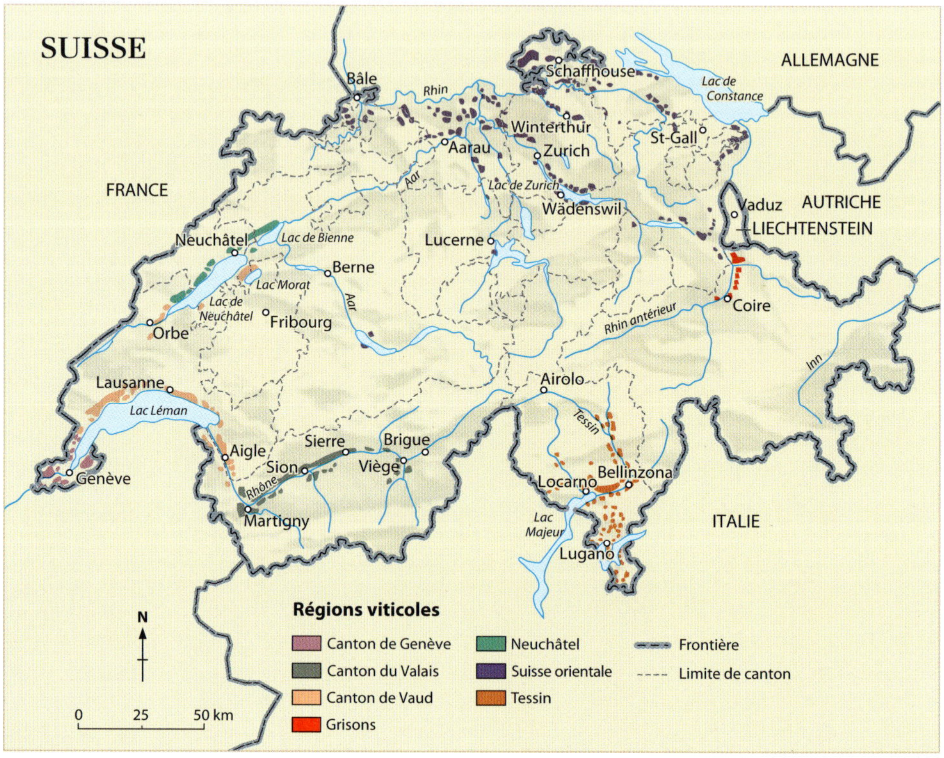

> Paysage de vignes près de la ville de Sion, dans le canton du Valais.

environ 1 000 ha et constitue le deuxième vignoble après celui du Valais. On y trouve plus de 70 % de vins blancs. La côte neuchâteloise, à l'aplomb de la rive nord du lac, s'étire sur 30 km. L'altitude moyenne, entre 430 et 600 m, un climat frais et tempéré ainsi qu'un vent desséchant les grappes assurent une bonne maturité, en particulier au pinot noir, qui donne un rosé léger appelé Œil de Perdrix. On trouve en tout 18 communes productrices, revendiquant chacune une spécificité liée au cépage ou au terroir.

La région est surtout réputée pour ses vins de chasselas que l'on consomme souvent sur place, encore troubles et non filtrés. On produit aussi des vins de sylvaner, de müller-thurgau, de chardonnay, de riesling et de doral, un croisement local.

## Le canton de Vaud

Ce canton romand produit environ 240 000 hl de vins, majoritairement blancs. Les vignobles sont cultivés en terrasses sur la rive nord du lac de Genève. Le paysage y est splendide, en particulier dans la région de La Côte et de Lavaux, site classé au patrimoine mondial de l'Unesco.

### LE SAVIEZ-VOUS ?

***On dénombre 20 000 producteurs de vin dans le Valais** si l'on compte tous les membres de chaque famille de vignerons. Cela s'explique par la taille minuscule des parcelles. La majorité des vins sont commercialisés par l'entremise des coopératives ou du négoce. Les vignerons qui vendent leur vin en bouteille possèdent les domaines les plus importants. (Source : OIV)*

### Le classement des vins suisses

En Suisse, la réglementation des appellations varie d'un canton à l'autre. Le plus souvent, le nom du cépage est accompagné du nom du canton ou du village d'où il provient. Si le vin est issu d'un assemblage de raisins provenant de plusieurs cantons, le nom de cépage peut accompagner celui de la région, par exemple Chasselas de Suisse romande. Parfois, le nom d'appellation prévaut comme La Côte dans le canton de Vaud, Sottoceneri dans le Tessin, Sion dans le Valais ou Malans dans les Grisons.

Le chasselas a longtemps été dominant mais on trouve aussi de bons vins rouges issus de gamay, de pinot noir ou des cépages locaux, garanoir et gamarret, qui donnent des vins de garde moyenne. Plus au nord, à la pointe sud du lac de Neuchâtel, les vignobles de Bonvillars et de la côte de l'Orbe comptent parmi les meilleurs crus de la région.

## Le canton de Genève

Les 1 000 ha de vignes du canton de Genève sont situés en plaine, au débouché du Rhône, sur les bords de l'Arve, au sud du lac. Quelques crus de chasselas comme le Mandement sont réputés, mais il est de tradition de mélanger les raisins genevois à des vendanges venues de France, ce qui n'est pas sans poser problème au niveau des appellations. La production de vins rouges est croissante, à base de gamay ou de cortaillot, nom local du pinot noir.

## Le Tessin

La culture traditionnelle en pergola se fait rare dans ce canton italophone. Le caractère des rouges est proche de celui des vins italiens grâce à un bon ensoleillement. Le merlot prédomine et s'épanouit sur les pentes calcaires ensoleillées et bien abritées du Mendrisiotto ou autour de Sottoceneri et de Bellinzona. On rencontre aussi le cabernet-sauvignon, mais en quantité moindre. Ces vins, parfois assemblés, sont un peu les « bordeaux suisses », très appréciés des milieux aisés italiens, d'où leur prix souvent élevé.

**VRAI OU FAUX ?**

***La Suisse produit aussi des vins du Jura.***

**FAUX.** Le canton Suisse du Jura, situé au sud-est de Bâle et au sud de l'Alsace, ne possède presque pas de vignes, mais l'on y trouve tout de même quelques petits producteurs qui totalisent environ 40 000 litres de vins. Ceux-ci sont vendus sous le nom de leur cépage et ne peuvent en rien faire concurrence aux vins français des AOC jurassiennes.

## Les vignobles alémaniques

La plupart des cantons alémaniques, au nord et à l'est de la Suisse, possèdent des vignobles très morcelés. Les vins sont généralement consommés sur place. Compte tenu de la fraîcheur du climat et de l'altitude, les vignes des environs de Zurich, Schaffhouse, Saint-Gall ou des Grisons n'atteignent la maturité que tardivement grâce au foehn, le vent du sud qui dessèche les grappes. Le pinot noir donne parfois de bons résultats comme à Maienfeld, dans les Grisons, ou à Stäfa, sur les bords du lac de Zurich.

# AUTRICHE

Les vins autrichiens, souvent de grande qualité, sont méconnus à l'étranger. Pourtant, l'Autriche possède une solide tradition viticole : son vignoble aurait plus de 2000 ans. C'est avant tout un pays de vins blancs et son cépage emblématique est le grüner veltliner. Les vignes sont concentrées dans la partie orientale et méridionale du pays, le long des frontières hongroise, slovaque, tchèque et slovène.

LES VIGNOBLES AUTRICHIENS EN CHIFFRES

**Surface :** 44 000 ha

**Production :** 2 300 000 hl

**Blancs :** 75 %

**Rouges :** 25 %

(OIV, 2006)

## La Basse-Autriche

Située à l'est du pays et traversée par le Danube, la Basse-Autriche *(Niederösterreich)* est la principale région productrice. Elle se subdivise en différentes zones viticoles.

**WEINVIERTEL.** Cette zone de 16 000ha le long des frontières tchèque et slovaque vinifie près de 30% des vins autrichiens. Les vins blancs, consommés jeunes, ont un caractère sec, léger et acide. On produit aussi des mousseux et quelques « vins de glace ». Sur les sols granitiques des environs de Retz et de Falkenstein, à la frontière tchèque, naissent d'excellents vins rouges.

**THERMENREGION.** La « région des thermes », au sud de Vienne, doit son nom à ses nombreuses sources chaudes et il n'est pas rare que les curistes se rafraîchissent d'un verre de vin blanc au sortir des thermes. Les vins produits sont presque exclusivement des blancs secs, vifs et aromatiques. Le Gumpoldskirchen, assemblage de deux cépages autochtones, le rotgipfler et le zierfandler, fut longtemps l'un des vins les plus renommés d'Autriche. Le secteur de Tattendorf élabore quelques solides vins rouges à base de blauer portugieser et de zweigelt.

**WACHAU.** Les 1 400 ha de vignes de cette zone au nord-ouest de la Basse-Autriche s'étendent en terrasses aménagées sur des sols volcaniques, bordant le cours encaissé du Danube dans un paysage splendide. On y trouve des vins blancs secs réputés. Le grüner veltliner et le riesling, parfois assemblés, donnent des vins de garde puissants. Le Schluck, petit vin fruité de sylvaner, est également apprécié.

**KREMSTAL ET KAMPTAL.** Au nord-est de la Wachau, les terrasses qui entourent la ville de Krems ou qui courent au fil de la Kamp, un affluent du Danube, sont aménagées sur des terrains volcaniques ou de lœss où pousse le riesling et le grüner veltliner. Le caractère des vins rappelle celui des nectars de la Wachau. Certains des meilleurs Rieslings autrichiens, parfois vinifiés en vendanges tardives, proviennent également de cette zone.

**DONAULAND-TRAISENTAL-CARNUNTUM.** Entre Krems et Vienne, la « terre danubienne » ou *Donauland* est surtout réputée pour ses vins blancs de grüner veltliner. Au-delà de Vienne, en suivant le cours du Danube, on rencontre la région dite du Donauland Carnuntum réputée pour ses vins rouges, notamment à base de zweigelt. Le monastère capucin Klosterneuburg possède le plus grand domaine viticole d'Autriche, assorti d'un centre de dégustation et d'une école d'œnologie.

> Le Welschriesling est un cépage blanc cultivé dans la plupart des régions autrichiennes.

## Le Burgenland

À la frontière hongroise un paysage plat accueille, autour du lac de Neusiedl, l'un des plus importants vignobles d'Autriche (16000 ha). Il se subdivise en quatre districts viticoles : Mittelburgenland, Neusidlersee, Südburgenland et Neusiedlersee-Hügelland.

LE SAVIEZ-VOUS ?

***La région de Wachau s'est dotée d'un système de classement qualitatif pour ses vins blancs secs.***
*À l'origine de ce système se trouve l'association Vinea Wachau, créée par des petits producteurs. Sur les étiquettes, on trouve différentes mentions : le* Steinfeder *est le vin le plus léger (10,7 % vol.), suivi par le* Federspiel *(environ 11,5 % vol.). Le plus riche (l'équivalent d'un* Spätlese *sec allemand) s'appelle* Smaragd *et doit titrer un minimum de 12 % vol. Ces vins sont généralement issus de terroirs exceptionnels à faible rendement et de raisins vendangés tardivement. Lorsqu'ils sont réussis, ils sont superbes et vieillissent à merveille. Les noms des parcelles célèbres figurent sur l'étiquette, précédés du mot* Ried.

> Vendanges dans un domaine en Styrie.

Après le climat sec et ensoleillé de l'été, la vigne est baignée à l'automne par les brumes du lac, ce qui favorise dans le secteur de Rust, sur la rive occidentale du lac, l'apparition de la pourriture noble et l'élaboration de l'Ausbruch, considéré comme l'un des meilleurs vins liquoreux au monde (voir p. 422). Les vins sont issus du riesling, du welschriesling, du weissburgunder, du müller-thurgau et du très aromatique muscat ottonel. Le Mittelburgenland produit des vins rouges de qualité à partir du blaufränkisch.

FAUX ?

***Les vins autrichiens sont monocépages.***

**FAUX.** Si beaucoup de régions e sont spécialisées dans tel ou el cépage, nombreux sont les vins blancs autrichiens élaborés à partir de plusieurs variétés de raisins, en particulier le grüner veltliner et le riesling.

## La Styrie

La Styrie (Steiermark) est une vaste région au relief accidenté qui s'étend au nord de la Slovénie et au sud-ouest du Burgenland. Ses trois zones viticoles totalisent environ 3 000 ha de vignes.

La Styrie du Sud (Südsteiermark), principale zone de production, fournit les meilleurs vins blancs de Styrie, à base de nombreux cépages (welschriesling, pinot blanc, müller-thurgau, riesling, muskateller, sauvignon, scheurebe...). Les vignes poussent sur des pentes escarpées exposées au sud, parfois à près de 600 m d'altitude. En Styrie sud-orientale (Südoststeiermark), on élabore des blancs légers, mais aussi de bons Gewurztraminers ainsi que des vins de chardonnay, dénommé ici morillon, et des Sauvignons de qualité. La Styrie occidentale (Weststeiermark), entre la ville de Graz et la fontière slovène, est surtout réputée pour son rosé, appelé Schilcher, un vin à base de blauer wildbacher, un peu aigrelet, très recherché dans sa jeunesse, produit en petite quantité.

## Le pays viennois

Les environs de la capitale viennoise sont plantés d'environ 700 ha de vignes. Presque la totalité du vin est consommée sur place. Les villages vinicoles des portes de Vienne (Grinzing, Nussdorf...) regorgent de guinguettes animées, les *Heurigen,* où les vignerons vendent eux-mêmes, au son de l'accordéon, de petits vins blancs jeunes et fruités. Il s'agit en majorité de Gemischter Satz, un mélange des différents cépages cultivés sur une même parcelle.

## Les appellations et la législation

L'Autriche compte en tout 19 appellations d'origine : Kremstal, Kamptal, Donauland, Weinviertel, Wachau, Carnuntum, Traisental, Thermenregion, Weststeiermark, Südsteiermark, Neusiedlersee, Neusiedlersee-Hügelland, Mittelburgenland, Südburgenland, Süd-Oststeiermark, Wien ainsi que Niederösterreich, Burgenland et Steiermark, ces trois dernières étant des appellations régionales.

Le pays obéit globalement aux mêmes règles que le reste de l'Europe (voir aussi p. 98). La mention du cépage accompagne une échelle de qualité identique à celle qui est appliquée en Allemagne et porte tant sur la qualité du vin que sur son degré de sucrosité. Depuis les années 1980, tous les *Qualitätsweine* (vins de qualité) sont strictement analysés et portent un numéro d'agrément assurant la traçabilité.

# HONGRIE

Ce sont probablement les Romains qui plantèrent les premières vignes à l'époque où la région s'appelait la Pannonie. Les Hongrois, peuple nomade venu d'Asie aux IXe et Xe siècles, développèrent la vigne dans les siècles suivants, y compris sous la domination turque. C'est à partir du XVIIIe siècle que la Hongrie, unie à l'Autriche, assura la diffusion de son vin le plus fameux, le Tokaj, dans toute l'Europe.

Durant les cinquante ans de l'époque communiste, les vignes étaient gérées en coopératives ce qui garantissait un revenu aux producteurs. Puis, beaucoup de petits vignerons n'ont pas pu suivre les règles de l'économie de marché et le vignoble hongrois a perdu plus de 30 % de sa superficie. Aujourd'hui, les vignobles qui prospèrent sont ceux qui ont bénéficié de capitaux étrangers et ceux où les coopératives ont su s'adapter aux nouvelles règles économiques.

**LES VIGNOBLES HONGROIS EN CHIFFRES**

**Surface :** 85 000 ha
**Production :** 3 000 000 hl
**Blancs :** 70 %
**Rouges :** 30 %

(OIV, 2006)

## Tokaj-Hegyalja : le pays du roi des vins

La région des monts de Tokaj couvre environ 4 000 ha au nord-est du pays et produit les plus fameux vins, prisés déjà à l'époque de Louis XIV pour leur arôme riche et leur caractère rafraîchissant. Roi des vins ou vin des rois, le Tokaj (voir aussi p. 422) est une appellation employée surtout pour des vins moelleux et liquoreux ou demi-secs. Son principal cépage est le furmint, qui, sous les brumes automnales de la vallée de la Bodrog, se couvre de pourriture noble.

Égal des meilleurs liquoreux du monde, le Tokaj affiche un potentiel de garde étonnant : les meilleurs millésimes peuvent vieillir pendant deux siècles ! On trouve aussi des vins secs traditionnels portant l'appellation Tokaj, ce qui ne facilite pas le choix du consommateur.

## Les autres régions viticoles

**LA RÉGION D'EGER.** Au nord-est de Budapest, la région dite Mátraalja-Egri, possède de nombreuses caves gérées par des petits producteurs individuels. Le vin le plus fameux est l'Egri Bikavér, ou « sang de taureau » d'Eger, un vin rouge à base du cépage kékoportó et de cabernet-sauvignon. C'est un vin fruité, relativement léger.

**AUTOUR DU LAC BALATON.** Les sols volcaniques des collines bordant la « mer hongroise », à l'ouest du pays, produisent surtout des vins blancs à base d'olaszrizling – riesling italien –, de muscat ottonel et de szürkebarát (pinot gris). Les meilleurs vins sont ceux du secteur de Badacsony.

**LA RÉGION DE SOPRON.** Les environs de la ville de Sopron, près de la frontière autrichienne, sont vallonnés et réputés pour leurs vins rouges à base de kékfrankos, de pinot noir et de cabernet-sauvignon. On y produit aussi de bons vins blancs sur la rive orientale du Fertö Tó, le Neusiedlersee autrichien.

**VILLÁNY-SIKLÓS.** À l'extrême sud du pays, près de la ville de Pécs, cette zone est l'une des plus réputées pour ses vins rouges de cabernet-sauvignon, de merlot et de kékoportó qui ne manquent pas de rondeur.

**SZEKSZÁRD.** Autour de la ville de Szekszárd, ce vignoble est réputé pour ses rouges qui, comme à Eger, peuvent porter le nom de « sang de taureau ». Le cépage traditionnel fut longtemps le kadarka, assez productif, mais il est de plus en plus remplacé par le merlot, le cabernet-sauvignon et le kékoportó. Il faut visiter le village de Leányvár pour ses trois étages de caves creusées dans la colline.

> Foudres sculptés au domaine Kovács Borház dans le village hongrois de Hajós, au sud du pays.

# DU DANUBE À LA MER NOIRE

La chute de l'Empire soviétique au début des années 1990 a profondément modifié le paysage viticole des pays danubiens en aval de l'Autriche, ainsi que ceux des anciennes républiques de l'URSS. Jadis exploitées collectivement, les vignes de Hongrie, de Roumanie et de Slovénie ont été en partie privatisées avec l'aide de groupes financiers occidentaux tandis que celles de Bulgarie et des ex-républiques soviétiques tardent à reprendre leur souffle.

## Roumanie

Grosse productrice de vin (230 000 ha et 12 000 000 hl), la Roumanie fut longtemps le cinquième producteur de vin européen, avec 60 % de vins blancs. La perte de ses débouchés traditionnels dans la sphère est-européenne a entraîné une importante restructuration des vignobles dont seuls ceux qui ont un bon niveau qualitatif sont appelés à survivre avec l'aide de l'Union européenne et, parfois, d'investisseurs occidentaux.

Plantée dès l'époque grecque sur les bords de la mer Noire, il y a près de 3 000 ans, la vigne a essaimé dans tout le pays et s'est développée en Transylvanie au Moyen Âge avec l'arrivée de vignerons saxons. On compte environ 50 appellations réparties principalement entre la Moldavie, à l'est, la Dobroudja au sud-est, la Transylvanie au centre, et l'Olténie sur le versant sud des Carpates. Les vins les plus réputés sont les blancs de Cotnari (voir p. 423), en Moldavie roumaine.

## Bulgarie

Dans les années 1970, les Cabernets-Sauvignons bulgares rivalisaient avec les petits bordeaux sur les tables allemandes, britanniques et scandinaves. Depuis la fin de l'époque communiste, le pays a vu sa production considérablement baisser faute d'être parvenu à maintenir un niveau de qualité constant à l'exportation. Il est encore trop tôt pour savoir si son entrée dans l'Union européenne marquera le renouveau des vins.

### Cricova, le « trésor » de la République moldave

L'ancienne république soviétique de Moldavie, située entre la Roumanie et l'Ukraine, possède une cave unique au monde, véritable ville souterraine. Ces anciennes carrières à une profondeur de 35 à 60 m jouissent d'une température constante qui permet l'élaboration de vins mousseux en méthode traditionnelle. Placées sous la protection de l'Unesco, elles abritent aussi des vins moldaves et des vins de toutes origines, certains très anciens. Principale destination touristique de Moldavie, Cricova possède des rues portant des noms de cépages. Leur longueur totale dépasse les 100 km sur une largeur de 6 à 8 m. L'ensemble s'étend sur 53 km$^2$.

> Vendanges manuelles dans un vignoble bulgare.

**UN TRÈS ANCIEN PAYS VITICOLE.** La Bulgarie est l'un des plus anciens pays viticoles d'Europe puisque les Thraces y produisaient du vin voici 3 000 ans comme en témoigne *l'Iliade* d'Homère. La viticulture, longtemps destinée à la consommation domestique ou locale prit un essor considérable à la fin de l'époque communiste, avec d'une part une forte demande soviétique, et d'autre part un partenariat avec la société américaine Pepsico qui écoula beaucoup de vins bulgares sur les tables anglaises et allemandes.

**GRAND POTENTIEL, PEU DE MOYENS.** Un climat méditerranéen tempéré par l'altitude ainsi que des sols pauvres assurent un potentiel viticole considérable, mais le pays manque encore d'infrastructures – on y compte moins d'une cinquantaine d'entreprises significatives sur le marché du vin. La privatisation hâtive du vignoble, à la fin des années 1990, et la restitution des terres aux anciens propriétaires d'avant 1947 ont eu le plus souvent pour effet de laisser le vignoble à l'abandon, faute de moyens pour l'exploiter. C'est aussi le manque de moyens pour assurer des vinifications modernes qui explique pourquoi la plupart des vins vendus en bouteille sont pasteurisés (ce qui nuit à leur qualité). Toutefois, de grandes surfaces ont été plantées de vignes ces dernières années, à l'initiative notamment d'investisseurs allemands. Il faudra cependant attendre encore une petite décennie pour en apprécier le résultat.

**LES PRINCIPAUX CÉPAGES.** Les principaux cépages rouges sont le pamid, le mavrud, le melnik, le cabernet-sauvignon, le

> Vignes dans la région de Štajerska Slovenia, au nord-est du pays.

merlot, le gamay, le pinot noir. En blanc, ce sont le rkatsiteli, le dimiat, le muscat ottonel, le misket rouge, le chardonnay, le riesling, le gewurztraminer, l'aligoté et le sylvaner.

**LA PRODUCTION ET LA LÉGISLATION.** Les 100 000 ha de vignes bulgares produisent 900 000 hl de vins rouges et 600 000 hl de blancs dont un fort pourcentage est destiné à la distillation. Il existe 27 appellations locales. La réglementation, appelée à s'aligner sur celle de l'Union européenne, distingue les vins de table, les vins de pays avec indication d'origine et de cépages, les vins d'origine géographique contrôlée (DGO), et les vins « Controliran », une sorte de super-DGO.

## Slovénie

Ce pays tout jeune, puisqu'il n'existe que depuis 1991, date de sa scission avec l'ex-Yougoslavie, est niché entre l'Italie, l'Autriche et la Croatie. Il possède un vignoble d'environ 30 000 ha répartis en 15 régions viticoles orientées du côté de la mer Adriatique, à l'ouest, ou le long des vallées de la Drave et de la Save, à l'est.

La production est généralement de qualité, en particulier pour les vins blancs (notamment ceux de la région de Podravski) qui bénéficient d'un climat idéal grâce à l'altitude. Les vignerons slovènes parviennent à produire de grands vins blancs secs mais aussi des « vins de glace » et des « vendanges tardives » à base de différentes variétés de riesling et de pinot gris. Les meilleurs vins rouges sont élaborés surtout vers le littoral adriatique et la vallée de la Save. Ils sont issus de merlot, de cabernet franc, de barbera et de cépages locaux comme le refosk cultivé près de la frontière italienne, ou le cvicek qui donne un agréable rosé dans la région de la Save.

## Géorgie

Il est probable que cette ex-république soviétique caucasienne des bords de la mer Noire soit le lieu d'où la vigne s'est diffusée dans le reste de l'Europe, à la fin du néolithique. Cela expliquerait la richesse du patrimoine ampélographique géorgien qui compte plusieurs centaines de cépages autochtones.

Malheureusement, la chute du système soviétique a eu des conséquences catastrophiques pour les 60 000 ha de vignes du pays. D'une part, le différend politique avec la Russie a coupé la Géorgie de son principal débouché, d'autre part, les carences de l'administration font aussi que de très nombreux vins sont frelatés, coupés ou trafiqués, selon la FAO. Malgré l'existence d'une joint-venture avec la société Pernod-Ricard, la Géorgie peine à faire connaître le Gurdzhaani ou le Tsinandali, deux de ses meilleurs vins blancs produits dans la région du Rion, au centre du pays.

## Ukraine

C'est en Crimée, la partie la plus « russe » de l'Ukraine, qui jouit d'un climat de type méditerranéen, que l'on trouve l'essentiel des vignobles, longtemps dévolus à l'élaboration du « krim », un vin mousseux d'assemblage, douceâtre et de piètre qualité. On y trouve quelques vins rouges sous le nom de « rubis », mais le plus grand potentiel ukrainien se trouve près de Sébastopol, à Massandra, où la cave des Tsars créée en 1894 et miraculeusement préservée recèle des trésors avec ses vins de muscat noir qui peuvent devenir centenaires. La production actuelle retrouve une certaine vigueur grâce à l'intérêt qu'elle suscite chez les amateurs ouest-européens.

# Les vins les plus connus de Suisse, Autriche et pays du Danube à la mer Noire

*Si l'Autriche et la Suisse produisent des vins selon les standards de l'Europe de l'Ouest, il n'en va pas de même pour les anciens pays du bloc de l'Est dont la production demeure très contrastée, en dehors de la Slovénie.*

## AOC CHAMOSON GRAND CRU

SUISSE [VALAIS]

Situé sur les pentes plus ou moins escarpées de la rive droite du Rhône, le vignoble de Chamoson est, avec ses 427 ha, le plus étendu du canton du Valais. Inscrite à l'intérieur de l'AOC Valais, l'appellation Chamoson Grand Cru est répartie sur une grande variété de sols et de microclimats, permettant la culture de nombreux cépages sur un vignoble très morcelé puisqu'on y recense 1 120 propriétaires de vignes.

Chamoson Grand Cru produit en grande majorité des vins rouges mais l'appellation doit sa réputation surtout aux vins blancs issus du sylvaner. Les vendanges sont exclusivement manuelles et l'obtention de l'appellation obéit à un règlement rigoureux.

> **CÉPAGES PRINCIPAUX** En blanc : sylvaner (appelé localement johannisberg car sa typicité se rapproche de celle des grands vins de la vallée du Rhin), petite-arvine ; en rouge : gamay, pinot noir, syrah.

> **SOLS** Éboulis et alluvions à dominante calcaire.

> **STYLE DES VINS** Le sylvaner donne un vin blanc sec, à la robe paille clair à reflets verts qui prend avec l'âge des reflets dorés. En bouche, on trouve des notes d'amande grillée nuancées par une pointe d'acidité et une bonne minéralité. Avec l'âge, les notes de grillé et de fruits s'accentuent.

Les vins rouges sont assez simples, à l'exception de ceux issus de la syrah, généralement bien structurés.

***Couleur du vin :***
*blanc et rouge.*

***Température de service :***
*de 8 à 10 °C pour les blancs ; de 14 à 17 °C pour les rouges.*

***Potentiel de garde :***
*de 5 à 6 ans, et jusqu'à 15 ans pour les meilleurs vins dans de bons millésimes et dans les deux couleurs.*

## AOC DÉZALEY GRAND CRU

SUISSE [VAUD]

Cette appellation nichée au cœur de la région de Lavaux, dans le canton de Vaud, ne compte que 53 ha, entièrement situés sur la commune de Puidoux. Elle produit uniquement des vins blancs issus du chasselas.

La vigne pousse sur une pente vertigineuse, réchauffée par la réverbération du soleil sur les eaux du lac Léman, et aménagée en terrasses dont les murs réfléchissent la lumière et emmagasinent la chaleur. Ce microclimat est propice à la maturation du raisin que la bise du Dézaley vient ralentir, aidant ainsi le chasselas à conserver ses arômes. C'est ce climat « apprivoisé » au terme d'une longue observation de la nature qui donne aux vins un caractère affirmé par des arômes prononcés de fruit mûr que soutient une bonne acidité.

> **CÉPAGE UNIQUE** Chasselas.

> **SOLS** L'érosion glaciaire a façonné le coteau du Dézaley et laissé entre les bancs de « poudingue » des résidus de moraine qui ont donné un sol très argileux et calcaire.

> **STYLE DES VINS** Le Dézaley Grand Cru se caractérise par la profondeur, la puissance et des arômes de grillé, de fumé, d'amande et de miel, avec un caractère plus ou moins fruité ou floral, selon les années. Il conserve une bonne fraîcheur pendant 2 à 3 ans, avant que son caractère grillé ne s'affirme.

***Couleur du vin :***
*blanc.*

***Température de service :***
*de 8 à 10 °C.*

***Potentiel de garde :***
*en général de 4 à 8 ans, et jusqu'à 10 ans dans les très bonnes années.*

## RUSTER AUSBRUCH DAC

AUTRICHE [BURGENLAND]

Dans les environs de la ville de Rust, on produit certains des meilleurs liquoreux du monde sous le nom de Ruster Ausbruch, élaborés selon une méthode proche de celle du Tokaj Aszú (voir ci-dessous). Les conditions climatiques aux environs du lac de Neusiedl permettent l'apparition de la pourriture noble avec une grande régularité : les étés sont chauds et secs, et les automnes embrumés par la proximité du lac.

> **CÉPAGES PRINCIPAUX** Weissburgunder (pinot blanc), welschriesling, ruländer (pinot gris), muscat ottonel, furmint.

> **SOLS** Sabloneux sur terrain plat ou en pente, sur les bords du lac de Neusiedl.

> **STYLE DES VINS** Des blancs liquoreux, très concentrés et parfumés, avec des notes d'épices et de muscat. En vieillissant, ils prennent une couleur ambrée et affirment leurs notes épicées.

***Couleur du vin :***
*blanc.*

***Température de service :***
*de 8 à 12° C.*

***Potentiel de garde :***
*jusqu'à plus d'un siècle pour les meilleurs millésimes.*

## KREMSTAL DAC

AUTRICHE [BASSE-AUTRICHE]

Les 2 600 ha de cette appellation s'étendent le long du cours moyen du Danube, près de la jolie ville de Krems. Bien que réparti en différentes zones aux caractères climatiques et géologiques particuliers, le vignoble possède une véritable identité avec une production exclusive de vins blancs issus du riesling et du grüner veltliner. Déclaré appellation en 2007, le secteur viticole de la Kremstal est l'un des plus réputés d'Autriche grâce à la grande rigueur qui caractérise la réglementation de ses vins blancs secs, ou de ses rares vins liquoreux.

> **CÉPAGES PRINCIPAUX** Riesling et grüner veltliner.

> **SOLS** Éboulis granitiques et lœss.

> **STYLE DES VINS** Les blancs secs de riesling sont élégants, droits, minéraux, sans notes botrytisées et non boisés. Les blancs secs issus du grüner veltliner sont fruités, vifs et sans note de surmaturité. La région produit aussi quelques vins liquoreux issus de raisins botrytisés.

***Couleur du vin :***
*blanc.*

***Température de service :***
*de 8 à 12° C.*

***Potentiel de garde :***
*de 5 à 20 ans selon les domaines et les millésimes.*

## TOKAJ

HONGRIE

La région des coteaux de Tokaj (Tokaj-Hegyalja) produit des vins liquoreux, demi-secs ou secs, portant tous la dénomination Tokaji (« de Tokaj », en hongrois), ce qui peut créer une certaine confusion pour un public non averti.

Les vins les plus fameux sont élaborés à partir de raisins *aszú*, touchés par la pourriture noble et passerillés, qui, par simple écoulement, donnent l'« Eszencia », un nectar d'une concentration en sucres exceptionnelle, et hors de prix. Le Tokaj *aszú* est donc un vin liquoreux.

Les raisins *aszú*, sont répartis en unités appelées *puttonyos* et ajoutés soit au moût, soit au vin déjà fait. Après pressurage, le vin fermente de longs mois en fûts. Le nombre de *puttonyos* ajoutés à chaque fût détermine la concentration en sucres et la qualité du vin (de 3 à 6 *puttonyos*). Les années moins bonnes, où la pourriture noble n'affecte pas toutes les grappes, on élabore du Tokaj Szamorodni (« tel quel »), un vin sec ou demi-sec à l'oxydation prononcée, parfois élevé sous un voile de levure comme le vin jaune (voir p. 307). On trouve aussi des vins blancs secs ordinaires portant l'appellation Tokaj.

> **CÉPAGES PRINCIPAUX** Furmint, muscat ottonel, hárslevelü.

> **SOLS** Lœss, sols argilo-calcaires et volcaniques.

> **STYLE DES VINS** L'Eszencia est très peu alcoolisé et d'une concentration en sucres supérieure à 250 g/l. La sucrosité du Tokaj *aszú* varie selon la quantité de raisins *aszú* ajoutée au vin de base. C'est un vin d'une grande délicatesse qui peut vieillir durant plusieurs générations en prenant des tons d'ambre foncé. La qualité des Tokajs Szamorodni est inégale, mais les meilleurs vieillissent très bien.

***Couleur du vin :***
*blanc.*

***Température de service :***
*de 8 à 10 °C.*

***Potentiel de garde :***
*plusieurs dizaines d'années pour les plus grands millésimes.*

# Le renouveau des vins d'Europe de l'Est

**UNE MARGE DE MANŒUVRE CONSIDÉRABLE**

Cela fait plus de vingt ans que Jean-François Ragot sillonne l'Europe de l'Est à la recherche de perles rares pour sa société lyonnaise, Dionis, qui fut pionnière pour la commercialisation de Tokaj hongrois sur le marché français et qui possède aussi l'exclusivité de la diffusion en France du Cotnari Grasa roumain.
« Tokaj a déjà fait ses preuves, même si des problèmes juridiques restent à régler pour la gestion des vignobles. La Roumanie a encore tout à faire, même si le potentiel est énorme », résume ce passionné. De fait, si Jean-François Ragot n'a aucun mal à s'approvisionner en raisins de qualité pour les vins de Tokaj qu'il élabore ou sélectionne sur place, l'exercice est beaucoup plus difficile en Roumanie où, explique-t-il, « on en est encore resté à l'époque Ceausescu dans les mentalités ». Pour obtenir un Cotnari Grasa de qualité, il doit donc aller sur le terrain et faire des sélections drastiques. « Le prochain grand pays de l'ancien bloc de l'Est qui va émerger sera la Bulgarie », estime-t-il. Quant à la petite Slovénie, elle a déjà fait ses preuves grâce à une production irréprochable en petites quantités.

## KARST

**SLOVÉNIE [RÉGION VITICOLE CÔTIÈRE (PRIMORSKI VINORODNI RAJON)]**

Au sud-ouest de la Slovénie, entre le littoral adriatique et la frontière italienne, la région de Karst a donné son nom à un système géologique (karstique) de rivières disséminées dans un sous-sol calcaire. Cultivée depuis l'époque romaine, la vigne y a longtemps végété avant de trouver un nouvel essor depuis l'entrée de la Slovénie dans l'Union européenne.
La région compte 560 ha de vignes qui produisent 150 000 hl de vin. Elle est surtout réputée pour ses rouges à base de teran, appelé aussi refosk, équivalent de la mondeuse de Savoie. Ce cépage donne des vins sombres, peu alcoolisés, assez acides mais très appréciés en Slovénie. On y produit aussi des vins rosés légers et des vins blancs secs.

> **CÉPAGES PRINCIPAUX** Teran ou refosk, merlot, cabernet franc pour les rouges et les rosés ; riesling italien, sauvignon, pinot gris pour les blancs.

> **SOLS** Calcaires et argiles rouges.

> **STYLES DES VINS** Les vins rouges sont sombres, acidulés, fruités (fruits rouges) et peu alcoolisés. Les rosés sont légers, et les blancs, secs et fruités.

***Couleur du vin :*** *rouge, rosé et blanc.*

***Température de service :*** *de 8 à 12 °C pour les blancs et les rosés ; 14 à 17 °C pour les rouges.*

***Potentiel de garde :*** *de 2 à 10 ans pour les rouges ; de 1 à 3 ans pour les rosés et les blancs.*

## COTNARI GRASA

**ROUMANIE**

C'est aux confins nord-est de la Roumanie, près de la République de Moldavie que niche le petit vignoble de Cotnari, jadis fort célèbre pour ses vins blancs liquoreux mais qui souffre encore des graves carences résultant de cinquante années de productivisme collectiviste, même si son potentiel reste intact. Les raisins atteints de pourriture noble, nécessaires à la production des meilleurs vins, ne sont pas toujours triés comme il le faudrait et des vins fort différents peuvent se cacher sous une même étiquette.

> **CÉPAGES PRINCIPAUX** Grasa (proche du furmint hongrois, propice aux attaques de *Botrytis cinerea*, la « pourriture noble »), feteasca alba, francusa, tamaîîoasa romaneasca.

> **SOLS** Collines parfois escarpées aux sols argilo-calcaires et de lœss, bénéficiant d'un bon ensoleillement.

> **STYLE DES VINS** Il est très inégal. La même étiquette peut désigner de remarquables vins liquoreux et des vins tout à fait banals. Les meilleurs vins se caractérisent par des saveurs muscatées, qui prennent des notes d'épices en vieillissant.

***Couleur du vin :*** *blanc.*

***Température de service :*** *de 8 à 10 °C.*

***Potentiel de garde :*** *variable selon les vins (plus de 20 ans pour les meilleurs).*

Annaba
Alger
Constantine
Tunis
Détroit de Gibraltar
Oran
Sousse
Rabat
Sfax
Fès
Meknès
TUNISIE
Casablanca
ALGÉRIE
MAROC
Marrakech

# PAYS MÉDITERRANÉENS ET AFRIQUE DU NORD

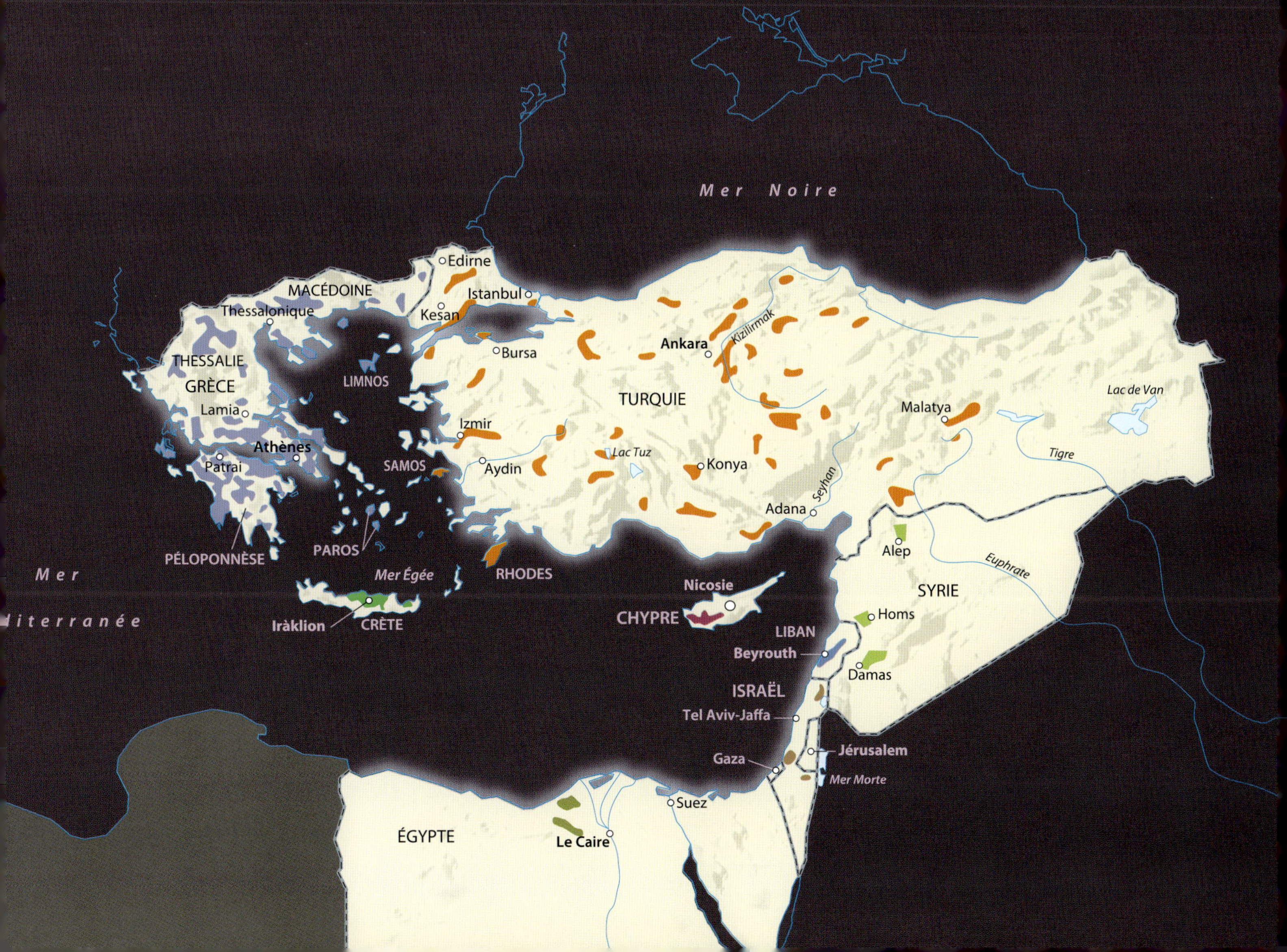

# LES VIGNOBLES DES PAYS MÉDITERRANÉENS ET D'AFRIQUE DU NORD

*La Méditerranée orientale a toujours été une terre de vignobles. C'est dans les pays de forte tradition chrétienne – la Grèce et Chypre – que la vigne est le plus présente, mais le Liban et Israël ne sont pas en reste pour la qualité. Certains vignobles d'Afrique du Nord, dont l'histoire est liée à la colonisation, retrouvent aujourd'hui un niveau appréciable.*

## GRÈCE

Longtemps synonymes de petits vins de taverne, avec notamment le Retsina, un vin blanc aromatisé à la résine de pin, les vins grecs ont connu un progrès qualitatif ces vingt dernières années.

### Des vignobles qui remontent à l'Antiquité

L'histoire du vin en Grèce est aussi ancienne que celle du pays. C'est en Crète, voici plus de 3 000 ans, que l'on a retrouvé les traces du plus ancien pressoir à vin au monde. Les Grecs ont été aussi les principaux artisans de la diffusion de la vigne et de la culture du vin dans le pourtour méditerranéen.

C'est du XIII$^{e}$ au XI$^{e}$ siècle av. J.-C. que le développement de la vigne fut le plus important dans le monde hellénique, Macédoine comprise. La production de vins grecs baissa durant la longue occupation ottomane qui ne prit fin qu'à la veille de la Première Guerre mondiale, mais les Grecs ne cessèrent jamais de boire du vin, élaboré sous la responsabilité de l'Église orthodoxe dont le pouvoir considérable fut toujours respecté par les Turcs.

**LES VIGNOBLES GRECS EN CHIFFRES**

**Superficie :** 69 760 ha pour les raisins de cuve et 65 740 ha pour les raisins de table et les raisins secs

**Production :** 3 500 000 hl

**Blancs :** 60 %

**Rouges et rosés :** 40 %

(Ministère grec de l'Économie)

### Le paysage viticole d'aujourd'hui

Après une certaine stagnation tout au long du XX$^{e}$ siècle, les vins grecs ont connu une nette amélioration de la qualité depuis l'entrée du pays dans l'Union européenne, sous l'impulsion de grandes sociétés à fort potentiel économique. La plantation de cépages « internationaux », la formation de jeunes œnologues dans les meilleures écoles européennes et une étude attentive de la demande internationale ont abouti, au cours de la dernière décennie, à la production de vins de très bon niveau.

**UN VIGNOBLE TRÈS MORCELÉ AUX ALLURES MODERNES.** Environ 30 % des vins sont produits et commercialisés par de grands producteurs-négociants qui achètent les raisins des petits domaines et qui disposent souvent d'unités de vinification dans différents endroits de la Grèce. Les principales régions vitico-

> En Grèce, les vignes sont souvent cultivées en pergola.

**LE SAVIEZ-VOUS ?**

***La Grèce, bien avant son entrée dans l'Union européenne, s'était inspirée du système français des AOC,*** *allant jusqu'à donner des noms français à certaines appellations, comme le « Muscat de Patras ». À partir des années 1970, quatre niveaux de qualité ont été créés : Epitrapezios Inos (EI ; vins de table avec mention du cépage), Topikoi oenoi (TO ; vins de pays), Onomasià Proeléfsios Anotéras Piotitos (OPAP ; l'équivalent des AOVDQS françaises), Onomasià Proeléfsios Eleghomeni (OPE ; l'équivalent des AOC françaises). Depuis 2005, les noms de crus et le temps passé en barrique peuvent être mentionnés (Réserve ou Grande Réserve). Dans la plupart des cas, le nom du négociant prime sur les autres mentions.*

les sont, par ordre d'importance, le Péloponnèse, la Crète, la Macédoine et la Thrace, la Thessalie et les îles de la mer Égée.

**LES CÉPAGES.** Virgile écrivait qu'il était impossible d'en énumérer toutes les variétés. Aujourd'hui, on en recense plus de 300. En rouge, ce sont surtout : agiorgitiko, limnio, halkidiki, xinomavro, mandilaria, mavrodafni, grenache, cabernet-sauvignon, merlot, syrah. En blanc : chardonnay, muscat à petits grains, roditis, assyrtico, moschofilero, sauvignon, muscat d'Alexandrie.

> Dans ce chai, à Patras, les motifs en relief des tonneaux rappellent l'origine très ancienne des vins grecs.

## Le Péloponnèse

Cette presqu'île du sud du pays est la première région viticole. Sur les 60 000 ha de vignes, 22 000 produisent du raisin de cuve, surtout au nord de la presqu'île, autour de Patras et de Corinthe. En termes d'appellations (voir l'encadré page précédente), la région produit trois OPE, Muscat de Patras, Muscat Rion de Patras, Mavrodafni de Patras, et trois OPAP, Mantinia, Nemea et Patras.

L'appellation la plus connue est le Nemea. Son nom désigne aussi la plus vaste et la plus ancienne région d'appellation d'origine grecque près du golfe de Corinthe. Nemea produit des vins rouges, tirés pour l'essentiel du cépage local agiorgitiko (« saint-georges »), mais de plus en plus de cépages rouges internationaux – syrah, cabernet-sauvignon, merlot – sont plantés dans la région.

Ce sont toutefois les vins blancs qui dominent dans le Péloponnèse, surtout ceux issus de moschofilero, un cépage apparenté au muscat, qui donne des vins secs. Aux environs de Patras, dans la préfecture d'Achaia, on trouve surtout des vins de liqueur blancs issus du muscat et des rouges mutés, issus du mavrodaphne. On rencontre aussi des vins rosés secs à base de roditis dans le secteur d'Olympie.

## La Macédoine et la Thrace

Ces deux régions, qui totalisent 15 000 ha de vignes, sont situées au nord de la Grèce, aux frontières de l'Albanie, de l'ancienne Yougoslavie, de la Bulgarie et de la Turquie. Elles se caractérisent par un relief accidenté et un climat plus continental que dans le reste du pays, avec des hivers parfois rigoureux. On y produit surtout des vins rouges, avec notamment le cépage xinomavro, qui donne les vins de Naoussa, l'OPAP la plus fameuse de Macédoine.

Les vins blancs, provenant pour l'essentiel d'assemblages, se trouvent en Thrace et en Chalcidique, avec notamment le cépage halkidiki portant le nom de la région. La Thrace n'ayant ni OPE ni OPAP, ses vins sont surtout connus et vendus dans les restaurants sous les noms de marques de négoce (Boutari, Tsantali...).

## Les îles

**LA CRÈTE.** Cette île possède le deuxième vignoble grec en superficie (environ 10 000 ha). Plusieurs fois millénaire, le vignoble fut attaqué tardivement par le phylloxéra, à partir des années 1970 ; il s'est reconstitué peu à peu. Si, comme ailleurs, on a utilisé des porte-greffes américains, les vignerons ont eu la sagesse d'y greffer certains cépages autochtones. La Crète produit surtout des vins rouges issus des cépages kotsifali, mandilaria et liatiko près d'Héraklion, ou du romeiko près de La Canée. Les blancs les plus renommés se trouvent à l'ouest de l'île dans la région de Sitia.

**LES AUTRES ÎLES.** Au nord de la Crète, la splendide île de Santorin produit certains des meilleurs vins blancs de Grèce, surtout à partir du cépage assyrtico. Les îles de la mer Égée sont réputées pour leurs vins doux de muscat, en particulier ceux de Samos et de Lemnos, dont la qualité est très variable, et qui sont soit des vins doux naturels (mutés à l'alcool), soit des vins doux vinifiés en blanc traditionnellement, parfois à partir de raisins séchés au soleil.

### Le Retsina

Ce vin blanc « résiné » légèrement acide est typiquement grec et bénéficie d'une dérogation européenne autorisant l'ajout au moût de petits morceaux de résine de pin d'Alep. Son origine remonte à l'Antiquité, lorsque le vin était transporté dans des amphores en terre cuite, scellées d'un mélange de plâtre et de résine qui donnait au vin un goût particulier. Bon marché, il est servi avec les mezze, en demi-bouteille ou en pichet. Il existe cependant de rares « résinés » rosés, plus fins, produits dans le Péloponnèse avec le cépage roditis.

# CHYPRE

Le très ancien vignoble chypriote, autrefois répandu dans toute l'île, est à présent concentré au sud-ouest de la partie grecque de Chypre et très peu présent dans sa partie turque.

## Le vignoble et sa production

Avec environ 18 000 ha, le vignoble est relativement important et compte 14 zones d'appellation. Les vins, le plus souvent servis en pichet, sont consommés par les Chypriotes et les touristes. Longtemps, l'île a exporté une grande partie de sa production vers la Russie, mais ce marché est en chute libre. De plus, l'entrée de Chypre dans l'Union européenne lui interdit de baptiser ses vins « sherry », comme c'était parfois le cas. En revanche, l'Union européenne favorise la restructuration du vignoble avec la plantation de cépages qualitatifs dans les zones de pentes, notamment au pied du mont Troodhos. Depuis l'époque des croisés, Chypre est réputée pour son vin de liqueur rouge, le Commandaria, dont la qualité est très variable, mais qui peut donner des vins très fins au parfum d'encens lorsqu'ils sont « bien élevés » durant plusieurs décennies dans des foudres de chêne.

## Les cépages

Blancs comme rouges, ils sont légion. Les rouges dominent la production avec un cépage autochtone de qualité moyenne, le mavron, mais on trouve aussi du cabernet-sauvignon, du grenache, de la syrah ainsi que du carignan, qui donne des résultats intéressants. En blanc, on trouve surtout le xynisteri, mais aussi le lefkas, le sauvignon et le chardonnay.

# PROCHE-ORIENT

Les pays du Levant – Turquie, Liban, Syrie, Israël – ont une très ancienne tradition viticole remontant au moins à l'Antiquité gréco-latine et sans doute encore plus ancienne chez les Cananéens de Palestine et les peuples du Tigre et de l'Euphrate. Mais, au fil des siècles, les conquêtes arabe puis turque ne laissèrent la vigne prospérer que comme un privilège accordé aux minorités juive et chrétienne. Il est donc naturel que la vigne soit surtout présente aujourd'hui au Liban et en Israël.

## La Turquie

On dénombre en Turquie plus de 1 000 sortes de cépages, mais seulement quelques dizaines d'entre eux servent à produire du vin. En effet, la Turquie, cinquième producteur mondial de raisins, ne vinifie qu'une partie infime de sa production, l'essentiel des récoltes étant voué aux raisins de table et aux raisins secs.

Le vin a pourtant toujours fait partie de la culture turque, non seulement auprès des minorités chrétienne, notamment arménienne, et juive, mais aussi au sein d'une certaine élite musulmane laïque, où il a toujours été de bon ton de boire un peu de vin. Celui-ci était considéré comme plus prestigieux que la bière ou le raki, deux boissons alcoolisées pourtant largement répandues dans ce pays en majorité musulman.

En 2004, pour la première fois dans l'histoire du pays, le grand quotidien *Hürriyet* s'est livré à une sélection et à une dégustation des meilleurs vins turcs, parmi une centaine d'échantillons. Ce sont les vins rouges qui sont arrivés en tête comme le Doluca Öküzgözü en provenance d'Anatolie, le Doluca Villa Neva des bords de la mer Égée ou le Doluca Cabernet-Merlot de Thrace.

> En Cappadoce, les vignes affrontent des variations de température importantes : les étés sont chauds et secs, et les hivers très rigoureux.

## Israël

Le vin fait depuis toujours partie de la culture hébraïque. Rien d'étonnant à ce que l'une des premières colonies juives ait créé un vignoble dans les sables de Rishon-le-Zion, dès la fin du XIXe siècle. Il s'agissait essentiellement d'un vin rouge sirupeux vendu sous la marque Carmel. Ce n'est qu'au début des années 1980 que les Israéliens se mirent à faire des vins de bonne qualité, en exploitant les sols et le climat assez frais des hauteurs du Golan. C'est là que se trouve la majorité des 6 000 ha de vignes, mais l'irrigation permet de produire des vins rouges de qualité aussi dans le centre du pays. Il s'agit de vins blancs et rouges, en partie kasher, c'est-à-dire élaborés exclusivement par des juifs religieux qui aseptisent les installations à l'aide de vapeur d'eau bouillante et n'emploient que des produits œnologiques naturels. Beaucoup de vins israéliens ont un caractère technique assez neutre, mais certains d'entre eux récoltent de nombreuses critiques favorables de la part des experts internationaux. Le pays ne possédant pas de cépages autochtones, les vins sont élaborés à partir de cépages internationaux : chardonnay, sauvignon, cabernet-sauvignon, merlot.

## Le Liban

C'est sans conteste le pays qui produit les meilleurs vins du Proche-Orient. Certains, notamment ceux de la plaine de la Beqaa, sont considérés par les dégustateurs comme de très grands vins. La production des rouges, rosés ou blancs est partagée entre une quinzaine de propriétaires appartenant à la communauté chrétienne et s'élève en tout à 80 000 hl. Cependant une partie non négligeable de ces vins est distillée pour la préparation du raki.

Parmi les cépages, on trouve plus d'une quinzaine de variétés autochtones, souvent assemblées aux cépages internationaux (cabernet-sauvignon, merlot, syrah, carignan). Les domaines les plus réputés et les plus importants sont le Château Musar, le Château Ksara et le Château Kefraya, mais on compte aussi une douzaine de petits producteurs indépendants.

# AFRIQUE DU NORD

C'est essentiellement à la colonisation française et à la présence de nombreux colons d'origine maltaise, espagnole ou italienne que l'on doit l'existence d'un vignoble dans les trois pays du Maghreb. Aujourd'hui, les surfaces plantées ne cessent de diminuer en Algérie, se maintiennent en Tunisie et ont tendance à augmenter au Maroc, pays où un réel effort qualitatif a été entrepris ces dernières années.

## L'Algérie

Jusqu'à son indépendance, en 1962, l'Algérie était une des plus grosses régions « françaises » productrices de vin. Forts en degrés et en couleur, mais manquant d'acidité, ces vins étaient issus de cépages méridionaux (cinsaut, carignan, grenache) et assemblés généreusement aux vins des autres régions françaises, bordeaux et bourgogne compris, pour leur donner le tonus dont ils manquaient parfois. Depuis l'indépendance, le vignoble algérien, classé en 12 régions d'appellation (Médéa, Tlemcen, Mascara…), n'a cessé de baisser en quantité comme en qualité.

> Paysage de vignes en Tunisie.

## La Tunisie

On cultive la vigne en Tunisie depuis l'époque carthaginoise et, à l'époque coloniale, le pays avait un beau vignoble dont les exploitations étaient le plus souvent dirigées par des colons originaires d'Italie. Aujourd'hui, la totalité des raisins de cuve, plantés pour l'essentiel dans le nord du pays, ne dépasse pas 10 000 ha. Les vins les plus appréciés sont les muscats secs de la région de Kelibia.

## Le Maroc

Parmi les trois pays du Maghreb, le Maroc est le celui où le plus d'efforts ont été faits ces dernières années pour retrouver un vignoble de qualité. Sur les 50 000 ha de vignes, seulement 25 % sont destinés à faire du vin. La production s'élève à près de 300 000 hl dont près de 80 % de vin rouge, 18 % de gris et de rosé, et seulement 4 % de blanc. On compte 14 appellations d'origine garantie (AOG) et une seule appellation d'origine contrôlée.

Près de la moitié du vignoble se concentre dans les environs de Meknès ; viennent ensuite les régions de Khemisset et El Hajeb. Les cépages les plus utilisés sont le cinsaut, le carignan, l'alicante bouschet et le grenache. On a récemment planté des vignes de cabernet-sauvignon, de merlot, de mourvèdre et de syrah à l'initiative d'un partenariat franco-marocain dont le maître d'œuvre est le négociant français Pierre Castel (voir aussi l'encadré p. 431).

# Les vins les plus connus des pays méditerranéens et d'Afrique du Nord

*C'est la Grèce qui aujourd'hui produit le plus de vins dont la consommation et la réputation s'étendent au-delà des frontières du pays. Les meilleurs vins turcs, libanais et marocains ne sont accessibles que dans les restaurants gastronomiques de leurs pays respectifs.*

## OPAP NAOUSSA, AMYNTEON, GOUMENISSA

GRÈCE [MACÉDOINE]

Ces trois appellations OPAP comptent parmi les plus appréciées en Grèce. L'aire de production de Naoussa est située sur les pentes sud-est du mont Velia ; les vignobles d'Amynteon et de Goumenissa sont davantage plantés en altitude, jusqu'à 650 m. La proximité de la mer et l'altitude tempèrent les étés chauds ; la pluviométrie relativement élevée confère aux vins une certaine finesse.

**> CÉPAGES PRINCIPAUX** Xinomavro pour les vins de Naoussa ; negosca et xinomavro pour les vins de Goumenissa et Amynteon.

**> SOLS** Calcaires et argilo-calcaires sur des collines aux pentes parfois raides.

**> STYLE DES VINS** Les rouges, secs, demi-secs ou doux, sont en général structurés et tanniques ; les rosés sont souples et fruités.

***Couleur du vin :***
*rouge et rosé.*

***Température de service :***
*entre 10 et 12 °C pour les rosés ;*
*entre 13 et 16 °C pour les rouges.*

***Potentiel de garde :***
*de 1 à 2 ans pour les rosés ;*
*de 5 à 8 ans pour les rouges.*

## OPAP CÔTES-DE-MELITON

GRÈCE [CHALCIDIQUE]

C'est sur les pentes dominant la mer, sur la colline centrale des trois presqu'îles de Chalcidique, que s'étend la toute petite appellation Côtes-de-Meliton (300 ha), l'une des OPAP grecques les plus appréciées. Rouges ou blancs, ce sont souvent de grands vins, prisés des meilleurs restaurants et parmi les plus chers de Grèce.

**> CÉPAGES PRINCIPAUX** Limnio, cabernet-sauvignon et cabernet franc pour les rouges ; athiri, roditis, assyrtiko pour les blancs.

**> SOLS** Fortes pentes calcaires.

**> STYLE DES VINS** Les rouges, secs, sont à la fois souples, charnus en bouche et très fruités, avec des arômes d'épices en vieillissant. Les blancs secs sont gras, amples, aux arômes de grillé et d'agrumes, et longs en bouche.

***Couleur du vin :***
*rouge et blanc.*

***Température de service :***
*entre 10 et 12 °C pour les blancs ;*
*entre 13 et 16 °C pour les rouges.*

***Potentiel de garde :***
*de 5 à 8 ans pour les blancs ;*
*de 6 à 10 ans pour les rouges.*

## OPAP NEMEA

GRÈCE [PÉLOPONNÈSE]

L'OPAP Nemea est la plus ancienne et la plus vaste des appellations d'origine grecques. Elle s'étend sur les douces collines bordant le golfe de Corinthe et le golfe Saronique, au nord du Péloponnèse. Surnommés « sang d'Hercule », les vins sont rouges, mais la confusion est parfois entretenue avec les vins blancs de moschofilero, principale production de la même région. On produit aussi des vins de pays (TO) sous les appellations Corinthe et Achaia.

**> CÉPAGES PRINCIPAUX** Agiorgitiko, complété par d'autres cépages à hauteur de 15 à 20 %.

**> SOLS** Collines pierreuses calcaires.

**> STYLE DES VINS** Les vins de Nemea peuvent être secs, demi-secs ou doux, ce qui peut dérouter le consommateur. Les rouges secs sont colorés, peu tanniques, mais puissants, avec des notes persistantes d'épices.

***Couleur du vin :***
*rouge.*

***Température de service :***
*entre 15 et 17 °C.*

***Potentiel de garde :***
*de 5 à 10 ans.*

## Des vins turcs qui séduisent

Même si la Turquie ne consacre à la vinification qu'un très petit pourcentage de ses raisins, on y trouve de plus en plus de vins d'une qualité irréprochable. Ainsi, la société Doluca, installée en Thrace, produit plusieurs millions de bouteilles par an, à partir de raisins issus de toutes les régions turques. Son Doluca Özel Kav Kirmiz, vin rouge élaboré à partir de cépages des régions de Diyarbakir et Elazig au Kurdistan, a été placé en tête lors de la dégustation organisée en 2004 par le quotidien *Hürriyet*. Un autre rouge remarqué, le Sarafin, provient de l'ouest de la Turquie. Élevé en fûts de chêne, il a été plusieurs fois primé lors des concours internationaux. Dans la région d'Ankara, l'entreprise Kavaklidere élabore une large gamme dont des assemblages originaux entre variétés locales et cépages internationaux. Son Kavaklidere bogazkere, vin rouge vieilli 12 mois en fût, figurait lui aussi dans la sélection de *Hürriyet*.

## VINS DE LA BEQAA

LIBAN

L'essentiel des vins de qualité libanais sont produits dans la région de Zahlé, au centre de la plaine de la Beqaa, et se répartissent entre trois domaines principaux : Château Ksara, Château Musar et Château Kefraya, auxquels s'ajoutent quelques propriétés de moindre importance, parmi lesquelles le dernier-né est le Château Marsyas. La plupart des domaines produisent des vins dans les trois couleurs.

> **CÉPAGES PRINCIPAUX** On compte près d'une vingtaine de cépages dont les cépages internationaux : cabernet-sauvignon, merlot, syrah pour les rouges et les rosés ; chardonnay, sauvignon et muscat pour les blancs.

> **SOLS** Pauvres, à dominante de lœss.

> **STYLE DES VINS** De grands vins rouges de très bonne garde, puissants, tanniques et fruités. Les rosés sont fruités et corsés. Quelques blancs de grande garde prennent une forte expression en vieillissant, avec des saveurs d'épices et de menthol.

***Couleur du vin :***
*rouge, blanc et rosé.*

***Température de service :***
*entre 10 et 12 °C pour les blancs et les rosés ; entre 15 et 18 °C pour les rouges (à carafer 30 minutes avant le service pour les grands vins).*

***Potentiel de garde :***
*jusqu'à 20 ans pour les grands vins du Château Musar.*

## La renaissance des vins de Meknès

C'est sous l'impulsion du négociant français Pierre Castel que le vignoble marocain des environs de Meknès a été entièrement restructuré dès le milieu des années 1990. Situé entre les contreforts de l'Atlas au sud et le mont Zerhoun au nord, il repose sur des sols sablonneux et argilo-calcaires et jouit d'un climat chaud et humide favorisant la bonne maturité des raisins. Beni M'Tir, Zerhoune et Guerrouane sont les trois appellations d'origine garantie sur lesquelles 822 ha de vignes ont été plantés en cépages syrah, cabernet-sauvignon et merlot. Vendus principalement sous la marque Halana, ces vins sont commercialisés sous leur nom de cépage. Ils ont du caractère et s'harmonisent bien avec la cuisine marocaine.

# ÉTATS-UNIS ET CANADA

# LES VIGNOBLES DES ÉTATS-UNIS ET DU CANADA

*La production du vin dans l'Amérique du Nord est concentrée sur la côte ouest. Le poids de la Californie en ferait le quatrième producteur mondial si cet État était indépendant. Certains de ses vins ont apporté, depuis trente ans, la preuve qu'ils font partie des meilleurs du monde. Quant au vignoble canadien, bien plus modeste, il est concentré à 99 % dans deux provinces, l'Ontario et la Colombie-Britannique.*

## ÉTATS-UNIS

Les États-Unis d'Amérique sont le quatrième producteur de vin au monde et l'un des premiers marchés pour la consommation. Si le vin y est produit depuis trois cents ans environ, son industrie ne s'est réellement développée que depuis la Seconde Guerre mondiale. Cette production se concentre surtout dans quatre États : la Californie (environ 90 % à l'échelle nationale), l'État de Washington, celui de New York et celui d'Oregon. Cette jeune industrie, moderne et dynamique, a su en même temps se hisser à un très haut niveau de qualité grâce à des investissements massifs et à une recherche performante. Cependant, la place du vin dans la société américaine reste encore très loin du niveau européen : la consommation par habitant et par an est de 12 litres, soit quatre fois moins qu'en France.

LES VIGNOBLES AMÉRICAINS EN CHIFFRES

**Superficie** : 398 000 ha
**Production** : 19 200 000 hl
**Rouges et rosés** : 55 %
**Blancs** : 45 %

(Wine Institute & OIV, 2006)

### Du temps des Vikings à l'époque moderne

**VINLAND, PAYS DE LA VIGNE SAUVAGE.** Nous ne saurons jamais avec certitude si le Viking Leif le Chanceux mit vraiment le pied sur la côte est autour de l'an mille, mais sa description d'un pays qu'il appelle « Vinland », préservée dans quelques manuscrits médiévaux, conte un paysage verdoyant parsemé de vignes sauvages.

**LES COLONS D'EUROPE ET LE TEMPS DES EXPÉRIENCES SUR LA CÔTE EST.** Lorsque les Européens colonisent les États-Unis, à partir du XVIe siècle, ils trouvent sur place des variétés de vigne appartenant au genre *vitis* (*Vitis labrusca* et *Vitis riparia*), mais aucune variété de *Vitis vinifera*. Sur la côte est, malgré l'humidité du climat, on tente de vinifier les raisins de ces vignes autochtones. Les vins obtenus ont un goût animal peu plaisant, qualifié de « foxé ». Plus tard, des colons

> La Napa Valley est la plus célèbre des régions viticoles américaines.

européens introduisent des plants de différentes variétés de l'espèce *Vitis vinifera* qui, croisées avec des souches locales, donneront naissance à des hybrides, toujours très cultivés sur la côte est. Mais les tentatives faites pour planter des variétés pures de *Vitis vinifera* ont toutes échoué. La cause de ces échecs répétés, ignorée à l'époque, était la présence d'un insecte qui allait, plus tard, ravager le vignoble européen : le puceron *Phylloxera vastatrix*.

> Aux États-Unis, les travaux de vendanges sont le plus souvent mécanisés.

**L'EXPANSION DES VIGNOBLES.** Malgré ces difficultés, la vigne s'étend à l'est, puis au sud-est et au sud au cours des XVIIIe et XIXe siècles, à partir de nombreux hybrides. La côte ouest connaît d'abord un développement séparé. Les moines franciscains espagnols y avaient introduit dès le XVIIIe siècle plusieurs variétés de *Vitis vinifera* et la première *winery* fut établie près de San Diego en 1769. À partir de 1850, la Californie devient le théâtre d'un développement remarquable grâce à l'implantation réussie d'une multitude de cépages européens et au flux constant de migrants venus de la côte est. L'apparition du phylloxéra, trente ans plus tard, freine peu cette expansion car le greffage d'une variété de *vinifera* sur un pied de vigne de souche indigène avait déjà été découvert en Europe.

**DE LA PROHIBITION À L'ÈRE MODERNE.** On se demande quel serait le visage de la viticulture américaine aujourd'hui sans la loi de prohibition sur l'alcool qui ruina une activité en plein essor. De 1920 à 1933, « la fabrication, la vente ou le transport des boissons alcoolisées » sont totalement proscrits dans tout le pays, à l'exception du vin destiné aux sacrements religieux. Il en résulte un demi-siècle de marasme dont bien des États ne se remettront pas. Les années 1960 sonnent le renouveau. En Californie les *wineries* se multiplient, fondées par des propriétaires américains ou étrangers. À côté d'une viticulture de gros rendements et de production de masse se développe un secteur très dynamique animé par des vignerons soucieux de produire des vins de qualité. Aujourd'hui, l'augmentation constante du nombre de producteurs concerne presque tous les États. La qualité est sans cesse améliorée, stimulée par l'exigence des amateurs de vin.

### Les noms des vins américains

Derrière l'identification du producteur, par une marque ou simplement par son nom, le cépage demeure la pratique la plus courante dans la désignation des vins nord-américains. Cette approche de la description d'un vin a été, à l'origine, l'idée d'un marchand de vins de New York, Frank Schoonmaker, dans les années 1930. Elle a progressivement remplacé l'ancienne pratique qui consistait à copier les noms de régions de production européennes, comme Chablis, Burgundy, Port, Sherry ou Sauternes. Pour les vins issus d'assemblages de plusieurs cépages, de plus en plus répandus (surtout parmi les vins haut de gamme), c'est un nom de domaine, voire de parcelle, qui sert d'identifiant.

## L'organisation du marché viticole

**LA LÉGISLATION.** Les États-Unis étant un pays fédéral, la législation peut varier dans une certaine mesure d'un État à un autre. Chaque État a le droit d'établir ses propres règles concernant la distribution et la consommation des produits alcoolisés. Par exemple, même si la prohibition a cessé sur le plan national depuis 1933, quelques localités maintiennent encore l'interdiction de la vente d'alcool. Au niveau fédéral, la législation sur le vin est régie par l'ATTB (Alcohol and Tobacco Tax and Trade Bureau) et mise en application par l'ATF (Bureau of Alcohol, Tobacco, Firearms and Explosives). Le champ couvert par la législation fédérale inclut l'approbation des étiquettes, la taxation fédérale et les régions de production officielles (les *American Viticultural Areas* ou AVA).

**LES AVA.** Pour aider les producteurs à identifier et à protéger leurs zones de production, la loi américaine a institué des zones de production certifiées, les AVA, qui forment un système d'appellation d'origine (voir aussi p. 100). Depuis la reconnaissance officielle de la première AVA, celle de Napa Valley, en 1981, les AVA se sont multipliées. Aujourd'hui, il en existe plus de 160 et l'on observe un mouvement vers une approche plus fine du terroir : en plus d'un nom de cépage ou de cuvée, il est possible de mentionner sur l'étiquette le nom d'un lieu. Leur taille est très variable, allant d'une vallée à tout un comté *(county)*, et parfois au-delà des frontières d'un seul comté.

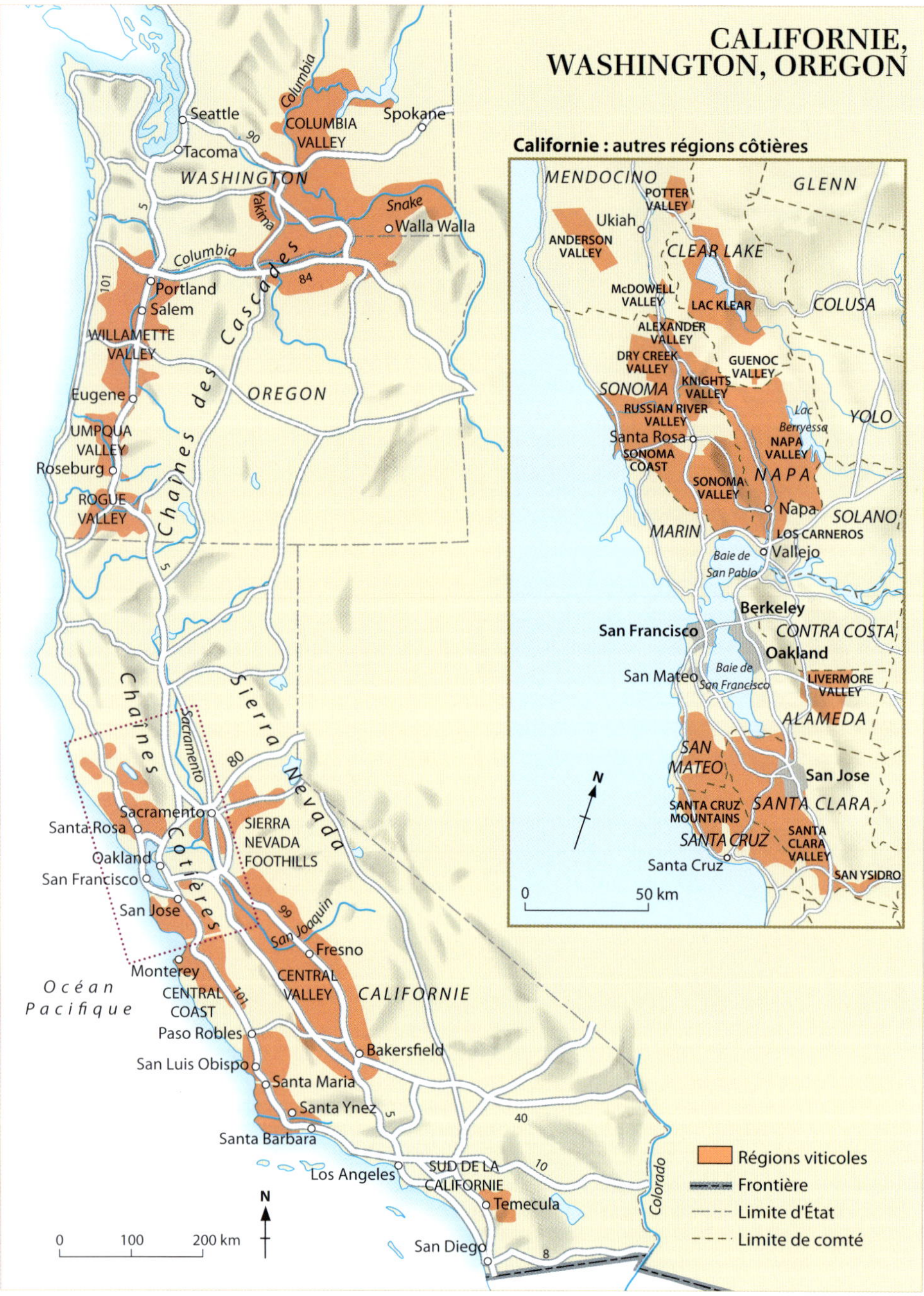


## Les principaux États producteurs

Les vignobles existent dans la majorité des États, mais leur production n'est pas toujours significative, même si, sur le plan de la qualité, les progrès sont réels un peu partout. Trois États de la côte ouest – Californie, Washington et Oregon – produisent la quasi-totalité des vins exportés. La Californie produit à elle seule 90 % du vin américain. Sur la côte est, ainsi qu'autour de la région des Grands Lacs, plusieurs États ont une production qui mérite considération, même si leurs vins ne sont consommés que localement. C'est le cas de l'État de New York, de l'Ohio, de la Virginie et de la Géorgie. Ces États, qui cultivaient autrefois des cépages autochtones, ont bénéficié de l'introduction de variétés hybrides comme le seyval, le seibel et le baco, développées en France pour résister au phylloxéra et aux autres maladies. Dans le Sud-Est, au Texas et au Nouveau-Mexique, les vignobles sont aussi en pleine expansion.

## Californie

Quelque 210 000 ha (en 2008) de vignes produisent du vin en Californie. Les vignobles sont éparpillés dans différentes zones sur près de 1 000 km du nord au sud. Autant dire que l'on se situe à l'échelle d'un pays. D'ailleurs, considérée comme un seul pays, la Californie serait le quatrième producteur mondial et le premier en dehors de l'Europe. Cette taille géographique s'accompagne aussi d'une grande diversité de climats, rendant possible l'élaboration de tous les types et styles de vin. Les meilleures zones viticoles se trouvent dans les comtés de Sonoma et de Napa au nord de la baie de San Francisco, mais aussi à Santa Cruz, au sud de la ville de San Francisco et, par endroits, le long de la côte en descendant vers Los Angeles.

**LES RÉGIONS AU NORD DE LA BAIE DE SAN FRANCISCO.** Dans Napa Valley (voir p. 443), la diversité des conditions locales a justifié un découpage en sous-zones. Le comté de Sonoma est encore plus vaste. Ses AVA du nord et de l'est, plus chaudes, comme Alexander Valley ou Dry Creek Valley (voir p. 442), produisent des vins opulents issus de cabernet-sauvignon, de merlot, de zinfandel et de sauvignon. Green Valley, au centre, Russian River Valley (voir p. 442), à l'ouest, et Los Carneros (voir p. 446), au sud, à cheval sur Sonoma et Napa, tirent d'un climat plus frais de belles cuvées de chardonnay et de pinot noir. Ailleurs sur la côte, la viticulture est plus dispersée. Le comté de Mendocino au nord, proche de l'océan Pacifique, est devenu le fief des vins pétillants, et bon nombre de firmes champenoises trouvent ici des conditions idéales pour le pinot noir et le chardonnay destinés à faire les vins de base. Plus à l'intérieur et plus sec, le comté de Clear Lake convient parfaitement au cabernet-sauvignon et au sauvignon blanc.

### 1976 : le « jugement de Paris »

En 1976, le marchand de vins britannique Steven Spurrier organise à Paris une dégustation à l'aveugle de quelques grands vins français et californiens. À la stupeur de tous, les vins de Californie gagnent dans chaque catégorie (rouges issus surtout de cabernet-sauvignon, et blancs issus de chardonnay), devançant certains des plus grands noms de la Bourgogne et du Bordelais ! Appelée depuis le « jugement de Paris », cette dégustation confirmait la qualité des vins californiens. Certains ont estimé que les vainqueurs n'allaient pas tenir dans le temps, mais, lors des deux « matchs retour », en 1986 et en 2006, avec les mêmes millésimes des mêmes producteurs, les Californiens ont maintenu leur avantage.

## Les vignobles mexicains

Le Mexique est le plus ancien pays producteur de vin sur le continent américain : dès 1521, la vigne y fut plantée par les premiers colons. La viticulture s'est durablement développée dès les années 1960. Le vignoble compte quelque 50 000 ha, mais seulement 10 % sont destinés à la production du vin, le reste fournissant du raisin de table ou servant à la distillation. Sept provinces produisent du raisin en quantité significative. Les vins les plus connus proviennent du nord du pays, de la Baja California, qui élabore 90 % des vins mexicains. Cette province est la prolongation de l'État éponyme de l'autre côté de la frontière. Son climat, très sec, est comparable à celui de Sonoma au nord de la Californie. Il est très favorable à la culture de la vigne mais l'irrigation est nécessaire. Les cépages les plus plantés sont les classiques internationaux (cabernet-sauvignon, merlot, malbec et syrah en rouge ; chardonnay et sauvignon en blanc) mais on trouve aussi d'autres variétés comme le zinfandel, le nebbiolo, le barbera, le tempranillo, la petite syrah, en rouge, ou le palomino, le colombard et le chenin, en blanc.

> Vignobles et vergers à Yakima Valley, dans l'État de Washington.

**LA CÔTE CENTRALE ET MÉRIDIONALE.** Les vignobles du centre et du sud de la Californie s'étendent de San Francisco à Santa Barbara, avec une poche, plus au sud, vers San Diego. Le comté de Monterey produit des Chardonnays et Rieslings dans des conditions de sécheresse qui nécessitent l'irrigation. À mi-chemin entre San Francisco et Los Angeles, la région de Paso Robles est très en vogue pour ses assemblages « rhodaniens » (syrah, grenache et mourvèdre en particulier). Dans l'un des vignobles les plus au sud de la Californie, autour de Santa Barbara et Santa Ynez, la fraîcheur océanique s'infiltre à travers les montagnes et permet d'obtenir de beaux Pinots noirs et Chardonnays.

**LA CENTRAL VALLEY ET LA PRODUCTION DE MASSE.** Vers l'est, et à l'écart des influences maritimes, se trouve la vaste Central Valley (vallée centrale) autour de la capitale de l'État de Californie, Fresno. Dans cette zone très chaude et sèche sont produits essentiellement des vins d'entrée de gamme, sauf sur les coteaux entourant la ville de Lodi, où sont plantées quelques-unes des plus vieilles vignes de Californie, capables de produire de grands vins.

## Washington

À la frontière avec le Canada, l'État de Washington est le deuxième producteur du pays, avec un vignoble de 13 500 ha. Les vallées intérieures (qui, outre la vigne, cultivent traditionnellement des fruits) sont abritées de la côte froide et humide par la chaîne des Cascades. Contrepoint de cette protection : une sécheresse estivale pendant laquelle une partie de l'État, semi-désertique, nécessite l'irrigation à partir des réserves d'eau des montagnes environnantes.

L'expansion de l'industrie du vin dans l'État de Washington a été fulgurante depuis 1970, et le nombre des *wineries* est passé de 2 en 1969 à plus de 650 aujourd'hui. Officiellement, 10 AVA ont été délimitées. L'État produit toute une gamme de vins blancs plutôt fruités (issus du chardonnay, du sauvignon blanc, du riesling et du gewurztraminer) ainsi que des rouges dont le style oscille du fruité au puissant, issus essentiellement de cépages bordelais mais aussi de la syrah.

> Travaux de rognage dans Rogue Valley, au sud de l'État d'Oregon.

## Oregon

Cet État situé entre celui de Washington et la Californie n'a pris conscience de son potentiel en matière de vins fins que très récemment. Les premières implantations datent des années 1960, initiative de quelques pionniers venus prospecter des climats frais pour produire des Chardonnays et des Pinots noirs. Depuis lors, le pinot noir s'est taillé une place de choix sur les versants ouest des Cascades. En quarante ans, l'Oregon a acquis une réputation assez précise autour de ce cépage qui n'aime guère les grandes chaleurs, ainsi que pour ses vins blancs qui bénéficient des mêmes conditions. On recense plus de 70 variétés plantées, souvent à titre expérimental. La production totale de l'Oregon n'est pas très importante en volume, mais plus de 300 *wineries*, généralement de taille modeste, sont en activité, et il n'existe pas moins de 15 régions approuvées (AVA).

## New York

L'État de New York est le troisième producteur de vin aux États-Unis (à partir des variétés hybrides ou de *vinifera*). Il se trouve entre la côte est et la région des Grands Lacs. C'est la zone où prospèrent de nombreuses variétés américaines et hybrides dont certaines ont fait leurs preuves : l'aurora, le cayuga, le seyval et le seibel, en blanc ; le baco noir ou le maréchal-foch, en rouge. En réalité, sa production totale est encore plus importante à cause de la part des vins produits à partir de *Vitis labrusca*, en déclin mais toujours significative.

L'État de New York est frontalier avec l'Ontario, province canadienne, et partage certaines caractéristiques climatiques avec son voisin, également producteur de vins dans la zone de Niagara-on-the-Lake (voir p. suivante). La région des Finger Lakes est la plus importante aire de production de l'État de New York, car son climat local, tempéré, engendré par la présence de cette masse considérable d'eau, est propice à la viticulture, y compris des variétés de *Vitis vinifera* comme le riesling. Ailleurs, c'est la capacité d'une vigne à résister à des hivers très rigoureux qui constitue le principal facteur sélectif.

## Les autres États producteurs

Si on élabore du vin dans presque tous les États de l'Union, cette production reste réduite et destinée à une consommation locale. D'ailleurs, la législation qui, dans plusieurs États, prohibe le transport du vin en dehors de leurs frontières n'encourage guère les initiatives ! Il y a quelques exceptions toutefois. Elles concernent, en premier lieu, le Texas et la Virginie.

Comme l'État de New York, le Texas et la Virginie plantent des surfaces croissantes en *Vitis vinifera*. Le Texas, par sa géographie, se rattache à la tradition des États du Sud-Ouest colonisés par les missionnaires espagnols venus du Mexique. C'est d'ailleurs un botaniste texan, Munson, qui a aidé à sauver la viticulture européenne du phylloxéra en expédiant des variétés natives du Texas pour qu'elles servent de premiers porte-greffes lors des replantations dans les années 1880.

Il existe près de 180 *wineries* au Texas pour environ 1 200 ha de vignes. Ces chiffres sont en croissance très rapide depuis le début du XXI$^{e}$ siècle et font de ce vaste État le cinquième producteur du pays. Si le Texas dans son ensemble produit du vin, l'essentiel du vignoble se trouve dans des régions d'altitude et vers l'ouest, là où le climat est moins humide et les nuits plus fraîches. Le Texas compte 8 AVA. Quant à la Virginie, elle est le deuxième État producteur de la côte est. On y dénombre 6 AVA et plusieurs autres sous-régions plantées de variétés indigènes, d'hybrides et de *Vitis vinifera*.

### LE SAVIEZ-VOUS ?

***Aux États-Unis, on caractérise les climats en se référant au système Winkler & Amerine.***

*Celui-ci s'inspire des observations d'un scientifique français du XIX$^{e}$ siècle, A. P. de Candolle, qui a constaté que la vigne entame sa croissance, au printemps, lorsque la température moyenne de l'air atteint les 10 °C. Partant de ce constat, Winkler et Amerine, scientifiques à l'université de Davis, en Californie, élaborèrent en 1944 une classification des climats selon le nombre de « degrés/jour » pendant les sept mois d'activité de la vigne. Critiqué parfois pour sa trop grande simplification, ce système est toujours largement utilisé dans les documents de référence. Ainsi, les régions de niveau I ont moins de 500 degrés/jour ; celles de niveau II, entre 501 et 600 degrés/jour ; celles de niveau III, entre 601 et 700 degrés/jour ; celles de niveau IV, entre 701 et 800 degrés/jour ; celles de niveau V, entre 801 et 900 degrés/jour. À titre indicatif, le climat moyen de Bordeaux est considéré comme correspondant à la région de niveau III.*

# CANADA

Comparé à son grand voisin américain, le vignoble du Canada est bien modeste. Il se concentre à 99 % dans deux provinces, l'Ontario et la Colombie-Britannique (des quantités très limitées proviennent de quelques autres provinces comme le Québec). La production de vin à une échelle qui dépasse l'anecdotique est une affaire récente pour trois raisons majeures : la difficulté d'adapter des variétés de *Vitis vinifera* sous un climat rigoureux ; un puritanisme qui contrôlait sévèrement (quand il ne l'interdisait pas entièrement) la production et la consommation d'alcool ; et, par conséquent, un retard pris dans l'exploration des climats locaux adaptés à la plantation de variétés de *Vitis vinifera* ou d'hybrides de qualité.

**LES VIGNOBLES CANADIENS EN CHIFFRES**

**Superficie** : 8 840 ha

**Production** : 1 200 000 hl

**Rouges et rosés** : 45 %

**Blancs** : 55 %

(Canadian Vintners Association & Ministry of Agriculture, 2006)

## Des débuts récents, une expansion rapide

La viticulture moderne au Canada débute dans les années 1950 à travers des expériences menées dans l'Ontario par Brights Wines avec du riesling et du chardonnay. Ce n'est qu'en 1974, avec la fondation dans la région de Niagara-on-the-Lake, au sud de l'Ontario, de Inniskillin Wines par Donald Ziraldo et Karl Kaiser, que le Canada a trouvé sa place dans la production mondiale. Utilisant les techniques de culture et de vinification de son Autriche natale, Kaiser a démontré les possibilités remarquables de ce climat local en matière de production d'*ice wines* (vins de glace), surtout à partir d'hybrides comme le seyval. D'autres l'ont suivi depuis, et le vin de glace, devenu une spécialité de la région, s'exporte très bien. Puis, en 1979, la fondation de Sumac Ridge Winery dans Okanagan Valley, en Colombie-Britannique, fut le point de départ de ce qui allait être la principale région de production du pays. Un label de qualité, le *Vintners Quality Alliance* (VQA), regroupe les meilleurs producteurs et impose une production à partir de *Vitis vinifera* ou des meilleurs hybrides (voir p. 102).

## Niagara-on-the-Lake et Okanagan Valley

Séparées par des milliers de kilomètres, ces deux régions produisent la quasi-totalité des vins du Canada. Si la région de Niagara s'est spécialisée dans le vin de glace, elle produit aussi des blancs secs de belle qualité avec le riesling, le chardonnay et des cépages hybrides. D'ailleurs, le marché domestique tend à préférer les vins blancs canadiens aux blancs importés. Depuis l'exploration progressive de la vallée d'Okanagan, plus récemment plantée mais aussi au climat plus chaud, de beaux vins rouges commencent à émerger aussi. La production du pays augmente grâce à un total de 500 *wineries*, dix fois plus qu'il y a 20 ans !

### Ice wine : le vin de baies gelées

Le vin de glace est un vin rare et très particulier, dont le Canada est le premier producteur mondial. Les grappes de raisin sont laissées sur la vigne longtemps après la chute des feuilles, et jusqu'à l'arrivée des premières gelées en décembre ou en janvier. Par les effets répétés du gel et du dégel, il se produit une sorte de déshydratation qui entraîne une forte concentration de tous les composants de la baie : sucres, acides et autres matières sèches. La quantité de jus disponible au moment de la cueillette ne représente plus alors que 5 à 10 % d'une récolte normale. Ces raisins précieux sont cueillis la nuit, par des températures qui avoisinent les – 10 °C afin d'apporter au pressoir des baies encore congelées. Après le pressurage, le jus épais et très sucré va fermenter très lentement pendant des mois, produisant un vin blanc ou, plus rarement, rouge, relativement faible en alcool (il titre entre 10 et 12 % vol.), mais très aromatique et d'une grande richesse en sucres.

Le vin de glace est produit au Québec, en Colombie-Britannique et, surtout, en Ontario, dans la région de Niagara-on-the-Lake. La technique de son élaboration a été introduite pour la première fois dans les années 1980 par Karl Kaiser, le cofondateur de Inniskillin Winery. L'importance de cette production pour le Canada est telle que le terme « Icewine » a été déposé.

> Dans Okanagan Valley, on asperge les vignes d'eau qui forme une couche de glace protégeant les ceps contre le gel.

# Les régions et les vins les plus connus des États-Unis et du Canada

*Si tous les États, sauf l'Alaska, produisent du vin, seuls quatre d'entre eux – Californie, Washington, Oregon et New York – ont une production conséquente, consommée d'une manière régulière en dehors de leurs frontières. La Californie, dont nous présentons ici les «vallées» les plus importantes, fournit environ 90 % des vins. Quant au Canada, sa production est modeste, mais augmente et s'améliore.*

## WASHINGTON

Deuxième producteur de vin après la Californie, cet État de l'extrême nord-ouest, frontalier avec le Canada, est aussi l'un de ceux dont la tradition viticole est la plus jeune, ce qui explique l'expansion très rapide de son vignoble.

Les principales zones de production se trouvent à l'intérieur des terres, à 250 km de la côte. La chaîne des Cascades les abrite de l'humidité côtière, si bien que l'irrigation est presque partout nécessaire. On est parfois surpris de constater que la latitude de cette région est équivalente à la médiane entre le Bordelais et la Bourgogne. Le climat continental génère des amplitudes de température importantes entre l'été et l'hiver, et même entre le jour et la nuit. La coloration et l'intensité des saveurs des raisins sont souvent impressionnantes.

Des investisseurs étrangers prestigieux, comme Antinori (Italie) ou Loosen (Allemagne), ont été convaincus du potentiel de cette région.

> **RÉGIONS DE PRODUCTION (AVA) LES PLUS CONNUES** Columbia Valley, Horse Heaven Hills, Rattlesnake Hills, Red Mountain, Walla Walla Valley, Yakima Valley.

> **CÉPAGES PRINCIPAUX** En rouge : merlot, cabernet-sauvignon, syrah, cabernet franc, sangiovese, tempranillo ; en blanc : chardonnay, riesling, sauvignon blanc, sémillon, pinot gris.

> **SOLS** Lœss et sols alluviaux dans les vallées ; sols calcaires ou parfois volcaniques sur les coteaux.

> **STYLE DES VINS** Les deux couleurs de vin coexistent et montrent en général beaucoup d'intensité de saveurs. Certains peuvent atteindre une puissance considérable pour un vignoble aussi septentrional.

> **PRODUCTEURS À RETENIR** Cayuse, Château Sainte Michelle, Col Solare, Delille, Ecole 41, Hogue Cellars, Hyatt Vineyards, Kiona, Leonetti, McCrea Cellars, Quilceda Creek, Andrew Will, Woodward Canyon.

## OREGON

Quatrième État producteur des États-Unis, l'Oregon se trouve assez loin des grandes villes. Sa viticulture est à l'image de sa topographie qui offre de multiples vallées : divisée en petites unités artisanales. Son éloignement ainsi que son climat plus frais que celui de ses deux voisins, la Californie et l'État de Washington, expliquent pourquoi le développement de l'Oregon a été plus tardif. L'exposition des parcelles est souvent cruciale pour amener les raisins à maturité. Mais, malgré la fraîcheur du climat, une sécheresse estivale est courante dans les vallées internes.

L'Oregon s'est largement spécialisé dans des cépages blancs et dans le pinot noir (d'ailleurs, la maison bourguignonne Drouhin a établi un domaine dans la Willamette Valley).

> **RÉGIONS DE PRODUCTION (AVA) LES PLUS CONNUES** Applegate Valley, Red Hill Douglas County, Rogue Valley, Snake River Valley, Southern Oregon, Willamette Valley, ainsi que plusieurs vallées qui se prolongent dans l'État de Washington.

> **CÉPAGES PRINCIPAUX** En rouge : pinot noir et syrah ; en blanc : chardonnay, pinot gris, gewurztraminer, riesling et albarino.

> **SOLS** Sédimentaires mixtes sur base calcaire ou volcanique.

> **STYLE DES VINS** Il est en phase avec le climat frais. Les vins blancs dominent et tendent davantage vers la finesse que vers la puissance.

> **PRODUCTEURS À RETENIR** Amity, Argyle, Beaux Frères, Brick House, Cristom, Domaine Drouhin, Domaine Serene, Eyrie Vineyards.

CALIFORNIE

## COMTÉS DE MENDOCINO ET LAKE

Outre Anderson Valley, plusieurs AVA existent dans cette vaste zone du nord de la Californie, parfois avec un chevauchement qui rend la compréhension difficile. Dans l'est de Mendocino, le climat peut varier de l'océanique au continental au cours d'une même année. Sur l'échelle Winkler, ce climat fait généralement partie de la zone III (voir encadré p. 438). Les meilleurs sites viticoles se trouvent en coteau. La partie supérieure de Lake County est en zone II, c'est-à-dire que son climat est nettement plus frais, à cause de l'altitude ; la partie inférieure, comme Guenoc Valley, jouit de climat comparable à celui de l'est de Mendocino.

> **CÉPAGES PRINCIPAUX** En rouge : pinot noir, cabernet-sauvignon, merlot, zinfandel, petite syrah ; en blanc : chardonnay, sauvignon blanc.

> **SOLS** Très variables, parfois volcaniques, parfois schisteux, en passant par des argiles alluviales rouges.

> **STYLE DES VINS** Il est aussi variable que sont les expositions et les altitudes, allant du frais au puissant.

> **PRODUCTEURS À RETENIR** Fetzer, Guenoc Winery, Hidden Cellars, Kendall-Jackson, Konocti, McDowell Valley Vineyards, Parducci.

## Trois domaines du comté de Mendocino

- **Fetzer (Mendocino)** Avec sa base et ses principaux vignobles à Mendocino, Fetzer est un pionnier de l'agriculture biologique *(organic viticulture)* dans cette région, et cela à grande échelle. Son appartenance à un grand groupe de vins et spiritueux (Brown-Forman) depuis 1992 ne semble pas avoir dégradé la qualité de ses vins.

- **Kendall-Jackson (Anderson Valley)** Comme bon nombre de producteurs importants de la Californie, ce domaine possède des vignobles dans plusieurs sous-régions et produit une gamme de vins très large. Son vignoble dans le comté de Lake est la base historique de cette entreprise fondée en 1974 par Jess Jackson, ancien avocat de San Francisco. Les vins sont bien faits, d'une grande régularité, dans un style très accessible.

- **Roederer Estate (Anderson Valley)** Présente dans la vallée depuis 1982, cette belle maison champenoise se concentre sur la production des *sparkling wines* (vins pétillants), à partir de pinot noir et de chardonnay provenant exclusivement de ses propres vignobles. Ses vins pétillants sont parmi les meilleurs et les plus fins des États-Unis.

CALIFORNIE [MENDOCINO COUNTY]

## ANDERSON VALLEY

Cette vallée se trouve au nord de la Californie, dans le comté de Mendocino. Étroite (rarement plus de 1 km de large), elle est contenue par deux chaînes de montagnes qui engendrent des différences climatiques importantes entre les zones viticoles situées au fond de la vallée, plus fraîches car moins ensoleillées, et celles en altitude, au-dessus de la ligne des brumes, qui reçoivent davantage de soleil. Le voyageur qui resterait au fond de la vallée ne soupçonnerait pas que le zinfandel, comme le cabernet ou le merlot, puisse arriver à un bon niveau de maturité au-dessus de lui !

> **CÉPAGES PRINCIPAUX** En rouge : pinot noir, cabernet-sauvignon, merlot, zinfandel ; en blanc : chardonnay, gewurztraminer, riesling, sauvignon blanc, pinot gris.

> **SOLS** Alluvions, argile et gravillons dans la vallée ; sols moins fertiles et plus acides sur les coteaux.

> **STYLE DES VINS** Il est plutôt fin et frais, en phase avec le climat, mais la localisation précise du vignoble peut créer de grandes différences.

> **PRODUCTEURS À RETENIR** Greenwood Ridge, Kendall-Jackson, Navarro, Roederer Estate, Scharffenberger (vins pétillants).

## RUSSIAN RIVER VALLEY

CALIFORNIE [SONOMA COUNTY]

Cette très belle vallée, dont les bordures sont plantées de séquoias, court d'est en ouest au sud de la ville de Healdsburg et subit donc une fraîcheur venant du Pacifique, surtout dans sa partie occidentale où les brouillards sont fréquents. Ce climat convient bien au chardonnay et au pinot noir, utilisés soit pour des vins tranquilles, soit pour des pétillants de qualité. Environ 600 ha sont en production, mais le vignoble est en expansion.

**> CÉPAGES PRINCIPAUX** En rouge : pinot noir (30 % des surfaces), zinfandel, merlot, cabernet-sauvignon ; en blanc : chardonnay (40 % des surfaces), sauvignon blanc.

**> SOLS** En général, ils sont de type franciscan (mélange de grès et de schistes), très drainants, mais avec des différences dans certains secteurs, comme Chalk Hill, où ils deviennent plus sablonneux et pâles.

**> STYLE DES VINS** Grâce à la fraîcheur du climat, les producteurs réussissent des Chardonnays fins et intenses, et des Pinots noirs.

**> PRODUCTEURS À RETENIR** De Loach, Ferrari-Carano, Gary Farrell, Iron Horse, Kistler, Marcassin, Marimar Torres, Matanzas Creek, Peter Michael, Piper-Sonoma (pétillants), Rocchioli, Sonoma-Cutrer, Williams Selyem.

## ALEXANDER VALLEY

CALIFORNIE [SONOMA COUNTY]

Située au nord du comté de Sonoma, avec la ville de Healdsburg à sa pointe sud, Alexander Valley se trouve à l'est de Russian River, et son orientation est parallèle à la côte. Le vignoble (un peu plus de 6 000 ha) s'étend entre la zone côtière et la chaîne des Mayacamas qui sépare Napa de Sonoma. Le climat est plus chaud et plus diversifié que celui de Russian River. Presque toutes les variétés parviennent à maturité, et la gamme de cépages est plus large qu'à Russian River.
Le sous-secteur de Dry Creek héberge une partie des plus anciens pieds de zinfandel de l'État de Californie.

**> CÉPAGES PRINCIPAUX** En rouge : cabernet-sauvignon, zinfandel, merlot, syrah, grenache ; en blanc : chardonnay, sauvignon blanc, marsanne, viognier.

**> SOLS** Alluvions, avec plus ou moins de gravier selon le secteur ; sols très diversifiés en coteaux.

**> STYLE DES VINS** Étant donné la diversité des climats locaux et des cépages plantés, il est difficile de cerner un style dominant dans cette région. Dry Creek en particulier est célèbre pour ses Zinfandels puissants et complexes, souvent issus de très vieilles vignes.

**> PRODUCTEURS À RETENIR** Clos du Bois, Coppola, Gallo Family, Gary Farrell, Geyser Peak, Hanna, Jordan, Ravenswood, Ridge (Lytton Springs & Geyserville), Rodney Strong, Seghesio, Silver Oak, Simi, Trentadue.

## Deux domaines de Sonoma County

- **Seghesio (Alexander Valley)** Cette affaire familiale raconte à elle seule toute l'histoire viticole de Sonoma. Venus d'Italie au XIXe siècle, les Seghesio ont d'abord adhéré à une coopérative et pratiqué la polyculture, avant de devenir des spécialistes de la vinification pour d'autres viticulteurs. La dernière génération a modifié cette activité en recentrant toute la production sur des vins issus exclusivement de leurs propres vignobles. Certains d'entre eux, tels les Zinfandels concentrés et très juteux, comptent parmi les meilleurs de Sonoma.
- **Sonoma-Cutrer (Russian River)** Spécialisé dans deux cépages, chardonnay et pinot noir, ce domaine produit, depuis longtemps, l'un des meilleurs Chardonnays de la Californie : une cuvée nommée « Les Pierres ». Tous ses vins sont capables d'une grande longévité.

## SONOMA VALLEY

CALIFORNIE [SONOMA COUNTY]

La vallée de Sonoma est située au nord de la baie de San Francisco, et à l'ouest de Napa. Sa topographie est très diversifiée. À la différence de Napa, qui est presque entièrement dédiée à la vigne, Sonoma présente un vignoble morcelé et alterne avec d'autres formes d'agriculture. Mais la production du vin remonte au milieu XIXe siècle (donc avant les premières plantations à Napa).

La sous-région de Sonoma Mountains est intéressante par la fraîcheur nocturne et l'ensoleillement diurne qui proviennent de l'altitude.

> **CÉPAGES PRINCIPAUX** En rouge : pinot noir, cabernet-sauvignon, merlot, syrah, zinfandel ; en blanc : chardonnay, sauvignon blanc, sémillon.

> **SOLS** Dans la vallée, sols de type franciscan, un mélange typique de grès, de schistes et de cailloux descendus des montagnes; sols volcaniques ou roches métamorphiques dans les montagnes.

> **STYLE DES VINS** Les Cabernets et les Zinfandels de Sonoma Mountains allient force et finesse. On trouve des styles plus variables dans la vallée et en fonction de la proximité ou de l'éloignement de la baie de San Francisco.

> **PRODUCTEURS À RETENIR** Cline, Gundlach Bundschu, Hanzell, Kenwood, Matanzas Creek, Ravenswood.

## NAPA VALLEY

CALIFORNIE [NAPA COUNTY]

Si Napa ne participe en volume qu'à hauteur de 4 % du vin produit en Californie, cette vallée, longue de 60 km et large de 6 km au maximum, symbolise à elle seule, pour beaucoup, le vin californien.

Elle est séparée de Sonoma, à l'ouest, par la chaîne des Mayacamas. Sa principale ouverture vers l'influence océanique provient de son extrémité sud, là où elle s'ouvre vers la baie de San Francisco. Cela engendre des différences de climat sensibles entre cette partie méridionale, plus fraîche, et le nord de la vallée autour de Calistoga, fermé à l'ouest et à l'est par la montagne.

Au sud de Napa, la région de Los Carneros (voir p. 446), qui possède sa propre AVA, se prolonge dans Sonoma Valley. Le périmètre large de Napa englobe de nombreuses AVA beaucoup plus petites comme Calistoga, Rutherford, Stag's Leap, Mount Veeder, Oakville ou Howell Mountain. Si leur nom apparaît sur les étiquettes, il doit être associé à celui de Napa.

> **CÉPAGES PRINCIPAUX** En rouge : cabernet-sauvignon, merlot, cabernet franc, zinfandel, sangiovese ; en blanc : chardonnay, sauvignon blanc.

> **SOLS** Plus de 30 types de sols ont été identifiés : alluvions plus ou moins graveleuses dans la vallée, argiles alluviales et sols caillouteux, parfois volcaniques, sur les coteaux et dans le nord de la vallée.

> **STYLE DES VINS** Si le style plein et riche en saveurs pour les rouges issus de cabernet-sauvignon ou de merlot est devenu un point de repère pour les vins de Napa, il faut nuancer ce propos selon la situation du vignoble, la diversité de l'encépagement ou le choix du producteur.

> **PRODUCTEURS À RETENIR** Beringer, Cakebread, Caymus, Château Montelena, Clos Pegase, Clos du Val, Corison, Diamond Creek, Freemark Abbey, Harlan, Heitz, Hess Collection, Joseph Phelps, Newton, Opus One, Robert Mondavi, Rubicon, Schramsberg (pétillant), Shafer, Stag's Leap Wine Cellars, Storybook Mountain.

## Une sélection des domaines de Napa Valley

- **Robert Mondavi** Monsieur Robert Mondavi est décédé en 2008, mais la *winery* qui porte son nom reste un hommage à celui qui a sûrement fait plus que toute autre personne pour hisser Napa parmi les meilleures régions viticoles du monde (voir aussi p. 444-445). Les spécialités du domaine sont des Cabernets-Sauvignons et un très bon Sauvignon blanc, appelé « Fumé blanc ».

- **Clos du Val** L'approche de ce domaine établi par l'homme d'affaires John Goelet dans les années 1970 a suivi la philosophie de son directeur depuis le début, le Français Bernard Portet. Les vins sont souvent plus légers en alcool et en extraction que la moyenne de la production de Napa, mais vieillissent très bien.

- **Diamond Creek** C'est l'un des pionniers de la vinification parcellaire (qui consiste à vinifier séparément les raisins de chaque parcelle). Les cuvées portent donc le nom des parcelles : Red Rock Terrace, Gravelly Meadow, Winery Lake et Volcanic Hill. Vins de grandes intensité et puissance.

- **Joseph Phelps** Ce domaine est le pionnier dans la vinification des variétés rhodaniennes, syrah, grenache, mourvèdre et viognier en tête. Son Cabernet Backus et l'assemblage bordelais Insignia le placent parmi les meilleurs producteurs de Napa.

1

1. Domaine Opus One Winery à Oakville, dans la Napa Valley en Californie.
2. Robert Mondavi, disparu en mai 2008.
3. Étiquette d'Opus One « signée » par le baron Philippe de Rothschild et Robert Mondavi.
4. Fûts de chêne dans le chai monumental d'Opus One Winery.

2

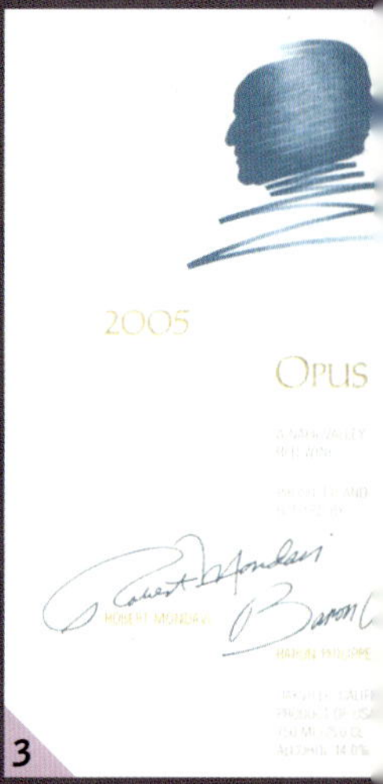


3

# Opus One, un grand de Californie

Il est admis aujourd'hui que les terres au nord de San Francisco, dans la Napa Valley en particulier, peuvent être des terroirs remarquables pour la viticulture. Depuis des décennies, bien des vins qui en sont issus ont atteint des niveaux exceptionnels, ce qu'ont confirmé de nombreuses dégustations à l'aveugle dont la plus célèbre est celle de 1976, connue depuis sous le nom de « jugement de Paris » (voir p. 436).

Opus One fait partie de ces nouvelles légendes, et il est même considéré comme l'un des meilleurs vins du Nouveau Monde. Il est né d'un magnifique terroir californien et de l'alliance de deux personnalités aux convictions fortes : le Bordelais baron Philippe de Rotschild et l'Américain Robert Mondavi.

## UN BARON FRANÇAIS ET UN VIGNERON AMÉRICAIN

Philippe de Rothschild restera dans les mémoires comme le maître du Château Mouton-Rothschild. C'est lui qui, par son talent et sa ténacité, obtint en 1973 que son vin, classé second cru, soit promu premier cru, seul changement intervenu dans le classement des vins de Bordeaux depuis 1855. Sa fille, la baronne Philippine de Rothschild, lui succède avec le même enthousiasme.

De son côté, Robert Mondavi fut le leader historique du vignoble californien depuis le milieu des années 1960. Il prouva qu'il était possible de faire de grands vins dans la région si on en avait la volonté. Opiniâtre et modeste à la fois, il ne renonça jamais à ce qu'il appelait sa « mission ». Ses fils ont eux aussi suivi cette voie.

En 1970, ces deux personnages se rencontrent à Hawaï, se parlent et se comprennent. En 1978, Robert Mondavi se rend chez le baron. Les deux hommes se mettent d'accord pour créer ensemble un vignoble en Californie. Dès 1979, le maître de chai de Mouton se rend dans la Napa Valley, et « crée » un nouveau vin en pratiquant les méthodes du Château Mouton-Rothschild.

## LA NAISSANCE D'UN DOMAINE

En 1980, l'association est officiellement annoncée, à la stupeur générale. En 1983 sont sélectionnés, dans la Napa Valley, d'autres terroirs répondant aux exigences des deux parties. On réfléchit à un

4

nom facile à mémoriser et à prononcer des deux côtés de l'Atlantique. Grand amateur de musique, le baron propose « Opus » et, comme il s'agit du premier vin de ce genre, on retiendra finalement « Opus One ».

En 1984, deux millésimes sont présentés au public, le 1979 et le 1980. Le succès est immédiat et le vin acclamé par la presse et les experts. Oui, quand deux talents travaillent de concert sur un terroir de qualité, on peut s'attendre à de très belles bouteilles. Dès 1991, de nouveaux chais spectaculaires accueillent le vin définitivement chez lui. Les installations répondent à un seul critère : le meilleur pour maintenir le vin à son niveau.

## LES CÉPAGES… BORDELAIS

Comme toujours, tout commence à la vigne. Le cépage très majoritaire est évidemment le cabernet-sauvignon, qui donne de très bons résultats en Californie. Le cabernet franc et le merlot sont aussi représentés, et complétés récemment avec un peu de malbec et de petit verdot. Tous ces cépages sont bordelais et entrent dans l'assemblage final en proportion variable suivant les millésimes. Les vendanges s'opèrent en douceur ; parfois on les effectue même de nuit pour profiter de la fraîcheur qui contribue à baisser le taux de sucre. Dès leur arrivée au domaine, les raisins sont scrupuleusement contrôlés et débarrassés manuellement de toute trace de pourriture ou de feuilles.

## DES VINIFICATIONS SOIGNÉES

Après la fermentation, et afin d'obtenir une grande extraction de la couleur et des matières aromatiques, la cuvaison peut durer jusqu'à plus de 40 jours. Le vin est ensuite mis dans des fûts neufs de chêne français dans lesquels il séjournera de 17 à 20 mois. Toutes les manipulations restent traditionnelles et douces. Par exemple, quand il s'agit de clarifier le vin, pas question de le filtrer. On utilise la vieille méthode de collage au blanc d'œuf : mélangés au vin, les blancs battus coagulent et entraînent au fond du fût toutes les fines particules encore en suspension.

## UN VIN DE GRANDE GARDE

Après trois décennies de millésimes, toujours réussis, Opus One a prouvé sa grande faculté de vieillissement. Son évolution en bouteille dure quelques années et son apogée peut se maintenir entre 20 et 30 ans. Il gagne toujours à être décanté deux heures avant dégustation. Servi à 16 °C, il est en parfait accord avec les viandes rouges et les gibiers à plume. Riche, dense, très aromatique, il présente en bouche de beaux tanins très mûrs et ne se départit jamais d'une belle harmonie et d'une authentique noblesse.

## LOS CARNEROS

**CALIFORNIE** [NAPA COUNTY]

Los Carneros est la zone reliant les extrémités méridionales de Napa Valley et de Sonoma. Elle occupe les contreforts sud de la chaîne des Mayacamas qui sépare ces deux vallées. Le climat est bien plus frais que celui de Napa ou de Sonoma, car entièrement ouvert à l'influence océanique venant de la baie de San Francisco. Situé dans le principal couloir qui amène de l'air frais vers l'est, Carneros est aussi une zone très venteuse. Ces conditions en ont fait une AVA assez bien déterminée et très propice à la production de vins dont l'équilibre se fonde essentiellement sur la fraîcheur, notamment les vins blancs et les pétillants. Bon nombre des Chardonnays les plus fins viennent de Los Carneros.

> **CÉPAGES PRINCIPAUX** En rouge : pinot noir, merlot, syrah ; en blanc : chardonnay.

> **SOLS** Très peu profonds, peu fertiles, avec un sous-sol d'argiles fermes sur socle calcaire. Par endroits, des poches sédimentaires riches en manganèse.

> **STYLE DES VINS** Les vins sont fins et parfois assez vifs. Les Chardonnays ont ici un style qui les situe un peu à part dans la production californienne. On élabore aussi de beaux Pinots noirs.

> **PRODUCTEURS À RETENIR** Pour les effervescents : Domaine Carneros (Taittinger), Gloria Ferrer (Freixenet) ; pour les vins tranquilles : Acacia, Buena Vista, Cuvaison, Cline, Saintsbury, Schug. À noter : plusieurs bons producteurs situés ailleurs intègrent des vins de Carneros dans leur gamme.

## Une sélection des domaines de Los Carneros

• **Buena Vista** C'est l'une des toutes premières *wineries* de la Californie, établie en 1857 par Agoston Haraszthy, un immigrant hongrois. Après une période noire, Buena Vista renaît en 1979. Depuis quelques années, les vins ont regagné le niveau requis pour un domaine d'un tel renom.

• **Cline Cellars** Pour Carneros, qui se concentre surtout sur le chardonnay et le pinot noir, Cline (basé à Sonoma) est un producteur atypique, connu essentiellement pour son travail de pionnier avec des variétés méditerranéennes (mourvèdre, barbera et carignan) ainsi que pour de magnifiques vins de zinfandel, issus de vignobles situés souvent dans une autre région, Contra Costa.

• **Gloria Ferrer** Ce domaine, qui appartient au groupe catalan Freixenet (producteur de Cava), est connu pour ses *sparkling wines* (vins pétillants), parmi les meilleurs de la Californie, au style riche mais frais. Il produit aussi une gamme de vins tranquilles.

• **Schug** Originaire d'Allemagne, après plusieurs expériences professionnelles auprès de producteurs californiens bien connus (Gallo, Joseph Phelps), Walter Schug a fait le choix de se spécialiser dans des vins artisanaux, issus d'un climat frais. Ses Chardonnays vifs et élégants sont un modèle du style Carneros.

## SANTA CRUZ MOUNTAINS

**CALIFORNIE** [SAN FRANCISCO BAY]

Cette région montagneuse au sud de la ville de San Francisco est spectaculaire par endroits. Traversée par la faille de San Andreas qui menace toute la côte californienne de tremblements de terre, elle semble perchée entre deux mondes, avec, d'un côté, le Pacifique et, de l'autre, la vallée de San Joaquin qui héberge l'un des plus grands centres de haute technologie du monde, la Silicon Valley. Les climats locaux dépendent de l'altitude et de l'orientation de chaque vignoble, mais la tendance générale est vers bien plus de fraîcheur qu'à Napa ou à Sonoma. La plupart des vignobles se trouvent au-dessus de la ligne de brouillard, ce qui, avec les nuits fraîches dues à l'altitude, entraîne un mûrissement relativement prolongé des raisins.

> **CÉPAGES PRINCIPAUX** En rouge : cabernet-sauvignon, pinot noir, merlot, zinfandel, syrah ; en blanc : chardonnay, marsanne, roussanne.

> **SOLS** Essentiellement schisteux, formés par la décomposition de la roche-mère, ils sont très maigres et peu fertiles. Ils sont spécifiques à cette région.

> **STYLE DES VINS** Il dépend en grande partie de l'altitude et de l'exposition des vignes. Certains domaines, comme Ridge, comptent parmi les plus hauts vignobles de la Californie. Le degré d'alcool est donc moindre que pour les vins de Napa, plus au nord.

> **PRODUCTEURS À RETENIR** Ahlgren, Bargetto, Bonny Doon, David Bruce, Mount Eden, Ridge.

## Deux domaines de Santa Cruz

• **Bonny Doon** Peu de personnages du monde du vin sont aussi originaux que Randall Grahm. Des références philosophiques ou humoristiques abondent dans les noms qu'il donne à ses vins, et ce n'est que la partie émergée de l'iceberg ! Il a été l'un des pionniers du mouvement de diversification des cépages, d'abord vers des variétés rhodaniennes, puis vers des variétés italiennes, en réaction à une saturation de cabernet et de chardonnay. En conséquence, le style de ses vins se rapproche de certaines productions italiennes ou rhodaniennes.

• **Ridge** Avec sa base historique à Montebello, au sommet d'une montagne, Ridge Vineyards fait partie des meilleurs producteurs de la Californie et du monde. Sa cuvée Montebello 1973 (un assemblage bordelais) a triomphé lors du dernier « remake » du « jugement de Paris », après avoir terminé troisième dans la première édition en 1976 (voir encadré p. 436). Les vins de Ridge se démarquent souvent par leur niveau d'alcool très raisonnable et leur capacité à bien vieillir. Cette *winery* qui date du XIX<sup>e</sup> siècle doit sa réussite à Paul Draper (voir aussi p. 31) qui est son mentor depuis quarante ans.

> Vignobles dans le comté de Monterey.

## MONTEREY

**CALIFORNIE** [CENTRAL COAST]

La région de Monterey prolonge celle de Santa Cruz vers le sud. Son climat est frais, largement influencé par l'océan et affecté par les vents. Elle inclut quelques AVA plus petites, comme Carmel Valley ou Arroyo Seco. Au centre de la zone, une bonne partie de la production conséquente de la vallée de Salinas sert à faire des vins d'entrée de gamme issus d'une viticulture industrielle, mais les zones abritées et en altitude, comme Arroyo, Chalone (une appellation réduite à un seul producteur !) ou Santa Lucia sont capables de belles réussites, particulièrement avec le chardonnay et le pinot noir.

> **CÉPAGES PRINCIPAUX** En rouge : pinot noir ; en blanc : chardonnay, riesling, sauvignon blanc, gewurztraminer.

> **SOLS** Sols légers composés d'alluvions dans la vallée, sols plus complexes et souvent calcaires sur les coteaux, comme à Santa Lucia.

> **STYLE DES VINS** Les vins intéressants, vifs et frais, assez aromatiques, proviennent des zones en altitude.

> **PRODUCTEURS À RETENIR** Calera, Chalone, Jekel, Lockwood.

CALIFORNIE [CENTRAL COAST]

## ENTRE PASO ROBLES ET SANTA YNEZ

Cette région, qui s'étend de Monterey au nord à Santa Barbara au sud, inclut quelques AVA pleines de promesses, de création assez récente pour la plupart et dont les plantations sont en augmentation. Non seulement la terre y est bien moins chère qu'à Napa, mais le climat est plus varié, et parfois plus frais. Ces zones se situent généralement dans des vallées ayant à la fois un peu d'altitude et une ouverture vers le Pacifique. Leurs climats locaux autorisent une gamme large de cépages.

> **CÉPAGES PRINCIPAUX** En rouge : pinot noir, syrah, mourvèdre, grenache ; en blanc : chardonnay, marsanne, viognier, sauvignon blanc, pinot blanc.

> **SOLS** Anciens fonds marins, donc plus ou moins calcaires et plutôt neutres (pH 7), sols argileux, sablonneux, alluvions.

> **STYLE DES VINS** Paso Robles s'est fait une spécialité dans les cépages rhodaniens (syrah, grenache, mourvèdre...). À Santa Ynez ou à Santa Maria, par exemple, dont le climat est comparable à celui de Bourgogne, on produit de très beaux Chardonnays qui échappent à toute lourdeur.

> **PRODUCTEURS À RETENIR** Alban, Au Bon Climat, Byron, Edna Valley Vineyards, Fess Parker, Firestone, Qupé, Sanford, Tablas Creek.

## Deux domaines de Central Coast

- **Au Bon Climat (Solvang)** Le nom de ce domaine indique déjà son inspiration bourguignonne. En effet, Jim Clendenen, le propriétaire, est l'un des plus fervents défenseurs californiens du concept du terroir. Au Bon Climat est un spécialiste de Chardonnays et de Pinots noirs issus de vignobles situés dans des zones fraîches, y compris son propre vignoble à Bien Nacido, dans l'AVA de Santa Maria.
- **Tablas Creek (Paso Robles)** Tablas Creek est une joint-venture entre la famille Perrin, propriétaire du célèbre Château de Beaucastel à Châteauneuf-du-Pape, et son partenaire importateur aux États-Unis, Robert Haas. Dans cette jolie région au relief ondulant, située derrière le col qui la sépare de l'océan et qui lui donne son nom, le climat est propice aux variétés rhodaniennes dont le domaine s'est fait une spécialité.

CALIFORNIE [CENTRAL VALLEY]

## LODI, SIERRA FOOTHILLS, EL DORADO ET LE RESTE DE CENTRAL VALLEY

La Vallée centrale (Central Valley) s'étend sur 640 km depuis les contreforts des monts Shasta, au nord, jusqu'à Bakersfield (à 100 km environ de Los Angeles) au sud. Elle est, de loin, la région la plus productive de Californie en termes de volume.

C'est là que se sont installés, à partir des années 1920, les futurs géants comme Gallo (aujourd'hui encore sous contrôle familial), devenu le plus grand producteur de vin au monde. Mais, à côté de cette production de type industriel, se développe celle des petites sous-régions situées dans certaines parties des montagnes et des collines autour de la vallée. Les vignobles de Lodi, de Sierra Foothills ou d'El Dorado, qui ont leur AVA spécifique, fournissent des vins de qualité issus de certaines des plus anciennes vignes du continent, essentiellement plantées en zinfandel.

> **CÉPAGES PRINCIPAUX** En rouge : zinfandel, syrah, cabernet-sauvignon, sangiovese ; en blanc : chardonnay, chenin blanc, sauvignon blanc.

> **SOLS** Sols d'alluvions, parfois sablonneuses, dans la vallée ; sols très variés, par endroits volcaniques et en coteau.

> **STYLE DES VINS** Un contraste important entre les vins de la vallée, généralement banals, et ceux, bien moins nombreux, de poches de vignobles en altitude, qui sont souvent concentrés et fins.

> **PRODUCTEURS À RETENIR** Amador, Dry Creek, Gallo, Terre Rouge.

## OKANAGAN VALLEY

CANADA [COLOMBIE-BRITANNIQUE]

La Colombie-Britannique possède aujourd'hui environ 1 500 ha de vignes et constitue la deuxième région du Canada, après l'Ontario et la région de Niagara-on-the-Lake.

Okanagan Valley se situe à l'intérieur des terres, à environ 300 km à l'est de Vancouver. Sur le plan climatique, elle forme une prolongation septentrionale de la région viticole de l'État de Washington, au-delà de la frontière. La partie sud de cette longue vallée est semi-désertique car la chaîne des Cascades la protège des vents d'ouest qui apportent la pluie. Le lac Okanagan, qui occupe une bonne partie de la vallée, aide à préserver les vignes du froid hivernal. Les montagnes autour créent une très grande amplitude thermique entre jour et nuit.

> **CÉPAGES PRINCIPAUX** En rouge : merlot, cabernet-sauvignon, cabernet franc, gamay, pinot noir ; en blanc : chardonnay, sauvignon blanc.

> **SOLS** Dépôts alluviaux des glaciers et déjections érosives sur un fond très complexe : basalte, calcaire, granite, gneiss.

> **STYLE DES VINS** Grâce à l'amplitude thermique, on peut trouver des vins très mûrs mais sans lourdeur. L'histoire encore récente de cette région et la diversité de l'encépagement font que les styles des vins sont assez variés.

> **PRODUCTEURS À RETENIR** Blue Mountain, Cedar Creek, Jackson-Triggs, Malivoire, Mission Hill, Osoyoos Larose (partenariat avec Château Gruaud-Larose dans le Bordelais), Quail's Gate, Sandhill, Sumac Ridge.

## PÉNINSULE DU NIAGARA

CANADA [ONTARIO]

Il peut sembler étonnant que cette zone, située sur les rives du lac Ontario, près des chutes du Niagara, soit devenue la plus importante région productrice de vin au Canada (environ 2 500 ha de vignes). On le comprend mieux quand on sait qu'elle est traversée par le 45e parallèle : autrement dit, nous sommes à la même latitude que Bordeaux.

C'est l'influence de l'énorme masse d'eau formée par les lacs et, à moindre degré, par la rivière Niagara qui permet à certaines variétés de vignes de pouvoir bien mûrir dans un climat nettement plus rigoureux.

Si cette péninsule est le plus important producteur des vins de glace *(ice wines)* au monde, elle produit aussi de plus en plus de vins secs, notamment à partir du cépage riesling, ainsi que quelques vins rouges. La région, comparable en taille à Napa Valley, a établi une dizaine de sous-appellations régies par le *Vintners Quality Alliance* (VQA).

> **CÉPAGES PRINCIPAUX** En rouge : pinot noir, syrah ; en blanc : seyval, vidal, riesling, chardonnay.

> **SOLS** Anciens fonds de glaciers, calcaires sur coteaux.

> **STYLE DES VINS** Il y a forcément une grande différence entre les vins secs, plutôt légers, et les vins de glace, très concentrés à la fois en sucres et en acidité.

> **PRODUCTEURS À RETENIR** Cave Spring, Clos Jordanne, Henry of Pelham, Inniskillin, Pillitterri.

## Osoyoos Larose

**UNE JOINT-VENTURE FRANCO-CANADIENNE**

Issu d'un partenariat entre Château Gruaud-Larose (deuxième grand cru classé de Saint-Julien) et le domaine Inniskillin, Osoyoos Larose produit, dans la vallée d'Okanagan, en Colombie-Britannique, des vins d'assemblage d'inspiration bordelaise (merlot, cabernet franc, cabernet-sauvignon, malbec et petit verdot). Cette micro-propriété dont les vignes surplombent le lac Osoyoos bénéficie d'un savoir-faire français : plants de vignes sélectionnés dans une pépinière près de Bordeaux, barriques françaises et l'aide de consultants-œnologues, Michel Rolland et Alain Sutre.

# CHILI

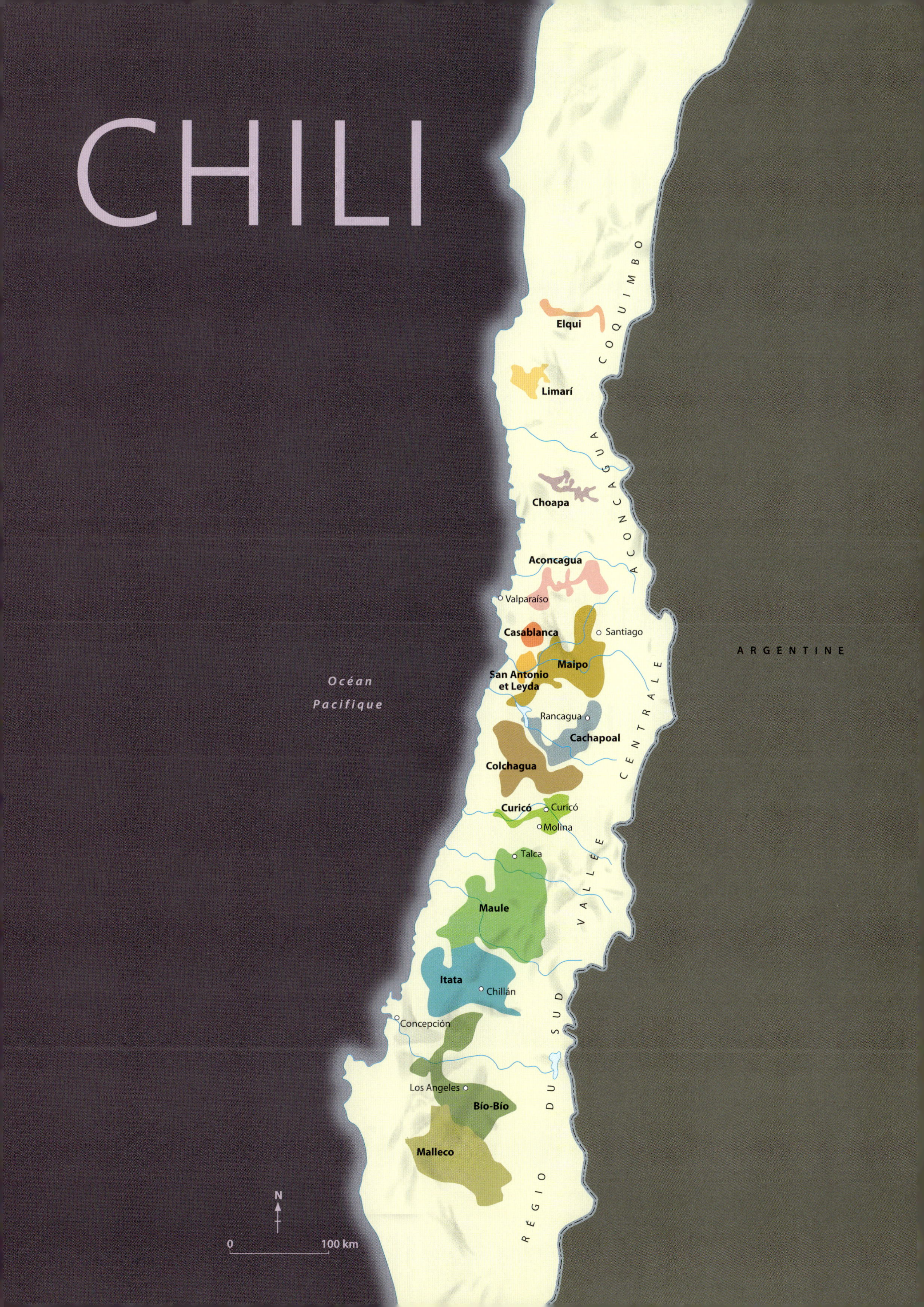

Elqui
Limarí
Choapa
Aconcagua
Valparaíso
Casablanca
Santiago
Maipo
San Antonio et Leyda
Rancagua
Cachapoal
Colchagua
Curicó
Curicó
Molina
Talca
Maule
Itata
Chillán
Concepción
Los Angeles
Bío-Bío
Malleco
COQUIMBO
ACONCAGUA
VALLÉE CENTRALE
RÉGION DU SUD
ARGENTINE
Océan Pacifique
N
0
100 km

# LES VIGNOBLES DU CHILI

*Le Chili nous avait habitué à ses vins de cépage bien vinifiés, standardisés mais d'un très bon rapport qualité-prix. Depuis 10 ans, les meilleurs ont franchi un palier, gagnant en profondeur et en intensité pour les rouges, en finesse et en fraîcheur pour les blancs. Le Chili n'est plus seulement une terre de bons vins mais aussi de grands vins.*

## Cinq siècles d'histoire viticole

À la fin des années 1970, le Catalan Miguel Torrès a été l'un des premiers étrangers à tenter l'aventure chilienne, donnant le signal de départ à ce qui est devenu une formidable réussite économique. Quatre siècles avant lui, un autre Espagnol, le frère Francisco de Carabantes, avait planté les premières vignes chiliennes et le pays fut, dès le XVIII^e siècle, un important exportateur de vins. Des cépages français ont été plantés dès le siècle suivant. Dynamique et moderne au XIX^e siècle, la viticulture chilienne traversa une crise de surproduction à partir des années 1950 avec comme conséquence un arrachage massif des vignes avant un retour en grâce sur la scène mondiale depuis un quart de siècle.

Le miracle chilien s'explique par une conjonction heureuse entre la nature particulièrement propice à la culture de la vigne, des coûts de production faibles et la vitalité des producteurs, qu'il s'agisse des domaines historiques, des investisseurs venus d'ailleurs ou de la nouvelle génération de *bodegas*, tous de plus en plus soucieux d'explorer en détail la spécificité des terroirs chiliens.

LES VIGNOBLES CHILIENS EN CHIFFRES

**Superficie** : 127 000 ha
**Production** : 8 200 000 hl
**Rouges** : 70 %
**Blancs** : 30 %

(Ministerio de la Agricultura, OIV, 2008)

## Un vignoble entre mer et montagne

**DES VIGNES EN EXPANSION.** Le Chili est une longue et étroite bande de terre qui s'étend sur 4 300 km du nord au sud, bordée par le Pacifique à l'ouest et la cordillère des Andes à l'est, fermée au nord et au sud par un désert et des glaciers. Le vignoble se concentre essentiellement dans la Vallée centrale, large secteur autour de la capitale Santiago, mais il s'étend aussi au nord jusqu'à Limarí et Elqui et au sud jusqu'à Bío-Bío. Il y a une dizaine d'années encore, la vigne était plantée surtout dans les plaines situées entre les chaînes de montagnes côtières et la cordillère des Andes, sur des terres fertiles, faciles à cultiver. Elle conquiert désormais des terres nouvelles au fort potentiel, sur les pentes occidentales du piémont andin ou dans les régions plus fraîches à proximité du Pacifique. Les sols, globalement fertiles, sont légers, mêlant sables, argiles, calcaires ; ils sont granitiques et plus pauvres sur les coteaux des Andes.
**UN CLIMAT IDÉAL POUR LA VIGNE.** Le vignoble bénéficie d'une conjoncture climatique presque idéale pour la maturation des raisins. Le climat chaud, de type méditerranéen, avec un ensoleillement constant et des précipitations faibles, est pondéré

### Un vignoble franc de pied

« Franc de pied » signifie non greffé, ce qui constitue une exception dans le paysage viticole mondial où, depuis le passage du phylloxéra, la plupart des vignes ont été greffées sur des porte-greffes d'origine américaine résistant naturellement à l'insecte.
Le cas exceptionnel du Chili s'explique sans doute par son isolement géographique, peut-être aussi par la forte présence de cuivre dans les sols ou encore la pratique d'inonder les vignes pour les irriguer, mais plus certainement par la vigilance des autorités qui contrôlent de manière drastique l'importation de toute matière végétale.

> Cave de vieillissement du domaine Errazuriz installé dans la vallée de l'Aconcagua.

> Travaux d'entretien dans les vignes de la Casa Lapostolle en vallée de Colchagua.

par les influences fraîches provenant de l'ouest (et notamment du courant froid de Humboldt, qui longe les côtes) et de l'est (air froid nocturne descendant des Andes) qui créent une forte amplitude de température. Le manque d'eau en été est la seule carence naturelle : la Vallée centrale devient alors semi-désertique. L'irrigation est donc la règle dans la plupart des régions viticoles.

## Les cépages et les styles de vins

L'alternance de soleil et de fraîcheur nocturne est l'une des clés permettant de comprendre le style des vins chiliens : des vins mûrs, aux expressions fruitées nettes et intenses, ronds et souples, mais rarement lourds ou pesants.

Le Chili demeure un pays de vins rouges (75 % des plantations) en dépit de la forte progression des cépages blancs. Parmi une cinquantaine de variétés plantées, blancs et rouges confondus, sept seulement représentent près de 85 % de l'encépagement. Quelques cépages comme le país (15 000 ha) ou le muscat d'Alexandrie constituent l'héritage du passé colonial espagnol, mais la mode est plus que jamais aux grands cépages internationaux.

**LES CÉPAGES ROUGES.** Le cabernet-sauvignon, qui totalise 40 000 ha, donne des vins mûrs, aux tanins souples, marqués par des notes de fruits noirs, d'épices et de menthol. Deux autres variétés bordelaises, le merlot et le carménère, occupent respectivement 13 000 et 7 300 ha. Les vins possèdent de la rondeur et du velouté, avec parfois des notes végétales marquées. On note l'intérêt nouveau pour la syrah, le pinot noir et le malbec, qui progressent rapidement.

**LES CÉPAGES BLANCS.** La plupart des vins blancs exportés proviennent de deux cépages, le chardonnay et le sauvignon. Le premier, qui occupe 8 700 ha, offre des vins souples, ronds et aromatiques, aux accents de fruits jaunes plus ou moins prononcés. Le second a fortement progressé au point de supplanter le chardonnay, mais il semble qu'une proportion non négligeable de ses plantations soit en fait des variétés cousines (sauvignon vert ou sauvignonasse). Dans les secteurs les plus frais, il donne des vins agréables, équilibrés, aux notes végétales parfois dominantes.

## Les régions viticoles

Du nord au sud, le vignoble chilien est découpé en quatre grandes zones viticoles, Coquimbo, Aconcagua, Vallée centrale et région du Sud, chacune subdivisée en sous-régions qui correspondent pour la plupart à des vallées courant d'est en ouest.

Coquimbo, la région la plus septentrionale, se répartit entre les zones d'Elqui dont les raisins sont surtout destinés à l'alcool local, le pisco, et de Limarí, au potentiel plus prometteur bien que faiblement plantée. Plus au sud, l'Aconcagua jouit d'un fort engouement grâce aux vallées fraîches de Casablanca et San Antonio qui produisent les blancs les plus convaincants du Chili. Les vignobles de la Vallée centrale courent de Santiago jusqu'à la vallée de Maule au sud, sur 95 000 ha. Cœur de la viticulture chilienne, ils concentrent l'essentiel de la production et accueillent la plupart des grands noms du vignoble chilien, dont beaucoup sont installés dans les vallées de Maipo et Colchagua. La région du Sud, qui comprend les zones d'Itata et Bío-Bío, est longtemps restée le fief des variétés traditionnelles comme le país, mais des blancs prometteurs ont récemment émergé de ce climat ensoleillé, mais frais.

### Le carménère « retrouvé »

L'Argentine a le malbec, l'Uruguay le tannat. Le Chili manquait d'une « niche » en matière de cépage. C'est chose faite depuis que deux scientifiques français, Jean-Michel Boursiquot et Claude Valat, ont formellement identifié certaines souches chiliennes de merlot comme état du carménère. Natif du Bordelais, ce cépage de la famille des cabernets a été évincé de la Gironde après la crise du phylloxéra. Implanté au Chili dès le XIXe siècle, il renaît aujourd'hui sous son propre nom. Ses vins sont profonds et déploient des arômes séduisants de fruits mûrs et de réglisse, avec un accent végétal (poivron et sous-bois).

# Les régions et vins les plus connus du Chili

*Les producteurs chiliens se sont longtemps concentrés sur la production de vins de cépage, fiables et réguliers, issus souvent d'assemblages transrégionaux. Aujourd'hui les vins proviennent de plus en plus souvent de zones géographiques plus limitées, des vallées (dont le nom apparaît sur l'étiquette) et parfois des parcelles.*



## VALLÉE DE MAIPO

Maipo est le nom le plus célèbre du Chili. Cette vallée s'étire des Andes jusqu'à la cordillère côtière et englobe Santiago située presque en son centre. La proximité de la capitale a favorisé la création au XIX$^{e}$ siècle de vastes domaines à l'initiative de riches familles de Santiago. Ces entreprises viticoles sont aujourd'hui devenues des géants, comme Santa Rita ou Concha y Toro.

La vigne couvre 10 000 ha avec une forte dominante de cépages rouges bordelais (cabernet-sauvignon, merlot et carménère). Le climat est de type méditerranéen, chaud et sec, avec des pluies faibles, concentrées pendant les mois d'hiver.

La région est divisée en plusieurs secteurs. Alto Maipo, le plus haut, subit l'influence des Andes. Les vignes de coteaux bénéficient de fortes amplitudes de température et produisent des vins rouges structurés. Central Maipo et Pacific Maipo, au sud et au sud-ouest de Santiago, soumis à des températures plus chaudes, donnent des vins plus souples, fruités et mûrs, sur des sols fertiles.

> **CÉPAGES PRINCIPAUX** En rouge : cabernet-sauvignon, merlot, carménère, syrah ; en blanc : chardonnay et sauvignon blanc.

> **SOLS** Alluvions (argiles et calcaires) et granites.

> **STYLE DES VINS** Maipo est reconnue pour la qualité de ses Cabernets-Sauvignons aux arômes puissants de fruit bien mûr, d'épices, de menthol ou d'eucalyptus avec une structure ample, des tanins fermes pour certains vins très concentrés comme le cru Almaviva (voir ci-dessous). Les autres cépages rouges donnent des vins fruités, mûrs et plutôt souples.
En blanc, certains Chardonnays retiennent l'attention par leur rondeur fruitée très agréable.

> **PRODUCTEURS À RETENIR** Almaviva, Concha y Toro, Cousino Macul, Santa Alicia, Santa Carolina, Santa Rita, Undurraga, Vinedo Chadwick.

## Almaviva, grand cru chilien

En 1997, Concha y Toro, vieille *bodega* historique fondée dans la vallée de Maipo en 1883, s'associe au groupe bordelais Baron Philippe de Rothschild avec l'ambition affichée de produire un « grand » vin au Chili. Millésime après millésime, la presse internationale s'est laissée convaincre par cette cuvée impressionnante qui associe la plénitude de fruit typique des vins chiliens au raffinement des grands bordeaux. En un peu plus de 10 ans seulement, le pari a été relevé et Almaviva a intégré le cercle très fermé des plus grands vins du Nouveau Monde. Cet assemblage bordelais dominé par le cabernet-sauvignon provient d'un vignoble de 85 ha situé à Puente Alto, à 30 km environ au sud de Santiago. Vinifié dans une bodega flambant neuve, il bénéficie d'un élevage long (de 17 à 18 mois) et soigné en fûts neufs. En bouche, cela donne un vin profond, complexe, d'une grande concentration, avec un fruité chaleureux, moderne et séducteur, et une structure bien présente qui en fait un vin de belle garde.

## Von Siebenthal

Avec ses 20 ha de vignes, ce petit domaine fait figure de « nain » dans un pays où la norme, en matière de propriété viticole, se compte en centaines ou en milliers d'hectares. Il fait partie de petits domaines indépendants qui, depuis 10 ans, ont considérablement diversifié l'offre des vins chiliens. Basé dans la belle vallée de l'Aconcagua, Mauro von Siebenthal, ancien avocat suisse rattrapé par sa passion, a acquis en 1998 quelques parcelles à Panquehue, à mi-chemin entre les Andes et le Pacifique. Le choix des plantations a été fait en adéquation avec les caractéristiques des cépages : cabernet franc et merlot sur les sols argilo-calcaires, cabernet-sauvignon, syrah, carménère et petit verdot sur les coteaux pierreux. Il en résulte une gamme courte mais réjouissante dominée par un pur Carménère (Carmenere Reserva), juteux et épicé, et une Syrah (Carabantes) exubérante et délicieusement parfumée.

VALLÉE CENTRALE

## VALLÉE DE COLCHAGUA

Dans la Vallée centrale, la région du Rappel est divisée en deux secteurs, Cachapoal au nord et Colchagua au sud. Cette dernière a vu son vignoble s'étendre au cours de la dernière décennie : la vigne occupe 23 000 ha plantés de cépages rouges à 95 %. Elle jouit d'un climat chaud mais rafraîchi vers l'ouest par les courants d'air frais venant de l'Océan.

Les vignes, d'abord plantées dans les vallées et des piémonts, gagnent aujourd'hui les coteaux (jusqu'à 1 000 m). Les cépages bordelais ont largement fait leur preuve à Colchagua, donnant naissance à quelques-unes des plus grandes cuvées chiliennes (Clos Apalta, Montes Alpha), mais la syrah et le malbec sont aussi prometteurs.

> **CÉPAGES PRINCIPAUX** Cabernet-sauvignon, merlot, carménère, syrah pour les vins rouges ; chardonnay pour les blancs.

> **SOLS** Sédimentaires (argiles, calcaires) et granitiques.

> **STYLE DES VINS** Colchagua est réputée pour ses vins rouges amples, mûrs et charnus. Le cabernet-sauvignon, le plus planté, donne des vins pleins, capables pour certains de bien vieillir, mais la région possède quelques spécialités, comme ses Merlots concentrés et juteux ou ses Malbecs issus de vieilles vignes donnant des vins particulièrement intenses et structurés. Les vins blancs (surtout les Chardonnays) sont plutôt ronds, simples et chaleureux.

> **PRODUCTEURS À RETENIR** Casa Lapostolle, Casa Silva, Errazuriz Ovalle, Guelbenzu, El Araucano (Lurton), Los Vascos, Luis Felipe Edwards, Santa Helena, Siegel, Viña Montes, Viu Manent.

ACONCAGUA

## VALLÉE DE CASABLANCA

Région viticole récente, Casablanca était encore vierge de toute vigne il y a 25 ans. Son essor a correspondu à la volonté de mettre en valeur des régions tempérées, capables de produire des vins blancs, frais, fins et bien équilibrés. Elle s'étend aujourd'hui sur plus de 4 000 ha, à proximité des côtes, entre Santiago et le port de Valparaíso.

Le climat est très influencé par le Pacifique qui nappe le vignoble de brumes matinales ; les gelées de printemps, exceptionnelles ailleurs, sont ici une réelle menace. L'irrigation est indispensable et les coûts de forage sont l'un des freins à l'extension de la vigne. Les vignobles prennent appui sur les reliefs de la cordillère côtière, disposés en coteaux et en terrasses.

> **CÉPAGES PRINCIPAUX** Pinot noir, merlot, carménère pour les rouges ; chardonnay et sauvignon pour les blancs.

> **SOLS** Sables, calcaires et granites.

> **STYLE DES VINS** Casablanca est spécialisée dans la production de vins blancs secs, issus du chardonnay et du sauvignon blanc, dans un style plutôt élégant et frais, avec des notes fruitées et parfois végétales pour les vins de sauvignon blanc.
Les cépages rouges sont très minoritaires, cependant le pinot noir a fait une percée récente, capable de belles choses, dans un style assez plein et fruité mais ne manquant pas de fraîcheur.

> **PRODUCTEURS À RETENIR** Concha y Toro, Cono Sur, Loma Larga, Quintay, Santa Rita, Veramonte.

# ARGENTINE, BRÉSIL ET URUGUAY

# LES VIGNOBLES DE L'ARGENTINE, DU BRÉSIL ET DE L'URUGUAY

*En une quinzaine d'années, la donne viticole en Amérique du Sud a été profondément modifiée. L'Argentine a réussi à imposer ses vins sur les marchés du monde. Quant au Brésil et à l'Uruguay, ils affichent leur volonté de moderniser et de développer une production de qualité.*

## ARGENTINE

L'image et le profil d'un pays viticole peuvent radicalement changer en l'espace d'une génération. C'est ce que montre l'Argentine, ancien pays viticole qui produisait encore à la fin des années 1980 des flots de vins sans grâce ni notoriété. Une vingtaine d'années plus tard, on goûte des vins rouges d'une intensité remarquable, comme ceux de Mendoza, une région viticole réputée et unique au monde par l'altitude de ses vastes vignobles.

**LES VIGNOBLES ARGENTINS EN CHIFFRES**

**Superficie :** 211 000 ha (hors raisins de table)

**Production :** 14 700 000 hl

**Rouges :** 56 %

**Blancs :** 43 %

**Rosés :** 1 %

(Inst. nacional de vitivinicultura, OIV, 2008)

### Une modernisation rapide

En 1990, l'Argentine pouvait regarder avec envie la réussite de son voisin chilien. Ces deux pays ont longtemps eu une trajectoire parallèle, depuis les premières plantations de vignes au milieu du XVIe siècle jusqu'aux années 1970, où ils ont traversé une même crise de surproduction liée à une forte baisse de la consommation locale de vin.

Alors que le Chili se tournait vers l'exportation, l'Argentine restait enlisée dans ses problèmes économiques. Puis, suivant l'exemple de quelques précurseurs, dont le français Moët & Chandon, ce géant viticole d'Amérique du Sud s'est réveillé. Les caves traditionnelles ont été rénovées, de nouveaux domaines sont apparus, à l'initiative d'investisseurs locaux ou étrangers.

Le vignoble a été réduit et son encépagement totalement modifié. Les vins ont gagné en netteté et en fruité, répondant à une demande intérieure devenue plus exigeante. Les Argentins consomment 75 % des vins qu'ils produisent, mais les exportations ont plus que doublé au cours des cinq dernières années.

### Le plus vaste vignoble d'Amérique du Sud

Dans ce vaste pays de 2,7 millions de km², les 211 000 ha de vignes à vin se concentrent sur les contreforts orientaux de la cordillère des Andes, sur une frange relativement étroite mais longue de plus de 1 500 km, depuis Salta au nord jusqu'aux vignobles de Patagonie au sud. À Mendoza notamment, la principale région de production, les vignes s'étendent à perte de vue sur les hauts plateaux et dans des zones plus pentues de piémont.

**UN VIGNOBLE D'ALTITUDE.** L'atout maître argentin tient en un mot : l'altitude. Les vignobles sont situés en moyenne à 900 m au-dessus du niveau de la mer et culminent même à 3 000 m

> Vignes de la Bodega Esteco, dans la province de Salta.

## Les appellations argentines

Pour ses vins de qualité, la législation argentine reconnaît des DOC (*Denominación de origen controlada*) et des IG (*Indicación geográfica*). Les premières, deux seulement, sont Luján de Cuyo et San Rafael, dans la région de Mendoza. L'essentiel de la production est encadré par plus de 180 IG dont le périmètre peut être celui d'une région entière (par exemple Mendoza), d'une sous-région (par exemple Valle de Uco) ou d'une zone plus localisée (Vista Flores).

> La Bodega Familia Zuccardi, à Mendoza, produit une large gamme de vins, blancs et rouges.

à Salta au nord. À Mendoza, la plupart s'élèvent entre 600 et 1 100 m. À ces altitudes, les nuits sont particulièrement fraîches, avec une amplitude thermique journalière pouvant atteindre 20 °C, permettant aux raisins de conserver tout leur potentiel aromatique sans être « brûlés » par le soleil. Grâce à cet environnement sec et sain, les grappes mûrissent facilement et le vignoble argentin est préservé de certaines maladies de la vigne, y compris du phylloxéra qui, sans être absent, est peu virulent.

## Le climat et les sols

À l'exception des zones viticoles du Sud, l'aridité constitue le trait dominant du climat, avec des précipitations très souvent inférieures à 250 mm d'eau par an, mais concentrées pendant la phase de croissance de la vigne, et des températures qui atteignent régulièrement les 40 °C en été. Les hivers sont rudes, froids, et les gelées de printemps relativement fréquentes, tout comme les épisodes de grêle qui peuvent être ponctuellement dramatiques. Les vignobles sont irrigués à partir des eaux issues de la fonte des neiges. Le goutte-à-goutte remplace de plus en plus souvent l'ancienne pratique consistant à inonder les vignes. Les sols sont pauvres pour la plupart, alluvionnaires, avec une forte présence de sables sur un substrat graveleux, calcaire ou argileux.

## Un encépagement éclectique

Le vignoble argentin a plus de 450 ans d'existence. L'origine des 116 variétés plantées – espagnoles, italiennes, portugaises, françaises essentiellement – illustre bien les différentes vagues d'immigration européenne depuis le XVIe siècle. Si quelques variétés dominent, cette richesse de cépages tranche avec la simplicité de l'encépagement du Chili (voir p. 453), et offre aux producteurs argentins beaucoup de possibilités. Les cépages traditionnels, à peau rose, comme le criolla, le cereza et le moscatel rosada, occupent encore 29 % des plantations mais reculent, au profit des variétés rouges notamment.

**LES CÉPAGES ROUGES.** Le malbec, introduit en 1868 par un agronome français, Pouget, est devenu le cépage emblématique de l'Argentine. Il occupe un quart des 100 000 ha plantés en cépages rouges et produit bon nombre de vins parmi les meilleurs, dans un style opulent, puissant et mûr. Le bonarda, originaire de Lombardie, est apprécié pour ses vins colorés, souples et fruités. Le cabernet-sauvignon offre des vins pleins, aux arômes généreux, bien structurés, capables de conserver suffisamment de fraîcheur. Derrière, la syrah est très en vogue, suivie du merlot et du tempranillo.

**LES CÉPAGES BLANCS.** Outre le pedro giménez, qui reste le plus planté, deux cépages se distinguent, dans des registres très différents : le torrontés, cépage local qui revient à la mode grâce à ses vins souples, tendres et aromatiques (arômes floraux et de raisins frais), et le chardonnay, qui est à l'origine de vins puissants, parfois chaleureux, aux arômes exubérants de fruits jaunes, de fruits exotiques et d'épices. Planté dans les secteurs d'altitude, le sauvignon fait l'objet d'un certain intérêt.

## Les régions viticoles

Des trois petites régions viticoles du Nord, Salta, Jujuy et Catamarca, seule la première offre des vins dignes d'intérêt (voir p. 462). Plus au sud, la province de La Rioja est spécialisée dans les vins blancs issus du torrontés riojano et du muscat d'Alexandrie, peu exportés. Avec un vignoble de 40 000 ha, San Juan, entre La Rioja et Mendoza, est la seconde région de production d'Argentine. La plupart des vignes sont situées dans des petites vallées irriguées, soumises à un climat très chaud et sec. Dominé par les vins secs blancs et rosés ainsi que par les vins mutés, San Juan se convertit lentement à la production de vins rouges.

La région de Mendoza est le poumon viticole de l'Argentine, produisant l'essentiel des meilleurs vins rouges (voir p. 463). Au sud du pays, en Patagonie, les régions de Río Negro et de Neuquén (totalisant moins de 4 000 ha) subissent l'influence de l'Atlantique. Le climat, plus frais et plus humide, et les sols calcaires donnent naissance à des vins plus vifs et assez intenses, provenant du malbec, du merlot ou du torrontés. Certains secteurs comme la haute vallée du Río Negro attirent à présent les investisseurs.

# BRÉSIL

Avec près de 90 000 ha plantés en 2006, le Brésil se place au troisième rang des plus importants producteurs de vins d'Amérique du Sud, derrière l'Argentine et le Chili. Malgré quelques tentatives de plantation dès le XVIe siècle, il a fallu attendre le début du XXe siècle pour que se développe une production significative, et les années 1970 pour voir apparaître les premiers vins de qualité avec l'implantation de grands groupes comme Moët & Chandon ou Martini & Rossi.

## Les régions viticoles

À l'exception des vignobles du Nord-Est, situés dans le Vale do São Francisco, la plupart des vignes brésiliennes sont plantées dans le Brésil méridional, dans les États de Santa Catarina et de Rio Grande do Sul. Ce dernier constitue de loin la principale (38 000 ha) et la plus intéressante région de production du Brésil. Ses vignobles sont concentrés dans deux sous-régions : la Serra Gaúcha et la Fronteira.

La Serra Gaúcha fournit l'essentiel des vins brésiliens et inclut le vignoble du Vale dos Vinhedos, l'unique appellation d'origine du pays. L'humidité (1 750 mm d'eau par an) et les sols, lourds et peu drainants, posent des limites à la production de vins de qualité. La sous-région de Fronteira, située le long de la frontière uruguayenne, bénéficie de conditions plus propices avec une pluviométrie raisonnable et des sols sableux bien filtrants.

**LES VIGNOBLES BRÉSILIENS EN CHIFFRES**

**Superficie** : 82 000 ha
**Production** : 3 600 000 hl
**Rouges** : 80 %
**Blancs** : 18 %
**Rosés** : 2 %

(Uvibra, Ibravin 2008)

## Les cépages et les vins

Le climat particulièrement humide, notamment dans la Serra Gaúcha, a favorisé la culture de cépages hybrides résistant aux maladies comme l'isabella et le borgo, qui sont toujours très plantés. Mais le fait marquant est l'implantation de cépages de *Vitis vinifera,* dans la région de la Fronteira, parmi lesquels le cabernet-sauvignon, le merlot, la syrah, le moscato branco, le chardonnay, le tannat ou le cabernet franc.

Si le Brésil a acquis une certaine réputation grâce à ses vins effervescents issus de la méthode traditionnelle ou de la méthode de cuve close (voir encadré p. 71), l'essentiel de la production est constitué de vins rouges secs qui peuvent être séduisants (lorsque les raisins parviennent à un bon degré de maturité), dans un style frais, digeste et assez léger en alcool.

**QUELQUES PRODUCTEURS À RETENIR.** Chandon, Dal Pizzol, Don Laurindo, Miolo, Mioranza, Pizzato, Salton.

> Vendanges manuelles dans un domaine du Vale dos Vinhedos, au Brésil.

# URUGUAY

Avec une consommation individuelle de vin qui est l'une des plus importantes du continent, la tradition viticole, qui remonte au XVIIIe siècle, est très fortement ancrée en Uruguay. Ce pays, quatrième producteur de l'Amérique du Sud en volume, consomme l'essentiel des vins qu'il produit, mais le niveau atteint par ses meilleurs vins rouges lui a ouvert les portes de l'exportation, essentiellement vers le Brésil.

> Vignes conduites en cordon de Royat (Uruguay).

## Le paysage viticole

Le climat de l'Uruguay est océanique, avec un bon ensoleillement, des précipitations élevées (1 000 mm par an) et des nuits fraîches. Les conditions sont globalement favorables à la vigne, à condition de contrôler la vigueur de son feuillage, parfois excessive à cause de l'humidité du climat et de la nature très fertile des sols (argileux).

Le vignoble, qui couvre quelque 8 500 ha, est détenu par 2 400 viticulteurs qui vendent leurs raisins aux 272 producteurs du pays, dont un peu plus de 10 % exportent une partie de leur production. Les grandes régions viticoles – Canelones, Montevideo, Colonia et San José – se situent toutes sur la côte méridionale, à proximité de la capitale, mais de petits vignobles sont disséminés aussi le long de la rive gauche du Río de la Plata ainsi qu'au centre et au nord du pays, à proximité de la frontière avec le Brésil.

## Les cépages et les vins

Si l'on recense près de 70 cépages en Uruguay, seules quelques variétés sont largement plantées. Le tannat occupe près du quart des surfaces et offre les vins rouges les plus prisés, dans un style ferme qui le caractérise (voir p. 463) ainsi que des rosés et des *clarete* (clairets) de caractère. La forte présence de ce cépage peu connu, originaire du sud-ouest de la France, est due à des immigrants basques du XIXe siècle. Derrière, le merlot, le cabernet-sauvignon et le cabernet franc sont les cépages rouges les plus cultivés, vinifiés en rouge ou en rosé. Parmi les cépages blancs, l'ugni blanc est de loin le plus planté, mais les meilleurs vins blancs, secs ou effervescents, proviennent du sauvignon blanc, du chardonnay, du viognier ou du muscat.

Les vins sont commercialisés en deux catégories : VCP *(Viño de calidad preferente)* et VC *(Viño común)*. Il s'agit surtout de vins rouges issus du tannat, parfois assemblé au merlot, au cabernet-sauvignon ou au cabernet franc. Les meilleurs possèdent un profil austère mais séduisant, avec des tanins fermes, beaucoup de fraîcheur et un niveau d'alcool modeste, ce qui les rapproche davantage des standards européens que des vins puissants de son voisin argentin.

### Les autres pays d'Amérique latine

Même si leur production reste modeste, la plupart des grands pays d'Amérique latine ont conservé une industrie viticole dont l'origine remonte souvent à la colonisation espagnole au XVIe siècle. L'Équateur, la Colombie, le Paraguay, le Venezuela ou la Bolivie totalisent quelques milliers d'hectares de vignes, plantés souvent en altitude (jusqu'à 2 800 m en Bolivie), sous un climat subtropical ou équatorial, humide. Les vins secs et doux ou les alcools à base de vin, dont le pisco, proviennent d'hybrides (isabella), de cépages traditionnels (criolla, moscatel) ou d'autres variétés de *Vitis vinifera*.

Le Pérou est le quatrième producteur du sous-continent. Depuis dix ans, sa production de vin a fortement augmenté. Si l'essentiel est transformé en eau-de-vie, le pays offre aussi des vins secs dont la qualité progresse rapidement. Les vignobles sont concentrés dans la province côtière d'Ita qui comprend notamment la zone de Tacama, située à 70 km à l'intérieur des terres. Dans cette région semi-désertique, rafraîchie par l'air frais venant du Pacifique, les vignes plantées sur des sols pauvres sont irriguées à partir des réserves d'eau de la cordillère des Andes. Le domaine Tacama, l'un des plus anciens du Pérou, s'est attaché les services d'œnologues et de conseillers français dès les années 1960 et élabore des vins de bon niveau issus des cépages tannat, malbec, petit verdot, sauvignon, chardonnay, chenin ou albilla.

# Les régions et vins les plus connus de l'Argentine, du Brésil et de l'Uruguay

*Parmi les régions argentines, seules Mendoza et, dans une moindre mesure, Salta (avec Cafayate) bénéficient d'une réelle notoriété. L'Uruguay est connu pour ses vins rouges issus du tannat, sans distinction de région. Le Brésil sort peu à peu de l'anonymat grâce à quelques producteurs exemplaires.*

ARGENTINE

## SALTA

Parmi les petites régions viticoles du nord de l'Argentine, seule Salta (2 100 ha) a su se faire un nom grâce à la qualité de ses vins blancs secs, issus d'un cépage dominant, le torrontés riojano (né peut-être d'un croisement entre le muscat d'Alexandrie et le criolla chica). Le secteur le plus réputé est constitué par la vallée de Calchaquíes, à proximité de la ville de Cafayate, dont les vignes sont perchées à près de 1 500 m d'altitude, culminant même à plus de 3 000 m (ce qui fait de Calchaquíes le vignoble le plus haut du monde).

Les sols sableux et le climat continental sont très comparables à ceux de Mendoza. De très fortes amplitudes de température permettent aux cépages blancs d'atteindre une pleine maturité tout en conservant suffisamment d'acidité. En dehors du torrontés, quelques cépages rouges, dont le cabernet-sauvignon, le malbec et le tannat, donnent également de bons résultats.

> **CÉPAGES PRINCIPAUX** Cabernet-sauvignon, malbec, tannat pour les rouges ; torrontés riojano, chardonnay, chenin pour les blancs.

> **SOLS** Sableux.

> **STYLE DES VINS** Les vins blancs issus du torrontés possèdent une forte personnalité avec des arômes exubérants et très caractéristiques de raisin frais (proches du muscat), de fleurs, d'agrumes ou d'épices. En bouche, ils offrent beaucoup de souplesse et de volume avec un taux d'alcool qui peut être assez élevé. La plupart sont secs mais certains conservent un peu de sucres résiduels, ce qui renforce encore la sensation de rondeur typique du cépage. Ce sont des vins à boire jeunes et à servir impérativement entre 8 et 10 °C.
Les rouges sont parfumés et intenses, avec cette qualité de fruit que partagent la plupart des bons vins rouges d'Argentine.

> **PRODUCTEURS À RETENIR** La Esperanza Estate, Etchart, Colomé, Trapiche, O. Fournier, Terrazas de los Andes.

## Bodega François Lurton

Issus d'une grande famille de propriétaires bordelais, Jacques et François Lurton ont fondé leur entreprise en 1988 avec l'idée de sélectionner les meilleurs terroirs partout dans le monde et de produire des vins de bon rapport qualité-prix. Les deux frères posent le pied en Argentine dès 1992, à une époque où bien peu ont perçu le potentiel des hauts vignobles de Mendoza. Trois ans plus tard, ils acquièrent leur première parcelle à Vista Flores, dans la haute vallée de Uco, à 1 100 m d'altitude, sur des terres pauvres, saines et bien drainées, où aucune vigne n'avait jamais été plantée. Aujourd'hui, avec 200 ha en propriété, l'Argentine est au cœur de « l'empire Lurton », devenu celui de François depuis le départ de son frère. Il signe une gamme très fiable, impeccablement vinifiée, qui va des vins d'entrée de gamme, sous l'étiquette Tierra de la luna, intenses et fruités, au très beau Chacayes, une cuvée ambitieuse à base de malbec, née des plus belles parcelles de la *bodega*.

ARGENTINE

## MENDOZA

La région de Mendoza concentre 75 % du vignoble argentin, soit 156 000 ha situés surtout au sud et à l'est de la ville éponyme. Les vignes sont plantées entre 500 et 1 700 m d'altitude sur plus de 300 km du nord au sud. Le climat est continental, très chaud et sec en été, avec de fortes amplitudes de température liées à l'altitude, et des hivers rigoureux.

Les zones les plus basses, San Rafael au sud, San Martin à l'est et Lavalle au nord, produisent des vins courants, blancs et rosés, à partir des cépages traditionnels. L'essentiel des vins de qualité provient de deux secteurs, la Vallée centrale, de part et d'autre du río Mendoza, au sud et au sud-ouest de la ville de Mendoza, et le Valle de Uco, situé plus au sud et qui s'étire sur près de 80 km de long.

> **CÉPAGES PRINCIPAUX** En rouge : malbec, bonarda, cabernet-sauvignon, syrah, merlot, tempranillo ; en blanc : pedro giménez, torrontés, chardonnay, muscat d'Alexandrie, chenin, ugni blanc, sauvignon blanc.

> **SOLS** Pauvres, à dominante sableuse avec des poches graveleuses dans la Vallée centrale ; minces, constitués de sables et de limons avec en altitude quelques zones calcaires dans le Valle de Uco.

> **STYLE DES VINS** Avec leurs arômes chaleureux de fruits très mûrs, d'épices et de réglisse, les vins rouges issus du malbec sont charnus, suaves, dotés de tanins plus ou moins puissants selon le niveau de concentration. Les cuvées haut de gamme peuvent vieillir entre 5 et 10 ans. Les Cabernets-Sauvignons offrent des arômes intenses de fruits noirs et rouges bien mûrs, avec des accents végétaux, parfois mentholés, et une bouche généreuse dotée de tanins généralement souples. En blanc, les Chardonnays sont amples, parfumés et souvent chaleureux.

> **PRODUCTEURS À RETENIR** Alta Vista, Altos Las Hormigas, Fabre Montmayou, Catena Zapata, Cheval des Andes, Clos de Los Siete, Don Cristobal, Etchart, Familia Zuccardi, François Lurton, Monteviejo, Norton, O. Fournier, Terrazas de los Andes, Trapiche.

## Miolo, l'avant-garde brésilienne

C'est en 1897 que l'immigrant italien Guiseppe Miolo fonda ce domaine proche de la ville de Bento Gonçalves, dans le Vale dos Vinhedos. Pendant trois générations, ses descendants se sont contentés de vendre le raisin, jusqu'à ce qu'une crise de surproduction les pousse à élaborer leurs propres vins à partir des années 1990. Pionnier dans l'implantation de cépages de qualité, entouré de conseillers réputés, Miolo est devenu une référence et la preuve du potentiel brésilien en matière de vins fins. C'est aujourd'hui l'une des plus grosses entreprises viticoles du pays, présente dans cinq régions de production, proposant une gamme de vins considérable. La cuvée Quinta do Seival, issue d'un vignoble de la région de Campanha, a beaucoup fait pour la réputation de Miolo en dehors du Brésil, mais le domaine signe aussi de jolies cuvées à base de cabernet ainsi que des blancs effervescents dotés d'une belle finesse.

URUGUAY

## LES VINS DE TANNAT

L'image des vins uruguayens reste très liée à un cépage rouge dominant, le tannat (ou harriague). Ce cépage couvre actuellement plus de 20 % du vignoble national, planté surtout dans les deux principales régions de production du pays, Canelones et Montevideo, au sud. Il s'adapte bien aux sols riches et au climat doux et humide de ces zones côtières. Parfois vinifié en rosé, le tannat est surtout connu pour ses vins rouges structurés dont les meilleurs ont su séduire les importateurs en quête de vins « de niche », originaux et d'un style bien différent des vins chiliens ou argentins.

> **CÉPAGE PRINCIPAL** Tannat, parfois assemblé au cabernet-sauvignon, au merlot ou au cabernet franc.

> **SOLS** Argileux et sableux.

> **STYLE DES VINS** À l'instar du Madiran (voir p. 339), issu majoritairement du même cépage, le tannat d'Uruguay offre des vins à la robe foncée et aux notes de fruits noirs, de réglisse, d'épices, parfois de bois humide ou de menthol. Jeunes, ils sont assez austères en bouche, avec des tanins fermes, beaucoup de fraîcheur et un niveau d'alcool modeste, ce qui les rapproche davantage des standards européens que des vins puissants du voisin argentin, par exemple.
Élevés en barrique ou assemblés à d'autres cépages (merlot, cabernet franc), ils montrent davantage de souplesse. Leur richesse en tanins et en acidité en fait des vins de garde (10 ans) qui peuvent développer à maturité un bouquet séduisant marqué par le tabac, les épices ou le sous-bois.

> **PRODUCTEURS À RETENIR** Bouza, Carrau, Castillo Viejo, De Lucca, Juanico, Marichal, Leda, Pisano, Pizzorno, Stagniari.

# AFRIQUE DU SUD

# LES VIGNOBLES D'AFRIQUE DU SUD

*La production viticole sud-africaine est de loin la plus importante du continent africain. Son succès sur les marchés du monde s'explique par le bon rapport qualité-prix des vins, mais aussi par la qualité des plus fins d'entre eux. Après un long isolement politique et économique, l'Afrique du Sud a dû faire preuve d'un réel dynamisme pour placer ses vins sur l'échiquier mondial. Des investisseurs étrangers, notamment bordelais, ont, à leur tour, bien saisi le potentiel qualitatif de ce pays.*

## Une histoire viticole de longue date

Les premières plantations dans la région du Cap datent de l'installation des colonies hollandaises, au XVIIe siècle, car cette province maritime constituait une escale de ravitaillement pour les navires en route vers l'Asie. Jan Van Riebeeck, premier gouverneur, arrive au Cap en 1652 avec la mission de mettre en valeur les terres de la province et de développer les premiers vignobles. La viticulture sud-africaine, renforcée par l'arrivée de 200 familles de huguenots français, entre 1688 et 1690, prospère ensuite grâce à son principal client, la Grande-Bretagne. Le phylloxéra, apparu en 1886, ouvre une longue période de crise, aggravée par les conflits entre Anglais et Afrikaners. Au XXe siècle, à la suite d'un grave problème de surproduction, la Kooperatiewe Wijnbouwers Vereniging (KWV) obtient, en 1940, les « pleins pouvoirs » sur le secteur viticole sud-africain. L'isolement du pays sur la scène internationale, consécutif à l'apartheid, laisse l'Afrique du Sud à l'écart des grands progrès qui animent le monde du vin dans les années 1980. L'abolition de ce régime, en 1991, ouvre enfin le pays au monde. Le marché intérieur étant réduit, les producteurs se tournent naturellement et avec succès vers l'exportation.

**LES VIGNOBLES SUD-AFRICAINS EN CHIFFRES**

**Superficie** : 102 000 ha
**Production** : 10 261 000 hl
**Rouges** : 44 %
**Blancs** : 56 %

(WOSA, SAWIS, OIV, 2007)

## Les conditions géographiques

La République sud-africaine se situe à la pointe méridionale du continent africain, autour de 35° de latitude sud. Le climat est plutôt chaud et sec, mais, dans les régions côtières, il est largement amendé par les influences océaniques et le courant antarctique de Benguela. C'est donc essentiellement dans ce périmètre côtier que se situent les 102 000 ha de vignes que compte le pays, et il est rare de trouver un vignoble situé à plus de 100 km de la mer. Deux saisons assez marquées se succèdent : un été au profil méditerranéen, chaud et sec, puis un hiver (de mai à septembre) assez doux et humide. La pluviométrie est très inégale d'une région à une autre, mais aussi selon les saisons à l'intérieur d'une même région, rendant indispensable l'irrigation de nombreux sites.

## Les cépages

Comme d'autres pays du Nouveau Monde, l'Afrique du Sud a su adapter ses vins aux besoins des marchés. Autrefois, la production était dominée par le vin blanc, dont une partie importante partait à la distillation. Depuis deux décennies, le vin rouge a gagné du terrain. Il est issu principalement de cépages cabernet-sauvignon, cinsaut et pinotage (un croisement entre cinsaut et pinot noir obtenu en Afrique du Sud en 1925), mais le merlot, la syrah, le pinot noir et le cabernet franc sont en progression sensible.

>Vendanges en vert dans un domaine du « district » de Paarl.

## Les régions de production

La région la plus septentrionale est Olifants River. Son vignoble s'étend de part en part de la vallée de l'Olifants qui longe l'Atlantique. Sa production reste aujourd'hui largement orientée vers les vins en vrac destinés à la distillation.

Swartland et Tulbagh se trouvent plus au sud. Jouxtant Tulbagh au sud-est, la région de Worcester assure 27 % de la production nationale. À l'est,

> Vignes dans le domaine Groot Constantia.

Robertson, qui jouxte Worcester dans sa partie occidentale, est située à l'intérieur des terres ; son climat, chaud et sec, rend l'irrigation indispensable. Sur ces terres riches en calcaire les cépages blancs s'épanouissent avec bonheur, mais la production de vin rouge a fortement progressé ces dernières années. Le vaste périmètre de Klein Karoo qui s'étend à l'est n'accueille que 3 % de la production en raison d'un climat chaud et très sec qui permet cependant de produire de bons vins mutés.

Revenant vers Cape Town, entre Swartland au nord et Worcester à l'est, le « district » de Paarl accueille 13 % du vignoble national. Longtemps producteur de vins mutés, il offre de nos jours des vins blancs secs et des rouges de qualité. Au sud-est de Paarl se trouve le petit vignoble de Franschhoek.

La plus connue des régions sud-africaines est Stellenbosch, même si elle ne produit que 8 % des vins du pays. Elle débute à l'ouest de Franschhoek et au sud de Paarl pour descendre vers l'Océan à False Bay, et vers Cape Town à l'ouest. Entourée de montagnes, elle jouit d'une topographie variée. Le climat y est modéré et la pluviométrie presque idéale, concentrée dans les mois d'hiver. Sur les sols granitiques à flanc de montagne naissent bon nombre des meilleurs vins rouges du pays.

La petite région de Durbanville se trouve dans le prolongement nord-ouest de Stellenbosch. Elle tire parti de ses vignobles de coteaux posés sur les versants des montagnes Dortsberg et soumis aux vents frais de l'océan Atlantique. Plus au sud, derrière la Table Mountain qui la sépare de Cape Town, se trouve le petit vignoble historique de Constantia, constitué en « ward ». Plus au sud encore, le long de la côte allant vers l'est, Walker Bay et Elim constituent les zones viticoles les plus fraîches du pays, aussi favorables aux cépages blancs qu'au pinot noir.

## Wine of Origin : échelle des appellations

Pour comprendre l'organisation viticole d'Afrique du Sud, il faut assimiler les échelles des appellations régionales et locales. L'introduction du système « Wine of Origin », en 1973, a établi en effet trois échelles : *region*, *district* et *ward*, allant du plus grand au plus petit (voir aussi p. 103).

Aujourd'hui, il existe quatre régions officielles : Breede River Valley, Klein Karoo, Coastal Region et Olifants River. Logiquement, une région peut inclure plusieurs *districts*, et un *district*, plusieurs *wards*. Mais, parfois, un *ward* appartient à une région sans être rattaché à la catégorie intermédiaire de *district* : c'est le cas du *ward* de Constantia, rattaché à la Coastal Region. Il existe aussi des « districts » qui ne font pas (encore) partie d'une région officielle, comme Walker Bay ou Cape Agulhas.

Les appellations les plus connues du pays, dont la plupart sont évoquées dans ces pages, sont généralement des *districts*, parfois des *wards* (Stellenbosch, Franschhoek, Constantia). La grande majorité des vins fins exportés proviennent de la Coastal Region qui inclut de nombreux districts dont Darling, Paarl, Stellenbosch et Tygerberg, par exemple.

# Les régions et vins les plus connus d'Afrique du Sud

*Les régions les plus connues sont celles qui produisent la majorité des vins fins exportés, à commencer par Stellenbosch. Mais, aujourd'hui, le facteur le plus significatif en Afrique du Sud est l'exploration de nouvelles régions, aux climats plus frais, capables d'apporter aux vins davantage de finesse.*

## CONSTANTIA

Constituée en « ward », cette localité est située sur les pentes sud-est des montagnes qui séparent la ville de Cape Town de False Bay. Si sa taille est réduite, car elle n'héberge que sept domaines viticoles et environ 500 ha de vignes, elle mérite largement sa place, car c'est ici que furent établies les premières plantations du pays.

Le domaine de Constantia, fondé en 1685, a pris le prénom de l'épouse du deuxième gouverneur de la province hollandaise du Cap, Simon Van der Stel (Stellenbosch lui doit aussi son nom). Cette grande propriété qui a compté jusqu'à 750 ha de vignes au XVIIIe siècle fut démembrée par la suite. Aujourd'hui, plusieurs entreprises familiales séparées en exploitent des portions. Le climat relativement frais, influencé à la fois par l'air froid qui descend des montagnes et par le vent froid, appelé « Cape Doctor », qui souffle de l'Océan, est très propice aux cépages bordelais, et particulièrement au sauvignon blanc, spécialité locale. La pluviométrie d'environ 1 000 mm par an rend l'irrigation superflue.

> **CÉPAGES PRINCIPAUX** Sauvignon blanc pour les blancs ; cabernet-sauvignon, merlot pour les rouges.

> **SOLS** Ils sont très anciens, essentiellement de l'époque précambrienne. Pentes plus ou moins prononcées, selon l'altitude, sur le versant sud de Table Mountain.

> **STYLE DES VINS** Le climat relativement frais et la petite taille de ce « ward » donnent aux blancs issus du sauvignon blanc un style marqué, empreint de fraîcheur. Pour ces raisons, les rouges peuvent être un peu « végétaux ».

> **PRODUCTEURS À RETENIR** Buitenverwachtig, Groot Constantia, Klein Constantia, Constantia Glen, Steenberg.

## STELLENBOSCH

De toutes les appellations sud-africaines, Stellenbosch (qui est un « district ») est certainement la plus connue en dehors du pays, mais aussi la plus importante en termes de superficie de vignes. Cette situation a créé la plus grande concentration d'excellents producteurs de tous les « districts » viticoles d'Afrique du Sud. La ville éponyme, dont l'architecture est un éloge du style « Cape Dutch », héberge, au sein de son université, une faculté viti-vinicole et un centre de recherche performant.

Vu la diversité topographique et climatologique de Stellenbosch, il est difficile de limiter ses vins à un seul style, d'autant plus qu'on y trouve de nombreux cépages, des deux couleurs. Les vins diffèrent aussi en fonction de l'altitude des vignobles et/ou de la proximité avec l'Océan.

> **CÉPAGES PRINCIPAUX** Chenin blanc, chardonnay, sauvignon blanc, colombard, en blanc ; cabernet-sauvignon, shiraz, merlot, pinotage, en rouge.

> **SOLS** Ils sont très divers, avec un fond très ancien, car la région du Cap est l'une des plus anciennes structures géologiques au monde. Ils varient en composition, du sol léger et sablonneux au granitique au pied des montagnes. La topographie est aussi souvent très accidentée.

> **STYLE DES VINS** C'est certainement grâce à ses Cabernets-Sauvignons, charnus et fins, et aux assemblages autour de ce cépage, que Stellenbosch a assis sa renommée internationale, bien que la syrah et le pinotage donnent aussi quelques-uns des meilleurs rouges. Quant aux blancs, ils sont en général aromatiques et riches.

> **PRODUCTEURS À RETENIR** Beyerskloof, Cordoba, De Trafford, Ernie Els, Grangehurst, Ingwé, Kaapzicht, Kanonkop, Meerlust, Morgenster, Raats Family, Rudera, Rupert & Rothschild, Rustenburg, Rust en Vrede, Thelema, Tokara, Waterford, Uitkyk, Vergelegen.

## OVERBERG, WALKER BAY, CAPE AGULHAS

Depuis quelques années, un mouvement significatif vers des climats plus frais s'est dessiné en Afrique du Sud, comme dans d'autres pays du Nouveau Monde. L'objectif est triple : limiter des niveaux d'alcool relativement élevés qui sont la rançon d'un climat chaud, conserver une acidité naturelle dans les raisins et pouvoir cultiver des cépages qui prospèrent sous un climat frais. Ces trois facteurs sont évidemment liés entre eux. C'est ainsi que de plus en plus de plantations s'effectuent dans des zones en altitude, mais surtout dans des secteurs à proximité des océans (l'Atlantique rencontre l'océan Indien au Cap) qui apportent de l'air frais, surtout la nuit. C'est notamment le cas des « wards » d'Overberg, de Walker Bay et de Cape Agulhas qui ne relèvent d'aucune région officielle. Ils s'échelonnent le long de la côte, au sud-est de Stellenbosch et de False Bay. Il faut rappeler que Cape Agulhas constitue la pointe sud du continent africain.

> **CÉPAGES PRINCIPAUX** Sauvignon blanc, chardonnay en blanc ; pinot noir en rouge.
> **SOLS** Très anciens, essentiellement de l'époque précambrienne.
> **STYLE DES VINS** Dans cette partie méridionale du continent africain marquée par la fraîcheur, les vins (blancs pour la plupart) sont vifs et frais.
> **PRODUCTEURS À RETENIR** Agulhas Wines, Bouchard Finlayson, Hamilton Russell, Lomond, Newton Johnson, Raka.

## PAARL ET FRANSCHHOEK

Incluse, comme Stellenbosch et d'autres « districts », dans la très large Coastal Region, Paarl forme une prolongation de Stellenbosch vers le nord, et son éloignement de l'Océan lui confère un climat un peu plus chaud. Pour cette raison, Paarl s'est longtemps spécialisée dans des vins mutés, du type porto, dont était friand le marché domestique. Aujourd'hui, la production est bien plus diversifiée, en particulier grâce à de magnifiques vins de syrah et d'autres variétés rhodaniennes. La vallée de Franschhoek, qui constitue un « ward » du « district » de Paarl, en est une prolongation vers le sud-est, séparée de Stellenbosch par la montagne Simonsberg. Elle doit son nom, qui signifie « le coin des Français » à l'arrivée, au XVIIe siècle et consécutivement aux guerres de Religion en France, d'une centaine de réfugiés huguenots. Les noms de certains domaines viticoles en témoignent encore : La Motte, Grande Provence, Mont Rochelle, Chamonix, Cabrière, etc.

> **CÉPAGES PRINCIPAUX** Chenin blanc, chardonnay, sauvignon blanc, colombard, en blanc ; cabernet-sauvignon, shiraz, merlot, pinotage, cinsaut, en rouge.
> **SOLS** Sols granitiques au pied des montagnes ; sables et argiles ailleurs.
> **STYLE DES VINS** Les vins sont souvent plus chaleureux que leurs voisins de Stellenbosch, mais il faut affiner cette généralisation par la situation géographique du site, et notamment son altitude.
> **PRODUCTEURS À RETENIR** Boekenhoutskloof, Fairview, Glen Carlou, Nederburg, Porcupine Ridge, Veenwouden.

## Le Vin de Constance

La production historique de la ferme de Constantia fut un vin doux, issu de vendanges tardives de variétés de muscat, et appelé Vin de Constance. Malgré la division de la propriété de son fondateur, Simon Van der Stel, en deux parties (Groot et Klein), ce vin a acquis une renommée mondiale aux XVIIIe et XIXe siècles, au point de devenir l'un des vins les plus chers et les plus recherchés au monde. Ensuite, pendant près d'un siècle, le Vin de Constance cessa d'exister, pour renaître grâce au travail de la famille Jooste, qui a racheté Klein Constantia en 1980. Son objectif était clair dès le départ : ressusciter un grand vin liquoreux, à partir des variétés d'origine, mais avec la contribution de la science d'aujourd'hui. Vendu dans une bouteille qui est une copie des flacons anciens, ce Vin de Constance de Klein Constantia a indiscutablement atteint son objectif : de nouveau, il fait partie des plus grands vins liquoreux du monde, à côté des meilleurs Tokajs de Hongrie, des liquoreux du Burgenland en Autriche ou des Sauternes du Bordelais.

# AUSTRALIE

AUSTRALIE
Perth
Sydney
QUEENSLAND
Brisbane
GRANITE BELT
INVERELL
Barwon
Darling
NOUVELLE-GALLES DU SUD
Macquarie
Great Dividing Range
UPPER HUNTER
Port Macquarie
MUDGEE
Hunter
LOWER HUNTER VALLEY
Newcastle
ORANGE
COWRA
Sydney
Lachlan
MURRUMBIDGEE
Murrumbidgee
Canberra
TUMBARUMBA
TERRITOIRE DE LA CAPITALE AUSTRALIENNE
AUSTRALIE-MÉRIDIONALE
Océan Indien
CLARE VALLEY
RIVERLAND
Murray
BAROSSA VALLEY
EDEN VALLEY
ADELAIDE HILLS
Adelaide
McLAREN VALE
SOUTHERN FLEURIEU
Mildura
MURRAY RIVER VALLEY
VICTORIA
Murray
PYRENEES
BENDIGO
RUTHERGLEN
GRAMPIANS
MACEDON
BALLARAT
GOULBURN VALLEY
Melbourne
YARRA VALLEY
FAR SOUTH-WEST
PÉNINSULE DE MORNINGTON
PADTHAWAY
WRATIONBULLY
COONAWARA
Océan Pacifique
Détroit de Bass
Launceston
TASMANIE
Hobart
Région viticole importante
Limite d'État
NORTH PERTH REGION
SWAN VALLEY
Perth
DARLING RANGE
AUSTRALIE-OCCIDENTALE
SOUTH WEST COASTAL REGION
MARGARET RIVER
GREAT SOUTHERN
WARREN-BLACKWOOD
Albany
Océan Indien
N
0
250
500 km

# LES VIGNOBLES D'AUSTRALIE

*En vingt ans, le vignoble australien a presque triplé et ses vins sont aujourd'hui présents sur la plupart des places du monde. La force des producteurs australiens réside dans leur dynamisme, leur organisation et leur capacité à élaborer des vins façonnés au goût du consommateur. Mais l'Australie produit aussi de grands vins qui doivent leur caractère au terroir et à un réservoir impressionnant de vieilles vignes.*

## Les débuts d'hier et les progrès d'aujourd'hui

**DES VIGNES APPORTÉES D'EUROPE.** C'est entre 1820 et 1850 que la viticulture s'implante de manière significative dans les régions du sud-est de l'Australie, à proximité des villes naissantes de Sydney, de Melbourne et d'Adélaïde. Tout au long du XIXe siècle, les initiatives individuelles se multiplient pour importer des cépages du Vieux Continent. Émigrants, explorateurs et fermiers reviennent d'Europe avec quelques plants de *Vitis vinifera*.

**UNE PRODUCTION TOURNÉE VERS LE MARCHÉ ANGLAIS.** L'État de Victoria est, jusqu'à l'apparition du phylloxéra en 1877, le principal centre de production du pays. Un autre État, l'Australie-Méridionale, se développe considérablement ensuite grâce à la production de vins mutés, largement consommés en Angleterre, et à la mise au point de systèmes d'irrigation dans la vallée du Murray. Vers 1930, 75 % de la production du pays provient de cette région et les exportations vont bon train grâce aux débouchés qu'offre le Commonwealth. Sur le marché anglais, de 1927 à 1939, les vins australiens devancent déjà les vins français en volume, une position de leader qu'ils n'ont reprise qu'en 2005. C'est dans la période de l'après-guerre que l'industrie viticole entame sa mutation. La demande pour les vins secs, surtout blancs, augmente, tandis que l'on maîtrise de mieux en mieux les vinifications grâce à l'introduction, notamment, de cuves en acier inoxydable et de systèmes de contrôle de température.

**LES VIGNOBLES AUSTRALIENS EN CHIFFRES**

Superficie : 169 000 ha
Production : 12 431 000 hl
Rouges : 54 %
Blancs : 46 %

(Gouvernement d'Australie – AWBC – OIV, 2008)

**UN MARCHÉ INTÉRIEUR EN EXPANSION ET L'ÉMERGENCE DE VINS DE QUALITÉ.** Dans les années 1980, la croissance du marché intérieur est le principal moteur de l'augmentation de la production. Face à cette demande, on produit davantage, y compris dans des sites peu qualitatifs. Les ventes de vin en vrac et en Bag-in-box (outre rétractable) représentent alors 80 % de la production. Depuis un quart de siècle, la qualité des vins a fortement progressé grâce à une diffusion rapide des progrès techniques et à un meilleur choix des cépages. L'industrie vinicole, concentrée – donc d'une grande efficacité commerciale –,

> Plusieurs vignobles souffrent de sécheresse, d'où la recherche de zones de climats plus frais.

### Le problème de l'eau

Dans ce gigantesque pays-continent marqué par l'aridité, les vignobles, tout comme l'essentiel de la population, sont concentrés dans les régions méridionales et côtières, et particulièrement dans le quart sud-est. Si les hivers et les printemps peuvent être pluvieux, les étés sont particulièrement chauds et secs. C'est notamment le cas dans certaines régions d'Australie-Occidentale et Méridionale. L'eau reste un souci majeur dans les régions les plus sèches, et le recours à l'irrigation est une nécessité absolue.

À la frontière des États de Victoria et de l'Australie-Méridionale, le secteur de Riverland produit, sous un climat accablant, près de 50 % du vin australien grâce à l'irrigation qui a transformé une zone quasi désertique en un océan de vignes, mais les limites de ce système semblent évidentes avec les sécheresses répétées et l'assèchement progressif du fleuve Murray.

> Vignes du domaine Oliverhill, dans McLaren Vale en Australie-Méridionale.

fournissant des vins fiables, réguliers et bon marché, a permis aux vins australiens de conquérir rapidement les marchés étrangers. À côté de cette production standardisée, de plus en plus de domaines indépendants revendiquent pour leurs vins une forte identité régionale. L'Australie est aujourd'hui le sixième producteur mondial du vin et le quatrième plus gros pays exportateur.

## Le climat et les cépages

Le pays bénéficie de conditions géographiques presque idéales pour la vigne : ensoleillement généreux, humidité basse, influences maritimes, localement montagnardes. Les Australiens font du climat le facteur essentiel dans le potentiel d'un vignoble, mais la question des sols, de l'orientation et de l'altitude des parcelles est maintenant largement prise en compte.

Le chardonnay produit la majorité des vins blancs, devant le sémillon, le colombard, le sauvignon blanc et le riesling. En rouge, la shiraz (syrah) reste le grand cépage national. Introduite au XIXe siècle, elle produit plusieurs vins parmi les plus réussis du pays, soit comme cépage unique, soit assemblée avec du cabernet ou, de plus en plus, avec du grenache et du mourvèdre (mataro). Le cabernet-sauvignon, le merlot, le pinot noir et le grenache ont aussi gagné du terrain. Derrière ces variétés, on constate un début de diversification avec, en blanc, le verdelho, le viognier et la marsanne, puis, en rouge, le mourvèdre, le sangiovese, le barbera, le cabernet franc et le petit verdot.

Si, autrefois, chaque producteur essayait de produire une large gamme de cépages quel que soit le climat local, on assiste aujourd'hui à une spécialisation croissante, davantage en rapport avec les conditions régionales : le riesling dans la Clare Valley, le cabernet-sauvignon à Coonawarra ou à Margaret River, la shiraz dans la Barossa Valley, etc.

## Vers des appellations d'origine ?

Le cépage et la marque constituent les références principales pour le consommateur australien ou anglais. Jusqu'à une époque récente, l'origine géographique était un critère d'identification de moindre importance, mais cela est en train d'évoluer.

Après des débuts en 1963, les règles de l'étiquetage ont été fixées en 1990, dans le *Label Integrity Program*. Ainsi, un cépage ne peut figurer sur l'étiquette que si au moins 85 % du vin en est issu. Si plusieurs cépages apparaissent sur l'étiquette, ils doivent figurer par ordre décroissant d'importance (voir aussi

### À la recherche des climats frais

En raison de difficultés liées à la sécheresse, les vignerons australiens recherchent assidûment, depuis une bonne vingtaine d'années, des climats frais, plus propices à la production de vins fins. Durant cette période, la Tasmanie, ainsi que des zones côtières de l'extrême sud du pays, aussi bien dans l'État de Victoria que dans l'Australie-Occidentale, ont vu leurs plantations de vigne progresser rapidement.

> Domaine Cathcart Ridge, dans l'État de Victoria.

p. 103). L'origine géographique des raisins peut être précisée. L'appellation la plus large, créée pour répondre aux normes européennes, est celle de South Eastern Australia. Elle s'applique à des vins d'assemblage dont les raisins proviennent de plusieurs États du sud-est australien (Nouvelle-Galles du Sud, Victoria, Queensland et Australie-Méridionale). L'échelon suivant correspond à un État (par exemple, Victoria). Apparaissent ensuite une soixantaine de régions ou de sous-régions. Pour certaines d'entre elles, comme Coonawarra, la détermination des contours a provoqué des batailles juridiques prolongées.

## La Nouvelle-Galles du Sud

L'État de Nouvelle-Galles du Sud, au sud-est du pays, est la plus ancienne et l'une des plus importantes régions de production. Elle continue de se développer et sa production croît d'année en année. À 200 km au nord de Sydney, le secteur phare est la Hunter Valley (voir p. 476), célèbre pour ses vins de shiraz et de sémillon. La sous-région de Mudgee (voir p. 476), au sud-ouest de la Hunter Valley, bénéficie d'un climat plus sec et plus chaud que celui de la Hunter Valley, sous influence maritime. Plus au sud, la petite zone d'Orange a fait l'objet d'investissements récents de la part de grands groupes, attirés par le potentiel offert par les coteaux frais du Mount Canobolas. Plus à l'intérieur, vers l'ouest, le grand secteur irrigué de Murrumbidgee fournit des vins courants issus du sémillon et du trebbiano (ugni blanc) notamment. Enfin, au sud-est de l'État, outre le petit mais florissant vignoble de Canberra, notons le bon potentiel du district de Tumbarumba qui bénéficie de la fraîcheur des Snowy Mountains.

### LE SAVIEZ-VOUS ?

***L'Australie accorde une large place aux concours de vins, comme la plupart des pays où le goût pour le vin s'est réveillé récemment.***
*Ces concours, très sérieusement organisés, constituent une bonne plate-forme promotionnelle pour les vins récompensés. Ils peuvent être nationaux ou régionaux, se limiter aux vins issus de certains cépages ou bien couvrir toutes les catégories de vins.*

## Le Victoria

Au sud de la Nouvelle-Galles du Sud, l'État de Victoria concentre 17 % de la production nationale, répartis dans une multitude de régions aux caractéristiques bien différentes.

Le climat particulièrement chaud du North-Eastern Victoria permet de produire, à Rutherglen, des vins liquoreux splendides, à partir du muscat ou de la muscadelle. Plus au sud, les vignobles d'altitude de la King Valley bénéficient de davantage de fraîcheur et sont plantés surtout de riesling, de chardonnay et de cabernet-sauvignon. Au sud-est de l'État s'étend le vaste périmètre du Gippsland, zone encore peu plantée mais en plein essor.

Dans les parties les plus méridionales du Victoria, bien exposées aux influences océaniques, le pinot noir et le chardonnay donnent des vins plutôt élégants. Les régions autour de la baie de Port Philipp, à l'ouest du Gippsland, bénéficient de conditions similaires. C'est le fief de quelques districts célèbres comme Mornington (voir p. 478) et Yarra Valley (voir p. 477). Plus au nord, le Central Victoria accueille le district de Bendigo ainsi que la Goulburn Valley vouée majoritairement à la shiraz (syrah) et au cabernet-sauvignon. Le North-Western Victoria produit près de 80 % des raisins de l'État. La chaleur y est accablante et l'irrigation indispensable. Le muscat gordo blanco et le sultana sont encore très présents, mais leur part tend à diminuer. Le climat s'adoucit vers le sud dans le Western Victoria. Le district de Grampians y produit surtout des mousseux et des vins de table, mais les vins issus du riesling et de la shiraz sont prometteurs.

## La Tasmanie

La Tasmanie constitue une grande île, au sud de Victoria. Encore récemment, son climat très frais et venteux était considéré utile uniquement pour la production de vins mousseux, mais, depuis quelques années (et probablement grâce au réchauffement climatique qui fait monter les températures un peu partout), on y produit de très beaux vins blancs tranquilles, ainsi que de prometteurs Pinots noirs.

## L'Australie-Méridionale

L'État d'Australie-Méridionale assure près de 46 % de la production viticole du pays, grâce surtout aux énormes volumes de vins courants produits dans le Riverland, le long de la vallée du Murray. Mais sa vraie richesse se situe dans les zones proches de la côte, soumises aux influences adoucissantes de l'océan.

Au sud-est, quelques secteurs de la Limestone Coast comme Padthaway ou Wrattonbully sont en ascension, mais ils sont loin d'égaler la notoriété de Coonawarra (voir p. 481). En longeant la côte vers le nord, on rejoint les sous-régions de Fleurieu, Barossa et Mount Lofty Ranges, adossées à une chaîne de montagnes orientée nord-sud. Elles accueillent quelques sites remarquables comme les collines de McLaren Vale (voir p. 480) qui produisent sous un climat méditerranéen de beaux vins rouges issus de la shiraz et du cabernet-sauvignon. Plus au nord, la Barossa Valley (voir p. 479) est le fief de très vieilles vignes de shiraz qui donnent des vins corsés et pleins sous un climat chaud. Ils constituent une sorte de point de repère stylistique pour le Shiraz australien, comme c'est le cas pour les vins de cabernet dans le Médoc. Eden Valley (voir aussi p. 480), qui jouxte Barossa à l'est, est davantage connue pour ses Rieslings. Dans la zone des Mount Lofty Ranges, plus au nord, les influences maritimes se font moins sentir et le climat devient plus continental. Encore plus au nord, le riesling et le cabernet-sauvignon donnent de jolis résultats dans la Clare Valley (voir aussi p. 478), au climat plus frais dû à l'altitude.

## L'Australie-Occidentale

Cet État ne compte que pour 3 % dans la production nationale. Mais, depuis 1997, le volume a doublé, montrant l'extrême dynamisme de la région dont bien des sites sont en prospection. Le climat y est très contrasté, oscillant entre zones caniculaires de la façade nord-ouest, comme dans la Swan Valley, et zones plus tempérées de Margaret River, puis nettement fraîches dans la région de Great Southern.

Margaret River (voir aussi p. 481) est une région très en vogue et de grandes sociétés s'y sont récemment implantées. Great Southern (voir p. 481), plus à l'est sur la côte, constitue l'un des grands secteurs d'avenir pour des cépages de climat frais comme le riesling, le chardonnay ou le pinot noir.

Parmi les autres régions en vue, Pemberton, située entre Margaret River et Great Southern, se distingue par ses Chardonnays prometteurs ; Geographe, qui s'étend dans le prolongement de Margaret River, sur la côte ouest, élabore des Cabernets-Sauvignons et des Shiraz élégants.

> Dans le chai de Campbells Winery, à Rutherglen (Victoria).

# Les régions et les vins les plus connus d'Australie

*Pour la production des vins destinés à une consommation de masse, l'usage d'une origine géographique précise est une exception. La plupart de ces vins proviennent de raisins récoltés dans plusieurs régions. La technologie s'est adaptée à ce type de production industrielle et le résultat est d'une fiabilité remarquable, mais l'Australie a aussi identifié de nombreuses régions bien plus délimitées qui sont de plus en plus revendiquées comme signes distinctifs du caractère des vins.*

## HUNTER VALLEY

NOUVELLE-GALLES DU SUD

Au nord de Sydney, la plus grande ville du pays, et en amont du port Newcastle, la région de Hunter s'étale autour du fleuve éponyme. Elle inclut la « Upper Hunter » au nord et la « Lower Hunter » au sud, considérées comme deux zones séparées mais liées par le fleuve. A priori, le climat, chaud et assez humide, n'est pas idéal pour l'élaboration de grands vins, néanmoins la Hunter Valley est un peu le berceau de la viticulture australienne et l'on y produit toujours des vins remarquables, dont un blanc de garde à base de sémillon, qui fait partie des vins les plus singuliers du pays.

> **CÉPAGES PRINCIPAUX** Sémillon, chardonnay en blanc ; cabernet-sauvignon, shiraz en rouge.

> **SOLS** Alluvions pauvres et bien drainées.

> **STYLE DES VINS** Les grands Sémillons de la Hunter Valley font partie des meilleurs vins blancs secs d'Australie. Le plus souvent vinifiés en cuve, ils possèdent une remarquable capacité de garde. À maturité, un bon Sémillon offre un bouquet entre le miel, les fruits exotiques et un fond minéral et fumé assez intense. Les Chardonnays sont généralement plus denses et plus ronds. Quant aux Shiraz, leur style est très variable, allant du puissant et rond au relativement frais et tannique.

> **PRODUCTEURS À RETENIR** Brokenwood, De Bortoli, Evans Family, Mount View Estate, Rothbury Ridge, Tyrell's, Wyndham Estate.

## MUDGEE

NOUVELLE-GALLES DU SUD

Mudgee est séparée de la Hunter Valley par la chaîne de montagnes Great Dividing Range qui la borde à l'est. Elle jouit d'un climat chaud et sec, et l'irrigation s'avère souvent nécessaire. La région ne bénéficie pas de la même réputation que sa voisine, mais les grands producteurs de la Hunter Valley s'approvisionnent largement en raisins dans ce secteur.

> **CÉPAGES PRINCIPAUX** Chardonnay, pinot gris, viognier en blanc ; cabernet-sauvignon, merlot, shiraz en rouge.

> **SOLS** Alluvions sableuses et argile.

> **STYLE DES VINS** Les vins les plus intéressants sont issus du cabernet-sauvignon, assemblé ou non avec du merlot ou de la shiraz, dans un style puissant et chaleureux, avec des arômes de fruits très mûrs, de cacao et des notes d'eucalyptus. Les Shiraz sont de même calibre. Le chardonnay est implanté depuis longtemps et donne des vins denses, aromatiques, capables de bien vieillir, tout comme les cuvées issues du sémillon dans un style proche des vins de la Hunter Valley.

> **PRODUCTEURS À RETENIR** Huntington Estate, Montrose, Poet's Corner.

VICTORIA

## HEATHCOTE

Cette petite région viticole est située au centre du Victoria, entre la vallée de Goulburn et Bendigo. Si les premières plantations de vignes remontent aux années 1860, il a fallu attendre les années 1970 pour voir des producteurs s'intéresser de près au potentiel de la région. Ces derniers restent peu nombreux, mais souvent de haute réputation et leurs vins sont très recherchés.

Le vignoble couvre moins de 2 000 ha sur des pentes modérément élevées (150 à 350 m). Le climat, influencé par la chaîne du Mount Camel Range, est plus frais, plus humide et plus venteux que celui des régions périphériques. Les cépages rouges dominent largement la production locale, et en particulier la shiraz puis le cabernet-sauvignon.

> **CÉPAGES PRINCIPAUX** Cabernet-sauvignon, merlot, shiraz en rouge.

> **SOLS** Terres rouges décomposées *(cambrian greenstone)* sur calcaire et argile rouge.

> **STYLE DES VINS** La shiraz s'exprime dans un registre particulièrement intense (fruits rouges, cerise, prune), puissant et concentré, avec des tanins souples et, parfois, des notes mentholées qui peuvent apporter une touche de fraîcheur. Le cabernet-sauvignon, parfois assemblé au merlot, donne également des vins riches et généreux, marqués par des notes de menthe ou d'eucalyptus.

> **PRODUCTEURS À RETENIR** Coliban Valley Wines, Dead Horse Hill, Greenstone, Jasper Hill.

VICTORIA

## YARRA VALLEY

Située à moins d'une heure de route à l'est de Melbourne, la Yarra Valley est la plus célèbre région viticole du Victoria. Avec des altitudes oscillant de 50 à 400 m et des pentes localement raides, la topographie de la vallée est assez complexe, mais le style des vins est davantage influencé par le climat frais et humide. La Yarra est connue pour produire quelques-uns des meilleurs vins effervescents d'Australie et de bons Chardonnays et Pinots noirs.

> **CÉPAGES PRINCIPAUX** Chardonnay en blanc ; cabernet-sauvignon, pinot noir, shiraz en rouge.

> **SOLS** Limons argileux et sablonneux au nord, terres rouges volcaniques au sud.

> **STYLE DES VINS** Les meilleurs vins effervescents sont issus de la méthode traditionnelle et possèdent finesse et fraîcheur. Les Chardonnays sont généralement bien équilibrés, moins exubérants que d'autres mais frais et aromatiques (fruits secs, fruits jaunes).

Les meilleurs vins rouges proviennent de la shiraz, dans un style très fruité, parfois juteux, ou du pinot noir qui offre beaucoup de fruit (cerise, fruits rouges), d'épices et de vivacité.

> **PRODUCTEURS À RETENIR** Coldstream Hills, De Bortoli, Diamond Valley, Domaine Chandon, Dominique Portet, Hillcrest, Metier, Mount Mary, Tarrawarra, Yarra Yarra, Yarra Yering.

## Giaconda, un tout petit domaine d'une très grande qualité

Dans les années 1970, Rick Kinzbrunner, ingénieur en mécanique, décide de faire carrière dans le vin. Pendant dix ans, il parcourt le monde, aiguise ses connaissances à l'université de Davis en Californie, à Stag's Leap, puis dans les propriétés bordelaises de la famille Moueix, dont Petrus, avant d'endosser l'habit d'assistant winemaker dans un domaine australien (Brown Brothers Milawa). En 1982, il plante ses premières vignes dans une région méconnue, Beechworth, dans le nord-est du Victoria, et produit son premier vin en 1986. Malgré sa taille minuscule, Giaconda est devenu l'un des noms les plus célèbres d'Australie et ses vins s'arrachent à prix d'or. Cet artisan vigneron tire d'un vignoble « de poche » (6 ha) des vins puissants et complexes, issus d'une vinification la plus naturelle possible (levures indigènes et absence de filtration) et d'élevages particulièrement soignés. Ses cuvées de chardonnay (Nantua) et de shiraz (Warmer Vineyard) font partie de ce que l'Australie offre de mieux dans un style riche et puissant.

VICTORIA

## PÉNINSULE DE MORNINGTON

Située à la pointe sud de Victoria, la péninsule de Mornington fait partie de ces régions récemment prospectées par des producteurs en quête de climats frais. Cernée par la mer et balayée par les vents, elle jouit aussi d'un bon ensoleillement, de températures très modérées, et les vignes ne sont soumises à aucun stress hydrique. Une poignée de producteurs ont rapidement mis en valeur cette heureuse conjonction pour produire des vins plutôt fins et frais, issus de variétés bien adaptées à ces conditions, chardonnay et pinot noir en tête.

**> CÉPAGES PRINCIPAUX** Chardonnay, pinot gris, viognier en blanc ; cabernet franc, cabernet-sauvignon, merlot, pinot noir en rouge.

**> SOLS** Sables compactés bien drainés, argiles et sols rouges fertiles d'origine volcanique.

**> STYLE DES VINS** Le chardonnay donne des vins vifs et aromatiques (agrumes, fruits secs). Le pinot gris a fait l'objet d'un engouement récent. En rouge, les vins de pinot noir sont frais et fruités (fruits rouges, cerise) ; il convient de les boire jeunes. Les cépages bordelais sont plantés dans les secteurs les plus chauds comme le Moorooduc Valley et produisent des vins relativement légers et peu tanniques.

**> PRODUCTEURS À RETENIR** Dromana, Kooyong, Montalto, Moorooduc, Paringa, Stonier, Ten Minutes by Tractor, T'Gallant, Yabby Lake.

## TASMANIE

La recherche de climats plus frais et plus humides que ceux des grandes zones de production australiennes, mises à mal par le réchauffement climatique et la sécheresse, trouve l'une des ses meilleures illustrations en Tasmanie. Aujourd'hui cette vaste île, située au sud de la pointe sud-est de l'Australie, héberge un nombre croissant de producteurs, de petite taille pour la plupart. Les vignobles sont tous situés sur les côtes nord ou sud-est de l'île.

Le climat frais (et parfois très venteux) favorise la culture des cépages blancs et du pinot noir, ainsi que la production de vins pétillants (la latitude est identique à celle de l'île du Sud en Nouvelle-Zélande).

**> CÉPAGES PRINCIPAUX** Chardonnay, riesling, sauvignon blanc, sémillon en blanc ; cabernet franc, cabernet-sauvignon, gamay, pinot noir en rouge.

**> SOLS** Anciens grès et marnes compactes, ainsi que, par endroits, des alluvions fluviales et des riches terres volcaniques.

**> STYLE DES VINS** Issus d'un climat frais, la plupart des vins possèdent une grande fraîcheur naturelle. Les vins effervescents (Chardonnay et Pinot noir le plus souvent), en plein essor, offrent vivacité et finesse aromatique. Les Rieslings sont tranchants et de garde et les bons Sauvignons blancs particulièrement aromatiques et nerveux, proches en style de ceux de Marlborough (voir p. 486). Les Pinots noirs possèdent arômes (fruits rouges frais, épices) et structure.

**> PRODUCTEURS À RETENIR** Bay of Fires, Clover Hill, Freycinet, Jansz (pétillants), Meadowbank, Pipers Brook, Tamar Ridge.

AUSTRALIE-MÉRIDIONALE

## CLARE VALLEY

Située dans la partie nord des Mount Lofty Ranges, la Clare Valley offre des paysages vallonnés qui en font l'une des régions viticoles les plus attrayantes d'Australie. Les journées sont chaudes et les nuits fraîches, mais l'exposition comme l'altitude jouent localement un rôle important.

Les producteurs de vin ont été les premiers à recourir à la capsule à vis, à la fin des années 1990. La Clare Valley doit sa réputation d'abord à ses Rieslings mais les cépages rouges (cabernet-sauvignon et shiraz surtout) prospèrent également.

**> CÉPAGES PRINCIPAUX** Riesling, sémillon en blanc ; cabernet-sauvignon, grenache, malbec, shiraz en rouge.

**> SOLS** Argiles rouges sur calcaire, alluvions fertiles au nord, sables et quartz à l'ouest.

**> STYLE DES VINS** Le Riesling de la Clare Valley est un vin sec, ferme, doté d'une forte acidité et d'arômes évoquant les agrumes et le minéral ; il est austère dans sa jeunesse mais capable d'une longue garde. Outre des blancs intenses, la région offre aussi des Shiraz très fruités (fruits rouges très mûrs, épices) et structurés ainsi que des Cabernets-Sauvignons dont les meilleurs sont réputés pour leur complexité aromatique (fruits noirs, menthol, tabac…), leur équilibre et leur capacité à affronter le temps.

**> PRODUCTEURS À RETENIR** Grosset, Jim Barry, Kilikanoon, Leasingham, Mitchell, Mount Horrocks.

AUSTRALIE-MÉRIDIONALE

## BAROSSA VALLEY

La Barossa Valley est située à moins de 50 km au nord-est d'Adélaïde. Il s'agit de la plus célèbre région de production du pays dont la vocation viticole remonte à la vague d'émigration venue de Silésie au XIX^e^ siècle et dont les signes sont toujours très visibles.

Elle constitue aujourd'hui le plus grand district australien pour les vins de qualité et accueille des producteurs de taille très variable, quelques géants australiens dont Penfolds, et beaucoup de domaines de taille moyenne, souvent de haute réputation.

De très vieilles vignes de shiraz, et quelques-unes de grenache et de mourvèdre cohabitent avec des plantations plus récentes de cabernet-sauvignon, de chardonnay et de riesling notamment. Le climat est très chaud et sec et les vins expriment ce caractère solaire.

> **CÉPAGES PRINCIPAUX** Chardonnay, riesling, sémillon en blanc ; cabernet-sauvignon, grenache, merlot, mourvèdre, shiraz en rouge.

> **SOLS** Limons argileux et sablonneux.

> **STYLE DES VINS** Les rouges sont puissants, mûrs, parfois exubérants, mais avec une grande profondeur lorsqu'ils sont issus de vieilles vignes. Ils sont aussi capables de bien vieillir. Les Shiraz, en particulier, peuvent atteindre une rare plénitude avec beaucoup de chair et de fruit. Les blancs sont plutôt ronds et suaves, mais certains Rieslings issus de vignes en altitude offrent finesse et élégance. On produit également de très beaux vins mutés de style porto.

> **PRODUCTEURS À RETENIR** Charles Melton, Grant Burge, Kaesler, Orlando, Penfolds, Peter Lehmann, Rockford, St. Hallett, Seppelt, Yalumba, Wolf Blass, Turkey Flat, Torbreck.

## Penfolds Grange, le premier grand vin de garde australien

L'histoire de Penfolds Grange, autrefois appelé Grange Hermitage, est, comme souvent avec les grands vins, l'histoire d'un miraculé. Max Schubert, le créateur de ce vin, dans la Barossa Valley, l'a initialement développé en cachette de ses employeurs, sous le nom de « Bin 95 », à la suite d'une visite à Bordeaux en 1950, où il eut l'occasion de déguster des vins âgés de plus de quarante ans aux arômes magnifiques. Cette révélation du potentiel de garde de certains vins décida Schubert à essayer d'apporter sa contribution à l'amélioration du niveau, encore médiocre, des vins australiens de ces temps-là. Décidé à élaborer un vin de garde, mais au caractère bien australien, Max Schubert utilisa la shiraz (syrah), qui produit aussi les grands vins de Côte-Rôtie et d'Hermitage (voir p. 326 et 328). La réaction des dirigeants de Penfolds aux premiers millésimes fut si négative que l'expérience faillit tourner court. Mais il fallait du temps au Grange pour révéler la richesse de ses saveurs, et à l'opinion publique pour accepter un goût innovant par rapport à ses habitudes. Le pionnier avait raison, car Grange est devenu le roi incontesté des vins australiens et atteint aujourd'hui des sommets de prix dans les ventes aux enchères. Son nom provient de la ferme originale, Grange Cottage, du fondateur de Penfolds, située près d'Adélaïde.

## EDEN VALLEY

AUSTRALIE-MÉRIDIONALE

Située plus haut que la Barossa Valley, à une altitude comprise entre 370 et 500 m, Eden Valley jouit d'un climat plus frais que celui de sa célèbre voisine. Aussi cette région de collines est-elle réputée pour ses vins blancs. Il existe en particulier une vieille tradition de riesling, implanté par des immigrés allemands au XIXe siècle. Le chardonnay est également présent, donnant des vins souples et intenses. Côté rouge, Eden Valley reste le fief de la shiraz qui constitue la base de quelques-uns des plus grands vins du pays dont le Hill of Grace de Henschke.

> **CÉPAGES PRINCIPAUX** Chardonnay, riesling en blanc ; cabernet-sauvignon, shiraz en rouge.

> **SOLS** Limons, argiles et sables parfois mêlés de graviers et quartz.

> **STYLE DES VINS** Les Rieslings sont fermes, vifs et aromatiques (notes d'agrumes, de silex), capables de très bien vieillir. Les Shiraz offrent un nez généreux de fruits confiturés, d'épices, parfois de kirsch ou d'eucalyptus. En bouche, ils sont chaleureux, avec une structure souple et suave. Les meilleurs d'entre eux associent concentration, profondeur et longueur avec une capacité de garde importante même s'ils se montrent charmeurs dès leur jeunesse.

> **PRODUCTEURS À RETENIR** Heggies, Henschke, Leo Buring, Pewsey Vale.

## ADELAIDE HILLS

AUSTRALIE-MÉRIDIONALE

Adelaide Hills est une zone viticole située à l'est de la ville d'Adélaïde et au nord de McLaren Vale. Sa spécificité tient dans son climat, l'un des plus frais d'Australie-Méridionale, en raison de la proximité de la mer et de l'altitude qui culmine à plus de 600 m. Elle offre donc un bon potentiel aux cépages blancs qui dominent, en particulier dans la partie méridionale où sont situées les deux sous-régions les plus réputées, Lenswood et Piccadilly. Dans les zones plus chaudes du nord, le cabernet-sauvignon, parfois associé au merlot, parvient à un bon niveau de maturité.

> **CÉPAGES PRINCIPAUX** Chardonnay, riesling, sauvignon blanc en blanc ; cabernet-sauvignon, merlot, pinot noir en rouge.

> **SOLS** Sables et limons.

> **STYLE DES VINS** Adelaide Hills offre quelques-uns des meilleurs Sauvignons blancs d'Australie dans un style parfumé (notes de fruits verts, d'agrumes, parfois de fruits exotiques), vifs, à boire jeunes. Les vins issus du chardonnay servent souvent de base à la production de vins effervescents, en assemblage avec le pinot noir, également très planté.

> **PRODUCTEURS À RETENIR** Knappstein Lenswood, Nepenthe, Petaluma, Shaw & Smith.

## MCLAREN VALE

AUSTRALIE-MÉRIDIONALE

Largement ouvert sur l'océan et bordé à l'est par les Mount Lofty Ranges, McLaren Vale est une région de taille modeste mais sa vocation viticole est ancienne. Ses paysages vallonnés et verdoyants et son climat méditerranéen ont attiré nombre de *wineries* indépendantes, souvent de haut niveau. Si l'ensoleillement est globalement généreux, il existe une importante diversité de climats locaux, liée aux expositions, à l'altitude et aux influences plus ou moins marquées des entrées maritimes.

> **CÉPAGES PRINCIPAUX** Chardonnay, sauvignon blanc en blanc ; cabernet-sauvignon, grenache, merlot en rouge.

> **SOLS** Alluvions sableuses, sables et limons.

> **STYLE DES VINS** McLaren Vale est surtout une région de vins rouges riches et corsés au fruité exubérant qui séduit dès leur jeunesse.

Les Cabernets-Sauvignons peuvent évoquer les fruits noirs très mûrs avec des notes épicées et cacaotées, et des tanins très arrondis. La shiraz prend des accents chaleureux avec des robes foncées, un fruit concentré et un taux d'alcool généreux. De vieilles vignes de grenache, qui peut être assemblé à la shiraz, donnent des vins particulièrement suaves et profonds, aux arômes de fruits en confiture ou de kirsch.

> **PRODUCTEURS À RETENIR** Clarendon Hills, D'Arenberg, Gemtree, Hardy's Reynella, Mitolo, Wirra Wirra.

## COONAWARRA

AUSTRALIE-MÉRIDIONALE

Cette région, à l'extrême sud-est d'Australie-Méridionale, est l'un des temples des grands Cabernets-Sauvignons australiens. Située à 80 km des côtes, balayée par les vents d'ouest et rafraîchie par les courants antarctiques, elle jouit d'un climat maritime modéré.

Cas unique en Australie, ses frontières sont délimitées – après une longue bataille juridique – par un type de sol spécifique, appelé « terra rossa », qui est constitué d'une mince couche de terre rougeâtre posée sur un socle calcaire épais. Cette formation recouvre une étroite bande de vignobles, de 2 km de large sur environ 15 km de long, du nord au sud.

La réputation de Coonawarra est née avec les premières plantations de cabernet-sauvignon, dans les années 1960, qui ont éclipsé la shiraz mais celle-ci reste présente, toute comme le chardonnay et le riesling.

> **CÉPAGES PRINCIPAUX** Chardonnay, riesling en blanc ; cabernet-sauvignon, merlot, shiraz en rouge.

> **SOLS** Argiles rouges (« terra rossa ») friables sur calcaire.

> **STYLE DES VINS** Le cabernet-sauvignon offre des vins intenses, marqués par des notes fruitées (fruits noirs, prune…), épicées ou empyreumatiques, plus structurés que beaucoup de Cabernets australiens, avec de la fraîcheur et des tanins relativement fermes. Ces vins possèdent généralement une intéressante capacité de garde. La shiraz s'exprime dans un registre similaire, avec du fruit et une fraîcheur plus marquée que dans les régions plus chaudes.

> **PRODUCTEURS À RETENIR** Katnook, Parker, Wynns, Zema.

## MARGARET RIVER

AUSTRALIE-OCCIDENTALE

Située à près de 250 km au sud de Perth, cette région était très peu plantée avant les années 1980, mais sa réputation n'a cessé de croître depuis que quelques pionniers, dont Cape Mentelle et Cullen, ont mis en valeur son potentiel. Son climat est de type méditerranéen, chaud et sec, mais plus modéré et plus humide que les zones de l'intérieur grâce à l'océan qui la borde sur trois côtés. Les sols graveleux et sableux, perméables, conviennent très bien au cabernet-sauvignon, qui a donné ses lettres de noblesse à la région.

> **CÉPAGES PRINCIPAUX** Chardonnay, sauvignon blanc, sémillon en blanc ; cabernet-sauvignon, merlot, shiraz en rouge.

> **SOLS** Sables et graves.

> **STYLE DES VINS** Le cabernet-sauvignon, parfois assemblé au merlot, donne des vins particulièrement distingués, mûrs et élégants, dont les meilleurs offrent à maturité un raffinement et une complexité qui les rapprochent des vins du Médoc.

En blanc, le sauvignon blanc, généralement assemblé au sémillon, est à l'origine de vins bien équilibrés, souples, aux arômes parfois marqués par le végétal.

> **PRODUCTEURS À RETENIR** Cape Mentelle, Cullen, Gralyn, Juniper Estate, Leeuwin, Moss Wood, Pierro, Vasse Felix, Voyager.

## GREAT SOUTHERN

AUSTRALIE-OCCIDENTALE

Cette vaste région viticole, avec ses multiples sous-régions (Albany, Denmark, Frankland River, Mount Barker et Porongorups) est la plus étendue d'Australie, mais aussi l'une des plus récentes et, pour l'instant, la moins intensément plantée. Elle recouvre une bonne partie de la pointe sud-ouest du pays et constitue la zone la plus fraîche d'Australie-Occidentale.

Avec la proximité de l'océan et sa situation sudiste, les nuits sont très fraîches mais les journées bien ensoleillées ; la pluviométrie y est plus faible qu'à Margaret River, par exemple. Deux sous-régions subissent une influence océanique forte : Denmark et Albany. Beaucoup de producteurs basés dans d'autres parties d'Australie-Occidentale achètent des raisins dans Great Southern (alors que ce sont des pommes qui en constituaient la culture dominante il y a vingt ans).

> **CÉPAGES PRINCIPAUX** Chardonnay, riesling, sauvignon blanc, sémillon en blanc ; cabernet-sauvignon, pinot noir, shiraz en rouge.

> **SOLS** Alluvions pauvres sablo-graveleuses, alluvions à base de gneiss et de granite, et alluvions riches dans le secteur de Denmark.

> **STYLE DES VINS** Les vins rouges les plus aboutis sont issus du cabernet-sauvignon, avec un style inhabituellement ferme et structuré pour l'Australie, et de la shiraz, qui donne des vins très fruités et bien équilibrés.

En blanc, le riesling offre beaucoup de nervosité et des parfums intenses d'agrumes alors que le chardonnay donne des vins frais et parfois structurés.

> **PRODUCTEURS À RETENIR** Alkoomi, Chatsfield, Howard Park, Mount Trio, Plantagenet, West Cape Howe.

# NOUVELLE-ZÉLANDE

# LES VIGNOBLES DE NOUVELLE-ZÉLANDE

*En dépit de la petite taille de son vignoble, cette île du bout du monde a réussi à s'imposer sur le marché mondial grâce à des vins d'une remarquable fraîcheur aromatique. Qu'il s'agisse du Sauvignon blanc, le plus populaire, du Chardonnay ou du Pinot noir, les vins néo-zélandais occupent une place à part au sein du Nouveau Monde.*

## Une mutation rapide

Le succès de la viticulture néo-zélandaise, aujourd'hui éclatant, a été long à se dessiner. Depuis les premières plantations en 1819, il a fallu vaincre les maladies de la vigne, virulentes sous ce climat humide, et venir à bout d'un courant puritain et prohibitionniste qui a longtemps interdit, encadré ou restreint la vente et la distribution d'alcool. Le vrai tournant fut, dans les années 1970, l'introduction de variétés de *Vitis vinifera* à la place d'hybrides américains, la prospection de nouvelles régions comme Marlborough et la réorientation progressive de la production, autrefois dominée par les vins doux, au profit de vins secs.

Après le réajustement de 1986, qui a vu disparaître un quart du vignoble, la mutation s'est poursuivie avec la plantation de cépages comme le chardonnay et le sauvignon blanc et l'apparition d'un style de vins très aromatiques et frais, techniquement bien maîtrisés, qui fait actuellement la renommée du pays. Depuis 1999, la production a été multipliée par quatre, soutenue par des exportations qui ont augmenté de 550 %, et par une hausse significative de la consommation intérieure.

**LES VIGNOBLES NÉO-ZÉLANDAIS EN CHIFFRES**

**Superficie :** 29 000 ha
**Production :** 2 000 000 hl
**Rouges :** 25 %
**Blancs :** 75 %

Source : New Zealand Winegrowers, OIV (2008)

## Le climat

Le pays est constitué de deux îles, l'île du Nord (North Island) et l'île du Sud (South Island), s'étirant sur 1 500 km du nord au sud. Le climat, océanique, subit les influences des vents d'ouest humides et des vents du sud, souvent froids, soufflant de l'Antarctique. Il est plus frais, plus tempéré et surtout plus humide, notamment sur la côte ouest, que celui du voisin australien. Les régions les plus septentrionales, qui ont vu s'épanouir les premières plantations de vigne, sont soumises à un climat de type semi-tropical, plutôt chaud et humide. Le Sud, plus proche de l'Antarctique, bénéficie d'un climat plus frais mais bien ensoleillé, parfait pour la production de vins vifs et aromatiques.

> Paysage de vignes dans la région de Hawke's Bay, sur l'Île du Nord.

LE SAVIEZ-VOUS ?

***Plus de 90 % des vins néo-zélandais sont bouchés par une capsule à vis.** Depuis son introduction en 2001, ce mode de bouchage constitué d'une coiffe en aluminium et d'un joint étanche a convaincu les producteurs qu'il était la meilleure solution pour des vins réputés pour leur fraîcheur et leur pureté aromatique. Ces derniers ont même constitué une association, la « New Zealand Screwcap Wine Seal Initiative », destinée à promouvoir et à expliquer les vertus de la capsule à vis.*

## Les sols

La plupart des sols sont lourds, argileux et imperméables, ce qui, conjugué au climat humide, favorise une croissance parfois intempestive de la masse foliaire des vignes et, par conséquent, une plus grande exposition aux maladies et le développement d'arômes végétaux perceptibles dans nombre de vins. En revanche, dans certaines zones graveleuses très drainantes, à Marlborough ou Hawke's Bay, l'irrigation peut s'avérer indispensable.

## Les régions viticoles

**ÎLE DU NORD.** Longtemps, l'île concentra l'essentiel de la production viticole, mais son poids relatif décline en raison de la croissance très soutenue des vignobles plus frais et plus secs de l'île du Sud. Elle abrite sept parmi les onze régions viticoles que compte le pays. À la pointe nord, les petites régions de Northland et d'Auckland produisent des vins rouges issus de cépages bordelais dont de magnifiques cuvées provenant de la petite île Waiheke. Les petites zones de Waikato et de la baie de Plenty se sont converties au sauvignon blanc. Sur la côte est, Gisborne, troisième région de production en volume, est le fief de Chardonnays puissants mais on trouve aussi quelques Gewurztraminers splendides. Hawke's Bay, plus au sud sur la côte, offre une gamme assez large de vins rouges et blancs de très bon niveau (voir p. 486). Le vignoble de la région de Wellington est situé dans le district de Wairarapa, qui comprend la sous-zone de Martinborough. Celle-ci bénéficie d'une réputation sans commune mesure avec sa petite surface (moins de 900 ha), qui a doublé en 5 ans, grâce notamment à ses Sauvignons blancs et Pinots noirs.

**ÎLE DU SUD.** La région de Marlborough, au nord de l'île, qui produit plus de la moitié des vins de la Nouvelle-Zélande, est devenue le poumon viticole du pays et le fief de la plupart des meilleurs Sauvignons blancs (voir p. 486). Nelson, au nord-ouest, n'a pas été épargnée par la frénésie pour ce cépage qui couvre 50 % de son vignoble. Canterbury, avec la vallée de Waipara (voir fiche p 487), est aussi en plein essor, entre autres, de séduisants Rieslings, Chardonnays ou Pinots noirs. À l'extrême sud, le climat continental et montagnard qui sévit à Otago (voir p. 487) a longtemps rebuté les producteurs, mais il s'agit d'un secteur plein d'avenir d'où proviennent déjà quelques splendides Pinots noirs.

> Les vignes sont parfois protégées par des filets qui doivent empêcher les oiseaux de picorer les grains.

## Les cépages et les styles de vins

De tous les pays du Nouveau Monde, la Nouvelle-Zélande bénéficie du climat le plus frais et l'encépagement actuel privilégie les variétés bien adaptées à ces conditions. Depuis les années 1990, les cépages allemands ont presque disparu – à l'exception notable du riesling – au profit du sauvignon blanc, du chardonnay et, plus récemment, du pinot noir qui occupent au total plus de 80 % des surfaces.

**LES CÉPAGES BLANCS.** Environ 75 % des vins produits en Nouvelle-Zélande sont blancs. Avec 14 000 ha plantés en 2008, le sauvignon blanc confirme son statut de cépage vedette. Très souvent vinifié et élevé en cuve, il constitue l'archétype du vin blanc néo-zélandais, frais, vif, doté d'arômes exubérants, à boire jeune. Loin derrière, le chardonnay a vu ses surfaces se stabiliser. Il offre des vins d'une belle intensité, capables, pour certains, de bien supporter un élevage sous bois. Vinifié en vin effervescent, souvent en assemblage avec du pinot noir, il peut produire des vins d'une réelle finesse, dont les meilleurs rivalisent avec de bons champagnes. Le pinot gris (dont les vins sont bus surtout localement), le riesling et le gewurztraminer sont en forte progression dans les régions fraîches de Marlborough, Waipara et Otago. Vinifiés surtout en vin sec, ils donnent aussi quelques très beaux et rares vins liquoreux.

**LES CÉPAGES ROUGES.** Seul le cabernet-sauvignon peut se prévaloir d'une implantation ancienne (1832), mais sa difficulté à parvenir régulièrement à un bon niveau de maturité explique son recul. Il est désormais largement devancé par le merlot et surtout par le pinot noir (4 650 ha), en plein essor dans l'île du Sud. Si quelques cuvées à base de cabernet et de merlot, dans un style élégant et assez proche des standards bordelais, aptes à bien vieillir, restent des références, c'est surtout du pinot noir que proviennent les meilleurs vins rouges, étonnants de fraîcheur, d'intensité et de pureté aromatique.

# Les régions et vins les plus connus de Nouvelle-Zélande

*Le système de dénomination géographique est basé sur la région, parfois la sous-région, dont le nom figure sur l'étiquette, souvent accompagné du nom du cépage. Mais, en dehors de Marlborough, dont la notoriété est mondiale, c'est avant tout la signature du producteur qui fait référence en Nouvelle-Zélande.*

## HAWKE'S BAY

ÎLE DU NORD

Seconde région la plus plantée (4 900 ha) de Nouvelle-Zélande, Hawke's Bay est située sur la côte est de l'île du Nord. Son paysage est formé d'une chaîne de montagnes côtières protégeant les vignobles des vents d'ouest ainsi que d'une plaine littorale plutôt fertile. Hawke's Bay bénéficie d'un excellent ensoleillement et d'une pluviométrie raisonnable (890 mm).
Les cépages blancs sont majoritaires et le sauvignon blanc vient de détrôner le chardonnay en terme de surfaces plantées. La région est aussi l'un des bastions de la production de beaux vins rouges issus du merlot et du cabernet-sauvignon plantés sur les sols chauds et graveleux.

> **CÉPAGES PRINCIPAUX** Sauvignon blanc, chardonnay, pinot gris pour les blancs ; merlot, pinot noir, cabernet-sauvignon et syrah pour les rouges.

> **SOLS** Alternance de sols riches, limono-graveleux, et de sols pauvres constitués de graves profondes.

> **STYLE DES VINS** Hawke's Bay est d'abord célèbre pour ses vins rouges à base de merlot et de cabernet plutôt élégants et structurés, dotés de tanins fermes, souvent assouplis par un élevage sous bois, et offrant un bon potentiel de vieillissement. Les Pinots noirs et les Syrahs, en vogue, sont fruités et juteux ; ils se boivent dans leur jeunesse. Les Sauvignons blancs et les Chardonnays (parmi les meilleurs du pays) se révèlent plus riches et plus amples que ceux de l'île du Sud, certains supportant bien une vinification en barrique.

> **PRODUCTEURS À RETENIR** Bilancia, Craggy Range, Esk Valley, Mills Reef, Sacred Hill, Te Mata, Te Awa, Trinity Hill.

## MARLBOROUGH

ÎLE DU SUD

Les premières vignes de cette région située à la pointe nord-est de l'île du Sud ont été plantées en 1973. Depuis, Marlborough est devenue la plus importante aire viticole du pays (15 900 ha), et la plus renommée. Le vignoble englobe la longue et large vallée de Wairau et ses affluents, et, plus au sud, le secteur de la vallée de l'Awatere, en pleine croissance. En dehors des gelées de printemps, le climat est une combinaison idéale de journées très ensoleillées et de nuits fraîches.
Marlborough a fait la renommée du Sauvignon blanc néo-zélandais et lui consacre l'essentiel de sa surface (11 700 ha), mais produit aussi des Pinots noirs et des Chardonnays très convaincants, et quelques beaux Rieslings.

> **CÉPAGES PRINCIPAUX** Sauvignon blanc, chardonnay, pinot gris, riesling pour les vins blancs ; pinot noir pour les rouges.

> **SOLS** Ils sont limoneux et graveleux, plutôt pauvres et bien drainés au nord, plus riches et imperméables au sud.

> **STYLE DES VINS** Quel que soit leur cépage, tous les vins se caractérisent par l'intensité aromatique et la fraîcheur. Les Sauvignons blancs sont vifs et très parfumés, avec des notes d'agrumes, de fruits verts ou de végétal frais (gazon), et dotés d'une acidité vivifiante et parfois d'un beau volume qui leur donne beaucoup de présence en bouche. Les bons Chardonnays sont bien équilibrés et frais, capables d'atteindre des sommets d'élégance et d'intensité. Les Pinots noirs, à boire jeunes, sont plutôt toniques et fruités, et dotés d'une agréable vivacité.

> **PRODUCTEURS À RETENIR** Cloudy Bay, Delta, Fromm, Herzog, Jackson Estate, Kim Crawford, Staete Landt, TerraVin, Tohu Wines, Villa Maria, Wairau River.

ÎLE DU SUD

## CANTERBURY/WAIPARA

Située au sud de Marlborough sur la côte est de l'île du Sud, cette région a vu son vignoble tripler de surface (1 700 ha) en cinq ans. Elle se compose de deux sous-régions (dont les noms apparaissent sur les étiquettes) : le secteur de Canterbury constitué d'une vaste plaine entourant la ville de Christchurch et les collines de Waipara, situées à environ 50 km au nord de la ville. La combinaison entre un climat frais, venté, bien ensoleillé et peu humide, et des sols légers et pauvres est idéale pour des cépages tels que le riesling et le pinot noir, qui dominent largement la production, notamment à Waipara dont l'essor actuel est spectaculaire.

> **CÉPAGES PRINCIPAUX** Riesling, sauvignon blanc, pinot gris et chardonnay pour les vins blancs ; pinot noir pour les rouges.

> **SOLS** Au sud, alluvions, limons et graves ; au nord, argiles, limons et calcaires.

> **STYLE DES VINS** La moitié des vins produits dans la région sont des Rieslings fermes, acides et droits, aux notes minérales (pierre à fusil) et citronnées, pleins d'éclat pour les meilleurs. L'autre spécialité régionale est le pinot noir qui offre, lorsqu'il mûrit bien, des vins fruités et épicés, fringants, frais, parfois très purs. On produit aussi des Sauvignons blancs vifs et parfumés ainsi que des Chardonnays structurés.

> **PRODUCTEURS À RETENIR** Bell Hill, Mountford, Pegasus Bay, Waipara Hills, Waipara West.

ÎLE DU SUD

## CENTRAL OTAGO

Central Otago est le vignoble le plus méridional du monde et aussi l'unique vignoble intérieur de l'île du Sud. Cette région montagneuse qui ne produit que 5 % des vins néo-zélandais est devenue, en quelques années, l'une des plus attrayantes grâce à la qualité de son Pinot noir (80 % de la production). Sa surface a triplé depuis 2002 et le nombre de *wineries* a été multiplié par quatre.

La vigne est plantée dans les fonds de vallées et sur des coteaux aux expositions variables dont l'altitude dépasse rarement les 300 m en raison du risque de gel. Son climat est continental, avec des étés courts, secs, très ensoleillés, et de fortes amplitudes de température entre jour et nuit. Si la période de maturation est plus courte qu'ailleurs, le rayonnement solaire exceptionnellement intense offre de bonnes conditions de maturation au pinot noir.

> **CÉPAGES PRINCIPAUX** Pinot gris, chardonnay, riesling, sauvignon blanc pour les blancs ; pinot noir pour les rouges.

> **SOLS** Lœss mêlé de graviers sur un socle de schiste avec des enclaves calcaires au nord-est (Waitaki Valley).

> **STYLE DES VINS** S'il existe plusieurs styles de Pinot noir à Otago, les vins offrent souvent une grande richesse de fruit au nez (fruits rouges très mûrs), avec des notes épicées et boisées plus ou moins puissantes en fonction du type et de la durée de l'élevage. En bouche, ce sont des vins généreux et concentrés qui séduisent par leurs saveurs fruitées intenses et mûres. La plupart sont peu tanniques mais possèdent une structure fraîche qui leur donne beaucoup de présence et d'éclat. Très charmeurs dès leur jeunesse, les plus concentrés peuvent prétendre à une garde de 5 à 10 ans. Les blancs sont vifs et parfumés pour la plupart.

> **PRODUCTEURS À RETENIR** Annisfield, Chard Farm, Felton Road, Mount Edward, Mount Maude, Mt Difficulty, Olssens, Rockburn.

## Cloudy Bay, le domaine pionnier

Cloudy Bay est le nom de la baie située à l'embouchure de la rivière de Wairau à Marlborough. C'est aussi le nom du plus célèbre domaine viticole néo-zélandais fondé par David Hohnen et Kevin Judd, venus du domaine australien Cape Mentelle. Créé en 1985, avec une étiquette très évocatrice qui montre en dessin l'une des vues des montagnes environnantes, il a très largement contribué à la popularité du Sauvignon blanc et de sa région de prédilection, Marlborough, en élaborant des vins tout en fraîcheur et en parfums, devenus depuis un standard national, voire international. Au fil des millésimes, ce vin a gagné en finesse et en élégance tout en conservant son exubérance aromatique (notes d'agrumes, de fruits verts, de fruits exotiques, de végétal frais) et son acidité vivifiante qui sont le propre des bons Sauvignons blancs néo-zélandais. Depuis sa création, le vignoble s'est considérablement étendu et sa production s'est enrichie, entre autres, d'un des Chardonnays les plus fins et vibrants du pays, vinifié en barrique, d'un Pinot noir pur et rafraîchissant ainsi que d'un vin effervescent (Pelorus) impressionnant de finesse.

# JAPON, CHINE ET INDE

# LES VIGNOBLES DU JAPON, DE LA CHINE ET DE L'INDE

*La consommation de vin a fortement progressé en Asie au cours des dernières décennies, mais seule une poignée de pays possèdent une industrie viticole significative. Si les vignobles japonais et indien sont de taille modeste, celui de la Chine en revanche se développe à un rythme impressionnant.*

## JAPON

Si la vigne est cultivée au Japon depuis le VIIIe siècle, la consommation de vin n'est guère attestée avant l'arrivée des missionnaires portugais au XVIe siècle. Quelque 300 ans plus tard, dans la région de Yamanashi, Yamada Hironori et Takuna Norihisa ont fondé le premier domaine viticole moderne, mais le véritable engouement pour le vin remonte aux années 1980.

***Aujourd'hui, le Japon est le marché le plus sophistiqué d'Asie.*** *Si l'essentiel des vins est importé, on a conservé une petite production locale grâce aux viticulteurs qui ont appris à composer avec un milieu naturel peu favorable à la vigne.*

### Le paysage viticole

Seuls 10 % des 20 000 ha du vignoble japonais sont destinés à la production de vin. La vigne est présente dans presque tout l'archipel, mais la plupart des surfaces se concentrent sur l'île principale, Honshu, et en particulier dans les régions de Yamanashi et Nagano (40 % de la production), situées à l'ouest de Tokyo. Le climat très humide, soumis à la mousson et aux typhons, ainsi que des sols riches et acides, sont loin d'offrir des conditions idéales à la production de raisins de qualité. Les viticulteurs y ont répondu par des méthodes culturales spécifiques et par la sélection de cépages adaptés.

**LES CÉPAGES.** Les hybrides comme le kyoho, le campbell early, le muscat bailey A ou le delaware côtoient les cépages importés (cabernet, merlot, müller-thurgau, chardonnay...), mais les vins le plus en vue sont issus d'une variété de *Vitis vinifera* locale, le koshu. À Yamanashi, près du mont Fuji, cette variété à peau rose est capable de produire des vins blancs agréables, légers et élégants. Quelques-uns des meilleurs vins proviennent des coteaux bien drainés du secteur de Katsunuma où, selon la légende, les premiers pieds de koshu auraient été plantés au VIIIe siècle par des moines bouddhistes venus de Chine.

**QUELQUES PRODUCTEURS À RETENIR.** Lumière, Manns, Magrez-Aruga, Château Mercian, Sapporo, Shizen, Suntory.

### Un Bordelais séduit par le koshu

Bernard Magrez, propriétaire de 35 vignobles en France et dans le monde, s'est associé à l'un des meilleurs spécialistes japonais du koshu, Yuji Aruga, établi à Katsunuma. La cuvée, baptisée Magrez-Aruga, est une très agréable illustration de ce cépage autochtone japonais, dans un style frais, aromatique et limpide.

## CHINE

Il y a une quinzaine d'années, la consommation individuelle de vin en Chine flirtait avec le zéro ; elle est aujourd'hui de 0,5 litre par an et par habitant. Si ce chiffre paraît bien faible au regard des habitudes de consommation européennes, il montre aussi un changement significatif dans un pays qui est resté pendant des siècles culturellement fermé au vin. Il cache également un marché considérable !

L'occidentalisation récente et rapide des villes chinoises explique largement cette évolution, qui s'est manifestée par une hausse importante des importations, mais surtout par une progression spectaculaire de la production chinoise. Bien qu'il soit difficile d'obtenir des statistiques fiables sur le vignoble, celui-ci a plus que doublé en 10 ans, atteignant, selon l'OIV,

> Vendanges près de la ville de Turfan, dans la province chinoise de Xinjiang.

> Récolte de raisin au domaine Grover, au nord de Bangalore dans l'État de Karnataka (Inde).

470 000 ha en 2008. En tenant compte d'une production très importante de raisins de table, on peut néanmoins situer la Chine parmi les 10 premiers producteurs de vin au monde.

## Le paysage viticole

Dans ce pays gigantesque, marqué par de forts écarts climatiques et topographiques, les principales régions viticoles, à l'exception du Yunnan, sont concentrées au nord, du Xinjiang, à l'ouest, jusqu'aux zones viticoles entourant la baie de Bohai, en passant par les régions centrales de Gansu, Shaanxi, Ningxia ou Shanxi. Les coteaux bien exposés de la péninsule de Shandong, ouverte sur la baie de Bohai, offrent un potentiel intéressant grâce aux influences maritimes qui modèrent les excès du climat.

**LES CÉPAGES.** Les variétés importées par des missionnaires au début du XIXe siècle, comme le welschriesling ou le muscat de Hambourg, et les cépages locaux, tel le long yan, dominent encore, mais la progression des cépages internationaux est rapide, cabernet-sauvignon, merlot et chardonnay en tête.

## Des vins proches des standards

La production est fortement concentrée entre les mains de trois grandes sociétés, Changyu, Dynasty et Great Wall, dont certaines ont bénéficié d'accords de joint-venture avec des partenaires étrangers. Ce transfert de connaissances porte progressivement ses fruits, et les vins chinois, élaborés il y a peu selon des procédures peu orthodoxes, ont gagné en netteté pour se rapprocher des standards internationaux.

Quelques producteurs indépendants et de taille plus petite proposent des vins séduisants, par exemple Grace Vineyard, établi dans le Shanxi, dont la gamme d'inspiration bordelaise (cabernet-sauvignon, cabernet franc, merlot) et bourguignonne (chardonnay) ne comporte aucune fausse note.

**QUELQUES PRODUCTEURS À RETENIR.** Catai, Changyu, Château Junding, Dragons Hollow, Grace Vineyard, Great Wall, Huadong.

# INDE

Si des textes anciens attestent que l'Inde produisait déjà du vin au IVe siècle av. J.-C., les interdits religieux ont longtemps fait du vin, comme des autres alcools, une boisson marginale, suspecte, bien que tolérée à différentes époques de l'histoire indienne.

**UNE PROGRESSION SPECTACULAIRE.** L'occidentalisation des classes moyennes et supérieures urbaines a changé la perception du vin et lui a ouvert un marché qui progresse de façon spectaculaire depuis 10 ans. La fiscalité qui pèse sur l'importation de vins étrangers et les facilités accordées aux producteurs locaux ont permis de doubler la production au cours des dernières années. Le vignoble couvre 63 000 ha, dont seulement quelques milliers sont destinés à la production de vin.

## Les principaux acteurs

Avec une cinquantaine d'exploitations en 2007, l'État du Maharashtra est la première région viticole du pays. Deux des trois principaux producteurs indiens y sont présents : le Château Indage, véritable pionnier, qui s'est lancé avec succès en 1982 dans la production de vins effervescents, et Sula Vineyards, créé par Rajeev Samant en 1997, dans la région de Nasik, au nord de Bombay. Ce dernier a prouvé que le climat tropical, humide et chaud, n'était pas incompatible avec la production de bons vins, dont un agréable Sauvignon blanc, frais et aromatique.

Les mêmes conditions prévalent dans l'État du Karnataka, seconde région de production indienne. Le domaine de Kanval Grover, installé depuis 1988 dans les collines surplombant Bangalore, est aujourd'hui le premier exportateur indien. Il offre des vins de bon niveau dont un rouge sec (La Réserve) qui a régulièrement les honneurs de la critique, issu d'un assemblage de cabernet-sauvignon et de syrah, les deux cépages rouges les plus populaires en Inde.

**QUELQUES PRODUCTEURS À RETENIR.** Indage, Sula Vineyards, Grover Vineyards.

# RÉFÉRENCES

# Glossaire

*Ce glossaire définit des termes spécifiques au monde du vin sauf le vocabulaire de la dégustation, décrit p. 228-235. L'origine des mots de langue étrangère est indiquée sous la forme d'abréviations : Al. = Allemagne ; Esp. = Espagne ; It. = Italie ; P = Portugal ; US = États-Unis. Les astérisques (*) marquent des mots qui font l'objet d'une entrée dans ce glossaire.*

## A

**ABBOCCATO** (It.) Vin légèrement sucré.

**ACIDE ACÉTIQUE** Acide que l'on trouve dans tous les vins en faible quantité. S'il se développe de façon excessive, le vin tourne au vinaigre.

**ACIDE CITRIQUE** Acide abondant dans les fruits et les agrumes ; le raisin n'échappe pas à sa présence, mais en quantité moindre. Les raisins blancs affichent des quantités plus importantes, notamment ceux atteints par la fameuse « pourriture noble* ». L'acidification par adjonction d'acide citrique dans les vins est réglementée.

**ACIDE LACTIQUE** Cet acide apparaît lors de la fermentation malolactique* du vin.

**ACIDE MALIQUE** Lorsque le raisin mûrit, l'acide malique, contenu en forte teneur dans les raisins verts, s'atténue : il est instable. Il se reconnaît à son goût âpre de pomme verte. Une fois la fermentation alcoolique* achevée, il se transforme en acide lactique*.

**ACIDE TARTRIQUE** Acide le plus noble ayant le pouvoir le plus acidifiant dans le vin, c'est un acide peu rencontré dans le monde végétal. Sa teneur dans la baie du raisin diminue jusqu'à la véraison*, puis varie en fonction des conditions climatiques.

**ACIDITÉ** Le vin est riche en acides organiques : tartrique*, malique*, citrique*, lactique*, etc. L'acidité joue un rôle important lors de la dégustation. Elle compense et éclipse partiellement les composantes de moelleux* du vin (sucre, alcool, glycérine), tandis qu'associée aux tanins* elle crée une synergie qui aggrave à la fois la sensation acide et celle d'astringence. Lorsqu'elle est excessive ou mal compensée, elle se traduit successivement par de la vivacité, de la verdeur, puis de l'âcreté. Défaillante au contraire ou submergée par le moelleux du vin, elle engendre la mollesse ou la lourdeur. À dose légèrement émergente, elle crée la fraîcheur ; légèrement récessive, elle participe à la souplesse.

**ADEGA** (P) Centre de vinification au Portugal.

**ALCOOL** Un des éléments importants du vin, l'alcool éthylique résulte de la fermentation alcoolique : le métabolisme enzymatique des levures* transforme le sucre du jus de raisin en alcool, en gaz carbonique et en chaleur. Le degré alcoolique* d'un vin peut varier de moins de 7 % vol. à plus de 15 % vol. en fonction de la teneur en sucres naturels des moûts* et en sucre ajouté. Au-delà de 15 % vol., il s'agit généralement de vins mutés. Rappelons enfin que, pour obtenir un degré d'alcool, il faut 17 g de sucre par litre pour les vins blancs et 18 g pour les vins rouges. Voir aussi chaptalisation*.

**AMABILE** (It.) Un vin plus sucré que l'*abboccato**.

**AMERTUME** Un des quatre composants du goût.

**AMONTILLADO** (Esp.) Xérès élaboré au-delà du stade du Fino en ayant développé une couleur ambre, du corps et un goût de noisette.

**AMPÉLOGRAPHIE** Science de la vigne qui s'attache à l'étude et à la classification des cépages*.

**ANHYDRIDE SULFUREUX** ($SO_2$) De tout temps, les vignerons ont utilisé l'anhydride sulfureux pour ses nombreuses vertus : il enraye des fermentations précoces sur les raisins vendangés, il inhibe et active des sélections de levures*, élimine microbes et bactéries, protège de l'oxydation*, a un pouvoir dissolvant, peut bloquer la fermentation malolactique* et s'avère être un précieux allié pour les vins blancs liquoreux* sujets à refermenter en bouteille.

**ANTHOCYANES** Pigments rouges du raisin qui donnent leur couleur aux vins rouges. Cette coloration rouge violet des vins jeunes est presque exclusivement le fait des molécules d'anthocyanes (composés phénoliques), assez instables, qui vont se lier au cours du vieillissement avec les tanins* (autres éléments phénoliques) pour donner au vin sa couleur rouge rubis.

**APPELLATION D'ORIGINE CONTRÔLÉE (AOC)** L'appellation d'origine contrôlée s'applique à des vins français issus de régions et de cépages* bien déterminés, dans le cadre de règlements codifiés par l'INAO*. À l'échelle européenne, ils relèvent de la catégorie des appellations d'origine protégée (AOP). Les vins d'AOC doivent répondre à des règles bien précises en matière d'aire délimitée de production, d'encépagement*, de teneur minimale en sucre du moût à obtenir, de degré alcoolique*, de rendement de base* à l'hectare, de taille de la vigne, de méthodes de culture et de vinification. Les vins d'AOC sont soumis à une dégustation d'agrément avant d'être commercialisés.

**APPELLATION D'ORIGINE PROTÉGÉE (AOP)** Dénomination européenne concernant les appellations* d'origine contrôlée françaises et leurs équivalents dans les différents pays de l'Union européenne.

**APPELLATION D'ORIGINE VIN DÉLIMITÉ DE QUALITÉ SUPÉRIEURE (AOVDQS)** Vin d'appellation d'origine dont les règles et les aires de production sont différentes de celles des AOC*. Ces vins sont produits dans des régions au potentiel qualificatif moins important que celui des AOC. Selon la nouvelle réglementation européenne, les AOVDQS sont amenés à disparaître à partir de 2011.

**ARÔMES** Ce terme désigne les parfums exhalés par un vin et, plus particulièrement, les sensations perçues tant au nez qu'en bouche. On distingue les arômes variétaux, les arômes fermentaires et les arômes post-fermentaires (ou d'évolution).

**ASSEMBLAGE** Opération consistant à marier plusieurs vins. Les assemblages ont pour but d'élaborer un ensemble bien meilleur que chaque élément pris séparément.

**AUSBRUCH** (Al.) Type de vin autrichien plus sucré qu'un Beerenauslese*, mais moins sucré qu'un Trockenbeerenauslese.*

**AUSLESE** (Al.) Vin allemand élaboré avec des raisins récoltés en vendanges tardives (quelquefois botrytisés), contenant une forte concentration de sucre. Les *Auslesen* peuvent être secs ou sucrés.

## B

**BAG IN BOX** Il s'agit d'une poche souple munie d'un robinet et enfermée dans un emballage carton, utilisée couramment pour la vente et la conservation (jusqu'à 6 mois après ouverture) du vin en vrac.

**BAN DES VENDANGES** Il s'agit de la date à laquelle commençaient les vendanges dans le passé. Actuellement, le ban des vendanges est la date à partir de laquelle la chaptalisation* est autorisée. Cette date est proposée par l'INAO* et le syndicat de l'appellation, et décidée par le préfet de région.

**BARRICA** (Esp.) Barrique espagnole d'une contenance d'environ 225 litres.

**BARRIQUE** Fût dont la contenance varie d'une région à l'autre ; en Bourgogne, une barrique équivaut à 228 litres ; dans le Bordelais, elle en contient 225 (4 barriques font ici un tonneau) ; la barrique de la région de Touraine-Anjou contient 232 litres.

**BÂTONNAGE** Opération qui consiste à remettre en suspension des lies* fines qui se déposent dans la partie basse d'une barrique ou d'une cuve lors de l'élevage, pour obtenir un vin plus complexe, plus souple et plus gras.

**BEERENAUSLESE** (Al.) Vin autrichien ou allemand élaboré avec des raisins souvent botrytisés et très sucrés récoltés en vendanges tardives.

**BEREICH** (Al.) District viticole.

**BLANC** Vin issu de raisin blanc ou rouge à jus blanc après simple extraction du jus ou moût*, et fermentation alcoolique*. Voir aussi Vinification.

**BLANC DE BLANCS** Vin blanc élaboré à partir de raisins blancs.

**BLANC DE NOIRS** Vin blanc élaboré à partir de raisins noirs.

**BLUSH** (US) Terme américain qui signifie *rosé*.

**BODEGA** (Esp.) Équivalent espagnol de cave ou de chai.

**BOTRYTIS CINEREA** Moisissure parasite qui attaque le raisin. Un peu de botrytis, que l'on appelle « pourriture grise* », favorise les agents fermentaires au moment de la cuvaison ; beaucoup de botrytis compromet la vendange (au-delà de 10 ou 15 % pour les vins rouges, 20 % pour les vins blancs) ; trop de botrytis, sous certaines conditions atmosphériques, peut provoquer ce qu'on appelle la célèbre « pourriture noble*», qui concentre les jus dans les grappes dans une forme particulière de surmaturité*. Ces raisins botrytisés donnent des vins liquoreux* fameux tels le Sauternes ou le Tokaj de Hongrie.

**BOUCHON** Cylindre de liège ou éventuellement de matière synthétique servant à obturer hermétiquement les bouteilles. Les qualités de liège sont variables. Les lièges de moindre qualité sont colmatés avec de la pâte de liège.

**BOUCHONNÉ** Se dit d'un vin qui a une très forte odeur de bouchon. Le vin est généralement imbuvable. Ce phénomène, irréversible et assez rare, est dû à un développement de certaines moisissures spécifiques au liège.

**BOUILLIE BORDELAISE** Préparation à base de sulfate de cuivre et de chaux, mise au point par Millardet au siècle dernier pour lutter contre le mildiou*. Elle est de plus en plus remplacée par des produits de synthèse associés à du cuivre.

**BOUQUET** Ensemble d'arômes* aussi complexe qu'agréable qui se dégage d'un vin et que l'on perçoit au nez. Voir arômes.

**BOURBE** Partie du jus de raisin fortement chargée en débris végétaux et organiques. Voir aussi débourbage.

**BRANCO** (P) Blanc.

**BRUT** Ce terme indique, pour les vins effervescents*, la présence très réduite de sucre (de 0 à 15 g/l) ; le « brut zéro », le « brut intégral » ne sont pas du tout édulcorés.

## C

**CAPSULE** Coiffe de métal ou d'une autre matière constituant le surbouchage de la bouteille. La capsule, à l'origine en alliage d'étain, existe également en plastique. Ce terme désigne aussi le « bouchon couronne » que l'on utilise lors de la prise de mousse des vins effervescents*.

**CAPSULE CONGÉ** Capsule représentative des droits (CRD) comportant un sceau indiquant que les droits de transport du vin ont été acquittés.

**CAUDALIE** Voir Les mots du vin p. 230.

**CAVA** (Esp.) Terme générique s'appliquant aux vins espagnols effervescents élaborés selon la méthode traditionnelle*.

**CENTRIFUGATION** Opération de clarification* des moûts ou des vins au cours de laquelle on utilise la force centrifuge pour éliminer les particules lourdes. Ce procédé est utilisé pour débourber les moûts, clarifier les vins nouveaux ou pour éliminer les dépôts de collage*.

**CEP** Partie ligneuse de plus d'un an du pied de vigne.

**CÉPAGE** Variété du genre *Vitis vinifera*. On dénombre plusieurs milliers de cépages différents dans le monde.

**CHAI** Cave de vinification*, cave d'élevage* en barrique* ou en cuve* ou cave de stockage de bouteilles.

**CHAMBRER** À l'époque où les caves étaient fraîches, où l'on déjeunait dans les chambres, et où celles-ci n'étaient pas chauffées en permanence, chambrer un vin signifiait le sortir de la cave pour l'amener à la température de la chambre, qui excédait rarement 18 °C pendant la majeure partie de l'année. Aujourd'hui, il est plus judicieux de prendre les vins à leur température de garde et de les mettre progressivement à leur température de service.

**CHAPEAU** Dans le cas d'une vinification* en rouge, le chapeau est la partie flottante constituée par les éléments solides (pellicules, pépins, peau, rafles, pulpe) maintenus à la surface du moût* en fermentation grâce au dégagement de gaz carbonique. Pour obtenir une bonne extraction (de couleur et d'arômes*), il est important de maîtriser la macération*. C'est pourquoi de nombreux systèmes agitent, brassent, plongent, piègent ce fameux chapeau afin de privilégier les échanges entre les matières solides et le liquide, c'est-à-dire le vin.

**CHAPTALISATION** Promue par le chimiste français Chaptal (d'où son nom), la chaptalisation est une technique qui consiste à ajouter du sucre (de canne, de betterave, ou du moût* concentré rectifié) aux moûts insuffisamment riches avant la fermentation afin d'obtenir un degré alcoolique* plus élevé dans les vins. Cette technique, strictement interdite dans de nombreux pays, est généralement très réglementée dans les pays qui la tolèrent.

**CHARMAT** Méthode d'élaboration de vins effervescents* en cuve par adjonction de sucre et de levures*. La prise de mousse se fait en « cuve close ».

**CHÂTEAU** Désignation d'un vin provenant d'un domaine particulier. Il n'y a pas toujours un édifice correspondant au château du domaine ainsi désigné. On dénombre beaucoup plus de châteaux sur les étiquettes de vin que sur le cadastre des localités concernées.

**CLAIRET** Vin de Bordeaux rouge/rosé léger obtenu par saignée*.

**CLARIFICATION** Ensemble des opérations qui permettent d'obtenir la limpidité du vin. Différents procédés peuvent être utilisés : centrifugation*, filtration*, collages*. La clarification doit être complétée par des procédés de stabilisation* physico-chimique et microbiologique du vin pour éviter la formation ultérieure de troubles et de dépôts*.

**CLASSICO** (It.) Vin provenant du cœur d'un vignoble.

**CLAVELIN** Bouteille utilisée pour les vins du Jura, et notamment pour le vin jaune. Sa contenance de 62 cl représente ce qui reste de 100 cl de vin (à cause d'une forte évaporation) après six ans de fût, le vin étant élevé sous un voile de levures et sans ouillage*.

**CLIMAT** En Bourgogne, ce terme désigne non seulement les conditions atmosphériques qui règnent sur la région, mais aussi divers lieux-dits cadastraux dans chaque village, dont certains ont la qualité de premiers crus et d'autres sont restés non classés. Ces derniers peuvent néanmoins figurer dans l'étiquetage des vins sous l'appellation communale, sous réserve de ne pas prêter à confusion avec la classe « premier cru » à laquelle ils n'ont pas droit. Ainsi à Meursault, Les Bouchères sont un climat de premier cru, étiqueté comme tel, tandis que Les Narvaux sont un simple climat, classé sous l'appellation Meursault.

**CLONE** Plant obtenu à partir d'un seul pied par multiplication asexuée (bouturage ou greffage*). Voir Sélection clonale.

**CLOS** Parcelles de vignes entourées de murs. Ce mot est réservé aux vins d'appellation contrôlée pour lesquels il peut se justifier. Le vin doit provenir exclusivement des parcelles constituant le clos. Si les murs au cours des siècles ont disparu, le vin peut continuer à porter le nom de clos si cette désignation lui a toujours été donnée.

**COLLAGE** Procédé de clarification* des vins avant la mise en bouteilles. La méthode consiste à mélanger au vin un colloïde qui va s'accoler aux résidus en suspension (floculation colloïdale) et les faire tomber par gravité au fond du contenant. On a recours à des produits comme le blanc d'œuf battu, la colle de poisson, la caséine ou la bentonite (une argile). On soutire ensuite le vin, qui est le plus souvent filtré avant la mise en bouteilles.

**COLLERETTE** Étiquette placée à l'épaulement des bouteilles et portant souvent le millésime du vin.

**COLORANTS** Composés phénoliques constitués par des anthocyanes*, des tanins*, des polymères de tanins et d'anthocyanes. Dans les vins rouges jeunes, la couleur est due aux anthocyanes libres. Au cours du vieillissement, les anthocyanes s'associent aux tanins qui, eux-mêmes, se condensent, donnant ainsi au vin une teinte tuilée.

**COMPLANTATION** Pratique consistant à planter divers cépages sur une même parcelle.

**CONGÉ** Document fiscal accompagnant les boissons alcooliques lors de leur transport. Ces documents sont retirés dans les recettes buralistes. Certains producteurs et négociants ont des registres de congé confiés par la recette buraliste. D'autres utilisent la capsule congé* apposée sur le bouchage de chaque bouteille.

**CONSERVATION DES VINS** Le vin est un milieu instable pouvant évoluer défavorablement si des règles de conservation ne sont pas correctement appliquées. Ces règles tendent à le protéger contre des agressions microbiennes, des bactéries acétiques notamment, et contre les altérations physico-chimiques qui sont dues particulièrement à l'air et à la chaleur. Une fois mis en bouteilles, la durée de conservation d'un vin dépend, bien entendu, des qualités de la cave, mais aussi du vin lui-même.

**COULURE** Absence de fécondation de l'ovaire des fleurs par le pollen causée par des conditions climatiques défavorables comme le froid, la pluie ou un printemps trop précoce. La coulure engendre des troubles de redistribution des sucres au sein de la plante ; les fleurs ou les raisins flétrissent ou se développent de façon inégale, voire pas du tout.

**COUPAGE** Mélange de vins d'origine ou de cépages différents en vue d'obtenir un produit aux caractéristiques définies. Cette opération est différente de l'assemblage*, qui concerne les vins de même origine ou de même cru.

**CRÉMANT** Vin élaboré selon la méthode traditionnelle* et qui n'a pas autant de pression que le champagne (2,5 à 3 kg/cm$^2$ contre 5 kg/cm$^2$).

**CRIANZA** (Esp.) Désignation des vins espagnols qui font l'objet d'un vieillissement en fût : *con crianza* signifie « vieilli ». Voir aussi *Sin crianza*.

**CRU** Le sens premier de ce terme est celui d'une zone délimitée présentant une aptitude à produire un vin particulier, original. Ce sens est actuellement celui qu'a le mot « climat* » en Bourgogne. En revanche, dans le Bordelais, il s'attache à une exploitation viticole particulière et, par conséquent, autant à l'encépagement* et au savoir-faire des hommes qu'au sol lui-même. C'est le domaine*, le château* avec tout ce qu'il comporte qui constitue le cru. En Champagne, on parle d'échelle des crus* pour fixer les prix de la vendange. Ainsi, chaque zone est affectée d'un pourcentage par rapport aux « crus à 100 % » réputés les meilleurs. Diverses mentions – grand cru, premier cru, cru classé – accompagnent le nom de certaines appellations. Les mentions sont définies par des décrets d'appellation et sont basées sur des conditions particulières de production (grand cru, premier cru) ou sur des classements homologués par le ministère de l'Agriculture. Ces classements ont été faits dans le Médoc, le Pessac-Léognan, le Sauternais ainsi qu'à Saint-Émilion.

**CRU BOURGEOIS** Château du Bordelais d'une notoriété moins grande que celle des grands crus.

**CUBITAINER** Récipient en plastique protégé par une enveloppe en carton utilisé couramment pour la vente du vin en vrac aux particuliers. Sa contenance va de 5 à 33 litres. La paroi étant légèrement poreuse à l'air, le Cubitainer ne peut être utilisé que pour une conservation transitoire du vin.

**CUVAISON (OU CUVAGE)** Phase essentielle de l'élaboration d'un vin, correspondant à la mise en cuve des moûts* provenant de la vendange, à la fermentation, au remontage* (dans le cas d'une vinification* en rouge) et enfin à l'écoulage*. Voir Décuvage.

**CUVES** Les cuves sont des récipients vinaires de capacité variable pouvant aller de 10 hectolitres à plusieurs milliers. Elles sont utilisées aussi bien pour la vinification* et l'élevage* que pour la conservation* des vins. De nombreux matériaux sont utilisés pour leur construction : bois, pierre, béton, acier revêtu, acier inoxydable, verre, fibre de verre, matière plastique. Les cuves de vinification peuvent être équipées de divers accessoires pour effectuer le pigeage*, ou le remontage* automatique.

**CUVÉE** Sélection correspondant à un vin bien particulier qui peut avoir fait l'objet d'assemblages* ou non. En Champagne, « la cuvée » correspond au vin élaboré avec les moûts* de première presse.

## D

**DÉBOURBAGE** Opération consistant à séparer la bourbe* des jus avant la fermentation des moûts*.

**DÉBOURREMENT** Moment du cycle végétatif correspondant au gonflement et à l'ouverture des bourgeons.

**DÉCANTATION** Action de séparer un liquide clair de ses sédiments, de ses lies. On décante un grand vin ou un porto millésimé en le laissant s'écouler lentement de sa bouteille d'origine dans une aiguière ou dans une carafe.

**DÉCLASSEMENT** Décision consistant à retirer à un vin son appellation d'origine. Il peut être le fait d'un choix libre du producteur ou être décidé par les commissaires de la République après avis d'experts. Ces décisions sont prises à la suite d'altérations profondes du vin. Par ailleurs, un producteur peut pour son vin revendiquer une appellation plus générale que celle à laquelle il a droit, on parle alors de repli.

**DÉCUVAISON (OU DÉCUVAGE)** Opération qui suit la fin de la fermentation alcoolique*. Les vins blancs sont simplement transvasés dans d'autres contenants. Pour les vins rouges, qui ont subi leur fermentation en présence des peaux de raisin, des pépins et quelquefois des rafles, l'opération de décuvage est plus complexe : on procède tout d'abord à un écoulage*, c'est-à-dire que l'on soutire la partie la plus basse de la cuve (on obtient alors un vin de goutte*), puis on retire la partie supérieure moins liquide que l'on transporte jusqu'au pressoir afin d'obtenir un vin de presse*. Les matières les plus solides résultant de cette presse s'appellent les marcs*.

**DÉGORGEMENT** Phase importante et délicate de la méthode champenoise* où on élimine les dépôts des levures* accumulés lors de la seconde fermentation en bouteille.

**DEGRÉ ALCOOLIQUE** En calculant le pourcentage de volume d'alcool éthylique contenu dans le vin, on obtient le degré alcoolique (exprimé en % vol.).

**DEMI-SEC** Catégorie de vin effervescent contenant conventionnellement entre 33 et 50 grammes de saccharose (plus ou moins hydrolysée) provenant de 7 à 10 % de liqueur d'expédition, ajoutée après dégorgement* (voir Dosage).

**DÉPÔT** Particules solides que l'on rencontre dans le vin. Pour les vins blancs, il s'agit bien souvent de paillettes de cristaux d'acide tartrique* incolore ; pour les vins rouges, ce sont surtout des tanins* et les pigments*.

**DÉSHERBAGE** Le désherbage de la vigne consiste à éliminer toute végétation adventice durant la période de croissance et de maturation des raisins.

**DESSERT (VIN DE)** On désigne par ce terme les mistelles*, les vins moelleux*, les vins liquoreux* et les vins doux naturels*. Ces vins sont dégustés à l'apéritif ou en début de repas, mais leur place est au dessert.

**DO** (Esp.) La *denominación de origen* s'applique aux vins espagnols dont l'origine est certifiée.

**DOC** (Esp.) La *denominación de origen calificada* représente la qualité supérieure des vins espagnols.

**DOC** (P) La *denominação de origem controlada* est l'équivalent portugais de l'AOC* française.

**DOC** (It.) La *denominazione di origine controllata* est l'équivalent italien de l'AOC* française.

**DOCG** (It.) La *denominazione di origine controllata e garantita* est une garantie qui s'ajoute à la DOC italienne et signifie que les vins ont été dégustés, et ont reçu l'agrément.

**DOMAINE** Entité géographique et juridique correspondant à une exploitation viticole. Un domaine est donc composé de vignes, de bâtiments et de matériel destinés à la culture de la vigne et à l'élaboration du vin.

**DOSAGE** Après le dégorgement* du Champagne, on ajoute à celui-ci une liqueur sucrée qu'on appelle « liqueur d'expédition* », dont la teneur en sucres varie selon que le champagne est dit « brut » (15 g/l au maximum), « extra dry » (de 12 à 20 g/l), « sec » (de 17 à 35 g/l), ou « demi-sec » (de 33 à 50 g/l), « doux » (à partir de 50 g).

**DOUX** Désignation s'appliquant à des vins dont la teneur en sucres est supérieure à 45 g par litre.

## E

**ÉCHELLE DES CRUS** Classification des communes de Champagne qui permet de fixer chaque année le prix du raisin. Les meilleurs crus sont à 100 %. Les autres peuvent descendre jusqu'à 70 %.

**ÉCOULAGE** Phase de la vinification* en rouge qui consiste à tirer le vin de goutte* au bas de la cuve*, laissant le marc* dans celle-ci.

**EDELZWICKER** Mot alsacien désignant les vins obtenus par assemblage* de vins issus de différents cépages.

**EFFERVESCENT** Ce qualificatif désigne un vin en bouteille contenant du gaz carbonique sous pression qui se détend avec effervescence au moment du débouchage. Le mot « effervescent » est destiné à remplacer le terme mousseux*. Les vins effervescents peuvent être obtenus par divers procédés.
Ces procédés sont :
– la seconde fermentation en bouteille, avec dégorgement* individuel, pour le Champagne, les crémants* et divers mousseux* des appellations traditionnelles ;
– la fermentation en cuve close sous pression, pour les produits de marque sans appellation ;
– la gazéification par saturation industrielle avec du gaz carbonique (sorte de limonade à base de vin) pour les produits très bon marché. Voir Gazéifié.

Un procédé intermédiaire entre les deux premiers effectue la fermentation en bouteille, mais remplace le dégorgement par un transvasement avec filtration* sous pression. Les vins perlants* et pétillants*, d'une pression gazeuse inférieure à 2,5 bars, sont inclus dans la catégorie des effervescents, alors qu'ils étaient exclus de celle des mousseux. La référence « méthode champenoise* » est uniquement réservée aux vins de Champagne.

**ÉGRAPPAGE OU ÉRAFLAGE** Opération consistant à séparer les raisins de la rafle, qui contient dans ses pédoncules de l'huile et des tanins* ayant tendance à rendre le vin amer et âpre.

**EISWEIN** (Al.) Vin élaboré en Autriche, en Allemagne ou bien au Canada avec des grappes de raisin récoltées en vendanges tardives et qui ont gelé sur pied.

**ÉLEVAGE** Il s'agit de l'ensemble des opérations menées du décuvage* jusqu'à la mise en bouteilles.

**ENCÉPAGEMENT** Composition d'un territoire donné en différents cépages*. On peut parler d'encépagement d'un domaine ou d'une région. L'encépagement peut être monovariétal, quand les vins sont issus d'un seul cépage, ou plus complexe. L'utilisation de plusieurs cépages permet d'apporter au vin différentes nuances. En Champagne, le chardonnay est utilisé pour sa finesse et sa légèreté, tandis que les pinots, noir et meunier, apportent du corps et de la rondeur. Dans d'autres régions, telle l'Alsace, l'encépagement multiple permet d'obtenir une palette de vins différents.

**ÉRAFLAGE** Voir Égrappage.

**ÉVENT** Anomalie que l'on rencontre dans les vins laissés en contact avec l'air.

**EXTRA DRY** Expression désignant un vin effervescent* très faiblement dosé en sucres résiduels* (de 2 à 20 g par litre) et, également, un vin très sec.

## F

**FERMENTATION ALCOOLIQUE** Étape dans l'élaboration du vin : lorsque les sucres contenus dans le moût* se transforment en alcool, en gaz carbonique et en chaleur sous l'influence des levures*, le jus de raisin devient du vin.

**FERMENTATION MALOLACTIQUE** Fermentation qui suit la fermentation alcoolique*. Sous l'action de certaines bactéries lactiques, l'acide malique* (au goût de pomme verte) se transforme en acide lactique* (au goût de yaourt) et en gaz carbonique. L'acide lactique ayant un goût moins âpre que l'acide malique, le vin devient plus souple.

**FICHE DE DÉGUSTATION** Document permettant au goûteur de vin de noter ses impressions avec méthode. Ces fiches reprennent en général l'ordre des stimulations visuelles, olfactives, gustatives et tactiles.

**FILTRATION** Procédé de clarification* qui consiste à arrêter les particules du trouble par une barrière physique qui peut être constituée d'une couche de Kieselguhr (terre d'infusoire), de plaques à base de cellulose, ou de membranes synthétiques.

**FLORAISON** Phase végétative de la vigne au cours de laquelle la fécondation des grappes se produit, ce qui va permettre la formation des baies.

**FOUDRE** Grand tonneau pouvant contenir de 50 à 300 hl.

**FOULAGE** Opération facultative qui consiste avant une fermentation à faire éclater les grains de raisins pour qu'ils libèrent leur jus.

## G

**GAZÉIFIÉ** Terme qualifiant un vin effervescent* produit « en cuve close » par addition de gaz carbonique, au lieu d'une seconde fermentation par les levures* comme en champagnisation. Les vins d'appellation d'origine contrôlée ne peuvent être gazéifiés.

**GÉNÉRIQUE** Au sens le plus large, ce terme s'applique aux caractères concernant tout un genre d'êtres ou de produits. En matière d'appellations d'origine, on a pris l'habitude de désigner comme « appellations génériques » celles qui sont en fait des « appellations régionales ».

**GLYCÉROL OU GLYCÉRINE** Troisième constituant du vin après l'eau et l'alcool*. On attribue souvent au glycol la présence de « jambes » ou de « larmes » sur les parois du verre.

**GRAN RESERVA** (Esp.) Vins rouges espagnols des meilleurs millésimes ayant été élevés deux ans en barrique et trois ans en bouteille.

**GRAND VIN** Premier vin d'assemblage des meilleures cuves d'un grand cru de Bordeaux.

**GRAPPE** Fruit de la vigne qui se développe au printemps et qui résulte de la fécondation de l'inflorescence. La grappe porte ensuite des baies qui grossissent et arrivent à maturité* à la fin de l'été. La grappe est composée de baies, ou grains de raisin, et de la rafle* (partie ligneuse).

**GRAVES** Terme de géographie viticole désignant des zones, ou des lieux-dits plus restreints, dont le sol est constitué par des graviers. Cette texture des sols donne souvent des vins de très grande qualité.

**GREFFAGE** Après la terrible crise du phylloxéra*, l'Europe a dû utiliser des plants américains *(Vitis labrusca, Vitis riparia, Vitis rupestris)* comme porte-greffes*, leurs racines résistant à l'insecte. La vigne européenne (*Vitis vinifera*) subsiste donc, mais comme greffon.

**GRÊLE** Ennemi de la vigne : la grêle endommage les grappes, dont les pédoncules peuvent casser, et les baies, qui, lorsqu'elles sont à maturation*, éclatent et laissent échapper leur jus. Ces dégâts sont généralement suivis de pourritures et de moisissures.

**GRIS** Vin obtenu lorsqu'on laisse peu de temps en contact pulpe et pellicule rouge du raisin. On récupère le jus légèrement rosé qui s'écoule et on opère une fermentation en phase liquide.

## H-I-J-K

**HYBRIDE** Croisement de deux espèces de vigne. À la suite de la crise du phylloxéra*, des croisements entre des espèces américaines et des espèces européennes ont donné des hybrides qui résistent au phylloxéra, mais donnent des vins de médiocre qualité.

**INAO** L'Institut national de l'origine et de la qualité est un organisme public qui a été créé en France, le 30 juillet 1935, afin de déterminer et de contrôler les conditions de production des vins français d'appellation d'origine contrôlée*.

**INDICATION GÉOGRAPHIQUE PROTÉGÉE** (IGP) Dénomination européenne dont relèvent les vins de pays français et leurs équivalents dans les pays de l'Union européenne.

**IPR** (P) *Indicação de proveniencia regulamentada*, seconde appellation d'origine au Portugal.

**JOVEN** (Esp.) Jeune.

**KABINETT** (Al.) Vins blancs secs allemands (QMP*) qui ne sont jamais chaptalisés.

## L

**LEVURES** Champignons microscopiques unicellulaires que l'on peut trouver naturellement sur la pellicule du raisin. Les levures se multiplient dans le jus de raisin, provoquant ainsi la fermentation alcoolique* : ces levures sont dites « indigènes ». Les recherches ont permis de sélectionner des levures plus appropriées à certains types de fermentation, et on peut aujourd'hui utiliser des levures sèches pour faire son vin.

**LIE** Formée d'impuretés, de levures en état de vie latente, de tartres et de matières résiduelles de la vendange, la lie se dépose en un dépôt bourbeux au fond des fûts. On écarte généralement la lie (ou les lies) au moment du soutirage*.

**LIQUEUR (VIN DE)** Vin ayant un degré alcoolique* élevé, naturel ou enrichi, avec une teneur importante de sucre non fermenté, ou liqueur.

**LIQUEUR D'EXPÉDITION** Sirop à base de sucre et de vin apporté après dégorgement des vins effervescents, Champagne ou crémants*. Cet apport permet de compléter le niveau, de régler la dose de sucre finale du vin pour obtenir des vins extra dry*, bruts*, secs* ou demi-secs*, et d'ajouter des produits stabilisants si nécessaire : acide citrique*, anhydride sulfureux*.

**LIQUEUR DE TIRAGE** Sirop de sucre de canne apporté aux vins de base au moment de leur tirage en bouteilles. Ce sucre, fermenté par les levures, produit jusqu'à 1,5 % vol. d'alcool et du gaz carbonique responsable de l'effervescence. On ajoute environ 25 grammes de sucre par litre aux vins mousseux*. Les vins pétillants* en reçoivent une dose moitié moindre.

**LIQUOREUX** Vin produit avec des moûts* très riches ou vin de liqueur* concentré par cuisson, ou enfin par mutage* des moûts à l'alcool neutre sans fermentation (Vin doux naturel*).

## M

**MACÉRATION** Phase de la vinification* en rouge, et éventuellement en rosé, pendant laquelle les parties solides du raisin (pellicules et pépins) baignent dans le moût* avant ou pendant la fermentation alcoolique*, pour en extraire la couleur, les arômes*, les tanins* et des substances diverses. Cette macération est le principal souci des vinificateurs, et c'est autour d'elle que s'élaborent tous les procédés techniques visant à améliorer la vinification* en rouge.

**MACÉRATION CARBONIQUE** Mode de vinification* au cours de laquelle les raisins à vin rouge sont mis en cuve* sans être foulés. La cuve est ensuite fermée et saturée de gaz carbonique, ce qui provoque une dégradation de l'acide malique* et une fermentation intracellulaire (transformant une partie du sucre en alcool*). Cette première phase, qui peut durer de quelques heures à quelques jours, s'effectue à des températures assez élevées (entre 30 et 32 °C). On procède ensuite à deux fermentations séparées du vin de presse* et du vin de goutte* à des températures basses (20 °C) pendant une durée relativement courte. Grâce à cette méthode, on obtient un vin de presse de qualité supérieure au vin de goutte. Ce procédé a fait ses preuves pour les vins de cépage gamay commercialisés jeunes, comme les Beaujolais primeurs.

**MACÉRATION PELLICULAIRE (OU PRÉFERMENTAIRE)** Lorsqu'on opère une vinification* en blanc, le pressurage* a lieu avant toute fermentation. Or il existe un grand nombre de composants aromatiques (arômes* variétaux et précurseurs) emprisonnés dans les pellicules des raisins qui ne jouent donc aucun rôle dans la vinification. La macération pelliculaire consiste à laisser les jus en présence des pellicules, en macération, pendant quelques heures, avant de presser.

**MADÉRISÉ** Se dit d'un vin dont le goût rappelle celui du Madère. Il s'agit le plus souvent d'un vieillissement par oxydation* de vins blancs qui se reconnaissent par une couleur ambre foncé.

**MAÎTRE DE CHAI** Personne chargée de diriger les différentes opérations qui sont effectuées au chai, aussi bien au moment de la vinification* qu'au cours de l'élevage*.

**MALADIES CRYPTOGAMIQUES** Maladies de la vigne dont l'agent est un champignon. Les plus connues sont l'oïdium*, le mildiou*, le black rot, l'excoriose, le brenner, la pourriture grise*.

**MARC** Après le pressurage, on obtient un « gâteau » constitué des éléments solides du raisin : c'est le marc. On peut distiller ce marc à l'aide d'alambics afin d'obtenir l'eau-de-vie du même nom.

**MARQUE (VIN DE)** Vin destiné généralement à une grande diffusion commerciale, et maintenu dans une typicité constante, dont l'étiquetage valorise principalement la marque commerciale sous laquelle il est vendu. Cette marque commerciale peut être un nom de fantaisie, ou la raison sociale de l'établissement. Les vins vendus dans ce système peuvent être soit un assemblage* de vins de table* sélectionnés, rehaussé par une petite proportion d'un cépage améliorateur, soit des coupages* très étudiés de vins de crus différents qui, de ce fait, perdent leurs appellations au bénéfice de la marque, mais qui correspondent au goût d'une large catégorie de consommateurs, soit encore des assemblages de grands volumes de vin d'appellation régionale ou communale, pour lesquels l'appellation est jointe à la marque, mais passe au second plan.

**MAS** Désignation possible, dans le Sud-Ouest, d'un vin d'origine déterminée, provenant d'une exploitation autonome qui possède ses moyens propres de production.

**MATURATION** Période de la vie de la vigne allant de la véraison* à la maturité*. Au cours de cette période, les baies ne grossissent plus beaucoup. On assiste en revanche à l'accumulation des sucres et à la diminution des acides. Lorsque ces deux phénomènes tendent à se stabiliser, on parle de maturité physiologique. Au-delà de ce stade se produisent des phénomènes de surmaturité* : passerillage* et pourriture noble* recherchés dans certains vignobles.

**MATURITÉ** Stade physiologique de la vigne. On peut distinguer la maturité physiologique, correspondant au moment où les pépins sont susceptibles de germer. Cette maturité précède la maturité technologique, qui est celle que recherche le vigneron. Celle-ci correspond à un optimum de qualité qui dépend des cépages et des vins à produire.

**MERCAPTAN** Ce mot est constitué par la contraction de *mercurium captans*. Il désigne un composé résultant de la combinaison de l'alcool* avec l'hydrogène sulfuré à l'odeur très forte et très désagréable rappelant l'œuf pourri.

**MICROCLIMAT** Appliqué à la viticulture, ce terme désigne un ensemble de conditions climatiques qui règnent en permanence sur une zone réduite de terrain et qui sont légèrement différentes du climat général de la région, créant ainsi une situation privilégiée pour un cru* ou une partie du cru.

**MÉTHODE CHAMPENOISE** Mode d'élaboration des vins effervescents* dont l'originalité réside dans une prise de mousse réalisée en bouteille. Cette méthode est utilisée pour l'élaboration du Champagne (dont elle tire son nom), mais est également pratiquée dans d'autres régions viticoles, où elle est désignée par le terme de méthode traditionnelle*.

**MÉTHODE RURALE** Méthode d'élaboration de vins pétillants* par une mise en bouteilles avant la fin de la fermentation alcoolique*.

**MÉTHODE TRADITIONNELLE** Nom autorisé (par les Champenois) pour désigner toute « méthode champenoise* » pratiquée sur des vins qui ne sont pas produits en Champagne. Synonymes : *metodo classico* (It.), *metodo tradizionale* (It.).

**MÉTIS** Croisement de deux variétés de *Vitis vinifera*. Le plus connu est le müller-thurgau, très présent en Allemagne.

**MILDIOU** Champignon parasite d'origine américaine qui s'attaque aux organes verts de la vigne. On y remédiait autrefois par des sulfatages de sels de cuivre (bouillie bordelaise*), mais aujourd'hui on effectue des traitements par des produits de synthèse.

**MILLÉSIME** Année de vendange dont provient un vin. La qualité d'un millésime correspond à tout un ensemble de facteurs climatiques qui détermineront la qualité de ce vin et son potentiel de vieillissement. Les différences entre millésimes sont telles que le négoce assemble souvent des vins de millésimes différents afin d'obtenir un vin plus équilibré.

**MISE EN BOUTEILLES** Opération qui consiste à mettre le vin en bouteilles. Les mentions « mis en bouteille au château » ou « mise d'origine » sont des mentions autorisées pour les vins d'AOC*. Les vins de pays peuvent porter la mention « mis en bouteilles à la propriété » ou « au domaine ». Toutes ces mentions impliquent que le vin soit resté sur son lieu de production jusqu'à la mise en bouteilles. Les AOC portant la mention « mis en bouteille dans la région de production » doivent être mises en bouteilles dans les départements de l'aire d'appellation la plus générale à laquelle ils ont droit.

**MISTELLE** On appelle mistelle (*mistela*, en Espagne) le mélange obtenu par l'adjonction d'alcool* à un jus de raisin avant toute fermentation.

**MOELLEUX** Qualifie les vins blancs doux (entre 12 et 45 g/l de sucre) compris entre les secs et les liquoreux*.

**MONOCÉPAGE** Adjectif définissant une parcelle plantée d'un cépage unique ou un vin issu d'un seul cépage.

**MOUSSEUX** Il existe plusieurs méthodes pour obtenir un vin effervescent* : la méthode traditionnelle* (ou méthode champenoise*), la méthode dite « rurale* » (Gaillac, Die...), lorsque l'effervescence est due à une seconde fermentation, et la méthode Charmat* (cuve close) lorsque la prise de mousse est effectuée en cuve pour éviter le remuage* et le dégorgement*.

**MOÛT** Jus de raisin obtenu par foulage* ou pressurage*.

**MUTAGE** Opération qui consiste à « fixer » la fermentation alcoolique* par un apport d'alcool neutre ; une étape essentielle dans l'élaboration des portos et des vins doux naturels*.

## N-O

**NÉGOCIANT** Personne achetant des vins pour en assurer la distribution. Les négociants-éleveurs assurent une partie du travail du vin. Ils procèdent notamment aux assemblages*, à la clarification* et à la mise en bouteilles*. Les négociants-manipulants, en Champagne, achètent des raisins, du moût ou du vin de base et en assurent la champagnisation.

**NOBLE (CÉPAGE ET VIN)** Ce qualificatif désigne des cépages* de qualité et des vins de cru*, par opposition d'une part aux vins de table* issus des cépages courants, d'autre part aux vins provenant d'hybrides* vulgarisés après la crise phylloxérique.

**NUIT (VIN D'UNE)** Vin rosé foncé obtenu par une macération* en présence du marc* de courte durée (entre 12 et 24 heures).

**OÏDIUM** Maladie de la vigne d'origine américaine ayant pour cause un champignon microscopique qui s'attaque aux fleurs, aux feuilles et aux raisins : les raisins se dessèchent et une poussière blanchâtre couvre la vigne. On y remédie avec un traitement par le soufre.

**ORGANOLEPTIQUE** L'odeur, la couleur et le goût du vin constituent l'ensemble des perceptions sensorielles dites « organoleptiques ».

**OUILLAGE** Opération qui consiste à contrôler le remplissage des récipients vinaires, afin que le vin ne reste pas en contact avec l'oxygène de l'air.

**OXYDATION** Lorsque l'oxygène de l'air est en contact direct avec le vin, celui-ci peut s'altérer en couleur et en goût par oxydation.

## P

**PALISSAGE** La vigne moderne est le plus souvent palissée, c'est-à-dire fixée par un ensemble de piquets et de fils alignés.

**PASSERILLAGE** Surmaturité* de la vendange provoquant un dessèchement du raisin qui détermine un enrichissement en sucre : c'est ainsi que sont élaborés les vins de paille*, certains muscats et le Jurançon moelleux, qu'il ne faut pas confondre avec les vins liquoreux* obtenus grâce à la pourriture noble*.

**PASSETOUTGRAIN** Vin de carafe élaboré en Bourgogne à partir du mélange en cuve* avant fermentation de gamay noir à jus blanc et de pinot noir, ce dernier intervenant dans la proportion d'un tiers au minimum.

**PASSITO** (It.) Vin italien issu de raisins passerillés.

**PERLANT** Se dit de vins contenant une légère effervescence gazeuse, moins prononcée que pour les pétillants*.

**PERSISTANCE** Voir Décrire le vin p. 234.

**PÉTILLANT** Catégorie de vin effervescent* préparé par méthode de seconde fermentation en bouteille (méthode traditionnelle*), mais ayant une pression moitié moindre de celle des vins effervescents habituels. Ces pétillants sont traditionnels dans certaines régions, et notamment dans la vallée de la Loire, à Montlouis ou à Vouvray.

**PHYLLOXÉRA** En piquant la vigne à ses racines, un puceron nommé phylloxéra, importé par mégarde des États-Unis, fut à l'origine du ravage des vignobles de l'Europe entre 1860 et 1880.

**PIGEAGE** Opération de vinification* en rouge consistant à enfoncer dans la cuve* le chapeau* de marc qui s'accumule en surface. Le pigeage renouvelle le moût* au contact des pellicules, et favorise donc l'extraction des anthocyanes* et des tanins* responsables de la couleur du vin. Il permet aussi de limiter les risques de piqûre du chapeau qui peuvent se produire lorsque celui-ci reste trop longtemps au contact de l'air. Autrefois pratiqué manuellement, le pigeage est maintenant mécanisé dans certaines cuves* dites « cuves à pigeage ».

**PIGMENTS** Matière colorante des végétaux. Dans la baie de raisin, ces pigments sont essentiellement des anthocyanes*.

**POLYPHÉNOLS** Ensemble des composés qui ont plusieurs fonctions phénol comme les tanins*, les anthocyanes* et les acides phénols, dont la combinaison détermine l'arôme* du vin, sa couleur et sa structure.

**PORTE-GREFFE** Partie souterraine d'un pied qui a été greffé. À la suite de l'invasion phylloxérique, les vignes européennes ont été greffées sur des porte-greffes résistants d'origine américaine.

**POURRITURE GRISE** Pourriture causée par le même champignon que la pourriture noble*. Le *Botrytis cinerea** peut affecter les grains de raisins endommagés par la grêle ou par le ver de la grappe. Son développement est favorisé par une forte humidité.
La pourriture grise affecte la quantité et altère la qualité de la vendange.

**POURRITURE NOBLE** Lorsque les conditions climatiques sont favorables, avec une combinaison d'alternance pluie/soleil et une belle arrière-saison, les raisins connaissent une dégradation exceptionnelle grâce au développement d'une moisissure qui porte le nom de *Botrytis cinerea**, ce fameux champignon qui « rôtit » les raisins du Sauternais en concentrant le jus et en le modifiant.

**PRESSURAGE**
1. Action de serrer une vendange au moyen d'un pressoir pour en extraire le liquide.
2. Produit obtenu dans cette opération. Il y a deux modalités essentielles de pressurage : pour les vins blancs et rosés, on presse les raisins frais, foulés ou non, avant fermentation, et le liquide qui en sort est du moût*, ou jus ; pour les vins rouges, le pressurage a lieu après fermentation, uniquement sur les marcs issus de la cuvaison*.

**PRIMEUR (VENTE EN)** Mode de commercialisation des grands crus de Bordeaux, principalement cinq ou six mois après les vendanges. Les vins achetés sont gardés dans les châteaux jusqu'au moment de leur embouteillage, quelque deux ou trois ans plus tard.

**PRIMEUR (VIN DE)** Vins mis à la consommation aussitôt que possible après les vendanges. Le meilleur exemple est le Beaujolais primeur, commercialisé à la mi-novembre.

## Q-R

**QBA** (*Qualitätswein eines bestimmten Anbaugebietes*) Catégorie de vins allemands qui ont été l'objet de chaptalisation*.

**QMP** (*Qualitätswein mit Prädikat*) Cette désignation est réservée aux vins allemands de qualité qui ne font pas l'objet de chaptalisation*.

**QUINTA** (P) Équivalent portugais de domaine. Les vins de *quinta* peuvent souvent provenir d'autres domaines que celui qui est désigné.

**RAFLE** Squelette de la grappe de raisin. La rafle est constituée de tissus ligneux riches en composés phénoliques susceptibles de libérer des substances à goût herbacé dans le vin.

**RAMEAU** Tige de la vigne poussée dans l'année.

**RANCIO** Goût particulier (pruneau, etc.) obtenu en laissant de l'air dans la cuve ou le fût d'un vin muté. Le rancio se développe par oxydation*.

**RATAFIA** Vin de liqueur* apéritif préparé en Champagne et en Bourgogne en mutant du moût de raisin frais par de l'eau-de-vie de marc dans la proportion approximative de deux tiers de moût et un tiers d'eau-de-vie.

**RECIOTO** Catégorie de vin rouge élaboré en Italie avec des raisins laissés un certain temps sur claies (ou suspendus), qui sont donc très concentrés. Ces vins sucrés sont des vins de dessert*.

**RÉCOLTANT-MANIPULANT** Ce terme désigne, en Champagne, le viticulteur qui produit du Champagne avec ses propres raisins.

**RÉDUCTION** Phénomène physico-chimique qui est le contraire ou l'inverse de l'oxydation*, tout en lui étant constamment associé. Dans les vins, la réduction est provoquée par une privation prolongée d'oxygène, le vin étant naturellement réducteur. Elle ne menace pas la conservation* du vin, au contraire, mais elle entraîne la formation d'odeurs animales fétides et de sulfures divers, ainsi que l'éclipse plus ou moins prononcée du bouquet* du vin.
Ces inconvénients sont palliés facilement par une brève aération avant de consommer.

**REFERMENTATION** Nouveau départ d'une fermentation alcoolique*. Le phénomène peut se produire dans le cas de vins sucrés mal stabilisés.

**REMONTAGE** Phase de la vinification* en rouge qui consiste à pomper du vin au bas de la cuve* pour lessiver le chapeau* de marc* et augmenter l'extraction de couleur.

**REMUAGE** Opération appliquée aux vins champagnisés consistant à rassembler le dépôt de levures* contre le bouchon, pour les dégorger.

**RENDEMENT DE BASE** Quantité maximale de raisins ou l'équivalent en volume de vin récolté par hectare de vigne pour lequel est revendiquée une AOC*.
Le rendement de base est exprimé en kilogrammes de raisins ou en hectolitres de vin par hectare. Dans ce dernier cas, il inclut les lies* et les bourbes*. Pour une récolte déterminée, en raison d'accidents climatiques, il peut être diminué par décision du Comité national des vins et eaux-de-vie. Selon la qualité et la quantité de la récolte, le Comité peut fixer un plafond limite supérieur au rendement de base, mais

inférieur à un « rendement butoir » inscrit dans les décrets définissant chaque AOC.

**RESERVA** (Esp.) Vins rouges qui sont gardés pendant une période de 3 ans dans la bodega*, dont au moins un an en fût. Cette période de garde est réduite à 2 ans pour les vins blancs et rosés, dont 6 mois en fût.

**RIMAGE** Vin de Banyuls millésimé, mis en bouteilles rapidement afin d'éviter l'oxydation et de sauvegarder le fruit et la fraîcheur du vin. En catalan, ce mot signifie « âge du raisin ».

**RISERVA** (It.) Vins italiens de DOC* ou DOCG* vieillis plus longtemps en fût ou en bouteille.

**ROGNAGE** L'un des travaux en vert qui consiste à raccourcir la végétation d'été pour éviter la perte de sève occasionnée par la pousse de jeunes rameaux. L'absence de rognage au moment de la floraison* peut entraîner des phénomènes de coulure*, donc une perte de récolte.

**ROSADO** (Esp.), ROSATO (It.) Rosé.

**ROSÉ (VIN)** Vin de couleur rose plus ou moins soutenue, obtenu soit par pressurage* direct d'un cépage* rouge, soit par foulage* et macération* à froid de quelques heures avant pressurage, soit par une macération très courte et partielle avant passage au pressoir. Les rosés macérés ont un fruité plus intense que celui des vins de pressurage direct, mais ils perdent en finesse.

**RÔTI** Caractéristique des vins liquoreux* qui présentent des arômes* de raisins confits par la pourriture noble*.

**ROUGE (VIN)** Vin obtenu par macération* du moût* avec les parties solides du raisin, pellicules et pépins, pour en extraire la couleur, les arômes* et le tanin*. L'éraflage* est le plus souvent pratiqué. La période de macération peut aller de quelques jours à plusieurs semaines. La couleur dépend des facteurs génétiques (cépage*), des conditions climatiques et de la nature des sols.

## S

**SABLE (VIN DE)** Vin récolté dans les sols sablonneux des bords de mer.

**SARMENT** Désigne le rameau de vigne aoûté. Il s'agit donc de bois de l'année et non du vieux bois de la souche.

**SAIGNÉE** Opération qui consiste à prélever, sur une cuve* en cours de fermentation en rouge, une partie du jus. C'est ainsi que sont élaborés les clairets* ainsi que certains rosés*.

**SEC** Vin dépourvu d'impression sucrée. En fait, la teneur en sucres résiduels* ne doit pas dépasser 9 grammes par litre. En ce qui concerne les vins effervescents*, cette teneur peut aller de 15 à 35 grammes par litre.

**SECO** (Esp. et P), SECCO (It.) Veut dire, en principe, sec.

**SECOND VIN** Assemblage* des cuves* qui n'ont pas été retenues dans le premier assemblage du grand vin* d'un château bordelais.

**SÉLECTION CLONALE** Choix de plants rigoureusement identiques sélectionnés pour leur résistance aux maladies de la vigne, pour leur précocité ou pour leur rendement.

**SÉLECTION MASSALE** Choix de clones différents les uns des autres afin d'assurer une diversité de qualités dans une même parcelle en plantation.

**SÉLECTION DE GRAINS NOBLES** Cette expression concerne les vins issus de raisins botrytisés ou passerillés.

**SIN CRIANZA** (Esp.) Vins qui n'ont pas été logés en fûts ou qui l'ont été pendant une période inférieure au minimum imposé pour porter la désignation crianza*.

**SOLAR** (P) Château ou maison de maître, au Portugal.

**SOLERA** (Esp.) Système, appliqué notamment au Xérès, de vieillissement de plusieurs récoltes dans une succession de fûts.

**SOUTIRAGE** Opération consistant à séparer le vin de sa lie* par transvasement d'un récipient dans un autre.

**SPÄTLESE** (Al.) Vin allemand de vendanges tardives.

**SPUMANTE** (It.) Vin mousseux italien.

**STABILISATION** On stabilise les vins au cours de leur élevage* pour éviter les précipitations, les réactions chimiques de dégradation ou le développement de micro-organismes pouvant intervenir au cours du transport ou de la conservation* en bouteille.

**SUCRES RÉSIDUELS** Ensemble des sucres qui restent présents dans le vin après la fermentation alcoolique*.

**SULFATAGE** Traitement de la vigne contre les maladies cryptogamiques*. Le sulfatage consiste à pulvériser sur le feuillage de la bouillie bordelaise* composée entre autres de sulfate de cuivre. Ce terme désigne de nos jours un grand nombre de produits de synthèse dépourvus de sulfate de cuivre.

**SULFITAGE**
1. Opération strictement réglementée consistant à ajouter au vin de l'anhydride sulfureux* (ou dioxyde de soufre) pour assurer sa stabilité microbienne et chimique.
2. Résultat de cette opération et teneur en anhydride sulfureux* du vin.

**SUPERIORE** (It.) Désigne un vin à taux d'alcool supérieur (ou ayant subi un plus long vieillissement) à celui de la DOC*.

**SUR LIES** Se dit de vins (Muscadet par exemple) qui sont théoriquement mis en bouteilles sans soutirage*.

**SURMATURITÉ** Stade physiologique des baies intervenant au-delà de la maturité* normale du raisin. Il peut se traduire soit par les effets de la pourriture* noble soit par ceux du passerillage*. La surmaturité des raisins blancs permet d'obtenir des vins moelleux* ou liquoreux*.

## T

**TAFELWEIN** (Al.) Vin de table allemand.

**TAILLE** La taille consiste à éliminer les bois de l'année tout en conservant une ou plusieurs belles branches bien situées afin de laisser bon nombre de bourgeons qui seront à l'origine de la pousse des fruits. Le raisin se forme sur « l'œil de l'année » qui pousse sur le bois de l'année précédente. La taille en gobelet (taille courte) rend la vigne moins vulnérable aux intempéries d'un pays chaud (vent, sécheresse). La taille en guyot (simple ou double) permet de ne conserver qu'une belle branche en hauteur (ou deux) en plus du tronc et convient mieux à un climat tempéré.

**TANIN OU TANNIN** Les rafles*, les pellicules des raisins, les pépins contiennent en eux ces tanins que le pressurage* et le cuvage* expriment ; ces produits organiques apportent au vin des arômes* et des goûts, ainsi qu'une capacité au vieillissement.

**TARTRE** Cristallisation qui se forme sur les parois des cuves*, des fûts et au fond des bouteilles. Le tartre est constitué de sels d'acide tartrique*. Il ne présente pratiquement aucun goût.

**TASTEVIN** Instrument de travail des cavistes, ayant la forme d'une petite coupelle métallique basse, destinée principalement à observer la couleur et la limpidité du vin, caractéristiques prises en compte pour son traitement ultérieur. S'agissant de vins en vrac dans les caves, son usage pour la dégustation était à l'origine tout à fait secondaire.

**TENUTA** (It.) Domaine italien.

**TERROIR** Ensemble des sols, des sous-sols, de leur exposition et de leur environnement, qui détermine le caractère d'un vin.

**TINTO** (Esp. et P) Rouge.

**TIRAGE** Opération de vidage d'une cuve* de vin dans d'autres récipients : fûts ou bouteilles.

**TITRE ALCOOMÉTRIQUE** Voir Degré alcoolique*.

**TONNEAU** Terme souvent synonyme de fût. À Bordeaux, le tonneau est une unité de volume qui vaut 4 barriques*, soit 900 litres.

**TRANQUILLE (VIN)** Expression qui s'oppose à celle de vin effervescent*, et qui désigne un vin ne comportant pas de gaz carbonique perceptible.

**TRIES OU TRIS** On parle de tries pour les récoltes successives pratiquées pour les vendanges de raisins passerillés ou atteints de pourriture noble*.

**TROCKEN** (Al.) Sec.

**TROCKENBEERENAUSLESE** (Al.) Vin allemand de type QmP* très sucré : le haut de gamme dans sa catégorie.

## V

**VDN** Voir Vin doux naturel.

**VECCHIO** (It.) Vin italien vieilli en fût ou en bouteille plus longtemps que la moyenne.

**VENDANGES VERTES** Opération qui consiste à supprimer quelques raisins encore verts au mois de juillet afin de réduire la quantité de la future récolte, pour en augmenter la qualité.

**VENDANGES TARDIVES** Récolte tardive de raisins en surmaturité*, ayant pour objet d'obtenir une plus grande concentration en sucres et en arômes*.

**VÉRAISON** Étape de la maturité du raisin qui correspond au moment où les baies changent de couleur.

**VIEILLISSEMENT** Évolution que subit le vin en prenant de l'âge.

**VIGNA** (It.) Vignoble.

**VIGNETO** (It.) Vignoble.

**VIN DE CÉPAGE** Vin élaboré à partir d'une seule variété de raisin. En France, un vin de cépage* doit provenir à 100 % de ce cépage, mais dans de nombreux autres pays il existe des tolérances réglementaires, ou aucun règlement.

**VIN DE GOUTTE** Vin qui coule librement après la cuvaison* en rouge. On l'oppose au vin de presse*, issu du pressurage* des marcs* de vinification* en rouge après le décuvage*.

**VIN DE PAILLE** Vin liquoreux* issu de raisins passerillés. Ces raisins, laissés sur des lits de paille ou suspendus, se déshydratent. Leur concentration en sucres s'accroît sans que l'acidité augmente dans d'aussi fortes proportions. Ces vins titrant plus de 14 % vol. sont capables d'une conservation très prolongée. En France, ils sont principalement produits dans le Jura et dans les Côtes du Rhône.

**VIN DE PAYS** Vins de table réglementés, produits dans les conditions contrôlées d'encépagement*, de maturité* et de qualité, et vendus avec l'indication d'un département ou d'une zone de provenance. Dans la réglementation européenne, ils appartiennent à la catégorie des vins avec indication géographique protégée (IGP). Ils ne peuvent faire l'objet d'aucun coupage* avec des vins de provenance différente.

**VIN DE PRESSE** Vin rouge obtenu par pressurage*, après la fermentation, des éléments solides, après écoulage* du vin de goutte*. Voir aussi décuvage.

**VIN DE RÉSERVE** Les vins de réserve sont des vins gardés par des vignerons ou des négociants* pour être utilisés dans des assemblages* ultérieurs. Le vin obtenu ne peut pas être millésimé. En Champagne, les vins de réserve servent à l'élaboration des cuvées non millésimées.

**VIN DE TABLE** Vins sans indication géographique (SIG) destinés à la consommation quotidienne et ne bénéficiant d'aucune classification particulière.

**VIN DOUX NATUREL** (VDN) Vin dont la richesse initiale en sucres est au moins égale à 252 grammes par litre. En cours de fermentation alcoolique*, on le mute par addition d'alcool.

**VINIFICATION** Phase de l'élaboration du vin qui se situe entre la cueillette des raisins et la fin de la fermentation alcoolique*.

**VIN JAUNE** Vin blanc du Jura affecté par la *flor*, c'est-à-dire un voile de levures.

**VIN SANTO** (It.) Vin italien de la catégorie passito*.

**VINO DE CRIANZA** (Esp.) Vin de qualité qui doit être laissé à vieillir 2 ans pour les rouges, 1 an pour les blancs et les rosés (dont 6 mois en fûts), avant d'être commercialisé.

**VITIS LABRUSCA** Variété de plant de vigne américain.

**VITIS VINIFERA** Variété de plant de vigne européen.

# Index général

Les noms des appellations sont suivis d'une indication de leur statut (par exemple, AOC pour appellation d'origine contrôlée).
Les chiffres **en gras** renvoient à un développement de texte plus important. Les chiffres *en italique* distinguent des photos.

# C

# D

# E

# F

# I



# J



# K

# L

# N

# Q



# R

## S

# T

# W



# X-Z-Y

# Index des cépages

Les chiffres **en gras** renvoient à la description du cépage. Les chiffres *en italique* renvoient aux photos.

# I-J-K



# L



# M



# N-O



# P

# R



# S



# T



# U-V



# W-X-Y-Z

# Remerciements


L'Éditeur remercie chaleureusement tous les domaines qui ont ouvert leurs portes à son photographe :

**Bouchard Père & Fils**, Château de Beaune, 21200 Beaune
**Champagne Gosset** 69, rue Jules Blondeau, 51160 Ay
**Champagne Krug** 5, rue Coquebert, 51100 Reims
**Champagne Louis Roederer** 21, boulevard Lundy, 51100 Reims
**Château Climens** 33720 Barsac
**Château d'Yquem** 33210 Sauternes
**Château Lascombes** 1, cours de Verdun, 33460 Margaux
**Château Latour** Saint-Lambert 33250 Pauillac
**Château Le Bon Pasteur** « Maillet », 33500 Pomerol
**Château Moncontour** 37210 Vouvray
**Château de Pommard** 15, rue Marrey Monge, 21630 Pommard
**Domaine de la Charmoise,** Henry et Jean-Sébastien Marionnet, 41230 Soings-en Sologne
**Domaine de la Coulée de Serrant,** Château de la Roche aux Moines, 49170 Savennières
**Domaine Jean-Maurice Raffault** 74, rue du Bourg, 37420 Savigny-en-Véron
**Domaine Marcel Deiss** 15, route du Vin, 68750 Bergheim
**Domaine Michel Juillot** 59, Grande Rue, 71640 Mercurey
**Domaine de La Romanée-Conti** 1, rue Derrière-le-Four, 21700 Vosne-Romanée
**Domaines Denis Dubourdieu** Château Reynon, 33410 Beguey
**Domaines Hugel & Fils** 3, rue de la Première Armée, 68340 Riquewihr
**Domaines Schlumberger** 100, rue Théodore Deck, 68501 Guebwiller
**Maison Trimbach** 15, route de Bergheim, 68150 Ribeauvillé

ainsi que Château Lynch-Bages, Château Rayas, Opus One, Ridge Wineyards, Vignobles Joseph Mellot à Sancerre, le site www.VotreCave.com

et la Tonnellerie Vincent Darnajou, Lieu-dit Goujon, 33570 Montagne

L'Éditeur remercie pour leur aide :

David Allan (pour sa collection de tire-bouchons), Antoine Caron, Etienne Hunyady, Éric Inglessis (pour sa collection d'étiquettes), Yann Lioux (South World Wines), Alain Marnat, Christophe Vidal (Cave de Tolbiac 45, rue de Tolbiac, 75013 Paris) et La Vaissellerie, 85, rue de Rennes, 75006 Paris.

# Crédits photographiques

16 Ph. © Erich Lessing/AKG, 17 Ph. Coll. Archives Larbor, 18 ht g Ph. Coll. Archives Larbor, 18 m g Ph. © Heritage Images/Leemage, 18 m d Ph. Coll. Archives Larbor, 18 bas Ph. Coll. Archives Larbor, 19 ht g Ph. Coll. Archives Larbor, 19 ht d Ph. Coll. Archives Larbor, 19 bas g Ph. © Photo Josse/Leemage, 19 bas d Ph. Coll. Archives Larbor, 20 Ph. © Hervé Lewandowski/RMN, 21 Ph. © Adoc-photos, 22 Ph. © K.J. Historical/Corbis, 23 ht Ph. © Library of Congress, Washington, 23 bas Ph. © Alamy/Photo12.com, 28 Ph. © Philippe S. Giraud/Terres du Sud/Sygma/Corbis, 30 ht g Ph. © J.L. Barde/Scope, 30 m g Ph. © Domaines Denis Dubourdieu, 30 m d Ph. © P. Othoniel/JDD/Gamma/Eyedea Presse, 31 ht d Ph. © Charles O'Rear/Corbis, 31 m d Ph. © Josep Lago/AFP, 31 m g Ph. © Ridge Wineyards, 34 Ph. © J. Guillard/Scope, 36 bas d Ph. © Jack K. Clark/AgStock Images/Corbis, 37 bas g Ph. © J. Guillard/Scope, 37 bas d Ph. © S. Matthews/Scope, 38 ht Ph. © Alamy/Photo12.com, 38 m Ph. © J. Guillard/Scope, 39 bas g Ph. © Alamy/Photo12.com, 39 bas m Ph. © Alamy/Photo12.com, 40 bas g Ph. © David Gubernick/AgStock Images/Corbis, 40 bas m Ph. © J. Guillard/Scope, 40 bas d Ph. © J. Guillard/Scope, 41 bas g Ph. © J. Guillard/Scope, 41 bas m Ph. © J. L. Barde/Scope, 41 bas d Ph. © Martin Rugner/Age Fotostock/Hoa-Qui/Eyedea Presse, 42 ht Ph. © Alamy/Photo12.com, 44 Ph. © P. Roy/Hemis.fr, 45 ht Ph. © J. Guillard/Scope, 45 bas Ph. © John Frumm/Hemis.fr, 48 d Ph © Catherine Corbeau-Mellot (Vignobles Joseph Mellot, Sancerre), 55 Ph. © P. Roy/Hoa-Qui/Eyedea Presse, 59 ht Ph © Dom. de la Coulee de Serrant, 74 Porto Sandeman. Ph. © D. Bartruff/Encyclopedia/Corbis, 75 ht g Ph. © Alamy/Photo12.com, 75 Ph. © Alamy/Photo12.com, 75 Ph. © J.L. Barde/Scope, 96 Ph. © Emilio Suetone/Hemis.fr, 97 Ph. © Alamy/Photo12.com, 98 Ph; © J. Guillard/Scope, 100 Ph. © Alamy/Photo12.com, 101 Ph. © Alamy/Photo12.com, 102 Ph. © S. Matthews/Scope, 103 Ph. © Alamy/Photo12.com, 116 ht g Ph. © Hulton Archive/Getty Images, 116 ht d Ph. © Costa/Leemage, 125 Ph. © Derrick Ceyrac/AFP, 126 Ph. © Jeff Pachoud/AFP, 127 Ph. © Michael John Kielty/Corbis, 128 g Ph. © Château Lynch-Bages, 129 ht d Ph. © J. Guillard/Scope, 129 m d Ph. © Scope, 130 Ph. © Getty Images/AFP, 131 Ph. © Jeff Pachoud/AFP, 134 Ph © VotreCave.com, 136 Ph. © J. Guillard/Scope, 137 Ph. © J.L. Barde/Scope, 141 bas d Chai à barriques du Château l'Angélus, Saint-Emilion. Ph. © P. Roy/Hemis.fr, 142 Ph. © Masterfile-Royalty Free, 143 Ph. © J. Guillard/Scope, 147 Ph. © F. Cateloy/Hoa-Qui/Eyedea Presse, 151 Ph. © Philippe Petit/Paris-Match/Scoop, 152 Ph. © Ryman Cabannes/Corbis, 164 ht d Ph. © J.L. Barde/Scope, 164 bd Ph. © Château Rayas, 165 ht g Ph. © J. L. Barde/Scope, 165 ht d Ph. © J. Guillard/Scope, 165 m g Ph. © J. Guillard/Scope, 169 Ph. © Redcover.com/Getty Images, 170 Ph. © Mallet/Photocuisine/Corbis, 171 Ph. © D. Japy, 173 ht Ph. © P. Roy/Hemis.fr, 173 bas Ph. © J.-D. Sudres/Hemis.fr, 188-189 b Ph. © Larousse/Diaf Studiaphot/Hervé Geyssels, 195 h Ph. © D. Japy, 196 Ph. © B. Hechler/Fotolia.com, 197 Ph. © J.C. Cuvelier/Fotolia.com, 198-201 g et ht d Ph. © D. Japy, 204 Ph. © Sébastien Montier/Fotolia.com, 208 Ph. © Alamy/Photo12.com, 214 Ph. © D. Japy, 242 Clos de Vougeot. Ph. © C. Boisvieux/Hoa-Qui/Eyedea Presse, 244 Château de Monbadon et son vignoble, AOC Côtes de Castillon. Ph. © P. Roy/Hemis.fr, 252 Ph. © P. Roy/Hemis.fr, 253 Ph. © J.L. Barbe/scope, 254 m Ph. © J.-D. Sudres/Hemis.fr, 255 Cos d'Estournel, Saint-Estèphe. Ph. © Alamy/Photo12.com, 256 ht Château Pichon-Longueville. Ph. © A. Chicurel/Hemis.fr, 257 Ph. © P. Roy/Hemis.fr, 260 ht Ph. © P. Roy/Hemis.fr, 261 Ph. © P. Roy/Hemis.fr, 263 Ph. © Ph. Roy/Hemis.fr, 267 bas Ph. © P. Roy/Hemis.fr, 268 ht Ph. © P. Jacques/Hemis.fr, 268 m Ph. © Alamy/Photo12.com, 270 Ph. © P. Roy/Hemis.fr, 272 Ph. © S. Grandadam/Hoa-Qui/Eyedea Presse, 273 Ph. © F. Jalain/Explorer/Hoa-Qui/Eyedea Presse, 275 Ph. © H. Hughes/Hemis.fr, 280 ht Ph. © Alamy/Photo12.com, 280 m Maison Deliance, Dracy-le-Fort. Ph. © J.L. Barde/Scope, 281 Ph. © J. Guillard/Scope, 282 Ph. © Alamy/Photo12.com, 283 Ph. © Alamy/Photo12.com, 285 ht Domaine du Château Gris, Nuits-Saint-Georges. Ph. © C. Boisvieux/Hoa-Qui/Eyedea Presse, 285 bas Ph. © Alamy/Photo12.com, 286 Ph. © J. Guillard/Scope, 287 Ph. © Alamy/Photo12.com, 290 ht Château de Meursault. Ph. © Alamy/ Photo12.com, 290 bas Ph. © Alamy/Photo12.com, 292 Château de Rully. Ph. © Alamy/Photo12.com, 294 ht Ph. © H. Hughes/Hemis.fr, 294 bas Ph. © J.L. Barde/Scope, 306 Château d'Arlay. Ph. © J. Guillard/Scope, 310 Domaine Macle, Château-Chalon. Ph. © J. Guillard/Scope, 314 Ph. © M. Guillard/Scope, 316 bas Ph. © M. Rougemont/Top/Eyedea Presse, 318 Ph. © P. Blondel/Scope, 319 Ph. © P. Body/Hemis.fr, 321 Ph. © M. Plassart/Scope, 322 Ph. © J. Guillard/Scope, 324 Ph. © E. Labadie, 325 Ph. © J. Guillard/Scope, 326 Ph. © J. Guillard/Scope, 328 Ph. © E. Labadie, 329 Domaine Auguste Clape, Cornas. Ph. © J. Guillard/Scope, 330 Ph. © B. Rieger/Hemis.fr, 332 Ph. © J.-D. Sudres/Top/Eyedea Presse, , 334 Ph. © J.L. Barde/Scope, 335 ht Clos Uroulat. Ph. © J.L. Barde/Scope, 337 Ph. © Jean-Louis Pieux avec Création, 338 Coopérative de Buzet. Ph. © J.L. Barde/Scope, 339 Dégustation Xavier Martin, Irouleguy. Ph. © J. L. Barde/Scope, 340 Ph. © Chris Hellier/Corbis, 342 Abbaye de Lagrasse. Ph. © R. Nourry/Scope, 344 Ph. © Dom. La Coume du Roy, 345 Ph. © Owen Franken/Corbis, 347 Ph. © J. Guillard/Scope, 348 Ph. © C. Moirenc/Hemis.fr, 349 Domaine Ott, Domaine de Trevallon, Château Sainte Roseline et Château d'Esclans. Ph. © J. Guillard/Scope, 350 Ph. © C. Goupi/Scope, 351 Domaine Torracia, Lecci. Ph. © Colonel Mario/Scope, 352 Ph. © Alamy/Photo12.com, 354 Ph. © Cuboimages/Leemage, 355 Ph. © Guenter Rossenbach/Corbis, 357 ht Ph. © R. Mattes/Hemis.fr, 357 b DR, 358 Ph. © Alamy/Photo12.com, 359 Ph. © Stefano Amantini/Atlantide Phototravel/Corbis, 360 ht Ph. © C. Vaisse/Hoa-qui/Eyedea Presse, 360 m Ph. © Alamy/Photo12.com, 361 ht Ph. © Alamy/Photo12.com, 361 b Ph. © Pierrick Bourgault, 362 Ph. © Alamy/Photo12.com, 365 Ph. © Cuboimages/Leemage, 366 Ph. © Stefano Amantini/Atlantide Phototravel/Corbis, 367 Ph. © Alamy/Photo12.com, 368 et 369 d Ph. © Etienne Hunyady, 369 g Mario Incisa della Rochetta. Ph. © Farabola/Leemage, 371 Ph. © Pierrick Bourgault, 372 Ph. © P. Renault/Hemis.fr, 374 Ph. © Jose Barea/Tmn/Hoa-Qui/Eyedea Presse, 376 Ph. © Alamy/Photo12.com, 377 Ph. © Alamy/Photo12.com, 378 Ph. © Alamy/Photo12.com, 379 Ph. © Alamy/Photo12.com, 380 ht Ph. © Alamy/Photo12.com, 380 bas Ph. © Alamy/Photo12.com, 381 Ph. © Alamy/Photo12.com, 382 Ph. © Alamy/Photo12.com, 383 Ph. © Alamy/Photo12.com, 384 ht g Ph. © J. Guillard/Scope, 384 ht d Ph. © Charles O'Rear/Corbis, 385 ht g Ph. © J. Guillard/Scope, 385 ht d Ph. © J. Guillard/Scope, 386 Ph. © Alamy/Photo12.com, 388 Ph. © J.L. Barde/Scope, 389 Ph. © Alamy/Photo12.com, 390 Ph. © Alamy/Photo12.com, 392 Ph. © Alamy/Photo12.com, 393 Ph. © J. Guillard/Scope, 394 Ph. © Alamy/Photo12.com, 395 Ph. © J. Guillard/Scope, 396 ht Ph. © Alamy/Photo12.com, 396 bas Ph. © Alamy/Photo12.com, 397 ht Ph. © Alamy/Photo12.com, 398 Ph. © G. Monica/White Star/age Fotostock, 399 ht Ph. © R. Mattes/Hemis.fr, 400 Ph. © Alamy/Photo12.com, 402 Ph. © Alamy/Photo12.com, 403 Ph. © Alamy/Photo12.com, 404 ht Ph. © M. Rugnier/Age Fotostock/Hoa-Qui/Eyedea Presse, 404 m Ph. © Alamy/Photo12.com, 405 Ph. © Imagebroker/Hemis.fr, 406 ht Ph. © Alamy/Photo12.com, 406 bas Ph. © Alamy/Photo12.com, 407 Ph. © Alamy/Photo12.com, 408 ht Ph. © Doug Pearson/JAI/Corbis, 409 ht Ph. © J. Guillard/Scope, 409 bas Ph. © Alamy/Photo12.com, 410 Ph. © Alamy/Photo12.com, 411 m Ph. © Alamy/Photo12.com, 412 Ph. © J. Guillard/Scope, 415 Ph. © J. Guillard/Scope, 416 Ph. © J. Guillard/Scope, 417 Ph. © Alamy/Photo12.com, 418 Ph. © Alamy/Photo12.com, 419 Ph. © Anthony Blake/Age Fotostock, 420 Ph. © Richard Nebesky/Lonely Planet Images, 421 Ph. © G. Rigoulet/Hemis.fr, 422 Ph. © J. - D. Sudres/Top/Eyedea Presse, 423 Ph. © Alamy/Photo12.com, 424 Ph. © John Sims/age Fotostock, 426 Ph. © P. De Wilde/Hoa-Qui/Eyedea Presse, 427 Ph. © Yiergos Ventouris-IML/Hemis.fr, 428 Ph. © M. Dozier/Hemis.fr, 429 Ph. © C. Bowman/Scope, 430 Ph. © Alamy/Photo12.com, 431 m Ph. © Alamy/Photo12.com, 432 Ph. © Alamy/Photo12.com, 434 Ph. © Alamy/Photo12.com, 435 Ph. © Alamy/Photo12.com, 437 Ph. © Alamy/Photo12.com, 438 Ph. © Alamy/Photo12.com, 439 Ph. © Alamy/Photo12.com, 440 Ph. © Alamy/Photo12.com, 441 m Ph. © Fetzer Vineyards, 441 bas Ph. © Alamy/Photo12.com, 442 Ph. © Alamy/Photo12.com, 443 ht Ph. © Alamy/Photo12.com, 443 b Ph. © Clos du Val Winery, 444 h Ph. © Opus One Winery, 444 m Ph. © El Kashi/Corbis, 447 Ph. © David Gubernick/Corbis, 448 Ph. © Alamy/Photo12.com, 449 Ph. © B. Rondel/Corbis, 450 Ph. © S. Matthews/Scope, 452 Ph. © Kactus/Scope, 453 Ph. © S. Matthews/Scope, 454 ht Ph. © S. Matthews/Scope, 455 m d Ph. © Kactus/Scope, 456 Ph. © Eduardo Longoni/Corbis, 458 Ph. © C. Heeb/Hemis.fr, 459 Ph. © Eduardo Longoni/Corbis, 460 Ph. © Jefferson Bernardes/Getty Images, 461 Ph. © Alamy/Photo12.com, 462 ht Ph. © C. Heeb/Hemis.fr, 462 m Ph. © Alamy/Photo12.com, 462 bas Ph. © Michael Lewis/Corbis, 463 Catena Zapata Winery. Ph. © Michael Lewis/Corbis, 464 Ph. © Alamy/Photo12.com, 466 Ph. © Alamy/Photo12.com, 467 Ph. © Alamy/Photo12.com, 468 ht Ph. © Alamy/Photo12.com, 468 bas Ph. © P. Narayan/Age Fotostock/Hoa-Qui/Eyedea Presse, 469 Ph. © C. Heeb/Hemis.fr, 470 Ph. © D. Dutay/Scope, 472 Ph. © Russell Mountford/Lonely Planet Images, 473 Ph. © Neale Clarke/Robert Harding World Imagery/Corbis, 474 Ph. © Shoot/Age fotostock/Hoa-Qui/Eyedea Presse, 475 Ph. © J. Du Cange/Top/Eyedea Presse, 476 ht Ph. © Alamy/Photo12.com, 476 m Ph. © J.L. Barde/Scope, 477 Domaine Chandon, Yarra Valley. Ph. © E. Valentin/Hoa-Qui/Eyedea Presse, 478 Ph. © D. Dutay/Scope, 479 Ph. © B. Gardel/Hemis.fr, 480 Ph. © Alamy/Photo12.com, 481 Ph. © Alamy/Photo12.com, 482 Ph. © Nick Servian/Scope, 484 Ph. © Alamy/Photo12.com, 485 Ph. © Alamy/Photo12.com, 486 ht Ph. © Alamy/Photo12.com, 486 bas Ph. © Nick Servian/Scope, 488 Ph. © Redlink/Corbis, 490 Ph. © Morales/Age Fotostock, 491 Ph. © Indranil Mukherjee/AFP

Ph. Olivier Ploton © Archives Larousse : 1, 4, 7, 12-13, 14 (Château Reynon), 27, 32, 35, 36 g et m, 37 m, 39 d, 42 bas, 43, 46, 48 g et m, 49-54, 56-58, 59 bas, 60-61, 62-63, 67-71, 72-73 (Maison Krug), 76-81, 82-83 (Tonnellerie Darnajou), 84-89, 90-91 (Bouchard Père & Fils), 92, 94-95, 104-108, 118 (Cave Tolbiac), 120-121, 124 (Cave de Tolbiac), 128 d (Château de Pommard), 129 g, 132 (Château d'Yquem), 135 (Bouchard Père & Fils), 140, 141 (sauf bas d), 142 d, 146 (Bouchard Père & Fils), 150 (Château Latour), 154-161, 164 g, 166-167 (Cave Tolbiac), 172, 177, 181, 186, 189 ht, 190 (en haut : tire-bouchons anciens, coll. David Allan, Paris), 191, 192-194, 195 bas, 201 bas d, 203-207, 209-213, 217 (Cave Tolbiac), 218-219, 226-227 (Bouchard Père & Fils), 228, 233, 236-237, 241, 247-249, 258-259, 264-266, 267 ht, 276, 277 (Bouchard Père & Fils), 279, 288-289, 296, 298-299 (Maison Louis Roederer), 300-305, 308 bas, 313, 316 ht, 320, 336 bas, 479 bas, 492-493 (Dom. Michel Juillot).

Photographies des pages de garde (dont celle du fond : Dom. Michel Juillot) : Olivier Ploton © Archives Larousse.

Photogravure Nord Compo, Villeneuve d'Ascq
Imprimé en Chine par Toppan Leefung Printing
Dépôt légal : octobre 2010
302265/05 – 11028210 – avril 2014

CHATEAU DE POMMARD